ein Ullstein Buch

Ullstein Buch Nr. 4083
im Verlag Ullstein GmbH,
Frankfurt/M — Berlin — Wien

Originalausgabe

Umschlagentwurf:
Hansbernd Lindemann
Alle Rechte vorbehalten
© 1977 by Verlag Ullstein GmbH,
Frankfurt/M — Berlin — Wien
Printed in Germany 1977
Gesamtherstellung:
Augsburger Druck- und
Verlagshaus GmbH
ISBN 3 548 04083 7

CIP-Kurztitelaufnahme
der Deutschen Bibliothek

Voß, Karl
Reiseführer für Literaturfreunde
London. — Orig.-Ausg. —
Frankfurt/M, Berlin, Wien:
Ullstein, 1977.
 (Reiseführer für Literaturfreunde)
 ([Ullstein-Bücher] Ullstein-Buch;
 Nr. 4083)
 ISBN 3-548-04083-7

Karl Voß

Reiseführer für Literaturfreunde:

London

ein Ullstein Buch

Karl Voß, Dr. phil., geb. am 16. Mai 1907 in Berlin. Nach dem Studium der Anglistik und Romanistik in Berlin als Lehrer an höheren Schulen und in der Erwachsenenbildung tätig. Von 1960 bis 1971 Direktor der Europäischen Schule Luxemburg, danach Einrichtung und Leitung des dortigen Goethe-Instituts. Lebt in Luxemburg.

Inhalt

7 Vorwort

11 Erster Spaziergang:
Die City westlich von St. Paul's

45 Zweiter Spaziergang:
Vom Charing Cross zum Ludgate Circus

81 Dritter Spaziergang:
Holborn und Bloomsbury

113 Vierter Spaziergang:
Marylebone — östlich von der Baker Street

129 Fünfter Spaziergang:
Soho

143 Sechster Spaziergang:
Covent Garden

160 Siebenter Spaziergang:
Piccadilly und St. James's

180 Achter Spaziergang:
Mayfair

202 Neunter Spaziergang:
Vom Marble Arch zum Regent's Park und seiner Umgebung

219 Zehnter Spaziergang:
Vom Marble Arch über St. John's Wood zum Notting Hill

233 Elfter Spaziergang:
Vom Trafalgar Square durch Westminster und Buckingham nach Belgravia

258 Zwölfter Spaziergang:
Kensington

INHALT

289 Dreizehnter Spaziergang:
Chelsea

320 Vierzehnter Spaziergang:
Hampstead und Highgate

342 Fünfzehnter Spaziergang:
London südlich der Themse

375 Personenregister

383 Straßen- und Gebäudeverzeichnis

Vorwort

In der Reihe seiner »Reiseführer für Literaturfreunde« legt der Verlag Ullstein nunmehr den Band »London« vor. Wie schon der Reisende bei seinen literarischen Streifzügen durch die französische Metropole im Band »Paris« wird auch der London-Pilger in einer Reihe von Spaziergängen zu Geburts-, Wohn- und Sterbehäusern von Dichtern und Schriftstellern geführt, die einmal mit der Hauptstadt der Britischen Inseln verbunden waren. Dabei sind die Wohnstätten ihrer literarischen Geschöpfe, deren Besuch nach Marcel Proust »einen unschätzbaren Fortschritt der Wahrheit« darstellt, sowie die von Künstlern, die mit der Literatur oder mit Literaten in Beziehung standen, nicht ausgespart worden.

Weit mehr als 1500 Häuser an 750 Straßen und Plätzen sowie eine Anzahl von Kirchen in allen Stadtvierteln Groß-Londons, die im Leben von etwa 400 Männern und Frauen der Feder, unter ihnen auch manch nichtenglischer Autor, eine Rolle gespielt haben, werden dem Leser vorgestellt. 125 dieser Häuser sind mit einer der 365 lichtblauen, runden Keramiktafeln mit den weißen Buchstaben ausgezeichnet, die zunächst die Royal Society of Arts, dann der London County Council und seit 1965 der Greater London Council zum Gedenken an Dasein und Wirken berühmter Bewohner der Haupt- und Weltstadt anbringen ließ. Sie erinnern daran, daß in ihnen einer der großen Vertreter der Literatur und der Kunst geboren wurde, lebte und liebte, wirkte, Anerkennung erfuhr und Fehlschläge erlitt oder sein irdisches Dasein beschloß. Das Haus Holles Street Nr. 24, ein heute verschwundenes Mietshaus, in dem in einem Hinterzimmer an einem Januartag des Jahres 1788 Lord Byron das Licht der Welt erblickte, war das erste Gebäude in London, das im Jahre 1866 »das Kreuz der Ehrenlegion für ein Haus«, wie diese Auszeichnung von einem Franzosen genannt wurde, erhielt. Diese berühmten Gedenktafeln begleiten den Wanderer auf seinen literarischen Pfaden, werden ihm zu einem vertrauten Wegzeichen und legen ein eindrucksvolles und beredtes Zeugnis ab von der Literaturträchtigkeit der britischen Metropole.

Seit jeher bildet London einen unvergleichbaren Anziehungspunkt für Schriftsteller, Dichter und Künstler. Von den mehr als 350 englischen Autoren, denen wir auf unseren Pilgerfahrten begegnen, kamen zwar nur 62 in London zur Welt, die Hoffnung jedoch, in der Hauptstadt eher zu Wort zu kommen, Fürsprache und Patronat eines Adligen oder gar des Hofes zu finden, Buchhändler, deren Rolle in früheren Jahrhunderten heute die Verleger übernommen haben, von der Qualität ihrer Arbeit überzeugen zu können, in den Wirtshäusern und Klubs in der Begegnung mit Gesinnungsgenossen und Arrivierten entdeckt und gefördert zu werden, trieb in vergangenen Zeiten Büchermacher und Künstler aus ihren Heimatdörfern und -städten in die Metropole. In unseren Tagen haben die bekanntesten Verlagsanstalten und die Massenmedien, die in London konzentriert sind, die fördernde Rolle übernommen.

An dem Wege, der den Literaturfreund durch alle »Boroughs« der britischen Hauptstadt führt, durch die eintönigen Straßenzeilen des East End zu den wenigen noch erhaltenen Stadtpalästen des Adels vergangener Tage in der Innenstadt, von den bürgerlichen Wohngegenden Mayfairs, Belgravias und Kensingtons zum Künstlerviertel Chelsea, von den ehemaligen grünen Dörfern Hampstead und Highgate zum Südufer der Themse und ihren Randgebieten, liegen die Wallfahrtsorte der literarisch interessierten Pilger aus allen Teilen der Welt, die Wohnhäuser von Dr. Samuel Johnson, Keats, Carlyle und Dickens, den Unsterblichen des 18. und 19. Jahrhunderts, sowie die bescheidenen Etagenwohnungen ihrer vom Schicksal weniger begünstigten Lieblingsautoren, aber auch moderne Bauten, die die Stelle von aus Altersgründen oder im Zuge der Stadtplanung abgerissenen, nicht zuletzt aber durch den sogenannten »Blitz«, die deutschen Luftangriffe des Zweiten Weltkriegs, zerstörten Häuser einnehmen. Immerhin fielen 107 000 Gebäude und damit ein Zehntel des Hausbestandes der Hauptstadt Bomben und Bränden zum Opfer und mit ihnen unersetzliche Wohnstätten, die nicht nur von Christopher Fry schmerzvoll beklagten »ungeheilten Wunden Londons«. Doch auch die Stelle, an der ein mit der Literatur verbundenes Haus einmal stand, vermag in dem phantasiebegabten Literaturfreund Persönlichkeit und Werk eines Autors lebendig werden zu lassen. Wenn seine Wohnstatt auch verschwunden ist, so dauern doch Atmosphäre und Umwelt fort, in denen er einmal gelebt und gewirkt hat. Dickens, der wie kein zweiter die Straßen und Gassen Londons durchschweifte, in denen schon Chaucer und Shakespeare einhergingen, erinnert sich im Alter wehmutsvoll seiner kindlichen Wege zwischen Southwark und Blackfriars und seines mittäglichen Umherschweifens durch die stillen Straßen der City und Westminsters, deren Steine von seinen Kinderschuhen abgenutzt wurden.

Von der Vielzahl der englischen Dichter und Schriftsteller, die in irgendeiner Beziehung zu London stehen, wurden nur die in Betracht gezogen, die dem deutschen, an der Literatur interessierten Reisenden und Leser bekannt sein dürften. Dabei hat sich der Verfasser nicht auf eine trockene Bestandsaufnahme und eine Zusammenstellung der Anschriften der Häuser, die im Zusammenhang mit der Literatur erwähnenswert sind, beschränkt, sondern sich bemüht, die Lebensumstände ihrer Bewohner sowie die Zeitverhältnisse, während derer sie hier lebten und arbeiteten, aufzudecken. Eine knappe Übersicht über ihren Lebenslauf, ihr Schaffen und ihre Stellung in der Literaturgeschichte findet der Leser auf den Seiten des Buches, die im Personenverzeichnis verzeichnet sind. Unter diesen Umständen bietet sich auf nicht herkömmliche Weise ein überaus buntes, vielseitiges und umfassendes Bild der Geschichte der englischen Literatur an, das in Zitaten aus Briefen, Tagebüchern und literarischen Werken gleichzeitig auch soziologische und kulturelle Hintergründe der jeweiligen Epochen erhellt.

Ein Literaturfreund, der alle fünfzehn geschilderten Spaziergänge hintereinander ablaufen wollte, wäre schlecht beraten, es sei denn, er könnte viele Tage, ja Wochen dafür aufwenden. Er wird eine Auswahl treffen müssen und seine Wege zunächst zu den Behausungen von Autoren lenken, die ihm besonders am Herzen liegen. Deshalb besteht auch keine Notwendigkeit, die Spaziergänge in der angegebenen Reihenfolge zu absolvieren. Sie können an jedem Punkt begonnen, unterbrochen, wiederaufgenommen und beendet werden. In jedem Fall aber wird ein guter Stadtplan wertvolle Hilfe bei der Orientierung leisten.

Aber nicht nur für den reisenden Literaturfreund wird es ein höchst verlockendes Unternehmen sein, auf der Suche nach bedeutsamen literarischen Örtlichkeiten durch die Straßen Londons zu schlendern. Auch der »arm-chair traveller«, der das Buch in seinen vier Wänden durchblättert, kann sich bequem in das Zentrum des literarischen Lebens Englands versetzen lassen und mit der Geschichte der englischen Literatur von ihren Anfängen bis in unsere Tage vertraut machen.

Die Wohnanschriften literarischer Berühmtheiten verdankt der Verfasser dem Studium einer Vielzahl von Biographien, Autobiographien, Briefsammlungen und Tagebüchern, dem »Dictionary of National Biography«, dem Blue Guide »London« (Ernest Benn, London), William Kents »London for the Literary Pilgrim« (Rockliff, London), John Freeman's »Literature and Locality« (Cassell, London) und Bidwells und Rosenstiels »The Places of English Literature« (Kennikat, London). George Williams' »Guide to Literary London« (Batsford, London) war dem Verfasser erst nach Fertigstellung des Manuskripts zugänglich und konnte lediglich zum Vergleich der Richtigkeit einiger Anschriften herangezogen werden.

Ein Wort des besonderen und herzlichen Dankes gebührt Robert Thorne, dem Mitarbeiter der Historic Buildings Division im Greater London Council, der am Entstehen des Buches fördernd Anteil nahm, bei den Nachforschungen nach Wohnstätten der Schriftsteller und der Lage heute verschwundener oder umbenannter Straßen unermüdlich zur Seite stand und so manche Frage der literarischen Vergangenheit seiner Vaterstadt aufklären half.

Karl Voß

Erster Spaziergang: Die City westlich von St. Paul's

St. Paul's Cathedral Die 1675 bis 1710 von Christopher Wren erbaute St. Paul's Cathedral steht an der Stelle einer 604 gegründeten und 1087 eingeäscherten Kirche, die wiederhergestellt wurde und dem »Großen Brand« des Jahres 1666 zum Opfer fiel. Von dieser Kirche blieb nur die auf einer Urne stehende, in ein Leichentuch gehüllte Marmorstatue des am 31. März 1631 verstorbenen, kurz vor seiner Ernennung zum Bischof stehenden Dekans und Dichters John Donne erhalten. Der 60jährige Geistliche ließ sich todkrank in Leinentücher wickeln und von seiner Wohnung in der Dekanei von St. Paul's auf die Kanzel seiner Kirche geleiten, wo er seine letzte Predigt mit dem Thema »Der Zweikampf mit dem Tode« hielt. Der Bibelübersetzer John Wiclif (1384), der bedeutendste Vorläufer der Reformation in England, und der Dichter Philip Sidney (1554) wurden in der Kirche bestattet. Die Maler Reynolds (1792), Constable (1837), Turner (1851), Millais (1896) und Holman Hunt (1910) fanden in der sogenannten »Painters' Corner« in der Krypta ihre letzte Ruhe. Tafeln erinnern an die Schriftsteller Bulwer-Lytton (1873), Charles Reade (1884) und Sir Walter Besant (1901) und den Illustrator der Bücher von Dickens, George Cruishank (1878). 1796 wurde eine Statue Dr. Samuel Johnsons enthüllt, der in der Westminster Abbey bestattet ist. In der Krypta finden sich ein Medaillon Blakes (1827), eine Nachbildung der Peter Pan-Statue sowie Büsten von T. E. Lawrence (1935), dem »ungekrönten König von Arabien«, dem Dichter De la Mare (1956) und dem Schriftsteller und Karikaturisten Sir Max Beerbohm (1956).

St. Paul's School In den Schülerlisten der 1509 gegründeten St. Paul's School, die bis 1880 an der Stelle des Choir House hinter dem Ostteil der Kathedrale lag, stehen die Namen von Milton, Pepys und Chesterton. Die Schule übersiedelte im Jahre 1884 nach Hammersmith.

St. Paul's Churchyard Am St. Paul's Churchyard, einer Straße, die an der Südseite der Kathedrale vorbeiführt, hatten bis zum »Großen Brand« Drucker und Buchhändler ihre Läden. Hier lag auch »Child's«, »ein bemerkenswertes Lokal, helldunkel, lauschig und warm, mit Bürgern und Medizinern als Stammgästen, die eifrig kannegießern und dabei viel Scharfsinn und manchmal sogar Witz entfalten«, wie Boswell in seinem »London Journal« am 11. Dezember 1762 vermerkt.

Paternoster Row Theodor Fontane kaufte bei seinem zweiten Aufenthalt in London am 12. Juni 1852 in der 1724 gegründeten Verlagsbuchhandlung Longman, Brown and Green in der damaligen Paternoster Row ein Buch über die Hauptstadt. In seinem Tagebuch notiert er:
»Paternoster Row ist eine schmale, finstere und nicht allzu saubere Gasse, die mit Ludgate Street parallel läuft und auf St. Paul's Yard mündet. Die Gasse ist dadurch interessant, daß Buchhandlung neben Buchhandlung ist, lauter lichtlose, traurige Gewölbe.« Oliver Goldsmith, der sich nach seiner Grand Tour im Februar 1756 in London niederließ — seine Angabe, daß er Doktor der Medizin sei, ist fragwürdig —, fand in der heute verschwundenen Fish Lane beim Monument Unterkunft. Im Frühjahr 1757 nahm der Buchhändler Griffiths, der seine Wohnung und sein Geschäft in der Paternoster Row hatte, den völlig mittellosen und verkommenen Schriftsteller bei sich auf und stattete ihn mit neuen Kleidern aus, die dieser allerdings sofort zur Pfandleihe trug. In der von Griffiths herausgegebenen »Monthly Review« konnte Goldsmith gelegentlich Beiträge veröffentlichen.

An der Ecke der heute verschwundenen Paul's Alley und Ivy Lane, die in der unmittelbaren Nachbarschaft der Paternoster Row lagen, stand die »Chapter Coffee House Inn«. Hier wohnte Charlotte Brontë im Jahre 1848 mit ihrer Schwester Ann bei ihrem ersten Aufenthalt in London. Sie war von Haworth/Yorkshire in die Hauptstadt gekommen, um sich ihrem Verleger vorzustellen. Der 17jährige Thomas Chatterton war während seines kurzen Londoner Aufenthalts im Jahre 1770, der mit seinem Selbstmord endete, ständiger Besucher des Kaffeehauses.

Paternoster Row und die benachbarten Gassen wurden bei einem Bombenangriff am 29. Dezember 1940 völlig zerstört.

Amen Corner Stationers' Hall, das Zunfthaus der Buch- und Papierwarenhändler, die einen »stationären« Laden im Gegensatz zu den ambulanten Händlern hatten und sich 1403 zu einer Gilde zusammenschlossen, wurde nach schweren Bombenschäden wiederhergestellt. Vom Jahre 1557 bis 1911 mußte hier jede in Großbritannien veröffentlichte Druckschrift vorgelegt werden.

Newgate Street Zu Beginn des 14. Jahrhunderts stand an der nördlichen Seite der Newgate Street »Grey Friars Monastery«, das Kloster der Grauen Brüder. Nach Auflösung der Klöster unter Heinrich VIII. gründete Heinrichs Sohn Edward VI. hier im Jahre 1553 eine Schule für Kinder angesehener, verarmter Familien, die berühmte Blue Coat School, deren Schüler einen langen blauen Rock trugen. Die Schule, die neben der Christ Church stand, erhielt den Namen Christ's Hospital. Charles Lamb, Stipendiat des Christ's Hospital von 1782 bis 1789, hat seine Schule in einem Essay »Christ's Hospital Five and Thirty Years Ago« verewigt. Er mußte seine Absicht, Geistlicher zu werden, wegen eines Sprachfehlers aufgeben. Seine Schulfreundschaft mit dem um drei Jahre älteren Coleridge, der im September 1782 den blauen Rock anzog, sollte zu einer fünfzig Jahre währenden Bindung führen. Der Dramatiker George Peele, Samuel Richardson und Leigh Hunt, der derartig stotterte, daß sich ihm eine akademische Laufbahn verbot, waren ebenfalls Blue coat boys.

Im Jahre 1902 wurde die Schule nach Horsham/Sussex verlegt und an ihrer Stelle in der Newgate Street das General Post Office, das Londoner Hauptpostamt, errichtet. Der Dichter William Ernest Henley (1849—1903) besingt in einem Sonett die Umsiedlung.

In der durch Bomben zerstörten Christ Church, von der nur der Turm erhalten geblieben ist, blieb eine 1935 aufgestellte Büste des Blue Coat Boy Charles Lamb mit der Aufschrift »Zur ewigen Erinnerung an Charles Lamb, den wohl beliebtesten Namen der englischen Literatur«, unversehrt. Eine Tafel erinnert an die Grey Friars und ihr Kloster sowie an Christ's Hospital.

Old Bailey An der Ecke Newgate Street/Old Bailey stand bis 1902 das bereits im 13. Jahrhundert gegründete Newgate Prison, das Hauptgefängnis Londons, Old Bailey genannt, das viele Beziehungen zur Literatur aufweist. Heinrich Heine, der 1827 das Gefängnis besuchte, widmet ihm ein Kapitel seiner »Englischen Fragmente«, Dickens, von seiner Atmosphäre tief beeindruckt, verlegt Szenen seiner Romane »Barnaby Rudge« und »A Tale of Two Cities« hierher und beschreibt »den Newgate genannten Verwahrungsort des Londoner Verbrechens und Elends« in zwei Kapiteln seiner »Sketches by Boz«. Henry Esmond in Thackerays gleichnamigem Roman (1852), der hier mit zwei Kameraden wegen der Teilnahme an einem Duell eingesperrt war, ging es unerwartet gut. »Ihre Zimmer lagen im Gate House von Newgate, im zweiten Stock, mit Aussicht auf Newgate Street in Richtung Cheapside und St. Paul's. Und wir durften auf dem Dach spazieren gehen, und von dort konnten wir Smithfield sehen und die Blue Coat Boys' School, Gardens und die Kartäuser (= Charterhouse)...« Im Jahre 1660 wurden im Hofe des

Gefängnisses die Bücher des Republikaners John Milton verbrannt, der mit der Restauration seines Amtes als Sekretär des Auswärtigen Amtes versetzt wurde. Von 1783 bis 1868 fanden hier und vor Old Bailey die öffentlichen Hinrichtungen statt. Heine schreibt in seinen »Florentinischen Nächten«: »... nächst Boxen und Hahnenkampf gibt es für einen Briten keinen köstlicheren Anblick als die Agonie eines armen Teufels, der ein Schaf gestohlen oder eine Handschrift nachgeahmt hat und vor der Fassade von Old Bailey eine Stunde lang mit einem Strick um den Hals ausgestellt wird, ehe man ihn in die Ewigkeit schleudert.«

In Newgate wurde die berüchtigte diebische und ehrbare Dirne Moll Flanders, die Heldin des gleichnamigen Romans (1721) von Defoe, geboren. Der 41jährige Schriftsteller, »viele Jahre lang Strumpffabrikant in Freeman's Court, Cornhill, jetzt Besitzer einer Ziegelei und Dachpfannenfabrik in Tilbury Fort in der Grafschaft Essex«, wie es im Haftbefehl heißt, war hier wegen der Veröffentlichung seiner satirischen Kampfschrift »The Shortest Way with the Dissenters« (1702) von 1702 bis 1704 inhaftiert. Hier konzipierte er seinen Roman »Moll Flanders«. Seine Kampfschrift wurde öffentlich vom Henker verbrannt und der Autor drei Tage lang an den Pranger gestellt.

Vor ihm saß hier viele Jahre lang Sir Thomas Malory, Autor des englischen Nationalepos »Morte d'Arthur« (1649), der mehrere Kapitalverbrechen in Warwickshire begangen hatte, hinter Schloß und Riegel. Er soll während seiner Haft im Jahre 1471 verstorben sein. Auch Ben Jonson, der in der Trunkenheit einen Saufkumpan, den Schauspieler Gabriel Spencer, erschlug, zählt zu den Insassen von Old Bailey ebenso wie Christopher Marlowe, der im Jahre 1589 in einen Wirtshausstreit verwickelt war, bei dem ein gewisser William Bradley ums Leben kam. Der Verbrecher Jonathan Wild, der in der Straße Old Bailey Nr. 68 wohnte und am 24. Mai 1725 in Newgate gehängt wurde, lieferte Fielding und Defoe den Stoff zu ihren Romanen »The History of Jonathan Wild the Great« (1743) und »Account of Jonathan Wild« (1725).

Nachdem der 41jährige Dichter Oscar Wilde wegen einer homosexuellen Beziehung am 25. Mai 1895 »zu zwei Jahren Gefängnis mit schwerer Arbeit« verurteilt worden war, wurde er, in Handschellen gefesselt, mit der »Black Maria« (= Grüne Minna), in das Newgate-Gefängnis verbracht. Montgomery Hyde, der die Gefängnisjahre des Häftlings C. 3. 3 schildert, berichtet, daß die Bekannt-

gabe des Urteils vor dem Gerichtshof von der vor dem Gerichtsgebäude versammelten Menge mit Beifall aufgenommen wurde. Man tanzte vor Freude und »einige Huren hoben lustig ihre Röcke in die Höhe«. »Jetzt werden ihm endlich einmal seine Haare richtig geschnitten«, schrie eine von ihnen unter heiserem Gelächter.
Seit 1907 erhebt sich an der Stelle des berühmt-berüchtigten Gefängnisses der Neubau des noch immer Old Bailey genannten Central Criminal Court.

Green Arbour Corner Der bettelarme und noch weitgehend unbekannte Oliver Goldsmith wohnte in den Jahren 1758/59 im Hause Nr. 12, das beim Bau des Holborn Viaduct-Bahnhofs abgerissen wurde. Obwohl schon gelegentlich Arbeiten von ihm gedruckt wurden, konnte er seinen Besuchern hier nur einen einzigen Stuhl anbieten.

Holborn Viaduct In der St. Andrews Church heiratete im Mai 1808 der 30jährige William Hazlitt die drei Jahre ältere Sarah Stoddart, die er bei den Lambs kennengelernt hatte. Charles Lamb und seine geisteskranke Schwester fungierten als Trauzeugen. Am 31. Juli 1817 wurde hier der als Sohn jüdischer Eltern geborene zwölfjährige Benjamin Disraeli zusammen mit seinem Vater getauft. Sein Vater war im selben Jahr nach einer Auseinandersetzung mit der Synagogenverwaltung zur anglikanischen Kirche übergetreten. Dickens erwähnt die Kirche in »Oliver Twist«, »David Copperfield« und »Bleak House«.
An der Ecke Holborn Viaduct/Giltspur Street steht Saint Sepulchre's Church. In dieser Kirche wurde der 1515 in Kirby Wiske/Yorkshire geborene Humanist Roger Ascham, Lehrer der Königin Elizabeth in den klassischen Sprachen und Freund von Lady Jane Grey, bestattet. Sein erstes Buch »Toxophilus« (1545) widmete er der Kunst des Bogenschießens, sein postum erschienener Traktat »The Schoolmaster« (1570) ist die erste englische Erziehungslehre für den jungen Gentleman. Seine Eindrücke von einer Deutschlandreise hat er in seinem »Report and Discourse of the Affairs and State in Germany« (1553) niedergelegt. Er starb am 30. Dezember 1568. Dr. Samuel Johnson hat ihm eine Biographie gewidmet.

Snow Hill Der am 28. November 1628 in Harrowden/Bedfordshire geborene Kesselflickersohn John Bunyan, der zunächst den Beruf seines Vaters ergriff, dann aber durch seine erste Frau, die ihm als Mitgift lediglich zwei religiöse Bücher in die Ehe brachte, veranlaßt wurde, Wanderprediger zu werden, starb vierzehn Tage nach seiner letzten Predigt am 31. August 1688 im Hause »Zum Stern« am Snow Hill. Das Haus gehörte seinem Freunde, dem Krämer John Strudwick, der hier eine Gastwirtschaft betrieb. Der Schriftsteller, der an manisch-depressiven Angstvorstellungen vor Glockengeläut litt, hatte sich bei einem Ritt von Bedford/Bedfordshire nach London, wo er predigen wollte, verirrt und erkältet.

Skinner Street Skinner Street, die ihren Namen einem Kaufmann namens Cyriac Skinner, Freund und zeitweiligem Sekretär Miltons, der ihm eine Sonett widmet, verdankt, bildete die Weiterführung der Newgate Street nach Westen und verschwand im Zuge des Ausbaus von Snow Hill. Der am 3. März 1756 in Wisbech/Cambridgeshire geborene politisch-philosophische Schriftsteller William Godwin ließ sich 1782 in London nieder. Von der Hanway Street zog er mit seiner Familie im Jahre 1807 in das Haus Skinner Street Nr. 41. Hier fand er eine geräumigere Wohnung und die Möglichkeit, eine größere Buchhandlung einzurichten. Als Autor des für die Abschaffung aller Gesetze eintretenden zweibändigen Werks »Political Justice« (1793), das Shelleys Bibel werden sollte, und des Verbrecherromans »Caleb Williams« (1794) hat er sich einen Namen gemacht. Mit einem Verlag für Jugendschriften, den seine herrschsüchtige Frau betrieb, glaubte er, seine Familie ernähren zu können. Shelley stattete ihm mit seiner Frau im Oktober 1812 hier seinen ersten Besuch ab, dem eine Reihe von Einladungen folgte. Hier lernte er die 17-jährige Mary, die der ersten Ehe Godwins mit der Frauenrechtlerin und Schriftstellerin Mary Wollstonecraft entstammte — sie starb kurz nach ihrer Geburt — kennen und lieben und entführte sie mit ihrer Stiefschwester Claire Clairmont, die als Geliebte Byrons auch die Mutter seiner Tochter Allegra werden sollte, im Juli 1813 in die Schweiz. Nach dem Selbstmord seiner ersten Frau heiratete Shelley Mary Godwin. Die Empörung über die Entführung seiner Töchter hinderte Godwin nicht, Shelley weiter anzupumpen. Ein Bankrott veranlaßte ihn im Jahre 1822, das Haus in der Skinner Street aufzugeben und in ein kleineres am Strand umzuziehen.

Giltspur Street Neben Sepulchre's Church steht das 1791 errichtete, 1941 zerbombte und 1962 wiederaufgebaute Wächterhaus, das der Verhinderung des Leichenraubs von dem benachbarten Friedhof diente. Eine an der zerstörten Christ Church in der Newgate Street befestigte Tafel zum Andenken an Lambs Schulzeit im Christ's Hospital ist jetzt hier angebracht.

Bartholomew Close In einem Hause, das an der Stelle des Hauses Nr. 58 stand, kam am 10. November 1697 William Hogarth, der größte Sittenschilderer und Satiriker unter den englischen Malern des 18. Jahrhunderts, als Sohn eines Lehrers zur Welt. Schon früh erkannte der Vater die künstlerische Begabung seines Sohnes und schickte ihn zu einem Goldschmied in die Lehre. 1718 ließ er sich als selbständiger Kupferstecher nieder. In der Butchers' Company Hall, dem Gildehaus der Fleischer, wurde die Erinnerung an den Fleischersohn Daniel Defoe mit einem bunten Glasfenster wachgehalten. Dieses Fenster wurde im Ersten Weltkrieg bei einem Fliegerangriff zerstört, ein zweites fiel den Bomben des Zweiten Weltkriegs zum Opfer.

St. Bartholomew's Hospital Der Arzt und Dichter Robert Bridges studierte und praktizierte 13 Jahre hindurch als Chirurg am Bartholomew Hospital. 1882 gab er seinen Beruf auf und widmete sich nur noch der Literatur. 1884 heiratete er Mary Monica Waterhouse, 1913 wurde er Poet Laureate. Von seiner Verbundenheit mit der Hauptstadt spricht sein Gedicht »London Snow«. Emma Lyon, die als Lady Hamilton und Lord Nelsons letzte Liebe bekannt geworden ist, wohnte hier als Kindermädchen des Hospitaldirektors.

West Smithfield West Smithfield, ein mittelalterlicher Turnierplatz und bis zur Regierungszeit Heinrichs IV. eine der Hinrichtungsstätten Londons, war vom 12. Jahrhundert bis 1840 der Schauplatz des alljährlichen »Bartholomew Fair«, des berühmten Woll- und Tuchmarkts der Hauptstadt. Der Jahrmarkt gab seinen Namen einer Komödie Ben Jonsons (1614), in der ihn der Dramatiker zum Schauplatz seiner satirischen Darstellung des lasterhaften Lebens seiner Landsleute und ihres heuchlerischen Puritanismus wählt. Dikkens schildert in »Oliver Twist« diesen Teil der Stadt als einen »der armseligsten und übelsten, den der Stadtausbau inmitten Londons übriggelassen hat.« Fontane gibt ein eindrucksvolles Bild der Geschichte Smithfields in »Ein Sommer in London« und beschreibt eine Protestdemonstration von Arbeitslosen auf dem Smithfield Markt am 20. Februar 1857. Heute liegt hier der Londoner Fleischmarkt.

Little Britain In dieser Straße, einem seinerzeit von Druckern und Buchhändlern bevorzugten Wohngebiet, lag eine der elf Wohnungen, die John Milton nacheinander in London hatte. Der Witwer wohnte hier um 1662 in einem Hause, das einem Händler antiquarischer Bücher gehörte. Little Britain verdankt seinen Namen den aus der kleinen Bretagne kommenden Bretonen, die sich hier ansiedelten. Im 14. Jahrhundert stand hier das Schloß eines John Duke of Brittany. Ende Dezember 1724 nahm Benjamin Franklin bei seinem ersten Besuch in London zusammen mit seinem amerikanischen Freund Ralph eine Wohnung in Little Britain. Er fand als Schriftsetzer Arbeit in einem Druckereibetrieb, den ein gewisser Samuel Palmer in der Lady Chapel hinter dem Chor der Kirche St. Bartholomew the Great eingerichtet hatte. »Ich war ziemlich fleißig, gab aber einen großen Teil meines Verdienstes mit Ralph für Schauspiele und andere Vergnügungen aus«, schreibt er in seiner Autobiographie.

Die Mutter Samuel Johnsons wohnte im Jahre 1720 in dieser Straße, als sie von Lichfield nach London gekommen war, um ihren Sohn der Königin vorzustellen, die ihn nach dem Glauben der Zeit durch Handauflegen von seinem Augenleiden heilen sollte.

Charterhouse Square An der Nordseite des Square liegt das 1371 als Kloster gegründete Charterhouse, dessen Namen auf das französische Wort Chartreuse (= Kartäuserkloster) zurückgeht. Nach Auflösung der Klöster gründete ein wohlhabender Offizier und Kohlengrubenbesitzer im Jahre 1611 hier für 40 arme Knaben eine Schule, die bald zu den besten Public Schools Englands gehören sollte, ein Hospital und ein heute noch bestehendes Altersheim. Richard Steele, als Sohn eines Anwalts am 12. März 1672 in Dublin geboren, wurde nach dem frühen Tode seines Vaters hier erzogen und traf als seinen Mitschüler im Jahre 1686 Joseph Addison. Aus dieser Begegnung entwickelte sich eine für die Literatur überaus bedeutsame Freundschaft, die bis zur Entzweiung aus politischen Gegensätzen kurz vor Addisons Tode im Jahre 1719 währte. Steele gründete 1709 die erste, dreimal wöchentlich erscheinende und eine Druckseite umfassende moralische Wochenschrift »The Tatler« (»Der Plauderer«), deren Redaktion er von der Nummer 18 an mit Addison teilte. Die Ferien verbrachten die beiden Schulkameraden in Addisons Vaterhaus, der Deanery, dem Amtshaus des Dechanten in Lichfield/Staffordshire.

Der sechsjährige Thackeray wurde zur Erziehung von Indien nach England geschickt, wo er zunächst einer Verwandten in Fareham/Hampshire anvertraut wurde und eine Privatschule besuchte. Hier bekam er »wenig Brot und viel Prügel«. Seine Mutter übersiedelte mit ihrem zweiten Gatten, dem Major Carmichael-Smyth, fünf Jahre danach nach London und ließ ihren Sohn in die Listen der Charterhouse School eintragen. Hier wurde er »bis zur trotzigen Gleichgültigkeit mißhandelt und bis zur Verzweiflung tyrannisiert«, wie er sich erinnert. Im April 1828 verließ er die Schule und ging zunächst in sein Elternhaus nach Ottery St. Mary/Devonshire und danach an die Universität Oxford. Charterhouse erscheint in seinem Roman »Pendennis« (1850) bezeichnenderweise als Slaughterhouse (= Schlachthaus), das Seminar des prügelnden Dr. Swishtail schildert er als Whitefriars in »Vanity Fair« (1847/48) und — durch die freundliche Brille der Erinnerung gesehen — als Greyfriars in »The Newcomes« (1855).

Der Kavaliersdichter, Hofmann und Gelehrte Richard Lovelace, der Hymnendichter Charles Wesley und der Historiker George Grote erlebten hier ebenfalls ihre Schuljahre. Im Jahre 1872 wurde die Schule nach Goldaming/Surrey verlegt.

St. John's Square Der Politiker John Wilkes, Freund Samuel Johnsons und Boswells, Herausgeber der Zeitschriften »North Briton« (1763) und Autor eines skandalerregenden Essays über die Frauen, wurde als ungewöhnlich häßlicher und erschreckend schielender Sohn eines wohlhabenden Schnapsbrenners am 17. Oktober 1727 in einem Hause am St. John's Square geboren. Im Jahre 1774 wurde er Lord Mayor von London.

Clerkenwell Road Clerkenwell Road verdankt ihren Namen einer an der Stelle der Häuser Farringdon Road Nr. 14—16 gelegenen Quelle (= well), die den gelehrten Mönchen (= clerks) einer hier einstmals befindlichen Priorei das Wasser lieferte. Im Mittelalter wurden in Clerkenwell von den Mönchen Mirakelspiele aufgeführt, auf die Arnold Bennett, der sich in dieser Gegend gern erging, in seinem Roman »Riceyman Steps« (1923) (→ S. 291) anspielt. Dickens beginnt seinen Roman »Barnaby Rudge« (1841) mit folgenden Worten: »In der ehrwürdigen Vorstadt Clerkenwell, nach jenem Teil ihrer Grenze hin, die dem Charterhouse am nächsten liegt, und in einer jener schattigen Straßen ... wohnte der ehrenwerte Schlosser Gabriel Varden.« Theodor Fontane, der im Jahre 1857 mit seiner Familie in St. Augustine's Road in Camden Town wohnte und bei seinen Fahrten von und nach seinem Domizil durch diese Gegend kam, flößte Clerkenwell ein Grauen ein. »Man konnte nicht leicht etwas Trostloseres und Beängstigenderes sehen«, schreibt er. Thackeray durfte nach zweijährigem Besuch der Charterhouse School eine private Unterkunft beziehen. Er wurde Pensionär bei Reverend Edward Penny in der damaligen Wilderness Row. Das Haus des Geistlichen stand an der Stelle des Gebäudes Clerkenwell Road Nr. 28 und war mit der Schule durch einen Tunnel verbunden.

Goswell Road In der Goswell Road, ehemals Goswell Street, einer »ebenso belebten wie beliebten Verkehrsstraße, wohnt Mr. Pickwick in Dickens' Roman »The Posthumous Papers of the Pickwick Club« (1836—1837). »Zu seinen Füßen lag die Goswell Street, zu seiner Linken erstreckte sich, so weit das Auge reichte, die Goswell Street, und die andere Seite der Goswell Street lag gegenüber. ›So sind sie‹, dachte Mr. Pickwick, ›die beschränkten Ansichten jener Philosophen, die sich damit zufrieden geben, die Dinge zu erforschen, die vor ihnen liegen, und keinen Blick haben für die Wahrheiten, die sich dahinter verbergen‹«.

Bunhill Row Von der Jewin Street zog der erblindete Milton im Jahre 1663 in ein Haus in der Bunhill Row, das an der Stelle des Gebäudes Nr. 125 stand. Bunhill Row hieß damals Artillery Row. Im gleichen Jahr hatte er in dritter Ehe die 25 Jahre alte Elizabeth Minshull, Tochter eines angesehenen Gutsbesitzers, geheiratet. Hier brachte er sein Epos »Paradise Lost« zu Ende, hier diktierte er seinen Töchtern »Paradise Regained« und die Chortragödie »Samson Agonistes«, und hier starb er am 8. November 1674 in den Armen seiner Frau, die ihrem hilflosen Gatten in den letzten Jahren seines Lebens aufopferungsvoll zur Seite stand. Sie hat ihn um 53 Jahre überlebt. Das Haus Nr. 125 trägt eine Gedenktafel. In St. Giles Church, Cripplegate, wurde er bestattet.

Bunhill Fields Burial Grounds Auf dem um 1623 angelegten Friedhof, auf dem die Opfer der Pest und des Großen Brandes bestattet wurden, fanden später John Bunyan (1688), Daniel Defoe (1731) und seine Frau, die eineinhalb Jahre nach ihm starb, sowie Blake (1827) ihre letzte Ruhestätte. Seit 1852 wird der Friedhof nicht mehr benutzt.

City Road Der am 17. Juni 1703 in Epworth/Lincoln geborene religiöse Reformer, Tagebuchschreiber und Liederdichter John Wesley, der mit seinem Bruder Charles im Jahre 1729 eine pietistische Gemeinschaft begründete, aus der sich die Methodistenbewegung entwickelte, lebte, lehrte und predigte von 1779 an im Hause Nr. 47. Hier starb er am 2. März 1791. Hinter der nach ihm benannten Kapelle, der »Methodistenkathedrale«, wurde er bestattet. Eine Statue erinnert an den Autor von 23 Liedersammlungen und 40 000 Predigten, dem Southey eine Biographie gewidmet hat. Wesley förderte außerdem den Druck billiger Bücher, um einer breiten Bevölkerungsschicht den Weg zum Buch zu erleichtern. Heute ist das Haus ein Museum, in dem Erinnerungsstücke an die beiden Brüder zu besichtigen sind. Im Herbst 1801 zogen die Eltern des Dichters John Keats mit ihren Kindern von Moorgate in ein Haus in der bei der City Road gelegenen Craven Street, die heute verschwunden ist.

Aldersgate Street Shakespeare soll eine Zeitlang in einem Hause gewohnt haben, das an der Stelle des Gebäudes Nr. 134 steht. Der am 29. August 1632 in Wrington/Somerset als Sohn eines Gutsinspektors geborene »Vater der modernen Erkenntniskritik« John Locke, der nach seiner Rückkehr vom Hofe des Großen Kurfürsten im Jahre 1667 die Freundschaft Lord Ashleys, des nachmaligen Earls of Shaftesbury, gewonnen hatte, wohnte von 1679 bis 1680 im 1882 abgerissenen Thanet House des Lords in der Aldersgate Street, das nach seinem ursprünglichen Besitzer, dem Earl of Thanet, in die Hände Ashleys übergegangen war. In diesen Jahren unterrichtete Locke den Enkel des Hausherrn, den späteren Moralphilosophen Shaftesbury.

Maidenhead Court Hinter London Wall zweigte der heute verschwundene, nach einer Wirtschaft benannte Maidenhead Court ab, der ehemals Lamb's Court hieß. Hier wohnte von 1643 bis 1645 John Milton. Am 29. Mai 1642 hatte der in allen politischen und religiösen Problemen seiner Zeit engagierte 35jährige Schriftsteller die 17jährige Mary Powell, die Tochter eines prominenten Royalisten, geheiratet, die den von seiner Arbeit erfüllten Gelehrten nach vier Wochen verließ und ins Elternhaus zurückging. Ihr Vater schickte sie jedoch wieder zurück, und sie blieb bei ihrem Gatten bis zu ihrem Tode im Jahre 1652. Ein Jahr nach seiner Eheschließung verfaßte er seine Schrift »On the Doctrine and Discipline of Divorce«, in der er die Scheidung verteidigt. Zu dieser Zeit begann er mit der Publizierung seiner Kampfschriften. In seinem Hause im Maidenhead Court entstanden die Kampfschrift für die Pressefreiheit »Areopagitica, A Speech for the Liberty of Unlicensed Printing« (1644) und »On Education« (1644).

Jewin Street Eine östliche Seitenstraße der Aldersgate Street, die Jewin Street, fiel den Bomben des Zweiten Weltkriegs zum Opfer. In dieser Straße wohnte der blinde John Milton zurückgezogen und von der Welt abgeschlossen von 1660 bis 1663. Seine zweite Frau Katherine Woodcock war zwei Jahre nach der Hochzeit im Jahre 1658 bei der Geburt eines Kindes verstorben. Der Schriftsteller hatte mit der Restauration sein Amt im Dienste des Staatsrats

Cromwells verloren und war eine Zeitlang inhaftiert. Hier diktierte er seinen Töchtern große Teile seines »Paradise Lost«. 1663 heiratete er die 25 Jahre jüngere Elizabeth Minshull und nahm eine Wohnung in der Bunhill Row.

Barbican Theodor Fontane schildert in seinem »Londoner Tagebuch« die Gassen und Spelunken dieser nach einem arabischen Wort für Stadtbefestigung benannten Gegend mit ihrem Schmutz, ihrer Armut und ihrem Elend um die Mitte des vorigen Jahrhunderts. Bomben des Zweiten Weltkriegs haben das ganze Gebiet nördlich vom London Wall und östlich der Aldersgate Street dem Erdboden gleichgemacht. In den sechziger Jahren wurde hier der »Barbican Project« der »City in der City« mit Geschäftshäuser-Komplexen, Wohnhaussiedlungen und Kunstzentren nach modernsten Vorstellungen realisiert. An der Stelle des Gebäudes Barbican Nr. 17 stand das Haus, in dem Milton mit seinem Vater von 1645 bis 1647 wohnte. Seine erste Frau, die ihn kurz nach der Hochzeit verlassen hatte, kam mit ihrem royalistischen Vater, der inzwischen sein Vermögen verloren hatte, und mit lärmfrohen Familienangehörigen in das Haus ihres Gatten zurück. Miltons Vater und Schwiegervater starben hier im Jahre 1647.

St. Giles Cripplegate Die 1545 neu erbaute Kirche, die den »Großen Brand« überstand, erlitt im Zweiten Weltkrieg schwerste Schäden. Inzwischen wurde sie wieder hergestellt und in den Barbican-Plan integriert. Der Kartograph John Speed wurde hier 1629 begraben. Milton fand im Jahre 1674 seine letzte Ruhe in einem Grab mit seinem 27 Jahre vorher verstorbenen Vater. Eine 1793 aufgestellte Büste, die den Krieg überstand, erinnert an den Schriftsteller. Auf dem Friedhof wurde 1904 eine Statue des berühmtesten Gemeindemitglieds enthüllt, die heute im Innern der Kirche steht. Vor dem Altar schloß Milton am 29. Mai 1642 seine erste Ehe. Unter der Orgelempore erinnern vier Büsten an die prominentesten Gemeindemitglieder, an Cromwell, der hier im Jahre 1620 getraut wurde, an Daniel Defoe, der in der Gemeinde zur Welt kam und starb, an John Bunyan, der viele Jahre in der Gemeinde lebte, und an Milton. Das Pestjahr brachte der Gemeinde erschreckende Verluste. Defoe berichtet in seinem »Journal of the Plague Year« von einem Ereignis, das sich in der Whitecross Street abspielte. Ein von der Pest gezeichneter Mann trat aus seinem Haus und rief einem Vorübergehenden zu: »Geh' zur Cripplegate-Kirche und bitte um ein Glockengeläut für mich!« Mit diesen Worten »schloß er die Tür hinter sich und starb am selben Tage, vielleicht sogar in derselben Stunde.«

Fore Street In der Fore Street, die ihren Namen dem altenglischen Wort fore (vor) und ihrer Lage unmittelbar vor den Mauern der Stadt verdankt, wurde im Jahre 1660 Daniel Defoe als Sohn des Kerzenziehers James Foe, der später eine Fleischerei betrieb, geboren. Als Vierzigjähriger legte sich der Schriftsteller das vornehm klingende Adelsprädikat De zu. Der genaue Tag seiner Geburt ist nicht bekannt. Sein Name erscheint 1688 in den Registern der Fleischergilde Londons (→ S. 17). Mit seinem »Robinson Crusoe« (1719), dem nach der Bibel meistgedruckten Buch, dem »Journal of the Plague Year« (1722), der Schilderung des Pestjahres 1665 in London, in dem er das Tagebuch seines Onkels, des Sattlers Henry Foe, der in der Broad Street wohnte, verwertet, und mit weiteren 400 Publikationen hat sich der Schriftsteller hervorragende Verdienste um die Literatur und Geschichtsforschung seiner Zeit erworben. Er starb am 26. April 1731 in der Ropemakers' Street.

Milton Street An der Stelle eines Wohnblocks in der Fore Street mündete bis zu Beginn der sechziger Jahre ein Teil der Straße, die zu Ehren des berühmtesten Bürgers dieser Gegend Milton Street heißt. Bis zum Jahre 1830 trug sie den Namen Grub Street. In Johnsons Wörterbuch findet sich folgende Definition: »Name einer Londoner Gasse, großenteils bewohnt von Verfassern kleiner Romane, unbedeutender Wörterbücher und billiger Zeitgedichten, daher auch Bezeichnung für untergeordnetes Geschreibsel.« In der Bedeutung ›Federfuchser‹, ›Schriftstellerproletariat‹ sowie minderwertige literarische Arbeiten ist die Bezeichnung noch heute gebräuchlich. In seinem Roman »New Grub Street« (1891) schildert George Gissing in der Gestalt des Edwin Reardon einen Schriftsteller, der im Kampf seines Berufs um das Überleben zugrunde geht.

Aldermanbury Die Reste der im Kriege zerstörten Kirche St. Mary the Virgin, die an der Ecke der Love Lane stand — diese verdankt ihren Namen den im Mittelalter hier ansässigen Prostituierten — wurden Stein für Stein nach Fulton/Missouri verschifft und für eine Gedenkstätte für Winston Churchill verwendet. Im ehemaligen Friedhof der Kirche ist eine 1895 errichtete Büste Shakespeares erhalten, der in der heute verschwundenen Kirche gebetet haben soll und in der Silver Street wohnte. Über der Büste findet sich eine Marmorwiedergabe der ersten Seite der von den Schauspielern und Shakespeare-Freunden John Heminge und Henry Condell sieben Jahre nach dem Tode des Dramatikers herausgegebenen Folioausgabe seiner Werke. Milton heiratete hier im Jahre 1656 seine zweite Frau Katherine Woodcock, die zwei Jahre danach an einer Frühgeburt starb. Der Dichter hat sie in einem Sonett unsterblich gemacht.

Guildhall Guildhall, das 1411 bis 1425 erbaute Rathaus der City, heute ihre Verwaltungszentrale, nach schwersten Bombenschäden wiederhergestellt, beherbergt die größte Nachschlagebibliothek der Hauptstadt. Hier finden sich die erste Folioausgabe der Werke Shakespeares und ein Kaufvertrag mit der Unterschrift des Dramatikers.

Wood Street Der Kavaliersdichter und Geistliche Robert Herrick wurde am 24. August 1591 in dieser Straße geboren. Als 16jähriger kam er zu seinem Onkel, einem Goldschmied, der seinen Laden in einem der benachbarten Häuser hatte, in die Lehre. Danach studierte er Theologie in Cambridge. 1647 ging er von seiner Pfarre in Dean Prior/Devonshire nach London, nachdem er von Cromwell aus seinem Amt gejagt worden war. Hier schloß er sich dem literarischen Kreis um Ben Jonson an. Seiner Geburtsstadt widmet er das Gedicht »Return to London« aus seiner Sammlung »Hesperides« (1648): »Ich komme, nein, ich fliege zu Dir, gesegneter Ort meiner Geburt«. Mit Unterstützung royalistischer Freunde konnte er sich eine Wohnung in der St. Ann's Lane, der heutigen St. Ann's Street, nehmen.

An der Stelle des Hauses Nr. 128 lag der Gast- und Posthof »Cross Keys«, in dem kurz vor Weihnachten 1822 der zehnjährige Charles Dickens aus der Postkutsche stieg, die ihn von Chatham nach London gebracht hatte. Von hier wanderte er in das elterliche Haus in der Bayham Street. »Alle die Jahre hindurch, die inzwischen vergangen sind, ist mir der Geruch nach feuchtem Stroh im Gedächtnis geblieben, in das ich in der Postkutsche eingepackt war«, schreibt er später in seinen Erinnerungen. Auf den Gasthof kommt er in mehreren seiner Bücher zurück.

Im Friedhof der beim »Großen Brande« zerstörten Kirche St. Peter Cheap an der Ecke von Cheapside stand die Platane, die Wordsworth mit einer Drossel, die hier sang, in seinem Gedicht »The Reverie of Poor Susan«, (»Träumereien eines Mädchens vom Lande«) unsterblich gemacht hat.

Silver Street Eine rechte Seitenstraße der Wood Street hieß Silver Street. Zu Beginn des 17. Jahrhunderts wohnte Shakespeare hier eine gewisse Zeit bei dem Hugenotten Christopher Montjoy, einem Perückenmacher, den er »so ungefähr zehn Jahre« kannte.

Milk Street In einem Hause in der Milk Street, die ihren Namen wie

die Bread Street den Milch- und Brotmärkten verdankt, die hier im Mittelalter abgehalten wurden, kam am 7. Februar 1478 der Staatsmann und Schriftsteller Thomas More, »der strahlendste Stern, der je in dieser via lacta (= Milchstraße) schien«, wie der Kaplan und Schriftsteller Thomas Fuller in seiner »History of the Worthies of England« (1662) sagt, als Sohn eines königlichen Richters zur Welt. Nach Ausbildung in Lincoln's Inn wurde er 1501 als Anwalt zugelassen. 1516 erschien seine Schrift »Über die beste Verfassung des Staates und die neuentdeckte Insel Utopia«. Von 1524 bis zu seiner Verhaftung im Jahre 1535 lebte er mit seiner Familie in Chelsea. Am 6. Juli 1535 erlitt er den Märtyrertod im Tower.
Die Milk Street wurde ebenso wie die benachbarte Bread Street bei Bombenangriffen völlig zerstört.

Bread Street In der Bread Street lag bis zu ihrer Einäscherung beim »Großen Brand« die Mermaid Tavern, in der sich der nach der benachbarten Friday Street benannte Club, eine Vereinigung der elisabethanischen Dichter Shakespeare, Ben Jonson, Marlowe, Beaumont, Fletcher, Donne und Sir Walter Raleigh bei Gesprächen und Zechgelagen trafen. Francis Beaumont und Ben Jonson sowie zwei Jahrhunderte später John Keats in seinen »Lines on the Mermaid Tavern« (1820) haben der Wirtschaft literarische Denkmäler gesetzt. In dieser Straße wurde am 22. Januar 1572 der Dichter und Geistliche John Donne als Sohn eines wohlhabenden Eisenhändlers geboren. Seine Mutter war die Tochter des Dramatikers Heywood und Enkelin der Schwester von Thomas More. Nach Studien der Rechte in Oxford und Cambridge kam er als Zwanzigjähriger zur Lincoln's Inn, wo er sonntags zweimal predigte. 1598 wurde er Sekretär des Lordsiegelbewahrers Sir Th. Egerton, dessen Nichte er ohne Zustimmung ihres Onkels heiratete, was ihm eine Gefängnishaft in Old Marshalsea einbrachte. Nach wechselvollem Leben wurde er 1621 Dekan von St. Paul's und Hofprediger Jakobs I. und Karls I. Kurz vor Ausbruch des 30jährigen Kriegs hatte er in der Hofkapelle des Heidelberger Schlosses gepredigt. Schon früh zeigte sich seine dichterische Begabung, die ihn zum Repräsentanten der englischen Barockdichtung werden ließ. Sein Gedicht »Niemand ist eine Insel« lieferte J. M. Simmel den Titel zu seinem Roman. Hemingway hat das Gedicht seinem Spanienroman »Wem die Stunde schlägt« — auch dieser Titel geht auf Donne zurück — als Motto vorangestellt. In einem beim »Großen Brand« zerstörten Hause in der Bread Street erblickte John Milton am 9. Dezember 1608 als Sohn eines ehemals katholischen, wohlhabenden Maklers, der zum Protestantismus übergetreten war, das Licht der Welt. Nach einer ausgezeichneten Erziehung, zunächst durch einen Freund seines Vaters, dann in der St. Paul's School, studierte er von 1625 bis 1632 in Cambridge, wo man ihn wegen seiner Schönheit und seiner guten Sitten »the lady« nannte. Dem Wunsch seines Vaters, Geistlicher zu werden, konnte er nicht entsprechen. Er gab sich seinen literarischen Neigungen hin und zog sich auf den väterlichen Landsitz in Horton bei Windsor zurück, wo er bis 1638 lebte und wo seine lyrischen Gedichte »L'Allegro« und »Il Penseroso« sowie die Elegie auf den Tod seines Freundes Edward King »Lycidas« entstanden. Von hier ging er auf eine längere Bildungsreise durch Frankreich und Italien. Von den elf Häusern, die er in London bewohnte, ist keines erhalten.

An der Kreuzung Bread Street/Watling Street stand die 1876 abgerissene All Hallows Church. In einer Kirche, die bis zu ihrer Zerstörung beim »Großen Brand« an ihrer Stelle stand, wurde John Milton getauft. An dem Hause, das an der Stelle der zweiten Kirche errichtet wurde, war eine Tafel zum Gedenken an die alte All Hallows Church und an den Schriftsteller und Staatsmann angebracht. Sie befindet sich jetzt an der Bow Church in Cheapside.

Queen Victoria Street In einer Kirche, die an der Stelle der St. Mary Aldermary Church stand, wurde im Jahre 1663 der 55jährige Milton mit seiner um 25 Jahre jüngeren dritten Frau Elizabeth Minshull getraut.

An der Ecke der Cannon Street stand bis zu ihrer Zerstörung durch Bomben des Zweiten Weltkriegs St. Mildred's Church. Zwei Wochen, nachdem man die Leiche seiner ersten Frau Harriet aus der Serpentine im Hyde Park geborgen hatte, fand im Dezember 1816 in dieser Kirche die Trauung Shelleys mit Mary Godwin statt. »Die Ehe — widerwärtig und verabscheuungswürdig —«, schreibt Shelley, der schon 1813 in den Anmerkungen zu seinem Gedicht »Queen Mab« für die Abschaffung der Ehe plädiert hatte, an seine Schwester Elizabeth, »ist die schwerste Kette, die jemals Menschen geschmiedet haben, um auch nur einigermaßen edle Seelen damit in Banden zu schlagen.« Dennoch wurde seine zweite Ehe durchaus glücklich und erst durch seinen frühen Tod im Jahre 1822 getrennt.

St. Benet's Church Auf einer Anhöhe zwischen Queen Victoria und Upper Thames Street steht St. Benet's Church. Hier heiratete Henry Fielding am 27. November 1747 vier Jahre nach dem Tode seiner ersten Frau deren Zofe Mary Daniel. Drei Monate nach der Hochzeit wurde hier ihr erstes Kind getauft. Mary wurde seinen Kindern aus der ersten Ehe eine treusorgende Mutter und pflegte den schwerkranken Schriftsteller bis zu seinem Tode am 8. Oktober 1754. Er starb in Lissabon, wo er Heilung von seinem Lungenleiden suchte.

Knightrider Street Im Hause Nr. 29 befindet sich die aus dem Anfang des 19. Jahrhunderts stammende »Horn Tavern«, ehemals »Horn Coffee House«, eine Wirtschaft, zu deren Gästen Dickens gehörte. Von hier ließ sich Mr. Pickwick, der im Fleet-Gefängnis saß, »ein, zwei Flaschen Wein« holen, um den Besuch Mr. Winkles und seiner Freunde zu feiern.

Doctors' Commons Knightrider Street bildete die nördliche Grenze der 1768 gegründeten Doctors' Commons, einer Wohn- und Bürogemeinschaft von Anwälten bei den Zivilgerichtshöfen. Vom St. Paul's Church Yard führte ein »niedriger Torweg an der Fahrbahn, Buchhändler an der einen Ecke, Gasthof an der anderen und in der Mitte zwei Türsteher als Kundenfänger für Lizenzen« zu den Commons, wie es in den »Pickwick Papers« heißt. Dickens, der als selbständiger Gerichtsstenograph für die Anwälte arbeitete, beschreibt Doctors' Commons als »einen kleinen Ort in einer halbvergessenen Ecke, wo sie nach kanonischem Recht richten und allerlei Streiche mit uralten Ungeheuern von Parlamentsakten spielen, von denen drei Viertel der Welt nichts weiß, während das restliche Viertel der Meinung ist, sie wären als Versteinerungen zur Zeit der Edwards ausgegraben worden. Es ist ein Ort, der ein altes Monopol in Testaments- und Ehesachen und in Prozessen wegen Schiffen und Booten hat«. Auch in seinen »Sketches by Boz« widmet er den Commons ein Kapitel. Im Jahre 1867 wurde der Komplex abgerissen, um der Queen Victoria Street Platz zu machen, die durch die ehemaligen Gärten der Commons führt. An ihrer Stelle stehen seit 1904 die Faraday Buildings, das Haupttelegraphenamt des General Post Office. Eine Tafel an diesem Gebäude erinnert an die ehrwürdige Rechtsinstitution.

Carter Lane Shakespeare wohnte, wie eine Tafel angibt, eine gewisse Zeit in dieser Straße. In einer Seitengasse, dem Bell Yard, lag »The Bell« (»Zur Glocke«), ein Wirtshaus, das der Dramatiker gern besuchte. Das alte Wirtshausschild ist in der Guildhall ausgestellt. Im Hause Nr. 5 des Bell Yard, der zu den Doctors' Commons führte, hatte Dickens im Jahre 1831, als er als Berichterstatter für die Commons arbeitete, ein eigenes Büro. Zu dieser Zeit begannen seine Bemühungen um Maria Beadnell, eine Bankdirektorstochter, die den armseligen Bewerber ohne richtigen Beruf drei Jahre lang hinhielt und nie erhörte.

Blackfriars Lane Die Straße trägt ihren Namen nach dem Dominikanerkloster der Blackfriars (= Schwarze Brüder), das hier von 1276 bis zur Auflösung der Klöster unter Heinrich VIII. im Jahre 1538 stand. Durch einen Torgang gelangt man zum Zunfthaus der Apothekergilde der Apothecaries' Hall. In den Zunftregistern findet sich der Name von Keats, dem hier seine fünfjährige Lehrzeit bei Thomas Hammond in Edmonton und seine praktische Ausbildung an den Hospitälern in Southwark nachgewiesen wird.

Playhouse Yard In der alten Priorei der Blackfriars eröffnete der Schauspieler James Burbage im Jahre 1598 das »Blackfriars-Theatre«. Zu seinem Ensemble gehörte auch Shakespeare, der am Ireland Yard ein Haus besaß. An das von den Puritanern 1642 geschlossene und 1655 abgerissene Theater erinnert nur noch der Name der Straße.

Ludgate Hill Zwischen Old Bailey und St. Martin's Church im Hause Ludgate Hill Nr. 42 lag das »London Coffee House«, in dem sich Boswell mit seinen Freunden zu treffen pflegte. Hier lauscht Arthur Clennam in Dickens' »Little Dorrit« nach seiner Rückkehr nach London an einem melancholischen Sonntagabend dem monotonen Geläut der Kirchenglocken und beobachtet die Leute, die in der gegenüberliegenden Passage Schutz vor dem Regen suchten.

Die City östlich von St. Paul's

Cheapside Schon im 11. Jahrhundert lag hier der Hauptmarkt der City. Das angelsächsische Wort ceap, das ›Handel‹ bedeutet (und in cheap (= billig) erhalten ist) hat der Straße ihren Namen gegeben. Bis zum »Großen Brand« blieb Cheapside die bedeutendste Geschäftsstraße Londons. Noch im vergangenen Jahrhundert war sie ein wichtiges Einkaufszentrum der Londoner. Heinrich Heine schreibt in seinen »Englischen Fragmenten«:

»Schickt einen Philosophen nach London, beileibe keinen Poeten! Schickt einen Philosophen hin und stellt ihn an die Ecke von Cheapside, er wird hier mehr lernen als aus allen Büchern der letzten Leipziger Messe; und wie die Menschenwogen ihn umrauschen, so wird auch ein Meer von neuen Gedanken vor ihm aufsteigen, der ewige Geist, der darüber schwebt, wird ihn anwehen, die verborgensten Geheimnisse der gesellschaftlichen Ordnung werden sich ihm plötzlich offenbaren, er wird den Pulsschlag der Welt hörbar vernehmen und sichtbar sehen — denn wenn London die rechte Hand der Welt ist, die tätige, mächtige rechte Hand, so ist jene Straße, die von der Börse nach Downing Street führt, als die Pulsader der Welt zu betrachten.«

St. Mary-le-Bow Die sprichwörtlich gewordenen Glocken der bereits zu Normannenzeiten bestehenden, nach dem »Großen Brand« von Wren wiederaufgebauten Kirche St. Mary-le-Bow, »der wahren, in der Mitte aller Dinge liegenden Kirche für die derben, ungezierten Bürgersleute«, wie Boswell in seinem »London Journal« im Juli 1763 schreibt, ertönen über ein Gebiet, von dem gesagt wurde, daß nur in ihrem Klangbereich der echte Londoner, der Cockney, zur Welt kam. Heute leben in diesem von Verwaltungsgebäuden, Bürohäusern und Banken beherrschten Stadtteil höchstens 5000 Menschen, während der Anteil der hier arbeitenden Bevölkerung eine knappe halbe Million beträgt.

Die Geschäftsräume der Firma Dombey and Son in Dickens' gleichnamigem Roman befanden sich »im Freibann der City von London und in Hörweite der Glocken von St. Mary-le-Bow, wenn das Geläute derselben nicht durch den Aufruhr in den Straßen ertränkt wird.« An der westlichen Außenmauer der Kirche befindet sich eine Tafel zum Gedenken an Milton mit Versen von Dryden. Die Tafel stammt von der 1876 abgerissenen All Hallows Church, in der Milton getauft wurde. In einem Haus, das an der Stelle des Gebäudes Cheapside Nr. 76 stand, bezog John Keats nach Abschluß seiner Ausbildung am Guy's Hospital am 25. Juli 1816 mit seinen Brüdern Tom und George eine Wohnung. Die Wohnung lag über einem Durchgang, der zur »Queen's Head Tavern« und zum Bird-in-Hand Court« führte. Hier entstand neben seinen ersten Gedichten das Sonett: »When First Looking into Chapman's Homer«. Von hier übersiedelte er nach Hampstead.

Ironmonger Lane An der Stelle des Eingangs zur Mercers' Hall, des Zunfthauses der Seidenhändler, stand das Haus, in dem der Staatsmann und Kirchenfürst Thomas à Becket um 1118 geboren wurde. Er wurde als Erzbischof von Canterbury in der dortigen Kathedrale am 29. Dezember 1170 erschlagen. Sein Märtyrerschicksal hat mehrfach in der Literatur seinen Niederschlag gefunden, so in der Novelle »Der Heilige« (1880) von C. F. Meyer und in dramatisierter Form von Tennyson (»Becket«, 1884), von T. S. Eliot (»Murder in the Cathedral«, 1935), Jean Anouilh (»Becket ou l'honneur de Dieu«, 1959) und Christopher Fry, der zwölf Jahre an seinem

»Curtmantle« (1961) arbeitete. Im Prolog zu den »Canterbury Tales«, 1373 begonnen, erzählt Chaucer, wie 29 Pilger sich in der Tabard Inn in Southwark treffen, um das Grab des Heiligen in Canterbury zu ehren.

Poultry Die Verlängerungsstraße von Cheapside nach Osten, Poultry (= Geflügel), verdankt ihren Namen dem Geflügelmarkt, der hier im Mittelalter abgehalten wurde. Heute beherrschen Banken das Straßenbild. Seit 1924 steht die Midland Bank an der Stelle des Geburtshauses des Dichters Thomas Hood, der hier am 23. Mai 1791 über dem Laden seines Vaters, eines aus Schottland eingewanderten Buchhändlers, zur Welt kam. Eine Tafel am Hause Nr. 31 erinnert an den Dichter, der in seinen Gedichten »The Song of the Shirt« und »The Bridge of Sighs« die sozialen Nöte der armen Bevölkerung seiner Zeit aufdeckt.

In Poultry hatten sich viele Buchhändler angesiedelt. Boswell wohnte hier gelegentlich seiner Besuche in der Hauptstadt bei seinen Verlegern, den Brüdern Edward und Charles Dilly, die sein »Journal of a Tour to the Hebrides with Samuel Johnson«, (1786) und das »Life of Samuel Johnson« (1791) herausgaben.

Bucklersbury Im 16. Jahrhundert hatten hier Apotheker und Pflanzenhändler ihre Niederlassungen. Shakespeares Falstaff spricht in den »Merry Wives of Windsor« von »Weibern, die wie Bucklersbury zur Zeit der Kräuterlese riechen«. Thomas More wohnte in dieser Straße. Hier wurde ihm im Jahre 1505 seine Tochter Margaret geboren, und bei ihm stieg Erasmus von Rotterdam bei seinem ersten Londoner Besuch im Jahre 1499 ab. Mit dem um zehn Jahre jüngeren Thomas More verband ihn bald eine enge Freundschaft.

Old Jewry In Old Jewry, einer Straße, die ihren Namen den jüdischen Bankiers verdankt, die hier bis zu ihrer Vertreibung im Jahre 1290 durch Edward I. lebten, spielen einige Szenen von Ben Jonsons »Every Man in His Humour« (1598) mit ihrer Darstellung echter Gestalten und anschaulicher Ereignisse aus dem Alltagsleben der Londoner Bürger seiner Zeit.

Cannon Street In dieser im Mittelalter dichtbevölkerten Straße unterhielten die Kerzenmacher — der Name der Straße geht auf das Wort candle (= Kerze) zurück — ihre Läden. In die Mauer der China Bank, gegenüber Cannon Street Station an der Stelle der ausgebombten St. Swithin's Church, ist ein römischer Meilenstein, der »London Stone«, eingebaut, den Shakespeare in »Heinrich VI.« erwähnt. Jack Cade, der Rebell, der sich als Sieger Lord Mortimer nennt, schlägt seinen Stock gegen den Stein: »Nun ist Mortimer Herr der City. Und hier, auf dem Londoner Stone sitzend, befehle ich, daß in diesem Jahr unseres Reichs auf Stadtkosten durch die Seigerrinne nichts als roter Wein fließen soll!«

In der ersten St. Swithin's Church, an der Ecke St. Swithin's Lane gelegen, die dem »Großen Brand« zum Opfer fiel, heiratete John Dryden im Jahre 1663 Lady Elizabeth Howard, Tochter des Earl of Berkshire. Während der 1665 in London wütenden Pest zog sich das Paar nach Charlton/Wiltshire auf den Besitz der Eltern der Lady zurück, wo »Annus Mirabilis«, Drydens episches Gedicht über die Pest, den »Großen Brand« und den niederländischen Seekrieg entstand.

Am Ende der Cannon Street steht eine nach Plänen von Wren erbaute 67 Meter hohe Steinsäule, das Monument.

Die Säule wurde zu Ende der siebziger Jahre des 17. Jahrhunderts zur Erinnerung an den »Großen Brand« vom Jahre 1666 errichtet, der Sonntag, den 2. September, in den frühen Morgenstunden ausbrach, fünf Tage lang wütete, 13200 Häuser in 400 Straßen und 89 Kirchen vernichtete, Tausenden das Leben kostete und 200 000 Menschen obdachlos machte. Das Feuer hatte sich in einer Hofbäckerei in der Pudding Lane, die an der Stelle des Hauses Nr. 25, 67 Meter vom Monument entfernt, lag, entzündet. Addison beschreibt seinen Aufstieg zur Plattform der Säule, »der ihm den Atem nahm.« Auch Lichtenberg war hier und widmet dem Denkmal einen Abschnitt in seiner »Nachricht von Popes Leben und Schriften« (1782). Boswell bestieg am 2. April 1763 das »höchst erstaunliche Bauwerk« und notiert in seinem »London Journal«:

»Es ist eine Säule, zweihundert Fuß hoch; inwendig führt eine Wendeltreppe hinauf. Als ich ungefähr halbwegs oben war, bekam ich es mit der Angst zu tun. Am liebsten wäre ich umgekehrt, sagte mir aber, ich müßte mich nachher einen Feigling schelten. So überwindet Selbstgefühl die Furcht. Ich stieg empor und trat auf den Balkon hinaus. Es war grauenhaft, so ungeheuerlich weit oben in der Luft zu schweben, hoch über London mit all seinen Kirchtürmen. Ich wagte nicht, in die Runde zu sehen. Zwar besteht eigentlich keine Gefahr, da Treppe und Balkon mit einem festen Geländer versehen sind. Aber mir graute, und jedesmal, wenn ein schwerer Wagen die Gracechurch Street hinunterrumpelte, fürchtete ich, die Erschütterung des Bodens werde den hohen Stapel in sich zusammenstürzen lassen.«

Pepys und Evelyn haben als Augenzeugen ihre Eindrücke und Erlebnisse bei der Katastrophe lebendig und eindrucksvoll in ihren Tagebüchern geschildert. Pepys berichtet, wie der Brand eine Straße nach der anderen erfaßte und immer mehr anwuchs »zu einer greulichen, bösartigen, blutigen Flamme ... Mir kamen die Tränen bei diesem Anblick.«

Das Denkmal trug bis 1831 eine Inschrift, die die Ursache des Brandes den Katholiken zur Last legt, was Pope zu den Zeilen veranlaßte: »... wo Londons Monument, zum Turm gefügt, das Haupt erhebt und dreist vom Himmel lügt.«

Upper Thames Street Noch zu Dickens' Zeiten trugen die Upper und Lower Thames Street, die parallel zur Themse von der Blackfriars Bridge zum Tower führen, den einheitlichen Namen Thames Street. In einem Hause an der Stelle des heutigen Whittington Gardens wurde Geoffrey Chaucer, »Vater der englischen Dichtkunst«, Diplomat und Gelehrter, um 1340 als Sohn eines wohlhabenden Weinhändlers geboren, und hier verbrachte er seine Jugendjahre. Nach Studien an einer der Londoner Juristenschulen trat er in königliche Dienste, heiratete 1366 Philippa de Roet, eine Hofdame der Königin, machte in Italien, wo er in diplomatischer Mission weilte, die Bekanntschaft Boccaccios und Petrarcas und war von 1374 bis 1386 Oberzollaufseher des Londoner Hafens. In seinem Hauptwerk »The Canterbury Tales«, das er 1373 begann, schuf er nicht nur eine literaturfähige Nationalsprache, sondern vermittelt der Nachwelt gleichzeitig ein Bild aller Schichten der englischen Bevölkerung im ausgehenden Mittelalter. Chaucer starb am 25. Oktober 1400 in einem ein Jahr vor seinem Tode gemieteten Hause, das an der Stelle der Kapelle Heinrichs VII. in der Westminster-Abtei stand. Er wurde als erster Schriftsteller in der Abtei beigesetzt, sein Denkmal wurde erst 1555 enthüllt.

Suffolk Lane Auf der linken Straßenseite stand die 1561 gegründete »Merchant Taylors' School«. Edmund Spenser, um 1552 in East Smithfield geboren, gehörte zu ihren Schülern. 1875 wurde sie zum Charterhouse verlegt.

Arthur Street Von ihren häßlichen Zimmern am Edith Grove zogen Katherine Mansfield und J. M. Murry im Juli 1914 in zwei Zimmer in einem Hause in der Arthur Street. Sie waren von ihrer Wohnung zunächst sehr angetan, gaben sie aber nach kurzer Zeit auf, da sie von Ungeziefer wimmelte. Noch im selben Monat übersiedelten sie nach Udimore bei Rye.

Billingsgate Market In Dickens' »Little Dorrit« und im »Uncommercial Traveller« spielt Billingsgate, der Hauptfischmarkt Londons, der an dieser Stelle schon zu sächsischen Zeiten bestand, eine Rolle. Pips in »Great Expectations« bewundert den alten Markt »mit seinen Austernschiffen und Holländern«. Edgar Wallace durfte als Junge seinen Ziehvater, den Fischmarktarbeiter George Freeman, wenn dieser seinen Arbeitgeber morgens um drei Uhr von seinem Hause in Greenwich zum Billingsgate Markt fuhr, auf dem Kutschbock begleiten. In seinen Erinnerungen berichtet Wallace von den Trägern mit ihren weißen Überröcken und ihren seltsamen Traghüten aus Holz und Leder und von der Kaffeestube unten in der Lovat Lane, in der es so »verlockend nach Fisch roch«.

Lovat Lane Lovat Lane führt zur Mary-at-Hill-Kirche. Thomas à Becket predigte hier eine Zeitlang. Edward Young heiratete in dieser Kirche im Jahre 1731 die verwitwete Tochter des Earl of Lichfield, Lady Elizabeth Lee. Ihrem und seiner Stieftochter frühen Tod verdankt die Literatur Youngs schwermütige Betrachtungen über Tod und Unsterblichkeit, »The Complaint, or Night Thoughts« (1742 bis 44), die nicht zuletzt auch durch Blakes Illustrationen die »empfindsamen« Leser der Zeit tief bewegten. Der Dichter wurde am 3. Juli 1683 als Sohn eines Geistlichen in Upham/Hampshire geboren, studierte in Oxford und ließ sich 1719 in London nieder. 1728 wurde er Kaplan am königlichen Hof und 1730 Pfarrer in Welwyn/Hertfordshire, wo er am 5. April 1765 starb.

Lower Thames Street In der beim »Großen Brand« eingeäscherten alten St. Magnus the Martyr-Kirche predigte von 1564 bis 1566 Miles Coverdale (1488—1569), dem England die erste vollständige Bibelübersetzung, die sog. »Great Bible« (1539), verdankt. Er starb im Jahre 1569 und wurde in der Kirche bestattet. Sein Grabmal hat das Feuer überstanden. Am 4. November 1594 heiratete hier Ben Jonson Anne Lewis. Die Ehe mit der »zänkischen, aber ehrenwerten Frau«, wie der Dramatiker sie nennt, war nicht glücklich. Sie gebar ihm drei Kinder, die in jungen Jahren starben.

Die jetzige Kirche, in der »jonisches Weiß und Gold in unbegreiflichem Glanz erstrahlt«, wie T. S. Eliot schreibt, ist eine Schöpfung Wrens.

Seething Lane Im östlichen Teil der Seething Lane lag »Navy Office«, der Vorläufer des heutigen Marine-Ministeriums, in dem Samuel Pepys von 1660 an als Sekretär arbeitete. Seine Dienstwohnung befand sich in einem vor dem Amt liegenden kleineren Haus. Hier entstanden große Teile seines »Memoirs of Samuel Pepys, Comprising his Diary from 1660 to 1669«, in das er Tag für Tag in Kurzschrift seine Eindrücke und Erlebnisse eintrug. So berichtet er von den großen politischen Ereignissen seiner Zeit, von der Pest und vom »Großen Brand«, den er vom Fenster seines Schlafzimmers beobachten konnte, wie aber auch von der Tatsache, daß ihm seine Frau ein kaltes Abendbrot vorsetzte, »weil heute Waschtag war«. Die letzte Eintragung vom 31. Mai 1669 steht unter dem Eindruck seiner drohenden Erblindung. Seine Frau starb hier 29jährig am 10. November 1669 und wurde in St. Olave's Church in der Hart Street bestattet. Pepys ließ dort ihre Marmorbüste aufstellen; der lateinische Text stammt von ihm. Er überlebte seine Frau um 34 Jahre, starb am 26. Mai 1703 im Landhaus seines Freundes William Hewer in Clapham und fand neben seiner Frau seine letzte Ruhestätte. Conan Doyle hat Pepys, seinem Grab und der Bedeutung seines Tagebuchs in seinem Eheroman »Ein Duett« ein Denkmal gesetzt. Drinkwater, der eine Zeitlang in der Pepys Farm in Brampton/Huntingdonshire, dem Wohnsitz der Eltern des Tagebuchschreibers, wohnte, hat diesem eine Biographie gewidmet (1930). Dickens nennt den Friedhof von St. Olave's in seinem »Uncommercial Traveller« seinen »liebsten Kirchhof, den Friedhof von St. Grausig Schauerlich«. Zu Ehren des Tagebuchschreibers erhielt eine 1923 angelegte Seitenstraße der Seething Lane, die sich über das Gelände des 1673 abgebrannten und 1788 abgerissenen Neubaus des Flottenamts erstreckt, seinen Namen. Im Jahre 1777 wohnte Horatio Nelson im Neubau des Flottenamts, als er sich auf das Seeoffiziersexamen vorbereitete.

Great Tower Street Vom Ziegelturm der Kirche All Hallows's Barking-by-the-Tower, dem einzigen Kirchturm der City, der den »Großen Brand« überstand, beobachtete Pepys die Katastrophe, »bis mich die Furcht ankam, dort länger zu bleiben, und ich stieg hinunter, so schnell ich konnte.«

The Tower Der Tower, nach der Schlacht von Hastings im Jahre 1066 von Wilhelm dem Eroberer als Festung erbaut, diente im Zuge der Zeit als königliche Residenz, als Arsenal, vor allem aber als Staatsgefängnis. Theodor Fontane nennt ihn in seinem »Londoner Bilderbogen« einen blutgetränkten Platz, auf dem sich so oft das Schafott erhob und manches Haupt unter dem Beil des Henkers fiel . . . Hier fielen Bischof Fisher und Sir Thomas More, beide fester am Glauben hängend als an ihrem Leben . . .« Dickens spricht in seinem Roman »Barnaby Rudge« (1841) von den dicken Steinwänden,

die »den Trubel des Stadtlebens ausschlossen und eine Stille hervorbrachten, die die Erinnerungszeichen, die von früheren Gefangenen hinterblieben waren, durch ihr stummes Zeugnis nur noch drückender und tiefer machten.«
Nach Shakespeares Meinung in »Richard III.« hat Julius Cäsar den Tower erbaut.
Sir Thomas More wurde hier am 6. Juli 1535 enthauptet. Als er den Kopf auf den Richtblock legen sollte, bat er den Henker, seinen langen Bart nach vorn zu legen, damit er ihn nicht abschneide, und meinte: »Wenn Sie auch berechtigt sind, meinen Kopf abzuschneiden, so sind Sie nicht befugt, mir auch meinen Bart abzunehmen.«
Der französische Dichter und Offizier Charles d'Orléans, der im Verlauf des Hundertjährigen Krieges in der Schlacht von Agincourt (1415) den Engländern in die Hände fiel, schmachtete 25 Jahre hier. Hier entstanden einige seiner schönsten Gedichte. Wegen seiner Beziehungen zu Anne Boleyn war Sir Thomas Wyatt, der mit seinem Schüler, dem Earl of Surrey, die ersten Sonette in englischer Sprache schrieb, hier eingesperrt. Dreizehn Jahre lang war Sir Walter Raleigh im Tower gefangen und schrieb hier seine »History of the World«. Raleigh hatte, obwohl er Queen Elizabeth, der jungfräulichen Königin, ewige Treue geschworen hatte, Liebesbeziehungen zu Elizabeth Throgmorton, einer Hofdame der Königin, aufgenommen. Die Königin erfuhr von Raleighs Seitensprung und schickte ihn ins Gefängnis. 1592 kam Raleigh wieder frei, wurde mit seiner Geliebten verheiratet und nach Westengland verbannt. Unter Elizabeths Nachfolger James I. wurde er verdächtigt, eine Verschwörung angezettelt zu haben, und kam erneut hinter Schloß und Riegel. Nach einer dritten Inhaftierung wurde er am 29. Oktober 1618 enthauptet.
Great Tower Street, Eastcheap und King William Street führen zum **Moorgate** Das 1415 errichtete Tor, das zu den nördlich der alten Stadtmauer gelegenen Moorgebieten führte, war eines der sieben Tore der City, von denen nur noch Straßennamen berichten. Eine Tafel am Hause Nr. 75 kennzeichnet die Lage des Tors.
An der Stelle des Hauses Nr. 85 befand sich die Mietsstallung »Swan and Hoop«, die John Jennings, dem Großvater des Dichters John Keats, gehörte. Dieser kam hier in einer Wohnung über den Ställen am 31. Oktober 1795 als ältestes von fünf Kindern des Fuhrunternehmers Thomas Keats und seiner Frau Frances, der Tochter des Mietsstallbesitzers, zur Welt. Im Herbst 1801 übersiedelte die

Familie in die Craven Street an der City Road. Der Vater des Dichters kam 1804 bei einem Sturz vom Pferde ums Leben, seine Mutter starb sechs Jahre danach an der Schwindsucht. John wurde in Edmonton zur Schule geschickt und kam nach dem Tode seiner Mutter zu einem Arzt in die Lehre. Am 2. Oktober 1815 begann er seine medizinische Ausbildung am St. Guy's Hospital in Southwark. Dank einer kleinen Erbschaft konnte er Anfang 1817 den ungeliebten Beruf aufgeben und sein Leben ganz der Dichtkunst widmen. John Keats, der in Neapel Heilung von seinem Lungenleiden zu finden hoffte, verstarb am 23. Februar 1821 auf dem Wege dorthin in den Armen seines Freundes Joseph Severn in Rom. Eine Tafel an der Moorgate Tavern erinnert an das Geburtshaus des Dichters.

Ropemaker Street Daniel Defoe, der Schöpfer des »Robinson«, starb unter angenommenem Namen am 26. April 1731 auf der Flucht vor seinen Gläubigern vereinsamt und mittellos im 72. Lebensjahr in einem bescheidenen Gasthaus, das an der Ecke Moorfields in der heute verschwundenen Ropemakers' Alley, die im Zuge der Ropemaker Street verlief, lag. Von sich sagte der Schriftsteller: »Kein Mensch ward so vom Mißgeschick erlesen: dreizehnmal arm und wieder reich gewesen.« Auf dem Bunhill Fields-Friedhof wurde er bestattet.

Moorfields Der Dramatiker George Lillo, der mit seiner Tragödie »The Merchant of London, or The History of George Barnwell« (1731), der Geschichte eines Handlungsgehilfen, der zum Verbrecher wird, das erste bürgerliche Trauerspiel der Literaturgeschichte schrieb, wurde am 4. Februar in dieser Straße als Sohn eines Schmuckwarenhändlers geboren. Über sein weiteres Leben ist kaum etwas bekannt. Er starb am 3. September 1739. In der St. Leonhard's Church, Shoreditch, wurde er bestattet.

Moorgate und die Verlängerung Finsbury Pavement und City Road führen über die Old Street nach Shoreditch, der Geburtsstätte des Londoner Theaters, das hier außerhalb der City-Grenzen frei von jeder obrigkeitlichen Einmischung und Zensur arbeiten konnte.

An der Nordwand der St. Leonhard's Church am Nordende der

Shoreditch High Street erinnert eine Marmortafel an den Schauspieler Gabriel Spencer, der bei einer Wirtshausstreiterei mit Ben Jonson sein Leben verlor, an Fortunatus Greene, dessen Glanzrolle als Shylock ihm Bewunderung und Anerkennung bei dem damaligen Theaterpublikum einbrachte — sein Vater, der Dramatiker Robert Greene, hatte Shakespeare »eine aufsteigende Krähe« genannt —, an James Burbage, Direktor einer wandernden Schauspielergruppe und Gründer des ersten feststehenden Theaters, des »Theatre« (1576), sowie an seine beiden Söhne — Richard Burbage war der bedeutendste Tragöde seiner Zeit und Freund Shakespeares. In dieser Kirche wurde George Lillo begraben, und die Eltern von John Keats ließen hier die drei Brüder des Schriftstellers George, Tom und Edward taufen.

Curtain Road Eine Gedenktafel am Hause Nr. 88 bezeichnet die Stelle, an der das »Theatre« stand. Südlich vom »Theatre« wurde im Jahre 1577, ein weiteres Theater, »The Curtain«, eröffnet. Der Name der Straße und des Theaters geht auf das französische Wort curtine (= Befestigungsmauer) zurück.

Shoreditch High Street und Norton Folgate — hier wohnte Christopher Marlowe, und in einem Hause in der rechten Querstraße, der Worship Street, soll Shakespeare gelebt haben — führen zum

Bishopsgate In der alten St. Botolph's Church wurde der am 18. November 1611 als Kind verstorbene Benjamin Jonson, der Sohn des Dramatikers Ben Jonson, begraben. Sein Vater hat ihn in einem Gedicht unsterblich gemacht. In der neuen Kirche wurden am 18. Dezember 1795 John Keats und sieben Jahre später seine Schwester Fanny getauft.

Am Crosby Square stand das 1466 von dem Ratsherrn und Wollhändler Sir John Crosby errichtete Herrenhaus »Crosby Place«. Richard, Herzog von Gloucester, residierte hier im Jahre 1483, und hier plante er den Mord an den Söhnen Edwards IV. In Shakespeares »Richard III.« ist der Palast dreimal erwähnt. Thomas More kaufte den Herrensitz und bewohnte ihn mit seinem Schwiegersohn William Roper in den Jahren 1523 und 1524. Von hier übersiedelte die Familie nach Chelsea.

Walter Raleigh gehörte später zu den Bewohnern des Palastes. Bei einem Brand im 17. Jahrhundert blieb nur die große Halle des Hauses erhalten, die nacheinander als Gefängnis, als Speicher und schließlich bis zu ihrem Abriß wegen einer Straßenerweiterung im Jahre 1910 als Restaurant diente. Die Halle wurde mit den alten Steinen originalgetreu in Chelsea wiederaufgebaut.

Gegenüber vom Crosby Square liegt

Threadneedle Street Die »Merchant Taylors' (tailor = Schneider) Company«, die ihr Zunfthaus in dieser Straße hatte und drei Nadeln (three needles) im Wappen führt, ist für ihren Namen verantwortlich. Hier lag bis zur Gründung der St. Paul's School die berühmteste Schule der City, St. Anthony's School. Thomas More war ihr prominentester Schüler. Der oft gebrauchte Name »Old Lady of Threadneedle Street« geht auf Sheridan zurück, der die Bank im Jahre 1797 »eine alte Dame in der City mit großem Kredit und altehrwürdigem Ruf« nennt.

Cornhill Cornhill verdankt seinen Namen dem Kornmarkt der City, der sich im Mittelalter hier befand. Der Schneidermeister John Show, der sich als Altertumsforscher, vor allem aber als erster Geschichtsschreiber Londons einen Namen gemacht hat, kam im Jahre 1525 in dieser Straße zur Welt. Er starb am 5. April 1605 an einem Steinleiden. In der St. Andrew Undershaft-Kirche wurde er bestattet. Seine für das Studium der Geschichte der Hauptstadt ungemein wertvolle Topographie »Survey of London and Westminster« (1598) hat ihm, wie er sagt, »manche Meile ermüdender Wanderung, manch schwerverdientes Geld und manch durchstudierte, kalte Winternacht« gekostet.

Der um 1330 in Shropshire geborene Dichter William Langland, Zeitgenosse Chaucers und Autor des Epos »Piers Plowman«, 1362, (»Peter der Pflüger«), in dem der Nachwelt ein erschütterndes Bild der Not der Armen seiner Zeit überliefert wird und dem sein eigenes Schicksal zugrunde liegt, wohnte mit seiner Frau und Tochter am Cornhill. Er schlug sich als Schreiber und bisweilen als Bettler durch sein armseliges Leben.

An der Stelle des Bankgebäudes Cornhill Nr. 39 stand das Geburtshaus des Dichters Thomas Gray, Autors der in fünfzehn Sprachen übersetzten »Elegy written in a Country Churchyard« (1751). Die Anfangszeile dieses Gedichts »Die Abendglocke singt den Tag zur Ruh'« sowie ein Porträt des Dichters finden sich auf einer im Jahre 1918 am Hause angebrachten Gedenktafel. Gray wurde am 26. Dezember 1716 als Sohn eines Schreibers, der seine Frau zu prügeln pflegte, geboren. Er war das einzige von zwölf Kindern, das die Kinderjahre überlebte. Seine von ihm hochverehrte Mutter, die ihn pflegte, eigenhändig zur Ader ließ und den Lebensunterhalt der Familie als Putzmacherin verdienen mußte, ermöglichte ihm ein Studium in Oxford, wo seine lebenslange Freundschaft mit Horace Walpole begann. Gray gehörte zu den dreizehn Stotterern der englischen Literaturgeschichte, die Havelock Ellis in seiner »Studie des britischen Geistes« zusammengestellt hat. Als Bewunderer und Übersetzer keltischer Dichtungen hat Gray Chattertons Werk als Fälschung aufgedeckt. In der benachbarten St. Michael's Church, wo sein Vater bestattet wurde, wird ein Spazierstock des Dichters aufbewahrt. Gray starb am 30. Juli 1771 in Cambridge und wurde auf dem Country Churchyard von Stoke Poges/Buckinghamshire, wo er sich mit seiner Mutter niedergelassen hatte, begraben. Dem Friedhof widmete er seine berühmte Elegie.

Sein Geburtshaus wurde im Jahre 1748 bei einem Großfeuer eingeäschert.

An der Stelle des Verwaltungsgebäudes der Cornhill Insurance Company, Cornhill Nr. 32, gegenüber St. Peter's Church, stand das Verlagshaus Smith, Elder and Co. An der Eingangstür zum Versicherungsgebäude sind auf der Füllung Holzschnitzereien angebracht, deren unterste rechts Charlotte und Anne Brontë zusammen mit Thackeray darstellen. Die Schriftstellerinnen hatten sich hier im Jahre 1848 ihrem Verleger vorgestellt. Bei einem weiteren Besuch in London im Jahre 1849 wohnten sie bei George Smith, der sich um die schüchternen und großstadtungewohnten Frauen bemühte. Hier traf Charlotte den von ihr bewunderten Thackeray, ihren »Titanen«, zum ersten Mal.

Gegenüber der Change Alley lag bis 1848

Freeman's Court »Im Erdgeschoß eines schmutzigbraunen Hauses am äußersten Ende von Freeman's Court« lag das Anwaltsbüro Dodson and Fogg in Dickens' »Pickwick Papers«. »Die Schreiber erhaschten hier im Laufe ihrer täglichen Mühen so flüchtige freundliche Schimmer von des Himmels Licht und Sonne, wie einer erhoffen kann, der sich im Grunde eines ziemlich tiefen Brunnens befindet...«

Am Freeman's Court hatte Daniel Defoe vor seiner Haft in Old Bailey im Jahre 1702 einige Jahre hindurch ein Wirkwarengeschäft.

Change Alley Eine Tafel an den Häusern 3—4 erinnert an eine der ältesten Tavernen der City, an »Garraway's Coffee House«, das hier bis 1866 bestand. Fielding erwähnt sie in seinem Roman »Amelia« (1751). Bei Dickens erscheint sie des öfteren. Nadgett in »Martin Chuzzlewit« trocknet hier seine nassen Taschentücher am Kaminfeuer, Mr. Flintwich in »Little Dorrit« war hier Stammgast, und Mr. Pickwick schreibt hier seinen berühmten Koteletts- und Tomatensaucenbrief an Mrs. Bardell. Auch in den »Christmas Stories« und im »Uncommercial Traveller« spielt das Wirtshaus eine Rolle.

Lombard Street Lombard Street verdankt ihren Namen den Lombarden, den finanztüchtigen Geldwechslern aus der Langobardei, die sich hier um 1400 niederließen. Heute ist die Straße — in unmittelbarer Nachbarschaft der Bank von England und der Börse — das bedeutendste Finanzzentrum der Stadt.

Im Hause Lombard Street Nr. 2 wohnte die etwas leichtfertige, von Dickens leidenschaftlich umworbene Maria Beadnell mit ihren Eltern. Ihr Vater war Direktor der im Nachbarhaus gelegenen Smith, Payne and Smith-Bank. Dickens sah in Maria das Vorbild zu Maria in »David Copperfield«, die Bank erscheint in den »Pickwick Papers«, in »David Copperfield« und in »Little Dorrit«.

In Lloyd's Bank in Lombard Street Nr. 71 arbeitete von März 1917 bis zum Jahre 1925 Thomas Stearns Eliot in der Auslands- und Kolonialabteilung. Der am 26. September 1888 in St. Louis/USA geborene Dichter hatte am 26. Juni 1915 in Oxford, wo er am Merton College studierte, Vivienne, die Tochter des Malers Haigh-Wood geheiratet. Die Ehe war unglücklich. Im selben Jahr erschien sein erstes Gedicht »Prufrock« in der Zeitschrift »The Egoist«, an der Eliot mitarbeitete. 1922 gründete er die Zeitschrift »Criterion«. 1925 wurde er Verlagsdirektor bei Faber and Gwyer.

Joseph Addison heiratete am 3. August 1716 in der St. Edmund the King and Martyr Church die verwitwete Gräfin Warwick und bezog die Residenz seiner Gattin, »Holland House« im Holland Park.

Birchin Lane Der Politiker, Historiker und Schriftsteller Thomas Babington, Lord Macaulay, verbrachte seine ersten zwei Lebensjahre im heute verschwundenen elterlichen Hause in der Birchin Lane. Im Jahre 1802 übersiedelte die Familie in die damalige Vorstadt Clapham. Der Schriftsteller wurde am 25. Oktober 1800 auf dem Gut seines Onkels »Rothley Temple« in Rothley/Leicestershire als ältestes von acht Kindern des wohlhabenden Kaufmanns Zachary Macaulay, der sich durch sein mannhaftes Eintreten für die Abschaffung der Sklaverei verdient gemacht hat, und seiner Gattin, der Quäkerin Selina Mills, geboren.

Plough Court Der Dichter Alexander Pope kam am 21. Mai 1688 als Sohn eines wohlhabenden Leinenhändlers am Plough Court Nr. 1 an der Ecke der Lombard Street verwachsen und kränklich zur Welt. Sein Leben lang mußte er einen eisernen Schnürleib tragen; er blieb so klein, daß sein Sitz immer mit Hilfe von Kissen erhöht werden mußte, damit er den Tisch erreichen konnte. Seine Kindheit verbrachte er in Froyford bei Windsor auf dem Besitz seiner Eltern. Schon als Kind zeigte sich seine dichterische Begabung. Wegen eines Spottgedichts mußte er das katholische Seminar in Twyford bei

Winchester verlassen; in der Folge wurde er von Priestern im Elternhaus unterrichtet.

Castle Court Am Castle Court liegt die »George and Vulture Tavern«, die die Erinnerung an zwei alte Gasthäuser, die sich hier vor dem »Großen Brand« befanden, wachhält, an »George«, das älteste Gasthaus der City, in dem Chaucer gern weilte und das Skelton besang, und an »The Vulture« (= Geier). Beide Tavernen schlossen sich nach dem Brande zu dem heutigen »George and Vulture« zusammen. Hier kam Daniel Defoe der Gedanke zu seinem »Robinson Crusoe«, Addison und Swift waren hier Stammgäste. Auf der Suche nach interessanten Schauplätzen für seine Bücher entdeckte Dickens eines Tages das Wirtshaus und warf vor Begeisterung über seinen Fund seinen Hut in die Luft. Er wurde regelmäßiger Besucher des Wirtshauses. Mr. Pickwick in seinen »Pickwick Papers« bezog hier in »sehr guten, altmodischen Räumen« Quartier, als er seine möblierte Wohnung in der damaligen Goswell Street, der heutigen Goswell Road, aufgeben mußte, weil ihn seine Wirtin, Mrs. Bardell, wegen Bruchs des Eheversprechens verklagt hatte. Heute trifft sich im »George and Vulture« viermal im Jahre der »City Pickwick Club« zu einem Essen.

Leadenhall Market und Leadenhall Street Am Leadenhall Market, der Stelle des römischen Forums, stand im Mittelalter die bleigedeckte Halle des Besitzes eines Sir Hugh Neville, auf die der Name Leadenhall (Blei = lead [led]) zurückgeht. Leadenhall Market wie Leadenhall Street geben in mehreren Büchern von Dickens den Schauplatz ab. Die Büroräume der Firma Dombey and Son verlegt Dickens in seinem gleichnamigen Roman in diese Straße. In einem Hause, das an der Stelle der Leadenhall Street Nr. 157 stand, lag »Sol Gills«, ein mit dem Firmenzeichen eines hölzernen Seekadetten in einer abgetragenen Uniform gekennzeichneter Laden nautischer Instrumente. Das Firmenzeichen ist heute im »Dickens House« in der Doughty Street zu besichtigen.

Gegenüber liegt die Kirche St. Andrew Undershaft, in der der erste Geschichtsschreiber Londons, John Stow, im Jahre 1605 begraben wurde. Jeden Sonntag nach dem 5. April, seinem Todestag, wird hier ein Gedenkgottesdienst für den Chronisten, der sich sein Geld als Schneidermeister verdiente, abgehalten, wobei in Anwesenheit des Lord Mayor ein neuer Federkiel zwischen die Finger der Statue des Chronisten aus schwarzem Marmor, die seine Witwe errichten ließ, gesteckt wird.

Nachdem Charles Lamb seine Stellung im »South Sea House« in der
Old Broad Street Nr. 19 im Jahre 1792 aufgegeben hatte, trat er in
die Dienste der East India Company, die an der Ecke der Leadenhall und der Lime Street stand. Hier war er 35 Jahre lang tätig. Seine
Tendenz, spät zu kommen und früh zu gehen und sich während der
Dienststunden literarisch zu betätigen, brachte ihm keine Be-
förderung ein. James Mill dagegen und sein Sohn John Stuart, die
hier ebenfalls Jahrzehnte hindurch angestellt waren, bekleideten
führende Stellungen. Seit 1862 befinden sich an der Stelle der East
India Company die Gebäude der Versicherungsfirma Lloyd's.

Aldgate Chaucer erhielt im Jahre 1374 die angesehene und einträgli-
che Stelle des Oberzollaufsehers des Londoner Hafens, nachdem er
17 Jahre hindurch im königlichen Hofstaat gedient hatte. Er konnte
jetzt einen eigenen Hausstand gründen und bezog eine Wohnung
über Aldgate, dem 1761 abgerissenen Osttor der Stadt, das die Straße zwischen Jewry Street und Dukes Place überspannte und durch
das die Hauptausfuhrstraße nach Osten führte. 1366 hatte er Philippa de Roet, eine Hofdame der Königin, geheiratet. Zwölf Jahre
lang wohnte er hier. Im Jahre 1923 wurde am gegenüberliegenden
Postamt in der Aldgate High Street Nr. 85 eine Tafel zum Gedenken an den Dichter und seinen Wohnsitz angebracht, in dem er
seine »Canterbury Tales« beendete.

Houndsditch An der Ecke der Aldgate High Street steht St. Botolph's
Church, Aldgate. Hier heiratete am 1. Januar 1684 Daniel Defoe
Mary Tuffley. Der Schriftsteller hatte sich ein Jahr davor als
Strumpffabrikant niedergelassen. Der Ehe entsprossen acht Kinder.

Whitechapel Östlich von Aldgate beginnt Whitechapel, vor wenigen
Jahrzehnten noch eines der berüchtigsten Elendsviertel Londons. In
den »Children of Gibeon« (1886) und in »All Sorts and Conditions
of Men« (1882) gibt Walter Besant ein beeindruckendes Bild vom
damaligen Leben in den Slums des East End. Auch Jack Londons
»The People of the Abyss«, 1903 (»Volk am Abgrund«) spielt
vor dem Hintergrund dieses Viertels. Nördlich von Whitechapel
Road liegt Bethnal Green, zu Dickens' Zeiten noch eine schmutzige, arme Gegend, in der der Schriftsteller Szenen seines »Uncommercial Traveller« ansiedelt. Bethnal Green, auch »Jago« genannt,
bildet den Schauplatz von Arthur Morrisons »Tales of Mean Street«,
1894 (»Geschichten aus dem Armenviertel«) und seiner Romane
»A Child of the Jago«, 1896 (»Ein Kind aus dem Jago«), der Geschichte des jungen Diebes Dicky Perrot, und »To London Town«

(1899). In Dickens' »Pickwick Papers« fährt Mr. Pickwick mit Sam Weller durch die »überfüllten und schmutzigen Straßen« Whitechapels, wobei Sam feststellte: »Je ärmer eine Gegend ist, umso größer scheint die Nachfrage nach Austern zu sein. Sehen Sie doch, Sir, für jedes halbe Dutzend Häuser gibt's hier eine Austernbude. Sie sind wie ein Spalier an den Straßen. Ich glaube, wenn ein Mensch sehr arm ist, rennt er aus Verzweiflung aus seinem Loch und ißt aus lauter Verzweiflung Austern.«

Whitechapel Road An der Stelle des Hauses Nr. 75 lag die Postkutschenstation »Black Lion«, deren Hof erhalten ist. Hier nimmt Joe Willet in Dickens' »Barnaby Rudge« bei seiner Ankunft in London auf Geheiß seines Vaters ein spärliches Mahl ein. Auch andere Gast- und Posthöfe dieser Gegend wie »The Bull«, der bis 1868 an der Stelle der Aldgate Avenue stand, wo Mr. Pickwick die Postkutsche nach Ipswich besteigt, und »The Blue Boar« in Aldgate High Street Nr. 31, wo David Copperfield von Blunderstone her auf seinem Weg nach Salem House ankommt, haben Dickens zum Hintergrund für seine Erzählungen angeregt.

Commercial Road Dickens, der begeistert Streifzüge durch Londons Straßen unternahm, läßt seinen »Uncommercial Traveller« berichten:

»Gemütlich stiefelte ich in dem maßlosen Schmutz dieser Hauptverkehrsstraße einher und freute mich mächtig über die riesigen Häuserreihen der Zuckersieder, über die kleinen Masten und Windfahnen in engen Hintergärten von Hintergassen, über die nachbarlichen Kanäle und Docks, über die Rollwagen der Kompagnie, die sich schwerfällig über das Straßenpflaster hinbewegen, und über die Pfandleiherbuden, wo Matrosen im Dalles soviel Sextanten und Quadranten versetzt hatten, daß ich ein paar für einen Spottpreis hätte kaufen können, wenn ich die geringste Ahnung davon besäße, wie und wozu man sie brauchte.«

Nördlich von der Commercial Road liegt

Newark Street Im November 1865 übernahm der Theologe und Historiker John Richard Green die Stelle des Vikars an der St. Philip's Church in der Newark Street in Stepney. Am 12. Dezember 1837 in Oxford geboren, wurde Green Eton-Schüler und studierte dann Theologie am Magdalen- und Jesus-College seiner Geburtsstadt. Ostern 1869 zwang ihn Krankheit zur Aufgabe seines Amts. Er verließ Stepney und »warb um Armut und Freiheit« mit der Übernahme der Stelle eines ehrenamtlichen Bibliothekars am Lam-

beth Palace. Im Jahre 1910 brachte der London County Council eine
Tafel am Pfarrhaus in der Newark Street an, die an den Autor der
»Short History of the English People« (1874) und der wenige Jahre
danach erschienenen erweiterten Fassung »History of the English
People« erinnert. Green bezieht in seine historischen Darstellungen
auch die Literaturgeschichte ein. Der Schriftsteller starb am 7. März
1883 in Mentone an der Schwindsucht.

Südlich von der Commerical Road liegt

The Highway Im Kapitel »Trödler- und Seemannsläden« seiner
»Sketches by Boz« schildert Dickens diese Straße, die zu seiner Zeit
noch Rathcliff Highway hieß, »eine unaussprechlich unsaubere
Straße der Trunkenbolde, Diebe, liederlichen Weibsbilder, Austern,
gebackenen Kartoffeln und eingemachten Lachse. Wir sehen hier
lauter Matrosenkleidungsstücke. Große blaue Jacken mit Perlmut-
terknöpfen, Südwester, gewürfelte Hemden und weite, leinene Bein-
kleider, die aussehen, als wenn sie nicht für ein Paar Beine, sondern
für ein Paar Leiber gemacht wären, bilden den Grundbestand ...
mit ein paar Schiffsmodellen, einigen alten Kupferstichen, auf denen
Seeschlachten dargestellt sind, in noch älteren Rahmen, einem Kom-
paß, einer Tabakdose mit einem Schiff oder Anker auf dem Deckel
und dergleichen mehr. Ein Matrose verpfändet oder verkauft gewöhnlich alles, was er sein eigen nennt, wenn er an Land ist.«

Die südliche Begrenzung Stepneys, der »Kinderstube der britischen
Seeleute«, bildet

Wapping High Street Noch zu Nelsons Zeiten befanden sich in dieser
Straße über 140 Seemannskneipen. De Quincey beschreibt in seiner
Nachschrift »Murder Considered as one of the Fine Arts« einige der
hier begangenen Kapitalverbrechen. Die beiden in dieser Gegend gelegenen Restaurants, der 1520 erbaute »Prospect of Whitby« in
Wapping und »The Grapes« in der Narrow Street Nr. 76 in Limehouse erheben Anspruch darauf, Dickens als Vorbild zu den »Jolly
Six Fellowship Porters« in seinem Roman »Our Mutual Friend« gedient zu haben. Tatsächlich geht der Gasthof auf eine inzwischen abgerissene Taverne »The Brewers« in Limehouse zurück.

Zweiter Spaziergang: Vom Charing Cross zum Ludgate Circus

Strand
Im frühen Mittelalter noch ein Reitweg am Themseufer, wurde der Strand bald zum wichtigsten Verbindungsweg zwischen den ehemals selbständigen Städten Westminster und der City. Hier wurden im späten Mittelalter und zur Tudorzeit die Residenzen der Aristokratie und der hohen Geistlichkeit erbaut, deren Namen in den Namen der Seitenstraße erhalten geblieben sind. Disraeli bezeichnet den Strand als »die wohl schönste Straße in London«. Boswell sprach am Strand ein Mädchen an und »schob mit ihm in einen Hinterhof, um mich an ihm gütlich zu tun. Es hatte aber keinen Schutzüberzug bei sich.« Und so verzichtete er. Im August des folgenden Jahres »tippte mir am Strand ein knuspriges Kind auf die Schulter, und ich ging mit ihr nach Hause.« Diesmal war es eine Offizierstochter, wie er stolz vermerkt. Dickens wählt den Strand und seine Seitenstraßen wiederholt zum Schauplatz in seinen Büchern. In Brechts »Dreigroschenoper« geht Mackie Messer »an 'nem schönen, blauen Sonntag« um die Ecke, wo »ein toter Mann am Strand« liegt.

Northumberland Street Ben Jonson, elisabethanischer Dramatiker und Freund und Rivale Shakespeares, soll am 11. Juni 1572 oder 73 in dieser Straße zur Welt gekommen sein. Sein Stiefvater, ein Maurer, wollte, daß sein Sohn sein Handwerk fortsetzte. Dieser verließ jedoch das elterliche Haus und wurde Soldat in Flandern. 1592 kehrte er nach London zurück, wo er sich als Schauspieler und schließlich als Bühnenschriftsteller einen Namen schuf. Er starb am 6. August 1637 und wurde in Westminster Abbey bestattet.

Das Haus Nr. 10, in dem sich das Restaurant »Sherlock Holmes« befindet, wo Erinnerungsstücke an den Detektiv gezeigt werden und im ersten Stock ein Zimmer seiner Wohnung in der Baker Street zu besichtigen ist, war ehemals das Northumberland Hotel. Hier wohnt in Conan Doyles Roman »The Hound of the Baskervilles« Sir Henry Baskerville.

Craven Street Bei schlechtem Wetter, mit begrenzten finanziellen Mitteln, nicht ganz gesund, ohne Kenntnis der englischen Sprache und ohne Aussicht, Bekannte zu treffen, kam der 30jährige Heinrich Heine am 15. April 1827 in London an, wo er »eine liberale Welt« zu finden hoffte. Im Hause Nr. 32 bot sich ihm eine Unterkunft. »... draußen schneit es, und in meinem Kamin brennt kein Feuer. Daher ein kühler Brief«, schreibt er an einen Freund. Sein

Mißbehagen an der Stadt und ihren Bewohnern wuchs von Tag zu Tag. In den »Florentinischen Nächten« schreibt er über die englische Sprache: »Da nehmen sie ein Dutzend einsilbiger Wörter ins Maul, kauen sie, knätschen sie, spucken sie wieder aus, und das nennen sie sprechen. Zum Glück sind sie ihrer Natur nach ziemlich schweigsam ...« Eine Tafel am Hause erinnert an den Dichter, der die Hauptstadt im Juli desselben Jahres wieder verließ. In seinen »Englischen Fragmenten« schreibt er:

»Ich habe das Merkwürdigste gesehen, was die Welt dem staunenden Geiste zeigen kann ... noch immer starrt in meinem Gedächtnis dieser steinerne Wald von Häusern und dazwischen der drängende Strom lebendiger Menschengesichter mit all ihren bunten Leidenschaften, mit all ihrer grauenhaften Hast der Liebe, des Hungers und des Hasses ... ich spreche von London ... Schickt keinen Poeten nach London! Dieser bare Ernst aller Dinge, die kolossale Einförmigkeit, diese maschinenhafte Bewegung, diese Verdrießlichkeit der Freude selbst, dieses übertriebene London erdrückt die Phantasie und zerreißt das Herz.«

Von 1759 bis 1761 wohnte Mark Akenside im Hause Nr. 33
Der am 17. Januar 1706 in Boston/Massachusetts als sechster Sohn eines Färbers und Lichtziehers geborene Staatsmann und Schriftsteller Benjamin Franklin kam am Weihnachtsabend 1724 zum ersten Mal nach London, um sich als Druckergeselle weiterzubilden. Hier blieb er bis zum 21. Juli 1726. Während seines Aufenthalts in London hatte er seiner Verlobten Deborah Read nur einmal geschrieben. Er heiratete sie am 1. September 1730 und brachte ihr einen Sohn mit in die Ehe. 1757 kam er wieder in die britische Hauptstadt und nahm mit seinem Sohn, der am Middle Temple studierte, und zwei schwarzen Dienern bei der Witwe Margaret Stephenson im Hause Nr. 36 Wohnung. Hier lebte er bis zum Jahre 1762. Bei seinem dritten Aufenthalt in London von 1764 bis 1775 als Geschäftsträger Pennsylvaniens wohnte er wieder hier. Mit seiner Wirtin verband ihn eine enge Freundschaft, zu ihrer Tochter Polly unterhielt er von 1760 ab intime Beziehungen. Ein aus dem 18. Jahrhundert stammendes Treppenhaus und ein getäfeltes Wohnzimmer sind in dem Hause erhalten, das seit 1914 eine Gedenktafel an den amerikanischen Präsidenten trägt. Franklin starb am 17. April 1790 in Philadelphia. Bei einem Spaziergang durch Craven Street erregte ein Türklopfer die Aufmerksamkeit von Dickens. Er hat ihn in seiner »Christmas Carol« verewigt. Am unteren Ende der Straße sind einige Exemplare

noch heute erhalten.

Charing Cross Station Der Hauptbahnhof für die Züge in den südlichen und südöstlichen Teil Englands steht an der Stelle des Hungerford Market, der zu Ende des 17. Jahrhunderts von einem Sir E. Hungerford angelegt und 1862 aufgegeben wurde, und der Hungerford Stairs, an denen im Hause Nr. 30 eine von Mrs. Warren, einer Verwandten der Familie Dickens, geleitete Schuhwichsefabrik lag. Hier mußte der zwölfjährige Charles während der Haft seines Vaters ein halbes Jahr lang zwölf Stunden täglich Schuhwichsentöpfe in weißes Pergamentpapier einpacken und mit blauen Etiketten bekleben. »Keine Worte können meine geheime Seelenqual ausdrükken«, schreibt er in »David Copperfield«, »wie ich im geheimen litt. Wie schrecklich ich litt, wußte niemand außer mir.« Er fährt fort: »Neubauten haben den Ort sehr verändert; aber damals war es das letzte Haus in einer engen Straße, die zum Flusse hinabführte und an ihrem Ende ein paar Stufen hatte, wo man ein Boot nehmen konnte. Es war ein altes wackeliges Haus mit einer eigenen Werft, die während der Flutzeit im Wasser und während der Ebbe im Schlamme stand und ganz voller Ratten war. Seine ausgetäfelten Zimmer, schwarz von dem Schmutz und Rauch von hundert Jahren, die halbverfaulten Fußböden und Stiegen, das Quieken und Jagen der alten grauen Ratten unten in den Kellern, der Schmutz und die Verwesung des ganzen Ortes — alle diese Dinge stehen mir jetzt noch ebenso deutlich vor Augen wie in der bösen Stunde, wo ich an Mr. Quinions Hand zitternd unter sie trat.«

In seinem späteren Leben hatte Dickens nicht mehr den Mut, in die Hungerford Stairs zurückzukommen.

Hier quartiert sich die Familie Micawber in »David Copperfield« kurz vor ihrer Abfahrt nach Australien »in einer kleinen, schmutzigen, wackligen Schenke ein, die damals dicht bei der Treppe stand und mit ihren weit vorgebauten hölzernen Stuben in den Fluß hinausragte.«

Villiers Street Der Großgrundbesitzer George Villiers, Duke of Buckingham, bestand beim Abriß seines Palasts im Jahre 1676 darauf, daß alle Teile seines Namens in den Namen der Straßen, die auf seinem Grundstück entstanden, erhalten bleiben sollten. So finden sich heute hier die Villiers und Buckingham Street. Duke und George Street sowie die Of Alley, die sogar des »of« in seinem Namen gedachte und an der Stelle des York Place lag, sind heute verschwunden.

John Evelyn, der seinen Wohnsitz in Dorking/Surrey hatte, wohnte in den Wintermonaten der Jahre 1682 und 83 in der Villiers Street. Sir Richard Steele lebte zu Beginn des 18. Jahrhunderts in einem Hause, das dem Kipling House gegenüberlag. Hier stand ihm ein Konzertsaal für mindestens 200 Personen zur Verfügung. Im Jahre 1711 begann er zusammen mit Addison mit der Herausgabe des »Spectator«. Auch seinen letzten Wohnsitz in London hatte er in einem Haus in dieser Straße. Er starb in geistiger Umnachtung am 1. September 1729 in Carmathen/Wales.

Rudyard Kipling hatte sein einziges Domizil in London im Hause Nr. 43, wo er von Ende 1889 bis 1891 die Zimmer 16 bis 18 im fünften Stock bewohnte. In seiner Autobiographie »Something of Myself« (1937) schreibt er: »Meine Stuben waren klein, nicht besonders sauber und gut gehalten, aber von meinem Schreibtisch konnte ich durch die Fensterrose der Eingangstür zu Gatti's Music Hall und des Restaurants auf der gegenüberliegenden Straßenseite fast bis auf die Bühne sehen. Auf der einen Seite rumpelten durch meine Träume die Charing Cross-Züge, auf der anderen Seite hallte der Lärm vom Strand, während vor meinen Fenstern hinter dem Pulverturm der Schiffsverkehr auf der alten Themse auf und ab flutete. Meine Stuben lagen über einem Filialgeschäft von Harris, dem Würstchenkönig, der im Erdgeschoß für ein paar Pfennige Wurst und Gehacktes in so ausreichendem Maße verkaufte, daß man die Zeit vom Frühstück bis zum Abendessen damit überbrücken konnte.« In seinen Schreibtisch schnitzte er den Satz ein, den der angeschmiedete Galeerensklave in seiner Novelle »Die schönste Geschichte der Welt« in sein Ruder ritzt: »Oft war ich müde, wenn ich an Dir rang.« An diesem Tisch entstanden sein Roman »The Light That Failed«, 1891 (»Das Licht erlosch«), in dem er seine ersten Eindrücke von London schildert und das Haus Nr. 43 zu einem siebenstöckigen Gebäude macht, und eine Reihe seiner »Barrack-Room Ballads«. Der am 30. Dezember 1865 in Bombay als Sohn eines Zeichenlehrers geborene Schriftsteller erhielt seine Erziehung zunächst in Southsea bei Portsmouth und dann in einer Kadettenanstalt in Devonshire. In Indien arbeitete er an einer von ihm mitherausgegebenen Zeitung, für die er 1889 als Korrespondent nach England ging. 1892 ließ er sich in Amerika nieder, wo er die Schwester des Schriftstellers Walcott Balestier, die er in London kennengelernt hatte, heiratete. 1896 ging er nach England zurück, wo er zunächst in Maidencombe bei Torquay/Devonshire, dann in Rottingdean/Sussex, darauf in London und schließlich von 1902 bis zu seinem Tode in Burwash/Sussex lebte. Er starb am 18. Januar 1936 im Middlesex Hospital und wurde in Westminster Abbey neben Thomas Hardy beigesetzt. Das Haus Nr. 32 trägt seit 1940 eine Tafel zum Gedenken an den »Barden des britischen Imperialismus« und ersten englischen Nobelpreisträger für Literatur (1907).

York Place An der Stelle des York Place und des Gebäudekomplexes zwischen Villiers und Buckingham Street, im Norden vom Strand und im Süden vom Themseufer begrenzt, lag York House, die prunkvolle Residenz der Erzbischöfe von York, und nach dem Neubau im Jahre 1625 der Palast von George Villiers, Duke of Buckingham. Von seinem Besitz ist lediglich das York Water Gate, ehemals der Zugang vom Palast zur Themse, erhalten geblieben. Im York House erblickte der Philosoph, Schriftsteller und Politiker Francis Bacon am 22. Januar 1561 als jüngster Sohn des Großsiegelbewahrers unter Queen Elizabeth, Nicholas Bacon, das Licht der Welt, verbrachte hier seine Kinderjahre und residierte hier, wenn er in späteren Jahren in der Hauptstadt weilte. Als 13jähriger kam er auf das Trinitiy College in Cambridge und setzte 1576 seine juristischen Studien in Gray's Inn fort. Zu höchsten Staatsämtern aufgestiegen — 1618 wurde er Lordkanzler und geadelt —, verlor er 1621 wegen passiver Bestechung alle Posten. Am 9. April 1626 starb er auf Schloß Arundel in Highgate.

Buckingham Street Der am 26. April 1711 in Edinburgh geborene Philosoph und Geschichtsschreiber David Hume, der Immanuel Kant den Anlaß zu seiner »Kritik der reinen Vernunft« gab, kehrte am 13. Januar 1766 in Begleitung von Jean Jacques Rousseau von Paris nach London in seine alte Wohnung im Hause Nr. 10 zurück. Er hatte Rousseau während seiner Amtszeit im diplomatischen Dienst in Paris kennen- und schätzen gelernt und ihn zu sich nach London eingeladen. Rousseaus Lebensgefährtin Thérèse Levasseur folgte in Begleitung Boswells kurze Zeit danach. Boswell kann sich nicht enthalten zu berichten, daß er während der Reise zu der um 19 Jahre älteren Frau intime Beziehungen angeknüpft habe, wobei sich Thérèse über seine Ungeschicklichkeit köstlich amüsierte. Das freundschaftliche Verhältnis zwischen Hume und Rousseau kühlte sich jedoch bald ab, nicht zuletzt, weil Rousseau das Schnarchen seines Gastgebers als persönliche Beleidigung empfand. Außerdem war er von dem Getriebe der Hauptstadt so entsetzt, daß er zunächst nach Chiswick und im März 1767 zu einem Gönner nach Wootton Hall/

Staffordshire zog. Vom Verfolgungswahn getrieben, ging er im Mai
desselben Jahres wieder nach Frankreich zurück. Hume wurde 1767
Unterstaatssekretär. Samuel Pepys, der im Jahre 1679 wegen angeb-
licher Teilnahme am Papisten-Aufstand seiner Ämter verlustig ging
und im Gate House-Gefängnis in Westminster eingesperrt war,
fand nach seiner Entlassung in der Wohnung seines Freundes und
früheren Sekretärs William Hewer in der Buckingham Street Nr. 12
Unterkunft. Hier starb im Jahre 1683 nach vierzehnjähriger Ehe seine
Frau an einer Erkältung, die sie sich auf einer Reise mit ihrem
Mann, der in Holland und Frankreich Material für ein Werk über
die Geschichte der englischen Flotte sammelte, zugezogen hatte.
Das Haus ist erhalten und trägt seit 1947 eine Tafel zum Gedenken
an den Tagebuchschreiber.

Im Jahre 1688 übersiedelte Pepys von der Wohnung seines Freundes Hewer in das 1791 abgerissene Nachbarhaus, das an der Stelle
des Hauses Nr. 14 stand. 1686 konnte er seine alte Stelle am Flot-
tenamt wieder übernehmen und verlegte zwei Jahre später seine
Diensträume in dieses Haus, das seit 1908 eine Gedenktafel trägt.
Im Jahre 1701 übersiedelte er in das Landhaus Hewers in Clapham,
wo er am 26. Mai 1703 starb. Seine letzte Ruhestätte fand er neben
seiner Frau in der St. Olave's Church in der Hart Street.

Von der Cecil Street zog Charles Dickens im Jahre 1833 in eine
Wohnung im Hause Nr. 15, an dessen Stelle heute ein Bürogebäude
steht. »Sie bestand aus einem kleinen, dunklen Vorzimmer, wo man
kaum etwas sehen konnte, einem kleinen, noch dunkleren Vorrats-
raum, in dem man überhaupt nichts sah, einem Wohnzimmer und
einem Schlafraum mit dem Fluß vor dem Fenster«. Zweifellos ent-
spricht seine Wohnung der Unterkunft von Mrs. Crupp, die der
Schriftsteller im »David Copperfield« beschreibt. In diesem Hause
hatte neben Zar Peter dem Großen bei seinem ersten Besuch in
London im Jahre 1698 fast fünfzig Jahre später auch Fielding gewohnt. Nach seinem Deutschland-Aufenthalt in den Jahren 1798
und 99 — im Pfarrhaus zu Ratzeburg lernte er Deutsch, in Hamburg und Göttingen studierte er Philosophie — wohnte Samuel
Taylor Coleridge im Hause Nr. 21. Hier übersetzte er in sechs
Wochen Schillers »Wallenstein«. Ende 1799 übersiedelte der opi-
umsüchtige Dichter in die Frith Street.

Bedford Street In einem Hause, das an der Ecke Strand/Bedford
Street stand, wohnte John Dryden von 1660 bis zu seiner Eheschließung mit Lady Elizabeth Howard, der Tochter des Earl of

Berkshire, im Jahre 1663. Hier entstand seine Tragikomödie »The Rival Ladies«. Die »Civil Service Stores« an der gegenüberliegenden Ecke stehen an der Stelle, an der sich Warrens Schuhwichsefabrik nach ihrem Umzug von den Hungerford Stairs befand. Hier mußte der zwölfjährige Charles Dickens in einem Fenster zur Straße im Angesicht der Vorübergehenden Schuhwichsflaschen einpacken, mit Etiketten versehen und einwickeln. Sein Vater sah ihn hier, befreite ihn von seiner Fronarbeit und schulte ihn in die Wellington House Academy in Hampstead Road ein.

John Adam Street An der Stelle der Häuser 1—4 stand das Adelphi- oder Osborne-Hotel, das in Dickens' »Pickwick Papers« eine Rolle spielt. Edward Gibbon, der im September 1783 seinen gesamten Besitz mit Ausnahme seiner Bibliothek verkauft, England verlassen und sich mit seinem Diener Caplin und dem Hündchen Muff bei seinem Freund Deyerdun in Lausanne einquartiert hatte, kehrte im Jahre 1793, als er vom Tode seiner Freundin, Lady Sheffield, erfuhr, nach London zurück und stieg hier ab, bevor er sich in der St. James's Street niederließ.

York Buildings John Middleton Murry, der seine Lebensgefährtin Katherine Mansfield am 9. Januar 1923, dem Tage ihres Ablebens, im Sanatorium Le Prieuré in Fontainebleau zum letzten Mal gesehen hatte, wohnte 1925 im Hause Nr. 18.

Charles Dickens lebte im Jahre 1831 eine Zeitlang mit seiner Mutter im Hause Nr. 31.

Adam Street In der Adam Street befand sich an der Stelle der Adelphi genannten Bürohäuser bis 1936 die wegen ihrer prominenten Bewohner berühmt gewordene Adelphi Terrace, eine von den Architekten-Brüdern Adam in den Jahren 1768 bis 1774 errichtete Reihe gleichartiger, vornehmer, vierstöckiger Wohnhäuser. Die vier Brüder gaben ihrem Projekt nach dem griechischen Wort für Brüder den Namen Adelphi.

In den Namen der Adam, John Adam, Robert sowie William Street, der heutigen Durham Street, wird die Erinnerung an die vier Brüder wachgehalten.

Für Christopher Fry, der als Vierzehnjähriger vom Hause seines Onkels in Lewisham mit dem Bus nach London zu fahren und den Tag mit Streifzügen durch die Straßen der Hauptstadt zu verbringen pflegte, war die Adelphi Terrace eine »Lieblingsecke«: »Adelphi Terrace, ein Relikt aus dem 18. Jahrhundert, vom belebten Strand nur hundert Meter entfernt — eine Reihe prächtiger, von den Brüdern Adam errichteter Häuser, aus deren Fenstern man die Themse überblickte ... All das gibt es jetzt nicht mehr — einer der Orte, die man nur noch in der Erinnerung besuchen kann, und für mich eine der ungeheilten Wunden Londons.«

Zwischen Adam und Robert Street stand Durham House, das Stadtpalais der Bischöfe von Durham. Der am 30. November 1554 auf Schloß Penshurst/Kent geborene, hochgebildete und weitgereiste Dichter Sir Philip Sidney, Typ des vollendeten Renaissance-Gentleman und Günstling der Queen Elizabeth, verbrachte seine Kinderjahre mit seinen Eltern im Durham House, dem Hause seines Onkels, des Grafen Leicester, das sich wie alle Paläste am Strand bis zum Themseufer erstreckte. Hier traf er in späteren Jahren Edmund Spenser, der seit 1578 hier als Angestellter des Hausherrn lebte und dem Sidney Freund und Gönner wurde. Spenser widmete ihm seinen »Shepherds Calendar« (1579) und eine ergreifende Totenklage. Mit seinen postum erschienen Werken, dem Schäferroman »Arcadia« (1590), seiner Sonettsequenz »Astrophel and Stella« (1591), in der er seine Liebe zu Lady Penelope Devereux, der Tochter des Earl of Essex, besingt, und seiner kunsttheoretischen Schrift »The Defence of Poesie« (1595) gehört Sidney zu den ersten Dichtern seiner Zeit. 1583 heiratete er Frances Walsingham, die sich nach seinem Tode mit dem Earl of Essex vermählte. Er starb als 32jähriger am 17. Oktober 1586 als Kommandant der Stadt Vlissingen an den Folgen einer Verwundung, die er in der Schlacht von Zutphen erhalten hatte. In St. Paul's Cathedral wurde er beigesetzt.

Im Jahre 1584 schlug Queen Elizabeth ihren Günstling, den Dichter, Offizier und Höfling Sir Walter Raleigh, zum Ritter und übereignete ihm den Palast, der bis zur Thronbesteigung James' I. im Jahre 1603 und der damit verbundenen Inhaftierung Raleighs in seinem Besitz blieb. Er starb am 29. Oktober 1618 auf dem Schafott.

John Aubrey, der 1662 zum Mitglied der Royal Society gewählt wurde und Jahre später Raleigh hier besuchte, schreibt in seinen Memoiren: »Ich erinnere mich gut an sein Studierzimmer, das sich in einem kleinen Turm befand, von dem man auf die Themse hinab und über sie hinwegblickte und eine Aussicht hatte, die wohl so hübsch und angenehm war wie nur irgendeine in der Welt. »Im Jahre 1552 in Hayes Barton/Devonshire geboren, kam Raleigh als 16jähriger auf die Universität Oxford, gab jedoch nach einem Jahr sein Studium auf und betätigte sich als Soldat und Entdeckungsrei-

sender. Bei einer Expedition nach Nordamerika gründete er die erste englische Kolonie in Amerika, die er zu Ehren der jungfräulichen Queen Elizabeth Virginia nannte.
Einer der ersten Bewohner der Adelphi Terrace war der am 19. Februar 1717 in Hereford/Herefordshire als Sohn eines Hauptmanns geborene und in Lichfield/Staffordshire als Schüler Samuel Johnsons aufgewachsene Schauspieler und Dramatiker David Garrick. Er bewohnte von 1772 bis zu seinem Tode das prächtige Haus Nr. 5. Im Jahre 1737 kam er mit seinem Lehrer nach London, wo er bald als der bedeutendste Schauspieler der Zeit anerkannt wurde. Auch als Theaterdichter und Direktor des Drury Lane-Theaters machte er sich einen Namen. Seit 1749 war er mit der italienischen Tänzerin Eve Maria Violetti verheiratet. Er starb hier am 20. Januar 1779 an einem Nierenleiden. In seinem »London Journal« notiert Boswell am Freitag, dem 20. April 1781, daß er in diesem Hause mit Dr. Samuel Johnson »einen der glücklichsten Tage seines Lebens« verbracht habe. Garricks Witwe hatte zum ersten Mal nach dem Tode ihres Gatten einige alte Freunde — unter ihnen den Maler Joshua Reynolds — zu einem Essen eingeladen, bei dem sie zu Ehren des in Lichfield geborenen Schriftstellers Johnson »sinnigerweise« Bier aus seiner Heimatstadt servierte. In der Westminster Abbey hat der Schauspieler seine letzte Ruhestätte gefunden.
Lichtenberg, der während seines Londoner Aufenthalts im Jahre 1775 Garrick achtmal auf der Bühne gesehen hat, würdigt den Schauspieler in drei Briefen an seinen Freund Heinrich Christian Boie, Mitherausgeber des Göttinger »Musenalmanachs« und Stifter des Hainbundes, eingehend und sachverständig.
Eine 1952 an den Adelphi-Bürohäusern angebrachte Tafel erinnert daran, daß außer Garrick auch Thomas Hardy und George Bernhard Shaw in den Häusern der Adelphi Terrace gewohnt haben. Thomas Hardy, Sohn eines Baumeisters, arbeitete im Hause Nr. 8 von 1862 bis 1867 in seinem ersten Beruf als Lehrling des Architekten und Führers der Gotischen Schule, Sir Arthur Blomfield. 1867 ging er in sein heimatliches Dorset zurück und ließ sich in Weymouth als Architekt nieder. Die beiden oberen Stockwerke des Hauses Nr. 10, des letzten Hauses auf der linken Seite der Straße mit einem prachtvollen Blick über den Fluß, bewohnte die wohlhabende, radikale Sozialistin Charlotte Payne-Townsend, Tochter eines irischen Rechtsanwalts. Im August 1896 lernte die damals 39jährige im Hause Sidney und Beatrice Webbs ihren Landsmann G. B. Shaw kennen

und wurde bald danach seine Sekretärin. Einige Jahre vorher hatte sie eine unglückliche Liebesaffäre mit Axel Munthe, dem Autor des »Buchs von San Michele«, hinter sich gebracht. Unter ihrer Wohnung befand sich die vom Ehepaar Webb gegründete London School of Economics.

Shaw verbrachte seine Freizeit in ihrer Wohnung, sie pflegte ihn bei einer bösen Fußinfektion in seinem Zimmer in der Wohnung seiner Mutter am Fitzroy Square. Am 1. Juni 1898 heirateten sie und behielten die Wohnung Charlottes bis zum Abriß des Hauses im Jahre 1928 bei. Die meiste Zeit lebte das Paar — die Ehe soll nie vollzogen worden sein — auf dem Lande, zuerst in Surrey, dann von 1904 ab in Welwyn/Hertfordshire. Von der Adelphi Terrace zogen sie in das Haus Whitehall Court Nr. 4.

Seinen 1892 begonnenen platonischen Briefwechsel mit der Schauspielerin Ellen Terry setzte er an der Adelphi Terrace fort. 1912 begannen seine Beziehungen zu der Schauspielerin Stella Patrick Campbell. Seine Freundin, die Schauspielerin Molly Tompkins, die er »Mollissima« nannte und mit der er über 28 Jahre hindurch korrespondierte, besuchte ihn hier im Spätsommer 1921. Mit Siegfried Trebitsch, der durch seine Übersetzungen die Werke Shaws in Deutschland bekannt gemacht hat, traf er sich hier zum ersten Mal im Jahre 1900. Die 13 Jahre währende Freundschaft mit Thomas Edward Lawrence begann hier am 25. März 1922, als Shaw dem als einfachen Soldaten unter dem Namen Shaw bei der Luftwaffe dienenden Schriftsteller, der seine Stellung als Berater im Kolonialamt aufgegeben hatte, versprach, bei der Veröffentlichung seiner »Seven Pillars of Wisdom« (1926) behilflich zu sein. Während seiner Abordnung nach Indien kümmerte sich Charlotte, die ihn wie einen Sohn betreute, um seinen Bungalow »Clouds Hill« in Wool/Dorsetshire. Sie schenkte ihm das schwere Motorrad, mit dem er 45jährig am 13. Mai 1935 tödlich verunglückte.

Robert Street Eine 1950 am Hause Robert Street 1—3 angebrachte Tafel erinnert daran, daß in den Häusern, die hier standen, neben dem Architekten Robert Adam Thomas Hood, John Galsworthy, Sir James Barrie und andere weniger bekannte Künstler und Schriftsteller gelebt haben.

In den zwanziger Jahren des vergangenen Jahrhunderts hatte Thomas Hood, der 1818 von Dundee, wo er drei Jahre gelebt hatte, um sich von der Lungenschwindsucht zu erholen, nach London zurückgekehrt war, eine Wohnung. Zu dieser Zeit begann seine

Freundschaft mit Lamb, De Quincey und Hazlitt. Im Jahre 1824 zog er zur Essex Road.

Aus ihrem Hause in der Addison Road zogen Galsworthy und seine Frau Ada im Juli des Jahres 1913 in eine Etagenwohnung im obersten Stockwerk des Hauses 1—3 in dieser Straße. Hier wohnten sie bis zu ihrem Umzug nach Hampstead wenige Wochen vor Kriegsende im Jahre 1918. Oft hatten sie den Luftschutzkeller mit Barrie geteilt.

Der Romanschriftsteller Sir James Barrie zog im Jahre 1911 vom Lancaster Gate in eines der oberen Stockwerke und im Jahre 1917 in das oberste Stockwerk des Terrace House gegenüber der Wohnung der Shaws. Er schätzte besonders die Aussicht von seinen Wohnungen über den Fluß. Eine ganze Nacht beobachtete er im Ersten Weltkrieg mit seinen Besuchern Hardy, Bennett, Shaw und Wells, der Shaw einen »unverbesserlichen mittelviktorianischen Esel« nannte, von seinen Fenstern aus die Scheinwerfer der Flugabwehr. Wenn Barrie seinen Besuchern Shaw vorstellen wollte, soll er Kirschkerne — Böswillige behaupten, Hammelknochen — gegen die gegenüberliegenden Fenster Shaws geworfen haben. Shaw seinerseits hatte dieselbe Gewohnheit, nur warf er mit Erdnüssen. Barries Frau, die Schauspielerin Mary Ansall, die er 1894 geheiratet hatte, mußte bald nach der Eheschließung feststellen, daß ihr Gatte impotent war. Jahrelang harrte sie neben ihm aus. Als sie sich schließlich einen Liebhaber zulegte, überhäufte sie der Schriftsteller mit Vorwürfen und trennte sich von ihr. Barrie, ein sehr fleißiger Arbeiter, der mit der linken Hand weiterschrieb, wenn seine rechte ermüdete, starb hier am 19. Juni 1937, nachdem er zu seinem Schmerz noch den Beginn des Abrisses der Adelphi Terrace erleben mußte.

Mit dem Ausbau der Adelphi Terrace verschwanden Salisbury und Cecil Street.

Salisbury Street Im Thames House in Salisbury Street Nr. 13 bezog Oscar Wilde, der zu Ende des Jahres 1878 seine Studien am Magdalen College, Oxford, mit dem Grad eines Bachelor of Arts abgeschlossen hatte, mit seinem Freund, dem Künstler Frank Miles, eine gemeinsame Wohnung. Hier behauptete die französische Schauspielerin Sarah Bernhardt bei einem Abendessen, zu dem Wilde eingeladen hatte, daß sie so hoch springe, daß sie ihren Namen mit Zeichenkohle an die Decke schreiben könne. »Nach dem Gekritzel zu urteilen, das sich nicht viel unterhalb der Zimmerdecke befand, mußten ihre Versuche ziemlich erfolgreich gewesen sein«, schreibt ein

Freund Wildes, der den Dichter am nächsten Tage besuchte. Wilde schrieb später die erste Fassung seiner dramatischen Ballade »Salome« (1893) für die von ihm hochverehrte Schauspielerin auf französisch. Im August 1880 gaben Wilde und Miles die Wohnung, die ihnen durch den benachbarten Strand zu laut und außerdem zu teuer geworden war, auf und zogen in die Tite Street in Chelsea.

Der Dichter und Ästhet kam am 16. Oktober 1854 in Dublin als zweites Kind des renommierten Ohren- und Augenarztes Sir William Wilde und seiner Ehefrau, einer Anwaltstochter, zur Welt und bezog nach dreijährigem Studium des Trinity College in seiner Heimatstadt die Universität Oxford, wo er Ruskin und Pater als seine Lehrer bewundern konnte.

Cecil Street In der Cecil Street, die an der Stelle des »Shell-Mex-House« lag, wohnte Addison eine Zeitlang. Auch der Schauspieler Edmund Kean, der zu dieser Zeit in seiner Rolle des Shylock seine größten Erfolge errang, hatte hier eine Wohnung. Im Hause Nr. 17 wohnte George Moore von 1882 bis 1883 nach seiner Rückkehr von Paris. Im Jahre 1901 übersiedelte er nach Irland.

Als Zweiundzwanzigjähriger wurde Dickens Reporter beim »Morning Chronicle« und hatte damit Gelegenheit, nach Edinburgh, Exeter, Bristol, Bath, Ipswich und anderen Städten zu reisen. Um der Redaktion seiner Zeitung am Strand Nr. 332 nahe zu sein, nahm er sich mit seinen Eltern im April und Mai 1832 eine Wohnung in der Cecil Street.

Strand Im Exeter House, das zwischen Burleigh und Exeter Street lag, lebte John Locke von 1667 bis 1676 als Freund und Hausarzt des Earl of Shaftesbury, dem er durch eine Leberoperation das Leben rettete. Hier arbeitete er an seinem Hauptwerk, dem »Essay on Human Understanding«, das 1690 erschien. Der am 26. Februar 1671 im Exeter House geborene Sohn des Earl of Shaftesbury und Enkel des Staatsmanns Lord Ashley, der spätere Moralphilosoph Anthony Ashley Cooper, Earl of Shaftesbury, erhielt hier von Locke seinen ersten Unterricht.

Savoy Hotel An der Stelle eines in der Mitte des 13. Jahrhunderts vom Grafen Peter von Savoyen errichteten Stadtpalais, in dessen Kapelle Wiclif predigte und Chaucer getraut wurde und in dessen Nachbarschaft der Dramatiker und Prosaiker John Lyly, der einen besonderen Stil, den Euphuimus, in die Literatur einführte, im Jahre 1579 seinen didaktischen Roman »Euphues« schrieb, steht heute das Savoy Hotel. Whistler, Claude Monet, Oskar Kokoschka und andere

Maler ließen sich durch den Blick von ihren Zimmern im Savoy auf den vorbeifließenden Fluß zu ihren Themsebildern inspirieren. Arnold Bennett stieg im Savoy ab, wenn er von seinem Landsitz Comarques nach London kam. Hier schrieb er nach dem Tee in drei Wochen seinen Roman »The Grand Babylon Hotel« (1902).

Fountain Court Zwischen den Häusern Strand Nr. 103 und 104 östlich vom Savoy Hotel lag Fountain Court. Im Jahre 1821 übersiedelte William Blake von der South Molton Street mit seiner Frau Catherine in ein einziges, armseliges Zimmer im Hause Nr. 3. Hier konnte er auf die »Goldbarre« der Themse hinabblicken, und hier entstand sein graphisches Meisterwerk, die Radierungen zum Buche Hiob. Am 12. August 1827 sang er leise vor sich hin und flüsterte seiner Frau zu: »Liebste, das sind nicht meine Lieder«. Gegen sechs Uhr nachmittags verstarb er, sich glücklich preisend, in jenes Land zu kommen, das er sein ganzes Leben hatte sehen wollen. Auf dem Bunhill Fields-Kirchhof wurde er bestattet. Ein Medaillon in der Krypta von St. Paul's und eine Totenmaske von Epstein in der Poets' Corner in Westminster Abbey erinnern an den eigenwilligen Dichter und Maler. In der Tate Gallery hängen neben anderen Gemälden und Zeichnungen von ihm die Aquarelle, die er für Dantes »Göttliche Komödie« geschaffen hat. Um das Werk im Urtext lesen zu können, hatte er noch im Alter Italienisch gelernt.

Waterloo Bridge Dickens beschreibt die alte Waterloo Bridge, die 1939 durch die jetzige ersetzt wurde, im »Uncommercial Traveller«. In seinen »Sketches by Boz« erzählte er vom Selbstmord eines Trinkers von der Treppe an der Auffahrt der Brücke. Sam Weller in den »Pickwick Papers« wohnte in seiner Jugend vierzehn Tage lang in einem »unmöblierten Logis« unter den trockenen Brückenbogen zusammen mit »verbrauchten, verhungerten, obdachlosen Geschöpfen«. Heinrich Heine, der sich in London nicht wohl fühlte und ein immer steigendes Mißbehagen empfand, beschreibt in seinen »Florentinischen Nächten« die »schwarze Stimmung«, die ihn eines Abends auf der Waterloo Bridge befiel, als er in das Wasser der Themse hinabblickte. »Mir war, als spiegelte sich darin meine Seele, als schaute sie mir aus dem Wasser entgegen mit all ihren Wundmalen. Dabei kamen mir die kummervollsten Gedanken ins Gedächtnis ... Mir ward so weh zumute, daß mir gewaltsam die heißen Tropfen aus den Augen stürzten. Sie fielen hinab in die Themse und schwammen fort ins große Meer, das schon so oft so manche Menschenträne verschluckt hatte, ohne es zu merken«.

Fontane, der bei seinem zweiten Aufenthalt in London, vom Kontinent kommend, über die Waterloo Bridge fuhr, notiert in seinem Tagebuch: »Mir wurde die Brust weit, und das Herz schlug mir höher, als mein Cab über die schöne Waterloo Bridge hinweg in das vollste Leben der Stadt zwischen City und Westend hinabrollte. Ich vergaß für einen Augenblick alles andere: Frau, Kind, Sorge — der alte Zauber dieser Londongröße ward wieder lebendig und hatte mich«.

An der Ecke Lancaster Place/Strand steht

Somerset House das von 1776 bis 1786 an der Stelle eines Palastes errichtet wurde, der im 17. Jahrhundert den englischen Königinnen als Residenz diente. Seine fast 200 Meter lange Fassade ist der Themse zugekehrt, seine unteren Arkaden standen ursprünglich im Fluß. Hier waren die »Royal Academy of Fine Arts« und die »Royal Academy« untergebracht. Heute arbeiten hier Behördendienststellen. Im Ostflügel befindet sich seit 1831 »King's College«, eine Abteilung der Londoner Universität. Kingsley, Rossetti und Thomas Hardy haben hier studiert.

St. Mary-le-Strand In der früheren Kirche an der Stelle der heutigen St. Mary-le-Strand-Kirche predigte Thomas à Becket. Charles Dickens' Vater heiratete hier am 13. Juni 1809 Elizabeth Barrow, deren Vater an der Trauung nicht teilnehmen konnte. Er hatte sich aus Furcht, wegen Unterschlagungen strafrechtlich verfolgt zu werden, nach dem Kontinent abgesetzt. Dickens' Vater arbeitete als Zahlmeister der Admiralität im Somerset Haus ebenso wie sein Schwiegervater, der hier als Hauptkassenverwalter tätig gewesen war und mit dem er sich angefreundet hatte.

Die am 22. November 1819 auf der »Arbury Farm« in Chilvers Coton/Warwickshire als Tochter des Verwalters des Ritterguts geborene Mary Ann Evans, die sich als Schriftstellerin das männliche Pseudonym George Eliot zulegte, ging nach dem Tode ihrer Mutter im Jahre 1836 mit ihrem Vater, dem sie den Haushalt führte, nach Coventry und nach dessen Tode im Januar 1851 nach London. Hier fand sie im Hause des Verlegers John Chapman, des Herausgebers der »Westminster Review«, an der sie gelegentlich mitgearbeitet hatte, am Strand 142 Unterkunft und Ermunterung zur weiteren literarischen Arbeit. Im September wurde sie Mitherausgeberin der 1824 gegründeten Zeitschrift und die Geliebte Chapmans, der mit seiner Frau und seinen zwei Kindern und einer weiteren Geliebten in den oberen Stockwerken des Hauses Strand Nr. 142 wohnte. Seine Ge-

schäftsräume lagen im Erdgeschoß. Um seinen kostspieligen Haushalt zu finanzieren, nahm er Pensionsgäste auf, zu denen Ralph Waldo Emerson bei seiner ersten Europareise im Jahre 1848 zählte. Hier machte George Eliot anläßlich eines Schriftstellertreffens am 4. Mai 1852 die Bekanntschaft von Dickens, der den Vorsitz führte. »Kein Wohlwollen im Gesicht, und ich glaube, wenig im Schädel«, war ihr Eindruck von dem Schriftsteller. Ihre freundschaftliche Beziehung zu Herbert Spencer, den sie im Hause Chapmans kennenlernte und der sie sein Leben lang verehrte, gaben unbegründeten Anlaß zu Redereien. Ihre Häßlichkeit hielt Spencer von einem Heiratsantrag ab. Spencer stellte ihr hier George Henry Lewes vor, der ihr Leben bestimmen sollte. Lewes, der von seiner Frau getrennt lebte, hatte sich bereits mit seiner »Bibliographical History of Philosophy« einen Namen gemacht und mit »Life and Works of Goethe« der englischen Leserschaft die Bekanntschaft mit dem Dichter vermittelt. Im Oktober 1853 trat George Eliot aus der Redaktion der »Westminster Review« aus, verließ das Haus Chapmans und nahm sich eine eigene Wohnung in der Cambridge Street. Von nun an lebte sie mit Lewes bis zu seinem Tode im Jahre 1878 zusammen.
Godwin, der 1782 von Stowmarket/Suffolk nach London kam, fand im Hause Nr. 125 eine Wohnung, unter der er einen Buchladen betrieb. Hier blieb er zwei Jahre. Nach seinem Bankrott im Jahre 1822 mußte er sein Haus in der Skinner Street aufgeben und sich ein kleines, bescheideneres suchen. Er fand es am Strand Nr. 195.

Surrey Street Hier hatte John Evelyn im Winter 1696 eine Wohnung. Der am 10. Februar 1670 in Bardsey/Yorkshire als Sohn eines Offiziers geborene Dramatiker William Congreve, der Geliebte der Herzogin Henrietta von Marlborough und Favorit am Hofe, wohnte von 1706 bis zu seinem Tode bei seinen Freunden, einem Ehepaar Porter in der Surrey Street. Die letzten zwanzig Jahre seines Lebens blind, starb der Hauptvertreter der Restaurationskomödie an den Folgen eines Kutschenunfalls am 19. Januar 1729. In der Westminster Abbey wurde er bestattet. Die Herzogin Henrietta ließ ihm ein Denkmal errichten. Nach juristischen Studien in Dublin kam er 1688 in den Middle Temple, verzichtete aber zugunsten der Literatur auf eine Laufbahn als Advokat. Im letzten Jahrzehnt des 17. Jahrhunderts erwarb er sich mit seinen Sittenkomödien Ruhm und Ansehen, gab jedoch seine schriftstellerische Tätigkeit wieder auf, als seine Meisterkomödie »The Way of the World« (1700) auf Ablehnung stieß. Er wurde Kommissionär für die Lizenzvergabe an Droschkenkutscher, betrieb einen Weinhandel und übernahm schließlich das Amt des Staatssekretärs für Jamaika. Mit Steele, Pope, Gay, Dryden und Swift war er befreundet. Swift hatte er als Mitschüler auf der Schule in Kilkenny, dem »irischen Eton«, kennengelernt. Als Voltaire ihm hier seine Aufwartung machte, beschied ihm der versnobte Gesellschaftslöwe, daß er ihn nur in seiner Eigenschaft als Gentleman und nicht als Schriftsteller empfangen könne, worauf Voltaire erwiderte, daß er ihn niemals belästigt hätte, wenn er nur Gentleman wäre.

Norfolk Street Shelley, der im Jahre 1816 wie gehetzt von einer Unterkunft in die andere zog, wohnte in der Norfolk Street Nr. 13 und kurze Zeit danach im Hause Nr. 32. Bei seinem ersten Besuch in London im Jahre 1805 kam Washington Irving im Hause Nr. 35 unter. Coleridge hatte 1816 im Hause Nr. 42 seine letzte Londoner Wohnung. Von hier übersiedelte er auf Einladung des Arztes Dr. Gillman nach Highgate, wo er Heilung von seiner Drogensucht zu finden hoffte. Tennyson, der mit seiner Mutter und seinen Geschwistern seit 1841 in Boxley/Kent lebte, wohnte bei seinen Besuchen in der Hauptstadt in der Norfolk Street »im letzten Haus auf der linken Straßenseite«. Ohne rechte Mittel und durch seine kranken Augen behindert, legte er Wert auf menschliche Kontakte. Er traf sich mit Carlyle, Thackeray, Dickens, Forster, Savage Landor und Leigh Hunt. Im »Cock« in der Fleet Street pflegte er zu essen.

Arundel Street An der Stelle des Hauses Arundel Street Nr. 2, damals Strand Nr. 186, lag das Verlagshaus Chapman and Hall, das eine Reihe von Dickens' Werken herausgab. Die erste Lieferung der »Pickwick Papers« erschien hier am 1. April 1836. Der Verlag hatte Dikkens vorgeschlagen, zu den Sportkarikaturen des Zeichners Robert Seymour Texte zu schreiben. Dickens, der, wie er David Copperfield sagen läßt, »an einem fröhlichen Abend die Musik des parlamentarischen Dudelsacks zum letzten Male aufgeschrieben hatte«, nahm an und schildert in »The Posthumous Papers of the Pickwick Club« (1837/39) die ganze Weite des Londoner Lebens zu Ende des 18. und zu Beginn des 19. Jahrhunderts mit seinen Handwerkern und Gewerbetreibenden, seinen Straßen, Läden, Kneipen, Büros und Gefängnissen.

Auf einer Verkehrsinsel am Ende des Strand steht

St. Clement Danes Church Der Name der Kirche geht auf eine dänische Siedlung zurück, die hier am Stadtrand im 9. Jahrhundert bestand. Sankt Clemens ist der Schutzpatron der dänischen Seeleute.

Eine an dieser Stelle im Jahre 1680 von Wren erbaute Kirche wurde 1941 durch Bomben total zerstört und 1958 im alten Stil wiedererrichtet. Die Kirche war die Pfarrkirche Samuel Johnsons, dessen Stuhl bis zur Zerstörung erhalten und mit einer Gedenktafel versehen war. An der Ostseite der Kirche erinnert eine 1910 errichtete Statue an den Kritiker und Sprachforscher, der auf sein Betätigungsfeld in der Fleet Street blickt. In der Hand hält er sein bedeutendstes Werk, das »Dictionary of the English Language«, an dem er acht Jahre arbeitete. Auch die Tagebuchschreiber Pepys und Evelyn hatten ihre Kirchenstühle in St. Clement.

Essex Street In der Essex Street fand Pip in Dickens' »Great Expectations« (1860/61) in einem »anständigen Wohnhaus, dessen Rückseite nach dem Temple zu lag, im zweiten Stock« für seinen Onkel, Mr. Provis, alias Magwith, »fast in Rufweite seiner Fenster im Garden Court« eine Wohnung. In dieser Straße stand »Essex House«, die Residenz des Earl of Essex, des Liebhabers von Queen Elizabeth und Gemahls der Witwe Sir Philip Sidneys, der 1586 den Soldatentod starb. An »Essex Hall«, einem modernen Gebäude in der Essex Street Nr. 7, wurde 1964 eine Tafel enthüllt, die an prominente Bewohner der Straße erinnert. Essex Street Nr. 7 war eines der 16 Londoner Häuser, in denen Johnson wohnte. Henry Fielding lebte ebenfalls für eine gewisse Zeit in dieser Straße. »Essex Head« im Hause Nr. 40 steht seit 1890 an der Stelle einer alten Taverne, in der Johnson ein Jahr vor seinem Tode einen literarischen Klub gründen wollte, aber scheiterte. Sein Freund Reynolds nannte die Taverne »ein primitives Bierhaus«.

Devereux Court Devereux Court verdankt seinen Namen dem Familiennamen der Grafen von Essex. Im Hause Nr. 19 befand sich das »Grecian Coffee House«, der Lieblingstreffpunkt von Addison, Isaac Newton, Swift und Goldsmith. Addison widmet dem Kaffeehaus im »Spectator« und Steele im »Tatler« einige Zeilen. Am Devereux Court befindet sich seit 1711 der im Kriege zerstörte, aber wiederhergestellte »Twining Tea Shop«, von dem Johnson seinen Tee bezog.

Clement's Inn In der linken, nach einer alten Juristenschule benannten Querstraße des Strand hatte H. G. Wells in den Jahren 1902 und 1903 eine bescheidene Unterkunft. In Thackerays Roman »Pendennis« erscheint Clement's Inn unter dem Namen »Shepherd's Inn.«

Fleet Street Fleet Street verdankt ihren Namen einem seit 1765 überbauten, übelriechenden Nebenflüßchen der Themse, dem Fleet

Ditch, der seine Quelle in Hampstead hat, seinen Weg durch die heutige Farringdon Street nimmt und die Themse bei Blackfriars Bridge erreicht. Schon 1290 beklagten sich die Mönche von Whitefriars, daß der Gestank des Baches den Weihrauchduft überlagere. Alexander Pope bezeichnet ihn in seinem Gedicht »The Dunciad« (1728) als einen Wasserlauf, der »seinen Tribut in Form von toten Hunden in die Themse rollt«. Walter Besant beschreibt in seinem dreibändigen Roman »The Chaplain of the Fleet« die sogenannten Fleet-Ehen, die von übelbeleumundeten Geistlichen für die Insassen der benachbarten Gefängnisse und Damen zweifelhaften Rufs in den Kneipen und Bordellen der Fleet Street oder im Fleet-Gefängnis geschlossen wurden.

Bereits zu Ende des 15. Jahrhunderts wurde die erste Druckerpresse in der Fleet Street aufgestellt. Seitdem ließen sich in den engen Höfen und Gassen südlich der Straße immer mehr Druckereien nieder, die wiederum Buchhändler und Literaten nach sich zogen. Schon 1702 wurde in der »Straße der Tinte« die erste Tageszeitung, der »Daily Courant«, gedruckt. Unter der Bahnüberführung am Ludgate Hill erinnert eine Tafel an dieses Ereignis. Seit der Einrichtung der Redaktion des »Morning Adviser« in der Fleet Street im Jahre 1825 wurde die Straße mit ihren britischen Zeitungskonzernen, internationalen Nachrichtenagenturen, mit Typengießereien, Klischeeherstellern und Lithographen allmählich weltberühmt. Tavernen in der Fleet Street, wie der berühmte »Ye Olde Cheshire Cheese«, »The Mitre«, »The Black Lion« in der Water Lane, die heute Whitefriars Lane heißt, und andere waren von jeher Treffpunkt von Männern der Feder. Johnson, ein eifriger Freund der Tavernen, sagt dazu: »Der Mensch hat bisher nichts zuwege gebracht, was so viel glückliche Zufriedenheit hervorruft wie eine gute Kneipe«. Am Haus Fleet Street Nr. 1, an der Child's Bank, findet sich eine Gedenktafel, die auf »The Devil« hinweist, der sich von der Mitte des 16. Jahrhunderts bis 1787 hier befand. Ben Jonson vereinigte in dieser Taverne alle jungen Dichter seiner Zeit in dem von ihm gegründeten Apollo-Klub zu Gesprächen und zum Trunk. Später ließen es sich Samuel Pepys, Addison, Steele und Swift sowohl wie Dr. Samuel Johnson hier wohl sein.

»The Cock«, ehemals gegenüber der Middle Temple Lane gelegen, war das Stammlokal von Pepys. Später waren Johnson, Goldsmith, Sheridan und Dickens hier anzutreffen. Tennyson, der hier zu speisen pflegte, widmet der Taverne ein Gedicht. »The Olde Cock Tavern«, auf der anderen Straßenseite im Hause Nr. 22 im Jahre 1887 gegründet, setzt lediglich den Namen des Literatenlokals fort.

Im Hause Fleet Street Nr. 1 liegt die im Jahre 1671 von einem Goldschmied Francis Child gegründete Child's Bank, die als die älteste Bank Londons gilt. Dickens setzt ihr unter dem Namen Tellson's in seinem Roman »A Tale of Two Cities« (1859) ein Denkmal: »Ein altmodisches Haus in dem moralischen Sinne, daß die Teilhaber stolz waren auf seine Kleinheit, seine Dunkelheit, seine Häßlichkeit und Unbequemlichkeit ... mit einem jämmerlich kleinen Geschäftslokal mit zwei kleinen Ladentischen, wo die allerältesten Männer den dargereichten Scheck wie im Sturmwind zittern ließen, während sie die Unterschrift vor den dreckigsten Scheiben prüften, die stets unter einer Dusche von Schmutz aus der Fleet Street standen, und die noch düsterer gemacht wurden durch ihre eigenen Eisengitter und den tiefen Schatten von Temple Bar«.

Samuel Pepys und Dryden sowie gekrönte Häupter und die königliche Mätresse Nell Gwynn erledigten hier ihre Bankgeschäfte.

Gegenüber von der Middle Temple Lane führt Bell Yard zur

Carey Street Pope beschreibt die Straße als eine der schmutzigsten Gassen der City. Hier hatte John Locke eine Wohnung, Samuel Pepys berichtet von seiner ersten Begegnung mit dem Glücksspiel in einem Haus in dieser Straße. An John Milton, Mitglied der benachbarten Lincoln's Inn, erinnert ein Standbild.

Middle Temple Lane führt durch einen von Wren im Jahre 1684 erbauten Torbogen zum

Temple Zwischen Fleet Street und dem Ufer der Themse erstreckt sich ein fast ein Kilometer breiter Gürtel von Gebäuden, Gassen, Innenhöfen und Grünanlagen, die die Inns of Court des Middle und des Inner Temple, kurz The Temple genannt, bilden. Seit 1170 hatte hier der Orden der Tempelritter sein englisches Hauptquartier. Nach Auflösung der Ritterorden im Jahre 1312 fiel der Besitz an die Krone. Nach der Trennung der Gerichtshöfe von der Geistlichkeit wurde der Komplex im Jahr 1449 einer Gruppe von Rechtsgelehrten überlassen, die hier zwei der vier Juristenschulen in London, die sogenannten Inns of Court, einrichteten. Inn steht hier im Sinne von gemeinsamer Wohnstätte. Heute haben hier Strafverteidiger beim höheren Gericht und Anwälte ihre Kanzleien und gelegentlich auch ihre Wohnungen. Hier legen die jungen Juristen ihre Prüfungen ab, und hier wird ihre Zulassung als Advokat bei den Gerichtshöfen ausgesprochen. Ehemals studierten und lebten die Rechtsstu-

denten im Temple, denen nach einem längeren Vorstudium an einer
Universität hier in erster Linie Lebensart und Allgemeinwissen vermittelt wurde. Adlige und wohlsituierte Bürger brachten ihre Söhne
in den Inns unter, ohne daß sie in allen Fällen die juristische Laufbahn erstrebten.

Alle vier Inns, die beiden Temple-Inns sowie Lincoln's und Gray's
Inn, haben den Zweiten Weltkrieg verhältnismäßig gut überstanden.
Bevor man das Gebiet des Temple erreicht, liegt links von der
Middle Temple Lane, die Middle und Inner Temple trennt,

Brick Court Im zweiten Stock des im letzten Kriege zerstörten Hauses Nr. 2 wohnte von 1764 bis zu seinem Tode der am 10. November
1728 als Sohn eines armen Landgeistlichen in Pallasmore/Irland geborene Roman- und Bühnenschriftsteller Oliver Goldsmith. Sein
Vater diente ihm als Vorbild für den Helden seines Romans »The
Vicar of Wakefield«, (1766) (»Der Landpfarrer von Wakefield«).
Nach wenig erfolgreichen Studien der Rechtswissenschaft und der
Medizin als Freischüler in Dublin, Edinburgh und London und nach
einer zweijährigen Kontinentreise »mit einer Guinee in der Tasche,
einem Hemd am Leibe und einer Flöte in der Hand«, kam er 1756
nach London zurück, wo er sich mühselig als Helfer eines Apothekers, glückloser Armenarzt in Southwark, Hilfslehrer in Peckham
und Kritiker und Mitarbeiter an einer Zeitung durch das Leben
schlug. Zu Beginn der sechziger Jahre besserte sich seine wirtschaftliche Lage. Sie gestattete ihm sogar, gelegentlich der lauten Stadt zu
entgehen und auf dem Lande im Canonbury Tower oder auf einem
Bauernhof in Hyde an der Edgware Road zu leben und zu arbeiten. Goldsmith starb in diesem Hause am 4. April 1774. Die Treppe
zu seiner Wohnung stand gedrängt voll von Menschen, die ihm die
letzte Ehre erweisen wollten. Auf dem Temple-Kirchhof wurde er
bestattet. Thackeray berichtet in seinen Vorträgen über »The English Humourists of the 18th Century«, daß er zusammen mit Johnson, Burke und Reynolds, die zum engsten Kreis des Schriftstellers
gehörten, im Geiste oft die Treppen zur Wohnung »ihres Freundes,
ihres Dichters, ihres liebenswerten Goldsmith« hochgestiegen sei.
Er selbst hatte in den fünfziger Jahren des 19. Jahrhunderts im
Nebenhaus eine Wohnung.

Essex Court John Evelyn wohnte von 1640 bis 1642 als Student der
Rechte am Essex Court. Er tanzte und amüsierte sich jedoch eher,
als daß er studierte.

Nach seinem Aufenthalt in Deutschland, wo er vom alten Goethe empfangen wurde, der — wie er schreibt — so fleißig schreibt und so munter trinkt wie eh und je, ging Thackeray im Mai 1831 nach London zurück und begann am Middle Temple seine Studien. Seine Wohnung hatte er am Essex Court Nr. 5. Er arbeitete in der Kanzlei eines Mr. Tapell am Hare Court. Sein Widerwillen gegen die Juristerei und die Aussicht auf das väterliche Vermögen trieben ihn schon im Oktober desselben Jahres nach Paris, wo er sich als Maler ausbilden lassen wollte.

Fountain und Garden Court In der zu Zeiten Elizabeths erbauten Middle Temple Hall spielten am 2. Februar 1602 Shakespeare und seine Truppe »Twelfth Night« (»Was Ihr wollt«) vor der Königin.

Im Jahre 1888 trennte sich der 23jährige W. B. Yeats vom elterlichen Haushalt und bezog für acht Monate die Wohnung seines Freundes, des Dichters Arthur Symmons, am Fountain Court. Um diese Zeit machte Yeats die Bekanntschaft von Morris, Shaw und Oscar Wilde. Fünf Jahre später kehrte er wieder hierher zurück und bezog eine kleine Wohnung in einem Hause am Court, in der er bis März 1895 lebte. »Ich habe London nie gemocht, aber die Stadt schien mir weniger unangenehm, wenn man nach Sonnenuntergang auf ruhigen, leeren Plätzen verweilen und am Sonntagmorgen allein auf dem Rande eines Brunnens sitzen konnte, so als sei man auf dem Lande«, schreibt er in seiner Autobiographie.

»Im Fountain Court an der Treppe, die zum Garden Court führt«, trifft sich Tom Pinch mit seiner Schwester Ruth und John Westlock, ihrem Bewerber, in Dickens' Roman »Martin Chuzzlewit«. Pip in seinem Roman »Great Expectations«, der von Barnard's Inn in den Inner Temple gezogen war, wohnt im Garden Court »im obersten Stockwerk des letzten Hauses, und der vom Fluß herstürmende Wind ... erschütterte das Haus wie Kanonenschüsse oder wie die Brandung der See«.

Im Garden Court wuchsen nach Shakespeares »Heinrich VI.« und »Richard III.« die weißen und roten Rosen, die Wappenblumen der Häuser York und Lancaster.

Hier mietete Goldsmith im Jahre 1762 eine Wohnung im Hause Nr. 2, nachdem er sein Zimmer im Canonbury Tower aufgegeben hatte. Von hier übersiedelte er zum King's Bench Walk.

Von der Middle Temple Lane führt die

Crown Office Row zum Gebiet des Middle Temple. Der Dramatiker Thomas Shadwell (1640—1692), der Gegner Drydens und sein

Nachfolger auf dem Stuhl des Poet Laureate, und die Komödienschreiber der Restaurationszeit, William Wycherley und William Congreve, oblagen hier ihren Studien. Wycherley, dessen erste Komödie »Love in a Wood« im Jahre 1672 ihre Uraufführung erlebte, empfing hier in seiner Wohnung seine als Bauernmädchen verkleidete Geliebte, die vor ihm mit Charles II. verbunden war. Charles hatte sie zur Herzogin von Cleveland gemacht.

Edmund Burke kam nach fünfjährigem Studium am Trinity College in Dublin im Jahre 1750 nach London und ließ sich am Middle Temple immatrikulieren. Er wohnte in dieser Straße. Einem Dubliner Freund berichtete er über seine ersten Eindrücke von der Hauptstadt: »Die Gebäude sind sehr schön. London jedoch kann man ein Sündenloch nennen. Da sind aber die Krankenhäuser und die Einrichtungen für Arme und Alte. Ihre Türme ragen zum Himmel hinauf, um wie Blitzableiter den Zorn Gottes abzuleiten... Die Frauen halten sich nicht so zurück wie die Männer. Sie blicken oft in den Spiegel, um ihr Äußeres zu verbessern.« Auch Byrons Biograph, der Dichter Thomas Moore, gehörte zu den Studenten des Middle Temple. Er begann seine Studien im Jahre 1799, entschloß sich aber bald danach, seinen literarischen Neigungen nachzugehen. Dennoch übernahm er im Jahre 1803 eine lukrative Verwaltungsstelle auf den Bermudas.

Der Essayist, Kritiker und Dichter Charles Lamb, der mit seiner Schwester Mary die für die Jugend geschriebenen »Tales from Shakespeare« (1807) herausgab und damit das Interesse für den Klassiker wiedererweckte, wurde am 10. Februar 1775 als jüngstes von drei Kindern eines einfachen Amtsgehilfen, der bei dem Anwalt Samuel Salt im Inner Temple beschäftigt war, in dem im Zweiten Weltkrieg zerstörten Hause Nr. 2 der Crown Office Row geboren. In seinem Essay »Old Benchers of the Inner Temple«, in dem er von den Menschen berichtet, denen er im Temple täglich begegnete, schreibt er: »Erfreuliche Crown Office Row, Ort meiner fröhlichen Kindheit... Man würde schon etwas dafür geben, an solch einem Platz geboren zu sein.« Der Arbeitgeber seines Vaters förderte die Familie nach Kräften. Er vermittelte Charles ein Stipendium an der Christ's Hospital Public School und stellte ihm seine umfangreiche Bibliothek zur Verfügung. Da er stotterte, mußte er auf den Beruf eines Geistlichen verzichten und begann als Vierzehnjähriger eine Kaufmannslehre im Southsea House. 1792 trat er in die Buchhalterei der East India Company ein, bei der er bis zu seiner Pensionierung im Jahre 1825 verblieb. Zwischen 1820 und 1825 entstanden seine »Essays«, die er im »London Magazine« unter dem Namen Elia veröffentlichte. In den Inner Temple Gardens nördlich der Inner Temple Hall steht seit 1930 das Denkmal einer steinernen Knabengestalt, die auf den Knien ein aufgeschlagenes Buch hält. Hier sind die Worte »Lawyers were Children once« (»Auch Rechtsanwälte waren einmal Kinder«) aus dem oben angeführten Essay zu lesen. Lamb, Freund von Wordsworth, Southey, Leigh Hunt und Coleridge, der sein geliebtes London erst verließ, als die Geisteskrankheit seiner Schwester Mary, der er sein Leben gewidmet hatte, es verlangte, starb am 27. Dezember 1834 in »Bay Cottage«, Church Street in Edmonton. Wie seine Schwester, die ihn um 13 Jahre überlebte, wurde er auf dem dortigen Friedhof bestattet. Ein Stein zeigt beide Gräber an. Priestley bewohnte zu Beginn des Zweiten Weltkriegs eine Junggesellenunterkunft im Hause Nr. 5.

Elm Court Am ehemaligen Fig Tree Court (= Feigenbaum-Hof), der heute mit dem Elm Court (= Ulmenhof) vereinigt ist, wohnte der am 15. November 1731 in Berkhamsted/Hertfordshire im Pfarrhaus Great Berkhamsted als Sohn des Geistlichen geborene Vorromantiker William Cowper, Autor der volkstümlichen Ballade von dem Londoner Tuchhändler John Gilpin. Nach dem Besuch der Westminster School studierte er von 1748 bis 1754 am Middle Temple, mußte aber seine Laufbahn wegen eines Nervenleidens aufgeben. In seiner Wohnung am Fig Tree Court versuchte der ständig von Selbstmordgedanken gequälte Dichter, sich an einem Strumpfband aufzuhängen, als er erfuhr, daß er zum Tagebuchschreiber des Oberhauses ernannt worden sei, und befürchtete, den Aufgaben dieses Amtes nicht gewachsen zu sein. Das Strumpfband zerriß, und er wurde gerettet. 1763 kam er für zwei Jahre in das Irrenhaus von St. Alban's, ging danach zu seinem Bruder nach Huntingdon, danach nach Olney zu seiner Freundin, der Witwe Unwin, der »Mary« seiner Gedichte. Er starb am 25. April 1800 in East Dereham/Norfolk.

Henry Fielding hatte im Hause Nr. 4 sein Anwaltsbüro. Nachdem seiner Tätigkeit als Bühnenautor durch die Einführung der Theaterzensur im Jahre 1737 ein Ende gesetzt war, erwarb er im Middle Temple die Zulassung als Strafverteidiger.

Paper Buildings Hier — vermutlich im Hause Nr. 3 — wohnt John Chester in Dickens' Roman »Barnaby Rudge«, und Stryver in »The Tale of Two Cities« hat hier sein Anwaltsbüro, in dem Sydney Carter für ihn beschäftigt ist. Die Paper Buildings, wie Dickens sie kannte, fielen im Jahre 1837 einer Feuersbrunst zum Opfer. 1894 eröffnete John Galsworthy eine kleine, enge Kanzlei im neuen Hause Nr. 3. Hier schrieb er auf Drängen seiner Geliebten, der Frau seines Vetters, seine erste Kurzgeschichte »Dick Denver's Idea«.

King's Bench Walk Hier stand bis zur Zerstörung durch eine Feuersbrunst im Jahre 1677 King's Bench Office, in der alle Urkunden des königlichen Hofs aufbewahrt wurden. Oliver Goldsmith hatte im Jahre 1764 für kurze Zeit eine Wohnung im Hause Nr. 3. Von hier zog er zum Brick Court. Im Hause Nr. 4 hatten Harold Nicolson, der seit Jahresbeginn 1930 beim »Evening Standard« arbeitete, und seine Frau Vita Sackville-West ihre Londoner Stadtwohnung. Die Wochenenden und Sommermonate verbrachten sie auf ihrem Besitz Sissinghurst/Kent. Von 1888 bis 1896 wohnte der Dichter George Moore im Hause Nr. 8.

Temple Church Charles Lamb wurde hier 1775 getauft, und Oliver Goldsmith fand in der Nordost-Ecke des Temple-Friedhofs im Jahre 1774 seine letzte Ruhestätte. Sein Grabstein kam bald nach seinem Tode abhanden; 1860 wurde in der Nähe seines Grabes ein Gedenkstein enthüllt.

Hare Court Von der Downing Street übersiedelte Boswell am 6. Juli 1763 in eine Wohnung am Hare Court, die ihm sein Freund William Temple für den letzten Monat seines Londoner Aufenthalts zur Verfügung gestellt hatte. In seinem Tagebuch schreibt er: »Im Inner Temple zu wohnen, ist ... die allerangenehmste Lösung der Wohnungsfrage für einen Junggesellen. Man hat ein standesgemäßes Quartier in stiller Abgeschiedenheit. Wenn ein Templer ausgeht, zieht er die Tür hinter sich zu, die selbsttätig schließt; den Schlüssel trägt er in der Tasche, so daß er zu jeder Zeit ein und aus kann, ohne jemand zu stören.«

Im Lamb House wohnen Pendennis und Warrington, Helden des Romans »The Newcomes« (1853) von Thackeray. Das 40. Kapitel des Romans beginnt an einem Morgen im Monat Juli, »als in Lamb Court tatsächlich die Sonne schien und die beiden Gentlemen, die dort gemeinsam zwei Zimmer im dritten Stock bewohnten, nach ihrer Gewohnheit mit ihren Pfeifen, Manuskripten und der ›Times‹ beschäftigt waren«. Der Autor, der Ende des Sommersemesters 1830 sein juristisches Studium in Cambridge aufgegeben hatte, reiste zunächst durch die Niederlande und Frankreich nach Deutschland, wo er den Winter in Weimar verbrachte, und ließ sich 1831 in der Juristenschule im Middle Temple einschreiben. Er arbeitete in der Kanzlei eines Mr. Tapell am Hare Court Nr. 1.

Inner Temple Lane Im Jahre 1752 hatte William Cowper in dieser Straße eine Wohnung. Charles Lamb lebte von 1808 bis 1817 im Hause Nr. 4. An einen Freund schreibt er: »Unsere Endstation — ich meine nicht das Grab, sondern Inner Temple Lane Nr. 4 — sieht auf einen düsteren, friedhofsähnlichen Hof, den Hare Court, mit drei Bäumen und einem Brunnen in der Mitte. Hier pflegte ich zu trinken, als ich noch ein Temperenzler von sechs Jahren war.«

Von der Staple Inn übersiedelte Dr. Samuel Johnson im Jahre 1760 in eine Wohnung im ersten Stock des Hauses Nr. 1. Hier lebte er mit seinem Freund, dem Armenarzt Robert Levett, zusammen, dem er zu seinem Tode im Jahre 1782 ein ergreifendes Gedicht widmet. Ein ihm von George III. gewährte Jahresrente befreite ihn von journalistischer Fronarbeit. Boswell, der ihn acht Tage vorher zum erstenmal getroffen hatte, besuchte ihn hier am 24. Mai 1763 und notiert in seinem Tagebuch:

»Mir war zumute, als sei ich im Begriff, einen Troll in seiner Höhle aufzustöbern. Johnson empfing mich mit aller Höflichkeit, aber seine Erscheinung wirkte offengestanden reichlich ungepflegt. Der braune Anzug war ganz verschossen, dazu hatte er eine verschrumpelte und ungepuderte alte Perücke auf, die zu klein war für seinen Schädel; Hemdkragen und Kniebund standen offen, die schwarzen Wollstrümpfe hingen lotterig herab, und als Pantoffeln dienten ihm ein Paar Schuhe ohne Schnallen. Der ganze schlampige Aufzug aber war vergessen, sobald er den Mund auftat.«

Am 19. Juli 1763 zeigte ihm Levett Johnsons Bibliothek, die in zwei Dachstuben »vier Treppen hoch« untergebracht war:

»Die Bibliothek des großen Johnson zu betreten, war für mich ein Erlebnis; ich bemerkte eine Anzahl wertvoller Bücher, aber alles sehr verstaubt und durcheinander. Auch ein Apparat für chemische Experimente stand da, für die Johnson offenbar eine Vorliebe hatte. Da und dort verstreut lagen Manuskriptblätter umher, die ich mit einer gewissen Ehrfurcht betrachtete, da es Stücke aus dem ›Rambler‹ oder dem ›Rasselas‹ sein mochten. Johnson zieht sich in sein Bücherzimmer zurück, wenn er geistig arbeiten will, da er es nicht duldet, daß sein Diener ihn verleugnet, wenn er zu Hause ist. Ich weiß nicht, ob ich es bereits erwähnt habe: Johnson glaubt, die Wahrheitsliebe eines Bedienten könnte darunter leiden. Der Denker weiß, daß es nur eine Form der Abweisung ist, aber Bediente kennen in der Regel so feine Unterschiede nicht. Kein Ort dürfte der besinnlichen Betrachtung förderlicher sein als dieses abgeschiedene Dachgeschoß. Unwillkürlich verfiel ich auf den Gedanken, es dereinst selber zu mieten, wenn sein gegenwärtiger Inhaber aller Wahrscheinlichkeit nach in größere Höhen entrückt ist.«

Bei einem Besuch am 5. Juli desselben Jahres bildet London das Thema eines Gesprächs der beiden, und Johnson, von dem das oft zitierte Wort stammt »Sie werden keinen intellektuellen Menschen finden, der bereit ist, London zu verlassen. Nein, wer London-müde ist, ist lebensmüde«, bemerkt:

»Wenn man von der Größe dieser Stadt eine richtige Vorstellung gewinnen will, darf man sich nicht mit den berühmten Straßen und Plätzen begnügen, man muß auch die zahllosen Gäßchen und Hinterhöfe kennenlernen. Nicht im Schaugepränge großer Bauwerke, sondern in der Vielfalt menschlicher Behausungen, die sich hier drängen, besteht das wahrhaft Unermeßliche Londons.«

Johnson wohnte hier bis 1765. An der Stelle seines Wohnhauses stehen heute Johnson's Buildings.

Auf der gegenüberliegenden Seite der Fleet Street geht

Chancery Lane ab, die Fleet Street mit Holborn verbindet. Juristische Buchhandlungen und Ausstattungsgeschäfte für Anwälte und Notare charakterisieren das Straßenbild. Im Public Record Office, dem Staatlichen Urkundenarchiv, sind Dokumente und Manuskripte von Chaucer, Shakespeare, Milton und anderen Schriftstellern zu besichtigen.

St. Dunstan-in-the-West Die Kirche, die bereits 1185 erwähnt wurde, stammt aus dem Jahre 1833. In der alten Kirche, die den »Großen Brand« vom Jahre 1666 mit knapper Not überstand, predigte der im Jahre 1483 in Gloucester geborene Theologe und Anhänger der Reformation William Tyndale, der Luther in Deutschland seine Aufwartung machte und 1525 die erste nach dem Original verfaßte englische Übersetzung des Neuen Testaments herausgab. 1534 fiel er in die Hände der Inquisition und starb zwei Jahre danach den Märtyrertod in Vilvorde bei Brüssel. John Donne, Dichter und Dekan, predigte von 1624 bis zu seinem Tode im Jahre 1631 in St. Dunstan. Eine Skulptur seines Kopfes an der Ostmauer der Eingangshalle erinnert an den Kanzelredner und Hauptvertreter der metaphysischen Schule. Donnes Biograph und Freund, der Eisenwarenhändler und Schriftsteller Izaac Walton, der einen im Jahre 1799 abgerissenen Laden in der Fleet Street an der Ecke der Chancery

Lane besaß und in der Themse seiner Lieblingsbeschäftigung, dem Angeln, nachging, war Kirchenältester an St. Dunstan.
Am 9. August 1593 wurde er in Stafford/Staffordshire als Sohn eines Land- und Gastwirts geboren und kam als Zwanzigjähriger zu einem Verwandten in London in die Lehre. Er starb am 15. Dezember 1683 in Winchester.
Ein 1895 von Anglern und Verehrern des Dichters gestiftetes buntes Glasfenster und eine Gedenktafel an der Außenwand der Kirche erinnern an den Verfasser des »Compleat Angler, or the Contemplative Man's Recreation« (»Der vollkommene Angler oder des Besinnlichen Erholung«). Dieses hohe Lied einer beschaulichen Lebensführung wurde 1653 in einem der Buchläden, die an die Kirchenwand angebaut waren, veröffentlicht. Nachdem Charles Lamb zu Ende des 18. Jahrhunderts das Buch Coleridge ans Herz gelegt hatte, erlebte es mehr als 300 Auflagen. Lamb schreibt: »Das Buch atmet den wahren Geist der Unschuld und der Herzenseinfalt.«
Der Tagebuchschreiber Samuel Pepys gehört zu den Kirchgängern von St. Dunstan. In seinem Tagebuch erzählt er, daß er 1662, als er zum Gebet in die Kirche kam, diese noch geschlossen fand und im benachbarten Tempelgarten betete. Fünf Jahre später unternahm er während der Predigt Annäherungsversuche bei einem neben ihm stehenden jungen Mädchen, indem er seine Hand ergreifen wollte. Es wehrte ihn jedoch mit einer Nähnadel ab. Ein Versuch bei einem anderen Mädchen hätte zweifellos, wie er meint, zum Erfolg geführt, wenn die Predigt nicht zu Ende gekommen wäre.
John Murray, der Begründer der großen Verlegerfamilie, wurde auf dem Friedhof bestattet.
Die aus dem Jahre 1671 stammende Uhr, deren Schlagwerk von den Figuren zweier Riesen in Gang gesetzt wird, hat in der Literatur wiederholt Erwähnung gefunden. So erscheinen die Riesen in Thomas Hughes' Roman »Tom Brown's Schooldays« (1857), die Uhr in Goldsmiths »Vicar of Wakefield« (1766) und Uhr und Riesen in Cowpers »Table Talk« (1782). Byron erwähnt sie in einem Brief im Jahre 1811 und Sir Walter Scott in seinem Roman »The Fortunes of Nigel« (1722). Lamb soll geweint haben, als die Glocken der alten Kirche im Jahre 1833 verschwanden. Er konnte nicht wissen, daß sie 1936 beim Neubau der Kirche wieder ihren Platz finden würden. Dickens, der bei seinen Gängen durch die Stadt dem Glockenschlag zuhörte und zusah, setzt ihnen in seinem Roman »The Chimes«, 1844 (»Silvesterglocken«) ein Denkmal: »Hoch oben im

Turm einer alten Kirche, weit über den Lichtern und dem Murmeln
der Stadt und weit unter den fliegenden Wolken, die sie beschatten,
hingen die Glocken, von denen ich erzähle.«
Neben der Kirche beim Hause Fleet Street Nr. 190 ist der Zugang
zur

Clifford's Inn Passage Von der im 14. Jahrhundert gegründeten
Clifford's Inn, die auf einen Baron Robert de Clifford zurückgeht,
der seinen Besitz einer Gruppe von Studenten der Rechtswissenschaften vermachte, ist nichts mehr erhalten. Sie wurde Mitte der
dreißiger Jahre dieses Jahrhunderts abgerissen. An den Spender
erinnert außer dem Namen des Durchgangs sein Wappen am Eingang.

In seinen »Pickwick Papers« erzählt Dickens von »wunderlichen,
alten Plätzen« und einem Mansardenbewohner in Clifford's Inn, der
Selbstmord beging und erst nach Wochen von seinem Nachfolger
»im Kabinett seines Schlafzimmers bolzengrade, die Hand fest um
ein Fläschchen gekrallt«, gefunden wurde.

Der am 4. Dezember 1835 als Sohn eines Geistlichen im Pfarrhaus
zu Langar/Nottinghamshire geborene Romancier, Komponist und
Maler Samuel Butler (der Jüngere), der sein Leben lang Junggeselle
blieb, wohnte von 1864 bis zu seinem Tode nach seiner Rückkehr
von Neu-Seeland, wo er als Schafzüchter den Grundstock zu seinem
Vermögen gelegt hatte, im zweiten Stock des Hauses Nr. 15. Die
Fenster seines Schlafzimmers und seines Ateliers gingen auf die
Fetter Lane, die seines Wohnzimmers auf die Gärten von Clifford's
Inn. Jeden Mittwoch besuchte er zwanzig Jahre hindurch eine junge
französische Näherin in der Handel Street, die er seinen Namen und
seine Adresse nie wissen ließ. Er jedoch erzählte seinem Freund und
späteren Biographen Henry Festing Jones von seinen Ausflügen.
Dieser stattete der Näherin von nun an jeweils dienstags seine Besuche ab.

In der Clifford's Inn Passage entstand in den Jahren 1873 bis 1884
sein bedeutendstes Werk, sein autobiographischer Roman »The
Way of all Flesh« (»Der Weg allen Fleisches«). Der Schriftsteller
starb am 18. Juni 1902 in einer Privatklinik in St. John's Wood in
London.

Nach ihrer Hochzeit am 10. August 1912 und ihrer Hochzeitsreise
auf dem Kontinent kehrten Virginia und Leonard Woolf Anfang
Oktober zunächst in ihr Haus am Brunswick Square zurück und bezogen dann Ende des Monats einige Räume im Hause Nr. 13. Da-

neben behielten sie ihren Landsitz Talland House/Cornwall bei. In ihrer Wohnung an der Clifford's Inn Passage kam es zum ersten Selbstmordversuch der an schweren Depressionen leidenden Schriftstellerin. Ende 1914 gab das Ehepaar wegen des labilen Gesundheitszustands von Virginia die Wohnung auf und übersiedelte nach Richmond.

Der 1563 in Hartshill/Warwickshire geborene Dichter Michael Drayton, der in seinem geographischen Epos »Polyalbion« (1622) eine liebevolle Beschreibung Großbritanniens hinterläßt, soll in einem Gebäude, das an der Stelle des Hauses Fleet Street Nr. 186 stand, gewohnt haben. Bei einem Besuch Shakespeares mit Ben Jonson in Stratford im Jahre 1616 sprachen die drei Freunde dem Wein so reichlich zu, daß Shakespeare sich ein Fieber zuzog, an dessen Folgen er am 23. April desselben Jahres starb. Drayton starb am 23. Dezember 1631 in London und wurde in Poets' Corner bestattet.

Der am 9. März 1763 in Farnham/Surrey als Sohn eines Gastwirts und kleinen Bauern geborene Politiker und einflußreiche Publizist William Cobbett, der London »eine teuflische und alles verschlingende Stadt« nennt, wohnte seit 1802 in der Fleet Street. Hier begann er mit der Herausgabe der mehr als drei Jahrzehnte erschienenen Zeitschrift »Cobbett's Weekly Political Registers«, in der er sich der Lage der arbeitenden Bevölkerung und der enteigneten Kleinbauern annahm. Nach Heimkehr von seiner Flucht in die Vereinigten Staaten im Jahre 1820 zog sich der Schriftsteller auf einen Bauernhof in Kensington zurück.

Gegenüber von St. Dunstan liegt

Falcon Court Der Elsässer Wynkyn de Worde, Schüler William Caxtons, erwarb zu Anfang des 16. Jahrhunderts die Druckerpresse seines Lehrherrn, die in einem Hause »Zur Sonne« am Falcon Court aufgestellt war. Er starb 1535 und wurde in St. Bride's Church bestattet.

Old Mitre Court Mitre Tavern, das Stammlokal Johnsons, Boswells und Goldsmiths, mußte im Jahre 1829 dem Neubau der Hoare's Bank Platz machen.

Nach einem Besuch der Taverne am 25. Juni 1763 notiert Boswell in seinem Tagebuch: »Das Essen war gut und ebenso der Portwein, von dem Johnson damals ab und zu eine Flasche trank.« Hier fiel Johnsons bekanntes Wort: »Das Glück, in London zu leben, können sich nur die vorstellen, die hier einmal weilten. Ich nehme keinen Anstand zu behaupten, daß es hier mehr Wissen und mehr Wis-

senschaft im Umkreis von zehn Meilen von dem Platz, auf dem
wir sitzen, gibt als im ganzen übrigen Königreich.«

Die jetzige Wirtschaft im Old Mitre Court übernahm den Namen
der alten »Mitre«, die durch Johnson und Boswell unsterblich geworden ist. Nachdem sich Coleridge um 1810 endgültig von Frau
und Familie getrennt hatte, wohnte er in einem Hause am Old Mitre
Court. Seinen Lebensunterhalt finanzierte er mit den Honoraren für
Vorträge über Shakespeare, Milton und andere Größen der Literatur.

Gegenüber vom Old Mitre Court geht

Fetter Lane ab. In dieser Straße an der Ecke zum Fleur-de-Lys
Court wohnte John Dryden von 1673 bis 1682. Das Haus wurde
1887 abgerissen, an seiner Stelle steht heute das Haus Nr. 16. Auch
Evelyn hatte in dieser Straße eine seiner Winterwohnungen.

Johnson's Court Von der Fleet Street Nr. 166 führt eine Passage
zum Johnson's Court, der seinen Namen einem Mitglied des Stadt-
rats und der Merchant Taylors' Company verdankt, der zu Beginn
des 17. Jahrhunderts hier lebte. Eine Tafel an einem Hause des
Platzes erinnert an Dr. Samuel Johnson, der seine Unterkunft im
Middle Temple aufgegeben hatte und hier von 1765 bis 1776
wohnte. Ein Zimmer im Erdgeschoß hatte er der erblindeten Gesellschafterin seiner am 17. März 1752 verstorbenen Frau, der Wali-
ser Arzttochter Anna Williams, die ihm den Haushalt führte, überlassen. In einer Dachkammer hauste der Heilpraktiker und Armenarzt Robert Levett, der seit 1746 mit dem Lexikographen befreundet war. Sein Diener, der Mulatte Frances Barber, und seine weiße
Frau, die ebenfalls im Hause wohnten, betreuten ihn auch hier. Hier
erhielt er im Oktober 1765 die erste Einladung zu einem Essen bei
den Thrales in Streatham, womit eine enge Freundschaft, besonders
zu Mrs. Thrale, begann. Vom Frühling bis zum Herbst des folgenden Jahres wohnte er in den Häusern der Thrales in Southwark und
Streatham. 1776 übersiedelte er von hier zum Bolt Court. Boswell
notiert in seinem Tagebuch, daß Johnson »ein albernes Bedauern«
empfand, »daß er aus einem Hof ausgezogen war, der seinen Namen trug, dagegen war es keineswegs albern, mit einer gewissen
Anhänglichkeit an eine Stätte zu denken, wo ich oft mit ihm zusammen gewesen war ...«

Hier entstanden seine »Journey to the Western Isles of Scotland«,
eine Shakespeare-Ausgabe, eine Neuausgabe seines Lexikons und
der Prolog zu Goldsmiths »Good-natured Man«.

Das Haus, das seit 1899 an der Stelle von Johnsons Wohnhaus steht, trägt eine Gedenktafel an den »harmlosen Fronknecht«, als den er einen Lexikographen in seinem Wörterbuch definiert.
Am Johnson's Court lagen die Redaktionsräume des »Old Monthly Magazine«, das als erste Zeitschrift einen Beitrag von Dickens veröffentlichte. Mit »Furcht und Zagen« hatte er eines Herbstabends des Jahres 1833 das Manuskript einer kleinen Erzählung »A Dinner at Poplar Walk« »in den dunklen Briefkasten eines dunklen Büros in einem dunklen Hof der Fleet Street« geworfen, das zu seinem größten Stolz in der Dezembernummer der Zeitschrift gedruckt erschien. Mit diesem Artikel begann Dickens' Laufbahn als Schriftsteller. Der Briefkasten befand sich am Johnson's Court.

Gough [gaf] **Square** In dem aus dem späten 17. Jahrhundert stammenden Hause Nr. 5 wohnte Samuel Johnson von 1748 bis 1758. Das Haus, zu einem Johnson-Museum ausgebaut, ist zu einem Wallfahrtsort für Literaturfreunde in der ganzen Welt geworden. »Samuel Johnson wurde am 18. September 1709 in Lichfield/Staffordshire geboren. Sein Vater, Michael Johnson, gebürtig aus Derbyshire, hatte sich in Lichfield niedergelassen, seine Mutter, Sara Ford, entstammte einem alten Warwickshire-Freisassengeschlecht. Sie standen beide schon im vorgerückten Alter, als sie heirateten, und hatten nur zwei Kinder, Samuel, den Erstgeborenen, und George, der mit 25 Jahren starb.« Mit diesen Worten beginnt Boswell seine berühmte Biographie des großen Lexikographen. Mit Unterstützung eines Kunden seines Vaters konnte Johnson in Oxford studieren, mußte aber nach vier Semestern aus finanziellen Gründen seine Studien aufgeben. Er gründete in Edial bei Lichfield erfolglos eine Privatschule. Im Frühjahr 1737 ging er mit einem seiner drei Schüler, David Garrick, der der bedeutendste Schauspieler der Zeit werden sollte, nach London, um hier als Literat seinen Lebensunterhalt zu verdienen. In Birmingham hatte er seine um zwanzig Jahre ältere Frau, die Witwe Elizabeth Porter, die er »Tetty« nannte, ein »wahres Fettklößchen«, kennen und lieben gelernt. 1735 heiratete er sie in Derby. Er verlor sie am 17. März 1752. Ihre erblindete Gesellschafterin Anna Williams führte dem Schriftsteller danach den Haushalt. Boswell berichtet, daß sie trotz ihrer Behinderung ihrer Aufgabe geschickt nachkam, allerdings befremdete ihn ihre Art, festzustellen, ob die Tassen voll seien. Er schreibt: »Ich glaubte zu beobachten, wie sie jeweils den Finger ein Stück weit in die Tasse hineinhielt, bis sie den Tee spürte.« In diesem Hause entstand Johnsons Essay

»The Vanity of Human Wishes« (1749), hier schrieb er seine Essays für die zweimal wöchentlich erscheinende Zeitschrift »The Rambler« und hier beendete er im Jahre 1755 sein Wörterbuch der englischen Sprache, das ihm den Doktortitel der Universität Oxford einbrachte. Im Dachgeschoß hatte er ein »Kontor« eingerichtet, in dem sechs Schreiber für ihn kopierten und Reinschriften anfertigten. Zu seinen ständigen Besuchern gehörten Oliver Goldsmith Burke, David Garrick, sein Eckermann James Boswell, der Maler Joshua Reynolds und die Thrales. Bei ihrem ersten Besuch hier war Mrs. Thrale über seine schlechten Tischsitten entsetzt, nicht zuletzt auch schockierte sie, daß er 16 Tassen Tee trank. Von hier übersiedelte er in die Staple Inn Lane.

Bolt Court Im Jahre 1776 zog Dr. Samuel Johnson vom Johnson's Court zum Bolt Court Nr. 8. Hier hatte einmal Anna Williams gewohnt, als sie nach London gekommen war, um Heilung von ihrer Augenkrankheit zu finden. Sie wurde die Gesellschafterin seiner Frau. Kurz vor seinem Tode besuchte ihn hier die Schauspielerin Sara Siddons, die als die größte Tragödin ihrer Zeit angesehen wurde. Johnson konnte ihr keinen Platz anbieten, da alle Stühle mit Büchern und Manuskripten belegt waren, bat um Verzeihung und bemerkte: »Sie sind oft daran schuld, daß andere keinen Platz bekommen; vielleicht entschuldigen Sie es um so eher, wenn einmal für Sie keiner frei ist.« In seinem letzten Lebensjahr stand ihm die Schriftstellerin Fanny Burney, die er im Hause der Thrales kennengelernt hatte, zur Seite. Im Hause Bolt Court starb Johnson am 13. Dezember 1714 im Beisein seines Dieners, des Mulatten Frances Barber. Eine riesige Menschenmenge erwies ihm bei seiner Bestattung in der Westminster Abbey die letzte Ehre. 1819 brannte sein Sterbehaus ab, der Türklopfer konnte gerettet werden und wird in Courage's Brauerei am Bankside aufbewahrt.

Von der gegenüberliegenden Seite der Fleet Street führt die

Bouverie Street zur Themse. Heute wird der größte Teil der Straße von den Gebäuden der »News of the World« eingenommen. Auf der rechten Straßenseite liegt das Verlagsgebäude des »Punch«, das sich ursprünglich in der Fleet Street Nr. 85 befand. 1841 gegründet, ist »Punch« noch heute das bedeutendste satirische Witzblatt Englands. Henry Mayhew (1812—1887), der sich als Autor von »London Labour and the London Poor« (1851—1862) einen Namen auch als Schriftsteller gemacht hat, spielte bei der Gründung und der Namensgebung eine wesentliche Rolle. Thomas Hoods Gedicht

»The Song of the Shirt« erschien in der Weihnachtsnummer 1843.
Thackeray trug mit 380 Holzschnitten und Zeichnungen sowie mit
seinen Snob-Artikeln entscheidend zur Verbreitung der Zeitschrift
bei. Eine Tafel am Hause Nr. 4 erinnert an William Hazlitt, der mit
seiner zweiten Frau, Isabella Bridgewater, in einem Hause an dieser
Stelle bis zu seinem Umzug in seine letzte Wohnung in der Frith
Street im Jahre 1829 wohnte. Im Jahre 1825 besuchte ihn hier Carlyle
bei seinem ersten Besuch in London. Hazlitt war 1809 von Winterslow/Wiltshire
nach London gekommen. Seine Versuche, als Maler
Fuß zu fassen, scheiterten, und so wandte er sich der Literatur
zu. Leigh Hunt, mit dem er lebenslang befreundet war, unterstützte
ihn, indem er Beiträge von ihm im »Examiner« veröffentlichte. Von
seiner ersten Frau, Sarah Stoddard, von der er seit 1819 getrennt
lebte, wurde er 1822 nach schottischem Gesetz geschieden. Seine
literarische Betätigung hier bestand in zwei Artikeln für die »Edinburgh
Review«.

Whitefriars Lane In der Whitefriars Lane, der ehemaligen Water
Lane, lag »The Black Lion«, wo Boswell, von Edinburgh kommend,
bei seinem zweiten Besuch in London am 19. November 1762 abstieg.
In seinem Tagebuch schreibt er, daß ihn »der Trubel in den
Straßen mit all den hellerleuchteten Schaufenstern angenehm wirblig
im Kopf« machte und noch bestürzender wirkte als beim ersten
Mal. Zu Beginn des nächsten Jahres verbrachte er hier mit der
»Schauspielerin« Mrs. Lewis, die er seit Mitte Dezember regelmäßig
in ihrer Wohnung besuchte und die er »Fair Louisa« nannte, eine
Nacht, die ihm eine seiner vielen Geschlechtskrankheiten einbrachte.
Die damals übelbeleumdete Nachbarschaft der Straße wurde Alsatia
genannt und von Shadwell in seinem Theaterstück »The Squire
of Alsatia«, von Scott in »The Fortunes of Nigel« und von Macaulay
im ersten Band seiner »History of England« beschrieben.

Wine Office Court der von der gegenüberliegenden Seite der Fleet
Street abgeht, verdankt seinen Namen einem hier im 16. Jahrhundert
befindlichen Amt, das Lizenzen für den Weinhandel ausgab.
Links vom Eingang lag das 1700 gegründete Tabakgeschäft von
Radford, wo Johnson und Garrick ihren Schnupftabak bezogen. In
einem Gebäude an der Stelle des Hauses Nr. 6 wohnte Oliver Goldsmith,
der sich 1760 eine bessere Unterkunft leisten konnte.
Am 31. Mai 1761 besuchte ihn hier Johnson, der ihm eine Biographie
widmet. Er lernte Reynolds kennen und gehörte bald zu den
aktivsten Mitgliedern des Literary Club. Hier entstand sein »Vicar

of Wakefield«, für den ihm Johnson einen Verleger vermittelte und
damit Einnahmen verschaffte, die ihn aus seiner bedrängten wirtschaftlichen Lage erlösten. Ende 1762 gab er die Wohnung auf, weil
sie ihm zu laut wurde.

Das berühmte Gasthaus »The Olde Cheshire Cheese« hat sich seit
dem Neubau im Jahre 1667 nach dem »Großen Brand« unverändert gehalten. An Johnson erinnert ein Stuhl, über dem eine Kopie
des Johnson-Bildes von Reynolds hängt, sowie ein Exemplar seines
Wörterbuchs. Voltaire, Congreve, Pope, Reynolds, Gibbon, Garrick,
Boswell und im 19. Jahrhundert Carlyle, Macaulay, Tennyson, Dikkens, der die Taverne in »A Tale of Two Cities« erwähnt, Forster,
Hood, Thackeray, Wilkie Collins, Mark Twain, Conan Doyle, Beerbohm, Chesterton, Wilde und Verlaine haben neben einer Reihe
gekrönter Häupter das Gasthaus besucht. Der Rhymers' Club hielt
hier seine Sitzungen ab, bei denen sich Pound, Yeats und D. H.
Lawrence trafen. Die berühmte Riesen-Nierenpastete, die noch
heute eine Spezialität des Hauses ist, erwähnt Galsworthy in seiner
»Forsyte Saga«.

Shoe Lane Der Leichnam Chattertons, der sich 1770 in einer Dachstube in der Brooke Street vergiftet hatte, wurde auf dem Friedhof
eines in der Shoe Lane dicht an der Stonecutter Street gelegenen
Armenhauses verscharrt. 1826 wurde der Friedhof aufgehoben und
die Gebeine der hier Bestatteten auf einen Friedhof in der Gray's
Inn Road umgebettet. In einem armseligen Hause in der Gunpowder Alley, ehemals ein Hofzugang von der Shoe Lane, starb
1658 im Alter von 39 Jahren völlig verarmt in einer elenden Unterkunft der Kavaliersdichter Richard Lovelace.

Salisbury Court Am Reuter-Gebäude am Salisbury Court befindet
sich eine Tafel zum Gedenken an Samuel Pepys, dessen Geburtshaus an dieser Stelle stand. Der Tagebuchschreiber und Regierungsbeamte — er war Sekretär der Admiralität unter Charles II. — kam
hier am 23. Februar 1633 als Sohn eines Schneiders über der Werkstatt seines Vaters zur Welt. Er besuchte St. Paul's School und studierte in Cambridge. Erst 1819 wurde sein Tagebuch, das bis dahin
im Magdalen College, Oxford, gelegen hatte, entdeckt und Pepys
als Autor eines der klassischen Werke der englischen Literatur bekannt. Später wohnten auch Thomas Shadwell und der zeitweilig
mit ihm befreundete Dryden an diesem Platz.

Salisbury Square Von der Fleet Street zog Samuel Richardson an den
Salisbury Square Nr. 1, wo er 35 Jahre lang wohnte und seinen

Druckereibetrieb unterhielt. Als Sohn eines Tischlers im Februar 1689 in Derbyshire geboren, kam er mit 17 Jahren zu einem Londoner Buchdrucker in die Lehre. 1721 heiratete er Martha Wilde, die Tochter seines Arbeitgebers, und machte sich selbständig. Zehn Jahre nach ihrem Tode ehelichte er Elizabeth Leake. Jeder Verbindung entsprossen sechs Kinder. Als Buchdrucker brachte er es zu Wohlstand, mit seinen in Briefform konzipierten Geschichten von »Pamela« (1740) und »Clarissa« (1747) wurde er zum Schöpfer des empfindsamen Romans. Richardson starb am 4. Juli 1761 in Fulham; in St. Bride's Church, Fleet Street, wurde er bestattet.

St. Bride's Church Nach der Zerstörung der sechsten Kirche an dieser Stelle durch Bomben des Zweiten Weltkriegs im Jahre 1957 wiederaufgebaut, wird die Kirche noch immer als »Pfarrkirche der Presse« bezeichnet. Hier wurden Pepys und seine acht Geschwister getauft, und Samuel Richardson, seine erste Frau, zwei ihrer Söhne und seine zweite Frau begraben, ebenso wie 200 Jahre vor ihnen Wynkyn de Worde. Auch Lovelace und Shadwell fanden hier ihre letzte Ruhestätte. Edgar Wallace hatte hier einen Kirchenstuhl. Nach Rückkehr von einer Bildungsreise durch Frankreich und Italien um 1640 wohnte John Milton in einem Hause, dessen Fenster auf den Friedhof von St. Bride's sahen.

Ludgate Circus Das längst verschwundene Haupttor (= gate) an der Westseite der City-Stadtmauer lebt im Namen des Platzes weiter. An der nordwestlichen Ecke des Platzes zwischen der Fleet und der Farringdon Street hängt seit 1934 eine Bronzetafel mit dem Kopf des Kriminalschriftstellers Edgar Wallace, der vor dem Hause als Zwölfjähriger Zeitungen verkaufte. Die Gedenktafel trägt die Inschrift: »Er erfuhr Reichtum und Armut und blieb, was er war. Er wandelte mit Königen. Er gab sein Talent seinen Büchern. Aber sein Herz gehörte der Fleet Street.«

Farringdon Street Auf der gegenüberliegenden Ecke der Farringdon Street, an der Stelle der Congregational Memorial Hall, stand bis zum Abriß im Jahre 1864 Fleet Prison. Die Eisenbahnüberführung nimmt einen Teil des einstigen Gefängnisses ein, das in der Literatur oft eine Rolle spielt. So ist Mr. Pickwick in Dickens' »Pickwick Papers« hier eingesperrt, in »Barnaby Rudge« schildert der Autor die Zerstörung des Gefängnisses bei den Gordon-Aufständen. In seiner Folge »The Rake's Progress« hat Hogarth die Atmosphäre der historischen Anstalt und die Welt ihrer Inhaftierten zu seiner Zeit mit dem Zeichenstift festgehalten.

Am Ende der New Bridge Road, rechts vor der Blackfriars Bridge am Themse Ufer, am Victoria Embankement, lag
Chatham Place Dante Gabriel Rossetti, der mit dem Maler Holman Hunt in der Cleveland Street ein gemeinsames und danach ein eigenes Studio in der Newman Street gemietet hatte, bezog im November 1852 eine Wohnung im Hause Nr. 14. 1853 verlobte er sich mit der bildschönen Putzmacherin Elizabeth Siddal, die er als Nähmädchen in einem Posamentierwarengeschäft am Leicester Square kennengelernt und die, selbst eine begabte Malerin, ihm und anderen Präraffaeliten, wie Hunt und Millais, Modell gestanden hatte. Sie teilte die Wohnung mit ihm. Erst am 23. Mai 1860 heiratete er seine »Guggum« in Hastings. Nach anderthalbjähriger Ehe starb seine Frau am 11. Februar 1862, ob an ihrem Lungenleiden, an der Geburt eines Kindes oder aber an einer Überdosis Laudanum, das sie zu sich genommen hatte, als sie von der Untreue ihres Gatten erfuhr, ist nicht mehr zu klären. Der tief betrübte Ehemann wickelte einen bisher unveröffentlichten Band seiner Sonette, die Folge »The House of Life«, in das rotgoldene Haar der Toten und ließ ihn mit der Leiche auf dem Highgate-Friedhof bestatten. Acht Jahre später konnten Freunde den Dichter bewegen, den Sarg ausgraben und öffnen zu lassen, um die Gedichte zwecks Veröffentlichung zu bergen. Violet Hunt hat dem Leben der Gattin Rossettis eine Biographie gewidmet. Rossettis Freunde William Morris und Burne-Jones gehörten zu den ständigen Besuchern am Chatham Place. Im Oktober des Todesjahres seiner Frau übersiedelte der Dichter zum Cheyne Walk.

Dritter Spaziergang: Holborn und Bloomsbury

Holborn, ehemals eine selbständige Gemeinde in der Grafschaft London, ging im Zuge der Verwaltungsneugliederung von Groß-London im Stadtbezirk Camden auf, der von der Tottenham Court Road im Westen, von der Euston Road im Norden, von der Farringdon Street im Osten und von der City of Westminster und der City im Süden in etwa begrenzt wird. Die Grenze zur City kennzeichnen zwei Steinobelisken auf beiden Seiten High Holborns.
Richard III. in Shakespeares gleichnamigem Schauspiel lobt die Erdbeeren im Garten der Bischöfe von Ely, deren Stadtpalais sich nördlich vom heutigen Holborn Viaduct am Ely Place befand.

High Holborn In einem Hause, das an der Stelle des Gebäudes Nr. 19 stand, kam die Schriftstellerin Ann Radcliffe, die als Verfasserin von Schauerromanen in die Literaturgeschichte eingegangen ist, als Tochter des Kaufmanns Ward am 9. Juli 1764 zur Welt. 23jährig heiratete sie William Radcliffe, Herausgeber und Eigentümer des »English Chronicle«.

Staple Inn Staple Inn war im Mittelalter ein Innungsgebäude, dessen Namen auf Wollhändler zurückgeht, die hier ihren Umschlagplatz (staple = Rohwolle) hatten. Unter Heinrich V. wurde das Haus eine der neun Inns of Chancery. Dr. Samuel Johnson zog 1758 vom Gough Square in eine Dachwohnung im ersten Hof. Hier entstand in knapp einer Woche die philosophische Erzählung »Rasselas«, gedrängt von der Notwendigkeit, die Kosten für die Beerdigung seiner Mutter, die im Januar 1759 im Alter von 90 Jahren in seinem Geburtsort Lichfield verstorben war, zu begleichen. Von der Staple Inn zog er im Jahre 1760 zur Inner Temple Lane.

Dickens verlegt die Wohnung von Mr. Grewgious in seinem Roman »Edwin Drood« — er starb während der Arbeit an diesem Werk — »hinter den ältesten Teil von Holborn, wo einige jahrhundertealte Giebelhäuser noch an der Straße stehen«, in ein Haus auf dem zweiten Hof der Staple Inn, das noch steht und über dessen Portal die Inschrift P. J. T. 1747 (=President James Taylor, Leiter einer Gesellschaft der Ehemaligen der Staple Inn) zu lesen ist. Der Schriftsteller beschreibt Staple Inn »als einen jener Winkel, der bei dem von der geräuschvollen Straße kommenden Fußgänger das Empfinden hervorruft, Watte in den Ohren zu haben und auf Filzsohlen zu gehen«. Nathaniel Hawthorne urteilt ähnlich, wenn er sagt: »Der

Stadt ist es ... nicht gelungen, die Flut ihres Lärms über dieses Eiland der Ruhe strömen zu lassen.« Mr. Snagsby in Dickens' Roman »Bleak House«, »in seiner Art ein etwas beschaulicher und poetischer Mann, geht im Sommer hier gern spazieren und freut sich am ländlichen Aussehen der Sperlinge und der Blätter«.
Wordsworth stieg nach Rückkehr von seiner Wanderung durch Frankreich zum Jahreswechsel 1792/93 bei einem Aufenthalt in London bei seinem Bruder Richard ab, der als Rechtsanwalt in der Staple Inn seine Wohnung und Kanzlei hatte. Der Dichter blieb hier sieben Monate. Er war zu Weihnachten 1788, von Cambridge kommend, zum erstenmal in der Hauptstadt gewesen. Seine Eindrücke bei der Einfahrt in die Stadt auf dem Oberdeck der Kutsche beschreibt er in dem autobiographischen Blankversgedicht »The Prelude« (1798—1805), dessen siebentes Kapitel den Titel »Residence in London« trägt. 1791 hatte er sich nach erfolgreichem Abschluß seines Studiums wieder in London aufgehalten, ohne einem Beruf nachzugehen. Über seine Wohnung zu dieser Zeit ist nichts zu ermitteln. Somerset Maughams Vater hatte mit William Dixon, dem Vormund des Schriftstellers, ein Anwaltsbüro in Staple Inn Nr. 1. 1848 verlegten die beiden Advokaten ihr Büro nach Paris, wo der Schriftsteller am 25. Januar 1874 geboren wurde.

Southampton Buildings In einem problemerfüllten Lebensabschnitt im Jahre 1814 verkroch sich Shelley für einige Zeit bei seinem Freunde, dem Schriftsteller Thomas Love Peacock, der in dieser Straße wohnte. Hazlitt, der im Mai 1808 die drei Jahre ältere Sarah Stoddard, eine Freundin der Geschwister Lamb, die einen Mann suchte, geheiratet hatte und auf dem Besitz seiner Frau in Winterslow lebte, kam im Jahre 1809 nach London und wohnte im Hause Nr. 34. 1819 trennte er sich von seiner Frau und ging wieder nach London, wo er im Hause Nr. 9 bei einem Schneider namens Walker unterkam. Hier verliebte er sich in Sarah, die Tochter seines Wirts, die bereits versprochen war, Hazlitt aber längere Zeit Avancen machte. Die unglückliche Liebesaffäre hat ihren Niederschlag in seinem Gedicht »Liber Amoris« (1832) gefunden. Hazlitt wohnte hier bis zu seiner zweiten Eheschließung mit der Witwe Isabella Bridgewater im Jahre 1824. Auch diese Ehe wurde nicht glücklich. Im Jahre 1809 bezog Charles Lamb eine Wohnung im selben Haus. Coleridge, sein Schulkamerad und lebenslanger Freund, wohnte bei ihm im Jahre 1811, als er seine berühmten Vorlesungen an der Royal Institution of Great Britain in der Albemarle Street hielt.

Auch Lamb konnte nicht verhindern, daß er unter dem Einfluß von Drogen häufig zu spät vor seinen Hörern erschien oder ganz wegblieb. 1830 kam Lamb von seinem Haus in Enfield für kürzere Zeit wieder hierher.

Medaillons von Lamb und Hazlitt am Gebäude der Westminster Bank erinnern an die beiden prominenten Bewohner der Straße.

Chancery Lane Der 14jährige Dickens arbeitete einige Monate als Gehilfe bei einem Rechtsanwalt Molloy im Hause der heute verschwundenen »Symond's Inn« in der Chancery Lane. Seine Eindrücke verdichtet er später in seinem Roman »Bleak House«. Er verlegt das Anwaltsbüro von Mr. Vholes in dieses »zu Schwamm und Schmutz und aller Verwesung« neigende Haus mit dem »Geruch wie von kranken Schafen, der von dem allabendlich — und oft auch täglichen Verbrauch von Hammelfett zur Beleuchtung« herrührt.

Im Jahre 1913 gaben John Middleton und seine Geliebte Katherine Mansfield aus wirtschaftlichen Gründen ihren Wohnsitz in Runcton bei Chichester auf und kehrten nach London zurück. Sie bezogen eine Dreizimmerwohnung im Hause Nr. 57, in dem sich gleichzeitig auch das Verlagsbüro der von ihnen herausgegebenen Zeitschrift »Rhythm«, der keine lange Lebensdauer beschieden war, befand. Die an Tuberkulose leidende Katherine vertrug jedoch das Londoner Klima nicht. Noch im Frühjahr desselben Jahres mietete das Paar ein Häuschen in Cholesbury.

Cursitor Street In einem »herrschaftlichen Wohnhaus« in dieser Straße, einem sog. »sponging house«, in dem Schuldner vor ihrer Verurteilung zu Gefängnisstrafen in Haft genommen wurden, wartet Colonel Crawley in Thackerays »Vanity Fair« bei dem Gerichtsvollzieher Moss die Zeit bis zum Urteilsspruch ab. Dickens bezahlte die Schulden seines Vaters, der 1834 in einem anderen »sponging house« in dieser Straße inhaftiert war, und ersparte ihm damit eine Gefängnishaft. Cursitor Street spielt in verschiedenen Büchern von Dickens eine Rolle.

Took's Court Auch hier befand sich seit Beginn des 19. Jahrhunderts ein Schuldgefängnis, in dem Sheridan in seinem letzten Lebensjahr mehrere Monate eingesperrt war. Sein ausschweifender Lebenswandel und die Einäscherung des von ihm geleiteten Drury-Lane-Theaters hatten ihn in finanzielle Schwierigkeiten gestürzt.

»Am östlichen Ende von Chancery Lane, genauer gesagt, in Cook's Court, Cursitor Street, betreibt Mr. Snagsby sein Gewerbe als

Schreibwarenhändler, fast zu allen Tageszeiten ein schattiger Platz«, heißt es im »Bleak House« von Dickens, der Took's Court den Namen Cook's Court gibt.

Lincoln's Inn Ein aus dem Jahre 1518 stammendes Tor, an dessen Bau der Maurer und spätere Stückeschreiber Ben Jonson und sein Stiefvater mitgearbeitet haben sollen, öffnet den Zugang zu Lincoln's Inn, einer der vier großen Rechtsschulen. Galsworthy praktizierte nach seiner Reise durch Fernost, auf der er die Bekanntschaft Joseph Conrads machte, in den 1756 erbauten Stone Buildings von 1892 bis 1894 als Anwalt des Seerechts. John Donne war Prediger an Lincoln's Inn. Er predigte bei der Einweihung der Kapelle so eindringlich, daß, wie berichtet wird, einige Zuhörer tot hinausgetragen werden mußten. Im Hause Nr. 2 am New Square hörte Galsworthy Vorlesungen als Student der Rechte. Wordsworth wohnte 1795 und ein Jahr darauf wieder bei Besuchen in London im Hause Nr. 7 bei seinem Freund Basil Montagu, Schriftsteller und Philanthrop, der seine Begeisterung für die Ideen der Französischen Revolution teilte. Am New Square hatten die Rechtsanwälte Le Brasseur und Oakley ihre Praxis. Bei ihnen begann Arnold Bennett, vom Pottery District kommend, im Jahre 1889 seine Tätigkeit als Anwaltsgehilfe. In seinem Roman »A Man from the North« (1898) beschreibt er die Atmosphäre seiner damaligen Umwelt. Seine Arbeitgeber treten hier unter den Namen Curpet und Smythe auf. Er arbeitete hier fast fünf Jahre. Nach einjähriger Tätigkeit im Teegeschäft wandte sich Wilkie Collins der Juristerei zu. Er hatte eine Wohnung im vierten Stock eines Hauses am New Square.

In Lincoln's Inn Hall findet in Dickens' Roman »Bleak House« der Prozeß Jarndyce gegen Jarndyce statt. Serjeant Snubbin in seinen »Pickwick Papers« hat sein Büro am Old Square. Lincoln's Inn beherbergt die älteste Londoner Bibliothek. Sie weist über 80 000 Gesetzesbände auf.

Sir Thomas More, Garrick, Horace Walpole, Macaulay und Disraeli sind mit Lincoln's Inn verbunden.

Star Yard Mrs. Flite in Dickens' »Bleak House« wohnt im obersten Stockwerk eines Hauses am Star Yard, von wo sie auf das Dach von Lincoln's Inn Hall und auf den Garten blickt. »Ich nenne ihn meinen Garten. Er ist ein wahres Paradies im Sommer, wenn die Vögel melodisch singen. Hier verbringe ich die langen Gerichtsferien, in Betrachtung versunken.«

Lincoln's Inn Field Im Hause Nr. 13 liegt das nach dem Tode des

Kunstsammlers Soane im Jahre 1813 eingerichtete »Sir John Soane's Museum«. Hier hängen Hogarths Bilderbogen »The Rake's Progress« (»Der Weg des Liederlichen«) und »Election« (»Die Wahl«), die Garrick gehörten.

Von 1647 bis 1649 bewohnte John Milton mit seiner ersten Frau ein Haus, dessen Garten an Lincoln's Inn Field grenzte. Seine zu dieser Zeit erschienenen politischen Kampfschriften brachten ihm das Amt des lateinischen Sekretärs des Commonwealth ein. An der Stelle des Hauses Nr. 58 stand das Stadthaus des Earl of Sandwich, des in Pepys' Tagebuch wiederholt erwähnten »Mylord«, eines Vetters des Tagebuchschreibers. Im Jahre 1730 entstand das jetzt hier stehende Gebäude, das 1795 zweigeteilt wurde. Hier wohnte von 1834 bis 1856 John Forster, Dickens' bester Freund. Sein letztes Buch, »The Life of Charles Dickens«, sollte das Standardwerk über Leben und Werk des Schriftstellers werden, von dem William Wilkie Collins meinte, daß es besser »Das Leben John Forsters mit gelegentlich eingeschobenen Anekdoten von Dickens« heißen sollte. Ursprünglich Anwalt, wandte er sich bald dem Journalismus zu und veröffentlichte eine Reihe historischer und literarischer Biographien. Nach dem Erscheinen seiner Goldsmith-Biographie (1848) hatte ihm Dickens gratuliert und gewünscht, einmal einen solchen Biographen und Kritiker zu haben. Unzählige Male hat Dickens das Haus durch den halbkreisförmigen Säulenvorbau betreten. Im Jahre 1844 unterbrach er seinen Italienaufenthalt, um hier am 2. Dezember um 18 Uhr 30 vor einem ausgewählten Kreis, zu dem auch Carlyle gehörte, seinen gerade abgeschlossenen Roman »The Chimes« (»Silvesterglocken«) vorzulesen, womit er die lange und gesundheitlich belastende Reihe seiner Leseveranstaltungen begann. Dickens diente das Haus zum Vorbild für Mr. Tulkinghorns Büro und Wohnung mit ihren »gemalten Decken, wo perspektivisch verkürzte Allegorien auf den Besucher herabstarren, als wollten sie auf ihn losstürzen«.

Rossetti wohnte im Jahre 1862 kurze Zeit im Hause Nr. 59. Im Jahre 1854 hatte Tennyson, der seit 1853 auf der Isle of Wight lebte, im Hause Nr. 60 eine Stadtwohnung. Auf den Lincoln's Inn Fields wurde 1683 Lord William Russell als vermeintlicher Verschwörer gegen Charles II. hingerichtet. Leigh Hunt berichtet in seiner chronikartigen Geschichte Londons »The Town« (1848) von den vergeblichen Bemühungen der Gattin des Angeklagten, seine Begnadigung zu erreichen.

Sardinia Street In dieser Straße stand bis 1909 die kleine Kapelle der Sardinischen Botschaft, die wiederholt das Ziel antipapistischer Angriffe war. In Dickens' Roman »Barnaby Rudge« spielt sie eine Rolle. Im Jahre 1793 heiratete hier die 41jährige Fanny Burney den französischen Emigranten General D'Arblay. Nach der Hochzeit bezog das Paar eine Wohnung in der Half Moon Street. In seiner Autobiographie (1868) schreibt Benjamin Franklin, der Ende 1725 seine Stellung gewechselt hatte und in der größeren Druckerei von James Watts am Wild Court arbeitete: »Meine Wohnung in Little Britain war mir zu weit von meiner neuen Arbeitsstätte entfernt, und so nahm ich eine andere ... gegenüber der Kapelle. Sie lag im zweiten Stock nach hinten bei einer Witwe, die hier mit ihrer Tochter und einem Dienstmädchen lebte.« Franklin wohnte hier bis zu seiner Rückkehr nach Amerika im Juli 1726.

Portsmouth Street Ob der mehr als 400 Jahre alte Antiquitätenladen in dieser Straße das Vorbild zu Dickens' »Old Curiosity Shop« ist, ist umstritten, auch wenn er seit 1868 die Inschrift trägt: »The Old Curiosity Shop. Unsterblich gemacht von Charles Dickens.« Dikkens selbst schließt seinen Roman mit den Worten: »Das alte Haus steht längst nicht mehr.« Wie er sagt, schwebte ihm bei der Abfassung seines Romans ein Laden vor, der etwa an der Stelle des Sir Henry Irving-Denkmals in der Charing Cross Road stand.

Nördlich von Holborn liegt

Red Lion Square Vor seiner Übersiedlung nach Frankreich wohnte Arnold Bennett Ende Februar 1903 bei seinem Freund, dem Architekten Rickards, im »Halsey House«, Red Lion Square Nr. 7. Im Jahre 1851 mietete Rossetti eine Wohnung im Hause Nr. 17. Da sein Wirt die Anwesenheit von Modellen in seinem Atelier beanstandete, gab er seine Unterkunft nach drei Monaten wieder auf. 1856 bezogen Morris und sein Studienfreund aus Oxforder Tagen, Burne-Jones, das erste Stockwerk desselben Hauses. Burne-Jones heiratete 1860 Georgina, eine der fünf Töchter eines Methodistenpredigers, die in ihren Erinnerungen schreibt: »Die Wohnung bestand aus drei Räumen, einem größeren nach vorn, dessen mittleres Fenster wegen des Lichts zum Malen bis zur Decke ausgebaut wurde, einem kleineren dahinter, in dem Burne-Jones lebte, und einem ganz kleinen, der für Morris bestimmt war.« Eine Schwester der Autorin wurde Kiplings Mutter. Mit Londoner Tischlern und Tapezierern, die die Wohnung ausstatten sollten, unzufrieden, betätigte sich Morris als eigener Architekt und Innendekorateur. Im Jahre 1860 richteten

er, Burne-Jones und weitere Künstler im Hause Nr. 8 ein Atelier
und ein Dekorationsgeschäft ein, das fünf Jahre bestand. 1858 verlobte
sich Morris mit der Reitknechtstochter Jane Burden, seiner
»Belle Iseult«, die er mit dem Gedicht »Praise of my Lady« und
seinem einzigen Ölgemälde unsterblich gemacht hat. Sie wurde das
Lieblingsmodell Rossettis, der ihren »Hals, zehn Küsse lang«, besang.
Nach der Hochzeit im April 1859 gab Morris die Wohnung auf
und zog mit seiner Frau in die Great Ormond Street. Das Haus am
Red Lion Square steht noch und trägt seit 1911 eine steinerne Gedenktafel.

Im Londoner Stadtteil Walthamstow, wo Morris als Sohn eines
Maklers am 24. März 1834 in dem nicht mehr existierenden »Elm
House« geboren wurde, ist im »Water House«, Lloyd Park, in der
Forest Road die William Morris-Gallery eingerichtet worden, in
der persönliche Erinnerungsstücke und Originale seiner künstlerischen
Entwürfen ausgestellt sind. William Morris lebte hier mit
seinen Eltern von 1848 bis zu seinem Studienbeginn.

Fisher Street Im Jahre 1915 mietete D. H. Lawrence im Hause
Nr. 12 ein Bürozimmer, in dem er mit Katherine Mansfield und
J. M. Murry an einer neuen Zeitschrift »The Signature« arbeitete.
Lawrence wohnte zu dieser Zeit im Vale of Health.

Southampton Place In einem Hause auf der östlichen Straßenseite
am Ende zum Bloomsbury Square wurde am 6. November 1671 der
Schauspieler, Dramatiker und Poet Laureate (1730) Colley Cibber
als Sohn eines Bildhauers geboren.

Bloomsbury Square In den ersten drei Jahrzehnten unseres Jahrhunderts
lebte in Bloomsbury eine Gruppe von Schriftstellern, Künstlern
und Wissenschaftlern, die sich um das Ehepaar Virginia und
Leonhard Woolf scharten und die mit dem Namen des Stadtviertels
bezeichnet wurden. Der Schilderer Londons, Thomas Burke, schrieb
1939 ein Buch über das Stadtviertel mit dem Titel »Living in
Bloomsbury«. Nach seinem Scheitern in Hampstead ließ sich der
26jährige Arzt und Dichter Mark Akenside im Jahre 1747 am
Bloomsbury Square nieder und konnte hier seinen Ruf als hervorragender
Vertreter seines Berufs begründen. Er wurde Leibarzt der
Gemahlin Georges III. 1744 war sein Gedicht »Pleasures of Imagination«
erschienen. Er starb am 23. Juni 1770. Das Haus Nr. 45 soll
der Stadtpalast des unermüdlichen Briefschreibers, des Earl of Chesterfield,
gewesen sein. Obwohl das Haus eine Gedenktafel trägt, ist
umstritten, ob er je hier gewohnt hat. Sir Richard Steele, der sich

1695 in London niedergelassen hatte, wohnte von 1712 bis 1715 mit
seiner zweiten vermögenden, aber zanksüchtigen Frau Mary Scurlock, die er 1702 geheiratet hatte, am Square. 1713 begann er mit
der Herausgabe der moralischen Wochenschrift »The Guardian«,
die er neben dem »Spectator« zusammen mit Addison redigierte.
1715 wurde er geadelt. Im Jahre 1818 übersiedelten die Eltern des
vierzehnjährigen Benjamin Disraeli mit ihm und seinen drei Brüdern von der Theobald's Road in das Haus Nr. 6. Benjamin besuchte eine Lateinschule, wo er, wie er in seinem Roman »Vivian
Grey« (1826) schildert, einen älteren Schüler, einen Sportchampion
und ausgezeichneten Kricketspieler, zu Boden boxte. Er mußte die
Schule verlassen und erhielt von da an Unterricht im elterlichen
Hause. 1821 trat er als Lehrling in eine Advokatenfirma ein, wo er
drei Jahre verblieb. Schon um diese Zeit galt sein Interesse der Jour-
nalistik und Literatur. 1826 übersiedelte die Familie auf ihren Landsitz Bradenham Manor/Buckinghamshire. Im Oktober 1902 mieteten die 1874 geborene amerikanische Schriftstellerin Gertrude Stein
und ihr Bruder Leo im Hause Nr. 6 eine Wohnung. Gertrude Stein
hatte nach ihrem Verzicht auf die medizinische Laufbahn die Staaten verlassen und kam nach einem Aufenthalt im Lake District nach
London, um hier den Winter verbringen und im Lesesaal des British
Museum zu arbeiten. Die kärgliche und trübe Atmosphäre Londons
deprimierte sie derart, daß sie im folgenden Jahr die Hauptstadt verließ und nach Paris ging, wo sie bis zu ihrem Tode im Jahre 1946
lebte.

Bedford Place Oscar Wilde, der am 19. Mai 1897 morgens um
6.30 Uhr nach Überstellung vom Zuchthaus in Reading nach Pentonville aus dem dortigen Gefängnis entlassen worden war, wurde von
Freunden in das Haus des Reverend Stewart Headlam, der während
des Prozesses als Bürge für ihn aufgetreten war, am Bedford
Place Nr. 31 geführt, wo er sich rasieren und frühstücken konnte.
Besonders dankbar war er für die erste Tasse Kaffee nach zwei Jahren. Von hier reiste er zum Kontinent, um nie wieder nach England
zurückzukehren.

Russell Square Das ehemalige Wohngebiet des Russell Square hat
seinen ursprünglichen Charakter durch Verwaltungsbauten der Universität völlig eingebüßt. Thackeray siedelt hier noch die Häuser
wohlhabender Bürger an. Oberstleutnant George Osborne in
»Vanity Fair« wohnt mit seiner Familie im Hause Nr. 96 und John
Sedley und die Seinen im Hause Nr. 62.

In einem Hause, das an der Stelle des Imperial Hotel stand, nahm Thomas Gray, der trotz seines vorgeschrittenen Alters in Cambridge studierte, um 1760 eine Wohnung, um dem Lesesaal des British Museum nahe zu sein. 1768 wurde er Professor für Geschichte und moderne Sprachen in Cambridge. Als Student der Rechte logierte William Cowper 1750 im Hause Nr. 62 bei einem Anwalt, um Jura zu studieren. Die sozialreformerische Schriftstellerin Mary Humphry Ward, Vertreterin eines philosophischen Realismus und Enkelin des Schulmannes Dr. Thomas Arnold, als Tochter des gleichnamigen Professors für englische Sprache und Literatur an der Universität in Dublin am 11. Juni 1851 in Hobart in Tasmanien geboren, kam 1881 von Oxford mit ihrem Gatten Humphry Ward, der im selben Jahr Mitarbeiter der »Times« wurde, nach London und bezog das Haus Nr. 61. Im Hause Nr. 24 befand sich Jahre hindurch der Verlag Faber and Gwyer, später Faber and Faber, dessen Direktor T. S. Eliot im Jahre 1925 wurde. Hier war auch seine Londoner Adresse, und hier starb er am 4. Januar 1965. 1927 wurde er britischer Staatsbürger, 1948 erhielt er den Nobelpreis, 1957 heiratete er in zweiter Ehe Esmé Valerie Fletcher.

Montague Street führt zurück zur

Great Russell Street Mr. Charles Kitterbell in Dickens' »Bloomsbury Christening« (»Taufe in Bloomsbury«), einer Skizze aus den »Sketches by Boz«, war »der leichtgläubigste und prosaischste Mann, der jemals eine Frau und ein Haus in der Great Russell Street nahm«. Seit 1960 erinnert eine Tafel am Hause Nr. 14 an Dickens, der Kitterbells Wohnung hier ansiedelt. Die Taufe des kleinen Frederick Kitterbell verlegt Dickens in St. George's Church am Bloomsbury Way, wo auch Trollope getauft wurde.

In der Great Russell Street mietete Grillparzer bei seinem Aufenthalt in London im Jahre 1836 bei Mrs. Williams in einem »Kosthaus minderen Ranges« ein Zimmer. Bedenken, daß seine Kenntnisse der englischen Sprache »himmelweit von dem sprachlichen Chinesentum der Engländer entfernt« seien, bestätigten sich. »Ich fand die Hausfrau und ihre beiden hübschen Töchter höchst angenehm, nur daß sie mein Englisch und ich das Französisch der ältesten Tochter nicht verstand.« Er hatte versucht, Englisch mit Hilfe eines Wörterbuchs und einer Grammatik zu lernen. An das Leben in einer englischen Pension konnte er sich nicht gewöhnen und wünschte sich »auf tausend Meilen fort«. Hawthorne wohnte bei seinem Londoner Besuch in den Jahren 1857/58 im Hause Nr. 24.

Er war zu dieser Zeit Konsul in Florenz. George du Maurier wohnte 1862 im Hause Nr. 48. 1863 heiratete er Emma Wightwick und bezog eine Wohnung im Hause Nr. 91, das seit 1960 eine Gedenktafel trägt. Hier blieb er bis 1868 und zog dann mit seiner Familie zur Earl's Terrace. Im Jahre 1861 übersiedelte Edward Burne-Jones mit seiner Frau vom Red Lion Square in das Haus Nr. 62, wo das Ehepaar bis zu seiner Übersiedlung zum Kensington Square im Jahre 1864 wohnte. Im Hause Nr. 101, in dem sich heute das Verlagshaus Heinemann befindet, lebte Topham Beauclerk, ein Urenkel von Charles II. und seiner Geliebten Nell Gwynn, mit seiner Bibliothek von 30 000 Bänden und seiner Frau Lady Diana, die er 48 Stunden nach ihrer Scheidung von Lord Bolingbroke geheiratet hatte. Er starb hier am 11. März 1780. Beauclerk war Mitglied des »Literary Club«, der sich zu seinen Sitzungen in seinem Haus traf. Am 30. April 1770 wurde hier über die Aufnahme Boswells in den Klub abgestimmt, wobei Johnsons Wort: »Seinesgleichen ist auf der ganzen Welt nicht leicht noch einmal zu finden« zur positiven Entscheidung beitrug. Im Hause Nr. 119 hatten Shelley und Mary Godwin ihre letzte Wohnung in England. Drei Tage nach der Taufe von Shelleys Kindern aus seiner ersten Ehe in St. Giles in the Fields brach der englandmüde Dichter im März 1818 mit seiner Familie nach Italien auf. Hier lebten sie noch vier Jahre, und hier dichtet er: »Die Hölle ist eine Stadt, ganz ähnlich wie London — eine volkreiche und rauchige Stadt — wenig Gerechtigkeit und noch weniger Mitleid.« Shelley ertrank am 8. Juli 1822 bei Lerici im Golf von La Spezia, als sein neues Segelboot »Don Juan« bei einem Sturm kenterte. Tags darauf wurde seine Leiche ans Ufer gespült. Byron ließ sie am Stand von Viareggio verbrennen und die Asche auf dem protestantischen Friedhof in Rom neben dem Grabe seines Freundes Keats, dem Shelley in seinem »Adonais« ein literarisches Denkmal gesetzt hat, beisetzen. Shelley trug Keats' Gedichte in seiner Tasche, wodurch seine verstümmelte Leiche identifiziert werden konnte.

British Museum Das British Museum ist aus den Sammlungen Sir Hans Sloanes hervorgegangen, der unter anderen Kostbarkeiten seine aus 30 000 Bänden bestehende Bibliothek dem Staat vermachte. Im Jahre 1759 gegründet, wurden Bibliothek und Museum zunächst im Montagu House untergebracht, das mit dem gegenwärtigen, 1857 fertiggestellten Gebäudekomplex verschmolzen ist. Seit jeher sind die britischen Verleger verpflichtet, dem Museum ein kostenloses Exemplar von jeder von ihnen herausgegebenen Druckschrift zur

Verfügung zu stellen. Von außerordentlichem Wert ist die reiche Sammlung von Manuskripten der bedeutendsten Werke der englischen Literatur von Beowulf bis zur Moderne sowie von Briefen englischer Autoren. Unzähligen Schriftstellern ist der alte, kleine und dunkle Lesesaal ebenso wie der neue Kuppelsaal Arbeitszimmer und Bibliothek gewesen. Gray, der sich eigens eine Wohnung in der Nähe der Bibliothek gesucht hatte, Carlyle, Froude, Fitzgerald, Friedrich Engels, um nur einige zu nennen, haben hier gearbeitet. Während der ersten Jahre seiner Reporterlaufbahn in den Jahren 1831/32 verbrachte Dickens hier jede freie Stunde, um seine Bildung zu vervollkommnen. In seiner Skizze »Shabby-Genteel People« (»Die schäbig-vornehmen Leute«), in den »Sketches by Boz« schildert der Schriftsteller einen Vertreter dieser Gruppe, dem er im Lesesaal gegenübersaß und der »jeden Morgen, wenn es zehn schlug, an seinem Platz saß und jeden Nachmittag als letzter den Saal verließ«. Ruskin schrieb hier seine Hauptwerke, Swinburne seine Gedichte. Er erregte die Aufmerksamkeit der Umwelt, als er hier 1868 in Ohnmacht fiel. Karl Marx schenkte dem damaligen Direktor der Bibliothek, Richard Garner, zum Zeichen seiner Dankbarkeit für die Unterstützung, die er durch ihn erfuhr, seine signierte Fotografie. Auf Platz G-7 schrieb er von 1848 an an seinem »Kapital«. William Archer, der Theaterkritiker und Übersetzer Ibsens, erinnert sich, neben seinem Manuskript die Partitur von Wagners »Tristan und Isolde« gesehen zu haben. Marx' jüngste Tochter Eleanor, seine Tussy, arbeitete bis zu ihrem Selbstmord als Sekretärin im Museum. Im 1857 eröffneten Kuppelsaal konnte man Jerome Klapka Jerome, Verlaine und Rimbaud, Trotzki und Lenin (auf Platz L-13) arbeiten sehen. Shaw, der den Lesesaal »seine einzige Universität« genannt hat, war in den ersten neun Jahren seiner Londoner Zeit fast jeden Tag hier. Hier las er im Winter 1882/83 »Das Kapital« in Devilles französischer Übersetzung — eine englische Übersetzung lag noch nicht vor — und schreibt: »Das war der Wendepunkt meiner Laufbahn. Marx war eine Enthüllung.« Im Lesesaal schloß er Freundschaft mit dem jungen Journalisten William Archer, der ihm Stellungen bei der »Pall Mall Gazette« und als Musikkritiker bei der »World« verschaffte. Im Jahre 1816 sah Keats im Britischen Museum die Elgin Marbles, die ihn zu seiner »Ode on a Grecian Urn« anregten.

Keppel Street In einem heute verschwundenen Hause, das an der Stelle des Gebäudes Nr. 6 stand, wurde am 24. April 1815 der Romanschriftsteller Anthony Trollope als dritter Sohn der höchst produktiven Schriftstellerin Francis Trollope, die täglich um vier Uhr aufstand, um mit ihrer Feder die Kosten des Haushalts zu finanzieren, geboren. Sein Vater, Rechtsanwalt von Beruf, hatte bei Spekulationen sein Vermögen verloren und war nach Amerika gegangen. Nach unglücklicher Kindheit und freudloser Schulzeit in Harrow, Sunbury und auf dem Winchester College trat Trollope in den Dienst der britischen Postverwaltung, der er 35 Jahre lang angehörte, wobei er sich mit der Einführung der in England früher allgemein üblichen Briefkastensäulen im Jahre 1853 verdient machte. Mit 32 Jahren begann er, sich als Schriftsteller zu betätigen. Neben anderen Publikationen schrieb er 64 Romane, manche davon während der Dienstzeit, was ihn nach seinem Ausscheiden aus dem Staatsdienst veranlaßte, einen beachtlichen Scheck an die Postverwaltung zu schicken, um diese für die von ihm im privaten Interesse verbrachten Dienststunden zu entschädigen. 1880 übersiedelte er nach Harting/Sussex. Bei einem Aufenthalt in London erlitt er in Garland's Hotel in der Suffolk Street einen Schlaganfall und starb einen Monat danach als wohlhabender Familienvater in einer Privatklinik in der Welbeck Street. Auf dem Kensal Green Cemetery wurde er bestattet.

North Crescent Zu Beginn des Jahres 1873 gab Swinburne seine Wohnung in der Dorset Street auf und mietete eine Unterkunft im Hause Nr. 12. Noch im Dezember desselben Jahres übersiedelte er in die Great James Street.

Chenies Street Im Jahre 1812 kam die 60jährige Fanny Burney von Frankreich nach London zurück, um ihrem alten und kranken Vater beizustehen, der zwei Jahre danach starb. Sie wohnte während dieser Zeit bei ihrer Schwester Charlotte im Hause Nr. 23.

London University Nördlich von British Museum liegen die Gebäude der 1836 gegründeten University of London, deren Colleges über ganz London verstreut sind. Den in den dreißiger Jahren dieses Jahrhunderts durchgeführten Erweiterungsbauten mußte

Torrington Square weichen, der parallel zum Woburn Square verlief. Im Hause Nr. 30 wohnte von 1877 bis zu ihrem Krebstod am 29. Dezember 1894 die am 5. Dezember 1830 in London als jüngstes Geschwisterkind des Dichters Dante Gabriel Rossetti geborene Lyrikerin Christina Georgina Rossetti, die zweimal aus konfessionellen Gründen auf eine Heirat verzichten mußte, zusammen mit ihrer leidenden Mutter und zwei alten Tanten. Das Haus trug bis zum Abriß eine Tafel zum Gedenken an die zur Schwermut neigende und zurückgezogen lebende Dichterin. Auf dem Highgate Cemetery wurde sie bestattet.

Huntley Street Der pessimistische Dichter James Thomson, der hier wegen seines Gedichts »Sunday at Hampstead« (1863) erwähnt sein soll, hatte im Hause Nr. 7 seine letzte Wohnung. Er starb im Alter von 48 Jahren am 3. Juni 1882 im University College Hospital und wurde auf dem Highgate Cemetery bestattet.

Gower Street Graham Greene erinnert sich in seiner Autobiographie des Lieblingsausspruchs seines Lehrers von St. John's in seiner Geburtsstadt Berkhamsted, der in ausweglosen Situationen zu sagen pflegte: »Erfahrung ist alles.« Diese Worte kamen ihm in den Kopf, als er im April 1941 als Luftschutzhelfer »durch die brennende Gower Street ängstlich hinter unserem alten jüdischen Luftschutzwart hertrottete, während er, mächtig und unerschütterlich in seinem glänzenden, dunklen Regenmantel wie eine wandelnde Malachitstatue, auf der sich der Flammenschein spiegelte, vor mir herschritt. Er gehörte zu den tapfersten Männern, die ich kenne, und er war sich seiner Tapferkeit selbst am allerwenigsten bewußt.«

Der Fabrikant keramischen Kunstgewerbes, mit den Präraffaeliten befreundete William De Morgan, der mit 67 Jahren seinen ersten Roman schrieb, kam am 16. November 1839 im Hause Nr. 69 zur Welt. 1906 erschien sein mit autobiographischen Zügen ausgestatteter Roman »Joseph Vance«, die Geschichte eines genialen Taugenichts aus der altviktorianischen Welt der Armen. Nach Aufgabe seiner Kiowa Ranch in New Mexico kam der schwer an Tuberkulose erkrankte Schriftsteller D. H. Lawrence mit seiner Frau Frieda im Sommer 1925 nach London zurück und nahm im Hause Nr. 73 Wohnung. »Ich möchte außer meiner Schwester und meinen Agenten niemanden sehen«, schreibt er seinem Freund Murry.

Am 1. Januar 1839 bezog Charles Darwin das kleine, mit antiken Möbeln ausgestattete Haus Nr. 110. Das Biological Science Building, das an der Stelle seines Wohnhauses steht, trägt seit 1961 eine Gedenktafel. Am 29. Januar heiratete er seine Kusine Emma Wedgwood. Die beiden ersten seiner zehn Kinder wurden hier geboren. Ständig kränkelnd und voller Widerwillen gegen die Großstadt mit ihren gesellschaftlichen Verpflichtungen übersiedelte er am 14. September 1842 in das unweit von Downe/Kent gelegene »Down House«. Hier lebte und arbeitete er noch 30 Jahre lang und starb am 19. April 1882 an einem Herzanfall. Seine Beisetzung erfolgte gegen den Wunsch der Familie auf Drängen von 20 Mitgliedern des Parlaments in der Westminster Abbey. Eine Steinplatte erinnert an den Autor, dessen Lehre vom »Kampf ums Dasein« umwälzend auf die moderne Naturwissenschaft eingewirkt hat. Ende 1832 zog die Familie Dickens von der Bayham Street in das größere Haus Gower Street North Nr. 4, an dessen Stelle heute das Haus Nr. 147 steht. Bald danach wurde John Dickens, der Vater des Schriftstellers, wegen seiner Schulden in das Marshalsea-Gefängnis gesperrt. Mrs. Dickens gründete darauf hier eine Mädchenschule, mit deren Einkünften sie als Direktorin und Lehrerin die katastrophale Situation der Familie zu retten versuchte. Es ging ihr wie Mrs. Micawber in Dickens' Roman »David Copperfield«: »Nicht eine einzige Schülerin kam.« Noch im selben Jahr gab sie die Wohnung auf und ging zu ihrem Mann ins Gefängnis, eine zur damaligen Zeit durchaus übliche Gepflogenheit. Der 12jährige Charles mußte in einer Schuhwichsefabrik an den Hungerford Stairs arbeiten; er schlief zu dieser Zeit in einer Dachkammer in der Lant Street. Im University College Hospital in der Gower Street starb am 21. Januar 1950 im 47. Lebensjahr Eric Blair, der sich als Schriftsteller George Orwell nannte, an Tuberkulose. Er war seit zwei Jahren bettlägerig. 1936 kämpfte er auf Seiten der Republikaner im Spanischen Bürgerkrieg. Nach London zurückgekehrt, arbeitete er als Journalist. Ein Jahr vor seinem Tode erschien sein vor den Gefahren eines totalitären Regimes warnender Roman »1984«. Im gleichen Jahr hatte er in zweiter Ehe Sonia Mary Brownell geheiratet. In Sutton Courtenay bei Abingdon/Berkshire wurde er bestattet.

Gower Place William Godwin, der aus finanziellen Gründen seine Unterkünfte häufig wechseln mußte, wohnte von 1827 bis drei Jahre vor seinem Tode im Jahre 1836 im Hause Nr. 44. Hier vollendete er seine »History of the Commonwealth of England« (1828).

Euston Square Von 1869 bis zu ihrem Umzug zum Torrington Square im Jahre 1879 wohnte Christina Rossetti mit ihren Geschwistern Michael und Frances, die sich mit ihren Dante-Studien einen Namen gemacht hat, im Hause Nr. 56.

Euston Road Im Jahre 1884 bezog H. G. Wells, als er zum erstenmal nach London kam, bei seiner Tante in der Euston Road Nr. 181 ein Zimmer. Hier traf er seine Kusine Isabel Mary Wells und verliebte sich in sie. 1889 übersiedelte seine Tante mit ihm zum Fitzroy Square.

Im Norden der Euston Road in Somers Town liegt als Querstraße der Eversholt Street

Cranleigh Street Eine Erbschaft ermöglichte dem Vater von Charles Dickens die Begleichung seiner Schulden. Nach Entlassung aus dem Schuldgefängnis mietete er 1825 das Haus Nr. 29 in der Cranleigh Street, die damals noch Johnson Street hieß. Das an der Stelle des 1932 abgerissenen Hauses stehende Gebäude trägt die Nummer 13. Charles konnte jetzt die Wellington House Academy besuchen, wo er — schon als Kind vom Theater besessen — bei Schulaufführungen glänzte. Nach zweieinhalbjährigem Schulbesuch übernahm er eine Stelle bei der Anwaltsfirma Ellis and Blackmore als Schreiber.

Pancras Road In der nach Norden führenden Seitenstraße der Euston Road liegt St. Pancras Church. Dickens verlegt die Beerdigung des Old-Bailey-Spions Roger Cly in seinem Roman »The Tale of Two Cities« (1859) »in die alte St. Pancras Church, weit draußen in den Feldern gelegen«. Mr. Cruncher steigt in der Nacht nach der Bestattung mit seinem Sohn über das Friedhofsgatter zum »Fischen«, wie die Leichenräuber damals ihr makabres Handwerk, Leichen zwecks Beraubung oder Verkaufs an die Anatomie auszugraben, nannten. William Godwin und seine beiden Frauen wurden hier bestattet. Er hatte seine letzte Wohnung am Polygon in Somers Town. Nach dem Tode ihrer Tochter Mary aus Godwins erster Ehe, Schriftstellerin und Gattins Shelleys, in Bournemouth im Jahre 1851 wurden die sterblichen Reste ihrer Eltern dorthin übergeführt. Am Grabe ihrer bei ihrer Geburt im Jahre 1797 verstorbenen Mutter soll Mary Godwin ihren späteren Gemahl P. B. Shelley im Jahre 1813 zum erstenmal getroffen haben.

Gordon Street Nach Aufgabe ihres Theologiestudiums in Oxford — sie wollten »im Leben wirken« — übersiedelten William Morris und sein Freund Edward Burne-Jones im Jahre 1856 nach London und nahmen für eine kurze Zeit im Hause Nr. 1 eine Wohnung. Morris wollte sein Leben der Architektur und Burne-Jones das seine der Malerei widmen. Von hier zogen sie zum Red Lion Square.

Gordon Square Vom Hyde Park Gate übersiedelten Thoby, Adrian, Vanessa und Virginia Stephen nach dem Tode ihres Vaters Sir Leslie Stephen im Februar 1904 in das Haus Gordon Square Nr. 46. Von nun an sollte Gordon Square das Zentrum der Bloomsbury Group werden. Im Hause der Stephens traf sich am 16. Februar 1905 ein Kreis namhafter Schriftsteller, Künstler und Gelehrter, die die Freiheit der Persönlichkeit und der menschlichen Beziehungen untereinander verteidigten und durch ihre bohèmehafte Lebensführung bald ihre Umwelt schockierten, zu Diskussionen und freundschaftlichem Beisammensein. Dieser Abend eröffnete die Reihe der berühmten Bloomsbury-Donnerstage. Zur Bloomsbury Group gehörten der homosexuelle Biograph Lytton Strachey, mit dem Virginia Stephen einen Tag lang verlobt war, die Kunstkritiker Roger Fry und Clive Bell, der Romancier E. M. Forster, der Schriftsteller, Journalist und Verleger Leonard Woolf, der 1912 Virginia Stephen heiraten sollte, der Romancier und Kritiker David Garnett, der Philosoph und Wirtschaftswissenschaftler John Maynard Keynes, der sich leidenschaftlich gegen die Reparationszahlungen Deutschlands nach dem Weltkrieg aussprach, der Künstler Duncan Grant und andere. Auch T. S. Eliot und Bertrand Russell fühlten sich durch die Gruppe angesprochen. »Wie konnten Vanessa und Virginia nur an solche Freunde geraten?« bemerkt Henry James. Als Thoby Stephen im Jahre 1906 an Typhus starb und seine Schwester Vanessa Clive Bell heiratete, zogen Virginia und ihr jüngerer Bruder Adrian an den Fitzroy Square, wo die Donnerstag-Abende der Gruppe fortgeführt wurden.

In den Häusern Nr. 37, danach 39 und während des Ersten Weltkriegs Nr. 46 wohnten Vanessa Stephen mit ihrem Gatten und Duncan Grant. Hier hatte auch J. M. Keynes mit seiner Frau vom Jahre 1922 ab seine Wohnung. Am Hause Nr. 51 wurde 1971 eine Tafel zum Gedenken an den am 21 Januar 1932 in seinem »Ham Spray House« bei Hungerford/Berkshire im Alter von 52 Jahren als Junggesellen verstorbenen Schriftsteller Giles Lytton Strachey, der hier von 1919 bis zu seinem Tode wohnte, angebracht. In seinem Hauptwerk »Eminent Victorians« (1918) hat er der Krankenschwester Florence Nightingale ein Kapitel gewidmet.

Tavistock Square Nach dem Auslaufen seines Mietvertrags zog Dikkens mit seiner Frau und seinen acht Kindern im Oktober 1851 von der Devonshire Terrace in das vornehme und von Gärten umgebene Tavistock House, das er von seinem Freunde Frank Stone gekauft hatte und das bis 1900 an der Stelle des »Woburn House«, des Bürohauses der British Medial Association, an der Nordost-Seite des Square stand. Hier schrieb er »Bleak House«, »Hard Times«, »Little Dorrit« und »A Tale of Two Cities«, und von hier startete er zu seinen zahlreichen Vortragsreisen durch Großbritannien. Das Wohnzimmer ließ er zu einem Miniaturtheater umbauen, wo er seiner Leidenschaft nachgehen konnte, Liebhaberaufführungen zu inszenieren und sich selbst als Schauspieler zu betätigen. Hier trat er zum letztenmal in »The Frozen Deep« (1857), einem Melodrama seines Freundes Wilkie Collins, auf. Auf Einladung von Dickens kam der dänische Märchenerzähler Hans Christian Andersen, der kaum ein Wort Englisch konnte, im Jahre 1857 zum zweitenmal nach England und wohnte während der fünf Wochen seines Aufenthalts im Tavistock House. Die herzliche Freundschaft, die die beiden Schriftsteller verband, kühlte sich zu dieser Zeit von seiten des Gastgebers beträchtlich ab. Zum erstenmal weilte Andersen 1847 in England, nachdem er mit Thackeray, den Brownings, Dickens und anderen Schriftstellern einen ausführlichen Briefwechsel geführt hatte. Einige seiner Bücher waren bei dem Verleger Bentley, mit dem er bis an sein Lebensende freundschaftlich verbunden blieb, in englischer Sprache erschienen, bevor sie auf dänisch veröffentlicht wurden. Sein Aufenthalt wurde zu einem einzigen Triumphzug, so daß er nach Hause berichten konnte: »Ich werde als europäische Berühmtheit behandelt.« In den fünfziger Jahren vertieften sich die Spannungen in Dickens' Verhältnis zu seiner Frau. In der Ehe David Copperfields mit Dora schreibt er sich seine eigenen Probleme vom Herzen. Seinem Freunde Forster offenbart er sich: »Die arme Catherine und ich sind füreinander nicht geschaffen... Ich finde, das Gerippe in meinem häuslichen Schrank wird allmählich reichlich groß.« Am 29.Mai 1858 trennte er sich von seiner Frau. Er stellte ihr ein Haus zur Verfügung, in das sie mit dem ältesten Sohn zog. Von nun an führte ihm seine älteste Tochter den Haushalt. Im selben Jahr begann der 46jährige eine Liebesaffäre mit der 18jährigen Schauspielerin Ellen Ternan, die er für seine eigene Theatertruppe engagiert hatte. Am 14. März 1856 hatte er Gad's Hill Place in Kent, das »Haus seiner Träume«, gekauft, das er 1860 endgültig beziehen konnte. Das Gebäude, das an der Stelle des Tavistock House steht, trägt eine Gedenktafel.

Später wohnte der französische Komponist Charles Gounod, der »Faust« und »Romeo and Juliet« in Musik gesetzt hat, im Tavistock House. Theodor Fontane zog am 1. Juni 1852 in eine Pension im dritten Stock des Hauses Nr. 1 am Tavistock Square, wo er ein Zimmer »mit reizender Aussicht auf und über den Square« bewohnte. »Noble Gegend, nobles Haus, mein Zimmer... kläglich wie alle diese englischen Kabachen, deren Komfort-Renommee eine der größten Lächerlichkeiten ist...« Sehr vermißte er einen Kamin. Dennoch schien er zufrieden und hoffte, hier mehr in der Familie leben zu können und Gelegenheit zum Englischsprechen zu haben. Auch die Umgebung seiner Wohnung tat es ihm an: »Ich wohne nun Tavistock Square, mitten in London ... Der Stadtteil ... besteht überwiegend aus großen und kleinen Plätzen, so daß die Straßen, die sich vorfinden, weniger um ihrer selbst als vielmehr um der Verbindung willen, die sie zwischen den zahllosen Squares unterhalten, dazusein scheinen ... Dickens ist mein nächster Nachbar und bewohnt zehn Schritte von mir einen reizenden, gartenartigen Einbau ... Ich habe nicht den Mut gehabt, ihn aufzusuchen ... um so weniger, als ich weiß, daß er von Deutschen überlaufen und mit den üblichen Bewunderungsphrasen gelangweilt wird.«

Am 15. September 1852 kehrte er wieder nach Berlin zurück.

Von Richmond zogen Virginia und Leonhard Woolf im Jahre 1924 in das Haus Nr. 52. Stephen Spender, der hier mehrmals eingeladen war, erinnert sich:

»Sie wohnten im oberen Stockwerk; das Erdgeschoß diente für die Büroräume ihres Verlags, der Hogarth Press. Der Salon war ein großes Viereck, hoch und freundlich, mit ziemlich ausladenden, einfachen Möbeln, alles in meiner Erinnerung in Grau und Grün getaucht. Paneele von Duncan Grant und Vanessa Bell gemalt: Mandolinen, Früchte, — eine Mittelmeerlandschaft, durchs offene Fenster oder bei zurückgeschlagenem Vorhang gesehen, in braunen, roten und blaßblauen Farben, — Innendekoration, die fast ein Wahrzeichen Bloomsburys war. Virginia Woolf empfing ihre Gäste oft etwas nervös, mit den Getränken beschäftigt, und ihr Händedruck, ihr begrüßendes Lächeln wirkten leicht zerstreut. Ihr Gesicht gemahnte irgendwie an ein straffgespanntes Saitenspiel, die grauen Augen blickten manchmal durchdringend, manchmal unstet lachend, gesammelt oder fahrig.«

Hier schrieb Virginia Woolf die Romane »Mrs. Dalloway«, »Orlando«, »To the Lighthouse«, »A Room of One's Own« und »The Waves«, und zu dieser Zeit begannen ihre engen Beziehungen zu Vita Sackville-West. Ihr Gesundheitszustand gestattete eine tägliche Arbeitszeit von lediglich 45 Minuten. Im August 1939 übersiedelte das Ehepaar mitsamt der Hogarth-Presse zum Mecklenburgh Square. Das Haus fiel im Oktober 1940 einem Bombenangriff zum Opfer.

Woburn Walk Im März 1895 bezog William Butler Yeats mit seiner Geliebten Olivia Shakespear, seiner »Diana Vernon«, eine Wohnung im zweiten Stock des Hauses Nr. 5, damals Woburn Buildings

Nr. 18. Später übernahm er das ganze Haus. Seine alten Freunde
William Morris, Shaw und Oscar Wilde waren auch hier häufig zu
Gast. 1909 traf er Ezra Pound, der im Winter 1913 und in den beiden
darauffolgenden Jahren als sein Sekretär tätig war. Seine Sehnsucht
nach dem heimatlichen Irland spricht aus dem hier entstandenen
autobiographischen Gedicht »The Lake Isle of Innisfree«. 1919
verließ er London und zog mit seiner Frau Georgie Hyde-Less, die er
1917 geheiratet hatte, und mit seiner zweijährigen Tochter in den
einsam gelegenen, aus der Normannenzeit stammenden Turm
Ballyllee in Galway in seinem Heimatland. 1923 wurde er mit dem
Nobelpreis ausgezeichnet. Am 26. Januar 1939 starb er 73jährig in
Roquebrune in Südfrankreich, wohin er ein Jahr vor seinem Tode
übergesiedelt war. Neun Jahre danach wurde sein Sarkophag auf
einer irischen Korvette in seine Heimat übergeführt. Auf dem Friedhof
von Drumcliff »unter Ben Bulbens kahlem Grund« fand er seine
letzte Ruhestätte.

Mabledon Place Im Jahre 1817 hatten Shelley und seine Frau Mary
Godwin, die unmittelbar nach dem Selbstmord Harriets im Dezember
1816 geheiratet hatten, eine Wohnung im Hause Nr. 19. Shelleys
literarisches Schaffen war durch seine vergeblichen Versuche überschattet,
seine beiden Kinder aus erster Ehe in seinem Haushalt
aufzunehmen. Ihm war von Gerichts wegen das Erziehungsrecht
abgesprochen worden. Im Jahre 1816 hatte er eine seiner vielen
Wohnungen in der benachbarten Marchmont Street Nr. 26.

Coram Street Finanzielle Gründe zwangen die Thackerays, mit ihrer
Tochter Anne Isabelle im März 1838 von der Albion Street in eine
kleinere und billigere Wohnung zu ziehen, die sie im Hause Nr. 13
fanden. Die Straße hieß damals noch Great Coram Street. Hier
wurde ihnen ein Vierteljahr später ihr zweites Kind, Jane, geboren,
das jedoch nur acht Monate lebte. 1840 erblickte hier Harriet, die
die Frau des Literaturkritikers Leslie Stephen werden sollte, das
Licht der Welt. Die Gemütskrankheit seiner Frau zwang Thackeray
zu dieser Zeit, sich von ihr zu trennen und sie in einer Anstalt in
Chaillot bei Paris unterzubringen. Im Frühjahr 1843 wohnte der
Übersetzer persischer Dichtungen, Edward Fitzgerald, den Thackeray
während des Studiums in Cambridge kennengelernt und der ihn
in Paris finanziell unterstützt hatte, bei ihm. Im April 1843 gab
Thackeray die Wohnung auf, stellte seine Möbel auf einen Speicher
und zog für eine gewisse Zeit in Hummuns Hotel am Covent Garden.

Das Haus, in dem Mrs. Tibbs in der Skizze »Boarding House« aus den »Sketches by Boz« von Dickens eine Pension eingerichtet hatte, war »entschieden das schmuckste in der Great Coram Street«.

Hunter Street Der Name der Straße erinnert an einen schottischen Arzt John Hunter (1728—1793), den Begründer der modernen Chirurgie. Der Schriftsteller, Kunstkritiker und Kulturphilosoph John Ruskin wurde am 8. Februar 1819 als einziger Sohn eines schottischen Weinhändlers im Hause Nr. 54, dem sog. Ruskin House, geboren. In seiner bis 1864 reichenden Biographie »Praeterita« (1887—1888) setzt er seiner Mutter, der er seine Erziehung und die Grundlage seiner Bildung verdankt, ein Denkmal. Sie ließ ihn das Alte Testament sowie Teile des Neuen auswendig lernen und führte ihn in die Welt der Schönheit ein. Als 24jähriger begründete er seinen Ruhm mit der Schriftenreihe »Modern Painters«, der Verteidigung der modernen Malerei, besonders der Kunst Turners. Mit der Förderung von Arbeiterhochschulen und Gartenstädten hat er sich neben seiner Anerkennung als Schriftsteller Verdienste erworben. Sein Geburtshaus trägt seit 1900 eine Gedenktafel. 1823 übersiedelte die Familie zum Herne Hill.

Regent Square Im Hause Nr. 36 wohnte im Jahre 1921 der 1,93 Meter große, 27jährige Romancier und Kulturschriftsteller Aldous Huxley, Großneffe Matthew Arnolds. Er war Mitarbeiter an J. M. Murrys Zeitschrift »Athenaeum«. »Crome Yellow«, sein erster Roman erschien in diesem Jahr. 1923 ging er nach Italien. Am 22. November 1963 starb er in Hollywood.

Ampton Street Auf der Suche nach einem Verleger für seinen Roman »Sartor Resartus« reiste Thomas Carlyle im Herbst 1831 mit seiner Frau Jane von Craigenputtock in Schottland nach London und mietete im Hause Nr. 33 eine Wohnung. Der sechs Monate währende Aufenthalt blieb erfolglos. Als das Werk schließlich in Fortsetzungen in »Fraser's Magazine« erschien, wurde es von den Kritikern als »Haufen zusammengeballten Unsinns« abgelehnt. In London machte Carlyle die Bekanntschaft von John Stuart Mill, Leigh Hunt und Charles Lamb. »Der arme alte Lamb und seine Schwester kamen täglich einmal oder öfter, ein recht erbärmliches, wunderliches Paar. Von einem unüberwindlichen Hang zum Gin besessen, war sein Gespräch verächtlich und unbedeutend, außerordentlich dumm und seicht. Selbst wenn er über ernste und manierliche Dinge sprach, war es meistens unanständig... Er blieb eben ein Cockney bis ins Mark«, schreibt er in seinen »Reminiscences«

(1881). Am 8. Mai 1834 kam Carlyle wieder nach London und in die alte Wohnung, um von hier eine ständige Unterkunft in der Hauptstadt zu suchen. Mit Hilfe von Leigh Hunt fand er ein Haus in der Cheyne Row, das das Ehepaar am 10. Juni bezog. Das Haus in der Ampton Street, heute Nummer 33, trägt seit 1907 eine Gedenktafel.

Foundling Hospital Von dem 1739 von einem kinderliebenden Kapitän Thomas Coram, einem Freunde Händels und Hogarths, gegründeten Findelkinderheim ist nur noch der alte Toreingang erhalten. Er dient heute als Zugang zu Coram Fields, einem Kinderspielplatz. Der alte Bau wurde 1926 abgerissen. Hogarth, Mitglied des Verwaltungsrats, schenkte dem Waisenhaus Bilder. Händel, einer der größten Wohltäter des Hauses, widmete ihm die Uraufführung seines »Messias« und schenkte ihm eine handgezeichnete Partitur sowie eine seiner Orgeln. Dickens' Novelle »No Thoroughfare« beginnt mit einer dramatischen Szene im Hospital, und die Waise Tatticorum in Dickens' »Little Dorrit« verbrachte hier ihre Kindheit. Der Schriftsteller Sydney Smith, Dickens' Nachbar und Bewunderer aus der Doughty Street, war Geistlicher am Waisenhaus.

Mecklenburgh Square John Masefield, Poet Laureate (1930), wohnte von 1932 bis 1935 im Hause Nr. 18. Im August 1939 verlegten Virginia und Leonard Woolf ihre Wohnung und die Hogarth-Presse vom Tavistock Square in das Haus Nr. 37. Ihr Hauptwohnsitz blieb »Monks House« in Rodmell bei Lewes/Sussex. Im Jahre 1940 wurde das Haus durch Bomben schwer beschädigt. In ihrem Essay »Gedanken über Frieden bei einem Luftangriff«, der in »The Death of the Moth and other Essays« (1941) erschienen ist, schreibt sie: »Es ist eine seltsame Erfahrung, im Dunkeln zu liegen und dem Surren einer Hornisse zu lauschen, die dich jeden Augenblick zu Tode stechen kann...« Und sehnsuchtsvoll gedenkt sie der Worte eines deutschen Piloten, der aus einem brennenden Flugzeug in der Nähe ihres Hauses unversehrt den Boden erreichte und von den Engländern mit Tee und Zigaretten gestärkt, bekannte: »Wie froh bin ich, daß dieser Kampf vorbei ist.« Am Morgen des 28. März 1942 teilte Virginia ihrem Mann und ihrer Schwester brieflich mit, daß sie ständig Stimmen höre, Angst habe, verrückt zu werden und ihrem Mann ein weiteres Leben mit ihr nicht mehr zutrauen könne. In der ihrem Landhaus in Rodmell benachbarten Ouse wurde ihre Leiche gefunden. Leonard blieb bis 1942 in dem Hause.

Von Oktober bis Ende Dezember 1917 wohnten D. H. Lawrence

und seine Frau Frieda in der Wohnung des Ehepaars Aldington im Hause Nr. 44. Hilda Aldington, deren Gatte Richard, der Biograph von Lawrence, im Felde stand, hatte dem Ehepaar Lawrence ihre Wohnung zur Verfügung gestellt. Der durch sein Lungenleiden, durch Mittellosigkeit und durch Depressionen schwer belastete, von der Polizei als deutscher Spion verdächtigte und unter polizeilicher Beobachtung stehende Schriftsteller schreibt von hier an einen Freund: »Es scheint alles zusammenzustürzen — jeder einzelne ist im Begriff, aus den festen Wirklichkeiten zu entschwinden. Aber ich arbeite überhaupt nicht, lese nur und treffe allerhand Leute.« Im November 1919 ging das englandmüde Paar von Middleton Berkshire nach Italien.

Guilford Street James Barrie, der 1885 von Schottland nach London kam, wo er sich als Journalist niederließ, hatte in dieser Straße seine erste Wohnung in der Hauptstadt. Swinburne wohnte zur Zeit seines vollständigen Zusammenbruchs im September 1879 im Hause Nr. 25. Sein Freund Theodore Watts-Dunton entriß ihn den unheilvollen Verlockungen Londons und nahm ihn von hier mit in sein Haus auf Putney Hill. Bei seinem dritten Aufenthalt in London vom 7. September 1855 bis Januar 1859 wohnte Theodor Fontane in den Jahren 1856/57 im Hause Nr. 92. Von hier schrieb er am 22. Dezember 1856 seinen Brief an »drei Generationen«, an seine Mutter, seine Frau und an seinen Sohn George, in dem er bedauert, Weihnachten nicht bei ihnen zu sein: »Doch ach, zu fremdem Gänsegenuß nach Brompton fahr' ich im Omnibus. Es geht nun mal nicht anders.« Fontane war beim Ersten Sekretär der damaligen Preußischen Gesandtschaft, der am Victoria Grove in Brompton wohnte, zum Abendessen eingeladen.

Brunswick Square Isabella Knightley, die ältere Schwester Emmas in Jane Austens gleichnamigem Roman (1816), wohnt mit ihrer Familie in einem Hause am Brunswick Square und bekennt, daß sie keinesfalls in einem anderen Stadtteil leben möchte. Nach Auslaufen ihres Mietvertrags am Fitzroy Square übersiedelte Virginia Stephen mit ihrem Bruder Adrian im Juli 1911 in das Haus Nr. 38, das den Bomben des Zweiten Weltkriegs zum Opfer gefallen ist. Maynard Keynes, Duncan Grant und Leonard Woolf, den sie am 10. August 1912 heiratete, teilten die Wohnung mit dem Geschwisterpaar. Leonard Woolf hatte eine Hausordnung verfaßt, mit Hilfe derer er in das kommuneartige Zusammenleben der Mitglieder der Bloomsbury Group Ordnung zu bringen versuchte. Ende Oktober trennte sich das Ehepaar von der Wohngemeinschaft und bezog eine Wohnung in Clifford's Inn.

Virginia hatte ihre Räume im zweiten, Adrian im ersten Stock, während Keynes und Grant im Erdgeschoß und Leonard Woolf im obersten Stock hausten.

Cromer Street »The Boot Tavern« (= Zum Stiefel) steht an der Stelle einer alten Wirtschaft desselben Namens, die in Dickens' »Barnaby Rudge« eine Rolle spielt, »ein einzelstehendes Gast- und Einkehrhaus, das draußen auf den Feldern rückseitig vom Foundling Hospital steht, an einem Ort, der damals als sehr einsam galt und wohin nach Dunkelwerden niemand gern den Fuß setzt.«

Queen Square Dr. Charles Burney, der 1760 von King's Lynn nach London gekommen war, wohnte von 1771 bis 1774 mit seiner Tochter Frances, die sich als Schriftstellerin Fanny nannte und mit ihren Gesellschaftsromanen literarischen Ruhm erwarb, in einem Hause am Queen Square an der Ecke zur Boswell Street. Morris wohnte und arbeitete von 1865 bis 1871 im Hause Nr. 26. Henry James beschreibt einen Besuch in seinem Haus in dieser »antiquierten, ehemals eleganten Gegend, die stark nach dem letzten Jahrhundert riecht, mit einer ehrwürdigen Bleistatue der Königin Anne«. James war zum Essen eingeladen, an dem Mrs. Morris, »eine Gestalt wie aus einem Meßbuch von den Bildern Rossettis oder Hunts«, nicht teilnahm. »Sie lag, da sie Zahnschmerzen hatte, auf einem Sofa mit dem Taschentuch auf dem Gesicht.« Am Queen Square entstand seine nach dem Vorbild der »Canterbury Tales« aufgebaute Sammlung von 24 Verserzählungen antiker und mittelalterlicher Stoffe, »The Earthly Paradise«. An der Stelle seines Wohnhauses und seiner Werkstatt steht heute das National Hospital.

Great Ormond Street Von der Hornton Street zog Theodor Fontane am 13. Oktober 1855 als Untermieter in das Haus. Nr. 23 der Straße, die damals noch New Ormond Street hieß. An seinen Vorgesetzten im Preußischen Staatsministerium, Dr. Ludwig Metzel, schreibt er einen Tag später: »... statt der schönen Bäume von Holland-Park hab' ich rußige, verdrießlich aussehende City-Häuser, vis-à-vis ... Wäre nicht die Admiralsschwester, so hätte ich Sehnsucht nach Kensington... Der Fußboden ist so schief, daß, wenn ich durch die Stube schreite, ich auf Deck eines Schiffes zu sein glaube und gestern ... wurd' ich wahr und wahrhaftig seekrank ... Dabei riecht es im ganzen Hause nach Wichse, so daß ich bis heute früh wenigstens Aussicht auf blanke Stiefel hatte, eine Hoffnung, die nun auch zu Grabe getragen ist.« In seinem Tagebuch vermerkt er am selben Tag: »Erbsengelber, echt Londoner Fog; unerträgliche Dämmerung und noch traurigeres Frühstück, alles alt, schmutzig, verdorben. Die Laden geschlossen, zwei Lichter angezündet und voll guten Humors an die Arbeit gegangen.« Im Juli 1857 kamen seine Frau und seine Kinder nach London, die bis zur Übersiedlung in die St. Augustine's Road einen Monat später mit ihm in der Pension lebten. Nach seiner Eheschließung mit seiner »Belle Iseult« im Jahre 1859 bezog Morris das Haus Nr. 41 und wohnte hier bis 1860. Von hier übersiedelte er in seinen »Kunstpalast«, das »Red House« in Bexley Heath/Kent. In dem 1852 eröffneten, von Dickens und Lord Shaftesbury geförderten Kinderhospital in der Great Ormond Street arbeitete Robert Bridges als Assistenzarzt. James Barrie hinterließ im Jahre 1929 dem Krankenhaus alle seine Einkünfte aus dem Erlös seines Buchs »Peter Pan« sowie das Copyright. Ein »Peter-Pan-Ward« und der neuere »Barrie Wing« ebenso wie eine Peter-Pan-Statue, die 1964 auf dem Gelände des Krankenhauses errichtet wurde, erinnern an den Wohltäter.

Macaulay kehrte nach Abschluß seiner Studien in Cambridge im Jahre 1823 in die Wohnung seiner in Not geratenen Eltern und ihrer acht Kinder in der Great Ormond Street zurück und übernahm die Fürsorge für die ganze Familie. Das Haus stand an der Stelle des Homeopathic Hospital. 1826 wurde er als Anwalt zugelassen, betätigte sich aber gleichzeitig als Schriftsteller. Mit seinem Essay über Milton wurde er über Nacht bekannt. 1831 bezog er eine eigene Wohnung.

Doughty Street Das Haus Nr. 48, ein Reihenhaus aus dem frühen 19. Jahrhundert, dessen Fenster im Sommer mit Geranien, den Lieblingsblumen von Dickens, geschmückt sind, gehört zu den Wallfahrtsorten der Literaturfreunde in London. Dickens trug bei seinen Vorträgen stets eine Geranienblüte im Knopfloch. Der Schriftsteller, dem nach der Geburt seines ersten Kindes die Wohnung in den Furnival's Inn zu klein geworden war, übersiedelte im März 1837 mit seiner Frau, seinem Sohn, seinem jüngeren Bruder und seiner Schwägerin Mary Hogarth, dem »Frieden und Leben unseres Hauses«, in dieses Gebäude. Hier wurden ihm zwei weitere Kinder geboren, und hier verstarb am 7. Mai 1837 seine 17jährige Schwägerin, die er leidenschaftlich liebte und deren Verlust er nie verwinden konnte, nach einem Theaterbesuch an einem Herzanfall in seinen Armen. Ihren Ring trug er bis an sein Lebensende. In der Doughty

Street schloß er die »Pickwick Papers« ab, hier entstanden »Oliver
Twist« und »Nicholas Nickleby«, und hier begann er »Barnaby
Rudge«. Mit John Forster pflegte er Ausritte in die Umgebung Londons zu unternehmen. Dem am 3. Juni 1771 in Woodford/Essex geborenen Sydney Smith, Domherrn an St. Paul's, der im Hause
Nr. 14 eine seiner zahlreichen Wohnungen in London hatte, stand er
so nahe, daß er seinem fünften Sohn den Vornamen des Nachbarn
gab. Wachsender Ruhm und wachsende Einnahmen gestatteten Dik-
kens, im Dezember 1839 in ein größeres und vornehmer eingerichtetes Haus an der Devonshire Terrace zu ziehen. Das Haus in der
Doughty Street, die zu seiner Zeit noch eine an ihren Enden mit
Gattern versehene, bewachte Privatstraße war, ist seit 1924 ein
Dickens-Museum mit einer Fülle von Erinnerungsstücken an den
Schriftsteller und Sitz der Dickens-Fellowship.

Great James Street Von September 1873 bis zum Jahre 1875 bewohnte Swinburne im Hause Nr. 3 ein Wohn- und ein Schlafzimmer. Hier entstand unter anderen Gedichten seine Hymne auf Charlotte Brontë, und zu dieser Zeit wurde seine Bekanntschaft mit dem
Romancier, Dichter und Kritiker Theodore Watts-Dunton, der in
den Jahren 1872/73 im Hause Nr. 15 wohnte, zur Freundschaft.
Im Hause Nr. 26 lebte George Meredith bei seinem Vater, der 1841
zum zweitenmal geheiratet und sein Schneidergeschäft von Portsmouth hierher verlegt hatte. George kam nach zwei glücklichen
Jahren im Internat der Brüdergemeinde in Neuwied im Jahre 1846
nach London und ging zu einem Rechtsanwalt in der Paternoster
Row Nr. 44 in die Lehre.

Theobald's Row Der Staatsmann und Romanschriftsteller Benjamin
Disraeli, aus einer jüdisch-italienischen Familie stammend, Sohn des
Literarhistorikers und Anekdotensammlers Isaac D'Israeli, wurde
am 21. Dezember 1804 im Hause Nr. 22 geboren. Sein Großvater,
der 1748 aus Italien nach London gekommen war, betrieb hier ein
Strohhutgeschäft, das ihn zu einem reichen Mann gemacht hatte. Im
Jahre 1904 wurde an dem noch existierenden Hause eine Gedenk-
tafel angebracht. Disraeli hat später ein Haus in der St. Mary Axe,
das Haus Bloomsbury Square Nr. 6, Upper Street Nr. 215 und
schließlich auch Adelphi als seine Geburtsstätten angegeben. Bis
1878 hieß die Theobald's Road noch King's Road, Gray's Inn. Der
Vater des Schriftstellers hatte das Haus zwei Jahre vor der Geburt
Benjamins bezogen. Im Jahre 1818 übersiedelte die Familie zum
Bloomsbury Square Nr. 6. 1817 überwarf sich Isaac d'Israeli mit der

Leitung der Spanisch-Portugiesischen Synagoge in Bevis Marks, sagte sich vom Glauben seiner Väter los und ließ sich mit seinem Sohn in der St. Andrew's Church, Holborn, evangelisch taufen. Von dieser Zeit an schrieb er seinen Namen in der Form, die sein Sohn übernahm. Diesem sollte es als geborenem Juden gelingen, die ältesten Familien Englands als Führer der konservativen Partei von sich zu überzeugen und Britannien zum höchsten Ansehen in der Welt zu bringen. Seine Freunde, vor allem Queen Victoria, deren höchste Gunst er genoß, nannten ihn Dizzy. 1876 ernannte sie ihn zum Earl of Beaconsfield. Er starb am 19. April 1881 auf seinem Landsitz Hughenden Manor/Buckinghamshire. Ein Denkmal in Westminster Abbey erinnert an den Schriftsteller und Politiker.

Gray's Inn Gardens Als Schöpfer der Gartenanlagen der Gray's Inn gilt Bacon, der ein halbes Jahrhundert in Gray's Inn lebte und arbeitete. Pepys und seine Frau, die aufmerksam die Moden der hier flanierenden Damen beobachteten, genossen Spaziergänge unter den Ulmen und stellten sich die Eindrücke vor, die Bacons Schuhsohlen im Kies der Wege hinterlassen hatten. Raleigh verabschiedete sich hier von Bacon vor seiner Abreise nach El Dorado. Sir Roger de Coverley erging sich hier, ebenso wie Wesley, der hier mit Zinzendorf theologische Probleme diskutierte. Im Oktober und November 1814 trafen sich hier im geheimen jeden Sonntag Shelley und seine Geliebte Mary Godwin. Addison widmet seinen Promenaden im Park ein Kapitel im »Spectator«.

Gray's Inn Road Wilkins Micawber, der zum Typ eines dem Leben nicht gewachsenen und in steter Geldnot lebenden, dabei immer heiteren Bürgers geworden ist, in Dickens' »David Copperfield« und Casy in »Little Dorrit« wohnen hier. Katherine Mansfield zog Anfang 1911 in die Clovelly Mansions in der Gray's Inn Road. In ihrem Tagebuch widmet sie der Straße ein Kapitel. Zu dieser Zeit war sie mit dem Schriftsteller William Orton befreundet, der ihre Beziehung seinem autobiographischen Roman »The Last Romantic« zugrunde legt.

Gray's Inn Im South Square der schon im 14. Jahrhundert blühenden, nach den Grundbesitzern, den Lords Gray de Wilton, benannten Juristenschule, steht eine am 27. Juni 1912 enthüllte Statue von Francis Bacon. Bacon ist mit Gray's Inn eng verbunden. Er wurde am 27. Juni 1576 zugelassen, wirkte als Schatzmeister und starb hier am 9. April 1626 im Hause Nr. 1. Seine »Essays« schrieb er in seinen Räumen, die 22 Jahre nach seinem Tode einer Feuersbrunst zum Opfer fielen. In der durch Bomben 1941 zerstörten, inzwischen wiederaufgebauten Halle wurde 1594 für Mitglieder der Rechtsschule zum erstenmal Shakespeares »Comedy of Errors« aufgeführt. Bei der Vernichtung der Bibliothek gingen 30 000 Bände verloren. Zu den Bewohnern der Inn gehörten der elisabethanische Dramatiker Thomas Middleton, Sir Philip Sidney, Johnson (1759), Oliver Goldsmith (1764), Southey (1797) und Macaulay (1829) im Hause Nr. 8. Nachdem der 15jährige Charles Dickens die Wellington House Academy verlassen hatte, war er von Mai 1827 bis November 1828 bei der Rechtsanwaltsfirma Ellis and Blackmore, die im Hause Nr. 5 ihre Kanzlei hatte, als Gehilfe angestellt. Das Pult, an dem er arbeitete, ist im Dickens House in der Doughty Street ausgestellt. Hier legte Dickens die Grundlage für seine genauen Kenntnisse des Londoner Anwaltswesens, das in seinen Werken eine so wesentliche Rolle spielt. In den Herren Ellis und Blackmore fand er die Vorbilder für seine Anwälte Dodson und Fogg, M. Perker, Sampson Brass, Mr. Tulkinghorn und andere. Noch während seiner Tätigkeit dort wurden die Büros in die Raymond Buildings Nr. 6 an der Westseite der Gray's Inn Gardens verlegt. David Copperfield wohnte in dem links vom Gray's Inn Gateway gelegenen Coffee House, einem alten Hotel in dem »mit Eichengetäfel ausgestatteten Zimmer ... über dem Eingangstor und der vornehmen Unermeßlichkeit des Himmelbetts und dem unbezwinglichen Ernst der Kommode«. Ein Kapitel von Thackerays Roman »The Newcomes« spielt in Gray's Inn.

Im Nordosten der Gray's Inn Road liegen die Stadtteile Islington, Highbury und Stoke Newington, zu denen von der Theobald's Road Roseberry Avenue führt.

The Angel Der 1737 in Thetford/Norfolk geborene Politiker und Publizist Thomas Paine, der 1774 nach Pennsylvanien auswanderte und fünf Jahre später nach England zurückkehrte, schrieb einen Teil seines Werks über die Menschenrechte, »Rights of Man« (1790/92), im »Old Angel«. Nach anderen Quellen soll Paine sein Werk in dem schon 1415 zitierten »Red Lion« in St. John's Street, Clerkenwell, geschrieben haben. An der Stelle der alten Taverne und Poststation, die bereits 1638 bestand und die Dickens wiederholt in seinen Werken erwähnt, steht heute ein modernes Restaurant. Der alte Gasthof hat dem Stadtteil seinen Namen gegeben.

Duncan Terrace Im Jahre 1827 mietete Charles Lamb mit seiner geisteskranken Schwester Mary Colebrook Cottage, »ein weißes

Haus mit sechs brauchbaren Räumen«, vor dessen Tür der längst verschwundene New River dahinfloß. »Hier fühle ich mich, der ich nie ein Haus gehabt habe, wie ein großer, bedeutender Lord«, schreibt er. Im Hause des Schriftstellers, der nie heiratete, lebte eine junge Waise, Emma Isola, die das Leben der Geschwister Lamb in dem damals noch ländlichen Islington bis zu ihrer Verehelichung teilte. Hazlitt besuchte hier die Lambs häufig. Das mehrfach umgebaute Haus, damals Colebrook Row Nr. 19, heute Duncan Terrace Nr. 64, trägt seit 1907 eine Gedenktafel. Lamb, der nach 33jähriger Tätigkeit bei der East India Company im Jahre 1825 mit einem Ruhegehalt entlassen worden war, ging von hier im Jahre 1829 nach Enfield, wo er für sich und seine Schwester ein Haus an der Chase Side mietete. Kurz danach übersiedelte er zur Clarendon Cottage in derselben Straße. Das Haus trägt eine Gedenktafel. 1833 bezog er Westwood Cottage, das Nachbarhaus, das erhalten geblieben ist. Seine Londoner Freunde, die er hier auf dem Lande sehr vermißte, besuchten ihn oft. 1833 wechselte er erneut sein Domizil und zog in das benachbarte Edmonton in ein Haus in der Church Street, das erhalten geblieben ist und heute Lamb Cottage heißt. Auf seinem Wege zur »Bell Inn«, in der William Cowper den Ritt des unfreiwilligen Reiters John Gilpin beginnen läßt, stürzte er so unglücklich, daß er wenige Tage danach, am 27. Dezember 1834, starb. Auf dem Friedhof von Edmonton wurde er bestattet. Seine Schwester, die ihn um 13 Jahre überlebte, fand hier ebenfalls ihre letzte Ruhestätte.

Chapel Market Von 1797 bis 1801 wohnte Lamb mit seiner Schwester, die am 22. September 1796 ihre Mutter erstochen und ihren Vater schwer verletzt hatte, am Chapel Market Nr. 45 in Pentonville. Von hier zog er in die Mitre Court Buildings.

Von der Pentoville Road zweigt

Rodney Street ab. Der Philosoph und Nationalökonom John Stuart Mill wurde am 20. Mai 1806 im Hause Nr. 12 als Sohn des Historikers und Philosophen James Mill geboren. Mit drei Jahren lernte er schon Griechisch. In seiner Autobiographie schreibt er: »Mein Vater verlangte von mir bei seinem Unterricht ... vieles, was über meinen Horizont ging. Meine griechischen Vorbereitungen machte ich an demselben Tisch, an dem er schrieb, und da ich das lateinisch-griechische Wörterbuch noch nicht benutzen konnte, mußte ich ihn fortwährend mit Fragen belästigen. Obwohl von Natur einer der ungeduldigsten Menschen, ließ er sich doch diese häufigen Störungen

gefallen und verfaßte dabei unter anderem seine »History of India«.
Im Jahre 1810 zog die Familie in ein Haus in Petty France.
Vom Angel führt nordwärts

Essex Road Im Hause Nr. 50 der Essex Road, die damals noch Lower Street hieß, wohnte Thomas Hood nach der Eheschließung im Mai 1825 mit Jane, einer Schwester seines Freundes Reynolds, der auch mit Keats befreundet war. Zu seinen Gästen gehörten hier Lamb, De Quincey und Hazlitt. Bis zur Zerstörung durch Bomben trug das Haus eine 1930 angebrachte Gedenktafel, die sich jetzt in der Islington Central Library, Holloway Road, befindet.

Upper Street führt zum

Canonbury Place und Canonbury Tower Der hohe Ziegelbau des Canonbury Tower mit seinen zwei Gebäudeflügeln sind die einzigen Reste eines elisabethanischen Landsitzes der Prioren von St. Bartholomew's. Heute hat sich hier das Tower-Theatre etabliert. Das Haus kam zu Ende des 16. Jahrhunderts in den Besitz des damaligen Lord Mayor von London, Sir John Spencer, der es von 1616 bis 1625 an Francis Bacon vermietete. Im 18. Jahrhundert wurden Wohnungen im Turm eingerichtet. Oliver Goldsmith, der dem lauten London entgehen wollte, lebte hier von Ende 1762 bis 1764 im »Compton Room«, einem holzgetäfelten, erhalten gebliebenen Zimmer, bei einer Wirtin, die ihm auch Verpflegung stellte. Hier schrieb er sein Gedicht: »The Traveller«. Boswell wanderte im Juni 1763 »nach Islington hinaus, wo Goldsmith wohnt, in einem früheren Klostergebäude..., das jetzt Wohnungen enthält«, wie er in seinem »London Journal« notiert.

Auch Washington Irving hat hier einmal kurze Zeit gewohnt. Lamb pflegte von seinem Haus an der Duncan Terrace hierher zu spazieren, um vom Turm die untergehende Sonne und das Sternenmeer zu betrachten und »schweigend dazusitzen, bis mich die Nachtkühle nach Hause trieb«.

Stoke Newington Church Street Eine 1932 am Hause Nr. 95 angebrachte Tafel erinnert an Daniel Defoe, der als Junge die Reverend Charles Morton's Academy am Newington Green besuchte. Einem Schulkameraden namens Timothy Cruso verdankt der Held seines Romans »Robinson Crusoe« (1719) seinen Namen. Sein Meisterwerk entstand in einem prächtigen Hause mit einem ausgedehnten Garten in der Stoke Newington Church Street Nr. 95 an der Ecke der Defoe Road, das der Schriftsteller, der 1709 bereits in einem

Nachbarhaus gewohnt hatte, im Jahre 1717 bezog und bis 1729
bewohnte. Am 17. März 1722 erschien sein »Journal of the Plague
Year«, ein Tagebuch aus dem Pestjahr 1665, dem die Nachwelt
einen Augenzeugenbericht von dokumentarischer Eindringlichkeit
verdankt, für den Defoe allein schon die Unsterblichkeit verdient
hätte, wie Walter Scott sagt. Defoe, der zur Zeit der Katastrophe
kaum fünf Jahre zählte, benutzte unter anderem das Tagebuch seines Onkels, des Sattlers Henry Foe aus der Broad Street, als Quelle.
Von 1704 bis 1713 betätigte er sich als Herausgeber der »Review«,
der ersten englischen Zeitschrift. Eine ausführliche Beschreibung
Londons und Großbritanniens zu Beginn des 18. Jahrhunderts hinterläßt er in seiner »Tour through the Whole Island of Great Britain« (1724).

Falls man auf den Abstecher nach Islington und Stoke Newington
verzichtet, gelangt man von Gray's Inn durch eine kleine Gasse und
einen Tordurchgang bei Henekeys altem Weinlokal zu High Holborn und der links abgehenden

Brooke Street Der am 20. November 1752 in Bristol als Sohn eines
Lehrers geborene Dichter Thomas Chatterton wuchs im Hause seines Onkels, des Küsters und Totengräbers an der St. Mary Red-
cliffe-Kirche in Bristol, auf. Er verbrachte einen großen Teil seiner
Kinder- und Jugendjahre im Archiv der Kirche und schrieb in seiner
Freizeit — schon als 14jähriger mußte er in einer Anwaltskanzlei
arbeiten — Prosa und Gedichte im mittelalterlichen Stil und in mittelalterlicher Handschrift auf altem Papier und gab sie als Werk
eines Mönchs und Dichters Thomas Howley aus dem 15. Jahrhundert aus, das er in der Kirche gefunden haben wollte. Horace Walpole, dem er die Manuskripte schickte, versprach ihm Unterstützung bei der Publikation, und Chatterton ging 1770 nach London,
wo er in einer schäbigen Mansarde in der Brooke Street Nr. 39 unterkam. Walpole, der die Manuskripte als Täuschungen entlarvte,
wandte sich von ihm ab, ebenso wie die Herausgeber der Zeitschriften, in denen er seine Beiträge unter dem Namen Decimus publiziert
hatte. Voller Verzweiflung und Scham nahm sich der 17jährige
hochbegabte Junge das Leben. Am Morgen des 25. August 1770
fand man ihn in seiner Dachkammer tot, ein leeres Arsenfläschchen
in der Hand. Sein Begräbnis ist in St. Andrew's registriert. Auf dem
Friedhof des Armenhauses in der Shoe Lane, der 1826 der Anlage
des Farrington Markts Platz machen mußte, wurde er bestattet. Das
tragische Schicksal des »Wunderkinds aus Bristol« hat in der Litera-

tur ein weites Echo gefunden. Keats hat ihm seinen »Endymion« gewidmet, Shelley, Wordsworth und Coleridge haben das traurige Schicksal des genialen Jünglings besungen, Alfred de Vigny verfaßt ein romantisches Drama, Ernst Penzoldt eine romanhafte Lebensbeschreibung »Der arme Chatterton« (1928), Hanns Henny Jahnn eine Tragödie, die 1956 uraufgeführt wurde, Leoncavallo feiert ihn in einer Oper. Am Hause Brooke Street Nr. 39, das an der Stelle des Hauses steht, in dem der junge Dichter, dessen Begabung man erst nach seinem Tode erkannte, lebte und starb, wurde eine Gedenktafel angebracht. In der Tate Gallery hängt ein Bild des präraffaelitischen Malers Henry Wallis, »Der Tod des Chatterton«. Es zeigt eine dürftige Dachstube mit der Leiche des Dichters auf einem Bett, von zerrissenen Manuskripten umgeben. Die Fenster der Kammer geben den Blick auf St. Paul's frei.

Zwischen Brooke Street und Leather Lane an der Stelle der im neugotischen Stil errichteten Gebäude der Prudential Assurance Company stand bis zum Ende des vorigen Jahrhunderts

Furnival's Inn nach dem Grundbesitzer Furnival benannt, der zu Beginn des 15. Jahrhunderts den Rechtsstudenten ein Haus vermachte, das sich zu einer der Inns of Chancery entwickelte. Thomas More studierte am Furnival's Inn. Ende 1834 bezog Charles Dikkens hier zwei im dritten Stock nach hinten gelegene Zimmer im Hause Nr. 13. Er war zu dieser Zeit Reporter am »Morning Chronicle« und arbeitete an seinen »Pickwick Papers«, mit denen er sich Popularität und Ruhm erschrieb. Im Mai 1835 übersiedelte er zur Selwood Terrace in Chelsea, um der Wohnung seiner Verlobten nahe zu sein. Im Februar des darauffolgenden Jahres kehrte er in die Furnival's Inn zurück und mietete mit seinem Bruder Fred eine Wohnung im Hause Nr. 15. Am 2. April 1836 heiratete er in aller Stille Catherine (Kate) Hogarth in der St. Luke's Church in Chelsea, die Tochter des Redakteurs George Hogarth, eines Kollegen am »Morning Chronicle«, die er im Hause ihres Vaters im Jahre 1835 kennengelernt hatte. Nach einer »Flitterwoche«, die die Neuvermählten in einem Dorf bei Chatham verbracht hatten, zogen sie in seine Wohnung im Furnival's Inn. Die 16jährige Schwester der Ehefrau, Mary Hogarth, und sein Bruder lebten mit dem Ehepaar zusammen. Am 6. Januar 1837 wurde ihnen hier das erste Kind, Charles, geboren. Weihnachten 1836 begann Dickens' Freundschaft zu John Forster, der die erste Biographie des Schriftstellers schreiben sollte. Im März 1837 zog die Familie in die Doughty Street.

1850 wurde Furnival's Inn zu Wood's Hotel, das nur ein knappes
halbes Jahrhundert bestand und dem Gebäude der Versicherungs-
gesellschaft Platz machen mußte. Im Haupteingang steht eine Büste
von Dickens. Eine Tafel gibt die genaue Lage seiner Wohnung an.
Furnival's Inn liefert dem Schriftsteller den Schauplatz zu Szenen in
»Martin Chuzzlewit« und »Edwin Drood«. Mr. Grewgious pflegte
in Wood's Hotel zu speisen.

Barnard's Inn Coleridge, der auf den Rat seines Arztes Opium und
Alkohol zur Linderung von Schmerzen aller Art genommen hatte
und süchtig geworden war, wohnte im Jahre 1804 kurze Zeit in
einem Haus an der Stelle des Gebäudes Nr. 7. Von hier ging er
nach Italien, um seine rheumatischen Leiden zu heilen, und kehrte
erst 1806 wieder nach England zurück.

Dickens verlegt die Wohnung von Pip und Herbert Pocket in
»Great Expectations« in diesen traurigen kleinen Hof, der einem
eingeebneten Begräbnisplatz ähnlich war. Pip hält ihn für »den
kläglichsten Haufen schäbiger Häuser, der je in einer wüsten Ecke
als Versammlungsort für Katzen zusammengedrängt zu sehen war«.

Vierter Spaziergang: Marylebone — östlich von der Baker Street

Tottenham Court Road Chateaubriand, der auf der Flucht vor Verfolgungen der Revolution nach einem mehrmonatigen Aufenthalt auf Jersey am 21. Mai 1793 nach London kam, wurde von seinem Vetter auf dem Speicher des Druckers Baylis, der sein Verleger werden sollte, an der Tottenham Court Road dürftigst untergebracht. Ein Arzt, der den 25jährigen schwer erkrankten Emigranten untersuchte, eröffnete ihm, daß er nur noch einige Monate, höchstens jedoch zwei Jahre, zu leben habe. Chateaubriand starb 55 Jahre danach. George Gissing, der 1877 von Deutschland nach London zurückkam, hungerte sich mit seiner dem Trunk ergebenen Frau in einer menschenunwürdigen Unterkunft in der Tottenham Court Road durch: »Noch sehe ich das auf der Westseite der Tottenham Court Road versteckte Hintergäßchen, wo ich nach einiger Zeit ein Hinterzimmer des obersten Stockwerks mit dem Vorderkeller vertauschen mußte, ... um sechs Pence in der Woche zu sparen. Hier standen auf einem Steinboden ein Tisch, ein Stuhl, ein Waschgestell und ein Bett. Das Fenster, das, seitdem es eingesetzt war, noch nie gereinigt wurde, erhielt sein Licht durch ein flaches Gitterwerk im Gäßchen obenan. Hier wohnte ich, hier schrieb ich«, notiert er in seinen Erinnerungen.
Zwei Szenen des Musicals »My Fair Lady« spielen im schäbigen Mietskasernenviertel der Straße im Jahre 1912. Heute ist die Tottenham Court Road die Straße der Möbelhändler.

Hanway Street Im Jahre 1805 mietete der sein Leben lang verschuldete William Godwin, der vier Jahre nach dem Tode seiner ersten Frau Mary Wollstonecraft im Jahre 1797 die herrschsüchtige Witwe Jane Clairmont, deren Tochter aus erster Ehe Byrons Geliebte und die Mutter seiner Tochter Allegra wurde, geheiratet hatte, ein kleines Haus in der Hanway Street. In seinem Hause lebten fünf Kinder aus vier Verbindungen, Mary aus der Ehe mit Mary Wollstonecraft, zwei Kinder aus Janes erster Ehe, ein Sohn Godwins aus seiner Ehe mit Jane und ein Mädchen aus Mrs. Wollstonecrafts erster Ehe. Die resolute Frau des Schriftstellers betrieb hier einen Verlag und Buchhandel für Jugendbücher. Hier wurden Lambs »Tales of Shakespeare« verlegt. Die Verbesserung seiner wirtschaftlichen Lage gestattete Godwin im Jahre 1807 den Umzug in eine größere Wohnung in der Skinner Street.

Rathbone Place Im Hause Nr. 25 befindet sich »The Wheatsheaf«, das Pub, in dem Dylan Thomas im April 1936 Caitlin Macnamara, seine zukünftige Frau, bei einer Party kennenlernte. Der Dichter erzählte später sicher übertreibend, daß er zehn Minuten danach schon mit ihr im Bett lag. Caitlin war sieben Jahre vor der Begegnung ihrer Mutter aus Irland davongelaufen, um in London Schauspielerin zu werden. Von 1799 bis 1803 hatte der junge Hazlitt im Hause Nr. 12 seine erste eigene Wohnung. Er hatte bis dahin bei seinem Bruder, einem Maler, am Long Acre gewohnt. Den Winter 1802/03 verbrachte er in Paris, wo er im Louvre kopierte.

Percy Street Im Eiffel-Tower-Restaurant traf sich jeweils mittwochs Pounds »Poets' Club«. Bei seinem letzten Besuch in London im September 1792 wohnten William Cowper und seine Freundin und Stütze, die Witwe Mary Unwin, im Hause eines Bekannten im Hause Nr. 23. Nach dem Tode Mr. Unwins lebte er mit der Witwe in Olney. Seit 1960 erinnert eine Tafel am Hause Nr. 14 an den heute kaum noch bekannten Dichter und Kritiker Coventry Patmore (1823—96), Bibliothekar am Britischen Museum. Er wohnte hier von 1863 bis 1864 und verlor hier seine Frau. In seiner Versdichtung »The Angel in the House«, an der er fast zehn Jahre lang arbeitete, preist er Ehe und häusliches Glück. Mit den Präraffaeliten war er verbunden und mit Ruskin, Tennyson, Francis Thompson und Alice Meynell befreundet.

Charlotte Street Von der Hallam Street zog die Rossetti-Familie im Jahre 1836 in das Haus Nr. 50. Von 1837 bis 1843 besuchte der kleine Dante Gabriel King's College, wo sein Vater als Professor für Italienisch amtierte. Von 1822 bis zu seinem Tode hatte Constable ein Studio im Hause Nr. 76. Den Weg zu seinem Landhaus in Hampstead und zurück legte er stets zu Fuß zurück. Seine um elf Jahre jüngere Frau Maria starb im Jahre 1828 an der Schwindsucht und hinterließ ihm sieben Kinder — das jüngste von einem Jahr. Der Maler starb in seinem Studio am 31. März 1837. In der Krypta der St. Paul's Cathedral wurde er bestattet.

Beide Häuser in der Charlotte Street existieren nicht mehr.

Howland Street Am 10. September 1872 kamen Verlaine und sein fast 20 Jahre jüngerer Gefährte Arthur Rimbaud in London, der »platten, schwarzen Wanze«, wie Verlaine sagt, an und fanden in einem Zimmer im Hause Nr. 35 Unterkunft. Rimbaud lernte in fünf Wochen Englisch fließend lesen und schreiben. In ihrem Zimmer entstand Verlaines Gedicht »Il pleut dans mon cœur comme il pleut sur la ville«, als Rimbaud nach einer ihren ständigen Auseinandersetzungen am Weihnachtsabend das Haus verlassen hatte. Erst im Januar ließ er sich bei seinem Freund wieder sehen. Im April 1873 gingen sie nach Frankreich zurück.

Fitzroy Street Whistler hatte im Hause Nr. 8 ein Studio. Im selben Gebäude hausten Vanessa Bell, die Schwester Virginia Woolfs, die sich von ihrem Gatten Clive Bell getrennt hatte, mit ihrem Geliebten Duncan Grant, dem sie eine Tochter gebar. Grant war überdies mit Lytton Strachey eng liiert. Der 20jährige Charles Dickens bezog mit seinen Eltern im Jahre 1830 eine Wohnung im Hause Nr. 15, jetzt 25. Anfang 1832 wurde er Parlamentsreporter für den »Morning Chronicle«. Zu dieser Zeit begann er unter dem Pseudonym Boz, dem Kindernamen eines seiner Brüder, Skizzen zu schreiben, die im »Monthly Magazine« erschienen. Um seiner Redaktion näher zu sein, zog die Familie im April 1832 in die Cecil Street. Im Jahre 1880 zog G. B. Shaws Mutter mit ihrem Sohn und ihrer Tochter Lucy vom Victoria Grove in eine Wohnung im ersten Stock des Hauses Nr. 37. Das Haus in Kensington war zu teuer geworden, George Bernard hatte noch immer keine Einkünfte. Erst 1885 konnte er als Kritiker der »Pall Mall Gazette« seine Mutter finanziell entlasten. Die meiste Zeit verbrachte er im Lesesaal des British Museum. Von hier zog die Familie zur Osnaburgh Street.

Fitzroy Square Von der Osnaburgh Street zog G. B. Shaw mit seiner Mutter im Jahre 1887 in die beiden Obergeschosse des »äußerst abstoßenden Hauses« Nr. 29. Hier lebten die beiden elf Jahre. Seinem Freunde und Biographen Hesketh Pearson beschreibt er im Jahre 1943, als er von Ayot St. Lawrence nach London gekommen war, um alle die Orte aufzusuchen, an denen er vor seiner Eheschließung gelebt hatte, die Wohnung am Fitzroy Square: »Mein Schlafzimmer, von dem aus man den Platz überschaute, nahm die ganze Vorderseite des obersten Geschosses ein. Gleich darunter befanden sich das Wohnzimmer und daneben ein kleines Zimmer, das ebenfalls auf den Platz hinausging und mir als Arbeitszimmer diente. Meine Mutter und ich wohnten in den beiden oberen Stockwerken, doch als ich anfing, gut zu verdienen, kaufte ich das ganze Haus für meine Mutter. Später mietete ich Park Villa Nr. 8 für sie, und dort starb sie.« Bitter beklagt er sich über den Lärm, der aus den offenstehenden Fenstern der Nachbarschaft in sein Arbeitszimmer drang. »In Deutschland verstößt es gegen das Gesetz, bei offenem Fenster Klavier zu spielen ... Es sollte zum Kapitalverbrechen erklärt werden, Musikinstrumente außerhalb völlig schalldichter Räume zu spielen«. »Dasselbe sollte bei Strafe der Konfiszierung für Lautsprecher gelten«, fordert er später. Zwischen 1895 und 1897 veröffentlichte Frank Harris in der von ihm herausgegebenen »Saturday Review« Shaws Theaterkritiken, die dieser mit GBS zeichnete, eine Kürzel, die ihm bis heute verblieben ist. Neben seiner Tätigkeit als Kritiker wandte er sich immer mehr dem Theater zu. Hier entstanden eine Reihe seiner bekanntesten Stücke, die seinerzeit jedoch meistens Ablehnung erfuhren. 1892 lernte er die um acht Jahre ältere Schauspielerin Ellen Terry kennen, die bereits fünf Ehen hinter sich hatte. Mit ihr korrespondierte er bis zu ihrem Tode im Jahre 1929 getreu seiner Devise, daß die ideale Liebesaffäre nur durch die Post betrieben werden kann. Ein anderes Verhältnis hatte er zu der Schauspielerin Stella Patrick Campbell, der er im August 1896 begegnete, der einzigen Frau, die in seinem Geschlechtsleben eine Rolle gespielt hat. Der in den Jahren 1899 bis 1939 geführte Briefwechsel der beiden gehört zu den bedeutenden Liebesbriefsammlungen der Literatur. Bei der schlampigen Haushaltsführung seiner Mutter mußte GBS in einem verstaubten und verschmutzten Zimmer arbeiten, bis sich ihm die 39jährige, wohlhabende Irin Charlotte Payne-Townsend, die er im August 1896 bei Sidney und Beatrice Webb auf ihrem Landsitz in Saxmundham/Suffolk kennengelernt hatte, als Sekretärin anbot und sich seiner annahm. Am 1. Juni 1898 heirateten sie, und er übersiedelte in ihre Wohnung an der Adelphi Terrace. An politischen Fragen brennend interessiert, wurde er 1897 Stadtverordneter des Londoner Bezirks St. Pancras und Mitglied des Gemeinderats, als der er sich die Einrichtung öffentlicher Bedürfnisanstalten für Frauen besonders angelegen sein ließ. Das Haus am Fitzroy Square trägt eine Gedenktafel mit der Inschrift »Aus der Schatzkammer seines Genies bereicherte er die Welt«.

Nach der Eheschließung Vanessas, der Schwester Virginia Woolfs, mit Clive Bell am 7. Februar 1907 verließen Virginia und ihr Bruder — das vierte Mitglied der Geschwister, Thoby, war Ende 1906 an Typhus verstorben — die Wohnung am Gordon Square und bezogen das Haus Fitzroy Square Nr. 29. Im Herbst setzten sie hier ihre Donnerstags-Abende fort. Im Juli 1911 beschlossen die Geschwister, das Haus zugunsten einer Wohngemeinschaft mit ihren Freunden von der Bloomsbury Group aufzugeben. Sie übersiedelten zum Brunswick Square. Sie waren ihrer Zweisamkeit überdrüssig und hatten immer öfter Auseinandersetzungen gehabt. Die Wände ihres Eßzimmers waren mit Fettflecken übersät, weil sie sich bei ihren Streitereien mit Butterstückchen bewarfen. Im Jahre 1974 wurde am Hause eine Tafel zum Gedenken an die Schriftstellerin Virginia Woolf angebracht. Im Hause Nr. 21 hatten die Bloomsbury-Group-Mitglieder Duncan Grant und Maynard Keynes eine Wohngemeinschaft. Mr. Sherrick in Thackerays »The Newcomes« vermietet sein »riesengroßes, aber melancholisches Haus« Nr. 37 an Oberst Newcome.

Riding House Street Im Middlesex Hospital starb der 70jährige Schriftsteller Rudyard Kipling, der erste Nobelpreisträger Englands (1907), am 18. Januar 1936. Seine Asche wurde in der Westminster Abbey beigesetzt.

Cleveland Street Die Familie Dickens übersiedelte im Jahre 1814 — zwei Jahre nach der Geburt des Schriftstellers — von Portsmouth nach London und nahm eine Wohnung im Hause Nr. 10 der Straße, die damals noch Norfolk Street hieß. Das Haus stand an der Stelle des Gebäudes Cleveland Street Nr. 22. Der Vater des Schriftstellers hatte seinen Posten als Marinezahlmeister aufgegeben und brachte sich und die Seinen dürftig als Zeitungsberichterstatter durch. Ende 1816 ging die Familie nach Chatham/Kent. 1829 zog man wieder in dasselbe Haus. Charles arbeitete zu dieser Zeit bei einem Rechtsanwalt. Ein Jahr darauf übersiedelte die Familie in die Fitzroy Street.

Newman Street Dickens verlegt in seinem Roman »Bleak House« die Wohnung Mr. Turveydrops in die Newman Street Nr. 26, in »ein rußgeschwärztes Haus« mit »einem leeren, hallenden Raum, der hinten an den Pferdestall grenzte«. Hier hatte Turveydrop seine Tanzakademie untergebracht, »in der es immer nach Stall roch ... Es war früher einmal ein recht schönes Haus gewesen, als sich jemand damit abgab, es reinlich und frisch zu erhalten, und niemand sich darauf verlegte, den ganzen Tag darin zu rauchen«.

George du Maurier kam von Antwerpen, wo er Malerei studiert hatte, nach London und wohnte von 1860 bis 1862 in den Häusern Nr. 70, 85 und 90. Im Hause Nr. 70 hatte Whistler vorher sein Studio, wie auch William de Morgan. Nach wild verbrachten Studienjahren verließ Swinburne im November 1860 ohne Abschlußexamen Oxford und ging nach London. Hier schloß er sich den Präraffaeliten an und setzte sein ausschweifendes Leben fort. Er wohnte zuerst im Hause Nr. 77. Rossetti, der mit den Malern Millais und Holman Hunt im August 1848 in Oxford die »Pre-Raphaelite Brotherhood«, eine Gruppe junger Künstler und Schriftsteller, die in Form und

Farbe gegen die traditionelle Akademiemalerei aufstanden, gegründet hatte, kam 1850 ohne Studienabschluß nach London und mietete mit Holman Hunt zunächst ein Studio in der Cleveland Street und im folgenden Jahr ein eigenes im Hause Newman Street Nr. 72. Der dem Opium verfallene Coleridge wohnte vom Frühjahr 1812 bis zu seiner Übersiedlung nach Bristol im Oktober 1813 im Hause Nr. 71. An seine Frau Sara Fricker, Southeys Schwägerin, die er 1795 geheiratet hatte, die sich aber von ihm getrennt hatte, schreibt er:

»Alles geht gut ... meine Gesundheit, meine Laune und meine Arbeitslust haben sich, seitdem ich in der Stadt bin, derart entwickelt, daß alle über den Wechsel erstaunt sind ... Seitdem ich hier bin, habe ich keine Anregungsmittel mehr genommen außer einem Glas britischen Weißweins zum Essen und drei bis vier Glas Portwein danach.« Dank seiner rhetorischen Begabung begeisterte Coleridge sein Publikum mit seinen Vorlesungen über Literatur, Philosophie und Politik. Hazlitt sagt von ihm, daß er unermüdlich sprach und daß man wünsche, er spräche immer weiter. Im Jahre 1928 wurde das Haus Nr. 71 abgerissen, das seit 1905 eine Gedenktafel trug. Diese wurde am neuen Gebäude angebracht und 1966 durch eine neue ersetzt.

Mortimer Street In dieser Straße wohnte Wordsworth, der mit seiner Frau in Rydal Mount im Lake District lebte, während eines London-Aufenthalts im Jahre 1818. Keats, der ihm hier am 3. Juni einen Besuch abstattete, beklagte sich, daß Wordsworth ihn lange warten ließ und dann in großer Aufmachung erschien, ihn nur kurz begrüßte und zu einem Essen verschwand.

Margaret Street Auf der Flucht vor seinen Gläubigern kam John Dickens mit seiner Familie für kurze Zeit im Hause Nr. 70 unter. Shelley, der in seiner Bedrängnis im Jahre 1814 von einer Wohnung in die andere zog, wohnte im Hause Nr. 56.

Great Castle Street Von seiner ersten Unterkunft in London in der Exeter Street übersiedelte Samuel Johnson im Jahre 1737 in das Haus Nr. 6. Zu dieser Zeit begann seine Freundschaft mit Joshua Reynolds, und hier entstand unter den Eindrücken in der Hauptstadt sein Gedicht »London« (1738), in dem er die soziale Ungerechtigkeit der Zeit, den übertriebenen Luxus der Reichen und die bittere Not der Armen anklagt.

Great Portland Street Nach dem Tode seiner Frau kam Boswell im Jahre 1789 wieder nach London und mietete zunächst eine Wohnung im Temple. Von dort zog er in ein Haus in der Great Portland Street, das an der Stelle des 1902 erbauten Gebäudes Nr. 122 stand. Hier starb der »Eckermann Johnsons« am 19. Mai 1795 im Alter von 55 Jahren. Am 29. Oktober 1740 als der älteste von drei Söhnen des wohlhabenden schottischen Gutsbesitzers und Richters Lord Auchinleck in Edinburgh geboren, erhielt er seinen ersten Unterricht im elterlichen Hause und bezog als 13jähriger die Universität seiner Geburtsstadt. Häufige Reisen führten ihn in den Jahren 1763 bis 1766 von einem deutschen Fürstenhof zum anderen. Stolz berichtet er, daß er in Potsdam mit einer Soldatenfrau geschlafen habe. Berlin bezeichnet er »als eine höchst erfreuliche Stadt«. In der Schweiz traf er Rousseau und in Fernay Voltaire. In seinem erst 1925 entdeckten Tagebuch, das die Jahre 1762 und 63 umfaßt, berichtet er ausführlich über seine Begegnungen mit Johnson, beschreibt aber auch eingehend seine sexuellen Eskapaden. 1791 erschien seine Biographie Johnsons, ein Buch, das, wie er sagt, »mehr von einem Leben erzählt als irgendein anderes, das je erschienen ist«. 1793 wurde er vor seinem Hause völlig betrunken niedergeschlagen und ausgeraubt. Mehrere Geschlechtskrankheiten und sein übermäßiger Alkoholkonsum mögen zu seinem frühen Tod beigetragen haben. Das Haus Nr. 122 trägt seit 1936 eine Gedenktafel.

Der gebürtige Hamburger Felix Mendelssohn-Bartholdy, der als 17jähriger in Berlin die Ouvertüre zu Shakespeares »Sommernachtstraum« komponiert hatte, kam im April 1829 als 20jähriger zum erstenmal nach England und Schottland, wo er Sir Walter Scott besuchte. In London, »dem grandiosen und kompliziertesten Ungeheuer«, wie er sagt, wohnte er bei einem deutschen Eisenhändler in der Great Portland Street Nr. 103. Thackeray, den er ebenso wie Dickens aufsuchte — beide bezeichneten ihn als ihren Lieblingskomponisten —, sagte zu einem Freunde: »Sein Gesicht ist das schönste, das ich je gesehen habe. So muß das Gesicht unseres Erlösers gewesen sein.« Bei seinem zweiten Besuch im Jahre 1832 — er war insgesamt achtmal in London — wohnte er wieder in der Great Portland Street. Dem Komponisten verdankt die Nachwelt eine heitere und anschauliche Beschreibung des Lebens im Buckingham Palace. Leigh Hunt, der 1809 Marianne Kent geheiratet hatte, die ihm sieben Kinder schenken sollte, wohnte im Jahre 1812 im Hause Nr. 35. Von hier trat er nach seiner Verurteilung wegen Majestätsbeleidigung den Weg ins Gefängnis an.

Langham Street Im Jahre 1908 übersiedelte Ezra Pound von seiner

Wohnung in der Duchess Street, die ihm zu teuer geworden war, in eine Wohnung im Hause Nr. 48.

Duchess Street Bei seinem ersten Besuch in London im Jahre 1906 wohnte Ezra Pound im Hause Nr. 8. Nach seiner Übersiedlung von Italien im Jahre 1908 kehrte er zunächst in diese Wohnung zurück, zog aber noch im gleichen Jahr in die Langham Street.

Hallam Street An der Stelle des Hauses Hallam Street Nr. 110 (bis 1905 Charlotte Street Nr. 38) stand bis 1914 das bescheidene Geburtshaus des Dichters und Malers Dante Gabriel Rossetti. Er kam hier am 12. Mai 1828 als Sohn eines italienischen Gelehrten und Dichters, der nach England emigriert war, zur Welt. Seine Schwester Christina, die als Lyrikerin mindestens so bedeutend ist wie er, wurde hier am 15. Dezember 1830 geboren. Mit vier Jahren malte er schon sein Schaukelpferd und illustrierte Texte von Shakespeare, mit fünf Jahren schrieb er ein Schauspiel in Versen, »The Slave«. Als er acht Jahre alt war, zog die Familie in das Haus Charlotte Street Nr. 50. Das Haus Hallam Street Nr. 110 trägt seit 1928 die Gedenktafel, die 1906 an seinem Geburtshaus angebracht worden war.

Stefan Zweig bezog am 15. Februar 1936 eine kleine Wohnung im Hause Nr. 49.

Portland Place In einem Hause, das an der Stelle des Gebäudes Nr. 5 stand, wohnte Horace Walpole kurze Zeit. Stefan Zweig, am 28. November 1881 in Wien geboren und seit 1919 in Salzburg lebend, wohnte nach der Flucht vor den Nationalsozialisten von Ende November 1933 bis Juni 1934 im Hause Portland Place Nr. 11. Am 23. Februar 1942 nahm er sich in Petropolis bei Rio de Janeiro das Leben. Als Botschafter in London residierte Chateaubriand im Jahre 1822 im damaligen französischen Botschaftsgebäude am Portland Place Nr. 51. In seinen »Mémoires d'Outre-Tombe« schreibt er, daß sein Haus im Blickfeld des Speichers lag, in dem er nach seiner Flucht aus Frankreich im Jahre 1793 unterkam. Hier verwöhnte ihn sein Küchenchef mit dem Rindsfilet, das noch heute seinen Namen trägt, und mit dem Pudding à la Chateaubriand, dem jetzigen Diplomatenpudding. Von 1830 bis 1834 residierte hier Talleyrand, dessen fünfbändige Memoiren seine Anpassungsfähigkeit an wechselnde Regierungsformen eindrucksvoll wiedergeben. Vom Clarence Gate Gardens zog Edgar Wallace mit seiner zweiten, um 23 Jahre jüngeren Frau, seiner »Jim«, dem Baby Penelope, zwei Sekretärinnen und vielen Dienstboten in das Haus Nr. 31, nachdem er mit der Dramatisierung seines »Squeaker«, 1928 (»Der Hexer«) seine wirtschaftliche Lage ungemein aufbessern konnte. 1929 gab er die Wohnung auf und bezog »Chalklands«, ein eigenes Haus in Bourne End/Buckinghamshire. Die Einrichtung des Hauses wartete er ein halbes Jahr in einer Luxussuite des Carlton-Hotels ab. Im November 1931 reiste er auf Einladung nach Hollywood, wo er am 10. Februar 1932 im Alter von 57 Jahren starb. Im Hause Nr. 63, dem Stadthaus von Sir Ralph Milbanks, lernte Byron im Herbst 1812 dessen Tochter Anne Isabella, Dichterin und Mathematikerin — er nannte sie die »Prinzessin vom Parallelogramm« — kennen. Er heiratete sie »ohne einen Funken Liebe auf beiden Seiten«, wie er sagt, am 2. Januar 1815 in Seaham/Durham, auf dem Besitz seines Schwiegervaters.

Chandos Street Im Hause Nr. 8 wohnte der Schriftsteller und Sekretär an der amerikanischen Botschaft Washington Irving, der Jahrzehnte hindurch in Europa lebte und mit Sir Walter Scott befreundet war, von 1829 bis 1832. Seine Dienststelle befand sich gegenüber von seinem Wohnhaus.

Harley Street Harley Street, ebenso wie die benachbarte Wimpole Street das Hauptquartier der Londoner Spezial- und Modeärzte, verbindet Marylebone Road im Norden mit dem Cavendish Square im Süden. Im Jahre 1909 bezog der am 25. Mai 1855 an der Dalby Terrace Nr. 21 in Islington als Sohn eines Rechtsanwalts geborene Bühnenschriftsteller Arthur Wing Pinero das Haus Nr. 115 A. Hier wohnte er über zehn Jahre. 1909 geadelt, starb er am 23. November 1934 in London. In der Harley Street Nr. 47 liegt das 1848 gegründete Queen's College, das älteste Frauen-College Englands. Katherine Mansfield, die sich hier für den Deutschunterricht und ihren Deutschlehrer begeisterte, gehört zu den berühmtesten Schülerinnen der Anstalt. Später erinnert sie sich »an die verlorenen Mädchenjahre«, die sie hier verbringen mußte. »Mein Leben im College ... könnte ebenso gut gänzlich ohne Bücher und Vorlesungen gewesen sein.« Während ihrer Schulzeit wohnte sie mit ihren beiden älteren Schwestern im Hause Nr. 41. Nach Abschluß der Schulausbildung mußte sie schweren Herzens zu ihren Eltern zurück. Als Kathleen Beauchamp am 14. Oktober 1888 in Wellington/Neuseeland als dritte Tochter eines Bankiers geboren, kam sie mit ihren Schwestern von Januar 1903 bis Dezember 1906 zur weiteren Schulausbildung nach London. Bedrückt von der provinziellen Enge ihres Elternhauses und von ihrem freiheitlichen Leben in London erfüllt — »zum Teufel mit meiner Familie! Mein Gott, was für eine

langweilige Gesellschaft... London! Ist es nicht schrecklich, etwas
so sehr zu lieben?... London, das ist das Leben«, schreibt sie in
ihrem Tagebuch — konnte sie ihren Willen durchsetzen und in die
Hauptstadt zurückkehren, wo sie sich als Schriftstellerin bewähren
wollte. Schon in Neuseeland hatte sie kleinere Arbeiten unter dem
Namen Katherine Mansfield, dem Mädchennamen ihrer Großmutter mütterlicherseits, veröffentlicht. Am 24. August 1908 kam sie in
London an, wo sie in einer Pension für Musikstudentinnen Aufnahme fand. Völlig überraschend heiratete sie am 2. März 1909
den Gesangslehrer George Bowden, und ebenso überraschend brach
sie einen Tag nach der Hochzeit die ehelichen Bindungen wieder
ab. Kingsley lehrte am Queen's College englische Literatur. Von
1803 bis 1812 hatte der Maler William Turner im Hause Harley
Street Nr. 64 und von 1812 bis 1851 in der benachbarten Queen
Anne Street seine Wohnung und sein Atelier. Das Haus Queen
Anne Street Nr. 23 trägt eine Tafel zum Gedenken an den Landschaftsmaler.

Wilkie Collins wohnte mit einer seiner vielen Geliebten von 1859
bis 1864 im Hause Nr. 12.

Queen Anne Street In der Queen Anne Street hatte nach Conan
Doyle Dr. John H. Watson, Freund und Mitarbeiter von Sherlock
Holmes, seine Praxisräume. 1901 zog er mit seiner zweiten Frau in
das Haus Nr. 9. Sir John Betjeman widmet der Atmosphäre der Gegend einige Zeilen seines Gedichts »Devonshire Street« (→ auch S. 125.)

Wimpole Street Professor Henry Higgins, neben Eliza Doolittle die
Hauptperson des Musicals »My Fair Lady«, wohnt in der Wimpole
Street Nr. 27a. Im Jahre 1838 übersiedelte die 29jährige Dichterin
Elizabeth Barrett mit ihrem Vater, einem ehemaligen Plantagenbesitzer, und zwei Schwestern und drei Brüdern vom Gloucester
Place zur Wimpole Street Nr. 50. Am 6. März 1806 in Oxhoe Hall
in Kelloe/Durham als ältestes von 13 Kindern geboren, begann sie
als Vierjährige zu dichten, las mit acht Jahren Milton, Shakespeare
und Homer und schrieb 1819 ihr erstes Bühnenstück, »The Battle of
Marathon«. Im Alter von 14 Jahren zog sie sich durch einen Sturz
vom Pferde eine Verletzung der Wirbelsäule zu. Eine Lungenschwäche verschlimmerte ihr Leiden und ließ sie fast ständig bettlägerig sein. Bei einem Aufenthalt in Torquay im Jahre 1840, wo
sie Linderung von ihrem Leiden suchte, mußte sie erleben, daß ihr
Lieblingsbruder Edward beim Segeln ertrank. 1826 erschien ihr erster Gedichtsband und 1843 ihr bekanntes Gedicht »The Cry of the

Children«, eine eindringliche Anklage der Kinderarbeit in Bergwerken und Fabriken. Am 10. Januar 1845 gestand ihr Robert Browning in einem Brief seine Hochschätzung — »ich liebe Ihre Verse von ganzem Herzen, verehrte Miss Barrett« —, dem Schreiben folgte eine tägliche Korrespondenz. Am 20. Mai stattete er ihr den ersten Besuch ab, dem jeweils dienstags, wenn ihr Vater geschäftlich in der Stadt zu tun hatte, Begegnungen außerhalb des Hauses folgten. Mr. Barrett gestattete keiner seiner Töchter Beziehungen zu Männern und machte alle zu Gefangenen des Hauses. Somit war Browning gezwungen, Elizabeth am 12. September 1846 insgeheim zur Marylebone Church zu führen, wo er ihre Trauung vorbereitet hatte. Als einzige Zeugin fungierte Mrs. Wilson, Barretts Haushälterin und Elizabeths Vertraute, die bis an ihr Lebensende bei ihr blieb, und ein Vetter Brownings. Acht Tage später entführte er sie nach Florenz, drei Jahre nach der Hochzeit gebar sie ihr einziges Kind, Robert. Am 29. Juni 1861 starb sie in den Armen ihres Gemahls. Die Liebesgeschichte Brownings und Elizabeth Barretts ist durch die 44 »Sonnets from the Portuguese« (1850) der Dichterin, die Rilke ins Deutsche übertragen hat, und den nach Brownings Tode herausgegebenen Briefwechsel (1889) der beiden unsterblich geworden. Zwei Bühnenwerke haben die Liebesgeschichte breiteren Kreisen bekanntgemacht, das 1930 uraufgeführte Schauspiel »The Barretts of Wimpole Street« von Rudolf Besier und das Musical »Robert and Elizabeth«, das in den sechziger Jahren die Londoner Bühne eroberte. Am Hause Wimpole Street Nr. 50, das an der Stelle des Wohnhauses der Barretts steht, wurde 1937 eine steinerne Gedenktafel angebracht. Das »dunkle Haus« Nr. 67 in der »langen, ungeliebten Wimpole Street« ist mit Tennyson verbunden. Hier wohnte von 1819 bis 1840 die Familie des Historikers Arthur Henry Hallam. Er war der Vater des gleichnamigen besten Freundes von Tennyson, der 22jährig, auf einer Auslandsreise von Budapest kommend, am 15. September 1833 in Wien an einem Blutsturz starb. Tennyson ging im Hause der Hallams sechs Jahre lang ein und aus. Sein Leben hindurch trauerte er um den Verlust seines Studienfreundes und Verlobten seiner Schwester. Ihm widmete er den in den Jahren 1833 bis 1850 entstandenen Zyklus von insgesamt 131 Gedichten, die philosophische Totenklage »In Memoriam«, die ihm die Krönung zum Poet Laureate eintrug. Im Jahre 1904 wurde am Hause eine Gedenktafel für den 1859 verstorbenen Historiker angebracht. Der rauschgiftsüchtige Schriftsteller Wilkie Collins bezog

1888 das Haus Nr. 82 und starb hier 65jährig ein Jahr danach am 23. September 1889. Auf dem Kensal Green-Friedhof wurde er bestattet. T. S. Eliot sah in ihm den Autor des ersten und besten modernen Kriminalromans Englands. Seine beiden Hauptwerke »Die Frau in Weiß« (1860) und »Der rote Schal« (1864) erzielten nicht zuletzt durch Bearbeitungen für das Fernsehen beachtliche Erfolge.

New Cavendish Street Im Jahre 1818 bezog der Maler William Collins das Haus Nr. 11. 1822 heiratete er, und am 8. Januar 1824 wurde ihm sein Sohn William Wilkie geboren. Sein Geburtsort wird von den Forschern in das Haus seines Vaters in der New Cavendish Street oder an den Tavistock Square oder aber in die Wyldes Farm verlegt.

Dorset Street Bei einem längeren Aufenthalt in London wohnten die Brownings im Jahre 1855 im Hause Nr. 13. Hier arbeitete Elizabeth Barrett-Browning an ihrem Versroman »Aurora Leigh« (1857). Nach einer Reise durch Frankreich, Italien und Cornwall löste sich Swinburne im Jahre 1865 von der Wohngemeinschaft mit Rossetti am Cheyne Walk und zog in das Haus Nr. 22. 1866 erschienen seine »Poems and Ballads«, deren Glorifizierung der sexuellen Freiheit die Öffentlichkeit schockierte, und 1871 »Songs before Sunrise«, ein Manifest seiner Freiheitsbegeisterung. 1873 zog er zum North Crescent.

Duke Street Im Hause Nr. 8 hatte Marryat von 1837 bis 1839 eine Stadtwohnung. Zu dieser Zeit entstand sein Roman »Midshipman Easy« (1836).

Orchard Street Richard Brinsley Sheridan bezog mit seiner Frau, der Sängerin Elizabeth Linley, die er als Student der Rechte am Middle Temple im Jahre 1773 nach Frankreich entführt und im selben Jahr geheiratet hatte, das Haus Nr. 22. Hier wurde sein Sohn Thomas geboren, und hier entstand im Jahre 1775 sein erstes Lustspiel »The Rivals« und seine Oper »The Duenna«. Die Einnahmen, die er mit der Oper erzielte, gestatteten ihm den Kauf des Drury Lane-Theaters.

Baker Street Der Romanschriftsteller, Dramatiker und Staatsmann Edward Bulwer-Lytton wurde am 25. Mai 1803 als Sohn des machthaberischen Generals Earle Bulwer und seiner Ehefrau Elizabeth Lytton im Hause Nr. 31 der Baker Street, das heute die Nummer 68 trägt, geboren. Am 15. Mai 1810 erst wurde er in der Marylebone-Parish-Church getauft. Als Vierjähriger verlor er seinen Vater, der auf seinem Gut Heydon Hall/Norfolk lebte und starb. Seine Aus-

bildung erhielt er von Privatlehrern; in Cambridge und Bonn, wo er
studierte, wurde er mit der deutschen Sprache und Literatur vertraut.
Am 29. August 1827 heiratete er Rosina Wheeler, die mittellose
Tochter eines irischen Offiziers, trennte sich jedoch 1836 wieder
von ihr, wofür sie sich mit dem Skandalroman »Cheveley, or the Man
of Honour« (1839) rächte. Sein Roman »The Last Days of Pompey«
(1824) wurde ein Welterfolg, der Roman »Rienzi« (1835) lieferte
Wagner den Stoff zu seiner gleichnamigen Oper. Nach dem Tode
seiner Mutter im Jahre 1843, die ihm ein beachtliches Vermögen
hinterließ, fügte er seinem Vatersnamen ihren Mädchennamen hinzu.
Seit 1831 war er abwechselnd Abgeordneter der Whigs und der
Tories, 1858/59 wurde er Kolonialminister. Am 18. Januar starb er
in Torquay an einem Ohrenleiden, verbunden mit einer Gehirnerkrankung,
und wurde in Westminster Abbey bestattet. Im Erdgeschoß
seines Geburtshauses, das seit 1906 eine Gedenktafel trägt,
ist heute ein Geschäftslokal installiert.

Queen Anne Street Boswell, der im Jahre 1789 nach London gekommen
war, um sich eine Advokaten-Praxis einzurichten, mietete
eine Wohnung in der Queen Anne Street. Anstatt sich um seine Praxis
zu bemühen, zog er es jedoch vor, hier an seiner Johnson-Biographie,
die er in den ersten Monaten des Jahres 1785 in Angriff
genommen hatte, zu arbeiten. Seine kränkliche Frau war in Auchinleck
geblieben. Sie starb im gleichen Jahr.

Bei seinem dritten Aufenthalt in London im Jahre 1851 wohnte der
französische Komponist Hector Berlioz, dessen Sinfonien »Romeo
und Julia« und »Fausts Verdammnis« ihn zum Gründer der Programmusik
machten, im Hause Nr. 58. Er war im Auftrag der französischen
Regierung als Experte für Musikinstrumente, die hier ausgestellt
wurden, nach London gekommen (→ auch S. 122).

Bentinck Street In der Mitte der Parkanlagen des Cavendish Square
steht die Statue des Pferdefachmanns Lord G. F. Bentinck, dem die
Straße ihren Namen verdankt. Er entdeckte als erster die literarische
Begabung des jungen Disraeli, der ihm eine Biographie widmet. In
einem Hause, das er das »schönste der Welt« nannte und an dessen
Stelle das Haus Nr. 7 steht, wohnte von 1773 bis 1783 der Geschichtsschreiber
Edward Gibbon. Er hatte bis dahin auf dem Landsitz
seines Vaters in Buriton/Hampshire gelebt. Sein Bibliothekszimmer
war mit einer »feinen Samttapete in hellblau mit goldener
Borte ausgestattet und die Regale in weiß mit einem leichten Fries,
aber nicht im dorischen, sondern in einem edlen Adam-Stil« gestal-

tet. Sechs Bedienstete standen ihm, seinem Schoßhund Muff und seinem Papagei zur Verfügung. Er war Mitglied der White's, Brooke's und Boodle's Clubs. 1774 wurde er in Johnsons »Literary Club« aufgenommen und zum Mitglied des Parlaments gewählt. In seinem Hause in der Bentinck Street schrieb der von der Gicht geplagte Historiker den größten Teil seines Hauptwerks »History of the Decline and the Fall of the Roman Empire«. Hier empfing er im Juli 1776 den Besuch der Eltern von Madame de Staël, des Bankiers und Finanzministers Jacques Necker und seiner Frau, einer geborenen Suzanne Curchod, mit der Gibbon sich während eines Aufenthalts in Lausanne verlobt hatte, die er aber auf Wunsch seines Vaters nicht heiratete. Im September 1783 verkaufte er seinen gesamten Besitz bis auf die Bibliothek und übersiedelte mit seinem Diener Caplin und seinem Hund zu seinem Freund Deyverdun nach Lausanne. Im November 1793 begab er sich zu einer Operation nach London, wo er bei seinem Verleger in der St. James's Street wohnte. Hier starb er am 16. Januar 1794. Das Haus Bentinck Street trägt seit 1964 eine Gedenktafel.

Im Januar 1833 zog Dickens mit seinen Eltern in ein heute nicht mehr existierendes Haus in der Bentinck Street Nr. 18. Im November 1834 wurde sein Vater wegen seiner Schulden erneut eingesperrt, und die Wohnung mußte aufgegeben werden.

Hinde Street Herbert Spencer hatte hier von 1862 bis 1863 eine Wohnung im Hause Nr. 6.

Spanish Place Captain Marryat, der 1819 geheiratet und dem seine Frau elf Kinder geschenkt hatte, zog sich 1830 von seiner Marine-Laufbahn zurück und lebte, abgesehen von Reisen durch die Vereinigten Staaten, die Schweiz und Italien, teils auf seinem Landsitz Langham/Norfolk, teils in London, Brighton oder Wimbledon. Eine seiner Londoner Wohnungen befand sich im Hause Nr. 3. Hier schrieb er, durch seine Kinder angeregt, »Masterman Ready«, der 1841 herauskam. Eine 1953 angebrachte Tafel erinnert an den Autor von etwa 30 See- und Abenteuerromanen.

Beaumont Street Nachdem John R. Green Ostern 1869 sein Amt als Vikar in Stepney aus Gesundheitsgründen aufgegeben und ehrenamtlich die Bibliothek des Lambeth Palace geleitet hatte, bezog er das Haus Nr. 4. Schon von zwei bis fünf Uhr morgens arbeitete er an seiner »Short History of the English People« (1874). Er wohnte hier sieben Jahre und zog im Jahre 1776 zur Connaught Street. Das Gebäude, das an der Stelle seines Wohnhauses in der

Bentinck Street steht, trägt eine Gedenktafel.

Wheatley Street Der Hymnendichter Charles Wesley, der zusammen mit seinem Bruder John die Methodistenbewegung gründete, lebte und starb im Jahre 1788 in einem Hause, das sich an der Stelle des Gebäudes Nr. 1 befand. Sein Sohn Charles und sein Neffe Samuel, die sich ebenfalls als Musiker betätigten, wohnten hier. Charles Wesley wurde auf dem alten St. Marylebone-Friedhof bestattet.

Welbeck Street Lord George Gordon in Dickens' Roman »Barnaby Rudge« wohnt im Hause Nr. 64. Vom Balkon dieses Hauses hält er seine Ansprache an den revoltierenden Pöbel. Die Brownings, die seit ihrer Hochzeit in Florenz lebten, wohnten bei einem Besuch in London im Jahre 1852 im Hause Nr. 58. Anthony Trollope starb 67jährig am 6. Dezember 1882 in einer Privatklinik im Hause Nr. 34, nachdem er einen Monat davor im Garland's Hotel in der Suffolk Street einen Schlaganfall erlitten hatte. Im Jahre 1880 hatte er die Hauptstadt verlassen und lebte seitdem in South Harting/ Sussex. Mrs. Hester Lynch Thrale, Johnsons Freundin, die zur Bestürzung des Lexikographen nach dem Tode ihres Gatten den italienischen Musiklehrer ihrer Tochter, Gabriel Piozzi, geheiratet hatte, wohnte mit ihm im Haus Nr. 33.

Holles Street Im Hinterzimmer einer billigen möblierten Wohnung eines im Jahre 1889 abgerissenen Hauses, das die Nummer 16a trug und an der Stelle des Warenhauses Holles Street Nr. 24 stand, wurde am 22. Januar 1788 George Gordon Byron als erstes und einziges Kind des verschuldeten und verbummelten Gardehauptmanns John Byron und seiner kleinen und wohlgenährten Frau, der adelsstolzen, von den Stuarts abstammenden Schottin Catherine Gordon, »linkisch in ihren Bewegungen, provinziell in Sprache und Auftreten«, die nur wegen ihres Vermögens geheiratet worden war, geboren. Byrons Vater war vor der Geburt seines Sohnes auf der Flucht vor seinen Gläubigern mit unbekanntem Ziel nach Frankreich gegangen, wo er 1791 starb. Er hatte aus seiner ersten Ehe eine Tochter Augusta, die im Leben Byrons eine verhängnisvolle Rolle spielen sollte, in den zweiten Bund eingebracht. Seit seiner Geburt litt George Gordon an einem Klumpfuß, seine Mutter nannte ihn ihren »hinkenden Balg«. 1790 übersiedelte Mrs. Byron mit ihrem Sohn nach Aberdeen, wo er später die Lateinschule besuchte. Nach dem Tode seines Großonkels, des 5. Lord Byron, erbte Byron im Mai 1798 Titel, Privilegien und Schloß Newstead Abbey. Im August 1799 kam er auf eine kleine Privatschule in Dulwich, London, und

1801 schickte seine Mutter den kleinen Lord nach Harrow. Im Oktober 1805 bezog er das Trinity College in Cambridge. Bereits 1867 wurde am Geburtshaus des Dichters eine Gedenktafel angebracht und 1900 an dem an seiner Stelle errichteten Gebäude eine Büste aufgestellt. Sie fiel mit dem Hause und fast der ganzen Holles Street den Bomben des Zweiten Weltkriegs zum Opfer.

Fünfter Spaziergang: Soho

Soho wird im Norden von der Oxford Street, im Osten von der Charing Cross Road, im Süden von der Shaftesbury Avenue und im Westen von der Regent Street begrenzt. Noch vor vier Jahrhunderten lagen auf dem Gebiet des heutigen Stadtteils Fluren und Jagdgründe. Von den verschiedenen Erklärungen seines Namens scheint die eines Jagdrufs »So ho« deshalb am wahrscheinlichsten. Nach dem Widerruf des Toleranzedikts von Nantes im Jahre 1685 fanden in der Gegend der heutigen Bateman Street geflüchtete Hugenotten eine neue Heimat, ein Jahrhundert später die Emigranten der Französischen Revolution und nach knapp weiteren hundert Jahren wieder Franzosen, die bei der Pariser Kommune vor der neuen Regierung geflohen waren. Zu dieser Zeit bestand fast die Hälfte der Einwohner Sohos aus Franzosen. Seitdem ließen sich hier Einwanderer anderer Nationalitäten nieder, in erster Linie Anrainer des Mittelmeers sowie Chinesen und Bürger des Commonwealth. Seit je aber war Soho ein Anziehungspunkt für Literaten und Künstler. Galsworthy schildert die Welt von Soho in seiner »Forsyte Saga«: »Von allen Vierteln in dem sonderbar abenteuerlichen Konglomerat, das sich London nennt, entsprach Soho vielleicht am wenigsten dem Geschmack der Forsytes... Unordentlich, voll von Griechen, Parias, Katzen, Italienern, Tomaten, Restaurants, Leierkästen, vielfarbigen Stoffen, wunderlichen Namen, Leuten, die aus den Fenstern sahen, lag es abseits der Wege des britischen Durchschnittspublikums«. Bert Brecht hat den Stadtteil mit seinem Song »Mond über Soho« und der »Dreigroschenoper« (1928) in der ganzen Welt bekannt gemacht. Mackie Messer feiert hier seine Hochzeit mit Polly Peacham, der Tochter des Bettlerkönigs. Heute ist Soho tagsüber ein rühriges Geschäftsviertel und das Zentrum der britischen Filmindustrie, nachts der Treffpunkt der Feinschmecker, der Bohème und der Halbwelt.

Von der Charing Cross Road, die im letzten Fünftel des vorigen Jahrhunderts durch das damalige Slum-Viertel gezogen wurde und die von Theatern, Antiquariaten, Verlagshäusern und Buchhandlungen wimmelt — Foyle's bezeichnet sich als die größte der Welt — führt die Sutton Row zum

Soho Square Schon zu Ende des 17. Jahrhunderts wurde der quadratische, damals nach einem Baumeister namens King benannte Platz angelegt, an dem sich bald Adel und Diplomatie ansiedelten. An seiner Ostseite stand das »Carlisle House«, das Teresa Cornelys Wit-

we eines Tänzers und Geliebte Casanovas, Mutter seiner Tochter
Sophia, zu Ende des 18. Jahrhunderts mietete und zu einem Treffpunkt
der vornehmen Welt ihrer Zeit, die hier ausschweifende Feste
feierte, machte. Casanova, der im Juni 1763 nach London gekommen
war, suchte die Hausherrin auf und bat sie, ihm bei der Vermittlung
einer Wohnung behilflich zu sein. Mrs. Cornelys wies ihn
zu seiner Enttäuschung zu einem Hause in der Nähe des Platzes, das
einer »recht beleibten, französischen Frau, die sich Raucour nannte«,
gehörte und bei der er »nicht nur schlecht, sondern wie ein Lakai«
untergebracht wurde. Schon am nächsten Tag fand er eine ihm genehme
Unterkunft am Pall Mall. Auf der gegenüberliegenden Seite
des Square lag die Residenz des diplomatischen Vertreters von Venedig,
bei dem Casanova anläßlich seiner Aufwartung »äußerst
kühl« empfangen wurde. Wenn ihm auch die Abfertigung durch die
Zollbeamten in Dover »lästig und unverschämt, taktlos und sogar
ungebührlich« vorkam, so äußert sich Casanova doch höchst anerkennend
über England: »Mir fielen sogleich die große Sauberkeit,
die Gediegenheit der Nahrung, die Schönheit der Landschaft und die
ausgezeichneten Straßen auf; ich bewunderte die prächtigen Wagen,
die die Post jedem zur Verfügung stellt, der ohne einen eigenen Wagen
reist, auch die Angemessenheit der Fahrpreise, die leichte Zahlungsweise,
den raschen Trab, den man immer fährt, ohne zu galoppieren,
und die Art, wie die Städte angelegt waren, die wir auf dem
Wege von Dover nach London durchquerten.«
De Quincey machte auf dem Soho Square die Bekanntschaft des
Straßenmädchens Ann aus der Oxford Street, das ihn vor dem Verhungern
bewahrte. Sir Roger de Coverley, die Hauptgestalt in Addinsons
»Spectator«, wohnt bei seinen Besuchen in der Hauptstadt
an diesem Platz. Bei einem Fest im »Carlisle House« trifft Emma
Haredale ihren Onkel in Dickens' Roman »Barnaby Rudge« (1841).
Caddy Jellyby in seinem »Bleak House« (1852/53) bestimmt den
»stillen, in der Nähe der Newman Street« gelegenen Platz zum
Treffpunkt mit Esther. »Er verschloß das Gitter, nahm ihren Arm,
und sie gingen sehr gemütlich im Garten in der Mitte des Soho
Square herum.«
In einem Hause am Soho Square lebte der am 1. Oktober 1760 in
Fonthill/Wiltshire als Sohn eines Plantagenbesitzers und zweimaligen
Bürgermeisters von London geborene Schriftsteller William
Beckford, der in seiner Jugend das riesige Vermögen seines verstorbenen
Vaters durchbrachte und sich als Autor des französisch ge-

schriebenen Romans von der Reise des Kalifen »Vathek« (1781) als
Hauptvertreter des sog. gotischen Romans profilierte, mit seinen Eltern. Als Fünfjähriger hatte er hier Klavierstunden bei dem achtjährigen Mozart. Zu Beginn des 19. Jahrhunderts ließ er sich »Englands merkwürdigstes Haus« in Fonthill bauen. Er starb am 2. Mai
1844 in Bath.

Greek Street Das Haus Nr. 1 an der Ecke zum Soho Square erhebt
Anspruch darauf, das Haus Dr. Manettes in Dickens' Roman »A
Tale of Two Cities« (1859) zu sein. Bis vor kurzem hielten Kenner
der Geschichte Londons ein jetzt zerstörtes Haus in der benachbarten Carlisle Street Nr. 10 dafür. Bei Dickens heißt es: »Doktor Manettes ruhige Wohnung lag an einer stillen Straßenecke nicht weit
vom Soho Square ... Eine wunderlichere Ecke als die, wo der Doktor wohnte, konnte man in London nicht finden. Es ging keine Straße hindurch, und die Vorderfenster der Wohnung boten eine hübsche Aussicht auf eine Gegend, die etwas von behaglicher Zurückgezogenheit hatte.« An den französischen Emigranten, der 18 Jahre
lang in der Bastille eingesperrt war, erinnert der Name einer Seitenstraße der Greek Street.

Der am 15. August 1785 in Greenheys bei Manchester/Lancashire
als fünftes von acht Kindern eines wohlhabenden Kaufmanns geborene Schriftsteller Thomas De Quincey, der sich selbst mit dem
Adelsprädikat schmückte und als 15jähriger von zu Hause weglief,
kam nach zwei Jahren in London an und bezog ein armseliges Zimmer in einem verlassenen Hause in der Greek Street Nr. 61. Seine
Geschwister waren alle geisteskrank, er dagegen hochbegabt. Schon
als 12jähriger verfaßte er lateinische Verse. Im Hause in der Greek
Street traf er als einzigen Bewohner ein »armes, verlassenes, etwa
zehn Jahre altes Mädchen«, das sein trostloses Dasein teilte. Tagsüber trieb er sich in Soho umher und befreundete sich mit den Straßenmädchen des Viertels. Die 16jährige Ann aus der Oxford Street,
die er am Soho Square traf, nahm sich seiner in so uneigennütziger
Weise an, daß er sie sein Leben lang nicht vergaß. In seinen »Confessions of an Opium-Eater« (1821/22) hat er ihr wie auch seiner Hausgenossin ein Denkmal gesetzt. Zwei Jahre nach seiner Ankunft in
London bezog er das Worcester College in Oxford. Im März 1804
nahm er zur Stillung unerträglicher Schmerzen zum erstenmal
Opium, seit 1813 war er süchtig. Unmittelbar nach seiner Flucht war
er schon einmal wenige Stunden in London gewesen. 22 Jahre später
erinnert er sich in seinen Bekenntnissen eines Besuchs der Flüster-

Galerie in der St. Paul's Cathedral.

In der Greek Street lag »Wedde's German Hotel«, wo der 31jährige Karl Marx, der Preußen innerhalb von 24 Stunden verlassen mußte und am 24. August 1849 in London ankam, »zusammen mit den Ratten mietefrei« wohnen konnte. Hier traf er sich mit Engels. Die Ratten und der »ungeheure Radau im Treppenhaus« veranlaßten ihn zu einem schnellen Wechsel seines Quartiers.

Becky Sharp in Thackerays »Vanity Fair« wohnte als Kind mit ihren Eltern in einer Unterkunft in der Greek Street, deren Wohnzimmerwände »immer noch die Bilder« ... zierten, auf denen Mr. Sharp, der »auf eine Meile im Umkreis von Soho« Schulden hatte, »zur Abgeltung der Quartalsmiete die Vermieterin in weißer Seide und ihren Mann in einem Rock mit Messingknöpfen porträtiert hatte.« Gainsborough fand in dieser Straße das Modell zu seinem »Blue Boy«.

Gerrard Street Im Hause Gerrard Street Nr. 9 — heute nimmt ein Marktplatz die Stelle des Hauses ein — befand sich die Taverne »Zum Türkenkopf«. Hier wurde im Februar 1764 auf Vorschlag von Joshua Reynolds mit Unterstützung Dr. Samuel Johnsons der »Club«, eine Vereinigung von Schriftstellern, Künstlern und Gelehrten, gegründet, die sich hier bis zum Jahre 1774 einmal in der Woche zum Abendessen und anschließenden Gespräch und Umtrunk trafen. Zu den ersten Mitgliedern gehörten Edmund Burke, Goldsmith und Garrick. 1773 wurde Boswell aufgenommen. Bei der Beerdigung Garricks im Jahre 1779 gaben die Mitglieder ihrer Vereinigung den Namen »Literary Club«. Nach 1774 traf sich der Stammtisch, der schließlich 35 Mitglieder zählte, vierzehntäglich an verschiedenen anderen Orten.

Im oberen Stockwerk des Hauses Nr. 10, das einem Buchhändler Manson gehörte, wohnte Charles Dickens' Onkel Thomas Barrow. Hier hatte der junge Charles zu seiner großen Freude ungehemmten Zugang zu Büchern. In dieses Haus verlegt der Schriftsteller die Praxis des Rechtsanwalts Jaggers in seinem Roman »Great Expectations«. Der Schriftsteller, Staatsmann und Redner Edmund Burke wohnte von 1787 bis 1793 im Hause Nr. 37. Mit seiner Schrift »A Vindication of Natural Society«, 1756 (»Rechtfertigung der natürlichen Gesellschaft«), einer Satire auf die aufklärerischen Ideen Lord Bolingbrokes, hatte er sich literarische Verdienste erworben, so daß ihn Macaulay den »Größten seit Milton« nennen konnte. Berühmt ist die Rede, die er 1786 in der Westminster Hall gegen Warren Ha-

stings, Generalgouverneur von Indien, hielt. Hastings mußte sich wegen Amtsmißbrauchs und Erpressung verantworten und wurde erst 1795 freigesprochen. In seinem Stadthaus in der Gerrard Street entstand die Kampfschrift »Reflexions on the French Revolution« (1790). Am 12. Januar 1729 in Dublin als Sohn eines Rechtsanwalts geboren, begann er 1750 seine juristischen Studien am Middle Temple in London. Bald jedoch wandte sich sein Interesse der Literatur zu. Er war ein geschätztes Mitglied des »Club« und Freund von Johnson, Richardson, Boswell und Reynolds, dem die Nachwelt sein Porträt in der National Portrait Gallery verdankt. Am 9. Juli 1797 starb er auf seinem Landsitz »Gregories« in Beaconsfield/Buckinghamshire. Das Haus Gerrard Street Nr. 37 trägt seit 1876 eine Gedenktafel. James Boswell hatte von 1775 bis 1776 eine seiner vielen Londoner Wohnungen in einem heute verschwundenen Hause Nr. 22. John Drydens letzte Wohnung befand sich im Haus Nr. 43, »dem fünften Haus auf der linken Seite, wenn man von der Newport Street kommt«. Er bezog sie im Jahre 1686 und starb hier in großer Armut am 1. Mai 1700. Der Dichter und Kritiker wurde am 9. August 1631 im Pfarrhaus von Aldwinkle-All-Saints/Northamptonshire geboren und in der Westminster School erzogen. Nach Studien in Cambridge nahm er 1657 seinen Wohnsitz in London. Während der Pestzeit im Jahre 1665 lebte er bei seinen Schwiegereltern in Charlton/Wiltshire, wo sein Gedicht »Annus Mirabilis« entstand. 1668 wurde er der erste offizielle Poet Laureate, verlor aber als Katholik alle Ämter und Würden mit dem Regierungsantritt des Protestanten William of Orange im Jahre 1688. Seine letzte Ruhestätte fand er in der Westminster Abbey, sein Sterbehaus trägt seit 1875 eine Gedenktafel. 27 Theaterstücke haben ihn überlebt.
Im Jahre 1900 trafen sich Chesterton und Belloc in einem Restaurant in der Gerrard Street zum ersten Mal.

Lisle Street David Hume hatte in der Lisle Street ein Absteigequartier, in dem er 1758, 1763 und 1768 jeweils kurze Zeit wohnte. 1768 wurde er Unterstaatssekretär. Zum Jahresschluß gab er sein Amt auf und ging nach Edinburgh zurück, wo er am 25. August 1776 im Beisein Boswells starb.

Leicester Place Im heute verschwundenen »Prince of Wales Hotel« am Leicester Place Nr. 10 gab Dickens seinen Freunden im Jahre 1837 zum Abschluß seiner »Pickwick Papers«, die ihn zu einem angesehenen Schriftsteller machten, ein Festessen.

Leicester Street Nachdem Marx und seine Familie am 3. Mai 1850 aus ihrer Wohnung in der Anderson Street in Chelsea auf Grund eines Räumungsbefehls exmittiert waren, fanden sie Unterkunft in zwei Zimmern des schäbigen »German Hotel« in der Leicester Street Nr. 1—2 an der Ecke der Lisle Street. Am 25. Mai wurden sie auch von hier vertrieben, weil sie ihre Hotelrechnung nicht begleichen konnten. Sie schlüpften notdürftig bei dem Schneider und Hutmacher George Kesten in der Dean Street Nr. 64 unter.

Leicester Square Zu Zeiten der Gordon-Aufstände hieß der Square noch Leicester Fields und galt als ein von Marktschreiern und Duellanten bevorzugter Platz. In dieser Gegend von »Ballspielplätzen, Boxern, Fechtern, Soldaten, altem Porzellan, Spielhöllen, Ausstellungen und einem Mischmasch von Schäbigkeit« befand sich der Schießstand von Mr. George in Dickens' Roman »Bleak House«. Hier lag Sir George Savilles Herrenhaus in seinem Roman »Barnaby Rudge«, und hier standen sich Lord Mohun und Lord Castlewood in Thackerays Roman »Henry Esmond« im Duell gegenüber. William Hogarth, der bedeutendste Sittenschilderer und Satiriker unter den Malern des 18. Jahrhunderts, dessen Schöpfungen in engster Verbindung zu den zur gleichen Zeit entstandenen moralisierenden Romanen seiner Freunde Fielding und Richardson stehen, hatte sein Stadthaus am Leicester Square Nr. 30. Er wohnte hier mit seiner Frau, der Tochter seines Lehrers Sir James Thornhill, von 1753 bis zu seinem Tode am 25. Oktober 1764. Auf dem Friedhof von Chiswick, wo er ein Landhaus besaß, fand er seine letzte Ruhestätte. In der Nähe des Square hatte er als Kind in der Werkstatt eines Goldschmieds eine Lehre absolvieren müssen.

Fielding spricht in seinen Romanen von den Kupferstichen seines Freundes, Lichtenberg feiert ihn in seinem umfangreichsten Werk »Ausführliche Erklärung der Hogarthischen Kupferstiche« (1794), und Lamb widmet ihm einen Essay. Der am 16. Juli 1723 in Plympton bei Plymouth geborene, auch als Kunsttheoretiker hervorgetretene Maler Joshua Reynolds wohnte von 1760 bis zu seinem Tode im Jahre 1792 im Hause Nr. 47. Er starb am 23. Februar 1792 im »Wick House« in Richmond. Seine Büste wie auch eine Kopie der Shakespeare-Statue in der Westminster Abbey schmücken die Mitte des Square.

Johnson und Boswell besuchten ihn hier des öfteren.

Irving Street Im Hause Nr. 23 der Irving Street, die damals noch Green Street hieß, begründete William Blake mit Catherine Boucher, der einfältigen und gänzlich ungebildeten Tochter eines Gärtners aus Battersea, im Jahre 1782 seinen Hausstand. Nach zwei Jahren übersiedelte das Ehepaar in die Broadwick Street.

Cecil Court Leopold Mozart, der mit seinen Kindern, der dreizehnjährigen Nannerl und dem fünf Jahre jüngeren Wolfgang, den »Wunderkindern«, wie er sie auf den Plakaten ankündigen ließ, am 10. April 1764 von Wien zu einer Konzertreise nach London abgereist und zwei Wochen später angekommen war, fand eine Unterkunft bei dem Friseur John Couzens am Cecil Court bei der St. Martin's Lane. Schon wenige Tage später wurden die Kinder dem Königspaar im Buckingham Palace vorgestellt. Dreimal konnten sie vor den Hoheiten konzertieren. Ende Mai sah sich der kränkelnde Vater gezwungen, das Heilbad Tunbridge Wells/Kent aufzusuchen. Im August kehrte er nach London zurück und nahm in der Frith Street Wohnung.

St. Martin's Street Der am 4. Januar 1643 auf Wollsthorpe Manor bei Grantham/Lincolnshire geborene Physiker und Mathematiker, Münzmeister und Präsident der Royal Society in London Sir Isaac Newton, dessen Statue auf dem benachbarten Leicester Square steht, lebte und arbeitete von 1710 bis 1727 im Hause Nr. 35, das bis 1925 an der Stelle der Westminster Reference Library stand. Auf seinem Hause ließ er einen hölzernen Turm errichten, der ihm als Observatorium diente. Addison, Congreve, John Gay und Swift gehörten zu seinen Besuchern. Seine Kinder ließ er in seinem Haus nur nackt herumlaufen, da er in der Bekleidung nichts anderes sah als eine üble Angewohnheit. Fanny Burney wohnte mit ihrem Vater und seiner zweiten Frau, einer Witwe, und deren Kindern von 1774 bis 1794 im Newton House. Zu ihren vielen Besuchern gehörte Dr. Samuel Johnson, dem sie in seinem letzten Lebensjahr zur Seite stand. Garrick nahm hier an ihren musikalischen Soireen teil. Hier entstand ihr erster, anonym erschienener Roman »Evelina, or a Young Lady's Entrance into the World« (1778), in dem sie in Briefform die Geschichte eines jungen Mädchens, das seine Umwelt aufgibt, um die »Season« in London zu genießen, sozialkritisch schildert. Edmund Burke las das Buch voller Bewunderung in einer Nacht. Der Vater der Schriftstellerin erhielt 1783 eine Wohnung im Royal Hospital. Das Haus, das 1925 abgerissen wurde, beherbergte später das Restaurant Bertloni, das Stammlokal Thomas Hardys.

Wardour Street führt wieder in das Herz Sohos zurück. Von der Shaftesbury Avenue, der Straße der Westend-Theater, geht links

Rupert Street ab. Am 4. August 1921 versammelten sich im Florence-Restaurant im Hause Nr. 9—10 auf Einladung der Schriftstellerin Catherine Amy Dawson-Scott eine Reihe von ihr bekannten Schriftstellern zu einem Essen. Die Poets, Essayists und Novelists (= Dichter, Essayisten und Romanschriftsteller), eine Internationale von Leuten der Feder (= pen), trafen sich von nun an hier jeweils dienstags bis zum Ausbruch des Zweiten Weltkriegs. Sie bildeten die Keimzelle des PEN, der internationalen Schriftstellervereinigung, die gegen Völker- und Rassendiskriminierung kämpft. Das Restaurant schloß 1940 seine Pforten. An seiner Stelle steht heute das »International House«.

Dean Street Zwischen der Wardour und Dean Street stand die aus dem 17. Jahrhundert stammende St. Anne's Church, deren Turm die Bomben des Zweiten Weltkriegs überdauert hat. An ihrer Stelle befindet sich jetzt ein Parkplatz. An der Turmwand erinnert eine Tafel an William Hazlitt, der am 18. September 1830 in der benachbarten Frith Street starb und dessen Gebeine an der Nordseite des Friedhofs begraben worden sind. Im Jahre 1763 heirateten hier Henry Thrale und Hester Lynch Salusbury, die Freunde Samuel Johnsons. An der Stelle des Hauses Nr. 73 stand bis 1953 »Miss Kelly's Theatre«, das frühere »Royalty Theatre«. Im Royalty trat im Jahre 1845 Dickens in Ben Jonsons »Every Man in His Humor« auf, und hier erlebten Ibsens »Gespenster« und »Die Wildente« ihre englische Uraufführung. Heute nimmt das »Royalty House« die Stelle des Theaters ein. Vom »German Hotel« in der Leicester Street zog Karl Marx im Mai 1850 mit seiner Frau Jenny, seinen drei Kindern und der Haushälterin Helene Demuth, der Tagelöhnerstochter und Analphabetin aus dem Saarland, in eine kümmerliche Unterkunft im Hause des jüdischen Schneiders George Kesten in der Dean Street Nr. 64. Hier starb sein jüngster Sohn Heinrich Guido an einer Lungenentzündung. Im Dezember mietete Marx zwei kleine, möblierte Zimmer im Obergeschoß des Hauses Nr. 28, die er im Frühjahr 1851 um zwei weitere vermehren konnte. Hier wohnte er bis September 1856, und hier kam sein mit seiner Haushälterin gezeugter Sohn Frederick zur Welt, dessen Vaterschaft Friedrich Engels übernahm, um die Ehe von Karl Marx zu erhalten. »Sehr viel trouble im Haus ... Seit acht bis zehn Tagen habe ich die family mit Kartoffeln durchgefüttert ... beatus ille, der keine Familie hat«, schreibt er an Engels, der ihn finanziell stets unterstützte. Hier starben ihm drei Kinder im Elend. »Mein Haus ist ein Lazarett«, schreibt er. Zu dieser Zeit arbeitete er an seinem »Kapital«, vor allem im Lesesaal des Britischen Museums, und beendete den »18. Brumaire«. Dank einer seiner Frau zugefallenen Erbschaft konnte er die Wohnung in der Dean Street aufgeben und ein Haus in der Grafton Terrace mieten. Wie Lutz Graf Schwerin von Krosigk, der Biograph von Jenny Marx, berichtet, weigerten sich die Eigentümer der fünf Londoner Häuser, in denen Marx gewohnt hat, Gedenktafeln an den »Schöpfer einer der mächtigsten geistigen Bewegungen der Weltgeschichte« anbringen zu lassen. Nur der Besitzer des italienischen Luxusrestaurants »Quo Vadis«, über dem sich die Wohnung von Karl Marx in der Dean Street Nr. 28 befand, hatte keine Bedenken. So trägt das Haus seit 1967 eine Gedenktafel.

Frith Street In der Frith Street, die ehemals Thrift Street hieß, verbrachte der Shakespeare-Darsteller Edmund Kean eine armselige Kindheit. Nach Abschluß seiner Studien in Cambridge im Jahre 1826 wurde Macaulay als Anwalt in London zugelassen und nahm sich ein Zimmer in einem Hause in der Frith Street. Coleridge gab seine Wohnung in der Buckingham Street im Jahre 1799 auf und fand eine Unterkunft bei seinem Freund Basil Montagu im Hause Nr. 55. Nach vier Tagen hatte er sich mit ihm derartig verzankt, daß er auf die Wohngemeinschaft verzichtete und in die Norfolk Street zog. Constable hatte 1811 eine Wohnung im Hause Nr. 49. 1814 konnte er sein erstes Bild verkaufen. Bis dahin lebte er von Kopien und Porträts. Nach Rückkehr von Tunbridge Wells, wo er seine Halsentzündung auskuriert hatte, kehrte Leopold Mozart mit seinen Kindern im August 1764 nach London zurück und bezog eine Wohnung bei dem Korsettmacher Williamson im Hause Nr. 20. Williamson vertrieb später die sechs Sonaten, die Wolfgang, der in London seinen neunten Geburtstag feierte, hier komponiert hatte. Der schwache Gesundheitszustand des Vaters verlangte eine Übersiedlung in die klimatisch günstiger gelegene Ebury Street. Das Wohnhaus der Mozarts in der Frith Street wurde vor kurzem abgerissen. Auch Chopin und Mendelssohn wohnten in der Frith Street. William Hazlitt übersiedelte im Jahre 1829 von der Bouverie Street in seine letzte Wohnung im Hause Nr. 6. Wenige Monate danach starb er am 18. September 1830 in Anwesenheit seines Freundes Lamb und seines Enkels, dem der Sterbende die Worte zuflüsterte: »Ich hatte ja trotz allem ein glückliches Leben.« Sein Sterbezimmer gab seinem letzten Werk, dem Essay »The Sick Chamber«, der in der Zeitschrift »New Monthly« erschien, den Titel. Auf dem benachbarten St. Anne's Friedhof in der Wardour Street wurde er bestattet. Sein

Sterbehaus trägt seit 1905 eine Gedenktafel. Hazlitt kam am 10.
April 1778 in Maidstone/Kent als Sohn eines Geistlichen zur Welt.
Coleridge, den er als 20jähriger kennenlernte, führte ihn zur Kunst
und zur Literatur. In seinem Essay »My First Acquaintance with
Poets« berichtet er von seinen Beziehungen zu Coleridge und
Wordsworth. In einem Haus, das an der Stelle des Gebäudes Nr.
67 stand, lebte Sheridan mit seinen Eltern zu Anfang der sechziger
Jahre des 18. Jahrhunderts.

D'Arblay Street Der Name der Straße erinnert an die Schriftstellerin Fanny Burney, die 1793 den französischen Emigranten General D'Arblay heiratete.

Poland Street Nach dem Tode seines Bruders gab Blake seinen Kupferstichhandel in der Broadwick Street auf und übersiedelte mit seiner Frau im Jahre 1788 in das zehnzimmrige Haus Poland Street Nr. 28. Hier arbeitete er an seiner Kupferstichfolge zum »Buch Hiob«, und hier vollendete er seine »Songs of Innocence« (1789). 1792 übersiedelte er in die Hercules Buildings. Nachdem der auf jede Unterdrückung äußerst empfindlich reagierende Dichter Percy Bysshe Shelley, am 4. August 1792 als Sohn eines reichbegüterten Großgrundbesitzers auf »Field Place« in Warnham bei Horsham/Sussex geboren, wegen Verbreitung atheistischer Gedanken in seinem Pamphlet »The Necessity of Atheism« (1811) von der Universität Oxford relegiert worden war, reiste er mit seinem Freunde Thomas Jefferson Hogg am 26. März 1811 nach London, wo die beiden im Hause Nr. 15 im ersten Stock ein Wohn- und ein Schlafzimmer nach hinten hinaus mieteten. Von der mit grünen und blauen Trauben gemusterten Tapete des Wohnzimmers war Shelley besonders angetan. »Dieses Zimmer soll unsere endgültige Wohnung sein. Hier wollen wir wieder leben wie in Oxford — am Kaminfeuer lesen, Spaziergänge machen, experimentieren. Hier wollen wir unser ganzes Leben verbringen«, schreibt der Dichter. Er hatte als Wohnsitz mit Vorbedacht die Poland Street gewählt, weil sie ihn an »Thaddäus von Warschau und an die Freiheit« erinnerte, wie Hoog berichtet.

Zu dieser Zeit lernte er durch zwei jüngere Schwestern die 16jährige Harriet Westbrook, die Tochter eines Weinhändlers und Besitzers des Mount Coffee House in der Grosvenor Street Nr. 78, kennen und entführte sie aus ihrer Pension in Clapham nach Edinburgh, wo er sich am 28. August 1811 mit ihr trauen ließ.

Charles Burney, der sich mit seiner »General History of Music«

(1766—89) als Schriftsteller einen Namen gemacht hatte, übersiedelte mit seiner Familie im Jahre 1760 von King's Lynn/Norfolk nach London, wo er sich mit Musikstunden mühselig durchschlagen mußte. Seine am 13. Juni 1752 in King's Lynn als drittes von sechs Kindern geborene Tochter Frances, die zu dieser Zeit eine Schule am Queen Square, Bloomsbury, besuchte, sollte sich unter dem Namen Fanny Burney als Autorin von Gesellschaftsromanen einen Platz unter den bekanntesten Schriftstellern der Zeit erwerben. Die Familie wohnte im Hause Poland Street Nr. 50. 1762 starb hier die Mutter der Schriftstellerin.

Oxford Street Ursprünglich ein römischer Heerweg, dann die Postkutschenstraße über Oxford nach dem Westen des Landes, ist die Oxford Street heute mit ihren gewaltigen Warenhäusern die wichtigste Geschäftsstraße der Hauptstadt. Zu Dickens' Zeiten noch weitgehend ein Wohnviertel, erhielt sie an Stelle von Tyburn Road den heutigen Namen. So mieteten Mr. Jarndyce, Esther, Ada und Richard in Dickens' »Bleak House« »eine reizende Wohnung« über einem Tapezierer-Laden, und Gabriel Parsons in der »Episode im Leben von Mr. Watkins Tottel« in seinen »Sketches by Boz« »lief eine ganze Woche lang in engen Stiefeln und an heißen Sommertagen die Oxford Street an der Sonnenseite auf und ab«, um seine angebetete Fanny zu treffen. Auch in »David Copperfield« und »Little Dorrit« spielt die Straße eine Rolle. De Quincey hat seiner »hartherzigen Stiefmutter«, wie er die Oxford Street nennt, und ihren Prostituierten, unter ihnen der edelherzigen Ann, in seinen »Confessions of an Opium-Eater« ein Denkmal gesetzt. In einer Apotheke im Hause Nr. 173 erstand er während eines Ausflugs von Oxford in die Hauptstadt die erste Dose Opium, um damit seine Zahnschmerzen zu betäuben. Lichtenberg stieg bei seiner ersten Londonreise m Jahre 1774 »in des Lord Boston Hause« in der Oxford Street ab. Engels machte mit seinem Freunde Marx ein »Pub-Crawl« (= Wanderung von Kneipe zu Kneipe) durch die Oxford Street, wobei sie auf jeden erreichbaren Laternenpfahl kletterten.

Broadwick Street Im Hause Broad Street Nr. 28 wurde am 28. November 1757 William Blake, »Künstler, Dichter und religiöser Schwärmer«, wie ihn sein Zeitgenosse, der Jurist, Literat und Weltenbummler Henry Crabb Robinson in einem 1811 erschienenen Aufsatz in der von Perthes in Hamburg herausgegebenen Zeitschrift »Vaterländisches Museum« nennt, der einzigen, wenn auch kritischen Würdigung, die ihm zu Lebzeiten gewidmet war, als zweites

von fünf Kindern des nicht unbemittelten Wirkwarenhändlers John
Blake geboren. Broad Street heißt heute Broadwick Street, und sein
Geburtshaus stand an der Stelle des »William Blake House«
Nr. 74 an der Ecke Marshall Street, das eine Gedenktafel ziert. Hier
lebte Blake bis 1771, kehrte nach einem Jahr in das Haus zurück und
verblieb bis 1782, dem Jahr seiner Eheschließung. 1784 bezog er
mit seiner Frau und seinem jüngsten Bruder Robert, der ihm als
Gehilfe zur Seite stand, das Nachbarhaus Nr. 27. Hier betätigte er
sich als Kupferstecher und Kupferstichhändler, und hier starb fünf
Jahre nach seinem Einzug sein Bruder an der Schwindsucht. William
Blake berichtet, daß er seine Seele, die vor Freude in die Hände
klatschte, durch die Zimmerdecke zum Himmel habe entschweben
sehen. Nach dem Tode seines Bruders gab er sein Geschäft auf und
zog in die Poland Street.

Seine Visionsgabe, die ihm sein ganzes Leben lang erhalten blieb, ließ
ihn bereits als Vierjährigen das Antlitz Gottes hinter dem Fenster
seines Zimmers erblicken. Auch am hellen Tage hörte er die Engel
singen. Mit zehn Jahren kam er in eine Zeichenschule, als 14jähriger begann er eine siebenjährige Lehre als Kupferstecher bei dem
damals berühmten Meister Basire, 1782 wurde er in die Malerschule
der »Royal Academy« unter der Leitung von Joshua Reynolds aufgenommen, mit dem er als Autodidakt bald Schwierigkeiten bekam,
andererseits aber die Freundschaft berühmter Maler seiner Zeit wie
des in London lebenden Schweizers Johann Heinrich Füssli, der auch
als Dichter hervorgetreten ist und John Flaxmans gewann. Blake
nannte seine Geburtsstadt das »Menschenwunder Gottes«. In seinen
Versen über die Londoner Straßen in den »Songs of Innocence and
Experience«, 1794 (»Lieder der Unschuld und Erfahrung«) schildert er ahnungsvoll die Folgen der industriellen Revolution auf die
Menschheit.

Great Marlborough Street Der am 12. Februar 1809 als fünftes von
sechs Kindern des Arztes Robert Warin Darwin und seiner Ehefrau
Susannah, geb. Wedgwood, im Landhaus »The Mount« in Shrewsbury/Shroshire geborene Naturwissenschaftler Charles Darwin begleitete nach Besuch der Boarding School in seiner Geburtsstadt,
nach Medizinstudien in Edinburgh und nach Theologiestudien in
Cambridge Captain Fitz Roy auf dem Regierungsschiff »The Beagle« auf einer Weltreise und kehrte im Dezember 1836 als leidenschaftlicher Naturforscher nach fünf Jahren nach Cambridge zurück,
wo er seine auf der Reise angelegten Sammlungen ordnete. Am 6.

März 1837 übersiedelte er nach London und bezog eine Wohnung
in der Great Marlborough Street Nr. 36. Hier besuchte ihn Alexander
von Humboldt, den er »sehr gemütlich«, wenn auch »geschwätzig«
fand. Im Hause seines Bruders Erasmus machte er zu dieser
Zeit die Bekanntschaft Carlyles. Auch dieser redete ihm zu viel. In
der Great Marlbourough Street legte der stets kränkelnde Schriftsteller
Hand an sein wichtigstes Werk »On the Origin of Species« (»Über
den Ursprung der Arten«), das erst nach 21 jähriger Arbeit im Jahre
1859 im Druck erschien. Der »trüben Realität der Marlbourough
Street überdrüssig« und müde, »alle seine Tage einsam in einem rauchigen,
schmutzigen Haus zu verbringen«, verlobte er sich am 11.
November 1838 mit seiner um ein Jahr älteren Kusine Emma Wedgwood,
der Tochter seines Onkels und Bruders seiner Mutter, des
Begründers der englischen Tonwarenindustrie und Besitzers der
Porzellanfabrik »Etruria«, die er von Kindheit kannte. Er kaufte das
Haus Gower Street Nr. 12, das er am 1. Januar 1839 bezog und in
das ihm seine Verlobte, die er am 29. Januar ehelichte, folgte.

Argyll Street Madame de Staël wohnte in den letzten Jahren ihres
Exils mit ihrer Tochter Albertine im Hause Nr. 30. Hier traf sie nach
einjähriger Trennung mit August Wilhelm Schlegel, dem Erzieher
ihrer Kinder, mit dem sie ein langjähriges Liebesverhältnis verband,
wieder zusammen. Mit Hilfe Henry Crabb Robinsons, der sie in
Schellings Ästhetik eingeführt hatte, konnte sie das Manuskript ihres
Buchs »De L'Allemagne« dem Verleger John Murray vorlegen, der
es 1813 druckte. An der Stelle ihres Wohnhauses, das sie 1814
verließ, steht heute das Warenhaus Dickins and Jones. Es trägt eine
Gedenktafel, die die »Société d'études Staëliennes« anbringen ließ.

Beak Street Der venezianische Barockmaler Antonio Canaletto kam im
Jahre 1749 als knapp 50 jähriger nach London und hatte im
Hause Nr. 41 seine Wohnung und sein Atelier. Ihm verdankt die
Nachwelt eine Reihe von Themse-Ansichten und ein Bild vom Innern
der Rotunde in den Ranelagh Gardens.

Golden Square Dickens hat den Golden Square und seine Umgebung
oft zum Schauplatz in seinen Büchern gemacht. Ralph Nickleby in
»Nicholas Nickleby«, »weder Kaufmann noch Bankier, noch Notar«,
wohnte »in einem geräumigen Hause am Golden Square, das
nebst einer Messingplatte an der Haustür eine zweite, viel kleinere
an dem Türpfosten linker Hand hatte, die sich an dem Messingmodell
einer Kinderhand befand und die Aufschrift ›Büro‹ trug.«
Dickens machte das heute abgerissene Haus Nr. 7, das er von Besu-

chen bei seinem Freund William à Beckett kannte, zum Wohn- und Bürohaus von Ralph Nickleby.

Weiter heißt es in diesem Roman:

»Golden Square ist ziemlich abgelegen; es hat seine Zeit durchlebt und gehört nunmehr unter die heruntergekommenen Plätze, so daß nur wenige Geschäftsleute dort ihren Aufenthalt wählen. Die Wohnungen werden meist vermietet, und die ersten und zweiten Stockwerke werden gewöhnlich bereits möbliert an ledige Herren abgegeben, die zugleich auch im Hause einen Kosttisch finden. Es ist der vorzugsweise Zufluchtsort der Fremden ...«

Außerdem wohnte hier Matthew Bramble in Smolletts Roman »Humphry Clinker«, wie auch General John R. Webb, den Henry Esmond in Thackerays gleichnamigen Roman in seinem Hause Nr. 22 besucht.

Brewer Street Tobias Smollett wohnte 1765 nach der Rückkehr von seinem Aufenthalt in Frankreich und Italien, wo er Besserung seines schlechten Gesundheitszustands zu finden gehofft hatte, bei einer Arztwitwe namens Norton in der Brewer Street dicht am Golden Square. 1766 erschien sein Bericht »Travels through France and Italy«. Von hier ging er nach Schottland und danach nach Bath. David Hume hatte zur gleichen Zeit bei einer Miss Elliott im Hause Nr. 67 eine Wohnstatt.

Old Compton Street Wie Wagner in seiner Autobiographie berichtet, wohnte er im Jahre 1839 als unbekannter und mittelloser Kapellmeister auf der Flucht vor seinen Gläubigern mit seiner Frau Minna Planer in der nicht mehr existierenden Pension »King's Arms« in der Old Compton Street. Bei seiner Ankunft in der Pension mußte er feststellen, daß sich sein Hund Robber wieder einmal selbständig gemacht hatte und sich in der Oxford Street umhertrieb. Old Compton Street führt zur Charing Cross Road.

Sechster Spaziergang: Covent Garden

Der historische Stadtteil Covent Garden, bis zur Umgestaltung durch die Stadtplaner ein unversehrtes Relikt im Herzen des alten Londons, verdankt seinen Namen einem bis zur Säkularisierung der Klöster unter Heinrich VIII. im Jahre 1540 hier gelegenen, zur Westminster Abbey gehörenden Klostergarten (eig. convent garden). Vom 16. Jahrhundert an gehörte das Gebiet den Herzögen von Bedford, den Russells. Die Bedford und Russell Street erinnern an das Geschlecht. Covent Garden wird im Norden von der New Oxford Street, im Osten vom Kingsway und von Aldwych, im Süden vom Strand und im Westen von der Charing Cross Road begrenzt.

St. Martin's in the Fields In der 1721 zerstörten Kirche, die an der Stelle des heutigen Baus stand, wurde Francis Bacon 1561 getauft und 1626 auf dem heute verschwundenen Friedhof bestattet. Der Maurersgehilfensohn Ben Jonson war Schüler der Armenschule der Martinsgemeinde, bevor er dank einem Stipendium auf die Westminster-Schule übergehen konnte. Der Dichter Thomas Moore heiratete hier am 25. März 1811 die Schauspielerin Elizabeth Dyke. Im November desselben Jahres forderte er Byron, der ihn in seinen »English Bards and Scotch Reviewers« kritisch beurteilt hatte, zum Zweikampf. Das Duell kam nicht zustande, und aus der Gegnerschaft entwickelte sich bald eine enge Freundschaft.

William IV Street führt über den Chandos Place zur

Maiden Lane In der Maiden Lane hatte Andrew Marvell in seinem letzten Lebensjahr neben seinem Landhaus am Highgate Hill in einem Hause, das an der Stelle des Vaudeville Theatre, Maiden Lane Nr. 9, stand, eine Stadtwohnung. Er starb hier am 18. August 1678 und wurde in der St. Giles-Kirche bestattet. Nach seiner Inhaftierung in der Bastille emigrierte Voltaire im Mai 1726 nach England, einem Land, »in dem die Künste geehrt und belohnt werden und in dem man frei und vornehm denkt, ohne durch knechtische Furcht gehemmt zu sein.« Er fand Unterstützung bei wohlhabenden Gönnern, vor allem bei Lord Bolingbroke, wurde am Hof empfangen und wohnte bei einem französischen Perückenmacher im Hause »Zur weißen Perücke« in der Maiden Lane. Hier schrieb er seine »Lettres Philosophiques«. Mit Young und Swift, der von April bis Oktober 1727 zum letztenmal in London war und durch den er die Bekanntschaft Popes machte, ergaben sich freundschaftliche Begegnungen. Pope nahm ihn eine Zeitlang in seinem Landhaus in Twickenham gastfreundlich auf. Congreve schockierte ihn durch seine aristokratischen Allüren. Newtons adliges Gefolge bei seinem Begräbnis imponierte ihm. Im Februar 1729 kehrte er wieder in sein Heimatland zurück.

Joseph William Turner kam am 23. April 1775 im Barbierladen seines Vaters in einem 1861 abgerissenen Haus Nr. 21 zur Welt. Seine folgenreiche Begegnung mit Ruskin geschah 1840 in Oxford. Die meisten der 500 Bilder des Junggesellen, der in seinen Werken literarische Themen bevorzugte und die Bücher englischer Autoren illustrierte, hängen in der Tate Gallery, über 19 000 Zeichnungen und Aquarelle werden im British Museum aufbewahrt. Am 19. Dezember 1851 starb er in seiner bescheidenen Unterkunft am Cheyne Walk in Chelsea. Im Hause Nr. 35 befindet sich das von der Familie Rule im Jahre 1798 als Austernbar gegründete, von jeher von Schriftstellern, Journalisten und Theaterleuten bevorzugte Restaurant »Rule's«. Im Edward VIIth-Zimmer sind Erinnerungsstücke an Dickens, der hier Stammgast war, zu sehen. Auch Thackeray gehörte zu den Gästen des Restaurants, das heute auch als kleines Theatermuseum den Besuch lohnt.

Wellington Street In der Wellington Street Nr. 26 (früher Nr. 11), an der Ecke der Tavistock Street, lag von 1859 bis 1870 die Redaktion der von Dickens herausgegebenen Zeitschrift »All the Year Round«. Über den Redaktionsräumen benutzte der Schriftsteller eine kleine Stadtwohnung, wenn er zu seinen Vorlesungen von Gad's Hill nach London kam. Die Redaktion des literarischen Unterhaltungsblatts »Household Words«, das er von 1850 bis 1859 herausgab und in dem er einige seiner Romane veröffentlichte, lag im Hause Nr. 16 gegenüber dem ehemaligen Lyceum Theatre, in dem Sir Henry Irving und Ellen Terry ihre Glanzzeiten erlebten. Das Haus wurde im Zuge des Ausbaus von Aldwych abgerissen.

Im Hause Nr. 3 einer heute verschwundenen Nebenstraße der Wellington Street wohnte von 1721 bis 1740 der Schauspieler und Bühnenschriftsteller Colley Cibber, Direktor des Drury Lane Theatre bis 1740. Hier entstand seine Autobiographie »Apology for the Life of Mr. Colley Cibber«. 1730 wurde er Poet Laureate; zwei Jahre davor hatte ihn Pope in seinem »Dunciad« den »König der Dummköpfe« genannt.

Exeter Street Die Anlage der Wellington Street ließ das Haus verschwinden, in dem der 28jährige Samuel Johnson, der 1737 von

Lichfield nach London kam, um hier sein Glück zu machen, bei einem Schnürleibchenmacher namens Norris eine Unterkunft fand. Seine Frau Tetty, die er zwei Jahre vorher geheiratet hatte, blieb zunächst noch in Lichfield. Vom ersten Tage seines Aufenthalts an war er von der Hauptstadt begeistert: »Wer Londons überdrüssig ist, hat auch das Leben satt, denn in London gibt es alles, was das Leben zu bieten hat«, schreibt er später.

Southampton Street Garrick wohnte nach seiner Eheschließung mit der italienischen Tänzerin Eve Marie Violetti im Jahre 1749 im Hause Nr. 27. Er war zu dieser Zeit Direktor des Drury Lane Theatre. Boswell besuchte ihn hier am 21. Januar 1763 »zwischen neun und zehn Uhr« und notiert in seinem Tagebuch: »Es war ein herrlicher Vormittag, mit einem manierlichen Frühstück ... Ich war wieder einmal selig ... Garrick führte uns in seine Bibliothek, wo in einem schönen Raum eine stattliche Sammlung bedeutender Bücher untergebracht ist, dazu ein paar Büsten und Bilder. Leider mußte er bald darauf zur Probe. Er bat mich, ihn zu besuchen, wann immer es gehe ... Das heißt nun wirklich, sich in einem reizvollen Hause einzunisten. Alle großen Geister der Gegenwart werde ich dort treffen«. Garrick übersiedelte von hier im Jahre 1722 zum Adelphi.

Der Dramatiker Sir Willam Schwenck Gilbert, der als Librettist des Komponisten Sir Arthur Sullivan weltberühmt geworden ist, kam am 18. November 1836 als Sohn eines Romanschriftstellers, dessen Bücher sein Sohn eines Tages illustrieren sollte, in dem längst verschwundenen Hause Nr. 17 zur Welt. Er besuchte King's College, Oxford und war Offizier und Beamter im Kultusministerium. 1864 wurde er Anwalt im Middle Temple. Im Jahre 1861 veröffentlichte er seine ersten schriftstellerischen Versuche.

Covent Garden Der 1631 für den Earl of Bedford von Inigo Jones nach dem Muster einer italienischen Piazza mit Häusern über arkadenüberdachten Promenaden auf drei Seiten und einer Kirche auf der vierten angelegte Platz wurde 40 Jahre später als Marktplatz für Obst und Gemüse und später für Blumen eingerichtet. Bis zu seiner Verlegung nach Nine Elms, Battersea, war dieser seit 1831 mit Hallen bebaute Markt besonders in den frühesten Morgenstunden ein Brennpunkt des Interesses für Einheimische und Touristen. Covent Garden Market und seine Umgebung übten auf Dickens, der sich hier schon als Kind herumtrieb, eine faszinierende Anziehungskraft aus. »Covent Garden ist mir lieber als die Gärten des Alkinoos«, meinte er. Nach einer anstrengenden Schlittenfahrt von Italien über

die Alpen stieg er im Jahre 1844 in Cuttris's Hotel ab, das später
den Namen Piazza Hotel annahm und an der Ecke der James Street
stand. Das Haus heißt heute Piazza Chambers. Der Schriftsteller
war nach London gekommen, um im Hause seines Freundes Forster an den Lincoln's Inn Fields seine in Italien geschriebene Weih-
nachtsgeschichte »The Chimes« vorzulesen. In seinen »Sketches by
Boz« gibt er eine lebendige Beschreibung des Marktes am Morgen. Im
»Old Curiosity Shop« bewundert er den »Covent Garden Market
bei Sonnenaufgang im Frühling oder Sommer, wenn der Duft würzi-
ger Blumen die Luft erfüllt, der sogar die ungesunden Dünste der
Ausschweifungen der letzten Nacht vertreibt und die schwärzliche
Drossel, deren Käfig die ganze Nacht vor dem Fenster eines Dach-
stübchens hing, halb toll vor Freude macht.« Im Jahre 1846 stieg er
wieder hier ab. Unter den Arkaden sitzend beobachtete Sheridan im
Jahre 1809 bei einer Flasche Wein, wie das von ihm geleitete Drury
Lane Theatre ein Opfer der Flammen wurde. Freunden, die seinen
Gleichmut bewunderten, sagte er: »Ein Gentleman wird sich ja wohl
noch an seinem eigenen Kaminfeuer wärmen dürfen.«
Schon im 18. Jahrhundert wurden der Markt und seine Umgebung
zu einem der bekanntesten Prostituiertenviertel der Hauptstadt. Das
»Orgie« betitelte Bild aus Hogarths Serie »The Rake's Progress«
(»Der Weg des Liederlichen«) zeigt den Helden, Tom Rakewell, in
einem der hier gelegenen florierenden Freudenhäuser. Steele nimmt
die Begegnung mit einer Prostituierten am Covent Garden Market
zum Anlaß für einen Artikel im »Spectator«. Boswells sexuelle Ausflüge enden sehr häufig hier. So findet er am 5. Juni 1763 »Trost«
bei »zwei Damen nacheinander, ihrem Alter entsprechend«, wird
aber wieder einmal von seiner zeitweilig auftretenden Impotenz be-
troffen. An der Ecke Covent Garden/Russell Street lag bis 1900
Hummuns Hotel. Heute heißt das Haus Hummuns Chambers. Viele
Schriftsteller, die vom Lande in die Hauptstadt kamen, stiegen hier
ab. So zählte das Hotel Tennyson und Thackeray zu seinen Gästen.
Dickens schildert aus eigener Erfahrung in »Great Expectations«
aufschlußreich die Aufnahme in diesem Hotel:
»Dort war damals zu jeder Nachtstunde ein Bett zu bekommen. Der
Wächter ließ mich durch das gastfreundliche Tor ein, zündete die
nächste Kerze auf seinem Brett an und führte mich in das Zimmer,
das als nächstes auf seiner Liste stand. Es war eine Art Gewölbe
im Erdgeschoß, nach hinten hinaus, und enthielt ein herrisches Ungeheuer von vierpfostiger Bettstatt, das sich über den ganzen Raum

breit machte: eins seiner Beine hatte es in den Kamin, das andere in den Türrahmen gestellt, und im Namen göttlichen Rechts verdrängte es den armen kleinen Waschständer.
Was für eine klägliche Nacht! Wie angstvoll, wie trübselig, wie lang! Ein ungastlicher Geruch von kaltem Ruß und heißem Staub hing im Zimmer, und als ich in die Ecken meines Betthimmels blickte, gewahrte ich die unzähligen blau schillernden Fliegen, die aus den Schlächtereien, die Ohrwürmer, die vom Markt, und die Raupen, die vom Land hereingekommen waren und dort oben dem Sommer entgegenschliefen.«
Die vierte Seite des Covent Garden Market wird eingenommen von
St. Paul's, Covent Garden Die Kirche, 1633 von Inigo Wren erbaut, der sie die »nobelste Scheune Europas« nennt, wurde 1795 nach einem Brand im Original wiedererrichtet. Wegen der vielen Schauspieler, die hier bestattet wurden, wird sie gelegentlich als »Schauspielerkirche« bezeichnet. Der Eingang zur Kirche von der Säulenhalle am Covent Garden wurde nie benutzt, da der Altar auf Wunsch eines Bischofs an der Ostwand errichtet wurde. Sie ist von der Bedford Steet, durch den Inigo Place oder durch Passagen von der King oder Henrietta Street zugänglich. In der alten Kirche wurden Samuel Butler (1680), Wycherley (1715) und Dr. Thomas Arne (1778) bestattet, der Maler J. M. W. Turner wurde am 14. Mai 1775 hier getauft, und seine Eltern heirateten und fanden hier ihre letzte Ruhestätte. Gilbert wurde 1838 in der neuen Kirche getauft. 1928 wurde die Asche der Schauspielerin Dame Ellen Terry in einem silbernen Kästchen auf einem Podest an der Kirchenwand aufgestellt. Links in der Säulenhalle erinnert eine Tafel an die erste »Punch and Judy«-Aufführung am Covent Garden Markt am 9. Mai 1662, von der Samuel Pepys als Zuschauer berichtet. Sowohl die erste Szene von Shaws »Pygmalion« (1913), Uraufführung in deutscher Sprache am Burgtheater in Wien, englische Erstaufführung am 11. April 1914 in »His Majesty's«, wie auch die Musical-Fassung mit dem Titel »My Fair Lady« (1956) spielen in einer kühlen Maiennacht des Jahres 1912 unter dem Portikus der Kirche. Hier trifft der Sprachwissenschaftler Prof. Henry Higgins zum ersten Mal das Blumenmädchen Eliza, die Tochter des Müllkutschers Alfred Doolittle, deren Cockney-Englisch ihn fasziniert. Die dritte Szene spielt vor einer Kneipe am Blumenmarkt von Covent Garden.
An der Nordseite des Platzes steht das
Royal Opera House Das erste Theatergebäude an dieser Stelle wurde

1733 als Covent Garden Theatre eröffnet. Es brannte ebenso wie ein zweites Haus ab. Am 15. Mai 1958 konnte die Covent Garden Opera, die Queen Elizabeth an ihrem 21. Geburtstag mit dem Namen Royal Opera House auszeichnete, als Bühne für die große Oper und das Ballett ihren hundertsten Geburtstag feiern.

Der erste Besitzer, ein Harlekin namens John Rich, hatte die königliche Lizenz, hier »Tragödien, Komödien, Theaterstücke aller Art, Opern, Musik, Schauspiele und alle anderen für das Theater geeigneten Aufführungen« zu präsentieren. Als Musikbühne wurde das Theater berühmt durch Händel. Sheridans »Rivals« (1775) und Goldsmiths »She Stoops to Conquer« (1773) erlebten im alten Haus in der Inszenierung der Verfasser ihre Uraufführung. Boswell berichtet von einem Besuch am 8. Februar 1763, wo er Isaac Bickerstaffs »Liebe auf dem Dorfe« sah und zwei schottische Offiziere wegen ihrer Nationalität ausgepfiffen wurden. Casanova erzählt in seinen Memoiren von seinen Besuchen im Theater während seines Londoner Aufenthalts im Jahre 1763. Chateaubriand kam des öfteren zu Opernaufführungen und zu Bällen, die im Covent Garden Theatre stattfanden. In seinen Memoiren schreibt er: »Das englische Parterre war zu den Tagen meines Exils lärmend und ungeschliffen; da tranken Matrosen Bier, aßen Orangen und machten sich über die Logen lustig. Ich fand mich eines Abends neben einem Matrosen sitzend, der schon betrunken in den Saal gekommen war. Er fragte mich, wo er sei. Ich sagte ihm: »Im Covent Garden.« »Pretty Garden indeed!« rief er aus und wurde wie die homerischen Götter von einem unbezähmbaren Gelächter geschüttelt.«

Alfred Meissner erzählt in seiner Autobiographie von einem gescheiterten Besuch, als er Meyerbeers Oper »Der Prophet« hören wollte. »Ich wurde von den Zensoren, den Hütern guter Sitte, die rechts und links von der Kasse sitzen, zurückgewiesen. Mit einem verächtlichen Blick auf meinen Rock und einem Schütteln des erhobenen Zeigefingers ertönte mir gleichzeitig von beiden Seiten der Ruf: French cut, sir! No admittance, sir! (Französischer Schnitt, mein Herr! Kein Zutritt, mein Herr!) und mir blieb nichts übrig als kehrtzumachen. Ich hatte nicht gewußt, daß in Covent Garden auch für den Besuch der Galerien ein schwarzer Frack und weiße Halsbinde unerläßliche Bedingung seien.« Tags darauf erlebte er, ordnungsgemäß gekleidet und in der Loge Lady Russells, »Die Hugenotten«.

Dickens hatte sein Leben lang eine leidenschaftliche Liebe zum Theater. Zu Zeiten seiner Berichterstatter-Tätigkeit bewarb er sich beim Intendanten von Covent Garden als Schauspieler, konnte aber am Tage des Vorsprechens wegen Unpäßlichkeit nicht erscheinen. Byron hatte eine Loge im Theater. Henry James kam im Jahre 1912 zu spät zu einer Aufführung des »Ödipus« in einer Inszenierung von Max Reinhardt. Er sah sich plötzlich im Abendanzug mitten unter den Schauspielern auf der Bühne. Der Chor, den der Regisseur durch das Parkett auf die Bühne schreiten ließ, hatte den Schriftsteller eingerahmt und mit sich auf die Bühne geführt.

King Street Am 12. März 1710 kam der Komponist Dr. Thomas Arne im Hause »Crown and Cushion« (»Krone und Kissen«) in der King Street zur Welt. Sein Vater führte in diesem Hause, das an der Stelle des Gebäudes Nr. 31 stand, ein Polstergeschäft. Hier spielte der Sohn nach abgebrochener Ausbildung in Eton im geheimen und gegen den Willen seines Vaters auf einem in sein Zimmer geschmuggelten Spinett, dessen Saiten er mit Tüchern umwickelt hatte. Zugang zur Galerie der Covent Garden Oper, zu der Dienstpersonal freien Eintritt hatte, erschlich er sich mit einer geborgten Livree. Auf ihn geht die Melodie des von James Thomson verfaßten patriotischen Gedichts »Rule Britannia« (1738) zurück, in der in den ersten acht Noten, wie Wagner sagt, der ganze englische Volkscharakter musikalisch ausgedrückt ist. Er komponierte die Musik zu Miltons Maskenspiel »Comus«, zu Shakespeare-Liedern sowie zu Opern und Operetten. Das Libretto zu seinem ersten Bühnenwerk »Rosamond« (1733) stammt von Addison. Am 5. März 1778 starb er und wurde in St. Paul's, Covent Garden, begraben.

Im Jahre 1801 bezog der 28jährige Samuel Taylor Coleridge eine Wohnung im Hause Nr. 10. Hier lebte er drei Jahre und arbeitete zu dieser Zeit als Journalist für die »Morning Post«. 1804 reiste er nach Malta, um seine durch seine Opiumsucht geschädigte Gesundheit zu kräftigen.

Im Jahre 1830 hielt der »Garrick Club«, eine Vereinigung von Schauspielern und Theaterleuten, im Hause Nr. 35 seine erste Versammlung ab. Thackeray war eines seiner ersten Mitglieder. 1864 übersiedelte der Klub in sein heutiges Domizil im Hause Nr. 15. Im Hause Nr. 27 hatte Garrick vor seiner Eheschließung im Jahre 1748 eine Wohnung.

Bedford Street Thomas Sheridan, der Vater des Dramatikers Richard Brinsley Sheridan, Schauspieler und Lehrer der Sprachkunst, der auch als Autor von Lehrbüchern für Schauspieler hervorgetreten ist, war einer der ersten Anwohner dieser Straße. Er war mit Samuel

Johnson eng befreundet. Boswell nannte sein Wohnhaus, das dem
Eingang zur Henrietta Street gegenüber lag, einen »Treffpunkt berühmter Zeitgenossen.«

Der Poet Laureate (1930) John Masefield, als Sohn eines Notars
am 1. Juni 1878 in Ledbury/Herefordshire geboren, ging früh ver-
waist als 13jähriger zur See. 1897 kehrte er nach England zurück
und betätigte sich seit 1902 als Journalist und freier Schriftsteller.
Im Hause Nr. 21 hatte er eine Wohnung. Mit W. B. Yeats schloß er
einen Freundschaftsbund fürs Leben. Eine Zeitlang wohnte er
mit ihm in einer Wohnung in der Nähe der Universität. Im Jahre
1911 übersiedelte er mit seiner Frau und zwei Kindern nach Great
Hampden/Buckinghamshire. Er starb am 12. Mai 1967 in Abing-
don/Berkshire.

Henrietta Street Nach dem Tode seiner Gattin im April 1813 zog
Henry Austen, der Bruder der Schriftstellerin Jane Austen, von der
Sloane Street in das Haus Nr. 10. Er wohnte über der im Erdgeschoß
gelegenen Gilson's Bank, deren Mitinhaber er war. Hier lebte Jane,
die nie eine eigene Wohnung in der Hauptstadt hatte, im Jahre 1814
einige Monate.

Am 28. Februar 1922 meldete sich Thomas Edward Lawrence
beim Rekrutierungsbüro der Royal Air Force in der Henrietta
Street. In seinem autobiographischen Roman »The Mint«, 1955
(»Unter dem Prägestock«) erinnert er sich: »Das ist fürchter-
lich. Zwei Stunden zögernd in einer verdreckten Straße auf und ab
zu gehen, Lippen, Hände und Knie unbeherrschbar schlotternd, das
Herz pochend in Angst vor der schmalen Tür, durch die ich hindurch
muß, um mich anwerben zu lassen.«

Russell Street An der Ecke zum Covent Garden im Hause Nr. 17
lag »Tom's Coffee House«, das im 18. Jahrhundert als Zentrum der
Prostitution galt. In den Romanen Fieldings und Smolletts spielt es
eine entsprechende Rolle, Hogarth hat es mit dem Zeichenstift festgehalten, Steele erwähnte es im »Tatler«. Ein halbes Jahr nach seiner
Ankunft in London machte Boswell am 16. Mai 1763 die Bekanntschaft Samuel Johnsons im Hinterstübchen des Ladens des Buchhändlers und Schauspielers Thomas Davies in der Russell Street
Nr. 8, wo er schon bald nach seiner Ankunft am 25. Dezember 1767
Oliver Goldsmith, »einen seltsamen Kauz, etwas schulmeisterlich,
aber nicht ohne Geist« zum ersten Mal getroffen hatte. In seinem
»London Journal« schildert er Johnson als einen Menschen »von
höchst erschrecklichem Äußeren, hünenhaft, von einem Augenlei-

den geplagt, von der Gliedersucht und dem Königsübel (d. h. von Narben skrofulösen Ursprungs) entstellt. Er kommt schludrig gekleidet einher und spricht mit mißtönender Stimme«.

Vor der Eröffnung des Coffee House hatte John Evelyn im Jahre 1659 in diesem Hause eine Wohnung, in der er den Winter verbrachte.

Charles Lamb wohnte von 1817 bis 1827 im Hause Nr. 20—21 an der Ecke der Bow Street. Er lebte hier mit seiner geisteskranken Schwester Mary. Hier veranstaltete er seine berühmten Mittwoch-Abende, an denen er sich mit seinen »intimados« Coleridge, Wordsworth und seiner Schwester Dorothy, Hazlitt, Leigh Hunt und Godwin zu Gesprächen, Kartenspiel und heißem Punsch um die Schnupftabakdose traf. Hier entstanden die ersten »Essays«, die er unter dem Pseudonym Elia herausgab. 1827 mietete er sich in einem Landhaus an der Duncan Terrace in Islington ein. Im selben Haus in der Russell Street befand sich das um die Mitte des 17. Jahrhunderts gegründete, nach dem Vornamen seines Besitzers Will Unwin benannte »Will's Coffee House«, in dem sich die Leuchten des literarischen Lebens der Hauptstadt im 18. Jahrhundert trafen. Pepys, der das Kaffeehaus 1664 zum erstenmal besuchte, traf hier »Dryden, den ich von Cambridge her kannte, und alle Literaten der Stadt«, wie er in seinem Tagebuch notiert. Dryden herrschte hier vierzig Jahre hindurch als unumstrittener Literaturkritiker. Er hatte einen reservierten Stuhl, im Winter am Kamin, im Sommer auf dem Balkon. An seinem Tisch trafen sich Steele, Addison, Swift, Dr. Johnson, Pope und Wycherley. Im »Tatler« wird »Will's« über fünfzigmal erwähnt.

Drury Lane In seinen »Sketches by Boz« schreibt Dickens: »Die Branntweinläden in und unweit Drury Lane sind die schönsten von ganz London, und in der ganzen Stadt ist nirgends mehr Unsauberkeit und Elend zu finden. An den vielen Trödler- und Seemannsläden erkennt man, daß man sich in dieser Straße befindet. Es gibt keinen Trödlerladen in der Umgebung, in dem nicht veraltete Theaterartikel, beschmutzte spanische Stiefel, Ritterhandschuhe und rostige Schwerter verkauft werden.«

John Donne hatte in dieser Straße eine Wohnung.

Tavistock Street An der Stelle des Gebäudes Nr. 36 — der Teil der Straße hieß damals noch York Street, und das Haus trug die Nr. 4 — stand das Haus des Verlegers Thomas Bohn, in dessen Hinterstube Thomas De Quincey im Jahre 1821 nach seiner Rückkehr aus dem Lake District Unterkunft fand. Hier schrieb er für das »London Magazine« die erste Fassung seiner »Confessions of an English Opium-Eater«, in denen er seine Flucht aus dem bürgerlichen Elternhaus in Manchester, seine ersten Jahre in den Slums Sohos und seine verlorene Studienzeit in Oxford schildert. Lamb besuchte ihn hier häufig.

Catherine Street In der Catherine Street liegt das Drury Lane Theatre, das vierte Theater an dieser Stelle. Es verdankt seinen Namen dem ersten, 1672 abgebrannten Theater, das von der Drury Lane her zugänglich war. Der jetzige Bau wurde am 10. Oktober 1812 mit einer Aufführung von Shakespeares »Hamlet« eröffnet; Byron hielt die Festansprache. Das erste, im Jahre 1663 gegründete Theater, in dem Nell Gwynn als Orangenverkäuferin ihr Geld verdiente, bevor sie zur gefeierten Schauspielerin wurde, wurde neun Jahre später ein Raub der Flammen. Das zweite, von Wren errichtete Haus, bestand 117 Jahre. Colley Cibber leitete von 1710 bis 1740 das Theater, das sich vor allem die Aufführung der Werke Drydens angelegen sein ließ.

Am 21. Juni 1731 wurde in seinem Theater das erste bürgerliche Trauerspiel der Weltliteratur, Lillos »The London Merchant, or, The History of George Barnwell«, uraufgeführt. Am 4. März 1738 fand hier die Uraufführung von Miltons Maskenspiel »Comus« mit der Musik von Arne statt. Boswell erlebte hier die Uraufführung des Lustspiels »Die Enthüllung« von Frances Sheridan, der Mutter Richard Brinsley Sheridans, und berichtet, daß er sich wegen der Kälte, »in zwei Paar Strümpfe, zwei Hemden und einen Überrock gehüllt«, in einer Sänfte ins Theater bringen ließ, wo er Goldsmith begrüßen konnte. Am 12. Mai desselben Jahres war er wieder hier und sah Garrick im »Lear«. Das Theater war gegen vier Uhr schon besetzt, obwohl die Vorstellung erst um halb sieben begann, wie er berichtet: »Ich wurde im Innersten ergriffen und vergoß reichlich Tränen.« Von 1747 bis drei Jahre vor seinem Tode im Jahre 1779 lag die Leitung des Theaters in den Händen Garricks. Casanova besuchte im Jahre 1763 häufig das Theater und berichtet in seinen Memoiren von einem Aufstand, bei dem das Publikum das Theater »bis auf die nackten Mauern« zerstörte, als eine Spielplanänderung bekanntgegeben werden mußte. Garrick wurde ausgepfiffen, als er die aufgeregte Menge zu beruhigen versuchte. Das anwesende Königspaar konnte sich nur durch die Flucht retten. »Nach vollbrachter Tat gingen alle diese demokratischen Tölpel in die Gasthäuser, um sich mit starken Schnäpsen zu betrinken.« Sheridan übernahm im Jahre 1776 von Garrick die Leitung des Theaters, das 1791 abgerissen werden mußte, weil es unmodern geworden war. Drei Jahre später eröffnete Sheridan mit Shakespeares »Macbeth« ein neues Theater, dessen Front zur Russell Street ging. Nur 15 Jahre lang konnte er sich des Neubaus erfreuen. 1809 wurde er ein Raub der Flammen. In einem erhalten gebliebenen Raum, der noch gezeigt wird, arbeitete er an seiner Sittenkomödie »The School for Scandal« (1777). Noch heute soll im Theater hin und wieder der Geist eines Mannes umgehen, dessen Skelett in einem Teil des alten Gemäuers mit einem Dolch zwischen den Rippen entdeckt wurde.

Bow Street Ein heute vergessener Polizeiberichterstatter des »Morning Herald« namens J. Wight beschreibt in seinen Büchern »Mornings at Bow Street« (1827) und »More Mornings at Bow Street« (1827) die von dem Schriftsteller Henry Fielding mit seiner Bestallung zum Friedensrichter von Westminster im Jahre 1748 gegründete Polizeistation, die unter dem Namen »Bow Street« umschreibend überall bekannt wurde, und ihre Arbeit, Dickens schildert im Kapitel »The Prisoner's Van« (»Der Gefangenenwagen«) in seinen »Sketches by Boz«, wie zwei Schwestern von 16 und 14 Jahren, die hier wegen Prostitution »zu sechs Wochen und Arbeit« verurteilt und unter interessierter Anteilnahme des Pöbels »in Ihrer Majestät Karosse« von der Polizeistation ins Gefängnis transportiert werden sollten. Seit 1929 ist an dem Amtsgebäude in der Bow Street Nr. 19—20 eine Gedenktafel mit dem Hinweis angebracht, daß die Straße 1637 angelegt wurde und daß neben anderen Persönlichkeiten die Schriftsteller Henry Fielding, Charles Sackville und William Wycherley hier ihren Wohnsitz hatten. Fielding bezog zu Ende des Jahres 1748 mit seiner zweiten Frau Mary Daniel, die er ein Jahr vorher geheiratet hatte, den Kindern aus seiner ersten Ehe und seinem beim Militärdienst erblindeten Halbbruder John das Amtsgebäude. Im Erdgeschoß richtete er seine Diensträume ein. Er schuf sich eine Hilfstruppe, die »Bow Street Runners«, auch »Konstabler« genannt, die Vorläufer der Londoner Polizisten. »Die Konstabler und die Leute von der Bow Street taten so ziemlich alles, was solche Leute tun. Sie verhafteten mehrere Leute, deren Unschuld von vornherein feststand«, meint Dickens hundert Jahre später in seinem Roman »Great Expectations«. Fielding gelang es, das Verbrechertum in London um die Mitte des 18. Jahrhunderts erfolgreich zu bekämpfen. Im Dezember 1749 erlitt er einen körperlichen Zusammenbruch, gab sein

Amt auf und sein Halbbruder setzte seine reformatorische Arbeit fort. Fielding kam am 22. April 1707 in Sharpham Park bei Glastonbury/Somerset, dem Landsiz seines Großvaters mütterlicherseits, als Sohn eines höheren Offiziers, dessen Vorfahren mit den Habsburgern verwandt waren, zur Welt. Seine erste Ausbildung erfuhr er von 1719 bis 1724 in Eton. Ein juristisches Studium in Leyden mußte er nach einem Jahr aus finanziellen Gründen aufgeben — sein Vater, der zum zweitenmal geheiratet hatte, versagte ihm jede weitere Unterstützung. Als 24jähriger kam er nach London und begann, für das Theater zu schreiben. Seine erste Komödie »Love in Several Masques«, die auf seinen Versuch zurückgeht, ein junges Mädchen auf dem Wege zur Kirche zu verführen, wurde im Drury Lane Theatre aufgeführt. Auf Grund der Zensurverordnungen Walpoles im Jahre 1737 mußte Fielding — er war inzwischen Direktor des Haymarket Theatre geworden — seine Theaterambitionen aufgeben. Er setzte seine juristischen Studien am Middle Temple fort und schloß sie 1740 mit der Zulassung als Anwalt ab. Eine im selben Jahr eröffnete Praxis brachte ihm jedoch keinnen Erfolg. 1734 hatte er nach vierjährigem Werben Charlotte Cradock, der er in der Gestalt der Sophie Western in seinem Roman »Tom Jones« ein Denkmal setzt, geheiratet. Sie starb nach neunjähriger Ehe. Vier Jahre nach ihrem Tode heiratete er ihre Zofe, die den infolge ständiger Überarbeitung kränkelnden Schriftsteller hingebungsvoll pflegte. Fielding starb am 8. Oktober 1754 bei einer Kur in Lissabon. Mit seinen Werken »Joseph Andrews« (1742), »Jonathan Wild« (1743) und »Tom Jones« (1749), den er in seinem Hause in der Bow Street abschließen konnte, gilt Fielding, den Samuel Johnson einen Schafskopf nennt und Richardson mit einem Stallknecht vergleicht, als »Vater des englischen Romans.« Vor Fielding hatte der Dramatiker William Wycherley in diesem Hause gewohnt. 1678 besuchte Charles II. hier den erkrankten Schriftsteller. 1640 in Clive bei Shrewsbury/Shropshire als Sohn eines Gutsbesitzers geboren, studierte er in Oxford und am Middle Temple und verbrachte danach einige Jahre in Frankreich. Durch seine Ehe mit der jungen und verwitweten Gräfin Drogheda, die er 1679 im geheimen schloß, verlor er zwar die Gunst des Königs, kam aber zu einem Riesenvermögen. Seine Frau machte ihm allerdings die kurze Ehe nicht leicht. Sie war so eifersüchtig, daß er die Fenster seines seiner Wohnung gegenüberliegenden Stammlokals »The Cock« immer öffnen lassen mußte, wenn er sich dort mit seinen Freunden traf. Auf diese Weise wollte sie feststellen, daß sich in seiner Nähe keine Frau befand. Wenig mehr als ein Jahr nach der Hochzeit starb sie. Im Kampf um die Rechtmäßigkeit seiner Erbschaft unterlag er und wurde für eine gewisse Zeit im Fleet Prison inhaftiert. Elf Tage vor seinem Tode am 31. Dezember 1715 ging der 75jährige eine zweite Ehe mit einem blutjungen Mädchen ein. Mit seinen vier Komödien, besonders mit der im Dezember 1676 im Drury Lane Theatre aufgeführten Stück »The Plain Dealer«, gilt er als Begründer der englischen Sittenkomödie. In St. Paul's, Covent Garden, wurde er bestattet.

Der Hofdichter Charles Sackville (1638—1706), 6. Graf von Dorset und Middlesex, wohnte in den achtziger Jahren des 17. Jahrhunderts in einem Stadtpalais, das an der Stelle des Wohnhauses von Fielding stand.

Der Schauspieler Garrick hatte mit seinem Freunde und Kollegen Charles Macklin und ihrer gemeinsamen Geliebten, der Schauspielerin Peg Woffington, im Jahre 1742 eine Wohnung in der Bow Street.

Long Acre Swift entdeckte bei einem Spaziergang durch Long Acre auf dem Firmenschild eines Schlossers den Namen Isaac Bickerstaff, den er so grotesk fand, daß er ihn als Pseudonym für seine in den Jahren 1708/09 erschienenen Pamphlete wählte. Steele übernahm den Namen und kennzeichnete mit ihm seine kritischen Beiträge im »Tatler«. Fontane schildert die Straße und seine Unterkunft hier in einem Aufsatz, dem er den Titel »Long Acre Nr. 27« gab. In diesem Hause, »zwei Fenster Front und drei Stockwerke«, an dessen Stelle heute das »Walton House« steht, befand sich das von dem Führer des Hanauischen Freikorps geleitete »German Coffee House«, in dem sich die Flüchtlinge der Revolution von 1848 trafen. Bei seinem zweiten Londoner Aufenthalt in London stieg Fontane, der als Korrespondent der Zentralpressestelle des Preußischen Staatsministeriums über die Verhältnisse im viktorianischen England berichten sollte, hier am 23. April 1852 ab. Nach seiner Begeisterung über die Einfahrt in die Stadt gefiel ihm seine Unterkunft weniger: »... Furchtbar, aller Zauber gelöst. Schlechtes Zimmer, schlechtes Essen, schlechte Bedienung, mit einem Wort: Flüchtlingskneipe.« Nach vier Tagen übersiedelte er in die Burton Street (heute South Eaton Place). Seine Frau Emilie, die er in Berlin zurückgelassen hatte, erwartete ihr zweites Kind. Seine erste Englandreise hatte er während eines Urlaubs vom Militärdienst mit seinem Freunde Scherz vom 25. Mai bis zum 8. Juni 1844 unternommen. Zum drit-

tenmal kam er im Jahre 1855 in die Hauptstadt und blieb knapp
dreieinhalb Jahre. In einem Gebäude, das an der Stelle des Hauses
Nr. 137 steht, wohnte John Dryden von 1682 bis 1686. Von hier
zog er zur Gerrard Street. In der St. Martin's Hall, Long Acre Nr.
92, veranstaltete Dickens im Jahre 1858 seinen ersten Leseabend.
Zwei Jahre später wurde die Halle eingeäschert und an ihrer Stelle
das Queen's Theatre errichtet. Richard Lovelace, der nach seiner
Entlassung aus dem Gefängnis in größte Bedrängnis geraten war,
soll in einem Keller am Long Acre gehaust haben. Hazlitt, der als
Zwanzigjähriger im Jahre 1798 von Wem/Shropshire zum erstenmal nach London kam, fand bei seinem Bruder John, der kurz zuvor in die Hauptstadt gekommen war, um hier als Maler sein Glück
zu versuchen, im Hause Nr. 139 Unterkunft. Ein Jahr danach
konnte er eine eigene Wohnung am Rathbone Place mieten.

Wild Court Benjamin Franklin arbeitete vom Ende des Jahres 1725
bis 1726 als Geselle in der Druckerei von James Watts am Wild
Court. Watts, der fünfzig Drucker beschäftigte, lobte ihn als den besten und schnellsten seiner Mitarbeiter. Seine Kollegen nannten ihn
den »Wasser-Amerikaner«, weil er nicht wie sie Unmengen von
Bier vertilgte. Franklin wohnte zu dieser Zeit in der Sardinia Street.

Great Queen Street Diese Straße wurde 1640 zu Ehren der Königin
Henrietta, der Gemahlin Charles' I., angelegt. R. B. Sheridan wohnte
von 1777 bis 1782 mit seiner Frau Elizabeth Linley in einem Hause,
das an der Stelle der 1933 errichteten »Freemasons' Hall« stand. Hier
arbeitete er an seiner Komödie »The School for Scandal«, der bedeutendsten Sittenkomödie der Restaurationszeit. Im Jahre 1776
hatte er das Drury Lane Theatre gekauft, das er bis zu seiner Einäscherung im Jahre 1809 leitete.

An der Stelle der Freemasons' Hall befand sich die Freemasons' Tavern, in der Dickens im Jahre 1867 am Vorabend seiner Reise nach
Amerika ein öffentliches Abschiedsessen gab, an dem über 400 Gäste
teilnahmen. Gegenüber, im Hause Nr. 31, verbrachte Blake drei
Jahre seiner siebenjährigen Lehrzeit, die er als 14jähriger bei dem
berühmtesten Kupferstecher der Zeit, James Basire, im Jahre 1771
begonnen hatte. Auch Reynolds machte in dieser Straße eine Lehre
durch. Dr. Thomas Arne, der zu dieser Zeit Komponist am Drury
Lane Theatre war, wohnte im Jahre 1748 im Hause Nr. 66.

Kingsway Die 1910 erbaute Holy Trinity Church nimmt die Stelle
des Hauses ein, das am Ende der Little Queen Street stand, die hier
in den Kingsway mündete. In diesem Hause, Little Queen Street

Nr. 7, wohnte die Familie des Amtsgehilfen Lamb mit ihren Kindern Charles und Mary. Hier tötete Mary, die zehn Jahre ältere Schwester des Schriftstellers, am 22. September 1796 in einem Anfall geistiger Umnachtung, die in der Familie erblich war, ihre bettlägerige Mutter und verletzte ihren senilen Vater so schwer, daß er drei Jahre darauf starb. Der Schriftsteller gab die Wohnung auf und zog mit Vater und Schwester, die er bis an sein Lebensende betreute, zur Chapel Street. Eine Tafel an der Frontseite der Kirche erinnert an Charles Lamb.

Great Queen Street und Long Acre führen zur Garrick Street und **St. Martin's Lane** Im New Theatre, dem heutigen Albery, erlebten im Jahre 1924 Shaws »Saint Joan« (»Die heilige Johanna«) und 1950 T. S. Eliots »The Cocktail Party« ihre Uraufführung. Von 1944 bis 1950 spielte hier unter der Leitung von Laurence Olivier die Old Vic Theatre Company.

Im Hause Nr. 61 hatten von 1753 bis 1813 der Kunsttischler Thomas Chippendale und sein gleichnamiger Sohn ihre Werkstatt. Nach ihnen trägt ein bestimmter Stil englischer Möbel, vor allem Sitz- und Schreibmöbel, seinen Namen. Berühmt wurde das Vorlagebuch des Vaters »The Gentleman's and Cabinetmaker's Director« (1754), eine Mustersammlung der zu seiner Zeit beliebten Kunstmöbel. Das Haus trägt seit 1952 eine Gedenktafel.

Garrick Street Von 1743 bis 1745 wohnte der Schauspieler David Garrick in dieser Straße, die damals noch Rose Street hieß und heute ihm zu Ehren seinen Namen trägt. Auch die Schauspieler Kean, Kemble und Macklin sind durch Straßennamen in dieser Gegend ausgezeichnet worden. Der am 3. Februar 1612 in Strensham/Worcestershire als Sohn eines Bauern geborene royalistische Verssatiriker Samuel Butler (der Ältere) starb am 25. September 1680 völlig verarmt an der Schwindsucht in einem Hause dieser Straße. Auf dem Friedhof der St. Paul's Church, Covent Garden, wurde er bestattet. Von seinem Grabe findet sich keine Spur. Butler, der seine Bildung aus der Bibliothek der Gräfin Elizabeth von Kent bezog, deren Page er war, verspottet in seinem dreiteiligen, komisch-satirischen Heldenepos »Hudibras« (1663/64/78) den politischen und religiösen Fanatismus der Puritaner. Im Jahre 1864 übersiedelte der Garrick Club von der King Street in das Haus Nr. 15, wo er noch heute tagt. Auf dem Heimweg von Will's Coffee House wurde Dryden in der Nacht zum 18. Dezember 1679 in der damaligen Rose Street von gedungenen Helfern eines Rivalen zusammengeschlagen. In einer Ta-

verne »The Lamb and the Flag« kam er erst nach Stunden wieder
zu sich.

Monmouth Street Dickens widmet in seinen »Sketches by Boz« der
Monmouth Street, seiner Lieblingsstraße, »ehrwürdig wegen ihres
Alters und achtbar wegen ihrer Nützlichkeit«, ein Kapitel.

Great Newport Street Von 1753 bis 1761 wohnte und arbeitete Reynolds im Hause Nr. 5. Von hier übersiedelte er zum Leicester Square.

Litchfield Street In einem Hause in dieser Straße hatte De Quincey
während seines ersten Aufenthalts in London eine kärgliche Unterkunft.

West Street Agatha Christies Kriminalstück »The Mouse Trap«
(»Die Mausefalle«), das seit einem Vierteljahrhundert in London
gespielt wird, erlebte Ende 1976 seine 10 000. Aufführung im St.
Martin's Theatre und wurde damit zu einem Phänomen der Theatergeschichte. Bei seiner Premiere in Nottingham am 6. Oktober 1952
war das Stück mit Pauken und Trompeten durchgefallen.

St. Giles High Street St. Giles High Street war die Hauptstraße des
Dorfes St. Giles-in-the-Fields. Die ganze Gegend war im 18. Jahrhundert ein verkommener und verdreckter Stadtteil, »in dem die
Rookeries (= Diebeshöhlen) mit einer gewissen Exklusivität vor den
anderen Stadtteilen herrschten«, wie Fontane schreibt. Vor der St.
Giles-Kirche wurde den zum Tode verurteilten Verbrechern auf ihrem Wege von Newgate Prison zum Galgen am Tyburn, am heutigen Marble Arch, ein Humpen Bier gereicht. In der Kirche, der
dritten an dieser Stelle, steht der aus dem Jahre 1731 stammende,
von seinem Freund, dem Baumeister Inigo Jones, entworfene Grabstein des Dramatikers und Homerübersetzers George Chapman, der
sich ehemals auf dem Gemeindefriedhof befand. Der um 1559 in
Hitchin/Hertfordshire geborene Freund und Zeitgenosse Shakespeares lebte von 1583 an in London und starb hier am 12. Mai 1634.
Keats hat ihn mit seinem Sonett »On First Looking into Chapman's Homer« (1815) unsterblich gemacht. Der Grabstein des in der
Maiden Lane verstorbenen Dichters Andrew Marvell mit der Inschrift »Das Grab ist ein schöner und privater Ort, kein Mensch jedoch, so glaube ich, umarmt sich dort« und ist ebenfalls erhalten. In
der alten Kirche wurden 1648 Miltons Tochter Mary aus seiner ersten Ehe und 1671 Colley Cibber getauft und am 19. Februar 1736
sein Sohn Fieldings zur letzten Ruhe gebettet. In der jetzigen Kirche
wurde am 9. März 1818 Allegra, die uneheliche Tochter Byrons mit

Claire Clairmont, der Stieftochter Godwins, die Shelley und ihre 16jährige Stiefschwester auf ihrer Fluchtreise durch Frankreich und die Schweiz begleitet hatte, getauft. Auch William und Clara Everina, die Kinder Shelleys und seiner ersten Frau Harriet, die im Dezember 1816 Selbstmord beging, wurden hier aus der Taufe gehoben.

Siebenter Spaziergang: Piccadilly und St. James's

Piccadilly, im späten 17. Jahrhundert ein aristokratisches Wohnviertel, heute eine der wichtigsten Geschäftsstraßen Londons, geht vom Piccadilly Circus, früher gern als die Radnabe des Britischen Empire bezeichnet, bis zum Wellington Place am Hyde Park Corner. Der Name der Straße und des runden Platzes geht auf einen Londoner Schneider namens Robert Baker zurück, der im 17. Jahrhundert die allgemein geschätzten steifen, gerüschten Krausen, sog. Pickadils, herstellte und so gut daran verdiente, daß er sich in dieser Gegend ein Haus bauen konnte, das als Piccadilly Hall bekannt wurde und Straße und Platz den Namen gab.

Regent Street Regent Street, die in ihrem wichtigsten Teil Piccadilly Circus mit Oxford Circus verbindet, ist eine der elegantesten Straßen Europas. Sie verdankt ihren Namen dem Prinzregenten und späteren König George IV. und war im 19. Jahrhundert ein bevorzugtes Begegnungszentrum der Londoner Gesellschaft. Im Hause Nr. 68 befindet sich seit 1865 das im Second-Empire-Stil von einem Franzosen gegründete Café Royal, seit je ein bei Schriftstellern und Künstlern beliebtes Restaurant. Betjeman nennt das Café in einem Gedicht »Londons Märchenland«. In der Eingangshalle stehen die Büsten von Oscar Wilde, D. H. Lawrence, G. B. Shaw, Jacob Epstein und Arnold Bennett, die zu den berühmtesten Gästen zählen. Oscar Wilde, der täglich im Royal anzutreffen war, machte hier die Bekanntschaft des achten Marquis von Queensberry, als er mit dessen Sohn, Lord Alfred Bruce Douglas, hier zu Mittag aß. Die Herren verbrachten drei Stunden zusammen, wobei der Marquis Wilde, dem er Schande und Ruin bringen sollte, äußerst charmant fand. Nach seiner Rückkehr aus New Mexico lud D. H. Lawrence seine Freunde zu einem eleganten Essen in einem kleinen Saal, den er für diesen Zweck gemietet hatte, ein. Es wird berichtet, daß er eine geradezu jungenhafte Freude daran hatte, seine Gäste in einem so prächtigen Milieu zu empfangen. Der Gastgeber betrank sich hierbei bis zur Bewußtlosigkeit. Nach einigen alkoholischen Exzessen hatte Dylan Thomas hier Lokalverbot. Der Schriftsteller Keith Waterhouse, 1929 als Sohn eines Gemüsehändlers in Leeds geboren, verfaßte zusammen mit Guy Deghy eine Geschichte des Restaurants (1955).

Air Street Frank Wedekind, der, von Paris kommend, am 24. Januar 1894 in London eintraf, logierte sich im Hause Nr. 13 ein. Kurz danach übersiedelte er an den Bedford Place Nr. 30, kehrte aber bald in seine erste Unterkunft zurück. London hat er keinen Geschmack abgewinnen können. An der Stelle des Piccadilly Hotel, Piccadilly Nr. 21, lag St. James' Hall. Hier veranstaltete Dickens am 15. März 1870 vor über 2000 Zuhörern seinen letzten Vortragsabend. George Eliot besuchte hier am 18. Dezember 1880 mit ihrem Gatten ein Konzert, bei dem sie sich eine Erkältung zuzog, an deren Folgen sie vier Tage danach starb.

Hinter dem »Albany House« am Albany Court Yard erstreckt sich eine 1770 angelegte Straße, deren mit Vorgärten versehene, gegen jeden Straßenlärm abgeschirmte, ursprünglich für Junggesellen vorgesehene, nur für Anwohner zugängliche Reihenhäuser seit 1803 ein Refugium von Literaten und Gelehrten bilden, das

Albany Mr. Frederick Malderton in Dickens' »Horatio Sparkins«, einem der »Sketches by Boz«, rühmt sich eines vertrauten Freundes, »der einst mit einem Gentleman bekannt war, der vormals im Albany wohnte«. Zu den prominentesten Schriftstellern, die in der »reizenden, schwarzweißen Abgeschiedenheit Albanys« (A. Maurois) wohnten, gehört der am 9. Juli 1775 in London als ältestes von vier Kindern einer wohlhabenden Familie geborene Schriftsteller Matthew Gregory Lewis, der nach dem Titel seines ersten Buchs, des Schauerromans »Ambrosio, or The Monk«, 1795 (»Der Mönch«), den er in zehn Wochen schrieb, »Monk Lewis« genannt wird. Er lebte und arbeitete in der Wohnung K 1 von 1810 bis zu seinem Tode am 14. Mai 1818. Lewis machte seinen Freund Byron auf das frei werdende Appartement Nr. 2 A eines Lord Althorpe aufmerksam, der sich verheiratete. Byron gab seine Junggesellenwohnung in der Bennet Street am 28. März 1814 auf, nachdem er am Vortage »von sechs bis Mitternacht mit einem Freund gegessen und eine Flasche Champagner und sechs Flaschen Rotwein geleert hatte«. »Bin heute in meine neue Wohnung gezogen, für sieben Jahre gemietet. Geräumig, mit Platz für meine Bücher und Säbel ... Las ein wenig von vielen Dingen ... werde morgen alle meine Bücher bekommen. Glücklicherweise kann dieses Zimmer sie aufnehmen«, schreibt er. Seine Haushälterin Mrs. Mule und sein Diener Fletcher betreuten ihn auch hier. Bei seiner Eheschließung am 2. Januar 1815 gab er das Appartement auf und bezog das Haus Piccadilly Terrace Nr. 13, das an der Stelle des Hauses Piccadilly Nr. 139 stand. Edward Bulwer-Lytton wohnte von Mai 1835 bis zum Jahre 1837 in denselben Räumen. Er hoffte, hier nach einer unglücklichen Ehe — er hatte gegen den Willen seiner Mutter die Irin Rosina Wheeler geheiratet — Ruhe und Frieden zu finden. Der 41jährige Thomas Babington Macaulay, der bis 1841 Kriegsminister war, bezog nach seiner Amtsaufgabe das Erdgeschoß des Hauses E 1 und übersiedelte nach fünf Jahren in den zweiten Stock des Hauses F 3, wo er mehr Platz für seine Bücher fand. An einen Freund schreibt er: »Ich habe mir eine sehr komfortable Wohnung im Albany genommen und hoffe, hier im Westend Londons ein College-Leben ganz nach meinem Geschmack führen zu können. Ich habe eine Eingangshalle, zwei Wohnzimmer, ein Schlafzimmer, eine Küche, Keller und zwei Dienstbotenräume. Seit vielen Jahren— das muß ich sagen — war ich nicht so glücklich wie jetzt.« Hier schrieb er die vier Bände seiner »History of England«. Sein schwaches Herz verbot ihm das Treppensteigen, und so übersiedelte er im Januar 1856 in die »Holly Lodge« am Campden Hill, wo er durch eine Tür seiner Bibliothek direkt in den Garten gehen konnte. Im Jahre 1912 bezog der am 17. Januar 1883 in West Hartlepool/Durham geborene, aus einer Schauspielerfamilie stammende Romancier Compton Mackenzie dieselben Räume. In seinem zum Teil autobiographischen Entwicklungsroman aus der Londoner Unterwelt »Sinister Street« (1913/14) beschreibt er seine Wohnung im Albany. J. B. Priestley wohnte im Hause B 3—4. Die Londoner City bildet den Schauplatz seiner Chronik »Angel Pavement«, 1930 (»Engelsgasse«). Der am 21. November 1886 als Sohn eines Diplomaten in Teheran geborene Schriftsteller und Kritiker Sir Harold Nicolson, seit 1913 mit der Schriftstellerin Victoria Sackville-West verheiratet — beide suchten allerdings in Bindungen zum eigenen Geschlecht Befriedigung — hatte von 1930 an neben seiner Wohnung am King's Bench Walk im Temple ein Appartement im Albany. Zum Wochenende besuchte er seine Frau regelmäßig in Sissinghurst. Dort starb er am 1. Mai 1968. Auch der am 2. Oktober 1904 in Berkhamsted/Hertfordshire als Sohn eines Schulleiters und als Großneffe Robert Louis Stevensons geborene Erfolgsautor Graham Greene bewohnte bis zu seiner Heirat im Jahre 1927 ein Appartement im Albany. In einem Gespräch mit seinem Freund Ronald Matthews beklagt er sich, nachdem er in einer knappen halben Stunden viermal angerufen worden war: »Heutzutage ist das Arbeiten in der Stadt ganz unmöglich. Obwohl meine Nummer nicht im Telefonbuch steht, gibt man sie doch einigen Leuten bekannt, und diese geben sie offenbar weiter. Neulich hatte ich an einem einzigen Vormittag 21 Anrufe. Man kommt einfach nicht mehr dazu, sich in seine Arbeit zu vertiefen.« Weitere prominente Schriftsteller, die die klosterähnliche Abgeschiedenheit des Albany liebten, waren Aldous Huxley, Sir Herbert Beerbohm Tree, der Halbbruder des Schriftstellers Sir Max Beerbohm Tree und Direktor des King's Theatre von 1897 bis 1917, und der am 10. Juni 1911 als Sohn eines Diplomaten in London geborene Bühnenschriftsteller Terence Rattigan, der mit seinen Gesellschaftskomödien in der Tradition Oscar Wildes sowie seinen Zeit- und Problemstücken die Bühnen der Welt eroberte. Seine Komödie »French Without Tears«, 1936 (»Französisch ohne Tränen«) wurde in London 1039 mal hintereinander aufgeführt. Mit seinen Stücken »The Deep Blue Sea«, 1952 (»Lockende Tiefe« oder »Tiefblaue See«) und mit »Separate Tables«, 1954 (»An Einzeltischen«) konnte er auch das deutsche Publikum begeistern. Von Politikern, die hier residierten, seien nur Gladstone und Edward Heath genannt. Wordsworth war hier von Gladstone im Jahre 1836 und später wiederholt zum Abendessen eingeladen. Zur Verwunderung seines Gastgebers pflegte der Dichter beim Verlassen der Wohnung seine seidenen Strümpfe im Vorraum mit grauwollenen zu vertauschen, bevor er die Straße betrat.

Burlington House In dem im Jahre 1665 erbauten »Burlington House«, einem der bedeutendsten der erhaltenen Stadtpaläste Londons, das sogar ein kleines Theater in seinen Mauern aufzuweisen hat, versammelte der kunstliebende 3. Earl of Burlington (1695—1753) Schriftsteller wie Dr. Arbuthnot, Pope und Gay um sich. Im ersten Jahr seines Aufenthalts in London war Händel sein Hausgast. Der Komponist widmete ihm seine Oper »Theseus«. John Gay besingt in seiner Gedichtsammlung »Trivia, or the Art of Walking the Streets of London« (1727) Burlingtons »Fair Palace«:
»Hier schlägt Händel die Saiten,
rauschende Akkorde erheben meine Seele,
ergreifen uns bis in die Tiefen.
Hier kehre ich oft ein.«
Seit 1868 hat hier neben anderen wissenschaftlichen Vereinigungen die Royal Academy of Arts mit ihren alljährlichen Ausstellungen zeitgenössischer Künstler ihren Sitz. Sir Joshua Reynolds, dessen Statue den Innenhof ziert, wurde 1768 ihr erster Präsident.

Piccadilly Lord Byron, verschuldet, mit seiner Mutter zerstritten, des studentischen Lebens am Trinity College in Cambridge überdrüssig, ging im Dezember 1805 nach London und bezog zunächst im Hause

Nr. 16 die Wohnung, die seine Mutter für ihre Besuche in London gemietet hatte. Im August 1806 schreibt er einem Freund, daß er ihm in den nächsten Tagen eine neue Adresse mitteilen werde, die aber vor Mrs. Byron geheimgehalten werden müsse. Im Jahre 1917 mietete sich Arnold Bennett im Obergeschoß des Hauses Nr. 80, in dem der Royal Yacht Club seine Räume hatte, eine kleine Stadtwohnung. Seinen ständigen Wohnsitz hatte er zu dieser Zeit in Thorpe-le-Soken/Essex. Im Februar 1919 gab er seine Wohnung auf und bezog mit seiner Frau zunächst das Haus Berkeley Street Nr. 17 und im Dezember desselben Jahres George Street Nr. 12 B. Horace Walpole wohnte eine gewisse Zeit im ersten Stock des Hauses Nr. 90.

Lord Byron, der am 2. Januar 1815 Anne Isabella Milbank nicht zuletzt auf den Rat seiner mütterlichen Freundin Lady Melbourne hin, die glaubte, daß mit der Eheschließung Byrons Beziehungen zu seiner Halbschwester Augusta vertauscht werden könnten, geheiratet hatte, bezog mit seiner Frau ein kleines, an der damaligen Piccadilly Terrace Nr. 13 gelegenes Stadtpalais, das der Herzogin von Devonshire gehörte und das Lady Melbourne, die Tante Annabelles, für das junge Paar gemietet hatte. 1889 fiel das Palais, das an der Stelle des Hauses Piccadilly Nr. 139 stand, der Spitzhacke zum Opfer. Im Garten hinter diesem Hause wurde ein Denkmal des sitzenden Byron mit seinem Neufundländer Boatswain zu seinen Füßen errichtet. Obwohl der verschuldete Byron auf die Einkünfte seiner Frau, von denen gerade der Mietpreis bestritten werden konnte, angewiesen war, ließ er das Haus völlig umbauen, engagierte eine ansehnliche Dienerschaft, kaufte Pferde und Equipagen und setzte sein ausschweifendes Leben außerhalb des Hauses fort. Mrs. Mule und sein Kammerdiener Fletcher standen ihm auch hier zur Verfügung. Unter diesen Umständen sprachen Gläubiger und Gerichtsvollzieher ständig vor. Auf Einladung seiner Frau gesellte sich zehn Tage nach dem Einzug Augusta zu den Jungvermählten. Die Ehefrau konnte allerdings ihre Anwesenheit nach fünf Monaten nicht mehr ertragen, und Augusta verließ das Haus. Am 10. Dezember 1815 kam hier eine Tochter, die auf die Namen Augusta-Ada getauft wurde, zur Welt. Byrons Halbschwester war zur Entbindung nach London gekommen. Hier schrieb Byron die Verserzählung »The Siege of Corinth« und betätigte sich außerdem im Verwaltungsrat des Drury Lane Theatre. Mitte Januar 1816 verließ Lady Byron, die auf Augusta und die Freunde ihres Gatten, die sie die Piccadilly-Bande nannte, eifersüchtig war und die Unmöglichkeit ihrer Verbindung eingesehen hatte, mit ihrer Tochter im gegenseitigen Einvernehmen das Haus und ging zu ihren Eltern nach Kirkby Mallory/Leicestershire zurück. Im April wurde die Ehe geschieden. Später wohnte Lady Byron in Hampstead in der Branch Hill Lodge, einem Hause, in dem heute ein Altersheim untergebracht ist. Der Dichter, der ständig von seiner Gesundheit sprach — er hatte ein graues Haar entdeckt, und ein Stückchen Zahn war ihm abgesplittert — verließ im selben Jahr England für immer. Er reiste zunächst an den Genfer See, wo ihn Shelley mit Mary Godwin und ihrer Stiefschwester Claire Clairmont, die ein Kind von ihm erwartete, aufsuchte.

Der Stadtteil St. James's, Zentrum des Kunsthandels der Hauptstadt und der Klubs, wird im Norden von Piccadilly und Mayfair, im Osten von Haymarket, im Süden von St. James's Park und im Westen vom Green Park begrenzt.

Arlington Street An der Stelle des Ritz Hotel an der Ecke von Piccadilly stand die alte Postkutschenstation und Wirtschaft »White Horse Cellars«. Hier bestiegen Mr. Pickwick und Sam Weller in Dickens' »Pickwick Papers« die »Halbachtuhrkutsche nach Bath«, wobei Sam Weller mit dem Fahrkartenverkäufer, der ihm »eine zinnerne Halbkrone beim Herausgeben andrehen« wollte, »einige Höflichkeiten« wechselte«. An der Stelle des Hauses Nr. 22 (damals Nr. 17) stand das Geburtshaus von Horace Walpole. Der Brief- und Memoirenschreiber und Begründer des gotischen Romans wurde hier als Sohn des Staatsmanns Sir Robert Walpole am 24. September 1717 geboren. Seine Kindheit verbrachte er im elterlichen Landhaus in Chelsea. Nach seiner Ausbildung in Eton und Cambridge bereiste er mit seinem Freund, dem Lyriker Thomas Gray, den Kontinent. Sein Vater, der sich von seiner Frau getrennt hatte, wurde 1735 Prime Minister — er trug als erster diesen Titel — und bezog mit seinem Sohn seine Dienstwohnung in der Downing Street Nr. 10. Mit seiner Amtsaufgabe im Jahre 1742 übersiedelten Vater und Sohn in ein eigenes kleines Haus, Arlington Street Nr. 5, das noch steht und seit 1881 eine Gedenktafel an den Staatsmann trägt. Horace Walpole erinnert sich: »Gegenüber haben wir schon einmal gewohnt. Mein Vater ist dafür, daß ich weiter bei ihm bleibe, womit ich aber eingesperrt bin.« Robert Walpole lebte in diesem Hause nur noch drei Jahre. Er hatte es seinem Sohn, der unverheiratet blieb und es bis 1779 als Stadtwohnung nutzte, vererbt. Hier schrieb Horace Walpole an seinem Roman »The Castle of Otranto«. Seit 1747 hatte er seinen Hauptwohnsitz auf seinem Besitz Strawberry Hill in Twikkenham. Bei seinem ersten Besuch von Cambridge in London im Sommer 1807 stieg der 19jährige Byron in Gordon's Hotel in der Arlington Street ab.

Bennet Street In den Jahren 1813 und 1814 hatte Byron im Hause Nr. 4 eine kleine Wohnung. Mit der Wohnung übernahm er als Haushälterin den »Schrecken seiner Freunde«, Mrs. Mule, »die die Kamine versorgt, die älteste und verwittertste ihres Geschlechts und gegen jeden außer mich sehr unliebenswürdig«, wie der Dichter schreibt. Sie blieb auch nach seiner Übersiedlung ins Albany bei ihm. Hier besuchte ihn seine Halbschwester Augusta, die in Six Mile Bottom bei Newmarket mit ihrem Gatten, dem leichtsinnigen Lebemann Colonel Leigh, und ihren drei Kindern lebte, am 27. Juni 1813 zum erstenmal. Mit diesem Besuch begann die tragische Beziehung der beiden, die zum Scheitern seiner Ehe und zu seinem Exil in Italien beitragen sollte. Augusta hatte als Ehrendame der Königin eine Wohnung im benachbarten St. James's Palace.

Im Jahre 1705 wohnte Sir Richard Steele eine gewisse Zeit in der Bennet Street. Seine beiden Kinder ließ er in der St. James's Church taufen.

Jermyn Street Jermyn Street, die »Carnaby Street des konservativen Engländers«, verdankt ihren Namen dem Erbauer des St. James's Square. Die letzten vier Jahre des 17. Jahrhunderts wohnte Sir Isaac Newton im Hause Nr. 88 und von 1700 bis 1709 im Hause Nr. 87. Dieses Haus, das 1908 eine Gedenktafel erhielt, wurde abgerissen und die Gedenktafel im Jahre 1915 an dem an seiner Stelle errichteten Neubau angebracht. Der am 15. August 1771 in Edinburgh geborene Schriftsteller Sir Walter Scott, der wie Byron seit Geburt gehbehindert war, stieg bei seinen Besuchen in London mehrmals im Waterloo Hotel, Jermyn Street Nr. 85/86, ab. Nach dem Verlust seines Vermögens durch den Bankrott seiner Verleger versuchte er, seine finanzielle Situation durch übermenschliche Arbeit zu retten, erlitt aber einen Zusammenbruch, der ihn zu einer Erholungsreise nach dem Süden veranlaßte. In Neapel verschlimmerte sich sein Zustand. Er fühlte sein Ende nahen und brach seinen Aufenthalt ab. In London mußte er die Rückreise unterbrechen und verbrachte Ende Juni, Anfang Juli 1832 drei Wochen »halb schlafend, halb träumend, halb tot« im St. James's Hotel im Hause Nr. 75, das bis zu seiner Zerstörung im Zweiten Weltkrieg eine Gedenktafel trug. Die Tafel war 1930 von dem neuseeländischen Schriftsteller Hugh Walpole enthüllt worden. Am 21. September 1832 starb er auf seinem

Besitz Schloß Abbotsford/Schottland. William Makepeace Thackeray wohnte von Dezember 1843 bis April 1845 im Hause Nr. 27. An seine Frau, die Irin Isabelle Shawe, die er 1835 in Paris kennengelernt und drei Jahre später geheiratet hatte, schrieb er: »Man ist hier sehr gut zu mir. Ich habe drei Räume für mich und einen Diener; unter mir wohnt ein Arzt, und das alles für 25 Schillinge die Woche.« 1842 hatte er sich schweren Herzens von seiner Frau getrennt, die seit 1840 an Schizophrenie litt. Im selben Jahr war dem Ehepaar das dritte Kind, Harriet, geboren. Harriet wurde die erste Frau des Kritikers Leslie Stephen. Von der Jermyn Street ist die 1684 von Wren erbaute St. James's Church, Piccadilly, im 18. Jahrhundert die eleganteste Kirche Londons, zugänglich. Lord Chesterfield, der am benachbarten St. James's Square zur Welt kam, wurde hier 1694 getauft, William Blake im Jahre 1757. Richard Steele, der in der Bennet Street wohnte, ließ seine Kinder Elizabeth (1709) und Richard (1710) hier taufen. Dr. John Arbuthnot (1735) und Mark Akenside (1770) wurden hier bestattet.

In den fünfziger Jahren des 18. Jahrhunderts wohnte Thomas Gray, der als Professor für Geschichte und moderne Sprachen in Cambridge lebte, bei seinen seltenen Besuchen in der Hauptstadt in der Jermyn Street in einem Haus dicht bei der Regent Street.

Duke Street, St. James Bei Fortnum and Mason, an der Ecke Piccadilly, wo die Verkäufer in der Kolonialwarenabteilung noch heute Gehröcke tragen, bezog Dickens seine Butter. Der schottische Dichter und Journalist Thomas Campbell wohnte von 1830 bis 1840 im Hause Nr. 20, Thomas Moore hatte zwischen 1814 und 1840 drei Wohnungen in der Duke Street und zwar in den Häusern Nr. 11, 15 und 33. Im Hause Nr. 15 starb seine geliebte Tochter Anastasia an der Schwindsucht. Edmund Burke hatte mehrere Wohnungen in dieser Straße. Im Jahre 1794 bezog er seine letzte Stadtwohnung in London im Hause Nr. 25. Sein Hauptwohnsitz war seit 1769 sein Gut »Gregories« in Beaconsfield/Buckinghamshire, wo er am 9. Juli 1797 starb. Bei seinen Besuchen in London stieg er bei Freunden in den Häusern Nr. 6 und 25 ab. Nach Rückkehr von einer Reise durch Europa und den Mittleren Osten im Jahre 1832 wandte sich Disraeli der Politik zu und wurde 1837 Mitglied des Parlaments für Maidstone. Zu dieser Zeit wohnte er kurze Zeit in der Duke Street, der ersten Straße Londons, die gepflastert wurde.

Ryder Street In der Ryder Street wohnte um 1710 Hester Vanhomrigh, mit der Swift, der von 1710 bis 1714 in London lebte, einige

Jahre eng verbunden war und die er »Vanessa« nannte. Im Jahre 1708 hatte der Schriftsteller die 20 Jahre jüngere, wohlhabende irische Kaufmannstochter kennen- und lieben gelernt. 1712 eignete er ihr das Schäfergedicht »Cadenus und Vanessa« zu, worin er sich in der Gestalt des Cadenus nichts weiter als die Rolle des väterlichen Betreuers zumißt. Aus Kummer über seine Abkehr starb sie im Jahre 1723. Sein langjähriges Verhältnis mit Esther Johnson hatte er ihr immer verheimlicht. Der Schriftsteller wohnte zu dieser Zeit in der benachbarten Bury Street.

Park Place David Hume wohnte von 1767 bis 1769 in dieser Straße. 1767 hatte er den Posten eines Unterstaatssekretärs übernommen, der ihm gestattete, sich intensiv mit der Korrektur seiner »History of England« zu beschäftigen. 1769 ging er nach Edinburgh zurück, wo er am 25. August 1776 starb.

Bury Street Von Chelsea zog Richard Steele im Jahre 1707 wieder in die Stadt und nahm seinen Wohnsitz in der Bury Street, »im dritten Hause auf der rechten Seite, wenn man von der Jermyn Street kommt«. Heute befindet sich dort das Haus Nr. 22. Hier wurden seine Kinder Elizabeth (1709) und Richard (1710) geboren. Am 9. September 1707 hatte er in zweiter Ehe Mary Scurlock, seine »dear Prue«, deren Bekanntschaft er bei der Beerdigung seiner im Dezember 1706 verstorbenen ersten Frau gemacht hatte, geheiratet. Swift, dessen Vanessa in der benachbarten Ryder Street lebte, wohnte von 1710 bis 1714 in einem Hause in der Bury Street. Bei einem Besuch in London im Jahre 1726 stieg er wieder hier ab. In seinem »Journal to Stella«, einer Sammlung von 65 Briefen an seine treue Gefährtin Esther Johnson, die Swift »Stella« nannte, schreibt er am 29. September 1710:

»Ich wohne seit einer Woche hier in der Bury Street und habe im ersten Stock ein Speise- und ein Schlafzimmer für acht Schillinge die Woche. Fürs Essen gebe ich nichts aus, ich gehe auch nicht in Kneipen. Selten nehme ich mir eine Droschke, dennoch wird es sehr teuer.« Im April 1711 ging er »wegen der guten Luft« für zehn Wochen nach Chelsea, wo er Heilung von seinen ständigen Kopfschmerzen zu finden hoffte. Am 30. November 1667 als Sohn einer armen englischen Familie in Dublin geboren — sein Vater starb vor seiner Geburt —, studierte er am Trinity College seiner Heimatstadt Theologie und wurde dann Privatsekretär des Staatsmanns und Schriftstellers Sir William Temple auf »Moor Park«/Surrey. Hier traf er die achtjährige Esther Johnson, vermutlich eine uneheliche Tochter seines Arbeitgebers. Der am 28. Mai 1779 als Sohn eines Weinhändlers in Dublin geborene Dichter Thomas Moore, der seine juristische Ausbildung in seiner Geburtsstadt begonnen und 1799 im Middle Temple in London fortgesetzt hatte, gab seine Laufbahn auf, um das kulturelle und gesellschaftliche Leben Londons ungehindert genießen zu können. Er wohnte zwischen 1805 und 1829 in den Häusern 19 und 24 und die längste Zeit im Hause Nr. 28, einem prachtvoll eingerichteten Gebäude. In der benachbarten Jermyn Street hatte er 1825 eine Wohnung im Hause Nr. 58. Am 25. März 1811 heiratete er die wohlhabende Schauspielerin Bessie Dyke, die ihm drei Kinder schenkte, denen jedoch allen kein langes Leben beschieden war. Anastasia starb 1829 an der Schwindsucht, sein ältester Sohn, der seinen Eltern viel Kummer machte, verlor 1846 sein Leben als Offizier der Fremdenlegion in Algerien, und der zweite starb 1842 in Indien. Nach einem Zerwürfnis seit November 1811 mit Byron, der als Dreizehnjähriger seine Liebesgedichte auswendig gelernt hatte, befreundet, widmet er ihm eine Biographie. Byron hatte ihm seinen »Corsair« zugeeignet. Eine Gedenktafel, die sich am Hause Nr. 28 befand, wurde 1962 entfernt und 1963 am Hause George Street angebracht. Moore starb am 26. Februar 1852 in geistiger Umnachtung auf seinem Landsitz »Sloperton Cottage« in Chittoe/Wiltshire. Sinclair Lewis wohnte bei seinen vier Besuchen in London in den zwanziger Jahren im Hause Nr. 10. Hier schrieb er seinen Roman »Babbitt«.

St. James's Street St. James's Street, ehemals die Straße berühmter Kaffeehäuser, die von wohlhabenden Besuchern später oft übernommen und zu exklusiven privaten Klubhäusern wurden, verbindet Piccadilly und St. James's Palace. White's, bereits 1693 als Kaffeehaus gegründet, befand sich 1755 im Hause Nr. 28 und danach im Hause Nr. 37—38. In Steeles »Tatler« ist es oft erwähnt, Gay, Pope und Swift verkehrten hier, Horace Walpole, Sheridan und Lord Chesterfield gehörten zu den ersten Mitgliedern. Im Hause Nr. 28 befindet sich jetzt Boodle's, ehemals ein Treffpunkt von Wettern und Glücksspielern, zu denen Gibbon zählte. Das bekannteste Kaffeehaus war das 1705 gegründete St. James's in der St. James's Street Nr. 87. Heute steht ein Postamt an seinem Platz. Stella sandte ihre Briefe aus Dublin an Swift über diese Adresse. Der Literary Club Johnsons traf sich hier zu seinen Versammlungen. St. James's Street Nr. 3 führt zum Pickering Place. In der Weinhandlung von Messrs Berry ist die Waage zu sehen, auf der Charles Lamb und

Lord Nelson bei ihren Einkäufen ihr Gewicht feststellen ließen.
Nach Rückkehr von seiner ersten »Pilgerfahrt«, die ihn und seinen
Freund Hobhouse über Portugal, Spanien, Malta, Albanien, Griechenland, Konstantinopel wieder nach Griechenland und Malta geführt hatte, stieg Byron am 17. Juli 1811 im Reddish Hotel in der
St. James's Street ab und erfreute sich hier seiner Reiseandenken,
Marmorstücke, Pflanzen, Schädel und Schildkröten. Hobhouse
hatte eine Wohnung im Hause Nr. 32. Anfang August reiste er zur
Bestattung seiner Mutter nach Newstead Abbey. Nach einem mehrmonatigen Aufenthalt auf seinem Besitz kehrte er im März 1812
nach London zurück und bezog das Haus St. James's Street Nr. 8,
an dessen Stelle heute ein Bürogebäude, das »Byron House«, steht.
In der Eingangshalle hängt ein im Jahre 1906 enthülltes Marmormedaillon mit dem Profil des Dichters, das sich früher an seinem
Wohnhaus befand. Hier »erwachte er eines Morgens und fand sich
berühmt«. An diesem Morgen — es war der 10. März 1812 — erschienen die beiden ersten Gesänge seines Versepos »Childe
Harold's Pilgrimage«, des dichterisch verklärten Bildes seiner Reiseerlebnisse, bei dem Verleger Murray in der Albemarle Street. Das
Buch war in drei Tagen ausverkauft und stürzte die Londoner Gesellschaft in das sogenannte »Byron-Fieber«.
Auf Einladung Godwins reiste Shelley mit seiner Frau, der 17jährigen Harriet Westbrook, im Oktober 1812 von Lynmouth/Devonshire, wo das Ehepaar lebte, nach London. Sie stiegen in einem kleinen Gasthof in der St. James's Street ab und wohnten »in einem
Balkonzimmer zur Straße hinaus«. Sir Richard Steele wohnte von
1714 bis 1716 in einem Hause, das an der Stelle des Hauses Nr. 26
stand. Im November 1793 verließ der schwerkranke Historiker Edward Gibbon Lausanne, wo er seit 1783 lebte, und ging nach London zurück, um sich hier operieren zu lassen. Er wohnte im Hause
seines Verlegers in der St. James's Street Nr. 74. Hier starb er am
16. Januar des folgenden Jahres. In seinen »Autobiographies«
(1787) schreibt er: »Zwanzig glückliche Jahre sind von der Arbeit
an meiner ›Geschichte‹ (des Niedergangs und Falls des Römischen
Imperiums) belebt worden, und ihr Erfolg hat mir einen Namen,
einen Rang, einen Ruf in der Welt gegeben, auf die ich sonst keinen
Anspruch gehabt hätte.« Im April 1845 zog Thackeray in das Haus
Nr. 88. Zu dieser Zeit unterhielt er noch gute Beziehungen zu Dikkens. Vor allem verkehrten die Töchter der beiden Schriftsteller
freundschaftlich miteinander. Im Juni des folgenden Jahres über-

siedelte er in die Young Street.

Bulwer-Lytton bewohnte eine Zeitlang ein Haus in der St. James's Street. Der Prager Dichter Alfred Meißner, der 1850 am Audley Square wohnte, schreibt in seiner Autobiographie: »Längst war mir ganz in der Nähe von Audley Square, in der St. James's Street, ein kleines Haus mit freier Aussicht auf den Park gleichen Namens aufgefallen; es war so sonderbar rot und gelb übertüncht. Es wurde mir noch weit merkwürdiger, seitdem ich erfahren, wem es gehöre. Dort wohnte Edward George Lytton Bulwer, von seiner Gattin getrennt, mit einer etwa zwanzigjährigen, sehr schönen Tochter, die er unlängst aus einem deutschen Pensionate zurückberufen hatte. Mehrmals sah ich Vater und Tochter auf kleinen schwarzen Ponys vorüberreiten. Bulwer stand erst am Rande der vierziger Jahre, war aber schon, wie ich hörte, von Gebrechen des Alters, Schwerhörigkeit und anderem geplagt.«

St. James's Place Addison wohnte um 1710 in dieser Straße, nachdem er mit seinem Gedicht »The Campaign« (1704), in dem er den englischen Sieg über die Franzosen und Bayern in der Schlacht von Blenheim gefeiert hatte, berühmt geworden war und eine Stelle im Staatsdienst erhalten hatte. 1709 war er Hauptschriftleiter der von Steele gegründeten, dreimal wöchentlich erscheinenden Zeitschrift »The Tatler« (»Der Plauderer«) geworden. Edward Gibbon wohnte nach seiner Rückkehr von seiner Italienreise im Jahre 1766 im Hause Nr. 2, Sheridan im Jahre 1802 im Hause Nr. 37. Marryat, der seit 1830 auf seinem Landgut Langham Manor/Norfolk lebte, hatte 1832 eine Stadtwohnung im Hause Nr. 38. Er hatte sich 1830 ins Privatleben zurückgezogen und konnte sich ganz seinen schriftstellerischen Neigungen hingeben. Der amerikanische Romanschriftsteller James Fenimore Cooper wohnte mit seiner Familie im Frühjahr 1828 im Hause Nr. 33. Im selben Hause kam 1856 Nathaniel Hawthorne unter. Um seiner homosexuellen Neigung ungestört nachgehen zu können, mietete Oscar Wilde, der mit seiner Familie in der Tite Street lebte, im Oktober 1893 ein Absteigequartier im Hause Nr. 10—11. Aubrey Beardsley übernahm die Wohnung nach Wildes Verhaftung im Jahre 1895. Der lungenkranke Zeichner und Schriftsteller starb 26jährig am 16. März 1898 in Mentone.

King Street »Einer der Orte, die man nur noch in der Erinnerung besuchen kann und für mich eine der ungeheilten Wunden Londons, ist die Stelle in der King Street, an der früher das alte St. James's Theatre stand, erbaut im Jahre 1835. Hier inszenierte Sir

Laurence Olivier mein Stück ›Venus Observed‹, kurz bevor das
Theater abgerissen wurde«, erinnert sich Christopher Fry. Fry
schrieb das Stück, das auch in Deutschland unter dem Titel »Venus
im Licht« aufgeführt wurde, im Jahre 1950, das Theater, das an der
Stelle der Häuser Nr. 23/24 stand, wurde 1957 abgerissen. Hier erlebten Bühnenwerke von Wilde, Shaw und Pinero ihre Uraufführung.

Cleveland Row Captain Marryat wohnte von 1822 bis 1827 mit seiner Familie im Hause Nr. 5. Er hatte im Jahre 1819 Kate Shairp
geheiratet, die dem kinderlieben Schriftsteller elf Nachkommen
schenkte.

St. James's Palace Nach der Einäscherung des Whitehall Palace im
Jahre 1698 bis zur Thronbesteigung Victorias im Jahre 1837 resi-
dierten hier die königlichen Familien. In den letzten Jahren des
17. Jahrhunderts besuchten allwöchentlich John Evelyn, John
Locke, Isaac Newton und andere Literaten den Wissenschaftler
Richard Bentley, der als königlicher Bibliothekar eine Wohnung im
Palast hatte. Von dem Aberglauben geleitet, daß Skrofulose durch
königliche Handauflegung heilbar sei, und auf Anraten ihres Arztes
reiste Samuel Johnsons Mutter nach London und stellte ihren Sohn
Queen Anna im St. James's Palace vor. »Die Handauflegung blieb
wirkungslos«, schreibt Boswell in seinem »Life of Samuel Johnson«
(1791). Am 27. April 1764 — fünf Tage nach ihrer Ankunft in
London — wurden Vater Mozart und seine Kinder Wolfgang und
Nannerl von George III. und seiner Gemahlin Sophie Charlotte,
einer Prinzessin Mecklenburg-Strelitz, »mit Leutseligkeit« empfangen. Disraeli nahm Stable Yard, einen 1825 errichteten Herrensitz,
in dem Chopin vor der Königin spielte, zum Vorbild für »Crécy
House« in seinem Roman »Lothair« (1870). Augusta Leigh, die
Halbschwester Byrons, war Ehrendame Victorias und hatte eine
Wohnung im Palast.

St. James's Park Am 15. Dezember 1762 besuchte Boswell einen
Hahnenkampf »in einem kreisrunden Saal« im St. James's Park und
genoß »stundenlang und aufgewühlt das Schauspiel, das dieser seltsame Menschenschlag mir bereitet hatte«. Chesterton bewundert in
seiner Autobiographie die Brücke im Park, »die in einem so maß-
geblichen Werk wie in Bellocs ›Essay über Brücken‹ ausdrücklich
erwähnt ist«. Am Hofe Georges II. kam der Gedanke auf, den Park
nach französischem Muster umzugestalten und für die Öffentlichkeit, die bis dahin Zugang hatte, zu verschließen. Als Chesterfield

gefragt wurde, welche Kosten dabei entstehen könnten, erwiderte er: »Höchstens eine Krone.«

Pall Mall [päl mäl] Der Name der zwischen St. James's Street und Trafalgar Square gelegenen Straße geht auf die französische Bezeichnung paille maille für ein Schlagballspiel, das unter Charles I. aus Frankreich eingeführt und vom Adel hier gespielt wurde, zurück. Pall Mall ist ebenso wie St. James's Street ein Mittelpunkt des Londoner Klublebens. Der »Athenaeum Club« an der Ecke von Pall Mall und Waterloo Place, der 1823 für Wissenschaftler, Literaten und Künstler gegründet wurde, zählte Disraeli, Dickens, Trollope, Matthew Arnold, James Barrie, Chesterton, Joseph Conrad, Galsworthy, Conan Doyle, Kipling, Thackeray und Yeats zu seinen Mitgliedern. Sir Walter Scott gehörte zum Gründungskomitee. Von den Fenstern des Klubhauses beobachtet Dickens, der 1838 Mitglied geworden war, mit seiner Frau im Jahre 1840 den Hochzeitszug der Königin Victoria. Wenige Tage vor seinem Tode traf Thackeray seinen Rivalen Dickens zufällig in der Vorhalle, wobei es zu einer Versöhnung der Kontrahenten kam, indem sich beide die Hände entgegenstreckten. Thackeray schrieb eine Reihe seiner Bücher in der Bibliothek des Klubs, den er »Megatherium« (»Riesenfaultier«) nennt. Unmittelbar neben dem Athenaeum liegen der »Travellers' Club« und daneben der »Reform Club«. Der »Travellers' Club« verdankt seinen Namen den Reisenden, die die für den Gentleman des 18. Jahrhunderts obligatorische Bildungsreise zum Kontinent, die »Grand Tour«, hinter sich gebracht hatten. Das erste Kapitel von Jules Vernes »In achtzig Tagen um die Welt« spielt in diesem Klub. Henry James, der im Jahre 1898 sein Domizil in seinem Landhaus »The Lamb« in Rye/Sussex aufgeschlagen hatte, unterhielt ein Appartement in der Stadt im »Reform Club«, das er mit eigenen Möbeln ausstatten konnte. In seinen »Notebooks« vermerkt er: »Die Klubfrage war wichtig und schwierig geworden; ein Klub war unerläßlich, aber ich hatte natürlich keinen. Durch Gaskells Freundlichkeit ging ich einige Zeit in den Travellers', danach in den St. James's, wo ich einen monatlichen Beitrag zahlen konnte. Schließlich wurde ich in den Reform Club aufgenommen. Ich glaube, es war ungefähr im April 1878 ... Das war ein ganz besonderes Glück, und der Klub ist mir seitdem immer im höchsten Grade dienlich gewesen. Ohne ihn hätte ich nicht in London bleiben können. Ich habe ihn sehr schätzen gelernt, eine tiefe lokale Bindung.« Dennoch gab er seine Unterkunft im Frühjahr 1913 auf, da seine

Sekretärin als Frau keinen Zugang zu den Räumen des Klubs hatte, und mietete eine Wohnung in den Carlyle Mansions in Chelsea. Casanova bezog im Juni 1763 am Pall Mall ein Haus mit drei Stockwerken. »In jedem Stockwerk lagen zwei Zimmer zur Straße jeweils mit einem Kabinett, wie stets in London, und zwei nach hinten hinaus. In jeder Wohnung standen zwei Betten, eines im Zimmer, das andere im Kabinett. Alles war peinlich sauber, das Porzellan, die Spiegel, die Tischglocken, alles war mustergültig. Eine alte Frau, die im Erdgeschoßzimmer wohnte, übernahm die Aufgabe einer Hausverwalterin.« Vor diesem Hause wurde er eines Tages verhaftet und Fieldings Halbbruder in seiner Eigenschaft als Friedensrichter in der Bow Street vorgeführt. Er sollte einer »Dame« zu nahe getreten sein. Der blinde Friedensrichter vernahm ihn »in vollendetem Italienisch« und ließ ihn am nächsten Tag wieder frei. Swift, der um 1710 von Dublin nach London kam, logierte zunächst in einem Hause am Pall Mall und übersiedelte dann in die Bury Street. Nachdem er seine juristischen Abschlußprüfungen in Edinburgh bestanden hatte, kam Boswell im November 1762 nach viertägiger Fahrt in London an und stieg zunächst im »Black Lion« in der Water Lane, Fleet Street, ab. In seinem »Journal« notiert er: »Zuerst suchte ich meinen Freund Douglas auf, Wundarzt am Pall Mall, einen gütigen, vernünftig-schlichten Mann, der mich herzlich begrüßte ... Er wurde in allen Fragen mein Berater und ließ es sich nicht nehmen, mir in seinem Hause eine Unterkunft anzubieten, bis ich eine mir zusagende Wohnung gefunden hätte. Natürlich war ich einverstanden, am nächsten Tage zu ihm zu ziehen ...«. Am Abend besuchte er eine Aufführung von Ben Jonsons »Everyman in His Humour« im »gut geheizten« Covent Garden Theatre. Das »Smyrna Coffee House« lag an der Stelle des Hauses Nr. 58—59. Es hat seinen Platz in Swifts »Journal to Stella« und in den moralischen Wochenschriften »Tatler« und »Spectator«. Boswell war hier Stammgast. Der Maler Thomas Gainsborough bezog im Jahre 1774 ein Haus, das an der Stelle des Gebäudes Nr. 82 stand. Hier starb er im Jahre 1788. Seit 1951 trägt das Haus eine Gedenktafel. Edward Gibbon wohnte von 1769 bis 1770 im Hause Nr. 29. Cobbett eröffnete im Jahre 1800 in dieser Straße eine Buchhandlung. Von hier zog er in die Fleet Street. Im Hause Nr. 120 hatte Marryat in den Jahren 1840 und 1844 eine Stadtwohnung.

St. James's Square Boswell berichtet in seiner Biographie Johnsons, daß dieser nach seiner Ankunft in London im Jahre 1737 nicht einmal sein Nachtquartier bezahlen konnte. Ganze Nächte wanderten er und sein Freund, der Dichter Richard Savage, der seine spärlichen Einkünfte zügellos und leichtfertig vertat — er starb 1743 im Alter von 46 Jahren im Gefängnis —, um den St. Jame's Square, »beide waren aber von ihrer Lage keineswegs bedrückt, im Gegenteil, sie stiefelten munter und voller Patriotismus herum, schimpften auf den Premierminister (Sir Robert Walpole) und beteuerten, das Vaterland zu unterstützen«. Johnson hat dem unglücklichen Dichter eine Biographie (1744) gewidmet. Seit 1866 befindet sich im Hause Nr. 14 die von Carlyle im Jahre 1841 gegründete London Library, die größte private Leihbücherei Londons. Dickens, Thackeray, George Eliot, T. S. Eliot und Forster gehörten zu ihren Benutzern. Im Jahre 1890 wohnte der Staatsmann William Ewart Gladstone, der sich mit seinen Homer-Studien auch als Schriftsteller einen Namen gemacht hat, im Hause Nr. 10, das nach dem Premierminister Chatham benannt ist. Der Staatsmann, Schriftsteller und Briefschreiber Earl of Chesterfield kam am 22. September 1694 im London House, St. James's Square Nr. 18, zur Welt. Das Haus wurde 1820 gänzlich umgebaut. Nach Studien in Cambridge und Reisen auf dem Kontinent wurde er als Erbe seines Vaters Mitglied des Oberhauses. 1727 bezog er den Teil des »Halifax House« am St. James's Square Nr.18, der an der Ecke der King Street liegt. Nach seiner Heirat mit Melusina de Schulenburg, einer natürlichen Tochter Georges II., bezog er im Jahre 1734 das Haus Grosvenor Square Nr. 45. Seine »Letters written by the Earl of Chesterfield to his son Philip«, die 1774 von der Witwe Philips, eines unehelichen Sohnes Chesterfields, veröffentlicht wurden und einen Leitfaden für den gesellschaftlichen Aufstieg und die Kunst, ein Gentleman zu werden, darstellen, haben noch heute ihren Platz in der Literaturgeschichte. Chesterfield starb am 24. März 1773 in seinem Heim in der South Audley Street.

Charles II Street Edward Gibbon wohnte um 1758 und Edmund Burke im Jahre 1780 in dieser Straße. Gewöhnlich lebte Burke auf seinem Landsitz in Beaconsfield.

St. Alban's Street Im März 1760 reiste Laurence Sterne von Sutton-in-the-Forest, einem Dorf nördlich von York, wo er als Landgeistlicher amtierte, nach London, um Robert Dodsley, den Verleger seines Romans »Tristram Shandy«, der am Pall Mall Nr. 51 wohnte, aufzusuchen. Dieser zahlte ihm einen beachtlichen Vorschuß, so daß der beglückte Autor beschloß, in der Hauptstadt zu bleiben. Er zog von der Chapel Street, der heutigen Aldford Street, wo er bei einem

Freunde untergekommen war, in eine eigene Wohnung in der St.
Alban's Street, fand Zugang zur Londoner Gesellschaft und wurde
von Chesterfield empfangen. Ende Mai konnte er in einer eigenen
Kutsche wieder nach Sutton zurückfahren.

Carlton House Terrace Das Haus Nr. 11, in dem Gladstone von
1857 bis 1875 lebte, das er aber der hohen Kosten wegen aufgeben
mußte, beherbergt heute die Foreign Press Association. Die 1662
gegründete Royal Society, eine aus über 750 Mitgliedern bestehende
Vereinigung der hervorragendsten Naturwissenschaftlern der Welt,
zu deren Präsidenten Pepys (1684) und Sir Isaac Newton (1703)
zählten, hat ihren Sitz im Hause Nr. 6—9. Während des zweiten Welt-
krieges leitete Charles de Gaulle vom Hause Nr. 4, in dem auch
Gladstone einmal gewohnt hatte, den Widerstand gegen die deutsche Wehrmacht in Frankreich. In drei Bänden »Mémoires de guerre
du Général de Gaulle« (1954 ff) hat er sich auch als Schriftsteller
betätigt.

Haymarket Haymarket verbindet Pall Mall mit Piccadilly Circus.
Ihren Namen verdankt die Straße den Heu- und Strohmärkten, die
von der Mitte des 16. Jahrhunderts bis 1830 hier abgehalten wurden. In seinem Roman »Bleak House« (1852/53) schildert Dickens
»jene merkwürdige Gegend um Haymarket und Leicester Square,
die ein Sammelpunkt ist für zweideutige ausländische Hotels und
zweideutige Ausländer«. Auf der rechten Straßenseite, von Pall
Mall kommend, lag das 1720 errichtete Haymarket Theatre, offiziell
»Theatre Royal« genannt. Seine erste Blütezeit erlebte es unter Henry
Fielding, der das Theater, das wegen der aufklärerischen Tendenzen
seines Direktors »Fieldings Skandalbude« genannt wurde, von 1736
bis 1737 leitete. Der Neubau von Nash stammt aus dem Jahre 1820.
Fielding hatte mit seiner am 5. März 1736 aufgeführten Satire
»Pasquin« den Ministerpräsidenten Walpole scharf angegriffen, so
daß dieser auf die Bühne eilte und einen Schauspieler verprügelte.
Mit seiner »Licensing Act« vom Juni des Jahres 1737 verordnete
er eine Zensur aller Bühnenwerke und Schließung aller königlichen
Theater und setzte damit der Theaterlaufbahn Fieldings ein Ende.
Er zog sich zunächst auf den Familienbesitz in East Stour/Dorset-
shire zurück und begann am 1. November desselben Jahres ein Studium der Rechtswissenschaft am Middle Temple. Byron schreibt
einem Freund am 4. August 1804, daß er und seine Kommilitonen
bei einem Fußballspiel gegen Eton furchtbar geschlagen wurden
und sich aus Ärger darüber betranken. Er fährt fort: »... wir gingen

dann zusammen ins Haymarket Theatre, wo wir randalierten, wie Du Dir denken kannst, wenn so viele Harrowianer und Etonianer zusammentreffen. Ich war mit sechs anderen in einer Kutsche, vier von Eton und drei von Harrow, und dann setzten wir uns alle in eine Loge, und infolgedessen brach ein so teuflischer Lärm aus, daß keiner unserer Nachbarn ein Wort von dem Stück verstehen konnte. Darauf begannen sie, mit uns zu streiten und fast kam es zu einer allgemeinen Rauferei. Gott weiß, wie ich aus dem Theater nach Hause kam. Da mir mein Kopf von der Hitze, dem Radau und dem Wein ganz wirr war, konnte ich mich am Morgen kaum erinnern, wie ich meinen Weg ins Bett gefunden hatte ...«. 1820 errichtete Nash einen Neubau an der Stelle des ersten Haymarket Theatre. In diesem Theater begegnete der 50jährige Dickens im Jahre 1857 hinter den Kulissen der blutjungen Schauspielerin Ellen Ternan zum erstenmal. Sie war in Tränen aufgelöst, weil sie in einem Kostüm auftreten mußte, das sie unanständig fand. Dickens verliebte sich in sie und richtete ihr die »Windsor Lodge« in Peckham ein. Dort brachte sie sein Kind zur Welt. Nur mit Hilfe der Einkünfte aus seinen Leseabenden konnte der Schriftsteller die Ausgaben für den Haushalt seiner Frau, die von ihm getrennt lebte, für den seiner Geliebten und seinen eigenen in Gad's Hill Place/Kent aufbringen. Dickens führte hier mit seiner Laienspielgruppe vor der Königin und dem Prinzgemahl Shakespeares »Merry Wives of Windsor« auf. Am 1. Januar 1895 erlebte hier Oscar Wilde die glanzvolle Uraufführung seiner Komödie »An Ideal Husband« in Anwesenheit des Prince of Wales. Sein Stück »A Woman of no Importance« wurde nach 111 Aufführungen einen Tag nach seiner Verhaftung vom Spielplan abgesetzt. Gegenüber dem Haymarket Theatre steht das 1705 von dem Komödienschreiber und Architekten Sir John Vanbrugh errichtete Queen's Theatre, das nach dem Tode der Königin Anna im Jahre 1714 in King's Theatre umbenannt wurde. Hier fand am 24. Februar 1711 die Uraufführung von Händels Oper »Rinaldo« in Anwesenheit von Pope und Dr. Arbuthnot sowie von Addison und Steele statt, die die Ausstattung ironisch rezensierten. Mit der Thronbesteigung Victorias im Jahre 1837 erhielt das Theater den Namen Her Majesty's Theatre. Sir Herbert Beerbohm Tree, Halbbruder des Schriftstellers Sir Max Beerbohm, war von 1897 bis zu seinem Tode im Jahre 1917 Direktor.
Nach Rückkehr von seiner vierjährigen Bildungsreise auf dem Kontinent, die ihm ein Stipendium ermöglicht hatte, bezog Addison im

Jahre 1703 eine kärgliche Unterkunft im Dachboden eines Hauses am Haymarket. Um ungestört arbeiten zu können, mietete Edgar Wallace im Herbst 1914 eine Zweizimmer-Wohnung im »Yeoman« House am Haymarket. Seine Familie wohnte zu dieser Zeit in Clarence Gate Gardens. Zum Kriegsende verließ er seine Frau, brach 1921 mit seiner langjährigen Gefährtin Cora Lawrence und heiratete Violet King, die er 1914 als Sekretärin engagiert hatte.

Suffolk Street Im Jahre 1711 wohnte Swift einige Monate in dieser Straße. Bei seinen Besuchen von Harting/Sussex in London stieg Anthony Trollope in Garland's Hotel im Hause Nr. 15 ab. Im Jahre 1882 erlitt er hier einen Schlaganfall und starb einen Monat später am 6. Dezember in einer Privatklinik in der Welbeck Street Nr. 34.

Trafalgar Square Auf dem »schönsten Platz Europas«, wie Sir Robert Peel Trafalgar Square nennt, befand sich an der Stelle der 1843 errichteten Nelson-Säule das in Dickens' Romanen oft erwähnte »Golden Cross Hotel«, eine der wichtigsten Postkutschenstationen Englands vor dem Anbruch des Eisenbahnzeitalters. Der junge Dickens beobachtete hier mit Interesse die an- und abfahrenden Postkutschen. In »Early Coaches«, einem der »Sketches by Boz«, schildert er die Atmosphäre auf dem Hof des Hotels bei der Abfahrt der »Morgenkutschen«, wenn »es gerade sechs vom Turm der St. Martin's Church« schlägt. Von hier fahren die Pickwickier nach Rochester, und David Copperfield steigt hier ab. An der Ecke Trafalgar Square/Strand stand »Morley's Hotel«. Henry James erinnert sich des regnerischen Abends im Jahre 1869, als er auf seiner ersten Europa-Reise nach London mit einer Droschke vom Euston-Bahnhof zu Morley's fuhr und das Hotel »in der Riesenstadt als ein wohltuendes Schutzdach« empfand. Shaw als Vorstandsmitglied der Fabian Society sowie William Morris und die Herausgeberin der Zeitschrift »Our Corner« und spätere Theosophin Annie Besant marschierten am Sonntag, dem 13. November 1887, an der Spitze eines Demonstrationszuges zum Trafalgar Square, um dort gegen Arbeitslosigkeit und Armut zu protestieren. Berittene Polizei schlug die Demonstranten zurück. Der Tag ist als der »Blutige Sonntag« in die Geschichte der englischen Arbeiterbewegung eingegangen.

National Gallery An der Nordseite des Trafalgar Square liegt die in den Jahren 1834/35 an der Stelle von königlichen Stall- und Remisenbauten errichtete National Gallery. Hier hängen die Werke von Constable, Gainsborough, Hogarth, Reynolds und Turner, die alle enge Beziehungen zu den Literaten ihrer Zeit hatten.

National Portrait Gallery Die National Portrait Gallery wurde 1856 als Porträtgalerie für Persönlichkeiten, die sich in der britischen Geschichte, Literatur, Kunst und Wissenschaft verdient gemacht haben, gegründet und 1896 im jetzigen Gebäude eröffnet. Bei der Auswahl der Bilder hat oft das Porträt und nicht die künstlerische Gestaltung den Vorrang. Die Sammlung weist Bilder fast aller Schriftsteller der letzten fünf Jahrhunderte von der Tudorzeit bis in die Moderne auf. Zu den besonders interessanten Stücken gehört das Chandos-Porträt Shakespeares, das einzige bekannte zeitgenössische Bild des Dramatikers, ein Bild Kiplings von Burne-Jones, die Serie der 45 Porträts der Mitglieder des von 1700 bis 1720 florierenden Kit-Cat Club von Sir Godfrey Kneller, der sich bei dieser Gelegenheit selbst darstellte, sowie ein Aquarellporträt der Schriftstellerin Jane Austen von ihrer Schwester, das einzige Bildnis, das zu ihren Lebzeiten gefertigt wurde.

Orange Street Die Orange Street hieß früher Green Street. Auch im Hause Nr. 10 dieser Straße, das längst verschwunden ist, soll sich der »Old Curiosity Shop«, dem Dickens seinen gleichnamigen Roman widmet, befunden haben.

Achter Spaziergang: Mayfair

Mayfair, im Norden von der Oxford Street, im Osten von der Regent Street, im Süden von Piccadilly und im Westen von der Park Lane und dem Hyde Park begrenzt, verdankt seinen Namen einem Volksfest (= Fair), das in den ersten zwei Wochen des Monats Mai von 1688 bis 1809 in der Gegend um den 1735 angelegten, nach einem Architekten benannten Shepherd Market stattfand. Bis in unsere Tage hinein gilt die Gegend als exklusiver Wohnbezirk der Stadt, dessen Name als Synonym für Luxusmode und Luxusartikel steht. Tom Jones in Fieldings gleichnamigem Roman (1749) mietet »bei einer braven Frau, der Witwe eines Geistlichen, in diesem sehr guten Teil der Stadt in der Bond Street« ein Zimmer im zweiten Stock für sich und eins im vierten für seinen Diener Partridge. Nachdem Boswell sein juristisches Studium im Frühjahr 1760 an den Nagel gehängt hatte, riß er von Glasgow nach London aus. Hier nahm ihn Graf Eglinton, ein Gutsnachbar seines Vaters, nicht nur in seinem Hause in Mayfair auf, sondern führte ihn auch sachverständig in das »leichtsinnige und liederliche Leben« der Großstadt ein, so daß ihn sein Vater im Juni desselben Jahres in seine Obhut zurückholen mußte. Thackeray beschreibt die Atmosphäre Mayfairs in seinem »Vanity Fair«.

Park Lane Die Forsyte-Familien in Galsworthys Romanfolge »The Forsyte Saga« haben ihre Häuser meistenteils in der Park Lane. Die Witwe Lady Alroy in Oscar Wildes Erzählung »Eine Radierung« wohnt ebenfalls hier. Bulwer-Lytton hatte im Laufe seines Lebens elf Wohnungen in Mayfair. Eine Zeitlang wohnte er in einem Hause in der Park Lane Nr. 1, das wie alle Häuser dieses Straßenabschnitts der Anlage einer vielspurigen Fahrbahn Platz machen mußte. Während des Krieges nahm Hemingway nach einem Autounfall bis zur Landung der Alliierten Wohnung im »Dorchester«. Hier lernte er die Journalistin Mary Welsh kennen, die er im März 1945 heiratete.

Hertford Street [ha:fad] Von »Woodcot House« bei Pangbourne/Berkshire, wo sich Bulwer-Lytton nach der gegen den Willen seiner Mutter am 29. August 1827 erfolgten Heirat mit Rosina Wheeler, der mittellosen Tochter eines irischen Offiziers, niedergelassen hatte, übersiedelte das Paar im September 1829 nach London und nahm in der Hertford Street Nr. 36 Wohnung. Bulwer-Lyttons Mutter billigte inzwischen die Ehe, wollte aber die ihm gesperrte jährliche Zuwendung nur zahlen, wenn sie die Schwiegertochter nicht zu sehen brauchte. Bulwer-Lytton verzichtete darauf auf die Apanage und begann zu schreiben und sich der Politik zuzuwenden, um Geld zu verdienen. 1835 erschienen seine Romane »The Last Days of Pompeii« und »Rienzi«. Hier wurde ihm im Jahre seines Einzugs sein Sohn Edward Robert geboren, der unter dem Namen Owen Meredith als Dichter an die Öffentlichkeit trat und Vizekönig von Indien werden sollte. Im Mai 1835 trennte sich der Schriftsteller von seiner Frau, die offensichtlich an einer Geisteskrankheit litt, und bezog ein Appartement im Albany. Die Ehe wurde im April 1836 geschieden. Nach seiner zweiten Eheschließung mit Esther Jane Ogle, der Tochter des Dekans von Winchester — seine erste Frau, die Sängerin Elizabeth Linley, war zwei Jahre davor an Schwindsucht verstorben —, wohnte Sheridan, der zu dieser Zeit als Nachfolger von Garrick das Drury Lane Theatre leitete und Mitglied des Parlaments war, von 1795 bis 1803 im Hause Nr. 10. Das Haus trägt seit 1955 eine Gedenktafel.

Curzon Street In der Buchhandlung Heywood Hill im Hause Nr. 10 arbeitete die 1904 in London geborene Schriftstellerin Nancy Mitford, die mit ihren philologischen Untersuchungen des U- und Non-U-Stils bekanntgeworden ist. Für den Erlös seines Romans »Endymion« mietete der Witwer Disraeli, der seine Dienstwohnung in der Downing Street aufgeben mußte, im Jahre 1880 für neun Jahre das Haus Nr. 19. Er starb hier jedoch schon nach neun Monaten am 19. April 1881. Das Haus ist erhalten und trägt seit 1908 eine Gedenktafel. Noch auf dem Sterbebett korrigierte er das Manuskript einer Rede, die er zu halten hatte. Auf Veranlassung von Queen Victoria, die ihn 1876 zum Earl of Beaconsfield ernannt hatte, wurde die Straße vor seinem Hause in den letzten Wochen vor seinem Tode mit Stroh belegt, damit der Schriftsteller und Staatsmann nicht von den vorbeifahrenden Wagen gestört würde. Victoria ließ auf seinen Sarg einen Kranz von Schlüsselblumen mit der Inschrift »Seine Lieblingsblumen« legen. Seine letzte Ruhestätte fand Disraeli neben seiner 1872 verstorbenen Frau in der Pfarrkirche zu Hughenden/Buckinghamshire, wo er seinen Landsitz hatte. Noch in seinem Todesjahr wurde im Nordtransept der Westminster Abbey seine Statue aufgestellt. Auf dem Parliament Square steht ein weiteres Denkmal.

Der Dramatiker John Osborne wohnte in den sechziger Jahren im Hause Nr. 11 A und 1975 im Hause Nr. 27. Von hier übersiedelte er zur Gilbert Street.

Rawdon Crawley, der Becky Sharp heimlich geheiratet hatte und dafür auf seine Erbschaft verzichten mußte, bewohnt in Thackerays Roman »Vanity Fair«, 1847/48 (»Der Jahrmarkt der Eitelkeit«) »ein kleines, aber elegantes Haus« in der Curzon Street, wobei dem Schriftsteller das Haus Nr. 22 vorschwebte. Mrs. Erlynne in Wildes »Lady Windermere's Fan« (1892) wohnt im Hause Nr. 84a.

Im Hotel Washington in der Curzon Street Nr. 6 stieg die amerikanische Schauspielerin Molly Tompkins mit ihrem Gatten, dem Bildhauer Laurence Tompkins, von New York kommend, im Sommer 1921 ab. Sie war nach London gereist, um G. B. Shaw zu sehen und zu sprechen. Aus dieser Begegnung entwickelte sich eine tiefe Zuneigung des über 50 Jahre älteren Schriftstellers zu seiner »Mollissima«, wie er die Schauspielerin in seinen 150 zwischen 1921 und 1949 geschriebenen Briefen nennt, die in ihrem Beruf und ihrer Ehe scheiterte.

Chesterfield Street   Seit 1975 trägt das Haus Nr. 6 eine Tafel zum Gedenken an Somerset Maugham, der hier von 1911 bis 1919 wohnte.

Charles Street   John Ruskin übersiedelte mit seiner Frau Euphemia Chalmers Gray, mit der er nie die Ehe vollzog, in das Haus Nr. 6. Der zurückgezogen und völlig anspruchslos lebende Schriftsteller erfuhr hier fünf Jahre nach der Eheschließung, daß seine Frau mit dem Maler Millais, den er mit allen Mitteln gefördert hatte, ein Verhältnis begonnen hatte. Ruskin ließ sich scheiden, seine Frau heiratete wenige Monate nach der Scheidung den Maler. Die Affäre, von der Theodor Fontane bei seinem Aufenthalt in London erfuhr, soll ihn zu seinem Roman »Effie Briest« angeregt haben.

South Audley Street   An der Ecke Curzon/South Audley Street stand bis 1934 das luxuriöse Stadtpalais von Lord Chesterfield, das er 1749 bezog. Hier empfing er den berühmten Brief Johnsons, der ihm grollte, daß er zu dem ihm im Jahre 1747 vorgelegten Plan seines Wörterbuchs zunächst positiv Stellung genommen hatte, ihn aber bei einem Besuch in der Halle seines Hauses warten und bei einem weiteren vor der Tür abweisen ließ. Johnson rächte sich, indem er verkündete, daß Chesterfield in seinen »Letters to His Son« »die Moral einer Hure und die Manieren eines Ballettmeisters« vertrete. H. F. Rubinsteins Einakter »Johnson was no Gentleman« spielt an einem Morgen um 1750 in diesem Hause. Chesterfield starb hier am 24. März 1773.

Stanhope Gate   Galsworthys »Forsyte Saga« beginnt mit der Schilderung eines Empfangs am 15. Juni im Hause des alten Jolyon am Stanhope Gate, den er am 15. Juni 1886 aus Anlaß der Verlobung seiner Enkelin mit Philip Bosinney, dem »Freibeuter«, der seine Antrittsbesuche bei den Tanten der Forsytes »in einem weichen grauen Hut« abstattete, gibt.

Aldford Street Von der Downing Street zog Tobias Smollett im Jahre 1746 mit seiner Frau in das Haus Nr. 11. Hier brachte er seinen Roman »The Adventures of Roderick Random« zu Ende, und hier wurde ihm seine einzige Tochter geboren, deren frühen Tod er nie verwinden konnte. 1748 übersiedelte er nach Bath, wo er zum letztenmal versuchte, seinen Lebensunterhalt als Arzt zu verdienen. Die Druckstöcke von »Queen Mab«, Shelleys ersten größeren Dichtung, weisen den Vermerk »Gedruckt von P. B. Shelley, 23 Chapel Street, Grosvenor Square, 1813« auf. Der Buchdrucker und Freund des Dichters Thomas Hookman, hatte den Druck abgelehnt. Die Chapel Street trägt heute den Namen Aldford Street. Hier im Hause Nr. 23 wohnte der Weinhändler und Kaffeehausbesitzer John Westbrook mit seiner Frau und seiner Tochter Harriet. Shelley verliebte sich in die 16jährige, entführte sie, da sich ihre Eltern einer Heirat widersetzten, und heiratete sie heimlich in Edinburgh. Nach ihrer Trennung von dem Dichter im Jahre 1813 kehrte Hariett mit ihren beiden Kindern in ihr Elternhaus zurück. Im Dezember 1816 wurde ihr Leichnam, den man in der Serpentine im Hyde Park gefunden hatte, in das Haus Aldford Street Nr. 23 gebracht. In den Anmerkungen zu »Queen Mab« schreibt Shelley: »Man hätte sich kaum eine Einrichtung ausdenken können, die dem Glück der Menschheit feindlicher wäre als die Ehe.«

Grosvenor Chapel Lord Chesterfield wurde im Jahre 1773, seinem letzten Willen entsprechend, in dieser 1730 erbauten Kirche bestattet. 14 Tage später wurden seine sterblichen Überreste in das Erbbegräbnis der Stanhopes in Shelford/Nottinghamshire übergeführt. John Wilkes, Politiker und Lord Mayor von London, der am benachbarten Grosvenor Square lebte, am 26. Dezember 1797 starb und sich mit seinem anstößigen »Essay über die Frauen« in der von ihm herausgegebenen Zeitschrift »North Briton« (1763) auch literarisch betätigte, fand in der Kirche seine letzte Ruhestätte. Auf seinen Wunsch trägt sein Grabstein die Inschrift: »Hier ruhen die sterblichen Überreste von John Wilkes, einem Freunde der Freiheit.« Weiterhin wurde hier Lady Mary Wortley Montagu, Schriftstellerin und Freundin von Pope, Addison und anderen Literaten ihrer Zeit begraben. Auch die 1820 in Florenz geborene Krankenpflegerin Florence Nightingale, die nach ihren Erfahrungen im Krimkrieg die englische Kriegskrankenpflege reformierte, fand hier ihr Grab. Sie wohnte und starb im Jahre 1910 in der benachbarten South Street Nr. 10. Lytton Strachey hat ihr in seinem Essay »Eminent Victorians« ein Denkmal gesetzt; in seinem Stück »Early Morning« (1968) macht Edward Bond sie zur lesbischen Gefährtin der verwitweten Queen Victoria. Das an der Stelle ihres Sterbehauses errichtete Gebäude trägt seit 1955 eine Gedenktafel.

Mount Street Nach Rückkehr von seiner Vortragsreise durch Amerika und Kanada und einem längeren Aufenthalt in Paris wohnte Oscar Wilde im Frühsommer 1883 in einem Hause, das an der Stelle des Gebäudes Nr. 8 steht. Im Juli übersiedelte er an den Carlos Place. Vom Haus Nr. 112, wo sie nur kurze Zeit gewohnt hatte, zog Fanny Burney in das Haus Nr. 22. Hier wohnte sie von 1834 bis kurz vor ihrem Tode im Jahre 1840. Um 1910 hatte Somerset Maugham eine Wohnung im Hause Nr. 23. Winston Churchill wohnte im Jahre 1906 in dem nicht mehr existierenden Hause Nr. 105. Swinburne — seit 1861 mit Rossetti eng befreundet — wohnte in den sechziger Jahren in dem in einer kleinen Sackgasse gelegenen, noch erhaltenen Hause Nr. 124. 1866 erschien sein erster Gedichtband »Poems and Ballads«.

Park Street Nach der auf Zureden seiner Eltern im Jahre 1848 erfolgten Eheschließung mit Euphemia Chalmers Gray bezog John Ruskin das Haus Park Street Nr. 31. Von hier übersiedelte das Ehepaar in die benachbarte Charles Street. Während seiner Amtszeit als Abgeordneter für Maidstone hatte Disraeli im Jahre 1837 eine Wohnung in der Park Street Nr. 31a. Die Schriftstellerin Mary Shelley, die Tochter William Godwins und zweite Gemahlin Shelleys, den sie um 30 Jahre überlebte, wohnte in den Jahren 1837 bis 1839 im Hause Nr. 41 D. Thomas Hughes, der Autor der einst viel gelesenen Schulgeschichten »Tom Brown's Schooldays« und »Tom Brown at Oxford«, lebte Jahre hindurch in der Park Street. Er wohnte zuerst im Hause Nr. 113, dann 33 und schließlich Nr. 80. Oscar Wildes Mutter wohnte von 1883 bis 1886 im Hause Nr. 116. Der Schriftsteller hatte zu der Zeit seine Wohnung am benachbarten Carlos Place.

Park Lane Disraeli, seit 1837 Parlamentsmitglied, heiratete im Jahre 1839 Mary Ann Evans, die um zwölf Jahre ältere Witwe seines Parlamentskollegen Wyndham Lewis. Das Paar nahm seinen Wohnsitz

in ihrem imposanten, »weißen Haus mit den grünen Fensterläden«
am Grosvenor Gate Nr. 1, heute Park Lane Nr. 93, mit Blick auf
den Hyde Park. Hier entstanden seine Romane »Sybil« (1845),
Coningsby (1844), »Tancred« (1845) und »Lothair« (1870). Während
seiner zehnmonatigen Amtszeit als Prime Minister 1868/69
übersiedelte er nicht in die Dienstwohnung in der Downing Street,
sondern behielt das Haus bei. Hier starb im Dezember 1872 seine
Frau nach kurzer Krankheit im 84. Lebensjahr. Mit ihrem Tode
änderte sich die wirtschaftliche Situation des Staatsmanns und
Schriftstellers. Er mußte das Haus aufgeben, zog zunächst in ein Hotel
und mietete schließlich ein kleines Haus an den Whitehall Gardens.
Das Haus Park Lane Nr. 93 trägt eine Gedenktafel.

Green Street Am 28. Mai 1908 wurde der durch seine Spionageromane
um den Agenten James Bond in der ganzen Welt berühmt gewordene
Schriftsteller Jan Lancaster Fleming im Hause Nr. 27 geboren.
Seine schriftstellerische Arbeit brachten ihm fünf Millionen
Mark an Autorenrechte ein, die ihm den Ankauf eines Hauses am
Victoria Square gegenüber vom Buckingham Palace, einer Villa am
Meer in Sandwich/Kent und eines Hauses auf Jamaika, wo alle seine
007-Romane entstanden sind, gestatteten. Nach Ausbildung in Eton
und auf der Militärakademie in Sandhurst studierte er Psychologie
in München und Genf. Er arbeitete als Korrespondent und war während
des Zweiten Weltkriegs Mitarbeiter des britischen Geheimdienstes
mit der Nummer 007, die ihm das Recht zum Töten gab.

North Audley Street Im Hause Nr. 1, das der Schwester der Romanschriftstellerin
Maria Edgworth gehörte, wohnte Sir Walter Scott bei
seinen Besuchen in London in den Jahren 1830 und 1831 und
1841/42.

Gilbert Street Im Jahre 1971 wohnte George Osborne mit seiner vierten
Frau, der Schauspielerin Jill Bennett, im Hause Nr. 25.

Brook Street Edmund Burke hatte in den siebziger Jahren des 18.
Jahrhunderts sein Stadthaus in der Brook Street Nr. 72. Am
12. März 1757 hatte der Politiker und Schriftsteller die katholisch
erzogene Jane Nugent, die Tochter seines Arztes und Freundes, geheiratet.
Das Paar lebte zunächst im Hause von Dr. Nugent, der sich
die Pflege des kränkelnden Burke angelegen sein ließ. Der Ehe entsprossen
zwei Kinder, von denen nur der Sohn Richard die ersten
Lebensjahre überstand. Der in Halle im Jahre 1665 geborene Komponist
Georg Friedrich Händel kam im Jahre 1710 aus dem kurfürstlichen
Hannover auf einer Urlaubsreise nach London, ließ sich

zwei Jahre später als George Frederick Handel hier nieder und starb — in den letzten Jahren seines Lebens erblindet — am 14. April 1759 in dem noch existierenden Hause Nr. 25. Nachdem er zunächst einige Zeit im Hause Lord Burlingtons am Piccadilly gewohnt hatte, bezog er 1720 das kleine, zweistöckige, sparsam eingerichtete Haus. Hier lebte und arbeitete der wohlhabende Komponist mit Diener, Koch und mehreren Hausmädchen, und hier entstand in 24 Tagen sein Oratorium »Messias«. Mit Pope, der ihn den »Giganten mit den hundert Händen« nennt, war er befreundet, in der Westminster Abbey wurde er bestattet. Sein Wohnhaus in der Brook Street, dessen drittes Stockwerk später aufgesetzt wurde, erhielt schon 1875 eine Gedenktafel der Royal Society of Arts, die der London County Council 1952 durch eine blaue Plakette ersetzte.

South Molton Street Um 1800 war Blake der Einladung eines Mäzens gefolgt und mit seiner Frau Catherine nach Felpham an der Küste von Sussex gezogen. Bald jedoch konnte er seinen Gönner, dem er jeden Abend Klopstock vorlesen mußte, nicht mehr ertragen und ging im Oktober 1803 wieder nach London zurück. Das Ehepaar bezog zwei bescheidene Zimmer im ersten Stock des Hauses Nr. 17, das seit 1925 eine Gedenktafel trägt. Hier schrieb er — unglücklich, von Schulden bedrückt und von der Umwelt nicht beachtet — neben der Epopöe »Milton« (1804) sein letztes großes Werk, »Jerusalem« (1804), »zwölf, bisweilen sogar zwanzig oder dreißig Zeilen auf einmal, ohne Vorüberlegung und bisweilen sogar gegen meinen Willen ... Eigentlich war ich nur der Sekretär — die Autoren sind in der Ewigkeit«, schreibt er. Auch hier erschienen ihm seine Visionen. So sah er Moses, Julius Cäsar, Salomon, Maria und Joseph und Mohammed. Robert Southey, der ihn hier 1811 besuchte, hielt ihn für verrückt. Seinen kärglichen Lebensunterhalt bestritt er als Maler und Kupferstecher. Im Jahre 1821 konnte er die Miete nicht mehr aufbringen und bezog ein einziges, armseliges Zimmer am Fountain Court am Strand. Trotz des Protests der Anwohner der South Molton Street und des Blake Trust wurde 1967 im Erdgeschoß des Blake-Hauses ein Ladengeschäft eingerichtet, was einen Leser der »Times« zu folgenden Zeilen veranlaßte: »Kann man sich vorstellen, daß die Sowjets zuließen, Tolstois oder Dostojewskis Heimstätten, in denen ihre Meisterwerke geschrieben wurden, in Wettläden umzuwandeln? Würden die Deutschen etwa die Häuser von Goethe, Mozart oder Bach so behandeln?«

Grosvenor Square Grosvenor Square, an der Ostseite seit den fünf-

ziger Jahren von der USA-Botschaft beherrscht, wurde 1695 angelegt und um 1725 bebaut. Hans Sloane hatte am Grosvenor Square ein Haus. Hier legte Händel bei einem Empfang ein heißes, mit Butter bestrichenes Brötchen auf eines der Bücher des Hausherrn, »was den alten Bücherwurm maßlos empörte«, wie Händel in seinen Erinnerungen schreibt. Henry Thrale (1728—1781), Bierbrauer und Mitglied des Unterhauses, wohnte zu Beginn der achtziger Jahre mit seiner hochgebildeten, 17 Jahre jüngeren Frau Hester Lynch Salusbury, die er 1763 geheiratet hatte, im Hause Nr. 37. Hester Thrale, die Freundin des schwermütigen Witwers Dr. Samuel Johnson, ist als Schriftstellerin mit der Herausgabe von Johnson-Anekdoten (1786) und ihren Tagebüchern »Thraliana«, die 1942 veröffentlicht wurden, hervorgetreten. Carl Brinitzer berichtet in seinem Werk »Dr. Johnson und Boswell«, daß Johnson »an einer abnormen Geschlechtsempfindung litt, die im Hause seiner Freundin Mrs. Thrale nur durch Erleiden von Mißhandlungen befriedigt werden konnte«. Johnson hatte seit Oktober 1765 hier sowohl wie in den Landhäusern der Thrales stets ein Zimmer zu seiner Verfügung. Im Jahre 1778 schlug Johnson vor dem Hause Thrales einen Dieb zusammen, der ihm ein Taschentuch entwenden wollte. In seinem Hause am Grosvenor Square starb Henry Thrale im Jahre 1781 in Anwesenheit von Johnson, der in seinem Tagebuch notiert: »Ich schaute zum letztenmal das Antlitz, das mich 15 Jahre hindurch nie anders als mit Achtung und Güte angeblickt hat.« Seine Witwe heiratete zur Enttäuschung Johnsons drei Jahre darauf den Musiklehrer ihrer Tochter Queenie, den Italiener Gabriele Piozzi.
Nach seiner Eheschließung mit Melusina de Schulenburg, einer außerehelichen Tochter Georges II., bezog Lord Chesterfield ein heute nicht mehr existierendes Haus Nr. 45. Hier empfing er 1747 Samuel Johnson, der ihn um das Patronat für sein geplantes Wörterbuch bat. Trotz seiner Zusage hielt er sein Versprechen nicht, was Johnson zu seinem berühmt gewordenen Brief über das unwürdige Mäzenatentum veranlaßte. 1749 übersiedelte Chesterfield zur South Audley Street. Vom Jahre 1868 bis zu seinem Todesjahr wohnte Bulwer-Lytton im Hause Nr. 12. 1866 zog er als Lord Lytton of Knebworth ins Oberhaus. Seine beiden letzten Romane mit metaphysischen und utopischen Themen entstanden am Grosvenor Square. Ein Ohrenleiden, das zu einer Gehirnkrankheit führte, beendete sein Leben am 18. Januar 1873 in Torquay. William Beckford, »der reichste Junggeselle Europas«, wohnte um 1800 im Hause

Nr. 22. Lady Hamilton war hier mit ihrem Gatten und mit Lord
Nelson oft zu Gast.

Carlos Place Vom Albany zog Bulwer-Lytton im Jahre 1837 in das
Haus Nr. 9, das der Erweiterung des Grosvenor Place weichen mußte. Sein Wohnzimmer hatte er einem Raum nachgebildet, den er in
Pompeji gesehen hatte. Nach zwei Jahren gab er die Wohnung wieder auf. Im selben Haus mietete sich Oscar Wilde im Juli 1883
ein möbliertes Appartement. Ein pensionierter Butler, dessen
Frau, eine Köchin und ein Zimmermädchen bemühten sich hier
um seinen Haushalt. Am 26. November desselben Jahres verlobte er sich mit der um drei Jahre jüngeren Constance Mary Lloyd,
der Tochter des irischen Anwalts Horace Lloyd, der verhältnismäßig jung gestorben war. Ihre Mutter hatte wieder geheiratet, Constance wohnte damals am Lancaster Gate bei ihrem Großvater väterlicherseits. Am 29. Mai 1884 heiratete das Paar in der St. James's
Church, Paddington. Nach ihren Flitterwochen in Paris kehrte Wilde mit seiner Frau zunächst in seine Junggesellenwohnung zurück
und blieb hier bis zur Fertigstellung des Hauses in der Tite Street.
Im Hause Nr. 6 hatte Ruskin im Jahre 1848 eine Wohnung.

Grosvenor Street In den achtziger Jahren wohnte George du Maurier im Hause Nr. 82. Das »Mount Coffee House«, das John Westbrook, dem Vater Harriets, der ersten Frau Shelleys, gehörte, lag
im Hause Nr. 78. Laurence Sterne, der von Frau und Tochter getrennt lebte, war in seinen letzten Lebensjahren Stammgast und
schrieb von hier seine Liebesbriefe an Elizabeth Draper, die nach
Bombay zu ihrem Gatten zurückgekehrt war.
Fanny Burney zog im Jahre 1837 von der Half Moon Street in das
Haus Nr. 29. Hier starb sie 88jährig am 6. Januar 1840 und fand
neben den Gräbern ihres Gatten, des Generals D'Arblay, und ihres
Sohnes auf dem Walcot Friedhof in Bath ihre letzte Ruhestätte.

Davies Street Im heute verschwundenen Hause Nr. 44 hatte Thomas
Moore im Jahre 1817 eine Stadtwohnung. Sein Hauptwohnsitz war
das Landgut »The Cedars« in Keyworth/Leicestershire. In der Davies Street verstarb ihm seine Tochter Barbara, und hier schloß er
seine Verserzählung »Lalla Rookh« ab. Finanzielle Schwierigkeiten
veranlaßten ihn, England zu verlassen. Er ging zunächst nach Italien, wo er seinen Freund Byron besuchte, und dann nach Frankreich. 1822 kehrte er nach England zurück.

Woodstock Street Nach seiner Ankunft in London im Jahre 1737
wohnte Samuel Johnson kurze Zeit in dieser Straße.

New Bond Street Im Jahre 1721 wurde die Bond Street von Burlington Gardens ab bis zur Oxford Street verlängert und erhielt den Namen New Bond Street.

Der am 29. September 1758 in Burnham Thorpe/Norfolk als Sohn eines Geistlichen geborene Lord Horatio Nelson, der 1794 bei der Eroberung von Korsika das rechte Auge einbüßte, kehrte 1796 nach England zurück und bezog 1798 das Haus Nr. 103, das damals die Nummer 96 trug. Hier wohnte er während eines zweimonatigen Urlaubs. In der Schlacht von Teneriffa hatte er den rechten Arm verloren. Das Haus trägt seit 1958 eine Gedenktafel. In einem Hause, das an der Stelle des Gebäudes Nr. 147 stand, wohnte er ebenfalls nur kurze Zeit. Seit 1876 erinnert hier eine Tafel an den Seehelden. In Neapel pflegte ihn Lady Emma Hamilton, die »Kellnerin aus Cheshire« und Gattin des britischen Gesandten, und hier begann eine der großen Liebesgeschichten der Geschichte. Southey hat Nelson eine bemerkenswerte Biographie gewidmet. Er starb am 21. Oktober 1805 in der Seeschlacht von Trafalgar. Lady Hamilton wohnte eine Zeitlang im Hause Nr. 150.

An der Stelle des Hauses Nr. 15, an der Ecke der Clifford Street, lag Long's Hotel. Hier pflegte Byron abzusteigen, und hier traf er Sir Walter Scott im Jahre 1815 zum letztenmal.

Edward Gibbon hatte 1760 eine möblierte Wohnung in einem Hause in der New Bond Street, das an der Stelle des Gebäudes Nr. 127/128 stand. Bitter beklagt er sich über den Lärm, den die an seinen Fenstern vorbeiratternden Wagen verursachten. Er kam von Lausanne, wohin ihn sein Vater geschickt hatte, damit er zum Protestantismus zurückfände, und wo er auf Wunsch seines Vaters seine Verlobte Suzanne Curchod (→ S. 126) zurückließ, nach London zurück. Zu dieser Zeit erschien sein »Essai sur l'étude de la littérature«.

Old Bond Street Bond Street bildet eines der exklusiven Einkaufszentren Londons. Ihre Luxusläden, Antiquitätengeschäfte und Auktionshäuser sind bei Händlern und Sammlern in der ganzen Welt bekannt. Ein gewisser Sir Thomas Bond, dem die Finanzierung von Bauprojekten unter Charles I. oblag, war verantwortlich für die auf den Wiesen nördlich von Piccadilly geplante Anlage eines neuen Stadtteils mit einer Hauptstraße, der heutigen Old Bond Street. Der Name der Straße ist zum Titel eines Romans von Norman Collins geworden, der die Geschichte eines großen Kaufhauses in dieser Straße zum Thema hat. Im Jahre 1769 hatte Boswell hier eine Wohnung. Am 16. Oktober vereinigten sich bei ihm seine Freunde Samuel Johnson, Joshua Reynolds, Garrick, Oliver Goldsmith und der Buchhändler Davies zu einem Essen. Im Hause Nr. 13 hatte Byron bei dem Fechtmeister Angelo und bei Mr. Jackson, dem »Kaiser des Faustkampfs«, Unterricht. Laurence Sterne, der sich von seiner in Frankreich lebenden Frau und Tochter getrennt hatte, mietete im Januar 1767 in der Bond Street Nr. 39 B seine letzte Wohnung in der Hauptstadt. Sie soll über einem Seidentaschenladen, der später einem Käseladen Platz machte, gelegen haben. Nach anderen Biographen könnte es sich bei dieser Adresse um ein kleines Hotel oder eine Pension handeln. Trotz seiner angegriffenen Gesundheit genoß der Schriftsteller das Leben in der Hauptstadt in vollen Zügen und war bei den Gesellschaften von Mrs. Cornelys im Carlisle House am Soho Square ein oft gesehener Gast. Zu dieser Zeit machte er die Bekanntschaft der jungen Anglo-Inderin, Elizabeth Draper, seiner letzten Geliebten und Gattin eines in Indien lebenden Kolonialbeamten, die sich vorübergehend in London aufhielt. Das Haus steht wahrscheinlich noch, ist aber wegen der Neunumerierung der Straße nicht exakt zu eruieren. Man nimmt an, daß das Haus Nr. 43, in dem sich Agnes's Galleries befinden, das Wohnhaus Sternes gewesen ist. Am 18. März 1768 starb hier der 55jährige Schriftsteller an Tuberkulose, die er mehrfach in Südfrankreich zu heilen versucht hatte. Eine Gruppe seiner Freunde, unter ihnen Hume und Garrick, hatte unmittelbar vor seinem Tode einen Boten in seine Wohnung geschickt, der sich nach seinem Befinden erkundigen sollte. Er traf Sterne sterbend an und vernahm seine letzten Worte: »Es ist vollbracht!« Seine Diener stahlen ihm seine goldenen Manschettenknöpfe, bevor er auf dem heute eingeebneten Friedhof hinter der im Krieg zerstörten Chapel of Ascension in der Bayswater Road bestattet wurde. Sterne, den Goethe den »schönsten Geist, der je auf Erden gewirkt hat«, nannte, den Johnson und Thackeray andererseits ablehnten und Scott als »einen der bedeutendsten Abschreiber, den England hervorgebracht hat«, charakterisiert, kam am 24. November 1713 in Clonmel in Irland zur Welt. Sein Vater, der es in seiner wechselvollen militärischen Laufbahn nur bis zum Fähnrich gebracht hatte, lag hier in Garnison. Seine Mutter war die Tochter einer Marketenderin. Die Kinderjahre verbrachte Laurence in kärglichen möblierten Zimmern in den Garnisonstädten Irlands und Flanderns. Zehnjährig kam er zu einem Onkel, der ihn in Halifax zur Schule schickte und ihm das Studium der Theologie ermöglichte. Nach Abschluß seiner Studien erhielt er eine Pfarrstelle in

Sutton-in-the-Forest, einem Dorfe nördlich von York. Hier heiratete er Elizabeth Lumley, die Tochter eines begüterten Geistlichen, die ihm nach sechsjähriger Ehe eine Tochter, Lydia, gebar. Seine zahlreichen Liebesaffären lassen an der Ernsthaftigkeit seiner Berufsauffassung zweifeln. Nach 20jähriger Pfarrtätigkeit entdeckte er seine Begabung für die Literatur. Neben seinem »Tristram Shandy« veröffentlichte er eine Sammlung seiner Predigten, die anonym unter dem Titel »Sermons of Mr. Yorick« erschien. Über seine Beziehung zu Elizabeth Draper berichten seine 1775 postum veröffentlichten »Letters from Yorick to Eliza«.

Im Jahre 1814 verkroch sich Shelley, um seinen Schuldnern zu entgehen und Mary Godwin ungestört sehen zu können, im Hause des Buchhändlers Thomas Hookham, Old Bond Street Nr. 15, gegenüber der Stafford Street. Der Buchladen war zu dieser Zeit ein bei jungen Autoren beliebter Treffpunkt. Jonathan Swift, der von Dublin wiederholt nach London kam, hatte im Jahre 1727 in der Bond Street seine letzte Wohnung. Hier wohnte er nur drei Wochen. Die meiste Zeit seines Aufenthalts in der Hauptstadt verbrachte er auf dem Landsitz seines Freundes Pope in Twickenham. Hier erfuhr er von der schweren Erkrankung seiner geliebten Stella, der Adressatin der 65 Briefe seines »Journal to Stella«, die er in den Jahren 1710 bis 1730 aus London an sie gerichtet hatte. Stella, eigentlich Esther Johnson, hatte er im Jahre 1689 als Achtjährige im Haushalt von Sir William Temple, dessen Sekretär er war, kennengelernt. Sein Landsmann Yeats hat ihm und Stella ein Theaterstück »The Words upon the Window Pane«, 1930 (»Die Verse auf der Fensterscheibe«) gewidmet. In einigen Gedichten hinterläßt Swift durchaus naturalistische Schilderungen von Londons Straßen. Am 19. Oktober 1745 starb er 78jährig in geistiger Umnachtung als Dekan von St. Patrick in seiner Heimatstadt und fand neben Stella, die am 28. Januar 1728 verschieden war, in der Kathedrale seine letzte Ruhestätte.

Der am 4. Februar 1805 in Manchester geborene Romanschriftsteller William Harrison Ainsworth kam nach dem Besuch der Manchester Grammar School und dem Studium der Rechtswissenschaften früh nach London, wo er sich vor allem als Herausgeber von Zeitschriften betätigte. Nach seiner Heirat im Jahre 1826 wohnte er am Sussex Place Nr. 4. Von 1834 bis 1841 hatte er seine Wohnung in der Bond Street Nr. 27a, wo sich auch seine Redaktionsräume und seine Buchhandlung befanden. Neben Bulwer-Lytton ist er mit seinen damals beliebten 39 Romanen — hier sollen »The

Tower of London« (1840) und »Old St. Paul's« (1841) erwähnt werden — einer der wichtigsten Vertreter der historischen Schule. Mit Dickens war er befreundet, Thackeray lehnte ihn als »unaufrichtig, sentimental, borniert und poesielos« ab. Am 3. Januar 1882 starb er in Reigate/Surrey; auf dem Kensal Green Cemetery wurde er bestattet.

Hanover Square In einem Gebäude, das an der Stelle des Hauses Nr. 4 der um 1717 angelegten Straße stand, mietete Dickens im Jahre 1861 einige Räume, in denen er mit seiner Laienspielgruppe Bulwer-Lyttons Spiel »Not so Bad as we Seem« aufführte und später Leseabende veranstaltete. Nathaniel Hawthorne wohnte bei seinem ersten Besuch in London im Jahre 1855 mit seiner Familie im Hause Nr. 24. Im Frühjahr 1935 mietete Thomas Wolfe im Hause Nr. 35 eine kleine Wohnung.

St. George's Church St. George's Church gilt seit ihrer Erbauung im Jahre 1724 als bevorzugte Hochzeitskirche. Die Kirche bildet den Schauplatz der Eheschließung von Barnes Newcome und Lady Clara in Thackerays Roman »The Newcomes« (1853). Am 24. März 1814 legalisierte Shelley hier seine in Schottland geschlossene Ehe mit Harriet Westbrook. Disraeli heiratete hier im Jahre 1839 die schwerreiche, um 15 Jahre ältere Witwe Anne Lewis. Am 9. August 1849 ließ sich Meredith mit der um neun Jahre älteren Witwe Mary Ellen Nicolls, die nach viermonatiger Ehe ihren Mann verloren hatte, trauen. Neun Jahre danach ging ihm seine Frau durch. Sie war die älteste Tochter des Satirikers Thomas Love Peacock. Meredith hatte bis zu seiner Eheschließung im Hause seiner Eltern gelebt, die nach Südafrika auswanderten. Eineinhalb Jahre nach dem Tode ihres Lebensgefährten G. H. Lewes, mit dem sie 24 Jahre gelebt hatte, heiratete die 61jährige Schriftstellerin George Eliot hier am 6. Mai 1880 den um viele Jahre jüngeren Bankier J. W. Cross, der ihr in den Monaten der Trauer um Lewes hilfreich zur Seite gestanden hatte. Lord Alfred Douglas, der in Wildes Leben eine verhängnisvolle Rolle gespielt hatte, heiratete hier die Dichterin Olive Custance. Die Ehe blieb kinderlos. Nach ihrer Scheidung von Arthur Galsworthy heirateten Ada Galsworthy und der Vetter ihres Mannes, der Schriftsteller John Galsworthy, hier am 23. September 1905.

St. George Street Bei ihrem zweiten Aufenthalt in London in den Jahren 1813/14 wohnte Madame de Staël im Hause Nr. 3. Bereits 1793 hatte sie in London im Exil gelebt. Sie verbrachte ihre Tage mit Empfängen und Besuchen auf den Herrensitzen und Schlössern ihrer englischen Freunde. Briefe August Wilhelm Schlegels, die sie hier empfing, ließen sie die Erkaltung seiner Zuneigung erkennen. Nach dem Sturz Napoleons ging sie wieder nach Frankreich zurück. Von 1802 bis zur Hochzeit seines Sohnes Thomas wohnte Sheridan mit ihm im Hause Nr. 9. Er hatte sich von seiner Frau, die in ihrem Elternhaus in Winchester lebte, getrennt. Im Februar 1919 gab Arnold Bennett seine Unterkunft am Piccadilly auf und zog mit seiner hysterischen und labilen Frau Marguerite, die bisher in der Oxford Street gewohnt hatte, zunächst in das Haus Berkeley Street Nr. 17 und am 12. Dezember in die beiden oberen Stockwerke des Hauses Nr. 12 in der Hoffnung, daß es zu einer Versöhnung mit ihr kommen könnte. Da er ihre Begeisterung für Offiziere und Tanzveranstaltungen nicht zu teilen vermochte, wuchs jedoch ihre Entfremdung bis zur endgültigen Trennung im November 1921. Im April 1922 besuchte ihn hier die Schauspielerin Dorothy Cheston, seine letzte Liebe, zum erstenmal. Im Dezember 1922 zog er von hier zum Cadogan Square.

Vigo Street In der Vigo Street gründete John Lane den Bodley Head Verlag, der zu Ende des 19. Jahrhunderts mit der Herausgabe des »Yellow Book« berühmt wurde. In dieser Zeitschrift begann Max Beerbohm seine Laufbahn als Schriftsteller und Karikaturist. Priestley, der 1922 nach London gekommen war, fand hier ein Jahr danach eine Lektorenstellung. In seinen Erinnerungen »Margin Released« 1962 (»Ich hatte Zeit«) erzählt er von seiner Arbeit hier, wobei »ich eine tausend Seiten umfassende Geschichte von Jerusalem in Blankversen oder Erinnerungen an ein arbeitsreiches Leben von vornherein ausschied«.

Burlington Gardens Die letzten drei Lebensjahre verbrachte der erkrankte Dichter und Bühnenschriftsteller John Gay im heute abgerissenen »Queensberry House« in Burlington Gardens bei seiner Gönnerin, der Herzogin von Queensberry. Hier starb er am 4. Dezember 1732. Der Herzog sorgte für ein prunkvolles Begräbnis in Westminster Abbey. Gays letztem Wunsch entsprechend trägt sein Grabmal die Inschrift: »Das Leben ist ein Scherz, man sieht es an allem und jedem; früher ahnte ich es nur, heute weiß ich's genau.« Der am 10. September 1685 in Barnstaple/Devonshire geborene Dichter, der früh seine Eltern verlor, kam in London zu einem Seidenhändler in die Lehre, wandte sich aber bald der Literatur zu. In den Jahren 1713/14 arbeitete er an Steeles Wochenschrift »The Guardian« mit. Unglückliche Spekulationen mit Südseeaktien brachten ihn an den

Rand wirtschaftlichen Ruins, aus dem ihn seine Freunde, der Herzog und die Herzogin von Quensberry sowie Pope, der ihn als Sekretär beschäftigte, retteten. Von seinen Werken steht das am 29. Januar 1728 uraufgeführte Singspiel »The Beggar's Opera« in der modernen Bearbeitung von Bert Brecht mit der Musik von Weill noch immer auf den Spielplänen der Theater in der Welt. Die Musik zu Gays Werk schrieb der 1667 in Berlin als Pfarrerssohn geborene Dr. John Christopher Pepusch.

Gays persiflierende und parodierende Attacke gegen die Vorherrschaft und Unnatur der italienischen Oper und gegen die korrupten Mißstände der Regierung Robert Walpoles, den er in der Figur seines Peachum angreift, wurde mit Begeisterung aufgenommen, so daß er am 15. Februar 1728 seinem Freunde Swift schreiben konnte: »Die Bettleroper wird im Theater am Lincoln's Inn Field mit derartigem Erfolg gespielt, daß das Haus jeden Abend ausverkauft ist und die von Händel geleitete Oper am Haymarket Bankrott macht.« Unter seinen sonstigen Werken ist die Dichtung »Trivia« (1716) als eine realistische Darstellung des Londoner Straßenlebens erwähnenswert.

Old Burlington Street Der 1721 geborene Arzt und Schriftsteller Mark Akenside, der eher als Arzt denn als Schriftsteller berühmt wurde — er findet lediglich als Autor des im Stile Miltons verfaßten Gedichts »The Pleasures of Imagination« (1744) in den Literaturgeschichten Erwähnung — wohnte in den letzten acht Jahren seines Lebens im Hause Nr. 12. Hier starb er in Miltons Bett am 23. Juni 1770.

Savile Row In einem Gebäude, das an der Stelle des Hauses Nr. 14 stand und das ihm der Duke of Wellington überließ, wohnte der Dramatiker Richard Brinsley Sheridan im letzten Jahr seines Lebens. Er starb hier am 7. Juli 1816. Seit der Zerstörung seines Drury Lane Theatre durch eine Feuersbrunst im Jahre 1809 lebte er in wirtschaftlichen Schwierigkeiten. Seine Schulden hatten ihn noch in seinen letzten Lebensmonaten ins Schuldgefängnis gebracht. Auch das Haus Nr. 17, in dem sein Geist umgegangen sein soll, erhebt Anspruch darauf, sein Sterbehaus zu sein. 1881 brachte die Royal Society of Arts am Hause Nr. 14 der weltberühmten Herrenschneider-Straße eine Tafel zum Gedenken an den noch heute gespielten Komödienschreiber an. In der Poets' Corner wurde er neben Garrick, als dessen Nachfolger er das Drury Lane Theatre übernahm, bestattet. Sheridan kam am 30. Oktober 1751 als Sohn des Schauspielers und Lehrers der Sprechkunst Thomas Sheridan in Dublin zur Welt und erhielt seine Ausbildung in seiner Geburtsstadt und in Harrow. Während seiner juristischen Studien am Middle Temple in London lernte er die unvergleichlich schöne Sängerin Elizabeth Linley kennen. Er entführte sie nach Frankreich, heiratete sie dort am 13. April 1773 und ließ sich in London nieder, wo er begann, Bühnenstücke zu schreiben. Nach 1780 konnte er dank seiner Rednergabe auch Erfolge als Parlamentarier erringen. 1792 starb seine Frau an der Schwindsucht. Drei Jahre danach, am 27. April 1795, heiratete er Esther Jane Ogle, die ihn überlebte.

Der im Jahre 1794 auf »Clay Hill« in Beckenham/Kent geborene Bankier und Historiker George Grote zog im Jahre 1848 vom Belgravia Place in das Haus Nr. 12. Hier, in seinem »angenehmen, geräumigen Hause in ruhiger Lage, den Arbeitsnotwendigkeiten und Zielen Mr. Grotes angepaßt«, wie Mrs. Grote schreibt, konnte er die letzten acht Bände seiner »History of Greece« schreiben, die er 1856 abschloß. Jenny Lind, Chopin und andere Künstler genossen die gastfreundliche Atmosphäre des Hauses. Grote starb hier im Jahre 1871 im Alter von 77 Jahren. John Stuart Mill begleitete ihn auf seinem letzten Weg zur Poets' Corner. 1905 brachte der London County Council an seinem Sterbehaus eine Gedenktafel an.

Bruton Street Sheridan wohnte mit seiner ersten Frau in den Jahren 1784/85 in einem Hause in dieser Straße.

Grafton Street Drei Jahrzehnte lang wohnte im Hause Nr. 15a der Schauspieler, Regisseur und Theaterleiter Sir Henry Irving, der mit seinem Buch »The Drama« (1893) auch als Schriftsteller hervorgetreten ist. Er war der erste Schauspieler, der mit dem Adelsprädikat ausgezeichnet wurde. Das von ihm 1878 übernommene, inzwischen eingegangene Lyceum Theatre in der Wellington Street machte er mit seiner Protagonistin Ellen Terry zum Hauptanziehungspunkt der englischen Theaterfreunde seiner Zeit. Er selbst zeichnete sich durch seine einmaligen Interpretationen der Shakespeare-Gestalten Shylock und Hamlet aus.

Berkeley Square Der weniger bekannte Schriftsteller John Balderston, der Henry James' Fragment gebliebenen Roman »The Sense of the Past« (1917), die Geschichte eines jungen Amerikaners, der ein Haus in London geerbt hat und sich einbildet, hier hundert Jahre vor seiner Zeit zu leben, mit dem Titel »Berkeley Square« vollendete und die Handlung in die Zeit Dr. Samuel Johnsons zurückverlegt, errang mit seinem Buch einen außergewöhnlichen Er-

folg. Der Dichter, Essayist und Kritiker John Colling Squire (1884
bis 1958) schrieb im Jahre 1926 ein Theaterstück mit dem Titel
»Berkeley Square«. In Thackerays Roman »Vanity Fair« (1847/48)
steht Lord Steynes' Stadtpalast am Berkeley Square, der bei dem
Schriftsteller als Gaunt Square erscheint.
Am Berkeley Square Nr. 19, an der südlichen Ecke zur Bruton
Street, starb am 12. Dezember 1757 der Schauspieler und Dramatiker Colley Cibber. Als Leiter des Drury Lane Theatre hat er sich um
das Londoner Theaterleben verdient gemacht.
Von der Arlington Street zog Horace Walpole im Jahre 1745 in
seine letzte Londoner Stadtwohnung am Berkeley Square Nr. 40.
Hier starb der Schriftsteller, Kunstsammler und Erbauer von
Strawberry Hill in Twickenham am 2. März 1797 im Alter von
80 Jahren. Seine Briefe und Memoiren sind noch heute gültige Beiträge zur politischen und sozialen Geschichte seiner Zeit. Im Hause
Nr. 45 wohnte der Begründer der britischen Herrschaft in Indien,
Lord Clive. In einem Anfall von Schwermut, die durch Opiumsucht
gesteigert war, nahm er sich hier am 22. November 1774 im Alter
von 49 Jahren das Leben. Macaulay hat dem Politiker eine Biographie gewidmet. Das Haus trägt seit 1953 eine Gedenktafel.

Berkeley Street Pope, der bis 1716 die meiste Zeit im väterlichen
»Whitehill House« in Binfield/Berkshire gelebt hatte, erwarb als
Stadthaus ein Gebäude, das an der Stelle des Hauses Nr. 9 stand.
Seine 1709 erschienenen »Pastorals«, sein didaktisches Gedicht
»Essay on Criticism« (1711) sowie Wycherleys Unterstützung ebneten ihm den Weg in die damals dominierenden literarischen Kreise
Londons um Addison und Steele. 1713 gewann er mit seinem Gedicht »Windsor Forest« die Zuneigung Swifts. Allgemeine Anerkennung erfuhr er mit seinem komischen Epos »The Rape of the Lock«,
1714 (»Der Lockenraub«). Nach dem Tode seines Vaters im Jahre
1718 übersiedelte Pope, der sich ein Vermögen erschrieben hatte,
mit seiner Mutter nach Twickenham, wo er sich ein Landhaus erbauen ließ, das ein literarisches Zentrum seiner Zeit wurde. Dort
starb er am 30. Mai 1744. Sein Haus in der Berkeley Street vermachte er seiner lebenslangen Freundin Martha Blount.
Im Stadtpalais des Herzogs von Devonshire, dem »Devonshire
House«, das zwischen Berkeley und Stratton Street am Mayfair
Place stand und 1924 abgerissen wurde, spielte Dickens mit seinen
Laienschauspielern am 16. Mai 1851 in Anwesenheit von Queen
Victoria und Prince Albert Bulwer-Lyttons Komödie »Not so Bad

as we Seem«. Der Herzog hatte sein Palais für diese Wohltätigkeitsveranstaltung für verarmte Schriftsteller zur Verfügung gestellt.

Albemarle Street Addison, der in seinem Landhaus am Sandy End in Fulham lebte, hatte in dieser Straße eine Stadtwohnung, um als Unterstaatssekretär seiner Dienststelle im St. James's Palace nahe zu sein. Sheridan wohnte in den Jahren 1783/84 mit seiner ersten Frau in der Albemarle Street. Byron pflegte von 1805 bis 1808 nach dem Erfolg seiner »Hours of Idleness« bei seinen Besuchen in London in Dorant's Hotel im Hause Nr. 14 abzusteigen. Heute ist das Hotel zu einem Mietshaus umgebaut. Gegenüber liegt das 1837 in der Dover Street gegründete berühmte »Brown's Hotel«, das 1889 mit Häusern in der Albemarle Street zu einem Hotelkomplex vereinigt wurde. Der Gründer des Hotels, James Brown, war Byrons Butler, seine Frau Lady Byrons Zofe. An die Bindung mit Byron erinnert ein Byron Room. Rudyard Kipling schätzte das Hotel überaus. 1892 stieg er hier zum erstenmal ab und blieb ihm bis zu seinem Tode treu. Der Schreibtisch, an dem er zu arbeiten pflegte, steht im Kipling Room, einer Zimmersuite, in der er bei seinen Besuchen in London logierte. Auch Mark Twain wohnte in diesem Hotel. Im Hause Nr. 50 hat »Murray«, eines der ältesten Londoner Verlagshäuser, sein Quartier. Zu den vielen Schriftstellern, denen diese große Verlegerdynastie zu Erfolg verholfen hat und deren Bilder die Wände des Chefbüros schmücken, gehört Byron. In John Murrays Privatbibliothek traf der Dichter am 7. April 1815 Sir Walter Scott, der auf der Durchreise nach Frankreich war, zum erstenmal. In seinen Erinnerungen schreibt Scott: »Wir kamen fast täglich ein oder zwei Stunden in Murrays Salon zusammen und hatten uns sehr viel zu sagen. Auch bei Abendgesellschaften trafen wir uns oft, so daß ich während der zwei Monate meines Aufenthalts in London viele freundschaftliche Begegnungen mit ihm genießen konnte.« Im großen Salon, dem jetzigen »Byron Room« im ersten Stock des Verlagshauses, wurden am 17. Mai 1824 Byrons Memoiren, die der Dichter in Venedig geschrieben hatte und deren Vernichtung Hobhouse und Augusta entschieden gefordert hatten, feierlich verbrannt. Byron hatte das Manuskript seinem Freunde Thomas Moore geschenkt, der es Murray gegen eine hohe Summe nach dem Tode des Dichters zur Veröffentlichung überließ. Am 10. März 1812 erschien die erste Ausgabe seines »Childe Harold«. Zeitgenossen berichten, daß sich vor Murrays Laden die Kutschen der Interessenten stauten, die das Buch erwerben wollten. Im Jahre 1813 suchte Madame de Staël den Verleger

auf, um mit ihm die Drucklegung ihres Buchs »De l'Allemagne« zu
besprechen, dessen Publikation in Frankreich von Napoleon verboten wurde. Das Werk erschien im November desselben Jahres,
die erste Auflage war in drei Tagen vergriffen.

Hinter einer Fassade korinthischer Säulen in dieser Straße liegt das
Gebäude der 1799 gegründeten »Royal Institution of Great Britain«,
einer Gesellschaft zur Verbreitung wissenschaftlicher Erkenntnisse
in Großbritannien. Hier hielt Campbell im Jahre 1840 Vorträge
über die Dichtkunst und Carlyle 1840 über Helden und Heldenverehrung, die ein Jahr danach in Buchform erschienen.

Der »Albemarle Club«, dem Oscar Wilde angehörte, hatte seine
Residenz im Hause Nr. 13. Hier übergab Marquess of Queensberry,
der Vater von Lord Alfred Bruce Douglas, den Byron »Bosie«
nannte, dem Portier des Klubs eine offene Karte mit der Aufschrift
»An Oscar Wilde, der als Sondomite (sic) auftritt«. Diese Karte veranlaßte Wilde zu seiner verhängnisvollen Anklage wegen Verleumdung. Queensberry wurde freigesprochen und Wilde zu zwei Jahren
Zuchthaus verurteilt.

Dover Street Henry James unterbrach seine Europa-Reise im Jahre
1875 für zwei Wochen in London und notiert in seinen »Notebooks«: »... ich wohnte in Story's Hotel in der Dover Street. Es
war November — düster, neblig, trüb und regnerisch — und ich
kannte kaum einen Menschen in der Stadt ... Dennoch erschien mir
London wunderbar. Meine Hand hätte ich dafür gegeben, hier bleiben zu können, statt nach Paris zu gehen.« Ein Jahr später ließ er
sich endgültig in der Hauptstadt nieder. John Evelyn notiert am
19. Juli 1699 in seinem Tagebuch: »Ich ziehe nun mit meiner Familie in ein bequemeres Haus in der Dover Street, wo ich billiger wohnen kann.« Das Haus, das neunte auf der Ostseite der Straße, in
dem er die Wintermonate zu verbringen gedachte, gehörte seinem
verstorbenen Sohn.

William Beckford wohnte im Jahre 1801 im Hause Nr. 16. In der
Dover Street Nr. 23 eröffnete James Brown im Jahre 1837 das noch
heute bestehende, nach ihm benannte Hotel. In den folgenden Jahrzehnten kamen die Nachbarhäuser und Häuser in der Albemarle
Street (→ dort), wo sich jetzt der Haupteingang befindet, hinzu.

Stratton Street Sir Henry Irving wohnte im Jahre 1900 im Hause
Nr. 17. Acht Jahre später bezog James Barrie dasselbe Haus. Hier
arbeitete die in Not geratene Lady Cynthia Asquith als Sekretärin
für ihn. Seine Frau hatte ihn wegen Gilbert Cannan, eines Freundes

von D. H. Lawrence, verlassen.
Bolton Street Am 12. Dezember 1879 übersiedelte der Junggeselle Henry James von der Halfmoon Street in eine Wohnung im Hause Nr. 3. Am 25. November 1881 vermerkt er in seinen »Notebooks«: »Mir ist London ans Herz gewachsen; die Stadt ist ein Ankerplatz fürs Leben ... der Tag, an dem ich die weißen Klippen von Old England durch den vertrauten Nebel auftauchen sehe, wird immer einer der glücklichsten meines Lebens sein ... Fünf Jahre habe ich in London gelebt — ich kann die Geschichte dieser Zeit hier nicht in allen beglückenden Einzelheiten beschreiben. Jedenfalls mietete ich eine Wohnung in der Bolton Street Nr. 3, in der ich noch immer wohne ... dort liegen meine paar irdischen Besitztümer, die nun auf meine Heimkehr warten. Ich habe dort viel gelebt, viel gefühlt, viel gedacht, viel gelernt und viel geschrieben; die kleine, armselige Wohnung müßte mir heilig sein.« In London fand er bald Zugang zu Klubs und literarischen Salons, in denen er Freundschaft mit Walter Pater, Morris, Robert Browning, Tennyson, Meredith, Bennett und Leslie Stephen schloß. An 109 Abenden des Jahres 1879 aß er nicht in seiner Wohnung. Zehn Jahre nach seinem Einzug erschien ihm die Wohnung doch zu klein und zu dunkel, und er übersiedelte in ein Haus in den De Vere Gardens. Sein Wohnhaus in der Bolton Street mußte einem Neubau Platz machen.
Am 8. Oktober 1818 zog die Schriftstellerin Fanny Burney, die 1793 den aus Frankreich emigrierten General d'Arblay geheiratet hatte und seit Mai 1818 verwitwet war, in das Haus Bolton Street Nr. 11. 1786 war sie zur Hofdame ernannt worden. Sie gehörte zum literarischen Kreis um Samuel Johnson und ist besonders durch ihre Tagebücher berühmt geworden. In der Bolton Street besuchte der hinkende Sir Walter Scott am 18. November 1826 »die ältere Dame ohne den geringsten Rest von Schönheit« aber mit der Absicht, sie gern wiederzusehen. Hier antwortete er auf ihre Frage, ob er einen Unfall gehabt habe: »Ja, gnädige Frau, bei meiner Geburt.« Im Mai 1828 stattete er ihr einen zweiten Besuch ab. Von hier übersiedelte die Schriftstellerin im Jahre 1837 in die Grosvenor Street. In einer inzwischen verschwundenen Gruppe von Häusern, der Bolton Row, am Ende der Bolton Street, wohnte im Hause Nr. 6 Charles Reade von 1855 bis 1856 bei der Schauspielerin Laura Seymour. Sie wurde seine Geliebte und blieb bei ihm bis zu ihrem Tode im Jahre 1879. Von hier zog das Paar zur Knightsbridge.
Clarges Street Der Shakespeare-Darsteller Edmund Kean, am 4. No-

vember 1787 in Richmond geboren, von Kindheit an durch seine
Eltern mit der Bühne verbunden, wohnte von 1816 bis 1824 im Hause Nr. 12. Seine größten Erfolge errang er mit seiner Darstellung
des Shylock in Shakespeares »Merchant of Venice« im Jahre 1814
im Drury Lane Theatre. Er starb im Jahre 1833. Alexandre Dumas
der Ältere schildert Höhen und Tiefen der Laufbahn des Schauspielers in seinem Drama »Kean ou désorde et génie«, 1836 (»Kean
oder Unordnung und Genie«). 1953 eroberte sich das Stück in einer
Bearbeitung von Jean-Paul Sartre die Bühne.
Im Hause Nr. 11 wohnte von 1804 bis 1806 die 1765 in Neston/
Cheshire als Tochter einfachster Eltern geborene Emma Lynn, die
»Kellnerin aus Cheshire«, die 1791 die Ehefrau Sir William Hamiltons und 1798 die Geliebte Lord Nelsons wurde, mit ihrem Gatten.
Vor ihrer Ehe spielte sie eine unrühmliche Rolle in Kreisen der Londoner Lebemänner. Romney hat sie mehr als fünfzigmal gemalt.
Auf der Flucht vor ihren Gläubigern starb sie vergessen in Calais.
Von 1838 bis 1840 lebte Macaulay im Hause Nr. 3.

Half Moon Street In Somerset Maughams Roman »Cakes and Ale«,
1930 (»Rosie und ihr Ruhm« und »Seine erste Frau«) spielt eine
Szene in der Half Moon Street. James Boswell wohnte bei seinem
Aufenthalt in London in den Jahren 1768/69 in einem Hause dieser
Straße. Er war am 17. März 1768 von Edinburgh in die Hauptstadt
gereist, um das Aufsehen zu genießen, das sein »Bericht aus Korsika« verursacht hatte. Noch am Tage seiner Ankunft machte er
sich »wie ein brüllender Löwe« auf die Jagd nach Mädchen. Im
November 1769 heiratete er in Edinburgh seine Kusine Margaret
Montgomery, die ihm sieben Kinder schenkte. Nach seiner Rückkehr aus Irland im April 1813 wohnte Shelley mit seiner Frau kurze
Zeit in dieser Straße. Von 1828 bis 1837 wohnte Fanny Burney, die
im Mai 1818 ihren Gatten verloren hatte, im Hause Nr. 1 an der
Ecke von Piccadilly. Henry James kam auf seiner ersten selbständigen Reise im Jahre 1869 nach London und stieg zunächst in Morley's Hotel am Trafalgar Square ab. Dann mietete er im Erdgeschoß
des Hauses Half Moon Street Nr. 3 »zwei düstere Räume, deren
Wände mit Glanzpapierbildern aus der Weihnachtsnummer der
›Illustrated News‹ beklebt waren«. 1876 übersiedelte er von Paris,
wo er als Korrespondent für die New York Tribune gearbeitet hatte,
nach London und logierte sich in der gleichen Wohnung ein. Er
lernte Morris, Rossetti, Ruskin und George Eliot kennen, die er
»außerordentlich häßlich und entzückend scheußlich« fand. Im De-

zember 1879 übersiedelte er in die Bolton Street. Von 1827 bis 1829 hatte Hazlitt eine Wohnung im Hause Nr. 40.

Down Street Nach seiner Scheidung von Sarah Stoddard im Jahre 1822 und der Hochzeit mit der Witwe Bridgewater im Jahre 1824 bezog Hazlitt eine Wohnung im Hause Nr. 10. Hier blieb er bis zu seiner Übersiedlung in die Half Moon Street im Jahre 1827.

Heddon Street In einem Keller in der Heddon Street befand sich vor dem Ersten Weltkrieg das Kabarett »The Golden Calf«, das die zweite Frau Strindbergs leitete. Wyndham Lewis hatte die Wände ausgemalt, Ford Madox Ford schildert die Atmosphäre des Lokals in seinem Roman »The Marsdon Case«.

Sackville Street In einem Gebäude, das sich an der Stelle des Hauses Nr. 23 befand, lag »Prince's«, eine Taverne, in der sich Johnsons »Literary Club« von 1783 bis zum Tode des Gründers im Jahre 1784 regelmäßig traf.

Jane Austen erwähnt die Straße, die sie bei ihren Besuchen in London kennengelernt hatte, in ihrem Roman »Sense and Sensibility«, 1811 (»Vernunft und Gefühl«). Hier wohnt der Juwelier, bei dem Miss Dashwood zufällig ihren Bruder trifft.

Graham Greene ist mit der Sackville Street verbunden. Ihr widmet er ein Kapitel seiner Autobiographie »A Sort of Life«. In dieser Straße »über der eine gewisse Dickens'sche Muffigkeit lag«, mit ihren Salons für feine Herrenschneiderei, »über denen im ersten Stock die Prostituierten ihre Wohnungen hatten«, befand sich das Stellenvermittlungsbüro für Lehrer von Truman and Knightly, das Greene aufsuchen mußte. Er war sich bewußt, daß es nicht die besten zukünftigen Pädagogen waren, die die Hilfe des Büros in Anspruch nehmen mußten.

Neunter Spaziergang: Vom Marble Arch zum Regent's Park und seiner Umgebung

Marble Arch Von 1196 bis 1783 stand der nach dem Flüßchen Tyburn benannte Galgen in dieser Gegend. Eine am Marble Arch in das Straßenpflaster eingelassene Tafel kennzeichnet die Lage der Hinrichtungsstätte, die in der Literatur oft Erwähnung findet. Nach Meinung anderer Forscher sollen die öffentlichen Hinrichtungen und Folterungen an der Ecke Bayswater und Edgware Road stattgefunden haben, noch andere verlegen den Standort des Galgens in die Edgware Road hinein. James Boswell konnte dem Drang, dem traurigen Schauspiel einer Hinrichtung am Tyburn Galgen beizuwohnen, nicht widerstehen. »Wir stiegen auf ein Gerüst, so daß wir die ganze Richtstätte gut sehen konnten. Über den ganzen Platz drängt sich das Volk. Mir ging das Schauspiel durch Mark und Bein und machte mich recht trübsinnig«, schreibt er am 4. Mai 1763 in seinem »Journal«. Dickens spricht von der Hinrichtung der jungen Mutter Mary Jones durch den Tyburn Galgen im Vorwort zu seinem Roman »Barnaby Rudge« und erwähnt ihn in »The Tale of Two Cities«. Das Leben des größten Gauners und Bösewichts des 18. Jahrhunderts, Jonathan Wilde, den Fielding in seinem gleichnamigen Roman (1743) unsterblich gemacht hat, endete ebenfalls hier.

Old Quebec Street Im Hause Nr. 14 wohnte im Jahre 1889 James Barrie, der seit 1885 als freier Schriftsteller und Junggeselle in London lebte. In seinem ersten Buch, dem Roman »Better Dead« (1887) setzt er sich satirisch mit dem Leben in London auseinander.

Bryanston Street Im Jahre 1893 bezog Barrie eine Wohnung im Hause Nr. 14. Ein Jahr darauf heiratete er die geschiedene Schauspielerin Mary Ansall, die erfahren mußte, daß ihr Gatte impotent war und sich nach wenigen Jahren von ihm trennte.

Seymour Street Im Jahre 1960 ließ der London County Council am Hause Nr. 30 eine Gedenktafel für den am 12. Mai 1812 in London als Sohn eines Börsenmaklers geborenen, physisch und psychisch kranken Dichter, Maler und Zeichenlehrer der Queen Victoria, Edward Lear, anbringen, der hier gewohnt hatte. Von hier übersiedelte der Junggeselle in das Haus Nr. 13; auch am benachbarten Stratford Place wohnte er eine gewisse Zeit. Mit Versen und Wortschöpfungen in seinem skurrilen »Book of Nonsense« (1846) wurde er zum Vorläufer der sogenannten Nonsense-Literatur, wozu die Limericks gehören. Lear starb am 30. Januar 1888 in San Remo, wo er die letzten fünf Jahre seines Lebens verbrachte.

Bulwer-Lytton verlebte seine Kinderjahre im Hause Nr. 10. Als 13jähriger konnte er bereits seinen ersten Gedichtsband veröffentlichen.

Upper Berkeley Street Als junger Mann wohnte Max Beerbohm zu Beginn der neunziger Jahre bei seinen Eltern und Schwestern im Hause Nr. 48. Im Jahre 1910 heiratete er die amerikanische Schauspielerin Florence Kahn. Zehn Jahre später übersiedelte er nach Rapallo, wo er am 20. Mai 1956 starb.

George Street Das Haus Nr. 85 trägt seit 1963 eine Tafel zum Gedenken an Thomas Moore. Zu seiner Zeit trug das Haus die Nummer 44. Hier mietete der Dichter, 1799 von Dublin kommend, seine erste Londoner Wohnung und lebte hier zwei Jahre. 1803 ging er als Verwaltungsbeamter auf die Bermudas. Die Schriftstellerin Mary Godwin Shelley zog im Jahre 1827 von der Bartholomew Road in das Haus Nr. 51. Thomas Moore schreibt ihr am 2. November 1827: »Wissen Sie, daß Sie jetzt sieben Häuser von dem ersten Haus entfernt wohnen, in dem ich bei meiner Ankunft in London Quartier genommen habe? Ich begann mit einem einzigen Zimmer im zweiten Stock für siebeneinhalb Schillinge die Woche, kam dann später etwas tiefer unter, wo mir einige Abenteuer zustießen, die nicht schlecht in den Beichtstuhl passen. Oft gehe ich jetzt in dieser Gegend spazieren und stelle mir vor, was sie einst mit mir erlebt hat. Aber leider ist die Vorstellung eine Art Diebeslaterne, mit der man alles außer sich selbst beleuchten kann.«

Bryanston Square Das Haus des Titelhelden in Dickens' Roman »Dombey and Son« stand »auf der Schattenseite einer langen, düsteren, traurig vornehmen Straße am Bryanston Square. Es war ein Eckhaus, hatte große, weite Höfe und Keller mit vergitterten Fenstern. Es schielte einen durch schiefäugige Türen an, die zu den Mülleimern führten ... Die Mittagssonne sandte ihre Strahlen nie in diese Straße, sondern kam nur morgens um die Frühstückszeit mit den Wasserkarren, den Kleidertrödlern, den Blumenverkäufern, den Schirmflickern und dem Mann, der während seiner Wanderung die Schwarzwalduhr schlagen ließ ...«

Von 1923 bis 1926 wohnte Somerset Maugham im Hause Nr. 43.

Wyndham Place Von 1920 bis zu seinem Umzug zum Bryanston Square im Jahre 1923 hatte Somerset Maugham eine Wohnung im Hause Nr. 2.

Montagu Square Nach Aufgabe seines Berufs im Jahre 1873 bezog

Anthony Trollope das Haus Nr. 39. Während seiner Tätigkeit als Beamter der britischen Postverwaltung — auf seinen Vorschlag wurden 1852 auf Jersey, wo er Postinspektor war, und drei Jahre danach in England die ersten, freistehenden Briefkastensäulen aufgestellt — hatte er diszipliniert und außerordentlich fleißig an der langen Reihe seiner Romane zu schreiben begonnen. Wie seine Mutter, die sich auch als Schriftstellerin betätigte, saß er bereits vor dem Frühstück am Schreibtisch. Er schrieb systematisch mit der Uhr vor sich 1000 Wörter in der Stunde. 1880 übersiedelte er nach Harting/Sussex. An seinem Wohnhaus am Montagu Square erinnert eine Tafel an den Autor von 47 Romanen, von denen ein Teil in dem »kleinen Gartenzimmer im Erdgeschoß hinter dem Speisezimmer« entstanden ist. Im Hause Nr. 46 wohnte um die Mitte des vergangenen Jahrhunderts John Forster, Freund und Biograph von Dickens. Er war zu dieser Zeit Herausgeber des »Examiner«.

Montagu Place Der am 22. Mai 1859 in Edinburgh geborene Schriftsteller Sir Arthur Conan Doyle, der sich 1882 als praktischer Arzt in Southsea niedergelassen hatte und nach acht Jahren nach London übersiedelte, bezog mit seiner Frau Louise Hawkins, die er 1885 geheiratet hatte, im Hause Nr. 23 eine Wohnung. Seine Praxis etablierte er am Devonshire Place. Noch im selben Jahr übersiedelte er zur Tennison Road. Mit der Figur des Sherlock Holmes schuf er den Urtyp des unfehlbaren Meisterdetektivs, der mit seinem Freund, dem Arzt Dr. Watson, bis zu dessen Heirat eine Junggesellenwohnung in der Baker Street teilt. Doyle starb am 7. Juli 1930 in Crowborough/Sussex.

Ivor Place Im Hause Nr. 11a hatte Christopher Fry, einer der meistgespielten englischen Dramatiker der vierziger und fünfziger Jahre, eine Wohnung. Zu seinen vielen britischen und ausländischen Auszeichnungen gehört auch die silberne Jochen-Klepper-Medaille (Berlin).

Gloucester Place Von seinem Landsitz in Sidmouth/Devonshire, den er aus finanziellen Gründen aufgeben mußte, zog der Vater der 29jährigen Elizabeth Barrett mit ihren zwei Schwestern und drei Brüdern im Jahre 1835 in ein möbliertes Haus am Gloucester Place Nr. 74. Seine Frau war 1828 verstorben. Knapp vier Jahre später übersiedelte er zur Wimpole Street.

Der rauschgiftsüchtige Schriftsteller Wilkie Collins, Freund und Mitarbeiter von Dickens, lebte von 1866 bis 1880 und von 1883 bis 1888 mit einer seiner vielen Geliebten im Hause Nr. 65. Das Haus trug damals die Nummer 90. Eine 1951 angebrachte Tafel am Hause erinnert an den Autor der technisch perfekten Kriminalromane »The Woman in White«, 1860 (»Die Frau in Weiß«) und »The Moon Stone«, 1868 (»Der Mondstein«). Von hier zog Collins zur Wimpole Street, wo er am 23. September 1889 starb. Vom Februar bis Juni 1864 hatte der kränkelnde Dickens, der seit 1860 in »Gad's Hill Place« lebte, in einem heute verschwundenen Hause Nr. 57 eine Stadtwohnung. Im Mai des Jahres kam sein Fortsetzungsroman »Our Mutual Friend« heraus, mit dem er sofort Zehntausende von begeisterten Lesern gewann.

Lisson Grove Nach seiner Entlassung aus dem Horsemonger-Gefängnis in der Harper Road im Februar 1815 ging Leigh Hunt zunächst zu seinem Bruder George, der in der Edgware Road wohnte — Keats widmet ihm eine längere »Epistle« und ein Sonett — und zog dann in eine eigene Wohnung am Lisson Grove Nr. 5. Keats, Shelley, Byron und Wordsworth besuchten ihn hier. Sein Wohnhaus steht nicht mehr. Von hier übersiedelte er zum Vale of Health.
Im Zuge des Ausbaus der Marylebone Station verschwanden die Straßenzüge Harewood und Blandford Square.

Harewood Square Von »Holly Lodge« in Wandsworth zogen George Eliot und George Henry Lewes am 24. September 1860 in einen Teil des möblierten Hauses Nr. 10. Hier fühlten sie sich nicht zuletzt wegen der »grellgelben Vorhänge« unbehaglich und übersiedelten nach kurzer Zeit zum

Blandford Square Hier konnten sie das Haus Nr. 16 mieten, das ihnen wie »ein Paradies im Grünen« erschien. Charles, der älteste Sohn aus der Ehe von Lewes, der auf dem benachbarten Postamt arbeitete, lebte in ihrem Haushalt. Hier brachte George Eliot ihren Roman »Silas Marner« (1861) zu Ende, und hier arbeitete sie an »Romola« (1863) und »Felix Holt« (1866). Dickens, Collins, Bulwer-Lytton, Trollope und Robert Browning gehörten zu den Gästen des Hauses. Immer häufiger beklagte sich die Schriftstellerin über die Zeit, die ihr Haushalt verschlang: »Um meinem Ärger die Krone aufzusetzen, habe ich bei meinem letzten Umzug auch noch meinen Lieblingsfederhalter verloren, mit dem ich acht Jahre hindurch geschrieben habe.« Im November 1863 übernahm das Paar die »Priory« am North Bank. Nach dem Tode seines Vaters am 17. Februar 1847 bezog Wilkie Collins mit seiner Mutter das Haus Nr. 38.

North Bank Im Hause Nr. 36 hatte Mary Godwin Shelley im Jahre 1836 eine Wohnung. Im November 1863 bezogen George Eliot und

ihr Lebensgefährte G. H. Lewes die von dem Architekten und
Kunstschriftsteller Owen Jones erbaute und ausgestattete, abge-
schlossene und abseits gelegene Villa »Priory«, North Bank Nr. 21
Ein Rosengarten, der am Regent's Canal endete, begeisterte das
Paar und seine Gäste ganz besonders. Heute nimmt ein Elektrizitäts-
werk die Stelle des Grundstücks ein, das zu einem Begegnungszentrum aller namhaften Schriftsteller der Zeit wurde. Hier entstand
Eliots bedeutendster Roman »Middlemarch« (1871/72). Im Novem-
ber 1878 zog sich Lewes bei einer Ausfahrt eine fieberhafte Erkältung zu, an deren Folgen er wenige Tage danach starb. In ihrem
Schmerz über den Verlust und von ständigen Depressionen gequält,
fand sie in dem amerikanischen Bankier J. W. Cross, den die
Schriftstellerin bei ihrer vierten Italienreise im Jahre 1869 kennengelernt hatte, eine Stütze. Am 6. Mai 1880 heiratete sie den um viele
Jahre jüngeren Mann und bezog mit ihm nach ihrer Hochzeitsreise in
Italien das Haus Cheyne Walk Nr. 4.

Hanover Terrace Um die Mitte des vergangen Jahrhunderts wohnte
Wilkie Collins mit seiner Mutter im Hause Nr. 12. In ihrem Salon
empfingen die beiden regelmäßig Künstler, vor allem Millais und
Holman Hunt. Im selben Hause wohnte zu Anfang des 20. Jahrhun-
derts Edmund Gosse, der Freund von Swinburne, Stevenson und
Henry James. Er war zu dieser Zeit Bibliothekar des britischen Oberhauses. Von den Chiltern Court Mansions zog der Witwer H. G.
Wells im Jahre 1937 zur Hanover Terrace Nr. 13, »einem alten bau-
fälligen Hause am Regent's Park«, wie er ironisch vermerkt. Hier
starb er am 13. August 1946 nach langem, qualvollem Leiden an
Diabetes. Der Schriftsteller wurde am 21. September 1866 in der
Londoner Vorstadt Bromley als Sohn eines professionellen Kricket-
spielers, der nebenbei einen kleinen Porzellan- und Glaswarenladen
betrieb, geboren. Über dem Laden verbrachte er seine Kindertage.
Seine Mutter, eine Gastwirtstochter, mußte sich als Haushälterin ver-
dingen. Mit dreizehn Jahren wurde er Lehrling in einem Schnittw-
arenladen, »die schrecklichste Zeit« seines Lebens für ihn. In seinen
stark biographisch gefärbten Romanen »The Wheels of Chance«
(1896), »Kipps« (1905) und »The History of Mr. Polly« (1910) hat
dieser Abschnitt seines Lebens ihren Niederschlag gefunden. Mit
Hilfe eines Stipendiums konnte er vom Jahre 1884 an an der Normal
School of Science, dem heutigen Royal College of Science in South
Kensington studieren, wo T. H. Huxley sein Lehrer war und er den
Grad eines Bachelor of Science erwarb. Wells war eifriger Anhänger

der Fabian Society und nach Galsworthy Präsident des PEN-Club. Sein Wohnhaus trug ursprünglich statt der Nummer 13 die Nummer 12a. Wells gab ihm seine ordnungsgemäße Nummer zurück und ließ die Zahl besonders groß malen, als die ersten Fliegerangriffe kamen. Seine Nachbarn zogen um diese Zeit aufs Land, Wells blieb mit Köchin und Hausmädchen in seinem Haus. Die Sykomore seines Nachbarn, die seinen Garten die Sonne nahm, verfluchte er, was nichts nutzte: »... Jeden Tag wird er sichtbar höher und macht sich nichts aus meinem Haß, dieser geistlose, häßliche, egoistische Drecksbaum...« Sein lautes Radiogerät — er war in den letzten Lebensjahren fast taub — versprach er leiser einzustellen, wenn es den Nachbarn gelänge, ihre Hunde vom Bellen abzubringen. In seinem Hause an der Hanover Terrace entstand sein letztes Buch »Mind at the End of its Tether« 1945 (»Der Geist am Ende seiner Möglichkeiten«), in dem er das bevorstehende Ende der Menschheit verkündet. Bei den Einäscherungsfeierlichkeiten in Golders Green, bei denen auf Wunsch des Verstorbenen keine Kränze abgegeben werden sollten und kein Geistlicher auftreten durfte, hielt Priestley die Trauerrede. Sein Wohnhaus an der Hanover Terrace trägt seit 1966 eine Tafel zum Gedenken an den Schriftsteller, der 103 Bücher hinterließ. Für ihn war London »die interessanteste, die schönste und wundervollste Stadt der Welt, zart und zierlich in ihrer beiläufigen und unübersehbar mannigfachen Kleinheit und überwältigend in ihrer trächtigen Gesamtheit«, schreibt er in seinem Roman »The New Macchiavelli« (1911).

Harold Pinter, Verfasser zahlreicher Bühnenwerke und Hör- und Fernsehspiele, als Sohn eines jüdischen Damenschneiders am 10. Oktober 1930 in Hackney im Londoner East End geboren, bewohnt seit den sechziger Jahren die luxuriöse Villa Hanover Terrace Nr. 7. Im Jahre 1960 gelang ihm mit seinem absurden Stück »The Caretaker« (»Der Hausmeister«) der große Wurf. 1975 trennte er sich von seiner Frau, der Schauspielerin Vivien Merchant.

Dickens mietete in den Frühlingsmonaten des Jahres 1860 das möblierte Haus Nr. 3 als Stadtwohnung. Hier arbeitete er an seinem Roman »Great Expectations«, den er in Fortsetzungen in seiner Zeitschrift »All the Year Round« veröffentlichte.

Sussex Place Der seit seiner Geburt gelähmte und gehbehinderte Sir Walter Scott, der bei seinen Besuchen in der Hauptstadt in Long's Hotel in der Bond Street abzusteigen pflegte, nahm nach der Heirat seiner ältesten Tochter Sophia im Jahre 1826 im Hause seines Schwiegersohns John Lockhart, Herausgebers der »Quarterly Review« und Autors einer Biographie des Schriftstellers, am Sussex Place Nr. 24 Quartier.

Balcombe Street Richard Wagner wohnte bei seinem zweiten Aufenthalt in London im Jahre 1855 im Hause Nr. 65. Auch in der Prince Albert Road logierte er in diesem Jahr und brachte »Die Wallküre« zu Ende. »Ich versprach mir bei erwartetem Frühjahr einen angenehmen Aufenthalt. Obwohl ich vier Monate in London verbachte, schien es mir jedoch nicht zu diesem Frühling zu kommen, so sehr lastete das neblige Wetter auf allen meinen Eindrücken, die ich dort erhielt«, schreibt er in »Mein Leben«. Der Kritiker der »Morning Post« stellte nach dem ersten der acht Symphoniekonzerte, die Wagner in London gab, fest: »Es ist geradezu lächerlich festzustellen, wie eine zugegebenermaßen konservative Gesellschaft sich einem wahnsinnigen musikalischen Demokraten wie Herrn Wagner in die Arme werfen kann.«

Melcombe Place Von 1864 bis 1866 wohnte Wilkie Collins mit einer seiner ständig wechselnden Geliebten im Hause Nr. 9.

Glentworth Street Der gebürtige Amerikaner T. S. Eliot, der 1927 die britische Staatsbürgerschaft erhielt, wohnte in den zwanziger Jahren im Hause Nr. 68 und um 1930 im Hause Nr. 98 der Glentworth Street, die damals noch Clarence Gate Gardens hieß. 1933 trennte er sich nach 17jähriger Ehe von seiner Frau Vivienne Haigh-Wood. Auch Edgar Wallace wohnte um 1930 in dieser Straße.

Baker Street Baker Street verdankt ihren Namen Sir Edward Baker, der in der zweiten Hälfte des 18. Jahrhunderts für die Erschließung der Straße verantwortlich war. Zu ihren ersten Bewohnern gehörten die Schauspielerin Sarah Siddons (1755—1831) und William Pitt der Jüngere (1759—1806), der von 1803 bis 1804 im Hause Nr. 120 wohnte. Weltbekannt aber wurde die Baker Street durch Sir Arthur Conan Doyles Meisterdetektiv Sherlock Holmes, dessen Wohnung sein geistiger Vater in den vielen, zwischen 1882 und 1927 geschriebenen Romanen und Kurzgeschichten in das Haus Baker Street 221 B verlegt. In seinem Roman »A Study in Scarlet«, 1887 (»Studie in Scharlachrot«) beschreibt Dr. John H. Watson, Freund, Helfer und Chronist des Detektivs, der nach Beendigung seiner Dienstzeit als Militärarzt in Übersee nach London, »jenem Sündenbabel, das alle Tagediebe und Faulenzer unseres britischen Empire so magisch anzieht«, kommt und auf der Wohnungssuche Sherlock Hol-

mes trifft, die Wohnung:
»Am darauffolgenden Tag trafen wir uns, wie verabredet, und machten uns auf in die Baker Street Nr. 221 B. Die Wohnung bestand aus zwei behaglichen Schlafzimmern und einem luftigen, hell und freundlich ausgestatteten Wohnzimmer, dessen große Fenster viel Licht hereinließen. Dieses Heim schien uns in jeder Weise so verlockend und preiswert, daß wir es auf der Stelle mieteten. Meine paar Habseligkeiten holte ich noch am selben Abend aus dem Hotel. Und am nächsten Morgen kam Sherlock Holmes mit allerlei Koffern, Kisten und Kasten hinterher. Beinahe zwei Tage waren wir vollauf damit beschäftigt, auszupacken und unsere Siebensachen zu verstauen. Dann machten wir es uns gemütlich und wurden bald mit unserem neuen Zuhause vertraut.«

Noch heute erhält die Abbey National Building Society, die größte englische Baugenossenschaft, die ihre Zentrale in den Häusern 215 bis 237, dem Abbey House, hat, täglich viele Briefe, die an Sherlock Holmes gerichtet sind und mit deren Beantwortung eine eigens zu diesem Zweck engagierte Angestellte beschäftigt ist. Niemals aber kann der Detektiv in einem Hause Nr. 221 B gewohnt haben, denn die Baker Street ging zu Conan Doyles Zeiten nur bis zum Hause Nr. 85. Später erst wurde sie mit dem York Place — so hieß die Verlängerung der Straße — verbunden. Der tschechische Schriftsteller Karel Čapek, der 1925 London besuchte, schreibt in seinen »Briefen aus England«: »Ich ging natürlich auch zur Baker Street, aber ich kam schrecklich enttäuscht zurück. Da ist auch nicht die kleinste Spur von Sherlock Holmes: es ist eine beachtliche Verkehrsstraße, die keine andere Aufgabe hat, als zum Regent's Park zu führen.« Ernest Short, der der Wohnungsfrage des Detektivs mit besonderem Scharfsinn nachgegangen ist, glaubt mit Sicherheit behaupten zu können, daß seine Residenz sich im Hause Nr. 109 befunden habe. Aber auch die Häuser Nr. 19, 21 und 33 erheben Anspruch darauf, Sherlock Holmes und Dr. Watson »beherbergt« zu haben.

Chiltern Court Mansions Bei der Baker Street Station an der Ecke Marylebone Road, an der Stelle des London Passenger Transport Board, lagen die »Chiltern Court Mansions«, ein in den zwanziger Jahren erbautes Appartementhaus. Nach Ablauf seines Mietvertrags am Cadogan Square im November 1930 mietete Arnold Bennett hier trotz der Bedenken seiner Geliebten, der Schauspielerin Dorothy Cheston, daß die Wohnung zu klein und zu laut sei, das Appartement Nr. 97. Bennett drängte auf schnellen Umzug, um seinen Roman bald beenden zu können, und schließlich war auch Dorothy, die an der Rolle eines neuen Stücks arbeitete, einverstanden. Der Roman, an dem er hier schrieb, blieb unvollendet. Bennett, der jedes Geräusch haßte, mußte feststellen, daß Dorothy recht hatte: Der Lärm der Untergrundbahn dröhnte durch die Wohnung, ebenso der Lärm, den der Ausbau der Chiltern Court Mansions mit sich brachte. Im Januar 1931 erkrankte der Schriftsteller, und Dorothy veranlaßte, daß lärmdämpfende Strohmatten auf den Fahrdamm vor dem Hause ausgelegt wurden. Nach zweimonatigem Krankenlager starb Bennett am 27. März 1931 an Typhus. Zeitungen führten seinen Tod auf die Tatsache zurück, daß er bei seinem Paris-Aufenthalt um die Jahreswende Wasser getrunken habe. Priestley war derselben Meinung. Er schreibt: »Er starb an Typhus, wahrscheinlich nur, weil er der Meinung war, daß das Wasser in Paris trinkbar sei.« Seine Frau, die sich während seiner Krankheit nach seinem Befinden erkundigen wollte, durfte seine Wohnung nicht betreten und mußte sich bei seinen Besuchern in der Halle der Mansions informieren. Die Verbrennung des Leichnams erfolgte im Krematorium von Golders Green, seine Asche wurde nach Burslem/Staffordshire, dem Bursley seiner Töpferromane, gebracht, wo sie auf dem Friedhof beigesetzt wurde.

H. G. Wells, der von 1915 bis 1930 in der »Little Easton Rectory« in Dunmow/Essex gelebt hatte, ging im September 1930 nach London zurück und mietete — 1928 zum Witwer geworden — das Appartement Nr. 47 in Chiltern Court Mansions, zwei Stockwerke über der fürstlich eingerichteten Wohnung seines Freundes Bennett. Zu dieser Zeit war er brennend an politischen Fragen in Europa interessiert. 1934 reiste er nach Moskau, wo er ein längeres Gespräch mit Stalin führte. Seine Eindrücke schildert er in begeisterten Artikeln. Im selben Jahr erschien sein »Experiment in Autobiography«, in dem es heißt: »... Je mehr ich jetzt von Hitler höre, desto mehr bin ich überzeugt, daß sein Geist fast der Zwilling meines Verstandes aus dem Jahre 1879 ist, als ich 13 Jahre alt war, nur daß der meine schwieg und der seine sich fortgesetzt durch Lautsprecher kund tut ... In der Tat ist Hitler nichts anderes als die Wirklichkeit gewordene Traumwelt meines dreizehnten Lebensjahrs. Eine ganze Generation hat versäumt, aus Kindern zu Männern aufzuwachsen.« Mit dieser Bemerkung zog er sich Hitlers »ausgesprochen persönlichen Haß« zu. Im Jahre 1937 übersiedelte Wells zur Hanover

Terrace.
Marylebone Road führt zur
Luxborough Street Im Hause Nr. 5 wohnte De Quincey in den Jahren 1806 bis 1807. Von hier übersiedelte er nach Nether Stowey im Lake District, wo er, abgesehen von einem Aufenthalt in London im Jahre 1821, bis 1828 lebte.

Marylebone Parish Church In der zweiten Kirche an dieser Stelle wurde am 10. Mai 1606 der 45jährige, 1603 geadelte Francis Bacon mit der Londoner Kaufmannstochter Alice Barnham verheiratet. In der 1740 errichteten dritten Kirche heiratete im Jahre 1773 der Jurastudent Richard Brinsley Sheridan, »der keinen Heller hatte, aber als ungemein begabt gilt«, wie Boswell ihn charakterisiert, die Sängerin Elizabeth Linley, die er ein Jahr vorher nach Frankreich entführt hatte.

Johnson rechnete dem Schriftsteller hoch an, daß seine Frau nun nicht mehr auftreten werde, und meint, daß er sich lieber selbst im Gesang ausbilden ließe, als seine Frau singen zu lassen.

1788 wurden Charles Wesley und 1837 sein Neffe Samuel auf dem alten Friedhof der Kirche beigesetzt. Ihr Grabmal ist erhalten. Am 29. Februar 1788 wurde Byron in der Kirche getauft. Sein Vater, der das Vermögen seiner Frau durchgebracht hatte, aus Angst vor seinen Gläubigern meistens in Frankreich lebte und sich in London nicht an die Öffentlichkeit wagte, war bei der Zeremonie nicht anwesend. Am 25. Mai 1810 wurde Edward Bulwer-Lytton hier als siebenjähriges Kind aus der Taufe gehoben. In der jetzigen vierten Kirche fand am 12. September 1846 in aller Stille und im geheimen die Trauung Robert Brownings und Elizabeth Barretts statt. Die junge Frau kehrte nach der Zeremonie in ihr Vaterhaus in der Wimpole Street zurück. Acht Tage nach der Trauung verließ sie ihren Vater und ging mit ihrem Gatten nach Florenz. Bei ihrer ersten Reise von Italien nach London besuchte das Paar die Kirche, und Browning küßte die Steine des Bodens. Links vom Eingang im Vorraum der Kirche befindet sich ein Browning-Zimmer mit dem Arbeitstisch und anderen Erinnerungsstücken an den Schriftsteller. Dickens verlegt die Taufe des kleinen Dombey und die zweite Eheschließung von Mr. Dombey in seinem Roman »Dombey and Son« (1847/48) in diese Kirche.

Marylebone Road An der Stelle des in der Marylebone Road Nr. 15—17 bis zur Ecke der Marylebone High Street sich erstreckenden »Fergusson House« lag bis 1958 »Devonshire Terrace«. Im Eckhaus

Nr. 1 wohnte Dickens vom Dezember 1839 bis zum Ablauf seines Mietvertrags im Jahre 1851. Hinter dem prunkvoll ausgestatteten zweistöckigen Gebäude lag ein großer Garten, das Paradies seiner Kinder. An den Wänden einer kleinen, zur Straßenseite offenen Halle an der Ecke des Bürohauses zur Marylebone High Street wurde 1960 ein längliches Basrelief angebracht, auf dem um Dikkens' Porträt Szenen aus den sechs Romanen, die in seinem Hause hier entstanden, dargestellt sind. An der Stelle des Hauseingangs ist eine Metallplatte mit dem Text eines Briefes des Schriftstellers an seinen Freund Forster in goldenen Lettern eingelassen, in dem er sich bitter beklagt, sein ihm lieb gewordenes Heim verlassen zu müssen. Bei seiner ersten Englandreise im Jahre 1847 quartierte Dickens den dänischen Schriftsteller Hans Christian Andersen hier ein. Der amerikanische Lyriker Longfellow, den Dickens bei seinem ersten Besuch in Amerika im Jahre 1842 kennengelernt hatte, war hier ebenfalls sein Gast. Von hier zog Dickens zum Tavistock Square.

Der fünfjährige George Du Maurier wohnte vorher mit seinen Eltern im selben Haus. Von hier übersiedelte die Familie wieder nach Paris. Hier bezog George die Sorbonne und erzählt stolz, bei einer Prüfung dort durchgefallen zu sein. Seine Pariser Jahre haben ihren Niederschlag in den Romanen »Peter Ibbetson« (1891) und »Trilby« (1894) gefunden. 1860 kam der Schriftsteller nach London zurück. Chateaubriand, der als politischer Flüchtling am 21. Mai 1793 nach London gekommen war, wohnte eine Zeitlang in der Gegend der Marylebone Street in einem Dachboden, dessen Fenster auf einen Friedhof ging. »Jede Nacht verkündete mir das Geklapper des Wächters, daß man Leichname gestohlen hatte«, schreibt er in seinen »Mémoires«.

Devonshire Place Nach seiner Übersiedlung von Portsea nach London im Jahre 1891 mietete Conan Doyle im Hause Nr. 2 für ₤ 120, im Jahr in Vorderzimmer mit einem Warteraum und richtete hier seine Augenarztpraxis ein. Beide Räume erwiesen sich jedoch, wie er in seinen »Memories and Adventures« (1924) als Warteräume, da er vergeblich auf Patienten warten mußte. »Jeden Morgen ging ich von meiner Wohnung am Montagu Place hierher, erreichte meine Praxis um zehn Uhr und saß dort bis drei oder vier, ohne daß die Türklingel ging und meine Beschaulichkeit störte. Konnte man eine bessere Gelegenheit zum Nachdenken und zu geistiger Arbeit finden?« Hier entstanden unter anderem seine Romane

»A Study in Scarlet« (1887) und »The Sign of Four« (1889).

Osnaburgh Terrace Im Hinblick auf seine bevorstehende Italienfahrt vermietete Dickens sein Haus an der Devonshire Terrace und bezog vor seiner Abreise vom Mai bis Juli 1844 mit seiner Familie das möblierte Haus Nr. 9.

Osnaburgh Street Von der Fitzroy Street zog G. B. Shaw mit seiner Mutter und seiner Schwester Lucy in die zweite Etage des Hauses Nr. 37, das heute den Namen »St. Catherine's Home« trägt und das Shaw »St. Bernard's Home« nannte. Shaw lebte seit der Übersiedlung von Dublin nach London im Jahre 1876 mit seiner Schwester im mütterlichen Haushalt. Zu dieser Zeit hatte er seine erste Liebesaffäre mit der Witwe Jenny Patterson, einer Gesangsschülerin seiner Mutter, die den unschuldigen 30jährigen verführte. In der eifersüchtigen Julia Craven seines Theaterstücks »The Philanderer«, 1893 (»Der Liebhaber«) hat er sie verewigt. Als seine Schwester sich dank eines Engagements als Schauspielerin und Sängerin eine eigene Wohnung nehmen konnte, zog Shaw mit seiner Mutter im Jahre 1887 an den Fitzroy Square. Bei einem Spaziergang durch diese Gegend im Jahre 1943 stellte Shaw fest, daß sich inzwischen eine Fabrik im Hause niedergelassen hatte. Am 4. Januar 1884 wurde im Hause Nr. 17 die Fabian Society gegründet. Noch im selben Jahr wurde Shaw Mitglied und arbeitete im Vorstand mit.

Cambridge Gate Der Vater des Schriftstellers John Galsworthy ließ nach seiner Übersiedlung von Kingston Hill/Surrey nach London, wo er mit seiner Familie zunächst eine Etagenwohnung in den Kensington Palace Mansions bezogen hatte, zusammen mit einem seiner Brüder am Regent's Park zehn nebeneinanderliegende Häuser, eine sogenannte Terrace, errichten, der er den Namen Cambridge Gate gab und deren einzelne Häuser er vermietete. Er selbst bezog das Haus. Nr. 8. Der junge Galsworthy, der von Oxford, wo er seit 1886 studierte, während der Ferien in sein Elternhaus kam, fand hier die Kulisse für manche Szene seiner »Forsyte Saga«. Er wohnte hier auch noch während seiner Praktikantenzeit an der Lincoln's Inn und nach der Eröffnung einer eigenen Kanzlei in den Paper Buildings im Temple bis zur Einrichtung einer eigenen Wohnung in der Palace Street Nr. 3.

Albany Street Im Hause Nr. 166 wohnte Christina Rossetti mit ihrer Mutter und ihren Geschwistern von 1858 bis 1865.

Chester Place Dickens, der sein Haus an der Devonshire Terrace im Jahre 1847 während einer Reise nach Paris und durch die Schweiz vermietet hatte, nahm sich für drei Monate ein möbliertes Haus am Chester Place Nr. 3. Hier arbeitete er am »Dombey and Son«, und hier wurde Haldeman, sein fünfter Sohn, geboren, dem er zusätzlich den Vornamen seines Nachbarn und Verehrers Sydney Smith aus der Doughty Street gab.

Zu Ende der fünfziger Jahre des vergangenen Jahrhunderts wohnte Elizabeth Gaskell im Hause Nr. 17. Hier schloß sie die zweibändige Biographie (1857) ihrer Freundin Charlotte Brontë ab.

Regent's Park Road Von Manchester kommend, wo er als Mitarbeiter der Firma Ernen und Engels seit 1850 arbeitete, bezog Friedrich Engels, der Sohn eines Barmer Textilfabrikanten, im September 1870 eine Wohnung im Hause Nr. 121. Hier legalisierte er am 11. September 1878 seine langjährige Verbindung mit der Färberstochter und Analphabetin Lydia (Lizzie) Burns, die einen Tag nach der Eheschließung starb. Nach dem Ableben von Marx führte ihm Helene Demuth und nach ihrem Tod die von ihrem Gatten getrennt lebende Louise Kautsky den Haushalt. Engels war zusammen mit Marx zum erstenmal im Juli und August 1845 in London gewesen. Im gleichen Jahr erschien sein Buch über »Die Lage der arbeitenden Klasse in England«. Im Hause Regent's Park Road verstarb er am 5. August 1895 im Alter von 75 Jahren am Speiseröhrenkrebs. Seine Asche wurde acht Kilometer vor Beachy Head bei Eastbourne/Sussex ins Meer gestreut. Seit 1972 trägt sein Sterbehaus eine Gedenktafel.

Delancey Street Vom »Boat House« in Laugharne/Wales, dem Llaregubb seines »Under Milkwood«, wo er seit 1945 lebte, übersiedelte Dylan Thomas mit seiner Familie im September 1951 wieder nach London und mietete eine Wohnung im Hause Nr. 54, »einem Hause des Schreckens, an einer Bus- und nächtlichen Lastwagenroute gegenüber einer Eisenbahnbrücke und einem Rangierbahnhof gelegen. Nirgends gibt es hier Reiher«, schreibt er am 3. Dezember 1951 dem amerikanischen Lyriker John Malcolm Brinnin. Von hier ging er wieder nach Wales zurück. Zu Beginn seiner vierten Vortragsreise in die Vereinigten Staaten starb er am 9. November 1953 in New York an einer Gehirnblutung, die er sich durch seine Trunksucht zugezogen hatte.

Regent's Park Terrace Der am 16. Dezember 1900 in Ipswich/Suffolk geborene Erzähler, Essayist und Kritiker Victor Sawdon Pritchett, 1974 als Nachfolger Heinrich Bölls zum Präsidenten des PEN-Club gewählt, wohnt seit den sechziger Jahren im Hause

Nr. 12. Viele seiner Kurzgeschichten und kritischen Arbeiten erschienen im »New Statesman«, dessen Kodirektor und Chefkritiker er seit 1946 ist.

Berkley Road Im April 1887 nahm sich W. B. Yeats im Hause Nr. 6 ein möbliertes Zimmer. In diesem Jahr erschienen seine Gedichte zum erstenmal in englischen Zeitschriften. Nach Fertigstellung der elterlichen Wohnung am Eardley Crescent kehrte er wieder zu seiner Familie zurück.

Fitzroy Road Die Eltern des am 13. Juni 1865 in Sandymount bei Dublin geborenen Dichters William Butler Yeats und seiner Schwester Susan übersiedelten im Jahre 1867 nach London und nahmen im Hause Nr. 23 Wohnung. Die Sommermonate seiner Kinderjahre verbrachte William Butler bei seinen Großeltern in Sligo in Irland. 1876 übersiedelte die Familie zur Woodstock Road Nr. 8 in der neuangelegten Wohnsiedlung Bedford Park. Dort lebte sie bis zu ihrer Rückkehr nach Irland im Jahre 1880. Seit 1957 trägt das Haus in der Fitzroy Street eine Tafel zum Gedenken an den Dichter, der sich um die Wiederbelebung der keltisch-gälischen Tradition Irlands verdient gemacht hat. Im Jahre 1889 übersiedelte die Tante von H. G. Wells mit ihrem 23jährigen Neffen von der Euston Road in das Haus Nr. 46. Der Schriftsteller, der bis zu seiner Hochzeit in ihrem Haushalt lebte, war zu dieser Zeit Assistent und dann Dozent an der Normal School of Science, dem heutigen Royal College of Science, in Kensington. Am 29. Oktober 1891 heiratete er seine Kusine Isabel Mary Wells und nahm eine Wohnung in der Haldon Road Nr. 28 in Wandsworth. Die Ehe wurde unglücklich, und nach zwei Jahren trennte sich das Paar.

In der Nähe der nach Norden führenden Camden Road liegen St. Augustine's und Bartholomew Road.

St. Augustine's Road Mit dem Auftrag der Zentralstelle für Presseangelegenheiten im Königlichen Staatsministerium in Berlin, für die Vossische Zeitung über englische Verhältnisse zu berichten, besserte sich die finanzielle Situation Theodor Fontanes, der seit September 1855 in London lebte. Er konnte seine Frau und seine Kinder nachkommen lassen. Von August 1857 bis zum Abschluß seines Aufenthalts in England, »als geschlagene Truppe« und »innerlich tief müde«, im Januar 1859 wohnte er mit seiner Familie im »hübsch eingerichteten Hause« Nr. 52. An seinen Tunnel-Freund Merckel schreibt er am 23. August 1857: »Seit 14 Tagen sind wir nun hier und freuen uns unsrer luftigen und geräumigen Zimmer, unsrer

Küche und unsrer Bedienung umso mehr, als die ersten Wochen, die wir mit einem kranken Kinde und unter beständigem Ärger in meiner alten Chambre garni verbringen mußten, nichts weniger als angenehm waren... Das Terrain steigt hier an, weshalb der ganze Stadtteil zu den gesundesten zählt... Weil hoch gelegen, hat man schöne Aussichten auf London selbst; nach der entgegengesetzten Seite hin haben wir die schönen Höhe-Dörfer Hampstead und Highgate ganz in der Nähe...«

Bartholomew Road Nach ihrer Rückkehr von La Spezia in Italien, wo ihr Gatte Percy Bysshe Shelley am 8. Juli 1822 bei einer Segelfahrt ums Leben gekommen war, wohnte Mary Godwin Shelley von 1824 bis 1827 im Hause Nr. 5.

Bayham Street Im Jahre 1822 wurde der Vater des noch nicht elfjährigen Charles Dickens, der völlig verschuldete Marinezahlmeister John Dickens, von Chatham nach London versetzt, wo er mit seiner Frau, seinen sechs Kindern und einem Dienstmädchen zunächst am Mary Place wohnte und dann ein armseliges Reihenhaus mit vier Zimmern in der Bayham Street Nr. 16 im ärmlichsten Teil von Camden Town mietete. Das Haus erhielt später die Nummer 141. Das Hospital, das an der Stelle des 1910 abgerissenen Hauses steht, trägt eine Gedenktafel. Der am 7. Februar 1812 in Landport bei Portsmouth/Hampshire geborene Charles, der aus schulischen Gründen in Chatham zurückgeblieben war, kam erst zum Jahresschluß in sein Elternhaus. Hier war er in einer kleinen, nach hinten gelegenen Dachkammer, von der der Schriftsteller in seinem »David Copperfield« spricht, untergebracht. Das Fenster der Kammer befindet sich heute im Dickens-House in der Doughty Street. Charles mußte seinen Schulbesuch aufgeben. »Ich sank dazu hinab, daß ich morgens meines Vaters und meine Schuhe putzte, mich in dem kleinen Haushalt nützlich machte, nach meinen jüngeren Geschwistern sah und die armseligen Besorgungen erledigte, die unser armseliges Leben mit sich brachte... Keine Worte können meine geheime Seelenqual ausdrücken, als ich... meine früheren Hoffnungen, ein gelehrter und berühmter Mann zu werden, in meiner Brust zusammenbrechen fühlte...«, schreibt er Jahre später. Durch einen Freund der Familie, Teilhaber der Warrens Schuhwichsefabrik, fand er für sechs Schillinge in der Woche eine Stelle in dieser Fabrik an den Hungerford Stairs.

Ende 1823 zog die Familie in die Gower Street.

College Place Zu Dickens' Zeiten war College Place, damals noch

Little College Street, »ein recht verlassenes Stückchen Erde... in einer Umgebung von wenig anderem als Feldern und Gräben«, wie es in den »Pickwick Papers« heißt. Als die Mutter des kleinen Charles im Jahre 1824 ihre Wohnung in der Gower Street aufgeben mußte und zu ihrem Mann in das Marshalsea-Gefängnis zog, wurde der Junge bei einer verarmten, alten Dame, einer Bekannten der Dickens-Familie, die Waisen und unerwünschte Kinder als Schlafburschen bei sich aufnahm, untergebracht. Charles teilte eine Kammer mit zwei gleichaltrigen Jungen. Für die Mahlzeiten mußten die Kinder selbst sorgen. Tagsüber arbeitete Charles in Warrens Schuhwichsefabrik. »Ich hatte keine Unterstützung irgendwelcher Art, keinen Rat, keine Aufmunterung, keinen Trost von irgend jemandem«, erinnert sich der Schriftsteller. Seiner Wirtin, einer Mrs. Roylance, hat er in Mrs. Pipchin in »Dombey and Son« ein Denkmal gesetzt. Um seinen Eltern im Gefängnis näher zu sein, mietete er eine Schlafstelle in der Lant Street.

Hampstead Road In dem vor kurzem renovierten Haus Nr. 263 wohnte der am 27. September 1792 geborene Künstler George Cruishank von 1850 bis zu seinem Tode am 1. Februar 1878. Schon sieben Jahre später ließ die Royal Society of Arts hier eine Tafel zum Gedenken an den Illustrator von Dickens' »Sketches by Boz« und »Oliver Twist« anbringen. Aus unbekannten Gründen erreichte die so vielversprechende Zusammenarbeit von Dickens und Cruishank danach ihr Ende. An der Ecke der Morning Terrace, an der Stelle des Bahnkörpers beim Hause Nr. 247, stand die »Wellington House Academy«, in die der 13jährige Charles Dickens im Jahre 1825 eingeschult wurde, nachdem sein Vater aus dem Gefängnis entlassen worden war. In »David Copperfield« hat er der Schule mit »Mr. Creakle's Salem House Academy« ein Denkmal gesetzt. Er beschreibt sie auch in dem Essay »Our School« in »Reprinted Pieces«. Zu dieser Zeit wohnte er bei seinen Eltern in der Johnson Street, der heutigen Cranleigh Street. Nach zweieinhalbjährigem Schulbesuch ging er als Lehrling in die Anwaltsfirma Ellis and Blackmore in den Raymond Buildings. Vom Mornington Place übersiedelte Tennyson im Jahre 1850 in das Haus Nr. 225. Das Haus fiel den Bomben des Zweiten Weltkriegs zum Opfer. Von hier zog er gegen Ende desselben Jahres nach Twickenham.

Mornington Terrace Im Jahre 1895 wohnte H. G. Wells mit seiner Geliebten, seiner Schülerin Amy Catherine Robbins, die er Jane nannte, kurze Zeit in einer bescheidenen Pension im Hause Nr. 12.

Hier schrieb er unter anderem seine phantastische Erzählung »Time Machine«, die ihn berühmt machte. Ende 1885 wurde er von seiner Kusine Isabel Mary Wells geschieden, heiratete Jane und ließ sich in Sevenoaks/Kent nieder.

Mornington Place Im Jahre 1893 trennte sich H. G. Wells, der seinen Hilfslehrerposten aufgegeben hatte, von seiner Frau und zog im Frühjahr 1894 von der Haldon Road in Wandsworth zum Mornington Place Nr. 7.

Da er hier seine Geliebte Amy Catherine Robbins nicht empfangen konnte, übersiedelte er kurze Zeit später in eine Pension an der Mornington Terrace. Im Jahre 1850 wohnte Tennyson mit seiner Frau Emily Sellwood, mit der er seit 1833 verlobt war, sie aber aus wirtschaftlichen Gründen erst 17 Jahre später heiraten konnte, im Hause Nr. 25 kurze Zeit zur Miete. Bei seinem Umzug zur Hampstead Road ließ er hier versehentlich das Manuskript seiner Dichtung »In Memoriam« liegen, das er erst nach Wochen zurückerlangen konnte. Im gleichen Jahr war er Poet Laureate geworden.

Arlington Road Im Jahre 1851 wohnten die Geschwister Dante Gabriel, William und Christina Rossetti im Hause Nr. 38. Ein Jahr davor war Dante Gabriels Dichtung »The Blessed Damozel« in der präraffaelitischen Zeitschrift »The Germ« erschienen, die sein Bruder Michael, der hauptamtlich im Staatsdienst tätig war, herausgab. Auch Christina veröffentlichte dort ihre Gedichte.

Zehnter Spaziergang: Vom Marble Arch über St. John's Wood zum Notting Hill

Hyde Park Hyde Park, ursprünglich Jagdgebiet Heinrichs VIII., seit 1635 der Öffentlichkeit zugänglich, hat schon immer Verbindungen zu Literaten und zur Literatur gehabt. Samuel Pepys berichtet in seinem Tagebuch unter dem 11. Juli 1668, daß er im Royal Theatre ein altes Stück von James Shirley, dem letzten der großen elisabethanischen Dramatiker, mit dem Titel »Hyde Park« (1632) gesehen habe. Das Stück, in dem »Pferde auf der Bühne« erschienen, »ist mäßig, nur der Prolog ist ausgezeichnet«. Der französische Philosoph Saint-Evremond, der sich im Jahre 1661 der absoluten Herrschaft des Sonnenkönigs durch Emigration nach England entzog, war »Wärter der königlichen Enten« im Hyde Park. Er wohnte in Chelsea, starb im Jahre 1703 und wurde in Westminster Abbey bestattet. Sir Richard Steele duellierte sich im Hyde Park am 16. Juni 1700 mit einem Captain Kelly und verwundete ihn tödlich. Lichtenberg, der, wie er sagt, »eigentlich nach England gegangen (war), um deutsch schreiben zu lernen«, notiert in seinem Tagebuch: »Am 15. April 1775, am Sonnabend vor Ostern, ging ich des Abends nach dem Tee im Hyde Park spazieren. Der Mond war eben aufgegangen, voll, und schien über Westminster Abbey her. Die Feierlichkeit des Abends ... machte, daß ich meinen Lieblingsbetrachtungen mit wohllüstiger Schwermut nachhing.« Sheridan konnte im Jahre 1772 ein Duell mit einem Gegner, der seine Geliebte, die Sängerin Elizabeth Linley, beleidigt hatte, wegen der Menschenmenge, die sich hier zusammengefunden hatte, nicht zu Ende bringen. Die Duellanten mußten ihren Kampf auf den Leicester Fields fortsetzen. Horace Walpole wurde hier im November 1749 ausgeraubt und entging nur durch Zufall dem Schicksal, von einer Kugel getroffen zu werden. Charles Lamb berichtet seinem Freunde Wordsworth von einem Fest im Hyde Park im Jahre 1814: »Der Gestank von Schnaps, schlechtem Tabak, Lebensmitteln und schmutzigen Menschen erfüllte die Luft, so daß wir nach Atem rangen und fast erstickten.« In der »Times« fand sich folgende Notiz: »Am Dienstag, dem 13. Dezember 1816, wurde eine Frau von achtbarem Aussehen, die sich im Zustand vorgeschrittener Schwangerschaft befand, aus der Serpentine gefischt. Sie trug einen wertvollen Ring. Es wird vermutet, daß die Unordnung in ihrer Lebensführung die Schuld an dem tragischen Vorfall trägt, da ihr Mann im Ausland ist.« Die Tote war Harriet

Westbrook, die erste Frau Shelleys. Der Dichter hatte sie als 16jähriges Schulmädchen entführt und am 28. August 1811 heimlich in Edinburgh geheiratet. Nach der Geburt ihres ersten Kindes Janthe entfremdete sich das Paar immer mehr, zumal Mary Wollstonecraft, die Tochter des Schriftstellers William Godwin, in das Leben des Ehemanns getreten war. Unmittelbar nach dem Selbstmord Harriets heiratete er Mary. Wie Ford Madox Ford erzählt, erging sich Emile Zola, der 1898 nach der Dreyfus-Affäre nach London emigriert war, gern im Hyde Park. Bei einer Rast auf einer Bank trübsinnig vor sich hinstarrend, sah er eine Menge Haarnadeln vor sich im Sande liegen und stellte fest: »Was soll man von einem Lande halten, in dem Kindermädchen sich so liederlich frisieren, daß nicht weniger als 18 Haarnadeln an einem Morgen vor einer Bank zu finden sind?« Fontane widmet dem Park, »wo die Aristokratie ihre Fensterparade vor sich selbst und dem staunenden Volk abhält«, einen Artikel in seinem Buch »Ein Sommer in London«. Am 21. April 1866 erlitt Jane, die 65jährige Gattin Thomas Carlyles, bei einer Ausfahrt durch den Hyde Park einen Herzschlag. Thomas Carlyle weilte zu dieser Zeit in Schottland. Bei seinen meist nächtlichen Spaziergängen durch den Park — der Schriftsteller litt an Schlaflosigkeit — nahm er an der Stelle, an der seine Frau ums Leben gekommen war, stets den Hut ab. Die Häuser der Forsytes in Galsworthys Familienchronik »The Forsyte Saga« liegen rings um den Hyde Park. ». . . Sie standen wie Wachtposten, damit das Herz Londons, in dem alle ihre Interessen lagen, ihnen nicht entgleiten könne und sie nicht in der eigenen Achtung sänken.« So wohnen der alte Jolyon am Stanhope Place, seine Brüder James in Park Lane, der Junggeselle Swithin in der »einsamen Pracht seiner hellblau-orangen-farbigen Wohnung« in den Hyde Park Mansions, Roger und seine Familie in Prince's Gardens, Timothy mit den unverheirateten Schwestern Ann und Hester in der Bayswater Road und sein Neffe Soames mit seiner Frau »in einem reizenden kleinen Haus« am Montpelier Square Nr. 62.

Edmund Spencer, der zu Ende der sechziger Jahre in den benachbarten Queen's Gardens wohnte, pflegte auf der Serpentine zu rudern und dabei seinem Sekretär David Duncan, der eine Biographie des Philosophen hinterließ, zu diktieren.

Edgware Road Um dem Lärm der Londoner Straßen zu entgehen, zog sich Oliver Goldsmith von 1771 bis zu seinem Tode 1774 vom Brick Court auf einen Bauernhof bei Hyde an der alten Edgware

Road zurück. Hier entstand im Jahre 1773 seine Komödie »She Stoops to Conquer«. George Eliot, die im Mai 1854 ihre Mitarbeit an der »Edinburgh Review« und ihr Quartier im Hause ihres Verlegers am Strand aufgegeben hatte, nahm sich eine eigene Wohnung in einem Hause an der Edgware Road. Hier konnte sie ihren Geliebten G. H. Lewes, dessen Frau sich in einen Sohn Leigh Hunts verliebt und ihren Gatten verlassen hatte, bei sich aufnehmen. Von hier reiste das Paar am 20. Juli 1854 nach Deutschland. Leigh Hunt, der im Februar 1815 aus dem Gefängnis entlassen worden war, kam zunächst in der Wohnung seines Bruders John in der Edgware Road unter. Nach einem Jahr nahm er seinen Wohnsitz im Vale of Health in Hampstead.

Bayswater Road In einem heute verschwundenen, möblierten Hause Nr. 5 (damals Hyde Park Place) hatte der schwerkranke Dickens vom November 1869 bis Mai 1870 seine letzte Stadtwohnung. Sein Arzt hatte ihm trotz seiner Leiden die Fortführung der Vortragsabende gestattet. Hier entstand der Hauptteil der auf die Nachwelt überkommenen Kapitel des Fragment gebliebenen Romans »The Mystery of Edwin Drood«, und von hier besuchte er regelmäßig seine Geliebte Ellen Ternan in ihrer »Windsor Lodge« in Peckham. Am 9. Juni 1870 schloß er in seinem Landhaus Gad's Hill Place das 23. Kapitel des Romans ab und starb an einem Schlaganfall am Nachmittag des nächsten Tages. Im Hause Nr. 19 wohnte von 1892 bis 1896 Max Beerbohm, den Shaw den »unvergleichlichen Max« nannte. Als 23jähriger gab Beerbohm eine erste Essay-Sammlung unter dem abschließenden Titel »The Works of Max Beerbohm« heraus. Er selbst sagt dazu: »Ich, der ich keinen Adelstitel anstrebe, werde nichts mehr schreiben. Ich fühle mich schon ein wenig unmodern. Ich gehöre zur Beardsley-Periode. Jüngere Herren mit ganzen Monaten dichterischer Produktivität vor sich ... haben sich inzwischen in den Vordergrund gedrängt ... In der Tat, ich trete ohne Bedauern ab ...« An der Stelle einer eingezäunten Grünanlage am Hyde Park Place und von Wohnblöcken zwischen Stanhope Place und Albion Street lag hinter der im Kriege zerstörten und verschwundenen Chapel of Ascension der im Jahre 1763 angelegte »neue Tyburn-Friedhof«, der Begräbnisplatz der Pfarrgemeinde von St. George, Hanover Square. Hier wurde im März 1768 Laurence Sterne bestattet. An den Schriftsteller erinnerte ein Kopf- und ein Fußstein. Die Inschrift auf dem Fußstein begann mit den Worten »Alas, Poor Yorick«. Der Schriftsteller hatte in Anlehnung an den

Hofnarren in Shakespeares »Hamlet« unter diesem Namen seine Predigten als Buch herausgegeben.

Sternes Leichnam soll von Leichenräubern, den »Auferstehungsmännern«, aus dem Grab gestohlen und an die Anatomie in Cambridge verkauft worden sein. Ein Freund des Schriftstellers behauptet, bei der Obduktion Sterne wiedererkannt und seine sterblichen Überreste an den Begräbnisort zurückgebracht zu haben. Sie wurden 1969 in Coxwold/Yorkshire, wo Sterne Pfarrer war, endgültig bestattet. Im »Tagebuch seiner Reise nach England« schreibt G. Ch. Lichtenberg: »Am 25. Februar (1775), einem völligen Sommertage, ging ich mit Herrn Irby im Kensington Garden spazieren. Unterwegs zeigte er mir eine kleine Kapelle in einer ziemlichen Entfernung und sagte: ›Da ist der Kirchhof, auf welchem Sterne begraben liegt.‹ Wir gingen zusammen hin. Eine alte Frau zeigte uns sein Grab, das mit einem armseligen Stein gekennzeichnet ist, den ihm zwei Freimaurer ... gesetzt haben. Die poetische Inschrift darauf könnte besser sein. Vielleicht dient dieser elende Stein einmal einem gefühlvollen Reichen, die Stelle anzudeuten, wo er ein würdigeres Denkmal hinsetzen soll. Übrigens liegt das Grab kaum einen Büchsenschuß von der Stelle entfernt, wo die Missetäter hingerichtet werden« (→Edgware Road). Auf dem alten Tyburn-Friedhof befanden sich das Grab und eine Tafel zum Gedenken an die 1823 verstorbene Schriftstellerin Ann Radcliffe.

Albion Street Thackeray, der nach dem Sommersemester 1830 Cambridge verlassen hatte und nach Paris gegangen war, um das Studium der Malerei aufzunehmen, machte dort im Sommer 1835 die Bekanntschaft der mittellosen Tochter des irischen Obersten Matthew Shawe, mit der er am 20. August 1836 auf der Britischen Botschaft in Paris getraut wurde. Das Paar übersiedelte im März 1837 aus finanziellen Gründen nach London und fand zunächst in der Wohnung von Thackerays Mutter und ihres zweiten Gatten — sie hatte als 30jährige ihren ersten Gemahl verloren und 1817 den wohlhabenden Major Carmichael-Smyth, das Vorbild zu Thackerays Colonel Newcome in seinem Roman »The Newcomes« (1853), geheiratet — in der Albion Street Nr. 18 Unterkunft. Hier wurde dem jungen Paar am 9. Juni 1837 ihr erstes Kind, die spätere Romanschriftstellerin Lady Anne Ritchie, die im Jahre 1911 die Werke ihres Vaters herausgeben sollte, geboren. Infolge journalistischer Fehlschläge mußte Thackerays Stiefvater im März 1838 die große Wohnung in der Albion Street aufgeben und nach Paris zurückkehren.

Thackeray fand für sich und seine Familie eine billige Unterkunft in der Coram Street.

Connaught Street Ende 1876 gab J. R. Green sein Quartier in der Beaumont Street auf und bezog eine Wohnung in einem Hause in der Connaught Street. Im Juni 1877 heiratete er Alice Stopford, die Tochter eines Archidiakons.

Oxford Square Im Jahre 1895 zog George du Maurier von Hampstead in das Haus Nr. 17. Lange konnte er sich der neuen Wohnung nicht erfreuen. Er starb hier im Alter von 62 Jahren am 6. Oktober 1896. Auf dem Pfarrkirchhof von Hampstead, wo er 20 Jahre gelebt hatte, fand er seine letzte Ruhestätte.

Southwick Place Dickens mietete im Jahre 1866 ein heute verschwundenes möbliertes Haus am Southwick Place als Stadtwohnung. Zu dieser Zeit litt er bereits an den Folgen der Anstrengungen, die seine Vortragsreisen mit sich brachten.

Somers Crescent Von März bis Juni 1865 wohnte Dickens in einem heute verschwundenen möblierten Haus Nr. 16 am Somers Place, der heute Somers Crescent heißt.

Sussex Square Sir Winston Churchill, der von 1924 bis 1929 das Amt des Schatzkanzlers bekleidete, wohnte zu dieser Zeit im Hause Nr. 2. Hier arbeitete er an der vierbändigen Geschichte des Ersten Weltkriegs, einem der 34 Werke, die er zwischen 1889 und 1961 publizierte.

Clifton Place Der am 23. April 1818 in Dartington/Devonshire geborene Historiker James Anthony Froude, ein Freund Carlyles, kam 1860 nach London und bezog am Clifton Place Nr. 6 eine Wohnung. Von hier übersiedelte er im Jahre 1865 zu den Onslow Gardens.

Westbourne Terrace Thomas Edward Lawrence, der als Soldat der Royal Air Force unter dem Pseudonym T. E. Shaw in der Kadettenanstalt Cranwell/Lincolnshire Dienst leistete, fuhr von dort gelegentlich zu seinem Buchdrucker Manning Pike in London, um den Druck seines Buches »Seven Pillars of Wisdom« (1926) zu überwachen. In seinem Hause an der Westbourne Terrace North Nr. 4 übernachtete er dann in einem Notbett über den Wasserrohren im Keller.

St. James's Church In dieser Kirche heiratete Oscar Wilde am 29. Mai 1884 Constance Mary Lloyd, Tochter eines 1874 verstorbenen irischen Juristen, die er bei ihrer Großmutter, Mrs. Atkinson in Dublin, von der sie aufgezogen wurde, kennengelernt hatte.

Lancaster Terrace W. B. Yeats, der mit seiner Familie in Rapallo lebte, wohnte während eines Besuchs in London im Jahre 1935 im Hause Nr. 17. 1934 hatte er sich einer Steinachschen Verjüngungskur unterzogen.

Lancaster Gate Der am 1. März 1880 als Sohn eines Generals geborene Schriftsteller Lytton Strachey verbrachte seine Kindheit in der elterlichen Wohnung im Hause Nr. 74. Nach dem Studium in Liverpool und Cambridge ging er wieder ins Elternhaus zurück. Im Hause Nr. 109 wohnte von 1893 bis 1895 der amerikanische Schriftsteller Bret Harte mit seiner Sekretärin und Geliebten, der verwitweten Marguerite Van Velde. Von hier zog er in das Haus Nr. 74. Nach seiner diplomatischen Tätigkeit als Konsul der Vereinigten Staaten in Krefeld und Glasgow ließ sich der am 25. August 1836 in Albany/New York geborene Erzähler im Jahre 1883 zunächst an der Hamilton Terrace in St. John's Wood nieder und zog dann an das Lancaster Gate. Mit seinen Goldgräbergeschichten ist er weit über sein Vaterland bekanntgeworden. Im Jahre 1902 starb er in Camberley/Surrey. Constance Mary Lloyd, die Gattin Oscar Wildes, wohnte bis zu ihrer Eheschließung bei ihrer Großmutter im Hause Nr. 110. Hier trafen sich die Freunde des Paars nach der Trauung vor ihrer Hochzeitsreise nach Paris und Dieppe. Im Hause eines Psychoanalytikers namens Kenneth Richmond am Lancaster Gate verbrachte der 17jährige Graham Greene als Patient im Jahre 1921 »wahrscheinlich die glücklichste Zeit meines Lebens ... Die Stunden ungestörten Studiums unter den Bäumen in den Kensington Gardens waren noch schöner, wenn ich an die steinerne Treppe, das tintenbeschmierte Klassenzimmer, die nicht verschließbaren Klosetts und den Furzgeruch im Duschraum in Berkhamsted nachdachte. Und London war vor meiner Tür«.

Bayswater Road Im Eckhaus Leinster Terrace/Bayswater Road Nr. 100 wohnte von 1903 bis 1911 der am 9. Mai 1860 in Kirriemur/Schottland als Sohn eines Webers geborene Romanschriftsteller und Dramatiker James Barrie. Er war 1885 von Dumfries/Schottland nach London gekommen, um hier sein Glück zu machen. Seine Frau, die geschiedene Schauspielerin Mary Ansall, die er 1894 geheiratet hatte und die feststellen mußte, daß er impotent war, hatte ihn nach fünfjährigem Zusammenleben eines Freundes von D. H. Lawrence wegen verlassen. Hier entstand sein Märchenspiel »Peter Pan, or The Boy who would not Grow up« (1904) »(Peter Pan oder Das Märchen vom Jungen, der nicht groß werden wollte«), das am 27. Dezember 1904 im Duke of York's Theatre seine Uraufführung erlebte und seitdem zum unsterblichen Lieblingsstück von Kindern und Erwachsenen nicht nur in England gehört. Das Haus trägt seit 1961 eine Gedenktafel.

Queen's Gardens Der am 27. April 1820 in Derby/Derbyshire als ältestes und einzig überlebendes von neun Kindern eines Mathematiklehrers geborene Philosoph Herbert Spencer, der 1841 den Beruf des Ingenieurs aufgab und sich dem Journalismus zuwandte, wohnte von 1866 bis 1889 im Hause Nr. 37, einer Pension, die eine Miss Shickle leitete. Seine Mitpensionäre, unter ihnen ein Admiral, der alltäglich auf das Wohl der Königin trank, schildert Spencer anschaulich in seiner Autobiographie (1888). Durch einen Durchbruch zum Nachbarhaus erweiterte Mrs. Shickle ihre Pension, und Spencer konnte eine ruhigere Unterkunft im Hause Nr. 38 beziehen. In der Pension und in einem Mietszimmer am Leinster Place entstanden die Hauptwerke seiner Soziologie und Evolutionstheorie. Das Haus trägt eine Gedenktafel.

Leinster Place Um ganz ungestört zu sein, mietete Herbert Spencer ein Zimmer zur Straße im Erdgeschoß des Hauses Nr. 2, in dem er seine Bücher und Manuskripte untergebracht hatte und wohin er sich jeden Vormittag aus der Pension an den Queen's Gardens, in der er lebte, zurückzog, um in aller Ruhe arbeiten zu können.

Delamere Terrace Der am 21. September 1849 in Hackney/London geborene Kritiker und Essayist Sir Edmund Gosse, von 1865 bis 1875 Hilfsbibliothekar am British Museum, der seit 1872 für die Verbreitung der Werke Ibsens eintrat, wohnte zwei Jahrzehnte lang im Hause Nr. 39. Robert Browning, Henry James, Stevenson, George Moore, Swinburne, Max Beerbohm und andere Vertreter des geistigen Lebens der Zeit gingen hier ein und aus. Gosse starb am 16. Mai 1928 in London.

Warwick Crescent Nach dem Tode seiner Frau Elizabeth im Jahre 1861 in Florenz kehrte Robert Browning nach London zurück und ließ sich nach kurzer Zeit, die er in möblierten Zimmern verbracht hatte, mit seinem Vater, seiner unverheirateten Schwester Sarianna, die ihrem Bruder den Haushalt führte, seinem einzigen Sohn Barret, den er Pinna nannte, und einer von der ganzen Familie geliebten weißen Eule im Hause Nr. 19 mit Blick auf den Little Venice genannten Teil des Grand Union Canal nieder. Hier entstanden die Monologe »Dramatis Personae« (1864), das Epos »The Ring and the Book« (1868/69) und die beiden Bände seiner »Dramatic

Idylls« (1879/80). Ein Jahr nach seinem Tode im Jahre 1890 schlug sein früherer Nachbar und Freund Edmund Gosse in einem Brief an die »Times« vor, »eine jener schmucken und bescheidenen runden Tafeln... am Schauplatz seiner schöpferischen Tätigkeit in mehr als einem Vierteljahrhundert..., wo er mit soviel Herzlichkeit eine Schar von bemerkenswerten Persönlichkeiten empfing«, anzubringen. Noch im selben Jahr enthüllte die Society of Arts eine Gedenktafel an Brownings Wohnhaus. Das Haus überstand den Krieg, wurde aber inzwischen abgerissen.

Blomfield Road Der am 18. Dezember 1907 in Bristol als Sohn eines Architekten und Predigers geborene Dramatiker Christopher Fry bezog mit seiner Familie im Jahre 1950 zunächst das Haus Nr. 50 und dann das Haus Nr. 37.

In seinen Erinnerungen schreibt er:

»... als wir uns 1950 mitten in London niederließen, war es das Grün der Stadt, das uns anzog. Bisher hatten wir auf dem Lande gewohnt; aber das Haus, das wir fanden (oder besser: das uns gefunden hatte), mochte die Felder, zwischen denen es vor mehr als einem Jahrhundert erbaut worden war, noch kaum vergessen haben. Vor ihm stand eine Reihe von Londoner Platanen am Uferweg eines Kanals. Der Kanal weitet sich hier zu einem dreieckigen Becken; eine Insel in seiner Mitte, bestanden mit alten Bäumen und jungen Trauerweiden, Narzissen im Frühling und die Nester der Enten und Schwäne; im Winter Möwenschwärme, wie Schneeflocken in der Luft wirbelnd, fern von den Stürmen der Küste. In einem Jahr besuchte uns eine kanadische Gans. Sogar ein Goldadler saß eines Tages auf einem Baum vor unserer Pforte — er war aus dem Zoo entflogen.

Irgendwann hatte die Wasserstrecke den Namen »Browning's Pool« erhalten — Robert Browning hatte, von uns aus gesehen, an der anderen Kanalseite gewohnt. Das Haus steht längst nicht mehr; andere Dinge, die es noch gab, als wir einzogen, sind verschwunden: die Gaslaternen an der Straße, der Lampenanzünder, der jeden Abend bei Einbruch der Dämmerung mit seiner Leiter kam, um sie anzuzünden, und die Pferde, die einst die Kähne zogen. Jenseits unseres Gartens, hinter der Kastanie, erstreckt sich die schmale Dorfstraße mit ihrem Gasthaus, »The Warwick Arms«, und einer Reihe kleiner Läden, darunter die Werkstatt eines Schusters, dessen Familie schon seit Generationen hier ansässig ist — ich könnte mir vorstellen, daß dort schon Robert Brownings Schuhe geflickt wurden.

An einer unserer Fensterscheiben steht, mit einem Diamanten eingeritzt, ein Datum: 17. Juni 1859.
Und all das ist nur ein Teil des großen, verschachtelten Systems von Dörfern, das London heißt. Dreihundert Schritt entfernt dröhnt der Verkehr der Edgware Road. Die Häßlichkeit der Harrow Road drängt sich sogar noch näher. Hat man sie hinter sich, ist es nicht weit bis zum Hyde Park; weiter ostwärts liegt Regent's Park, und nördlich von uns hebt sich das Land bald Hampstead entgegen und seiner Heide, auf der Keats seiner Nachtigall lauschte; dann Highgate, wo Coleridge sich zu Tode redete. Paddington Green — wohin Samuel Pepys wenige Wochen vor dem »Großen Brand« von 1666 ging, um Luft zu schöpfen — ist zusammengeschrumpft, die breite neue Straße hat einen großen Teil des Friedhofs abgeschnitten. Doch das Grün von London ist noch immer um uns. Hier und dort, selbst im Herzen der Stadt, in den Inns of Court — Middle und Inner Temple, Lincoln's Inn und Gray's Inn — gibt es die stillen Zentren, wo die Zeit stehenzubleiben scheint, unverändert von Generation zu Generation.«
Fry wohnt jetzt in seinem Landhaus The Toft, East Dean bei Chichester/Surrey.

Maida Avenue Im Hause Nr. 30 hatte John Masefield um 1910 eine Wohnung, und hier arbeitete er an seinem epischen Gedicht »The Everlasting Mercy«. Der Dichter, 1930 als Nachfolger von Robert Bridges zum Poet Laureate ernannt, verheiratet und Vater von zwei Kindern, übersiedelte von hier nach Great Hampden/Buckinghamshire. Er starb am 12. Mai 1967 bei Abingdon/Berkshire.

Maida Vale Von 1965 bis 1968 wohnte Kingsley Amis, der seit 1962 als freier Schriftsteller lebte, mit seiner Frau, der Romanschriftstellerin Elizabeth Jane Howard, im Hause Nr. 108. Er wurde am 16. April 1922 als Sohn eines Büroangestellten in Clapham geboren. Mit seinem ersten Roman »Lucky Jim« (1954) gehört er zu den Hauptvertretern der »Angry Young Men«.

Clifton Road Im Hause Nr. 20 hatte Herbert Spencer zu Beginn der fünfziger Jahre eine Wohnung. Er war zu dieser Zeit noch Mitherausgeber des »Economist«.

Randolph Crescent Der am 28. Februar 1909 als Sohn des Schriftstellers Harold Spender und einer deutschen Mutter in London geborene Dichter und Rilke-Übersetzer Stephen Spender, der von 1933 bis 1936 jedes Jahr sechs Monate in Deutschland, vor allem in Berlin verbrachte, lebte mit Jimmy Younger, einem Arbeitslosen, der seinen Eltern als 18jähriger durchgebrannt war und für Spender als Sekretär arbeitete, im Hause Nr. 25. 1936 trennte sich der Schriftsteller von ihm und heiratete Agnes Marie Inez Pearn, die im Spanischen Bürgerkrieg — Spender kämpfte auf seiten der Republikaner — in einem Hilfskomitee arbeitete. Nach seiner Rückkehr nach London gab er die Wohnung auf und bezog eine Atelierwohnung in Hammersmith, »von deren Fenster man über die Dächer auf die Themse sah«. Mit seiner politischen Autobiographie »World within Worlds«, 1951 (»Welt zwischen Welten«) löste er sich vom Kommunismus, dem »Gott, der keiner war«. 1928 hatte er seinen ersten Gedichtband mit dem Titel »Nine Entertainments« veröffentlicht. Als Übersetzer hat er Tollers »Pastor Hall« (1938) und Schillers »Maria Stuart« (1958) dem englischen Publikum zugänglich gemacht. Seit 1941 ist er in zweiter Ehe mit der Pianistin Natasha Litvin verheiratet.

Auch in der benachbarten London Road Nr. 15 hatte er eine Zeitlang eine Wohnung.

Warrington Crescent Von der Elsworthy Road zog Sigmund Freud für einige Tage ins Esplanade-Hotel am Warrington Crescent. Nach einer Operation, der letzten von insgesamt 19, konnte er Ende September 1938 sein Haus in den Maresfield Gardens beziehen.

St. John's Wood Road führt durch die St. John's Wood High Street nach

St. John's Wood Seit der Bebauung im frühen 19. Jahrhundert ist St. John's Wood ein von Künstlern und Schriftstellern bevorzugtes Wohngebiet.

Greenberry Street Im Hause Nr. 24 hatte Edward Fitzgerald eine Wohnung. Hier entstand um 1850 seine Übersetzung der »Robáiyát« (= Vierzeiler) des persischen Gelehrten und Dichters Omar Hayyám. Nach Meinung Fitzgeralds stank es in London ausschließlich nach Friedhof und Fisch.

St. Edmund's Terrace Im Hause Nr. 1 wohnte der präraffaelitische Maler Ford Madox Brown (1821—93) mit seiner Tochter Catherine und ihrem Sohn Ford Madox Hueffer, dem Gründer und ersten Herausgeber der »English Review«. Sein Vater, Dr. Franz Hueffer, Musikkritiker der »Times«, war aus Deutschland nach England gegangen, um hier für den Ruhm Wagners zu wirken. Michael Rossetti, der Bruder von Dante Gabriel und Christina und Schwiegersohn von Ford Madox Brown, wohnte in den letzten zwei Jahrzehnten des vergangenen Jahrhunderts im Hause Nr. 3.

Avenue Road Herbert Spencer teilte von 1889 bis 1898 das Haus Nr. 62 mit drei unverheirateten Damen. Dann aber gab er seine Wohnung auf, weil er die ständigen Auseinandersetzungen mit seinen Hausgenossinnen nicht mehr ertragen konnte. Er übersiedelte nach Brighton, wo er am 8. Dezember 1903 starb. Seine Asche wurde auf dem Highgate Cemetery gegenüber dem Grabe von Karl Marx und dicht bei der Ruhestätte George Eliots, mit der ihn eine herzliche Freundschaft verband und die er geheiratet hätte, wenn sie ihm nicht so häßlich erschienen wäre, bestattet.

Elsworthy Road Am 5. Juni 1938 verließ der am 6. Mai 1856 in Freiburg in Mähren geborene Nervenarzt und Begründer der Psychoanalyse Dr. Sigmund Freud auf der Flucht vor den Nationalsozialisten sein Haus und seine Praxis in der Berggasse in Wien, wo er seit seiner Kindheit gelebt hatte, und ging über Paris nach London. Hier bezog er bis zum Eintreffen seiner Möbel ein vornehm eingerichtetes Haus in der Elsworthy Road Nr. 39, wo er trotz angegriffener Gesundheit eine bescheidene Praxis eröffnete. Vor seinem Umzug in sein Haus an den Maresfield Gardens ging er von hier für wenige Tage in das Esplanade-Hotel am Warrington Crescent. Vom dritten Tage seines Aufenthalts in London an beförderte die Post Briefe mit der Anschrift »Dr. Freud, London« ohne weiteres. Stefan Zweig besuchte ihn hier. In einem Brief an die Herausgeber der Zeitschrift »Time and Tide« schreibt er: »Nach 78 Jahren angestrengter Arbeit mußte ich meine Heimat verlassen, sah die wissenschaftliche Gesellschaft, die ich gegründet hatte, aufgelöst, unseren Verlag von den Eindringlingen übernommen, die Bücher, die ich veröffentlicht hatte, eingezogen oder eingestampft, meine Kinder aus ihren Berufen ausgeschlossen.«

Acacia Road Vom Elgin Crescent zog Katherine Mansfield mit Jack, wie sie ihren Geliebten, den Literaturkritiker Middleton Murry nannte, im Juli 1915 in das Haus Nr. 5. D. H. Lawrence und seine Frau Frieda, die nicht weit in Hampstead wohnten, kamen oft zu Besuch. Hier traf Katherine ein schwerer Schicksalsschlag. Unmittelbar vor seinem Fronteinsatz verbrachte ihr Bruder Leslie Heron Beauchamp Ende September eine Woche in ihrer Wohnung, und hier erhielt sie wenige Tage danach die Nachricht, daß er am 7. Oktober in Frankreich ums Leben gekommen war. Im November 1915 übersiedelten Katherine Mansfield und Murry nach Bandol am französischen Mittelmeer.

St. Ann's Terrace Im Herbst 1854 hatte Herbert Spencer im Hause

Nr. 4 eine Wohnung. Hier arbeitete er an seinen »Principles of Psychology«.

Upper York Place Im Hause Nr. 4 des heute verschwundenen Upper York Place, gegenüber der St. Ann's Terrace, wohnte der Psychologe, Biologe und Schiffsarzt Thomas Henry Huxley, der Großvater des Schriftstellers Aldous Huxley, während seines Landurlaubs in den Jahren 1851 bis 1853. Hier begann er seine Laufbahn als Schriftsteller.

Finchley Road Thomas Hood bezog im Jahre 1844 das Haus Nr. 24, das den Namen »Devonshire Lodge« trägt. Der Schriftsteller starb hier am 3. Mai 1845 an einem Lungenleiden, zu dem eine Herzerkrankung trat. Noch in den letzten Stunden vor seinem Tode vergnügte er sich mit Wortspielen. Auf dem Kensal Cemetery wurde er bestattet. Seit 1912 trägt sein Sterbehaus eine Gedenktafel.

Loudon Road Von 1857 bis 1859 hatte Herbert Spencer im Hause Nr. 16 nach der Mitte des 19. Jahrhunderts eine seiner vielen Adressen in London. Sein Freund Th. H. Huxley hatte zu dieser Zeit seine Wohnung in unmittelbarer Nachbarschaft am Waverley Place.

Marlborough Place Thomas Henry Huxley, am 4. Mai 1825 in Ealing geboren, ließ sich das Haus Nr. 38, damals noch Nr. 4, erbauen, das er von 1872 bis 1890 bewohnen konnte. Er bezog es »im Dezember bei endlosem Regen und Dreck«. Es lag dicht an der Kreuzung mit der Abbey Road neben der Presbyterian Church und »... war von der Straße mit einem hohen, eichenen Lattenzaun und einer Reihe gut gewachsener junger Linden abgeschirmt. Es war nicht ohne Charakter, nicht schön, aber komfortabel ... jedes Familienmitglied hatte die Möglichkeit, sich in einen eigenen Raum zurückzuziehen. Ein kleiner Garten lag vor dem Haus, ein erheblich größerer, mit einem prachtvollen Apfelbaum dahinter«, schreibt sein Sohn Leonard im Jahre 1900. Das Haus trägt seit 1910 eine Tafel zum Gedenken an den Biologen und Psychologen. 1878 schrieb er hier den Band »Hume« für die »English Men of Letters«-Folge. Von 1871 bis 1880 war er Sekretär und von 1883 bis 1885 Präsident der Royal Society. Von hier ging er nach Eastbourne/Sussex, wo er am 29. Juni 1895 starb.

Waverley Place Von 1855 bis 1861 wohnte Huxley, der 1853 seine Stellung als Schiffsarzt aufgegeben hatte, im Hause Nr. 14. 1852 hatte er in Sidney seine Braut H. A. Heathorn kennengelernt, die er im Juli 1855 heiratete, als er sie dank einer Professur für Naturgeschichte an der Londoner Bergakademie und einer zweiten Stelle als wissenschaftlicher Hilfsarbeiter am geologischen Institut ernähren konnte.

Abercorn Street Im Jahre 1861 zog Thomas Henry Huxley vom Waverley Place in das Haus Nr. 26. Hier wohnte er bis zum Bau seines eigenen Hauses am Marlborough Place im Jahre 1872.

Elm Tree Road Von 1841 bis 1844 wohnte Thomas Hood in einem nicht mehr existierenden Hause Nr. 17. 1843 erschien in der Weihnachtsnummer des »Punch« sein »Song of the Shirt« (»Das Lied vom Hemd«), mit dem der Dichter weltweiten Ruhm errang und die Zeitschrift ihre Auflageziffer verdreifachen konnte. Durch Freiligraths Übersetzung ist das Gedicht auch in Deutschland bekannt geworden.

Melina Place Der am 14. April 1889 in London geborene Historiker Arnold Joseph Toynbee wohnte in seiner bedeutendsten Schaffensperiode in den zwanziger und dreißiger Jahren im Hause Nr. 3. Hier arbeitete er an seinem zehnbändigen Werk »A Study of History«. Er war zu dieser Zeit Direktor am Royal Institute of International Affairs.

Hamilton Terrace Arthur Wing Pinero hatte im Hause Nr. 63 eine Wohnung.

Zurück zur Bayswater Road. Eine Querstraße ist der

Queensway Der ehemalige Laufbursche Thomas Burke, der als Schriftsteller das Londoner East End zum Schauplatz seiner Erzählungen wählte — hier seien »Limehouse Nights« (1915), »Out and About London« (1919) und »In China Town« (1921) erwähnt — wohnte die letzten fünf Jahre seines Lebens im Hause Nr. 66. Er starb im Alter von 59 Jahren im Homeopathic Hospital in der Great Ormond Street am Herzversagen nach einer Operation am 22. September 1945.

Orme Square Richard Wagner wohnte bei seinem dritten Aufenthalt in London im Jahre 1877 im Hause seines Freundes Eduard Dannreuther am Orme Square Nr. 12. Zu seinen Konzerten in der Albert Hall pflegte er von hier zu Fuß zu gehen.

Palace Court In diesem Hause Palace Court Nr. 47 wohnte von 1890 bis 1905 die am 22. September 1847 als Tochter eines Freundes von Dickens geborene mystische Dichterin und Essayistin Alice Meynell mit ihrem Gatten, dem Verleger und Herausgeber von Zeitschriften Wilfried Meynell, und ihren acht Kindern. Mit Tennyson, Browning, George Eliot, Meredith, Ruskin und Rossetti war sie freundschaftlich verbunden. Eine 1948 am Hause angebrachte Tafel erinnert an die dem Katholizismus verpflichtete Dichterin. Sie starb am 27. November 1922 in London.

Ossington Street Nach Rückkehr von Berlin im März 1855 mieteten George Eliot und George Henry Lewes unter dem Namen Mr. und Mrs. Lewes zwei Zimmer im Hause Victoria Grove Terrace Nr. 8. Die Straße heißt heute Ossington Street. Hier wohnten sie nur zwei Wochen.

Die Hereford Road führt zu den

Westbourne Park Villas Thomas Hardy wohnte von 1862 bis 1867 im Hause Westbourne Park Villas Nr. 16. Er arbeitete zu dieser Zeit im Büro des Architekten und Führers der gotischen Schule, Sir Arthur Blomsfield, im Adelphi Nr. 8 und fand seine ersten Kontakte zur Literatur. Von hier ging er wieder in sein Heimatland nach Weymouth/Dorsetshire zurück.

Talbot Road Nach seinem Studium am St. John's College in Oxford übernahm Alfred Edward Housman im Jahre 1882 eine Stelle als Beamter am Patentamt in London und bezog eine Wohnung in der Talbot Road Nr. 82. Nach zehnjähriger Tätigkeit am Patentamt wurde er als Professor für Latein an das University College in London berufen.

Chepstow Place Bei seinem dritten Aufenthalt in London wohnte Theodor Fontane im Jahre 1856 am Chepstow Place Nr. 23. Von hier übersiedelte er in die New Ormond Street. In einem Brief an seine Mutter findet er London dieses Mal »großartig, aber langweilig«.

Elfter Spaziergang: Vom Trafalgar Square durch Westminster und Buckingham nach Belgravia

Whitehall führt in südlicher Richtung durch das Regierungsviertel zur Westminster Abbey. Vom königlichen Schloß, das einst hier stand und Anfang 1698 einem Schadenfeuer zum Opfer fiel, ist lediglich Inigo Jones' 1625 errichtetes Meisterwerk, das »Banqueting House«, die »Weiße Halle«, erhalten. Vor dem Königspalast, der Londoner Residenz der Tudor- und Stuartkönige, lag hier York Place, die Londoner Residenz der Erzbischöfe von York. Mit Wolseys Sturz im Jahre 1529 übernahm die Krone den Palast. Im »Heinrich VIII.« faßt Shakespeare seine Geschichte in drei Zeilen zusammen: »Sagt York-Palast nicht mehr, das ist vorbei; denn mit des Wolseys Sturz erlosch der Name. Dem König fiel er heim und heißt jetzt Whitehall.« Whitehall sah Milton und Pepys in seinen Mauern. Der Tagebuchschreiber vermerkt am 5. Januar 1698: »Whitehall bis auf den Grund abgebrannt, nur Mauern und Ruinen sind geblieben«. In Dickens' »Pickwick Papers« äußert Jingle, als er mit den Pickwickiern am »Banqueting House« vorbeifährt: »Sehen Sie Whitehall, Sir? — Schönes Plätzchen, kleines Fenster, Kopf von jemand dort ab... heute zum Schloß hinein, morgen zum Fenster hinaus.« Jingle bezieht sich mit seiner Bemerkung auf den letzten Weg von Charles I., der am 30. Januar 1649 von einem Fenster der Halle zum Schafott, das auf der Straße vor dem Palast errichtet worden war, geführt wurde. In einem Hause, das in der Nähe des Admiralty Arch stand, wohnte Milton im Jahre 1649. Zu dieser Zeit erschienen seine Essays »The Tenure of Kings and Magistrates« und »Eikonoklastes«, in denen er die Hinrichtung Charles' I. rechtfertigt. Von 1711 bis 1714 hatte Colley Cibber in einem Hause, das an der Stelle der heutigen Spring Gardens stand, eine Wohnung.

Craig's Court Der Schotte James Thomson, der 1725 seinen geistlichen Beruf aufgab und als Hofmeister eines Adligen nach London ging, bezog ein Haus in dieser Sackgasse. Hier schrieb er am »Winter«, dem zweiten Teil seines Gedichts »The Seasons«.

Great Scotland Yard der seinen Namen dem Teil des Whitehall Palace verdankt, in dem die schottischen Könige bei ihren Besuchen in London residierten, wurde im 17. und zu Beginn des 18. Jahrhunderts eine vornehme Wohnanlage. Um die Mitte des 17. Jahrhunderts hatte Milton in seiner Eigenschaft als Sekretär des Lordprotektors hier eine Dienstwohnung. Ihm oblag die lateinische Korrespondenz der Regierung mit dem Ausland bis zur Restauration im Jahre 1660. Sir John Vanbrugh wohnte in einem von ihm selbst entworfenen Haus in dieser Straße. Er starb hier am 26. März 1726. Dikkens schildert in seinen »Sketches by Boz« die Vorgeschichte dieses »kleinen, sehr kleinen Teils« der Hauptstadt. An der Stelle des alten Scotland Yard lag von 1843 bis 1890 das Hauptquartier der hauptstädtischen Polizei. Die Londoner Kriminalpolizei hat den Straßennamen bis heute beibehalten, der durch ungezählte Kriminalromane, Filme und Fernsehspiele in der ganzen Welt bekannt geworden ist. Heute liegt der Sitz des C.I.D. (Criminal Investigation Department), wie Scotland Yard offiziell heißt, in der Victoria Street, Broadway.

Whitehall Court Shaw zog vor dem Abbruch der Adelphi Terrace im Jahre 1928 mit seiner Frau in die Etagenwohnung Nr. 130 am Whitehall Court Nr. 4. Im selben Jahr starb seine Brieffreundin Ellen Terry. An seine »Mollissima« schreibt er: »Hier ist es abends herrlich mit den Lichtreklamen am Himmel und dem Flußpanorama von St. Paul's bis Westminster. Wenn die Straßen naß sind und die Straßenlampen und Autoscheinwerfer flüssiges Gold darauf gießen, gibt es wohl nichts auf dieser Welt, was dem gleichkommt. Ich bin heute nacht allein zu Hause — Charlotte ist auf dem Lande. Ob Sie vielleicht einmal an der Tür läuten?« Shaw benutzte die Wohnung neben seinem Landsitz, dem ehemaligen Pfarrhaus von Ayot St. Lawrence/Hertfordshire, den er 1914 gekauft hatte. Nach langer und schmerzvoller Krankheit starb im Jahre 1943 seine Frau. Im Mai 1949 gab er die Wohnung am Whitehall Court auf und lebte bis zu seinem Tode am 2. November 1950 auf seinem Landsitz. H. G. Wells wohnte eine Zeitlang in der Etagenwohnung Nr. 120. Arnold Bennett, der seit Ende 1902 in Paris gelebt hatte, kam im April 1911 mit seiner Frau, der französischen Schauspielerin Marguerite Soulié, die er 1907 geheiratet hatte, nach London zurück und bezog nach einem Besuch seiner Mutter in Burslem/Staffordshire eine Wohnung am Whitehall Court. In Thorpe-le-Soken/Essex hatte er zu dieser Zeit seinen Landsitz.

Whitehall Gardens An der Stelle des Parkplatzes befand sich ehemals eine Gartenanlage und eine Gruppe eleganter Häuser. Nach dem Tode seiner Frau im Jahre 1872 und dem damit verbundenen Fortfall ihrer Einkünfte mußte Disraeli sein Haus an der Park Lane aufgeben. Er übersiedelte zunächst in ein Hotel am Hanover Square, wo ihn seine Einsamkeit und die unpersönliche Atmosphäre so be-

drückten, daß er ein kleines Haus in den Whitehall Gardens bezog.
Am 21. Februar 1874 trat er seine zweite Amtsperiode als Prime
Minister an, 1876 ernannte ihn Queen Victoria zum Earl of Beaconsfield. Durch Gicht fast gelähmt, konnte er den kurzen Weg zu
seinen Amtsräumen in der Downing Street nicht mehr zurücklegen
und übersiedelte daher im November 1877 dorthin. Whitehall gegenüber liegt im »Dover House« das Scottish Office. Im Dover House, damals noch Melbourne House genannt, präsidierte Lady Melbourne zu Beginn des 19. Jahrhunderts als Gastgeberin eines intellektuellen Salons der Whig-Partei. Im ersten Stock hatte ihr Sohn William Lamb mit seiner Frau Caroline, die sich auch als Erzählerin
auszeichnete, eine Wohnung. Am 23. März 1812 traf Lady Caroline
Byron bei einer Gesellschaft im Holland House zum erstenmal.
Von da an war Byron täglicher Gast im Melbourne House. Aus diesen Begegnungen entwickelte sich eine leidenschaftliche Liebesaffäre. Als Liebespfand übersandte Caroline Byron einige Locken
ihrer Schamhaare mit der Bitte, ihr einige der seinen zu senden. Byron, ihrer bald überdrüssig, brach die Beziehung nach einiger Zeit
ab. Verzweifelt und voller Haß karikierte sie den treulosen Liebhaber in ihrem Roman »Glenarvon« (1816). Der Nichttänzer Byron
lernte im Melbourne House, wo man schon vormittags Walzer
tanzte, Annabella Milbanke, eine Kusine Lady Carolines, kennen,
die er am 2. Januar 1815 heiratete.

Downing Street Die Straße verdankt ihren Namen einem Sir George
Downing, der in der zweiten Hälfte des 17. Jahrhunderts die Häuser 10—12 als Spekulationsobjekt erbauen ließ und an die Regierung verkaufte. Die Sackgasse, an der die Häuser lagen, hieß damals
Cockpit (=Hahnenkampfplatz). Boswell, der seinen zweiten Londoner Aufenthalt vom 15. November 1762 bis zum 4. August 1763 in
seinem »London Journal« beschreibt, war zunächst im »Black Lion«
in der Water Lane, einer inzwischen verschwundenen Seitenstraße der
Fleet Street, abgestiegen und fand dann, nachdem er »an die fünfzig
Wohnungen« gesehen hatte, ein ihm zusagendes Quartier in einem
heute verschwundenen Haus gegenüber der berühmten Adresse
Nr. 10. »Schließlich landete ich in der Downing Street, wo ich mich
einlogierte, zwei Treppen hoch, mit der Erlaubnis, die gute Stube
am Vormittag zu benutzen, für 40 Guineas im Jahr. Mein Wirt heißt
Terrie und ist Hauswart im Kolonialamt. Die Straße gilt als vornehm, liegt nur wenige Schritte von der Hauptstraße entfernt, dicht
beim Unterhaus und ist, was die sanitären Einrichtungen anbelangt,

untadelig.« Seine Hauptsorge allerdings war, daß er »bereits tagelang in der Hauptstadt ohne jegliches Liebesabenteuer« weilte, wie er zehn Tage nach seiner Ankunft in seinem Tagebuch vermerkt. Hier waren Johnson, Garrick, Goldsmith, Thomas Sheridan, der Vater des Dichters Richard Brinsley Sheridan sowie James Macpherson seine Gäste. Am 6. Juli 1763 gab er das Quartier auf, »in dem ich den Winter zugebracht hatte und mein Tagebuch sowie sonstige kleinere Nachtarbeiten entstanden sind«. Sein Wirt hatte sich »mir und meinen Gästen gegenüber äußerst ungezogen benommen, so daß ich mich entschloß, die letzte Nacht in seinem Hause verbracht zu haben«. Von hier bezog er eine Wohnung im Inner Temple, die ihm sein Freund William Temple zur Verfügung gestellt hatte. In der Downing Street Nr. 10, dem Wohnsitz des britischen Prime Minister, residierte von 1735 bis 1742 Robert Walpole mit seiner Frau, von der er zwar getrennt lebte, sie aber, um den Schein zu wahren, zunächst mit sich nahm. Ihr jüngster Sohn, der Schriftsteller Horace Walpole, der hier bei seinem Vater wohnte — ob Robert Walpole sein Vater war, ist bei dem leichten Lebenswandel seiner Frau umstritten — schreibt: »Ich möchte diese sympathische Stätte, solange mir dies noch gewährt ist, genießen, denn wir werden sie bald verlassen müssen.« Sein Vater, so fügt er hinzu, ziehe in ein eigenes kleines Haus in der Arlington Street.

Der im März 1721 in Dalquhurn bei Bonhill in Schottland geborene Schriftsteller Tobias Smollett ließ sich im Mai 1744 nach seinen Reisen als Schiffsarztassistent als praktischer Arzt in der Downing Street nieder, wo er jedoch vergeblich auf Patienten warten mußte. Drei Jahre nach seiner Niederlassung heiratete er die Kreolin Nancy Lascelles, die Tochter eines Pflanzers, die er auf Jamaika kennengelernt hatte und die ihm eine erhebliche Mitgift einbrachte. Hier arbeitete er an seinem teilweise autobiographischen Roman »The Adventures of Roderick Random« (1748). Von hier übersiedelte er in die Aldford Street. Im November 1877 sah sich Disraeli gezwungen, von den Whitehall Gardens in seinen Amtssitz in der Downing Street zu ziehen, da ihm die Gicht jedes Treppensteigen verbot. 30 Jahre lang hatte er auf die ihm dort zur Verfügung stehende Wohnung verzichtet. Nach seinem erzwungenen Abschied von der Politik durch den Sieg der Liberalen im Jahre 1880 übersiedelte er in die Curzon Street. Churchill residierte in der Downing Street Nr. 10 von 1940 bis 1945 und von 1951 bis 1955.

Axe Yard Axe Yard lag bis zum letzten Drittel des 18. Jahrhunderts an der Stelle der heutigen King Charles Street. Von dem Dachkämmerchen in der Stadtwohnung seines Vetters und Gönners Sir Edward Montagu in Whitehall, dem er als Hausverwalter und Privatsekretär zur Verfügung stand, zog Samuel Pepys mit seiner Frau und der Magd Jane in ein Haus am Axe Yard. Die erste Eintragung in sein Tagebuch am 1. Januar 1660 lautet: »Mir geht es recht gut. Man hält mich für reich, dabei bin ich sehr arm, abgesehen von Haus und Habe und meinem Amt, das immerhin etwas Sicheres darstellt.« Steinbeschwerden zwangen ihn zu dieser Zeit zu einer Operation, deren Jahrestag er stets mit einem Festmahl beging. Für den entfernten Blasenstein ließ er zur Aufbewahrung ein Lederfutteral anfertigen. Nach seiner Ernennung zum Sekretär des Flottenamts im Juni 1660 übersiedelte er in seine neue Dienststelle in der Seethin Lane.

In der an der Stelle des Axe Yard angelegten Fludyer Street hatte James Macpherson im Jahre 1792 eine Stadtwohnung. Seit 1789 lebte er auf seinem Landsitz in der Nähe seines Geburtsorts Ruthven/ Inverness, wo er am 17. Februar 1796 starb. Der arme, ehrgeizige Hauslehrer und genialste literarische Fälscher der Weltliteratur, am 27. Oktober 1736 geboren, hatte in den Jahren 1760 bis 1763 »Fragments of Ancient Poetry, collected in the Highlands« sowie zwei Heldenepen »Fingal« und »Temora« herausgegeben, die er gefunden haben wollte, die nach seinen Angaben von dem keltischen Barden Ossian stammten und die er aus dem Gälischen des dritten Jahrhunderts ins Englische übertragen hatte. Dr. Samuel Johnson, neben dem Macpherson in der Westminster Abbey begraben liegt, war der erste, der ihn als Fälscher entlarvte. Auch die Fludyer Street mußte in den sechziger Jahren des vergangenen Jahrhunderts King Charles Street und Regierungsbauten Platz machen.

Derby Gate In dem mit neugotischen Türmchen versehenen Gebäude am Derby Gate war von 1890 bis zu seiner Verlegung zur Victoria Street im Jahre 1967 New Scotland Yard, das Londoner Polizeipräsidium, das in vielen Kriminalgeschichten und -filmen eine Rolle gespielt hat, untergebracht.

Cannon Row Um 1690 wohnte John Locke nach Rückkehr aus Holland, wohin er seinem früheren Schüler und Gönner Shaftesbury gefolgt war, in einem Hause in dieser Straße. Macpherson, der 1766 von seinem Posten als Sekretär des Gouverneurs von Florida nach London zurückgekehrt war, hatte 1779 in dieser Gegend seine

Bleibe. 1780 wurde er ins Parlament gewählt.

Parliament Street Am zweiten Stock des »Red Lion« an der Ecke zum Derby Gate erinnert eine Tafel mit dem Bildnis von Dickens an ein Jugenderlebnis des Schriftstellers, von dem er in seiner nicht vollendeten Autobiographie und im »David Copperfield« berichtet. Von seiner Arbeitsstätte in Warrens Schuhwichsefabrik ging er einmal in einen Gasthof, der an der Stelle des heutigen »Red Lion« stand, und bestellte »ein Glas vom allerbesten Bier mit viel Schaum drauf«, um seinen 12. Geburtstag zu feiern. Die Wirtin, die sich nach seinem Alter und seinen Lebensumständen erkundigte verlangte kein Geld und gab ihm obendrein einen Kuß.

Great George Street In dieser Straße, fast an der Ecke zur Parliament Street, befindet sich an einem Steingeländer eine Kupferplatte, die den Verlauf der 1899 eingeebneten King Street, einer schmalen Verkehrsstraße, anzeigt, die parallel zur Whitehall verlief. In einem Hause in dieser Straße starb am 16. Januar 1599 der um 1552 in Smithfield/London als Sohn eines Tuchmachers geborene Dichter Edmund Spenser »am gebrochenen Herzen«. Beim Tyrone-Aufstand in Irland, wo Spenser als Regierungsbeamter eingesetzt war, wurde im Jahre 1598 sein Wohnsitz, Schloß Kilcolman, in Brand gesetzt, wobei sein jüngstes Kind umkam. Der Schriftsteller floh, seines Vermögens beraubt, mit seiner Familie nach London, wo er in der King Street einen Wohnsitz fand. In der aus 88 Sonetten bestehenden Folge »Amoretti« sowie in seiner Dichtung »Epithalamion« (1595) besang er die Schönheit seiner Frau Anne Boyle, die er 1594 geheiratet hatte.

Nach seiner Rückkehr aus Indien, wo er seit 1834 als Mitglied des Obersten Rats in Kalkutta gewirkt hatte, wohnte Macaulay im Jahre 1840 kurze Zeit im Hause Nr. 12, bevor er sich für 16 Jahre im Albany niederließ. Der Sarg mit den sterblichen Überresten Byrons wurde von Missolonghi, wo der Dichter am 19. April 1824 an einem Fieber dahingerafft wurde, nach London übergeführt und mehrere Tage lang im Hause eines Sir Edward Knatchbull, das an der Stelle des Gebäudes Nr. 25 stand, in einem schwarz ausgeschlagenen und von Kerzen erleuchteten Raum feierlich aufgestellt. Eine große Schar von Freunden und Bewunderern erwies ihm hier die letzte Ehre. Weite Kreise verlangten eine Beisetzung in der Westminster Abbey, die jedoch von der Geistlichkeit abgelehnt wurde. So fand der Dichter seine letzte Ruhestätte in der Familiengruft in Hucknall-Torkard/Nottinghamshire.

Der Schriftsteller Captain Frederick Marryat wurde am 10. Juli 1792 als Sohn eines vermögenden Kaufmanns und seiner Ehefrau Charlotte von Geyer, der Tochter eines hessischen Kämpfers für die Freiheit Nordamerikas, in einem Hause in dieser Straße geboren. Väterlich entsproß er einer Hugenottenfamilie, die zu Ende des 16. Jahrhunderts nach England emigriert war. Als Vierzehnjähriger gab er die verhaßte Schule auf und wurde Seekadett (= Midshipman) und neun Jahre später Kapitän. 1819 heiratete er die Tochter eines Generalkonsuls, die ihm vier Söhne und sieben Töchter schenkte. Der Schriftsteller zog sich im Jahre 1843 auf seinen Landsitz in Langham/Norfolk zurück, wo er am 9. August 1848 starb. Seine Schwester, die den Witwer bis zu seinem Tode umsorgt hatte, nahm sich seiner Kinder liebevoll an. Seine Seegeschichten, wie »Peter Simple« (1834) und »Midshipman Easy« (1836), gehören noch heute zur Lieblingslektüre junger Leser in der ganzen Welt.

Westminster Bridge In seinem »London Journal« vermerkt Boswell am 10. Mai 1763, daß er sich am Haymarket »bei einem munteren Ding« eingehakt und es zur Westminster Bridge geleitet habe, »wo es mir zu Willen war. Es auf diesem erhabenen Bauwerk zu tun, wohlgewappnet, die strömende Themse unter uns, dieser Einfall ergötzte mich sehr. Nachdem der tierische Trieb gestillt war, verstand ich mich selbst kaum noch, wie ich mich mit solch einem Stückchen Mist hatte vergnügen können.« Der Dichter George Crabbe (1754—1832), ursprünglich Arzt, dann Theologe, der als erster als Angriff auf Goldsmiths Dorfidylle das Thema der armen Bauern mit seinem Gedicht »The Village« (1783) realistisch gesehen hat, wollte sich, ständig von Selbstmordgedanken verfolgt, in einer Frühlingsnacht des Jahres 1781 von der damaligen steinernen Brücke in den Fluß werfen. Wordsworth reiste im September 1812 mit seiner Schwester Dorothy nach Frankreich, um seine im Stich gelassene Geliebte Marie-Anne Vallon-Annette und ihre gemeinsame neunjährige Tochter wiederzusehen. Bei der Rückfahrt über Westminster Bridge an einem »strahlenden, glitzernden Frühherbstmorgen in der rauchlosen Luft« gingen seine Gedanken zehn Jahre zurück und gaben ihm Veranlassung zur Abfassung seines Sonetts »Upon Westminster Bridge«. An einem Augustabend des Jahres 1715 erlebte Händels Orchesterkonzert Nr. 25, die sog. »Water Music«, bei einer Bootsfahrt des Königs und seines Gefolges von St. James's Palace zum Ranelagh-Palais auf der Themse seine Uraufführung. Das Konzert fand so viel Gefallen, daß es während des Soupers im Palais und auf der Heimfahrt wiederholt werden mußte.

Parliament Square Auf dem Parliament Square wurde am 19. April 1883, drei Jahre nach seinem Tode, ein Bronze-Denkmal Disraelis enthüllt. Seitdem werden in jedem Jahr an diesem Tage Primelsträuße, die Lieblingsblumen des Schriftstellers und Staatsmanns, am Fuße des Denkmals niedergelegt.

Old Palace Yard Vom Gate House Prison, in dem er die letzte Nacht seines Lebens verbrachte, wurde Sir Walter Raleigh am 29. Oktober 1618 zum Old Palace Yard geführt, wo er morgens um acht Uhr enthauptet wurde. Nachdem er die Schärfe des Beils geprüft und die Augenbinde zurückgewiesen hatte, forderte ihn der Henker auf, den Kopf nach Osten zu richten. »Was macht das schon aus, wie der Kopf liegt, solange das Herz nur recht ist. Wovor hast Du denn Angst, Scharfrichter? Schlag endlich zu!« waren seine letzten Worte.

New Palace Yard In den letzten drei Jahren seines Lebens bekleidete Godwin ein Ehrenamt im Schatzamt, das ihm ein Gönner zugeschanzt hatte und das mit einer Dienstwohnung in einem Gebäude, das einst an diesem Platze stand, verbunden war. Hier starb er im Alter von 80 Jahren am 7. April 1836.

St. Margaret's Church An der Nordseite der Westminster Abbey stand schon zu Ende des 12. Jahrhunderts die Pfarrkirche von Westminster. Seit 1621 dient der jetzige, um 1500 errichtete Bau als offizielle Gemeindekirche des Unterhauses. Sir Walter Raleigh wurde nach seiner Enthauptung in der Kirche bestattet. Der 22jährige Tagebuchschreiber Samuel Pepys wurde hier am 19. Oktober 1655 mit der fünfzehnjährigen, aus einer französischen Emigrantenfamilie stammenden Elisabeth Marchant de Saint-Michel getraut. In seinem Tagebuch berichtet er unter dem 26. Mai 1667 von einem Gottesdienst in dieser Kirche, an dem er teilnahm und »mein Fernglas auf- und abgehen (ließ), wodurch ich das Vergnügen hatte, viele schöne Frauen zu sehen«. Der blinde Milton, der von 1651 bis 1660 in Petty France wohnte, heiratete hier im Jahre 1656 in zweiter Ehe Katharine Woodcock. Ein Jahr nach der Eheschließung starb seine Frau im Kindbett. Sie fand mit ihrem Kinde in der Kirche ihre letzte Ruhestätte. Im Jahre 1908 heiratete Sir Winston Churchill hier Clementine Hozier. Ben Jonson lebte und starb am 6. August 1637 in einem Häuschen, das zwischen St. Margaret's und Westminster Abbey stand.

Westminster Abbey Westminster Abbey ist nicht zuletzt durch die große Zahl von Schriftstellern, die in der Poets' Corner (= Dichterecke) im südlichen Teil des Querschiffes eine ehrenvolle Grabstätte gefunden haben oder derer mit Tafeln oder Denkmälern hier gedacht wird, mit der Literatur verbunden. Hier können nur einige genannt werden. Neben dem 1556 errichteten Marmorgrabmal Chaucers, des »Vaters der englischen Dichtkunst«, des ersten Schriftstellers, der in der Poets' Corner beigesetzt wurde, fand Edmund Spenser auf seinen Wunsch im Jahre 1599 seine letzte Ruhestätte. Alle führenden Dichter seiner Zeit erwiesen ihm die letzte Ehre und legten ihm Trauergedichte sowie Schreibfedern, die er benutzt hatte, ins Grab. 1938 wurde seine Begräbnisstätte geöffnet und nach Manuskripten durchsucht, die über die von einigen Wissenschaftlern umstrittene Autorschaft Shakespeares Auskunft geben sollten. Der Dichter Matthew Prior (1164—1721), der eine Zeitlang in der verschwundenen Duke Street in Westminster wohnte, hinterließ eine beträchtliche Summe für die Errichtung seines Denkmals, das zum größten aller Gedenksteine geworden ist. Seinem Wunsche entsprechend, wurde er zu Füßen Spensers beigesetzt. Im Jahre 1637 ließ sich Ben Jonson hier stehend bestatten, um seine Bereitschaft zur Auferstehung zu zeigen. Nach anderen Forschern soll er gesagt haben, daß »sechs Fuß in der Länge und zwei Fuß in der Breite« zu viel für ihn seien. Zwei seien ihm genug. Auf seinem Grabstein stehen die bewundernden Worte »O Rare Ben Jonson«. John Gay, der Autor der »Beggar's Opera«, schrieb sich seine Grabschrift selbst: »Das Leben ist nur ein Scherz. Das zeigt alles und jedes. Früher konnte ich es mir nur denken, jetzt weiß ich's.« Die Entscheidung, wer in der Abtei begraben wird, kommt allein dem Dekan der Kirche zu. So wurde die Aufnahme Lord Byrons vom damaligen Amtsträger verweigert. Auch George Eliot, die sich gegen das Dogma ausgesprochen und 24 Jahre unverheiratet mit George Henry Lewes zusammengelebt hatte, durfte hier nicht bestattet werden. Sie wird allerdings zu ihrem hundertsten Todestag im Jahre 1980 eine Gedenktafel in der Kirche erhalten.

Von zeitgenössischen Schriftstellern, die in der Poets' Corner beigesetzt wurden, seien T. S. Eliot (1960), John Masefield (1967) und Wystan Hugh Auden erwähnt. Der Lyriker, Essayist, Dramatiker, ein enger Freund Isherwoods und zeitweilig Gemahl Erika Manns, starb im Alter von 66 Jahren am 28. September 1973 in einem Wiener Hotel an einem Herzanfall.

Dem jungen Blake, der zu seinen Lehrlingszeiten seine Freizeit in der Westminster Abbey verbrachte, erschienen hier zwischen den

Grabmälern Christus und die Apostel. Eine Totenmaske von Epstein in der Poets' Corner erinnert an den großen Mystiker. Im »Spectator« vom 18. März 1712 gibt Addison seine Empfindungen wieder, die er bei einem Besuch in der Abtei hatte, »wo die Düsterkeit der Stätte und der Zweck, zu dem sie verwandt wird, verbunden mit dem feierlichen Ernst des Gebäudes und der Lage der Menschen, die darin ruhen, dazu angetan sind, das Gemüt mit einer gewissen Schwermut oder vielmehr Nachdenklichkeit zu erfüllen, die nicht unangenehm ist. Gestern verbrachte ich einen ganzen Nachmittag auf dem Friedhof, im Kreuzgang und in der Kirche und vertrieb mir die Zeit mit der Betrachtung der Grabsteine und Inschriften, die ich an diesen verschiedenen Stätten der Toten antraf. Die meisten berichteten von dem Bestatteten nichts weiter, als daß er an einem bestimmten Tag geboren wurde und an einem anderen starb; seine ganze Lebensgeschichte war in diesen zwei Tatsachen beschlossen, die allen Menschen gemeinsam sind. Ich konnte nicht umhin, diese Lebensurkunden, ob von Erz oder Marmor, als eine Art Satire auf die Verstorbenen anzusehen, die kein anderes Andenken an sich hinterlassen hatten, als daß sie geboren wurden und daß sie starben«. Chateaubriand erging sich gern in der Kirche. »In diesem Labyrinth von Gräbern dachte ich oft an das meinige, das bereit stand, sich zu öffnen.« Eines Abends versäumte er, »in der Bewunderung dieser eigenartigen Architektur« die Kirche rechtzeitig zu verlassen und »mußte bei den Toten übernachten«. Erst eine junge Glöcknerin, die am nächsten Morgen die Pforten der Kirche öffnete, gab ihm die Freiheit wieder. Oft konnte er das Trinkgeld, das man bei einem Kirchenbesuch dem Wärter zu geben pflegte, nicht aufbringen. »Dann strich ich mit den Krähen um die Abtei herum oder ich versank in die Betrachtung der beiden Glockentürme von ungleicher Größe, die sich, von den Strahlen der untergehenden Sonne in glutrotes Feuer getaucht, von dem schwarzen Hintergrund der Rauchwolken der City abhoben.« Matthew Arnold, John Betjeman und viele andere haben der Kirche in dichterischer Form gehuldigt.

Im Jahre 1399 mietete Chaucer, der seine Ämter verloren hatte, aber eine königliche Pension empfing, ein Haus auf dem Grund und Boden der damaligen Lady Chapel, auf dem heute Henry VII. Chapel steht. Hier starb er ein Jahr später am 25. Oktober 1400 und wurde als erster Schriftsteller in der Westminster Abbey bestattet. Der um 1422 in Kent geborene Buchdrucker und Übersetzer William Caxton, dessen Bedeutung für die Entwicklung der englischen

Schriftsprache und Literatur unschätzbar ist, errichtete im Jahre 1477 neben dem Chapter House an einem Weg, der von der Südpforte der Westminster Abbey zum Westminster Palace führte, eine Druckpresse, die er »Zum Roten Pfahl« nannte. 1482 mietete er größere Räume in der Almonry, die an der Stelle der Kreuzung der Victoria und Great Smith Street stand. Im »Roten Pfahl« und hier wurden Chaucers »Canterbury Tales«, die »Confessio Amantis« von Gower und Malorys »Le Morte d'Arthur« sowie die Klassiker der griechischen und römischen Literatur gedruckt, hier wurde das erste gedruckte Buch in England verkauft, und hier arbeitete er bis zu seinem Tode im Jahre 1491. Für seine Übersetzungen gebrauchte er ausschließlich das Midland English, die Vorstufe des sog. Oxford English von heute.

Die benachbarte Caxton Street erinnert an den Buchdrucker. An der Stelle der Druckerei hatte Edmund Burke drei Jahrhunderte später ein Haus, in dem er viele Jahre lebte.

Dean's Yard Im Dean's Yard liegt »Church House«, das Parlamentsgebäude der Church of England, an dessen Stelle das Haus Great College Street Nr. 25 stand. Von Winchester, wo er mit seinem Freunde Charles Brown den Sommer verbracht hatte, ging der an Tuberkulose leidende Dichter John Keats Anfang Oktober 1819 nicht zum Wentworth Place zurück, sondern mietete in diesem Haus eine Wohnung, um sich seiner Verlobten Fanny Brawne zu entziehen. Er glaubte, ihr eine Heirat nicht zumuten zu können. Nach kurzer Zeit aber zog es ihn in seine alte Umwelt zurück.

Edward Gibbon wohnte als Schüler der Westminster School in einem der aus dem 18. Jahrhundert stammenden Häuser in der Great College Street bei seiner Tante Mrs. Catherine Porten, die hier eine Schülerpension leitete.

Am Dean's Yard liegt die berühmte Westminster School. Ursprünglich eine Klosterschule, wurde sie im Jahre 1560 unter Queen Elizabeth zu einer renommierten Public School. Sie zählt unter anderen Ben Jonson, Cowley, den »Pindar, Horaz und Virgil Englands«, John Locke, Dryden, den ersten Poet Laureate, Matthew Prior, William Cowper, Edward Gibbon, Southey, der wegen eines revolutionären Pamphlets gegen die Prügelstrafe relegiert wurde, Matthew (Monk) Lewis und Ustinow zu ihren Schülern.

Victoria Tower Gardens In den Victoria Tower Gardens steht eine Kopie der Bronzegruppe der »Bürger von Calais« (1895) von Rodin. Georg Kaiser setzt in seinem gleichnamigen Bühnenspiel

Eustache de Saint-Pierre, einem angesehenen Bürger der Stadt Calais, der durch seinen Opfertod sechs Mitbürger, die sich als Geiseln stellten, und die Stadt vor der Zerstörung rettete, ein Denkmal. Das Original steht auf dem Square Richelieu in Calais.

Victoria Street 1894 verließ Galsworthy das elterliche Haus am Cambridge Gate und nahm sich in der Victoria Street eine Etagenwohnung, die er mit seinem Oxforder Studienfreund George Harrier teilte. Von hier aus unternahm er nächtliche Streifzüge durch die Londoner Slums, um die Lebensformen der anderen Seite der menschlichen Gesellschaft zu studieren. Zu dieser Zeit lernte er durch eine seiner Schwestern Frau Ada Cooper, die unglücklich verheiratete Gattin seines von einer Apanage lebenden, berufs- und beschäftigungslosen Vetters Arthur Galsworthy, näher kennen, die später seine Frau werden sollte. Sie ermutigte ihn auf seinem Weg zum Schriftsteller, ihre unglückliche Ehe bildet das Grundmotiv in vielen seiner Romane. Im Hause Nr. 58—60 wohnte der Dirigent und Hochschullehrer Sir Arthur Sullivan, der sich durch seine Bühnenmusik zu Shakespeares Werken und Libretti zu den klassischen Operetten Gilberts Ruhm erworben hat. George Moore wohnte zu Ende des 19. Jahrhunderts im Hause Nr. 19. 1898 erschien sein Roman »Evelyn Innes«, die Geschichte vom Aufstieg eines Londoner Mädchens zum gefeierten Opernstar. Im Jahre 1901 übersiedelte er nach Irland. An der Stelle des Krim-Denkmals und von Teilen der Tothill Street stand seit dem 14. Jahrhundert das Gate House Prison, in dem Sir Walter Raleigh die Nacht vor seiner Hinrichtung am 29. Oktober 1618 verbrachte. Hier entstand sein letztes Gedicht »Even such is Time« (»So ist die Zeit«), in dem er vom »Ende unserer Wanderschaft ... in dunklen, stummen Grabeswänden« spricht. Von hier wurde er am nächsten Morgen zum Old Palace Yard zur Hinrichtung geführt. Samuel Pepys war hier im Jahre 1690 wegen vermeintlicher Spionage zu Gunsten Frankreichs inhaftiert, ebenso wie Lovelace wegen seiner royalistischen Haltung im Jahre 1642. Hier schrieb er das Gedicht »To Althea from Prison«. Im Jahre 1776 wurde das Gefängnis abgerissen, nachdem kurz zuvor noch Dr. Samuel Johnson die trostlosen Bedingungen, unter denen die Häftlinge hier leiden mußten, beklagt hatte.

Barton Street Zum Jahresende 1921 kehrte Thomas Edward Lawrence, der »ungekrönte König Arabiens«, von Amman nach London zurück und bezog ein großes Mansardenzimmer im Hause Nr. 14 über den Büroräumen des Architekten Herbert Baker, mit dem er befreundet war. Hier wohnte er, wenn er auf Urlaub vom Militärdienst in der Hauptstadt weilte, bis zu seinem Tode im Jahre 1935. Im Mai 1922 begann seine enge und lebenslange Bindung zu dem Schotten John Bruce. Lawrence pflegte in einem Schlafsack zu schlafen und trug keine Socken, um sie nicht waschen zu müssen. Er aß nur, wenn ihn der Hunger trieb, und zwar aus Büchsen oder an Bahnhofsbüffets in der Innenstadt, die die ganze Nacht geöffnet waren. Wie besessen arbeitete er hier an seinen Erinnerungen »The Seven Pillars of Wisdom« (»Die Sieben Säulen der Weisheit«), die seine Erlebnisse als Mitarbeiter des britischen Geheimdienstes in Ägypten während des Ersten Weltkriegs schildern und in der vollständigen Ausgabe erst in seinem Todesjahr erschienen. Das Buch trug ihm höchste Anerkennung von Churchill, Thomas Hardy, Wells und G. B. Shaw ein. Mit Shaw und vor allem mit seiner Frau, der gegenüber er sich seine psychischen Komplexe — er war unehelich geboren und nur 165 cm groß — von der Seele reden konnte, blieb er bis an sein Ende freundschaftlich verbunden. Die Shaws schenkten ihm das schwere Motorrad, mit dem er auf dem Wege von einem Postamt zu seinem Bungalow in Dorset bei dem Versuch, zwei Radfahrern auszuweichen, am 13. Mai 1935 verunglückte. Er starb sechs Tage danach im Bovington Camp Hospital. Sein Wunsch, bei einem Unfall ums Leben zu kommen, bevor er als alternder Mensch unwürdig dahinvegetieren müsse, hatte sich erfüllt. In St. Paul's wurde dem Schriftsteller ein Denkmal gesetzt. Am 15. August 1888 in Tremadoc/Wales geboren, ging Lawrence nach dem Studium der Orientalistik und Archäologie in Oxford während des Ersten Weltkriegs in den britischen Geheimdienst. 1922 trat der ehemalige Oberst als einfacher Soldat unter Ablegung seines Namens und Dienstgrads als T. E. Shaw in die Armee ein, die für ihn »nichts als Dreck, Gestank und ein trostloser Greuel« war. Später wechselte er als I. H. Ross in die Royal Air Force über. Sein persönlichstes Buch »The Mint«, das mit dem Titel »Unter dem Prägestock« auch in Deutschland Aufsehen erregt hat, schildert die seelischen Leiden, die er ertragen mußte. Das Buch, das jahrzehntelang geheim gehalten wurde, erschien erst 1955. Hier bekennt er im Rückblick auf sein Leben: »Ein Mann, der sich im Frieden freiwillig zum Militär meldet, gesteht damit ein, daß ihn das Leben besiegt hat.« In der Gestalt des Soldaten Meek in seinem Bühnenstück »Too True to be Good« (»Zu schön, um wahr zu sein«), das 1932 in Malvern seine Uraufführung erlebte, hat Shaw seinem Freund ein Denkmal gesetzt.

Little College Street Im Jahre 1695 kam der am 1. Mai 1672 im
Pfarrhaus zu Milson/Wiltshire als Sohn eines Geistlichen geborene
Altphilologe Joseph Addison, dessen Name für immer mit den mo-
ralischen Wochenschriften »The Tatler« und »The Spectator« ver-
bunden ist, von Oxford nach London, um hier seinen literarischen
Neigungen nachzugehen. Er kam bei einer Mrs. Benjamin Bartlett
in der Little College Street unter, die ihm von Studienfreunden emp-
fohlen worden war. In der Hauptstadt machte er die Bekanntschaft
Drydens, dem er sein erstes Gedicht in englischer Sprache »To Mr.
Dryden« widmete und mit dem er über seine Mitarbeit an den
»Miscellany Poems« verhandelte. Von 1699 bis 1703 konnte er dank
einem königlichen Stipendium ausgedehnte Reisen auf dem Kontinent unternehmen.

Smith Square Auf dem Smith Square steht die 1728 erbaute Kirche
St. John the Evangelist. Jenny Wren in Dickens' »Our Mutual
Friend« wohnt mit ihrem trunksüchtigen Vater in der Nachbarschaft
der Kirche, die Dickens Anlaß zu einer skurrilen Beschreibung gibt.

Great Smith Street Steele, der durch den Tod seiner ersten Frau, der
Witwe Margaret Stretch, die nach einjähriger Ehe im Jahre 1706
gestorben war, ein Vermögen geerbt hatte, heiratete ein Jahr später
Mary Scurlock und bezog mit ihr ein Haus in dieser Straße. Am
12. April 1709 gab er die erste Nummer des dreimal wöchentlich er-
scheinenden »Tatler« heraus. Seine Beiträge zeichnete er mit dem
Namen Isaac Bickerstaff, den schon Swift in seinen »Bickerstaff
Pamphlets« (1708—09) verwendet hatte.

St. Ann's Street Robert Herrick wurde 1647 von seiner Pfarrei in Dean
Prior/Devonshire von Cromwell aus seinem Amt verjagt, ging nach
London und nahm mit Unterstützung royalistischer Freunde eine
Wohnung in der St. Ann's Lane, der heutigen St. Ann's Street. Hier
lebte er bis zu seiner Wiedereinsetzung als Pfarrer im Jahre 1662 am
Ort seiner früheren Tätigkeit, wo er am 25. Oktober 1674 starb. Seiner Geburtsstadt widmet er das Gedicht »Return to London« aus
seiner Sammlung »Hesperides« (1648): »Ich komme, nein, ich fliege
zu Dir, gesegneter Ort meiner Geburt!« Die hinter der Tate Gallery
gelegene Herrick Street erinnert an den Epikuräer und Dichter von
Trink- und Liebesliedern.

Queen Anne's Gate Im Hause Nr. 28 wohnte der 1856 in Edinburgh geborene Staatsmann, Jurist und Philosoph Lord Richard
B. Haldane. Als Kriegsminister von 1905 bis 1912 organisierte er das
britische Heer nach preußischem Vorbild, als Schriftsteller schuf er

sich mit Publikationen wie »Education and Empire« (1902) und
»The Pathway of Reality« (1903—04) einen Namen. Seine politische
Laufbahn scheiterte an seiner Liebe zu Deutschland. Er starb auf
seinem Besitz Cloan/Schottland am 19. August 1928.
Im Jahre 1812 bezog James Mill mit seiner Familie das Haus Nr. 40.
Sein Sohn, der zukünftige Philosoph und Nationalökonom John
Stuart Mill, war zu dieser Zeit sechs Jahre alt. Die Adresse des Hauses war damals Queen Square Nr. 1. John Stuart blieb im Elternhaus
bis zum Jahre 1831. 1823 war er Beamter der Ostindischen Gesellschaft geworden, bei der er bis zu ihrer Verstaatlichung im Jahre
1858 tätig blieb. Um 1830 begann seine Freundschaft zu der um zwei
Jahre jüngeren Frau eines Drogenhändlers namens Taylor, »ein
Glücksfall in meinem Leben«. Er heiratete sie 1851.

Petty France Der Name der Straße ist eine Verballhornung von
»Petite France« (=Klein-Frankreich) nach den hier angesiedelten
französischen Flüchtlingen und Wollhändlern. An der Stelle der
1884 errichteten Queen Ann Mansions, eines der ersten Etagenwohnblocks, stand das Haus York Street Nr. 19 mit einem mauerumschlossenen, bis zum St. James's Park reichenden Garten. Hier
wohnte der erblindete Milton von 1652 bis 1660, und hier begann er
die Niederschrift des »Paradise Lost«, hier schrieb er seine »Second
Defence of the English People« und sein Sonett »On His Blindness«. In diesem Hause starben seine Ehefrauen Mary Powell
(1652) und Katherine Woodcock (1657), der er sein Sonett »On His
Deceased Wife« widmet. Im Jahre 1810 zog James Mill mit seiner
Frau und seinen neun Kindern von der Rodney Street in das Haus,
das in den Besitz des Juristen und Philosophen Jeremy Bentham
übergegangen war. John Stuart war damals vier Jahre alt und mit
der griechischen Sprache durchaus vertraut. Von hier zog die Familie im Jahre 1812 zum Queen Anne's Gate. Nach den Mills mietete
Hazlitt das Haus und lebte hier in unglücklicher Ehe mit Sarah
Stoddard bis zu seiner Trennung von ihr im Jahre 1819.

Buckingham Palace An der Stelle des im Jahre 1837 für Queen Victoria und ihre Nachfolger auf dem britischen Thron errichteten
Buckingham Palace stand seit 1703 der für den Herzog von Buckingham erbaute Stadtpalais Buckingham Mansion. George III. kaufte
den Palast im Jahre 1762. Hier führte Dr. Samuel Johnson, der
die Bibliothek im Palast schon mehrmals besucht hatte, im Februar
1767 ein längeres Gespräch über Bücher und Literatur mit dem
König. »Sein Wesen ist von derselben Vornehmheit, wie wir es uns

bei Ludwig XIV. oder Charles II. vorstellen«, vermerkt er.
Im März 1870 wurde Dickens ein Vierteljahr vor seinem Tode von
Queen Victoria im Palast empfangen. Der Schriftsteller beklagte
sich, daß er hierbei eineinhalb Stunden stehen mußte. Felix Mendelssohn-Bartholdy konzertierte wie viele deutsche Musiker vor Queen
Victoria und dem Prinzgemahl. »Im Wohnzimmer der Königin, wo
neben dem Klavier ein gewaltig dickes Schaukelpferd stand, mit
zwei großen Vogelbauern und Bildern an den Wänden und schön
gebundenen Büchern auf den Tischen und Noten auf dem Klavier«
überreichte ihm die Königin einen Ring mit der Gravierung V. R.
1842. In einem Brief an seine Mutter fährt er fort: »Das einzige
freundliche Haus, so recht behaglich, und wo man sich à son aise
fühlt, ist Buckingham Palace.«

Palace Street John Galsworthy wohnte als junger Anwalt im Hause
Nr. 3. Seine Kanzlei hatte er in den Paper Buildings im Inner
Temple.

Stafford Place Herbert Spencer wohnte im Jahre 1845 im Hause
Nr. 64, nachdem er seine Stellung als Ingenieur bei der Londoner
und Birminghamer Eisenbahn-Gesellschaft aufgegeben hatte und
sein Geld als Journalist verdiente.

Grosvenor Place Mary Humphry Ward lebte mit ihrem Gatten, dem
Mitarbeiter an der »Times«, von 1891 bis 1911 im Hause Nr. 25.
Am Grosvenor Place Nr. 18 wohnte Swinburne zwischen seinen Rei-
sen auf dem Kontinent zu Beginn der sechziger Jahre. Er hatte im
November 1860 die Universität verlassen.

Chester Street Im Jahre 1895 übersiedelte Aubrey Beardsley von der
Cambridge Street in das Haus Chester Street Nr. 57. Schon zum Jahresende gab der unstete und ständig kränkelnde Künstler die Wohnung auf und zog zum St. James's Place. Der Lyriker und Dramatiker Algernon Charles Swinburne erblickte am 5. April 1837 als ältestes von sechs Kindern eines Admirals im Hause Chester Street
Nr. 7 das Licht der Welt. Er selbst sagte später von sich, daß er bei
seiner Geburt halb tot gewesen sei und niemand sein Überleben er-
wartet habe. Von seinem 12. bis 17. Lebensjahr war er Eton-Schüler.
Schon als Elfjähriger veröffentlichte er seine Verse in »Frazer's Magazine«. 1856 bezog er das Baillol College der Universität Oxford,
das er nach vier Jahren ohne Abschlußprüfung, aber mit einer verhängnisvollen Vorliebe für das Prügeln verließ. Nach Reisen auf
dem Kontinent schloß er sich den Präraffaeliten an. Er starb am
10. April 1909 am Putney Hill und wurde auf dem Familienbesitz

»East Dene« bei Bonchurch auf der Isle of Wight bestattet, wo er in
seinen Jugendjahren oft geweilt hatte.

Belgrave Place Von 1836 bis 1848 lebte und arbeitete George Grote
im Hause Nr. 3. Hier entstanden die ersten zwei Bände seiner
»History of Greece«. Auch in der benachbarten Buckingham Palace
Road Nr. 3 wohnte er kurze Zeit. Von hier übersiedelte er in seine
letzte Wohnung in der Savile Row.

Wilton Crescent Im Jahre 1865 wohnte der 28jährige Swinburne
nach Aufgabe seiner Unterkunft bei Rossetti am Cheyne Walk kurze
Zeit im Hause Nr. 36. Vergeblich hatte Rossetti einer Zirkusreiterin
£ 10,— versprochen, wenn es ihr gelänge, Swinburne zu verführen.
Von hier übersiedelte der Dichter in die Dorset Street.

Buckingham Palace Road Die Erzählerin Ann Radcliffe, geb. Ward,
als Verfasserin von Schauerromanen berühmt geworden, wohnte
von 1815 bis zu ihrem Tode im Hause Nr. 5. Hier starb sie an
krampfartigen Asthmaanfällen, an denen sie die letzten zwölf Jahre
ihres Lebens litt, am 7. Februar 1823. Auf dem heute verschwundenen »New Tyburn Cemetery«, wo auch Sterne bestattet wurde, fand
sie ihre letzte Ruhestätte.

Victoria Square Thomas Campbell, seit 1828 Witwer, bezog im
Januar 1840 mit seiner Nichte, die ihm den Haushalt führte, das
Haus Nr. 4. »Ich bin so sehr in mein neues Haus verliebt«, schreibt
er, »daß ich mich entschlossen habe, meine Italienreise aufzuschieben, bis ich mit der Einrichtung fertig bin und mit meinen Freunden
das Haus mit einem Essen im Mai eingeweiht haben werde.« Drei
Jahre danach übersiedelte er nach Boulogne, wo er am 15. Juni 1844
verstarb. In der Westminster Abbey wurde er bestattet. In seinen
letzten Lebensjahren hatte Jan Fleming im Hause Nr. 16 eine Stadtwohnung. Er starb am 12. August 1964 in einem Krankenhaus in
Canterbury. Virginia Woolfs Gatte, Leonard Woolf, bezog nach
dem Selbstmord seiner Frau am 28. März 1941 das Haus Nr. 24.
Hier bearbeitete er ihre Tagebücher, die er unter dem Titel
»A Writer's Diary« herausgab.

Lower Grosvenor Place Im Februar 1815 bezogen Shelley und seine
Geliebte Mary Godwin das Haus Nr. 13. Im Januar des darauffolgenden Jahres wurde ihnen hier ihr Sohn William geboren, und im
Mai verließen sie England wieder.

Vincent Square Während seiner Tätigkeit als Geburtshelfer am St.
Thomas's Hospital in Lambeth wohnte Somerset Maugham im Jahre 1895 in einem möblierten Zimmer am Vincent Square Nr. 11.

In seinen Erinnerungen »A Writer's Notebook« (1954) schreibt er: »Meine Wirtin war ein Original. Ich beschrieb sie annähernd in meinem Roman ›Cakes and Ale‹, aber viele ihrer Vorzüge deutete ich nur an.«
Zu dieser Zeit arbeitete er an seinem ersten Roman »Liza of Lambeth«, in dem er die Atmosphäre der Londoner Slums auf der Südseite der Themse realistisch und objektiv darstellt.

Grosvenor Gardens Thomas Campbell, der 1801 von Glasgow nach London kam und am 10. Oktober 1803 Matilda Sinclair, die Tochter der Kusine seiner Mutter, geheiratet hatte, bezog mit seiner jungen Frau eine Wohnung im Hause Nr. 25. Der Lyriker und Journalist, der sich mit seinen patriotischen Gedichten »Ye Mariners of England«, »Hohenlinden« und »The Battle of the Baltic« die Herzen der Engländer erobert hatte, kam am 27. Juli 1777 als jüngstes von elf Kindern eines Kaufmanns in Glasgow zur Welt. In Göttingen studierte er griechische Literatur und deutsche Philosophie. Mit Coleridge, Carlyle und Hazlitt war er befreundet, im »Holland House« und anderen literarischen Salons Londons war er ein gern gesehener Gast.

Hobart Place Bei einer seiner acht Konzertreisen nach London wohnte Felix Mendelssohn-Bartholdy im Jahre 1843 bei seinem besten Freund, den er in England gefunden hatte, dem Legationsrat Karl Klingemann aus Hannover, im Hause Nr. 4.

Eaton Square Der Berliner Starkritiker Friedrich Luft besuchte im Jahre 1975 die deutsche Schauspielerin Elisabeth Bergner, die in Vorahnung der kommenden Dinge im Jahre 1932 nach England ging und dort ihre Berliner Erfolge fortsetzen konnte, in ihrer Wohnung im ersten Stock des Hauses Nr. 42 am »zauberischen Eaton Square. Das ist eine eher fürstliche Adresse, die schöne, stille Reihe weiß leuchtender Häuser, eine der Herrensiedlungen innerhalb des inneren Londons. An den herrschaftlichen Fassaden immer wieder eine jener blauen, ehrenden Plaketten, die anzeigen, welche Geistesgrößen, Staatsmänner und Nobilitäten hier von wann bis wann in den letzten zweihundertfünfzig Jahren schon gesiedelt haben«. G. B. Shaw hat nur ihr erlaubt, in England seine »Saint Joan« zu spielen. Im benachbarten Hause Nr. 44 wohnte im Jahre 1848 Metternich, der sich auch als Brief- und Memoirenschreiber betätigte. Von 1907 bis 1911 hatte W. S. Gilbert seine Stadtwohnung im Hause Nr. 90.

Eaton Place Die Schwiegereltern Matthew Arnolds wohnten am

Eaton Place Nr. 38. Arnolds Ehefrau, die er nach seiner Ernennung zum Schulrat im Jahre 1851 geheiratet hatte, lebte meistenteils im Hause ihrer Eltern, da seine Dienstreisen ihm kaum einen ständigen Wohnsitz gestatteten. Als Arnold sich 1855 in London niederlassen konnte, wohnte er zunächst in der Belgrave Street Nr. 11 in Stepney und dann bei seinen Schwiegereltern.

Die für das Fernsehen geschriebene Serie »Das Haus am Eaton Place«, eine Familiengeschichte um Lord und Lady Bellamy und ihr Dienstpersonal aus dem Beginn unseres Jahrhunderts, spielt in einem fiktiven Hause Eaton Place Nr. 165. Das Haus, das den Autoren als Vorbild diente, jedoch trägt die Nummer 65.

Ebury Street Thomas Wolfe, der dank einem Stipendium der Guggenheim-Stiftung eine Europareise unternehmen konnte, wohnte in den Jahren 1930 und dann wieder 1932 im Hause Nr. 75. Hier arbeitete er an seinem Roman »Of Time and the River« 1935 (»Von Zeit und Strom«), der »Geschichte vom Hunger des Menschen in der Jugend«, dem er sein Leben von 1920 bis 1925 autobiographisch zugrunde legt. Zu Beginn der dreißiger Jahre wohnte Noël Coward, 1970 geadelt, im Hause Nr. 11. Der am 16. Dezember 1899 als Sohn eines Musikers und Vertreters einer Klavierfabrik in Teddington/London geborene Schauspieler und Dramatiker stand schon als Elfjähriger in einem Märchenspiel auf einer Londoner Bühne. Mit seiner patriotischen Revue »Cavalcade« (1932), der Geschichte einer englischen Familie vom Burenkrieg bis zum Ersten Weltkrieg, errang er seinen größten Theatererfolg. Der am 24. Februar 1852 in Moore Hall/Mayo in Irland als Sohn eines Grundbesitzers geborene Dichter und Kritiker George Moore, der von 1872 bis 1882 in Paris Malerei studiert hatte und mit Verlaine und seinem Kreis befreundet war, kam 1911 von Irland nach London zurück und mietete eine Wohnung im Hause Ebury Street Nr. 121. Hier empfing er seine Freunde Bennett, Shaw und Yeats, der ihm als Vorbild des verarmten Dichters und Komponisten Ulick Dean in seinem Roman »Evelyn Innes« (1898) diente und dem er das Buch widmet, und hier entstanden »The Brook Kerith« (1916), ein Christusroman, und »Héloïse and Abélard« (1921). Rückblickend auf seine Pariser Jahre fordert der Schriftsteller: »Jedermann muß nach Frankreich gehen. Wir alle gehen dorthin wie Lumpensammler, mit Körben auf dem Rücken, um aufzulesen, was uns in den Weg kommt.« Das Haus, in dem der »Weise aus der Ebury Street«, der Thomas More zu seinen Ahnen zählt, 22 Jahre lang lebte und am 21. Januar 1933 starb, trägt seit 1936 eine Gedenktafel. Die Malerin Dame Ethel Walker, das erste weibliche Mitglied des New English Art Club, benutzte die Ausstattung von Moores Haus als Hintergrund für einige ihrer Gemälde. Nach der Auswanderung seiner Eltern nach Südafrika im Jahre 1849 mietete Meredith ein möbliertes Zimmer im Hause Nr. 153. Der in ärmlichen Verhältnissen lebende Schriftsteller mußte sich mit einem Teller Suppe am Tage begnügen. Am 9. August 1849 heiratete er die um sieben Jahre ältere Witwe Mary Elien Nicolls, die älteste Tochter des Dichters Thomas Love Peacock. Dank einer kleinen Erbschaft konnte er ein Landhaus in Weybridge/London beziehen. »Meine Ehe war ein böser Fehler«, sagt er später. Der Gedichtsfolge »Modern Love« (1862) hat er seine Erfahrungen aus der Bindung mit seiner Frau zugrunde gelegt. 1858 verließ ihn seine Frau und ging mit einem Künstler nach Italien, wo sie zwei Jahre danach starb. Sieben Wochen wohnte der achtjährige Wolfgang Amadeus Mozart mit seinem Vater und seiner Schwester im Jahre 1764 bei dem Arzt Dr. Randall im Hause Nr. 180. Der Vater, der sich eine Erkältung zugezogen hatte, hoffte, in der reinen Luft der Fivefields' Row, wie die Ebury Street damals hieß, Heilung zu finden. Hier komponierte der junge Mozart seine ersten Symphonien. Zusammen mit seiner Schwester gab er Konzerte in Adelshäusern und im Vergnügungspark Ranelagh sowie täglich zwischen zwölf und fünfzehn Uhr im Großen Saal der »Swan and Hoop Tavern« am Cornhill. Sehenswert am Hause Ebury Street Nr. 180, an dem seit 1939 eine Tafel an den Komponisten erinnert, ist der Türklopfer, den der achtjährige Wolfgang sicher in der Hand gehabt hat. Von hier ging die Familie wieder nach Österreich zurück.

Im Hause Nr. 182 wohnte in den zwanziger Jahren die am 9. März 1892 auf dem noch heute im Familienbesitz befindlichen Schloß Knole bei Sevenoaks/Kent geborene Schriftstellerin Victoria Sackville-West mit ihrem Mann Harold Nicolson. Ihre Mutter, die uneheliche Tochter einer spanischen Tänzerin, die ihren Gatten, Lord Lionel Sackville, in Paris kennengelernt und geheiratet hatte, konnte den Anblick ihrer Tochter, wie sie sagte, nicht ertragen, weil sie ihr zu häßlich war. Die lesbische Vita, wie ihre Freunde die Schriftstellerin nannten, die mit ihrer Gefährtin Violet Keppel in der Uniform eines Unteroffiziers der britischen Armee auszugehen pflegte, wobei ihre Größe die Verkleidung noch glaubwürdiger machte, hatte 1913 den homosexuellen Schriftsteller und Diplomaten Nicolson geheiratet. Als Mitglied der Bloomsbury Group trat sie 1923 in engste

Beziehungen zu Virginia Woolf, die ihr in der männlich-weiblichen Titelfigur ihres Romans »Orlando« (1928) ein Denkmal setzt. Das Liebesleben des Ehepaars schildert Victorias Sohn Nigel Nicolson in seiner Biographie »Portrait of a Marriage«, 1973 (»Porträt einer Ehe«). Die Schriftstellerin starb am 2. Juni 1962 auf Sissinghurst Castle bei Cranbrook/Kent, wo sie seit 1930 mit ihrem Gatten lebte. Sie hinterließ elf Romane, viele Bände Lyrik und Kurzgeschichten sowie acht Bände historischer und biographischer Studien.

Chester Square Der am 24. Dezember 1822 in Laleham/Middlesex als ältestes von neun Kindern des Humanisten und Rektors der Rugby School, einer der führenden Public Schools in England, Dr. Thomas Arnold geborene Dichter und Kritiker Matthew Arnold bezog im Februar 1858 mit seiner Frau, die bisher bei ihren Eltern am Eaton Place gewohnt hatte, das Haus Nr. 2. »Es ist zwar klein«, schreibt er, »aber hier kann ich nach nahezu siebenjähriger Ehe endlich meine Koffer auspacken.« Arnold, der in Goethe »den klarsten, breitesten, heilsamsten Denker der Neuzeit« sah, wirkte von 1851 bis 1886 in den Fußstapfen seines Vaters als Schulrat. Seine Dienstreisen hatten ihm bis dahin keinen festen Wohnsitz gestattet. 1868 wurde ihm seiner vielen Kinder wegen gekündigt. Er hielt sich viel in Deutschland auf, um das dortige Schulwesen zu studieren. Neben seiner Tätigkeit als Schulrat hatte er von 1857 bis 1867 einen Lehrauftrag für Dichtkunst in Oxford. Am 15. April 1888 starb er in Liverpool, wo er seine Tochter bei ihrer Rückkehr von New York begrüßen wollte, an einem Herzversagen. In seiner Geburtsstadt wurde er bestattet. Zwei Tage vor seinem Tode war er noch einmal in London zu einem Besuch des Athenaeum Club.

Im Hause Nr. 24 wohnte Claire Clairmont, eine der Geliebten Byrons, Mutter seiner Tochter Allegra, die nur fünf Jahre alt wurde, Stieftochter Godwins und damit Shelleys Schwägerin, bis zum Jahre 1846. Sie übersiedelte nach Wien, wo sie krank, vergessen und mittellos bis zu ihrem Tode vegetierte. 1846 übernahm ihre Halbschwester Mary Godwin, die Witwe Shelleys, die Wohnung. Die völlig zurückgezogen lebende Schriftstellerin, deren nach Shelleys Tode geschriebene Bücher heute vergessen sind, schreibt am 30. Juni 1834 resignierend in ihr Tagebuch: »Mein Rennen ist vorbei.« Sie hinterläßt sechs Romane, viele Erzählungen und Reisebeschreibungen sowie Ausgaben der Werke ihres ertrunkenen Gatten. »Was soll ich tun? Nichts! ... Ich schreibe, obwohl mich doppelter Schmerz überfällt, wenn ich daran denke, daß Shelley nicht mehr liest und billigt, was ich schreibe.« Die Schriftstellerin starb hier am 1. Februar 1851 im Alter von 54 Jahren.

Chester Row In den zwanziger Jahren lebte T. S. Eliot mit seiner ersten Frau Vivian Haigh-Wood im Hause Nr. 5. 1925 wurde er Direktor des Verlagshauses Faber and Gwyer, seit 1929 Faber and Faber. Von hier zog er zur Glentworth Street.

South Eaton Place Bei seinem zweiten Aufenthalt in London vom 3. April bis zum 25. September 1852 zog Theodor Fontane von der »Flüchtlingskneipe« am Long Acre, wo er zunächst abgestiegen war, in eine Pension im Hause Nr. 14 des South Eaton Place, der damals noch Burton Street hieß. Lange hielt es ihn jedoch hier auch nicht: »Ich konnte es nicht mehr aushalten in der Burton Street und in dem ganzen Stadtteil, den ich vollauf bezeichnet habe, wenn ich dir sage, daß er Pimlico heißt. Klingt das nicht geziert und geckenhaft? Denkt man nicht an eine Mischung von Langeweile und Lächerlichkeit? Und so ist es auch.« Von hier übersiedelte er zum Tavistock Square. Fontane war als Korrespondent für die ministerielle Preußische (Adler-)Zeitung tätig und war bedacht, seine spärlichen Einkünfte durch Deutschunterricht aufzubessern.

Gerald Row Von 1935 bis 1955 wohnte Noël Coward im Hause Nr. 17. Neben seiner Arbeit als Dramatiker und Schauspieler zeichnete er sich als Filmautor — unter anderem mit dem Drehbuch zu »Our Man in Havanna« (1959) — aus. Coward, der 1970 geadelt wurde, starb am 26. März 1973 in seinem Ferienhaus auf Jamaika an einer Herzattacke.

Cambridge Street Mit dem Eintritt von George Henry Lewes in ihr Leben trachtete George Eliot nach einer gemeinsamen Wohnung. Im Oktober 1853 glaubte sie, eine geeignete Unterkunft im Hause Nr. 21 gefunden zu haben: »Ich habe meine Wohnung sehr gern«, schreibt sie, »... die Wirtin bereitet reizende kleine Abendmahlzeiten für mich, und ich kann mich über nichts beklagen, es sei denn, daß die Wohnung im Erdgeschoß liegt, daß ein Klavier im Hause zu laut gespielt wird und daß meine Wohnzimmertür nicht richtig schließt und Zugluft hereinläßt.« Im April 1854 gab sie ihre Mitarbeit bei der »Edinburgh Review« auf und ging mit Lewes am 20. Juli desselben Jahres auf ihre große Deutschlandreise.

Im Jahre 1893 verließ der am 24. August 1872 in Brighton geborene lungenkranke Illustrator und Schriftsteller Aubrey Beardsley, den seine Mutter mit einem Porzellanfigürchen verglich, das elterliche Haus und nahm sich eine eigene Wohnung im Hause Nr. 14. Er hatte zunächst in einem Architektenbüro und dann als Versicherungsangestellter in der Lombard Street gearbeitet, sich aber als 18jähriger unter Einfluß von Edward Bunre-Jones der Kunst zugewandt. Mit seinen Illustrationen zu Malorys »Morte d'Arthur« (1893—94), zu Wildes »Salome« (1894) und Popes »Rape of the Lock« (»Der Lokkenraub«) (1896) gehört der Meister des englischen Jugendstils zu den führenden künstlerischen Persönlichkeiten des englischen Fin de Siècle. Mit Oscar Wilde, der ihm die französische Ausgabe seiner »Salome« mit der Widmung »Für Aubrey, den einzigen Künstler außer mir selbst« dedizierte, war er freundschaftlich verbunden. Als künstlerischer Leiter des »Yellow Book« (1894—97), des Sprachrohrs den englischen Ästhetismus, und der Zeitschrift »The Savoy« (1896) gewann er Henry James, Yeats, George Moore und Max Beerbohm zu Mitarbeitern und prägte selbst das Gesicht der beiden Publikationen mit Illustrationen, Gedichten und Prosabeiträgen. Er wohnte in diesem Hause, das seit 1948 eine Gedenktafel trägt, bis 1895. Von hier übersiedelte er zur Chester Street. Von 1889 bis 1891 hatte er mit seinen Eltern im Hause Cambridge Street Nr. 32, danach bis 1893 in der Charlwood Street Nr. 59 gewohnt. Kaum mehr als 26 Jahre alt, starb er am 16. März 1898 in Mentone, wo er Heilung gesucht hatte, an der Schwindsucht.

St. George's Drive Im Jahre 1865 zog Charles Reade mit der Schauspielerin Laura Seymour, die ihm bis zu ihrem Tode im Jahre 1879 den Haushalt führte, in das Haus Nr. 92. 1861 war sein Meisterwerk, der kulturhistorische Roman »The Cloister and the Hearth«, die Liebesgeschichte um den Vater von Erasmus von Rotterdam, in der von Dickens herausgegebenen Zeitschrift »All the Year Round« erschienen.

Eccleston Square Vor dem Ersten Weltkrieg wohnte Winston Churchill mit seiner Frau Clementine Hozier, die er 1908 geheiratet hatte, im Hause Nr. 33. 1906 hatte er die politische Biographie seines Vaters Lord Randolph Churchill veröffentlicht, 1911 wurde er erster Lord der Admiralität.

Gillingham Street In den Jahren 1891 bis 1895 wohnte Joseph Conrad, der 1878 zum erstenmal englischen Boden betreten hatte, während seiner Landurlaubszeiten im Hause Nr. 16.

Belgrave Road Wenn Graham Greene von seiner Geburtsstadt Berkhamsted/Hertfordshire mit seinen Eltern und Geschwistern einmal im Jahr zum Besuch einer Peter-Pan-Aufführung nach London fuhr, pflegte die Familie bei der Großtante Grahams, die mit

einem ehemaligen Oberst der Indischen Armee verheiratet war, in
der Belgrave Road Nr. 11 zu Mittag zu essen. Einen tiefen Eindruck
machte auf den Jungen ein riesiger Nachttopf, den der Oberst jeweils nach dem Essen aus der Anrichte hervorholte. Grahams
Hauptsorge aber bestand darin, rechtzeitig ins Theater zu kommen.

Grosvenor Road Nach seiner Eheschließung im Jahre 1892 bezog der
am 13. Juli 1859 in London geborene Soziologe und Politiker Sid-
ney Webb, der Gründer der »London School of Economics« (1895),
der führende Kopf der Fabier-Gesellschaft und von 1915 bis 1925
Vorstandsmitglied der Labour Party, mit seiner Frau Beatrice, geb.
Potter, mit der gemeinsam er grundlegende Untersuchungen über
die industrielle Gesellschaft veröffentlichte, das Haus Nr. 41. Seine
Wohnung wurde ein bevorzugter Treffpunkt englischer Sozialisten.
G. B. Shaw, der ihn seinen besten Freund nannte, traf hier im
August 1896 Charlotte Payne-Townsend, die er zwei Jahre später
heiratete. Sidney Webb starb als Lord Passfield in Liphook/Hamp-
shire am 13. Oktober 1947.

Bessborough Gardens Joseph Conrad kehrte im Frühsommer 1889
nach dreijähriger Seefahrt nach London zurück und mietete eine
kleine, möblierte Wohnung in den Bessborough Gardens. 1886
hatte er in London als einziger englischer Schiffsoffizier polnischer
Abkunft sein Examen als britischer Handelskapitän abgelegt. 1894
gab er aus Gesundheitsrücksichten den Seemannsberuf auf und widmete sich ganz der Schriftstellerei. In der englischen Sprache, die der
geborene Pole erst als 20jähriger lernte, brachte er es, wie Jakob
Wassermann sagt, zum »ersten Stilisten der Epoche zwischen 1895
und 1915«.

Millbank Millbank war zu Dickens' Zeiten noch »eine höchst traurige Umgebung — weder Werften noch Häuser befanden sich auf
dem unheimlich wüsten Wege in der Nähe des großen Gefängnisses.
Ein schmutziger Graben lief an der Mauer des Kerkers hin, schilf-
artiges Gras und Unkraut überwucherten das sumpfige Land in der
Nähe... Es ging eine Sage, daß sich eine der großen Gruben, die
man während der großen Pest für die Toten gegraben, hier befinde,
und die Nähe derselben schien einen unheimlichen Hauch über den
ganzen Ort zu verbreiten«, heißt es in »David Copperfield«.
An der Stelle des 1890 abgerissenen Gefängnisses, von dem Dickens
spricht, steht seit 1897 ein nach dem Stifter, dem Großhändler Sir
Henry Tate, benanntes Museum mit einer Sammlung britischer Bilder vom frühen 17. Jahrhundert bis heute sowie ausländischer Bil-

der und Skulpturen von den Impressionisten bis zur Modernen. Hier sind alle mit Literaten wahlverwandten und befreundeten Maler, wie Hogarth, Reynolds, Gainsborough, Turner, Constable, Blake und die Präraffaeliten Millais, Rossetti und Holman Hunt, mit ihren Werken vertreten. Bemerkenswert sind zwei Darstellungen von Somerset Maugham, der grüne Bronzekopf des Schriftstellers von Epstein und ein Ölbild von Graham Sutherland. 100 Gemälde und 19 000 Zeichnungen und Skizzen von Turner gehören zum Inventar der Tate Gallery.

Zwölfter Spaziergang: Kensington

Knightsbridge Knightsbridge (= Ritterbrücke), heute eines der beliebtesten Einkaufszentren der Hauptstadt mit dem größten Warenhaus Europas, die westliche Verlängerung von Piccadilly, führt vom Hyde Park Corner nach Kensington, dem »Royal Borough«. Der »Königliche Flecken« wird begrenzt im Norden von Notting Hill, aus einem schon im Mittelalter bestehenden Herrensitz hervorgegangen und um die Mitte des vorigen Jahrhunderts in Kensington einbezogen, im Osten von Belgravia, dem von Diplomaten bevorzugten Wohngebiet, im Westen von Hammersmith und im Süden von Chelsea. 1965 wurde Kensington mit Chelsea vereinigt und bildet heute einen der 32 Stadtbezirke von Greater London. Leigh Hunt, der um die Mitte des vergangenen Jahrhunderts in Kensington lebte, widmet seinem Wohnbezirk den Essay »The Old Court Suburb« (1855). Galsworthy, dessen Leben mit Kensington eng verbunden war, siedelt seinen Roman »Fraternity«, 1900 (»Weltbrüder«) im Wohnviertel der gutsituierten Dallisons zwischen Campden Hill, Kensington High Street und Holland Park und in den Slums um Notting Hill und zwischen Cromwell Road und Fulham an.

Von der Bolton Row zog Charles Reade im Jahre 1855 mit seiner Geliebten, der Schauspielerin Laura Seymour, in ein Haus an der Knightsbridge Road, an dessen Stelle heute das Hotel Hyde Park steht. Einen weiten Platz in seinem Garten räumte er herrenlosen Hunden sowie Gazellen und Hasen ein. Einen Teil seiner Einkünfte verwandte er zum Wohle des unterprivilegierten Teils der Bevölkerung. In seinem Roman »A Terrible Temptation« (1871) findet sich eine eingehende Schilderung seines Hauses.

Raphael Street Von seiner ersten Wohnung in der Alexandra Road zog Arnold Bennett um 1890 in ein möbliertes Zimmer eines Hauses in der Raphael Street. Der Held seines ersten Romans »A Man from the North« (1898), Richard Lark, hat seine Wohnung ebenfalls in dieser Straße. Von hier übersiedelte der Schriftsteller zu den Marriots im Victoria Grove.

Exhibition Road Die Exhibition Road führt zum Victoria and Albert Museum. Neben der größten Sammlung von Dickens-Manuskripten, u. a. den Originaltexten von zehn seiner 15 Romane, sind hier das große Bett Wares, von dem Shakespeare in »Was Ihr wollt« und Ben Jonson in »The Silent Woman« spricht, ein Ausschnitt des von Robert Adam entworfenen Salons des Schauspielers Garrick im

Adelphi und ein Bild Rossettis von seiner Frau mit einem Gedicht des Malers zu besichtigen.

Prince's Gate Im Hause Nr. 51 befindet sich das Deutsche Kulturinstitut, eine Zweigstelle des Goethe-Instituts.

Prince's Garden Von 1894 bis 1898 wohnte W. S. Gilbert im Hause Nr. 36. In den zwanziger Jahren unseres Jahrhunderts lebte der am 26. Juli 1894 in Godalming als Enkel des Zoologen Thomas H. Huxley geborene Schriftsteller Aldous Huxley mit seiner belgischen Gattin Maria Nys im Hause Nr. 44. Hier entstanden seine Romane »Those Barren Leaves«, 1925 (»Parallelen der Liebe«) und »Point Counter Point«, 1928 (»Kontrapunkt des Lebens«). Das Ehepaar war mit D. H. Lawrence und seiner Frau Frieda eng befreundet. Maria Nys schrieb für Lawrence Teile seines Romans »Lady Chatterley's Lover« (1928) ins Reine und stand ihm in seiner letzten Stunde in Vence bei. Im Jahre 1938 übersiedelte sie mit ihrem rauschgiftsüchtigen Gatten nach Los Angeles, wo dieser am 22. November 1963 an Krebs starb.

Kensington Road An der Stelle der 1867 bis 1871 errichteten Albert Hall, in der allsommerlich die sogenannten Promenaden-Konzerte stattfinden, fand »Gore House«, ein Stadtpalais, in dem die verwitwete Lady Blessington residierte. Ihr allseitig geschätzter literarischer Salon befand sich bis 1836 am St. James's Square und zählte Lord Byron zu seinen Gästen. Die Hausherrin, eine geborene Margaret Power, aus üblen Kreisen in Tipperary stammend, wurde gegen eine Abschlagszahlung von Lord Blessington in eine zweite Ehe geführt. Im Gore House lebte die Gräfin mit dem verheirateten Alfred, Count d'Orsay, zusammen, der sich als Maler betätigte und mit ihrer Stieftochter verehelicht war. Hier waren Thackeray und seine kleine Tochter, die von dem Grafen tief beeindruckt war, Thomas Campbell, Thomas Moore, Savage Landor, Bulwer-Lytton, der junge Disraeli und andere Prominente gerngesehene Gäste. Die Gräfin selbst ist als Romanschriftstellerin und als Memoirenschreiberin hervorgetreten. Schulden zwangen die Gräfin und ihren Gefährten im Jahre 1849 zur Übersiedelung nach Paris, wo sie kurz danach starb. Von 1808 bis 1821 hatte William Wilberforce, der Vorkämpfer für die Abschaffung der Negersklaverei, das Palais bewohnt.

Victoria Grove Von 1876 bis 1880 wohnt der am 26. Juli 1856 in Dublin geborene Dramatiker George Bernard Shaw bei seiner Mutter und seiner Schwester in dem alleinstehenden Doppelhaus Vic-

toria Grove Nr. 13, nachdem er seine Stellung als Kassierer in einer
Maklerfirma in seiner Geburtsstadt Dublin aufgegeben hatte, um in
London das Leben eines Schriftstellers zu führen. Seine Mutter hatte
bereits 1872 mit ihrer Tochter Lucinda und in Begleitung eines
Freundes, eines Musiklehrers, ihren schielenden Ehemann, einen
Trinker und Bankrotteur, dessen Augen Wildes Vater vergeblich
operiert hatte, die irische Hauptstadt verlassen. Sie verdiente ihren
Lebensunterhalt als Musiklehrerin, ihre Tochter schlug sich als Sän-
gerin durch das Leben. George Bernard hatte in den ersten zehn Jahren seines Aufenthalts in London so gut wie keine Einnahmen und
trug die ganze Zeit hindurch ein und denselben Anzug.
Wie sein Biograph Hesketh Pearson berichtet, sah es hier zu jener Zeit
noch ganz ländlich aus, in der Nachbarschaft lagen Obst- und Gemüsegärten. 1879 nahm der »unverbesserlich Arbeitsscheue«, wie
Shaw sich selbst bezeichnet, für kurze Zeit eine Stellung bei der
»Edison Telephone Company« in der Queen Victoria Street an. Aus
finanziellen Gründen mußten die drei Shaws im Jahre 1880 das
Haus aufgeben. Sie zogen von hier in eine Wohnung in der Fitzroy
Street.
Am Victoria Grove hatte der Erste Sekretär der Preußischen Ge-
sandtschaft in London seine Residenz. Hier war Theodor Fontane
am 24. Dezember 1856 zum Abendessen eingeladen. In seinem Ge-
dicht »Weihnachten 1856« bedauert der Schriftsteller, den Heiligen
Abend nicht in Berlin feiern zu können: »Doch ach, zu fremdem
Gänsegenuß nach Brompton fahr' ich im Omnibus.«

Palace Gate Im Hause Nr. 2 hatte der Mitbegründer des Präraffaeli-
tenkreises John Millais, Illustrator der Bücher Tennysons und Trol-
lopes, mit seiner Frau, der früheren Gattin Ruskins, seine letzte Wohnung und sein letztes Atelier. Hier trafen sich seine Freunde Rossetti, Swinburne und Browning mit ihm, und hier starb der Maler
1896 im Alter von 67 Jahren. Die Nachwelt verdankt ihm ein be-
rühmtes Carlyle-Porträt.

Eldon Road Vor seiner Übersiedlung nach Amerika nach dem Zweiten Weltkrieg hatte der am 19. Juli 1896 in Cardross in der schottischen Grafschaft Dunbartonshire geborene Schriftsteller Archibald
Joseph Cronin im Hause Nr. 3 eine kleine Wohnung. Das Haus
trägt eine Gedenktafel. Ursprünglich Arzt, beschloß er in den dreißiger Jahren, nach einem gesundheitlichen Zusammenbruch »sein
Stethoskop ein für allemal an den Nagel zu hängen und die kleine
schwarze Tasche wegzustellen«. Mit seinem anklägerischen Roman

»The Citadel« (1937) erwarb er sich weltweiten Ruhm.
Gilbert, der 1867 Lucy Agnes Turner geheiratet hatte, bezog mit seiner Frau das Haus Nr. 21.

Cornwall Gardens Die am 5. Juni 1884 in London geborene Schriftstellerin Dame Ivy Compton Burnett, deren Romane die Verlorenheit des Menschen und seine Zermürbung durch die Familie zum Thema haben, wohnte bis zu ihrem Tode am 27. August 1969 in den Braemer Mansions Nr. 5, Cornwall Gardens.

Southwell Gardens Von 1873 bis 1877 wohnte Lady Anne Ritchie im Hause Nr. 8. Ihre Schwester Harriet, die zweite Tochter Thackerays, lebte wie schon an den Onslow Gardens mit ihrem Ehemann Leslie Stephen, dem Vater der Schriftstellerin Virginia Woolf, wieder im selben Hause.

Hyde Park Gate Im Februar 1862 nahm sich Dickens, der in Gad's Hill lebte, für vier Monate eine Stadtwohnung in einem heute verschwundenen Hause Nr. 16. Der Bildhauer Jacob Epstein, der Büsten von Shaw, Joseph Conrad, Yeats und anderen Schriftstellern hinterlassen hat, arbeitete und starb neunundsiebzigjährig im Jahre 1959 im Hause Nr. 18. Nach seiner Eheschließung mit der Witwe Julia Duckworth, geb. Jackson, einer Freundin der Thackeray-Töchter, bezog der Literat, Biograph und Gelehrte Sir Leslie Stephen im Jahre 1878 das Haus Nr. 22, zu dem ein verhältnismäßig großer Garten gehörte. Ursprünglich für den geistlichen Beruf vorgesehen, gab Stephen seinen literarischen Ambitionen nach und wurde als Autor des Buches »The Playground of Europe«, 1871 (»Der Spielplatz Europas«), dessen Titel in seiner Zeit zu einer gebräuchlichen Bezeichnung für die Schweiz wurde, als Herausgeber des »Cornhill Magazine« und als Initiator und Herausgeber des monumentalen »Dictionary of National Biography«, das er 1882 begann, zu einem bekannten Autor. Er war in erster Ehe mit Harriet, der jüngeren Tochter Thackerays, die am 28. November 1875 verstorben war, verheiratet. Laura, das einzige Kind aus dieser Ehe, war geisteskrank und in einer Anstalt untergebracht. Seine zweite Frau brachte eine Tochter und zwei Söhne in das Haus. Ihr Sohn Gerald wurde Freund und Verleger von D. H. Lawrence. Sieben Dienstboten standen der Familie Stephen hier zur Verfügung. Im Hause Hyde Park Gate Nr. 22 wurden in den Jahren 1879 bis 1883 Vanessa, Thoby, Virginia und Adrian geboren, die alle in der »Bloomsbury Group« eine Rolle spielen sollten. Seine zweite Tochter, die als die Schriftstellerin Virginia Woolf weit über die Grenzen Englands bekannt werden sollte, kam hier am 25. Januar 1882 zur Welt. Sie wurde mit ihrer Schwester im Hause unterrichtet, während die Brüder in Internate kamen und später in Cambridge studierten. Virginia konnte ihr Leben lang nur mit Hilfe ihrer zehn Finger rechnen. In seinem Hause, das zunächst nur fünf Stockwerke hatte, denen er zwei weitere für die Unterbringung seiner Kinder hinzufügen ließ, starb Sir Leslie Stephen am 22. Februar 1904. Seine Asche wurde auf dem Highgate Cemetery Friedhof beigesetzt. Seine Frau hat er um neun Jahre überlebt. Carlyle, Darwin, Henry James und Huxley waren seine engsten Freunde. Eine im Jahre 1960 am Hause angebrachte Tafel erinnert an den Gelehrten und Vater der Schriftstellerin Virginia Woolf, die behauptet, sie und ihr Bruder Adrian seien im Mutterleib von den gewichtigen Bänden der »National Biography« erdrückt worden. Nach dem Tode ihres Vaters gaben die Geschwister das Haus auf. Virginia und Adrian gründeten einen gemeinsamen Hausstand am Gordon Square.

Der am 30. November 1874 im Blenheim Palace/Oxfordshire geborene Staatsmann und Schriftsteller Sir Winston Churchill kaufte im Jahre 1945, als er sein Amt als Prime Minister aufgeben mußte, das Haus Nr. 28, das einem Jockey gehört hatte. Als das Nachbarhaus zum Verkauf anstand, erwarb er es dazu und ließ es mit dem Haus Nr. 28 vereinigen. Bei seiner Wiederwahl im Jahre 1950 übersiedelte er wieder in die Downing Street. Bis zu seinem Amtsabschied im Jahre 1955 und seiner Rückkehr in das Haus Nr. 27—28 war hier die Spanische Botschaft untergebracht. Hier entstanden seine vielbändigen historischen Werke, besonders seine »History of the English-speaking Peoples«, und hier starb er neunzigjährig am 24. Januar 1965. Auf die Frage eines Reporters kurz vor seinem Tode, wie er es trotz seines starken Rauchens zu einem so hohen Alter habe bringen können, antwortete er: »Ich habe nie Sport getrieben.« Als 25jähriger veröffentlichte er seinen ersten und einzigen Roman »Savrola«. Insgesamt hinterließ er 34 Bücher mit 59 Bänden. Das Haus trägt eine Tafel zum Gedenken an den Nobelpreisträger (1953).

De Vere Gardens Der Name der Straße geht auf ein aus Vere bei Coutances in der Normandie stammendes Adelsgeschlecht zurück. Vom Warwick Crescent übersiedelte Robert Browning, der seine Frau Elizabeth Barrett am 29. Juni 1861 in Florenz verloren hatte, im Sommer 1887 in eine geräumige Wohnung im vierten Stock des Hauses Nr. 29. Am 12. Dezember desselben Jahres starb er nach kurzer Krankheit beim Besuch seines einzigen Sohnes Robert im Palazzo Rezzonico in Venedig, wo dieser als Maler lebte. In der Westminster Abbey wurde er neben seiner Schwester Sabrianna, seiner unzertrennlichen Gefährtin, bestattet. Da sich seine Unterkunft in der Bolton Street als zu klein erwies, nahm sich Henry James im Frühjahr 1886 eine größere Wohnung im vierten Stock des Hauses Nr. 34, damals De Vere Mansions Nr. 13. Der Junggeselle wurde hier von einem dem Trunk ergebenen Ehepaar betreut. In seinem »stillen, gesegneten und unangetasteten Arbeitszimmer«, wo er sich »der unschätzbaren, belebenden Bemühung um die Kunst entschlossener und wohltuender Arbeit« hingeben konnte, schloß er seinen Roman »The Princess Casamassima« (1886) ab, und hier schrieb er neben anderen Werken die Erzählung »A London Life« (1888), die Geschichte eines Mädchens aus Virginia, das seine Schwester in London besucht. Nach zehn Jahren entschloß er sich zu einem Wohnungswechsel und fand, bevor er sich endgültig in Rye niederließ, ein Haus in Playden an der Küste Kents. Die Wohnung in den De Vere Gardens behielt er bis 1902 als Stadtwohnung bei. Seit 1920 trägt das Haus eine Gedenktafel.

Kensington Gardens Kensington Gardens, ursprünglich Grund und Boden der Westminster Abbey, dann von Henry VIII. in einen Wildpark umgewandelt, bilden zusammen mit dem Hyde Park im Jahre 1791 den größten Park der Hauptstadt. Leigh Hunt hat eine eindrucksvolle Liste der Persönlichkeiten zusammengestellt, die in diesem Park hätten spazieren gehen können. Addison widmet der Wandlung von einer Kiesgrube zum herrlichen Park einen Artikel im »Spectator«. Lichtenberg wanderte im Jahre 1775 von Kensington Gardens zum Tyburn Cemetery, um Sternes Grab zu besuchen. Der politische Flüchtling Chateaubriand, der zu dieser Zeit seine Erzählung »Atala« beendete und an »René« schrieb, notiert in seinen »Mémoires d'Outre-Tombe«:

»Kensington gefiel mir besonders; während der Teil, der an den Hyde Park grenzte, sich mit eleganten Spaziergängern füllte, schweifte ich in dem einsamen Teil des Parks umher. Der Gegensatz zwischen meiner Armut und dem Reichtum, zwischen meiner Verlassenheit und der Menge, dieser Kontrast war mir angenehm. Von Ferne sah ich die jungen Engländerinnen einhergehen. Gab es irgend jemand, der den Fremden, der da zu Füßen einer Kiefer saß, beachtete? Hatte eine der schönen Frauen die unsichtbare Gegenwart Renés auch nur geahnt?« Ein Vierteljahrhundert später erinnert sich der Schriftsteller, der als französischer Gesandter in London lebte, bei einem Spaziergang im Park der melancholischen Stimmung und seiner Arbeit am »René« im Park vor 25 Jahren. Shelley ließ auf dem Round Pond Papierschiffchen schwimmen, Matthew Arnold träumt voller Sehnsucht von dem Park in seinen »Lines Written in Kensington Gardens«. Das 1904 geschriebene Märchenspiel »Peter Pan, or the Boy who would not Grow up« (»Das Märchen vom Jungen, der nicht groß werden wollte«) und sein Autor, Sir James Barrie, sind mit den Kensington Gardens verbunden. Barrie pflegte bei seinen Spaziergängen im Park mit seinem Bernhardiner Porthos, den fünf Söhnen seines Freundes Llewelyn Davies und den Neffen des Schauspielers Sir Gerald du Maurier abenteuerliche Gesichten zu erzählen, die er in seinem »Peter Pan« verdichtete. An den Helden seines Spiels erinnert die im Park am 1. Mai 1912 an der Stelle des Seeufers, an der Peter Pans Boot landete, aufgestellte Statue, die zu den beliebtesten Denkmälern Londons gehört. In diesem Zusammenhang sei auch Barries Erzählung »Peter Pan in Kensington Gardens« (1906) erwähnt. Virginia Woolf und ihre Schwester Vanessa, die bei ihren Eltern am Hyde Park Gate wohnten, spielten hier im Park oder aßen, im Grase liegend, Schokolade und lasen Kinderzeitschriften. Graham Greene, der sich als 16jähriger ein halbes Jahr lang einer psychoanalytischen Behandlung am Lancaster Gate unterziehen mußte, hielt sich in seiner Freizeit in den Kensington Gardens auf und beobachtete verstohlen die Kindermädchen in der Hoffnung auf ein Abenteuer. In seiner Autobiographie »A Sort of Life« schreibt er:

». . . doch ich erlebte nur ein einziges Abenteuer, und das war nicht nach meinem Geschmack. Ein älterer Herr mit einer Eton-Kravatte, er sah sehr unglücklich aus und hatte einen unsteten Blick, zog einen Stuhl neben meinen und begann, über Schulen zu plaudern. Ob es in meiner Schule noch körperliche Züchtigung gäbe und ob wohl in manchen Schulen auch noch Mädchen geschlagen würden? Er erzählte mir, daß er ein Gut in Schottland besäße, wo man noch den Kilt trage, was in mancher Hinsicht sehr bequem sei, und vielleicht hätte ich Lust, in den Ferien einmal hinzukommen . . . Plötzlich entschwand er wie ein Schirm, den der Wind fortweht, und ich sah ihn nie wieder.«

Kensington Palace Kensington Palace, 1689 von William III. erworben, der hier in der frischen Luft fern von Whitehall Heilung von seinem Asthma zu finden hoffte, ursprünglich der Herrensitz Nottingham House des Grafen Nottingham, bis 1760 die Privatresidenz der englischen Könige, heute Wohnsitz von Prinzessin Margaret, eine Zeitlang Domizil des London Museum, hat im Laufe seiner wechselvollen Geschichte viele Literaten in seinen Mauern gesehen. Vanbrugh, Swift, Addison, Congreve, Earl of Chesterfield, Horace Walpole und Voltaire waren hier eingeladen.

Kensington Palace Gardens Kensington Palace Gardens, heute eine der vornehmsten Straßen Londons, säumten bis zur Bebauung um die Mitte des vorigen Jahrhunderts Dienstbotenunterkünfte, Stallungen und Gemüsegärten des Palastes. Thackeray, der mit seinem Roman »Vanity Fair«, 1848 (»Der Jahrmarkt der Eitelkeit«) zu Weltruhm und Vermögen gelangt war, ließ sich nach eigenen Entwürfen das Haus Nr. 2, ein palastartiges Gebäude, erbauen, das er im März 1862 bezog und von dem er sagt: »Meine lieben Verwandten sind empört über meinen Hochmut, meine Anmaßung und Verschwendungssucht, mir ein so schönes, neues Haus zu bauen. Einer von ihnen, der noch nie in seinem Leben einen Witz gemacht hat, sagte gestern zu mir: Sie sollten es ›Vanity Fair‹ nennen.«

Der Schriftsteller, dessen Frau seit 20 Jahren in einer Irrenanstalt dahinvegetierte, verstarb am 24. Dezember 1863 im Alter von 52 Jahren an einer Gehirnblutung im linken Eckzimmer im zweiten Stock. Auf dem Kensal Green Cemetery fand er seine letzte Ruhestätte. Unter den Trauergästen waren Dickens, sein Biograph Trollope und Robert Browning. In der Nachbarschaft seines Grabes wurde zwölf Jahre danach seine jüngste Tochter Harriet, die erste Ehefrau Leslie Stephens, bestattet. In der Poets' Corner in Westminster Abbey erinnert eine Büste an den Schriftsteller.

Young Street Die Young Street verdankt ihren Namen einem Architekten, der sich um Kensington verdient gemacht hat. Im Juni 1846 bezog William Makepeace Thackeray die erste seiner drei Wohnungen in Kensington, er mietete das Haus Nr. 16, das damals noch die Nummer 13 trug. Dank ständiger Mitarbeit am »Punch«, wo seine satirischen Essays, die »Snob Papers« erschienen, konnte er sich eine angenehme Unterkunft leisten. Hier verbrachte er mit seinen Töchtern Anne, die als Lady Anne Ritchie Romanschriftstellerin werden sollte, und Harriet, später die Frau des Literarhistorikers Sir Leslie Stephen, acht glückliche Jahre. Anne war beim Bezug des Hauses neun und Harriet sechs Jahre alt. Seine Frau hatte er schweren Herzens im Februar 1842 wegen einer unheilbaren Geisteskrankheit in einer Anstalt unterbringen müssen. In einem Brief beschreibt er seiner Mutter das Haus: »Das Haus hat zwei große Schlafzimmer und ein kleines Wohnzimmer für Dich ... zwei luftige und bequeme Kinderzimmer im zweiten Stock, mehrere Dienstbotenzimmer und Räume, groß genug für mich. Unten haben wir ein schönes Arbeitszimmer für mich, ein Speise- und Wohnzimmer, einen kleinen Garten und ein kleines Gewächshaus. Kensington Gardens liegen vor der Tür, und Omnibusse fahren alle zwei Minuten. Was kann man sich auf dieser Erde mehr wünschen?« Hier entstanden sein Roman »Vanity Fair« (»Der Jahrmarkt der Eitelkeit«), der in Fortsetzungen 1847 bis 1848 herauskam, »Pendennis« (1848/50) und »Henry Esmond« (1852), und hier arbeitete er an »The Newcomes« (1858/59). Außerdem war seine Zeit mit Vorträgen über die englischen Humoristen in London, in der Provinz und in den Vereinigten Staaten in Anspruch genommen. In der Young Street kam es am 12. Juni 1850 zu der bemerkenswerten Begegnung mit seiner Bewunderin Charlotte Brontë bei ihrem Besuch in London. Als bei einem Essen in Thackerays Hause einer der Gäste, zu denen Carlyle und der Maler Millais gehörte, die schüchterne und schweigsame Schriftstellerin fragte, ob sie London liebe, antwortete sie: »Ja und nein.« Darauf machte sich der Hausherr auf den Zehenspitzen aus dem Hause und verbrachte den Abend im Garrick Club. Kurz vor seinem Tode kam der Schriftsteller einmal mit einem Freunde an dem Hause in der Young Street vorbei und sagte: »Auf die Knie vor diesem Haus, du Strolch, denn hier schrieb ich an meinem ›Vanity Fair‹, und ich knie wie du, denn ich selbst habe eine sehr hohe Meinung von diesem Werk.« Im Jahre 1854 übersiedelte Thackeray mit seinen Töchtern von hier an den Onslow Square.

Thackerays Tochter, Lady Anne Ritchi, die 1911 die erste Gesamtausgabe der Werke ihres Vaters herausgab, wohnte in einem heute verschwundenen Hause Nr. 27. Sie überlebte ihren um 17 Jahre jüngeren Gatten um sieben Jahre und starb im Jahre 1919 in Freshwater auf der Isle of Wight. Auf dem Hampstead Cemetery fand sie neben ihrem Gatten ihre letzte Ruhestätte.

Kensington Square Sir Max Beerbohm konnte in einer Rundfunksendung im Jahre 1936, als eine Umgestaltung des eleganten Wohnviertels des frühen 18. Jahrhunderts drohte, erleichtert ausrufen: »Mein lieber kleiner Kensington Square konnte dank der Hartnäckigkeit einiger aufgeklärter Anwohner aus den Klauen Mammons gerettet werden.« Lady Castlewood in Thackerays Roman »The History of Henry Esmond« (1852) hat ihren Stadtpalais am Kensington Square Nr. 7 »gegenüber vom Greyhound«. Das Wirtshaus existiert wenigstens dem Namen nach noch heute im Hause Nr. 1. Addison hatte vor seiner Eheschließung im Jahre 1716 an diesem Platz, ebenso wie Steele im Jahre 1708 eine Wohnung. In dem »hübschen Haus Nr. 14«, wie Humphrey Ward sagte, beendete der Historiker John Richard Green seine »History of the English People« (1877—80), in der er auch der Literatur den ihr gebührenden Platz einräumt, und schrieb hier »The Making of England« (1882). Seine wirtschaftliche Not zwang ihn, von zwei bis fünf Uhr morgens an seinen Manuskripten zu arbeiten. In seiner Wohnung trafen sich die prominenten Historiker seiner Zeit. 1882 ging er nach Mentone, wo er Heilung von seiner Lungenkrankheit zu finden hoffte. Er starb dort am 7. März 1883. John Stuart Mill bezog nach dem Tode seines Vaters im Jahre 1837 mit seiner Mutter und seinen Schwestern das Haus Nr. 18. Hier schrieb er sein Hauptwerk »System of Logic« (1843), und hier benutzte sein Hausmädchen Carlyles Manuskript über die Französische Revolution, das der Schriftsteller dem Historiker zur Einsicht anvertraut hatte, als Feueranzünder, so daß Carlyle es von neuem konzipieren mußte. Der Kamin, in dem das Manuskript verbrannte, existiert noch. Nach dem Tode ihres Gatten, eines Drogenhändlers, heiratete er im April 1851 Mrs. Taylor, mit der ihn eine 21 Jahre währende Freundschaft verband und übersiedelte mit ihr nach Mickleham/Surrey. Mrs. Taylor hatte Jahre hindurch auf dem Lande gelebt, wo John Stuart Mill sie mit Wissen ihres Gatten regelmäßig besuchte. Dieser pflegte dann das Haus zu verlassen. Am 8. Mai 1873 starb er in Avignon, wo seine Frau ihre letzte Ruhe gefunden hatte. Im Jahre 1907 wurde eine Gedenktafel an seinem Wohnhaus angebracht. Von 1898 bis 1916 wohnte im Hause Nr. 33 die Schauspielerin Patrick Campbell, die einzige Frau, die im Leben Shaws außerhalb seiner Ehe eine Rolle gespielt haben soll. Der neun Jahre ältere Schriftsteller, der ihr im August 1896 zum erstenmal begegnet war und der sie »Stella« nannte, ging hier ein und aus, immer die Uhr vor Augen, um seinen Abendzug nach Ayot St. Lawrence nicht zu versäumen. Sidney Webb behauptet, daß er ihr »in sexueller Senilität« verbunden war. »Ich ging ganz gelassen in ihr Haus«, schreibt Shaw seiner Brieffreundin Ellen Terry, »um Geschäftliches mit ihr zu besprechen, so hartgesotten wie je, und, so wahr ich lebe, ich verliebte mich binnen 30 Sekunden bis über beide Ohren in sie«. Die Orinthia-Szene in seinem »Apple Cart«, 1930 (»Der Kaiser von Amerika«) geht auf

eine wahre Begebenheit, die sich im Hause der Schauspielerin abgespielt hat, zurück. Jerome Kilty hat den dialogisierten Briefwechsel zwischen Shaw und Patrick Campbell mit dem Titel »Geliebter Lügner« auf die Bühne gebracht.
Der Maler Sir Edward Burne-Jones wohnte von 1864 bis 1867 mit seiner Frau im Hause Nr. 41. Hier trafen sich regelmäßig Ford Madox Brown, William Morris, William De Morgan, Ruskin und Swinburne.

Kensington High Street Addison, Thackeray und Macaulay, die ihren Wohnsitz in Kensington hatten, verrichteten ihr Gebet in einer Kirche, die bis 1872 an der Stelle der neugotischen St. Mary Abbots Church stand. In der alten Kirche heiratete im Jahre 1865 der Vater Kiplings Alice Macdonald. Eine ihrer Schwestern war die Ehefrau Sir Edward Burne-Jones. Kipling hatte seine Frau am Ufer des Rudyard-Sees bei Leek/Staffordshire kennengelernt, dem ihr Erstgeborener seinen merkwürdigen Vornamen verdankt. Nach ihrer Eheschließung übersiedelte das Paar nach Bombay, wo Kipling sich als Zeichenlehrer an der Kunstschule niederließ und wo der Schriftsteller Rudyard Kipling am 30. Dezember 1865 geboren wurde. William Schwenck Gilbert, Dramatiker, Dichter und Partner Sullivans, schloß hier mit Lucy Agnes Turner im Jahre 1867 den Bund der Ehe. Im Neubau heirateten Thackerays Tochter Anne und der um 17 Jahre jüngere Sir Richmond Ritchie im Jahre 1887. Die Schriftstellerin Lady Anne Ritchie verlor ihren Gatten nach der silbernen Hochzeit.
Chesterton — der Vater des Schriftstellers leitete bereits in dritter Generation die noch heute bestehende Maklerfirma Chesterton and Sons in der Kensington High Street Ecke Hornton Street — heiratete in St. Mary Abbots im Jahre 1901 Frances Blogg. Am 1. April 1914 traten Ezra Pound und Dorothy Shakespear vor den Altar. Pounds Frau war die Tochter der Romanschriftstellerin Olivia Shakespear (1865—1938), die seit 1894 die Geliebte und Freundin des Dichters William Butler Yeats war. In ihrem Hause in den Brunswick Gardens Nr. 12 hatte Pound seine zukünftige Frau, seine »Diana Vernon«, kennengelernt.
Im Jahre 1820 zog sich William Cobbett, der seinem Unmut über das Leben in der Stadt in seinen »Rural Rides« Ausdruck verleiht, auf einen kleinen Bauernhof »zwischen Gemüsegärten und Weizenfeldern« zurück, der an der Stelle des Bahnhofs Kensington High Street stand. In seinem »Two Penny Thrash« (1831) berichtet er von

seinen »zwei Kühen, einem Kälbchen, einem Bullen, zwei alten Säuen, fünf männlichen und sieben weiblichen Ferkeln, etwa drei Monate alt, zwei Hähnen, zehn Hennen und ungefähr 17 Tauben«. Der Journalist und Politiker starb am 18. Juni 1835 in Normandy bei Guildford/Surrey.

Kensington Church Walk Im ersten Stock des bescheidenen Mietshauses Nr. 10 auf einem kleinen Hof hinter St. Mary Abbots bezog der amerikanische Dichter und Essayist Ezra Pound, der 1908 von den Vereinigten Staaten nach England gekommen war und als Dozent für romanische Literatur an einem Polytechnikum in der Regent Street lehrte, im Dezember 1913 ein Zimmer. Hier sammelte er einen Kreis junger Literaten um sich, die er trotz eigener wirtschaftlicher Schwierigkeiten nach Kräften förderte. Zu seinen engeren Freunden gehörte Ford Madox Ford und der halb blinde Yeats, dem er vorlas und dessen Manuskripte er prüfte. Immer wieder beklagt er sich über das Glockenspiel der seiner Wohnung gegenüberliegenden Kirche, das ihn zwang, stets die Fenster seines Zimmers geschlossen zu halten. Von hier übersiedelte er am 1. April 1914 zum Holland Place. Am 30. April 1885 in Hailey, Ohio geboren, erhielt er im Alter von 20 Jahren einen Lehrauftrag für romanische Sprachen an der Universität von Pennsylvania, danach am Wabash College in Crawfordville, Indiana, wo er nach kurzer Zeit entlassen wurde, weil er »eher ins Quartier Latin als auf einen Lehrstuhl« passe. Er verließ die Staaten und ging nach England. Nach dem Ersten Weltkrieg übersiedelte er nach Paris und 1925 nach Rapallo. Seine Kollaboration mit dem italienischen Faschismus und seine antikapitalistischen und antisemitischen Rundfunkkommentare brachten ihm nach dem Zweiten Weltkrieg Haft in einem amerikanischen Lager, Anklage wegen Landesverrats und Einweisung in eine Irrenanstalt bis zum Jahre 1958 ein. Im Jahre 1972 starb der 87jährige in Venedig.

Holland Place Nach seiner Eheschließung am 1. April 1914 bezog Ezra Pound mit seiner Frau eine luxuriöse Mansardenwohnung am Holland Place Nr. 5. In seinem berühmten dreieckigen Wohnzimmer pflegte er seine Gäste im Schlafrock und mit einem Ring im rechten Ohr zu empfangen, und hier traf er im September 1914 T. S. Eliot zum erstenmal. Aus dieser Begegnung wurde eine lebenslange Freundschaft. Eliot legte ihm sein Gedicht »The Love Song of J. Alfred Prufrock« zur Begutachtung vor. Pound ließ es drucken und korrigierte sein »Waste Land«, das dieser ihm widmete.

Im Jahre 1920 übersiedelte er nach Paris.

Gordon Place Im Hause Gordon Place Nr. 17 hatte Joseph Conrad um 1904 eine Stadtwohnung, deren Lage die Wohnung seines Freundes Ford Madox Ford, damals noch Hueffer, bequem erreichen ließ. Dieser hatte ihm seine Pent-Farm bei Hythe/Kent mietweise zur Verfügung gestellt, wo er ungestört arbeiten konnte.

Hornton Street Theodor Fontane, der im Auftrage der Preußischen Regierung eine deutsch-englische Korrespondenz herausgeben sollte, kam am 7. September 1855 zum drittenmal nach London und stieg zunächst in einer Pension ab, in der er »vor Leierkasten und Wanzen« nicht schlafen konnte. In der Hornton Street Nr. 3 — die Straße hieß damals noch Campden House Road — fand er eine Woche später »ein sauberes Haus, eine feine Dame und ein fast nobles Schlafzimmer«. Die Entfernung zur City, die Kosten für den Omnibus und das Fehlen eines Sofas in seinem Zimmer ließen ihn jedoch bald an einen Umzug denken. Als seine Wirtin eine Admiralsschwester und Tante eines Kapitäns, dann noch eines Morgens bei seinem Erscheinen zum Frühstück entsetzt vor sich hin brummelte, daß ihr Untermieter nicht rasiert sei, kündigte er und zog am 13. Oktober 1855 in die New Ormond Street.

Campden Grove Im Hause Nr. 28 B hatte der nahezu blinde irische Romanschriftsteller James Joyce während eines Aufenthalts in London vom 10. Mai bis 10. September 1931 eine Mietwohnung. Er empfand allerdings bald, daß die Straße von Mumien bewohnt sei und eigentlich Campden Grave (»Grab«) heißen sollte. Am 2. Februar 1882 in Rathgar, einem Vorort von Dublin als erstes von elf Kindern als Sohn eines dem Trunk ergebenen Steuereinnehmers geboren und bei den Jesuiten erzogen, verließ er im Jahre 1912 mit einem jungen Mädchen namens Nora Barnacle seine Geburtsstadt und Irland für immer und lebte von da an als Journalist und Sprachlehrer immer am Rande des Existenzminimums in Italien, Paris und in der Schweiz. London hat er nie lieb gewinnen können. Am 13. Januar 1941 starb er am Durchbruch eines Magengeschwürs in Zürich.

Kensington Church Street Im Jahre 1724 bezog Sir Isaac Newton »Bullington House« im längst verschwundenen Orbell's Building, das zwischen der Kensington Church Street und der Pitt Street stand. Hier starb der Philosoph am 31. März 1727. Er wurde in der Westminster Abbey bestattet. Voltaire, der ihn bei seinem Besuch in London nicht mehr lebend antraf, nahm an seiner Beerdigung

teil und stellte mit Bewunderung für sein demokratisches Gastland
fest, daß der Sarg des Philosophen von sechs Herzögen und sechs
Grafen getragen wurde.

Gloucester Walk Der 32jährige Junggeselle James Matthew Barrie,
der seit 1885 in London lebte und dessen erster Roman »Better
Dead«, eine Satire auf das Londoner Leben, im Jahre 1887 erschienen war, wohnte 1892 im Hause Nr. 14.

Palace Gardens Terrace Der Schriftsteller, Karikaturist und Rundfunkplauderer der BBC, Sir Max Beerbohm, den Shaw den »unvergleichlichen Max« nennt und der zum Kreis der englischen Ästheten um Oscar Wilde und Beardsley gehörte, wurde am 24. August
1872 im Hause Nr. 57 als Sproß einer aus dem Osten Europas eingewanderten Familie mit holländischen und deutschen Verschwägerungen geboren. »An der Wiege schon hat eine freundliche Fee ihm
die Gabe verliehen, sein ganzes Leben lang ein liebenswürdiger älterer Herr zu sein«, sagt Wilde von ihm im Jahre 1890. 1892 zogen
seine Eltern mit ihm und seinen Schwestern zur Bayswater Road.
Chesterton, der mit ihm freundschaftlich verbunden war, hat ihm in
seiner »Autobiography« (1936) eine hochachtende Würdigung
zuteil werden lassen. 1939 wurde er in den Ritterstand erhoben. Als
junger Mann hatte er diese Auszeichnung vorausgesehen, was ihn
zu folgender Bewertung veranlaßte: »Das Adelsprädikat dürfte wohl
eine der leichteren gesetzlichen Strafen sein, die man über mich
verhängen wird.« Im Jahre 1910 heiratete er die amerikanische
Schauspielerin Florence Kahn und übersiedelte nach Rapallo, wo er
am 20. Mai 1956 starb.

Notting Hill Gate In einem nicht mehr existierenden Hause Nr. 29
wohnte und arbeitete der Maler und Schriftsteller Wyndham Lewis
von 1945 bis zu seinem Tode im Jahre 1957. Hier saß ihm Ezra
Pound nach seiner Inhaftierung in Amerika zu seinem berühmten
Bild, das in der Tate Gallery hängt.

Von 1918 bis 1921 wohnten die Eltern des Schriftstellers George
Orwell, der damals noch Eric Blair hieß, in Mall Chambers Nr. 23.
George Orwells Vater hatte als Opiumkontrolleur in Indien gearbeitet, seine Mutter entstammte einer französischen Familie. Orwell
besuchte zu dieser Zeit als Stipendiat Eton. Von 1922 bis 1927
diente er bei der britischen Militärpolizei in Burma, das damals zu Indien gehörte.

Portobello Road George Orwell, der im Sommer 1927 nach London
zurückkam, wo er sich seinen literarischen Neigungen widmen woll-

te, mietete nach einem Aufenthalt bei seinen Eltern in Southwold/ Suffolk ein Zimmer bei einer Mrs. Craig im Hause Nr. 10. Um die Welt der Slum-Bewohner im East End kennenzulernen, verkleidete er sich wie einer der Entwurzelten aus dieser Gegend, lebte und litt mit ihnen, manchmal nur eine Nacht, manchmal Wochen hindurch. Seine Erlebnisse und Erfahrungen hier sowie später in Paris hat er in »Down and Out in Paris und London« niedergelegt. Nach 18 Monaten ging er von London nach Paris, wo er bis Anfang 1930 wohnte.

Chepstow Villas Dylan Thomas, der im November 1934 in die Hauptstadt kam, die er einen »scheußlichen, grauen, rauhen Ort voller Leichen« nennt, zog in ein Zimmer im Keller eines heruntergekommenen, zugigen Hauses in den Chepstow Villas, in dem auch Colin Wilson, der »zornige, junge Mann«, eine Unterkunft hatte. Wilson beschreibt das Haus in seinem Roman »Adrift in Soho«. Hier entstand sein Buch »The Outsider«, ein Bestseller, der den Autor, der die Nächte meistens im Schlafsack im Hyde Park zu verbringen pflegte, vor allem bei jungen Leuten populär machte.

Elgin Crescent Nach seiner Rückkehr aus Südafrika, wo er zuletzt als Herausgeber der »Rand Daily Mail« in Johannesburg tätig war, mietete Edgar Wallace, der im April 1901 als Sanitätssoldat Ivy Caldecott geheiratet hatte, eine kleine Wohnung im Hause Nr. 37. Wie seine Biographin Margaret Lane berichtet, war seine Unterkunft »weniger ein Heim als ein Ort, an dem mit jeder Post Rechnungen und Mahnungen eingingen, wo jedes Klingeln die Zustellung einer Vorladung bedeuten konnte und wo Gerichtsvollzieher es sich in der Küche aufdringlich bequem machten«. Nach der Geburt seines zweiten Kindes übersiedelte Wallace daher Anfang 1908 an den Tressillian Crescent im billigeren Brockley.

Holland Park Avenue Nach der Trennung von seiner Frau bezog Ford Madox Hueffer, der nach dem Ersten Weltkrieg seinen deutschen Namen ablegte und sich Ford Madox Ford nannte, im Jahre 1908 den dritten Stock des Hauses Nr. 84.

Die Wohnung lag über einer Fisch- und Geflügelhandlung. Violet Hunt, Jahre hindurch seine Geliebte, berichtet in ihrer Autobiographie »The Flurried Years«, 1926 (»Die aufgeregten Jahre«) von dem penetranten Geruch, der ihr beim Betreten des Hauses jedes Mal fast die Besinnung raubte. Hier befand sich in einem Raum, der als Wohnzimmer und Büro diente, die Redaktion der von Ford gegründeten, hochangesehenen literarischen »English Review«, deren

erste Nummer im Dezember 1908 mit meisterlichen Beiträgen von
Thomas Hardy, Galsworthy, Wells, Joseph Conrad und Henry James, der den Herausgeber in den Mittelpunkt eines seiner Romane
stellt, erschien. Ford Madox Ford arbeitete hier in einem braunen
Samtrock, der D. G. Rossetti gehört, und an einem Chippendale-
Schreibtisch, an dem Christina, die Schwester des Dichters, ihre
Verse verfaßt hatte. Von H. G. Wells beraten, machte Violet Hunt,
die mit ihren Eltern in den benachbarten Tor Villas wohnte, Besuch, um Ford ihre Novellen zum Druck anzubieten. Aus dieser Begegnung entwickelte sich zwischen der 46jährigen Schriftstellerin,
die gerade ihren Roman »White Rose of Weary Leaf« veröffentlicht
hatte, und dem 35jährigen, verheirateten Ford Madox Ford, dessen
Trilogie der Tudor-Romanzen von einer interessierten Leserschaft
begeistert begrüßt wurde, eine Liebesbeziehung. Joseph Conrad übernachtete hier gelegentlich, wenn er von seinem Landsitz Someries/
Kent nach London kam, D. H. Lawrence, der von dem Hausherrn
nach Kräften gefördert wurde, der Schriftsteller und Maler Wyndham Lewis und alle Mitarbeiter der »English Review« waren seine
Gäste. Im Oktober 1910 gab Ford Madox Ford das Haus auf und
zog als »paying guest« in die »South Lodge« Violet Hunts in der
Campden Hill Road.
Ford Madox Ford kam als ältester Sohn des deutschen Musikkritikers der »Times«, Dr. Franz Hueffer, der aus Opposition gegen die
Verpreußung Westfalens nach England gegangen war, am 17. Dezember 1873 in Merton/Surrey zur Welt, heiratete 1894 und trennte
sich aber bald von seiner Frau, mit der er zwei Kinder hatte, die
aber nicht in eine Scheidung willigte. 1923 ließ er sich in Paris nieder, wo er der Mittelpunkt eines Kreises junger Autoren wie Pound
und Hemingway wurde. Er starb am 26. Juni 1939 in Deauville.
Holland Park Avenue führt nach Shepherd's Bush. Eine Querstraße
der Uxbridge Road, die Stanlake Road geht zu den

Stanlake Villas die bis 1908 Blomfield Villas hießen. Im Jahre 1882
bezog Charles Reade das Haus Nr. 3, und hier starb er am 11.
April 1884. An seiner Beerdigung auf dem Willesden Cemetery nahmen Dickens, Wilkie Collins und William Morris teil. Der Dramatiker, Romancier und Journalist kam am 8. Juni 1814 in Ipsden/
Oxfordshire als Sohn eines wohlhabenden Gutsbesitzers zur Welt.
Nach Studien und Lehrtätigkeit in Oxford absolvierte er eine siebenjährige Ausbildung an der Lincoln's Inn, wobei er interessiert
war, die vorgeschriebene Zahl von gemeinschaftlichen Diners zu er-

füllen. 1861 erschien sein bekanntestes Werk, der Roman »The Cloister and the Hearth«. 1879 hatte er seine Lebensgefährtin, die Schauspielerin Laura Seymour, verloren.

Von Shepherd's Bush führen Shepherd's Bush Green und Goldhawk Road nach Hammersmith und Chiswick.

Blenheim Road Im Frühling des Jahres 1888 bezog der Vater des Schriftstellers William Butler Yeats mit seiner Familie das Haus Nr. 3, das sein Sohn als »schön und geräumig« bezeichnet. Hier traf der 23jährige William Butler Maud Gonne zum erstenmal, die in der Irischen Republikanischen Brüderschaft führend tätig war und ihm den Weg in die Politik wies.

Sein Drama »Countess Cathleen« (1892) bildet die Grundlage zu Werner Egks Oper »Irische Legenden«. Noch im selben Jahr machte er sich selbständig und bezog eine Wohnung am Fountain Court.

Upper Mall Im Hause Nr. 19 befindet sich noch heute die auf eine lange Geschichte zurückgehende Wirtschaft »The Doves«. Im ersten Stock des Hauses lebte der am 11. September 1700 in Ednam/Schottland als Sohn eines Geistlichen geborene Dichter James Thomson. Für den Beruf seines Vaters vorgesehen, versagte er jedoch bei seiner ersten Predigt und ging im Jahre 1725 als Erzieher nach London. Hier befreundete er sich mit Dr. Arbuthnot, Pope, Gay und anderen Schriftstellern. 1726 erschien sein Gedicht »Winter« als erstes der vier Gedichte, die er unter dem Titel »The Seasons« veröffentlichte und die Joseph Haydn seinem Oratorium »Die Jahreszeiten« zugrunde legt. »The Winter« soll Thomson in »The Doves« beendet haben. 1740 entstand sein Maskenspiel »Alfred«, aus dem der Text der zweiten britischen Nationalhymne »Rule Britannia« stammt.

Lower Mall In der Lower Mall Nr. 26 liegt Kelmscott House. Hier wohnte und arbeitete William Morris von 1878 bis zu seinem Tode am 3. Oktober 1896. Immer wieder erfreute ihn der Gedanke, daß derselbe Fluß wie an seinem Landsitz Kelmscott Manor bei Lechlade/Oxfordshire auch hier an seinem Hause vorbeifließt. 1890 gründete er hier eine Handdruckerei, die er nach seinem Landsitz Kelmscott Press nannte, und mit der er die berühmte Chaucer-Ausgabe mit den Illustrationen von Burne-Jones und in der von ihm entworfenen Chaucer-Type druckte. Die Bücher des Insel-Verlags verraten die Verwandtschaft mit seiner Presse. Hier lernte Shaw, der mit dem um 20 Jahre älteren Morris freundschaftlich verbunden war, May, die Tochter des Hauses, seine »mystisch Verlobte«, kennen. In seinen Memoiren schreibt er: »Als ich vor der Tür des Hauses stand und mich umdrehte, um mich zu verabschieden, kam sie aus dem Speisezimmer in den Hausflur. Ich blickte sie an und genoß den Anblick ihres reizenden Kleides und ihrer anmutigen Person; sie ihrerseits sah mich sehr aufmerksam an und senkte voller Absicht und mit Einverständnis die Augen. Mir war sofort offenbar, daß im Himmel ein mystisches Verlöbnis vorgesehen war, das besiegelt werden würde, wenn alle materiellen Schwierigkeiten beiseite geräumt wären und ich mein Elend, meine Armut und Erfolglosigkeit hinter mich gebracht hätte.« Die »mystisch Verlobte« entschied sich jedoch für einen anderen. Die sterbliche Hülle des Reformators des modernen Kunstgewerbes und der Buchkunst, der mit den Worten: »Ich möchte den Popanz aus der Welt schaffen«, auf den Lippen starb, wurde auf einem gelben, mit Reben und Weidenzweigen geschmückten Bauernwagen zum Friedhof der Pfarrkirche von Kelmscott gefahren und dort bestattet.

Chiswick Mall Thackeray verlegt die Eingangsszene seines Romans »Vanity Fair«, in der Becky Sharp ein Exemplar des Wörterbuchs von Samuel Johnson bei ihrem Abschied vom Mädchenpensionat aus dem Kutschenfenster der Leiterin Miss Pinkerton vor die Füße wirft, vor das Walpole House, das Anspruch erhebt, das Pensionat beherbergt zu haben. Thackeray soll hier zur Schule gegangen sein. Sir Max Beerbohm verbrachte die Sommer der Jahre 1904 bis 1910 in diesem Haus. Im selben Jahr heiratete er die amerikanische Schauspielerin Florence Kahn und übersiedelte nach Rapallo.

Chiswick Lane Alexander Pope lebte von 1716 bis 1719 mit seinen Eltern in den Mason's Buildings, einem Gebäude an der Ecke der Mason Lane, dessen Erdgeschoß heute von den Gastwirtschaften »Fox and Hounds« und »Mawson Arms« eingenommen wird. Hier übersetzte der Dichter die »Ilias«, deren Verse er auf den Rückseiten von alten Briefen notierte. Nach dem Tode seines Vaters übersiedelte er mit seiner Mutter und der Wirtschafterin Mary Beach, die den verkrüppelten und stets kränkelnden Dichter pflegte, nach Twickenham.

Hogarth Lane Hogarth verbrachte die letzten 15 Jahre seines Lebens in seinem Landhaus in der Hogarth Lane, einem einfachen Backsteinbau aus dem frühen 18. Jahrhundert. Ein Maulbeerbaum, unter dem der Maler Pfeife rauchend und seinen Hund neben sich vergnüglich zu sitzen pflegte, steht noch immer im Garten. Am 26. Oktober 1764 starb der Künstler in seinem Stadthaus am Leicester

Square. Heute ist sein Landhaus ein Museum, in dem persönliche Gebrauchsgegenstände und frühe Kopien von Drucken und Zeichnungen des Malers gezeigt werden. Auf dem Friedhof von St. Nicholas', der Pfarrkirche von Chiswick, wurde er bestattet, wo auch Whistler und seine Frau Trixie sowie die drei im Jahre 1750 verstorbenen Schwestern Fieldings ihre letzte Ruhe gefunden haben. Zurück nach Kensington zur Holland Park Avenue.

Aubrey Walk John Galsworthy zog um 1900 von den Lawrence Mansions am Chelsea Embankment in die »mews«, eine Dienerwohnung über einer Stallung, am Aubrey Walk Nr. 16 A. Von seinen Fenstern blickte er auf das Wasserbecken, das sich an den Holland Park anschließt. Dank einer väterlichen Zuwendung konnte er ganz seinen schriftstellerischen Neigungen leben. Hier blieben Besuche seiner Schwägerin Ada unbeobachtet, und hier entstand der erste Band seiner Forsyte Saga, »The Man of Property«.

Campden Hill Road An dem alleinstehenden Doppelhaus mit Vorgarten und einem größeren Garten dahinter, dem nach einem Astrologen benannten »South Lodge«, Campden Hill Road Nr. 80, befindet sich seit 1973 eine Tafel zum Gedenken an den Romanschriftsteller und Dichter Ford Madox Ford, der hier vom Oktober 1910 bei der Eigentümerin des Hauses Violet Hunt und ihrer betagten und kranken Mutter lebte. Hier war die Redaktion der »English Review« untergebracht, die er und Violet Hunt gemeinsam herausgaben, und hier vereinigte die Hausherrin die berühmtesten Autoren ihrer Zeit, wie Joseph Conrad, Arnold Bennett, Ernest Hemingway, Ezra Pound und den Maler Wyndham Lewis, um sich. Mit Somerset Maugham, H. G. Wells und Henry James, der sich allerdings zurückzog, als er von ihrer Beziehung zu dem verheirateten Ford Madox Ford erfuhr, war sie eng befreundet. Im Jahre 1919 trennte sich Ford von seiner Geliebten. In ihrer Autobiographie »The Flurried Years« (1926) schildert die Schriftstellerin die Geschichte ihrer Liebe. Sie blieb im Hause, bis eine Bombe des Zweiten Weltkriegs die Vorderfront demolierte, und starb, seit Jahren geistig umnachtet, im Jahre 1942 in einer Anstalt. Ford war drei Jahre vorher in Deauville verschieden. Im benachbarten South House wohnten die Eltern Galsworthys von 1897 bis 1903.

Airlie Gardens Ford Madox Ford wohnte um 1904 mit seiner Frau und seinen beiden Kindern im Hause Nr. 10. Um diese Zeit war das Ende ihrer ehelichen Beziehung bereits abzusehen. Joseph Conrad nahm sich am benachbarten Gordon Place eine Wohnung, um sich

mit seinem Freunde Fox oft und bequem treffen zu können.
Sheffield Terrace G. K. Chesterton beginnt seine »Autobiography«, 1936 (»Der Mann mit dem goldenen Schlüssel«) mit den Worten: »In blinder Leichtgläubigkeit, wie ich es gewohnt bin, beuge ich mich der reinen Autorität und der Tradition der Älteren, und abergläubisch schlucke ich eine Geschichte, die ich seinerzeit nicht durch das Experiment des persönlichen Urteils nachprüfen konnte: ich bin der festen Überzeugung, daß ich am 29. Mai 1874 zu Campden Hill in Kensington geboren bin und daß ich getauft wurde nach dem Ritual der englischen Staatskirche in der kleinen Sankt-Georgs-Kirche gegenüber dem großen Wasserturm, der jenen Bergrücken beherrschte. Ich lege der Beziehung der beiden Gebäude zueinander keinerlei Bedeutung bei und weise die Behauptung energisch zurück, daß diese Kirche gewählt wurde, weil es der ganzen Wasserkraft von Westlondon bedurfte, mich in einen Christen umzuwandeln.«
Das Geburtshaus des Schriftstellers, der sich als Nachfolger von Wilkie Collins und Conan Doyle mit seinen Geschichten um den unfehlbaren Amateurdetektiv Father Brown in die Liste der Autoren großer englischer Kriminalromane einreiht, ist abgerissen. Es stand an der Stelle des Hauses Sheffield Terrace Nr. 14. Dagegen ragt »in unermeßliche Höhe der Wasserturm, dazu bestimmt, eine Rolle in meinem Leben zu spielen«. Bei einem Spaziergang, viele Jahre später, regte ihn sein Anblick zu seiner phantastischen Erzählung »The Napoleon of Notting Hill« (1904) an. Fünf Jahre nach der Geburt ihres Sohnes übersiedelten die Eltern in die Warwick Gardens. Nach dem Studium der Kunstgeschichte wurde Chesterton Journalist und begann im Jahre 1900 seine Tätigkeit als freier Schriftsteller. Der schwergewichtige Mann — ein Biograph erzählt, daß die Droschken, die er sich nahm, »unter der ungewöhnlichen Last einsanken und schwer davonrollten« — hinterließ knapp 100 Bücher, unter ihnen Monographien über Carlyle, Browning, Dikkens, Shaw, Blake, Stevenson und Chaucer, sowie eine Unzahl von Zeitungs- und Zeitschriftenartikeln. Im Hause Nr. 58 hatte die am 15. September 1890 in Torquay als Tochter eines amerikanischen Vaters und einer britischen Mutter geborene, 1971 zur »Dame« geadelte Kriminalschriftstellerin Agatha Christie, die Frau, die wie Churchill sagt, »seit Lucrezia Borgia am meisten durch Mord verdient hat«, ihre Stadtwohnung. Nach einer 1914 geschlossenen Ehe mit dem Luftwaffenoffizier Archibald Christie heiratete sie nach der Scheidung im Jahre 1930 den Archäologieprofessor Dr. Max

Mallowan. Mehr als 80 Kriminalromane und 20 Bühnenwerke sind in ihrem langen Leben entstanden. Sie wuchs in einer Pariser Internatsschule auf, wo nichts auf die zukünftige erfolgreiche Autorin hinwies. In ihrem ersten Schulaufsatz hatte sie, wie sie selbst erzählt, 42 orthographische Fehler, während die zweitschlechteste Schülerin nur fünf hatte. Sie sollte eigentlich Sängerin werden, schrieb aber mit 17 Jahren ihren ersten Roman, den ihr der Verleger allerdings zurückgab. Ihr berühmtestes Bühnenwerk »The Mousetrap«, 1956 (»Die Mausefalle«) mit dem Welturaufführungsrekord und weit mehr als 10 000 En suite-Vorstellungen auf der Londoner Bühne, zunächst im Ambassadors, dann im benachbarten St. Martin's Theatre, wurde so lange Zeit gespielt, daß eine im Stück erwähnte Hotelrechnung in Höhe von £ 5,— mehrmals aufgewertet und ein Teppich fünfmal erneuert werden mußte. Das Schreiben gab Agatha Christie zum Ende ihres Lebens auf, »aber ich lese noch immer gern, am liebsten Kontoauszüge«, wie sie sagt. Sie starb am 12. Januar 1976 in ihrem »Winterbrook House« in Wallingford/Berkshire.

Campden Hill Nach seiner Rückkehr aus dem Burenkrieg im Herbst 1901 verließ Ada Galsworthy, die Geliebte John Galsworthys, ihren Gatten und die gemeinsame Wohnung und bezog eine Etagenwohnung in den Campden Hill Chambers am Campden Hill in der unmittelbaren Nähe der Wohnung ihres Geliebten. Thomas Babington Macaulay, der seit 1839 an seiner »History of England« arbeitete und mit seinem Essay über Milton (1825) Anerkennung in Fachkreisen erfahren hatte, zog sich mehr und mehr von der literarischen Bühne zurück und übersiedelte im Januar 1856 vom Albany in die damals noch im Grünen gelegene »Holly Lodge« am Campden Hill, wo der herzkranke Schriftsteller, ohne Treppen steigen zu müssen, in den Garten gehen konnte und wo er seinen Freunden Lady und Lord Holland näher war. Trotz seiner Krankheit arbeitete er hier an der Vollendung seines Geschichtswerks und starb am 28. Dezember 1859 in der Bibliothek seines Hauses, in einem Sessel sitzend, ein Buch in den Händen. Thackeray schreibt in seinem Nachruf: »Unter den großartigen Kuppeln Europas hat mir die des British Museum mit ihren Hunderttausenden von Bänden am meisten imponiert, und dieser ungeheure, glänzende, wundervolle Schatz von Gelehrsamkeit befand sich noch vor wenigen Tagen wohlgeordnet unter der Kuppel, die Macaulays Gehirn umschloß.«
Am 9. Januar 1860 wurden seine sterblichen Überreste in Anwesen-

heit von Thackeray, John Forster, Gladstone und anderen Persönlichkeiten in der Poets' Corner von Westminster Abbey beigesetzt.
Das Haus, das 1903 eine Gedenktafel erhielt, wurde 1965 abgerissen, um einigen Abteilungen des Queen Elizabeth College Platz zu machen.

Holland House Das aus dem Anfang des 17. Jahrhunderts stammende und im Zweiten Weltkrieg schwer beschädigte »Holland House«, das seinen Namen dem First Earl of Holland verdankt, war von 1716 bis zu seinem Tode der Wohnsitz Joseph Addisons. Am 3. August 1716 heiratete die Witwe des Earl of Warwick und Earl of Holland den Schriftsteller und Hauslehrer ihres Sohnes, der von seinem Landhaus am Sandy End an der Grenze von Fulham zum »Holland House« jeweils zu Fuß kam. Die Ehe war nicht glücklich. Von Addison wird berichtet, daß er in der Long Gallery im »Holland House« hin und her zu gehen und sich an den Enden der Galerie mit einer Flasche Wein zu erfrischen pflegte, die dort bereitgestellt war. Seine häufigen Besuche in der White Horse Inn am Ende der Holland Lane, einem Wirtshaus, das 1866 umgebaut und in Holland Arms umgetauft wurde, stehen sicher in Zusammenhang mit seinen ehelichen Schwierigkeiten.
Am 17. Juni 1719 starb der Dichter, Essayist und Mitbegründer der moralischen Wochenschriften, des Vorbilds ähnlicher Publikationen überall in Europa, im Alter von 48 Jahren. Seine letzten Worte waren: »Seht doch, wie friedlich ein Christ sterben kann.« Im Jerusalem-Zimmer des »Holland House« wurde sein Leichnam aufgebahrt und in der folgenden Nacht zur Westminster Abbey transportiert, wo er im Nordflügel der Henry VII's Chapel beigesetzt wurde. Merkwürdig bleibt, daß weder seine reiche Witwe noch seine einflußreichen Freunde ihm eine Tafel mit seinem Namen an seinem Grabe widmeten. Erst 1809 wurde seine Statue in Poets' Corner aufgestellt.
Im 19. Jahrhundert wurde »Holland House« ein gesellschaftlicher und kultureller Treffpunkt der Whigs, wo sich die literarische Prominenz der Zeit traf. Madame de Staël, Sir Walter Scott, Wordsworth, Dickens, der durch Bulwer-Lytton hier eingeführt wurde und Macaulay kennenlernte, Edmund Burke, die Amerikaner Fenimore Cooper und Washington Irving sowie Alexandre Dumas, der sein Frühstück mit einer Flasche Château d'Yquem hinunterspülte und vier Stunden hintereinander über Politik, Geschichte, Literatur und Kunst zu sprechen vermochte, wurden hier von einer Enkelin der

Gattin Addisons begrüßt, »einer formidablen Frau ... um etliche
Grade imponierender als Bonaparte«, wie Campbell von ihr sagt.
Als junges Parlamentsmitglied kam T. B. Macaulay am 25. Juni
1831 zum erstenmal ins »Holland House«. Dieser Besuch sollte der
Beginn einer engen Freundschaft zum Hause werden. In seinem
Tagebuch schreibt er: »... wir aßen wie am kaiserlichen Hof und
plapperten in verschiedenen Sprachen.« 1841 vermerkt er: »Die Zeit
ist nicht mehr fern, wo vielleicht ein paar alte Männer, die letzten
Überlebenden unserer Generation, zwischen neuen Straßen und
Plätzen und Eisenbahnstationen vergeblich die Stelle suchen werden, an der einst das Haus stand, das in ihrer Jugend der Lieblings-
platz von Intellektuellen und Schönheiten, von Malern und Dichtern, von Gelehrten, Philosophen und Staatsmännern war.« Tatsächlich wurde das Schloß im Zweiten Weltkrieg weitgehend zerstört. Nur der Park und einzelne Teile, in denen heute ein Interna-
tionales Studentenheim und eine Jugendherberge untergebracht sind,
sind erhalten.

Phillimore Place Der am 8. April 1859 in Edinburgh geborene Erzähler Kenneth Grahame, seit 1879 Angestellter der Bank of England, Mitarbeiter am »National Observer« und am »Yellow Book«,
wohnte von 1901 bis 1908 im Hause Nr. 16. Hier entstand sein Kin-
derbuch »The Wind in the Willows«. Der Schriftsteller starb am
6. Juli 1932 in Pangbourne/Berkshire.

Essex Villas Im Jahre 1868 bezog der Dramatiker und Dichter Williams Schwenck Gilbert mit seiner Frau Agnes Lucy Metcalf, die er
1867 geheiratet hatte, das Haus Nr. 8. Hier schrieb er das Libretto
zu »Thespis« und »Trial by Jury«, die ersten Operetten, für die er
mit Sullivan gemeinsam verantwortlich zeichnete und mit denen ihre
20jährige fruchtbare Zusammenarbeit begann. 1876 zog das Ehepaar in die Bolton Street.

Pembroke Square Bis zum Ende der sechziger Jahre wohnte Arnold
Toynbee im Hause Nr. 45.

Cromwell Crescent Die Eltern des Schriftstellers George Orwell
wohnten im Jahre 1917 im Hause Nr. 23. Sie waren im Juli 1907
nach England zurückgekehrt und zogen in einer Zeitspanne von
18 Jahren achtmal um. 1916 hatte George als Stipendiat die Auf-
nahmeprüfung in Eton bestanden und wohnte im dortigen College.
Am Cromwell Crescent verbrachte der heimwehkranke Junge, der
sich in Eton sehr unglücklich fühlte, seine Ferien.

Pembroke Gardens Der am 16. August 1904 in Disley/Cheshire als

Sohn eines im Ersten Weltkrieg bei Ypern gefallenen Offiziers geborene Schriftsteller Christopher Isherwood, zunächst Student in Oxford, dann Erzieher und schließlich Medizinstudent in London, hatte eine Wohnung im Hause Nr. 19. Ein Aufenthalt als Sprachlehrer in Berlin vom März 1929 bis 1933 hat seinen Niederschlag in seinem Berlin-Buch gefunden, das in Deutschland unter dem Titel »Leb' wohl, Berlin«, als Bühnenfassung »Ich bin eine Kamera« und als verfilmtes Musical »Cabaret« bekanntgeworden ist. Mit W. H. Auden war er lebenslang eng befreundet. Seit 1939 lebt Isherwood in Kalifornien. In seiner Autobiographie »Christopher and his Kind« (1977) bekennt sich der Autor zu seiner homosexuellen Veranlagung.

Edwardes Square Nach seiner Eheschließung im Jahre 1901 wohnte G. K. Chesterton mit seiner Frau ein knappes halbes Jahr im Hause Nr. 1. Hier arbeitete er an einer Studie über Browning (1903), von der er selbst sagt, daß sie nur sehr wenige biographische Tatsachen enthalte, die dazu noch nahezu alle falsch seien. Sie stelle »eher meine Jugend als eine Biographie Brownings« dar. Vom Frühling 1840 bis 1853 wohnte Leigh Hunt mit seiner Frau und seinen sieben Kindern in dem noch existierenden Haus Nr. 32. Zu dieser Zeit erschien »The Town, its Memorable Characters and Events« (1848), eine historische und geographische Darstellung der Hauptstadt, als Buch. Die einzelnen Kapitel waren bereits von April 1834 bis Dezember 1835 in seiner Zeitschrift »London Journal« veröffentlicht. Hier arbeitete er an seiner dreibändigen Autobiographie (1850), seinem »Kampf ums Dasein«. Von hier übersiedelte er in die Rowan Road.

Earl's Terrace George du Maurier bezog im Jahre 1867 mit seiner Familie das Haus Nr. 12. Vier Jahre später übersiedelte er zum Church Row in Chelsea. Im August 1885 bezog der am 4. August 1839 im East End in Shadwell als Sohn eines Armenarztes geborene Kunstkritiker und Essayist Walter Pater, Lehrer Oscar Wildes am Magdalen College in Oxford, mit seinen Schwestern Hester und Clara dasselbe Haus. 1873 war sein berühmtestes Buch, seine »Studies in the History of the Renaissance«, erschienen. Im Sommer 1893 gingen die Geschwister wieder nach Oxford zurück, wo der Gelehrte und Künder des englischen Ästhetizismus am 30. Juli 1894 starb.

Warwick Gardens Im Jahre 1879 übersiedelte der Vater des Schriftstellers G. K. Chesterton von der Sheffield Terrace in das Haus Warwick Gardens Nr. 11. Er lebte hier mit seiner Familie über zwanzig Jahre. Sein fünfjähriger Sohn Gilbert Keith besuchte zunächst St. Paul's School in Hammersmith, dann King's College und schließlich die Slade School, wo er Kunstgeschichte studierte (»oder auch nicht«, wie er sagt). Bald wandte sich Chesterton, der gern Bier trank und »schlechtes Bier noch immer für besser hielt als gar keines« von dem, »was wir (höflichkeitshalber) Kunst nennen wollen, nach dem hin, ... was wir (höflichkeitshalber) Literatur nennen wollen«. In seiner Autobiographie schildert er den unauslöslichen Eindruck, den Kensington und seine Straßennamen auf ihn gemacht haben. »Die unserer Straße gegenüberliegende Straße hieß nach Addison und die Straße, in der wir wohnten, nach Warwick, seinem Stiefsohn«, schreibt er. Im Jahre 1900 veröffentlichte er seinen ersten Gedichtband »The Wild night«. Im gleichen Jahr bezog er eine eigene Wohnung in den Overstrand Mansions Nr. 60 in Battersea.

Addison Road   Der am 14. August 1867 in Coombe/Surrey als zweites Kind eines wohlhabenden Rechtsanwalts geborene Roman- und Bühnenschriftsteller John Galsworthy kaufte im Jahre 1905 das Haus Nr. 14, dessen Garten damals noch an den Holland Park grenzte, und bezog es mit seiner Frau Ada Pearson Cooper, die Jahre hindurch seine Geliebte gewesen war und die er nach ihrer im Mai 1905 ausgesprochenen Scheidung von seinem Vetter geheiratet hatte. Mit ihnen lebte der Spaniel John, dem der Schriftsteller in seinem Roman »The Country House«, 1907 (»Das Herrenhaus«) sowie in seiner Skizze »Memories« ein Denkmal setzt. Galsworthy, der finanziell stets unabhängig war, ging nach dem Besuch der Public School von Harrow und juristischem Studium in Oxford nach London, wo er sich 1889 als Anwalt niederließ. Nach einer vierjährigen Weltreise, während der er 1893 Joseph Conrad begegnete, woraus sich eine Freundschaft entwickelte, verzichtete er auf seine juristische Laufbahn und widmete sich ganz der Schriftstellerei. Den Sommer verbrachte das Ehepaar meistens auf ihrer »Wingstone Farm« in Manaton/Devonshire. Zu den seltenen Gästen in ihrem Hause zählten Conrad, Garnett, Shaw, Barrie, Ford Madox Ford und Violet Hunt. In seinem Landhaus und an der Addison Road entstanden sein Bühnenstück »The Silver Box«, 1906 (»Der Zigarettenkasten«) und der erste Band seiner »Forsyte Saga«, »The Man of Property« (»Der reiche Mann«), mit dem ihm der Durchbruch gelang. »1906, bevor 'The Man of Property' erschien, hatte ich annähernd elf Jahre geschrieben, ohne damit einen Penny zu verdienen oder einen Namen zu erwerben, von dem man sprach. Drei Jahre lang arbeitete ich am ›Man of Property‹, aber dieses Buch wurde, was ich ›geschrieben‹ nenne. Mein Name war gemacht, meine literarische Unabhängigkeit gesichert, meine Einkünfte stiegen stetig«, erinnert er sich. Im Juli 1913 gab das Ehepaar Galsworthy das Haus in der Addison Road auf, nicht zuletzt, weil sie ständig an ihren geliebten Hund erinnert wurden, der hier verstarb. Sie bezogen eine Etagenwohnung im obersten Stock des Hauses Robert Street Nr. 1—3. Wenige Monate nach Abschluß seiner Arbeit am Roman »Nostromo« im Oktober 1904 ging Joseph Conrad mit seiner Frau Jessie von der Pent Farm in Stanford/Kent nach London. Jessie hatte sich bei einem Sturz auf der Straße eine Knieverletzung zugezogen, die in der Hauptstadt operativ behandelt werden mußte. Das Paar mietete eine Etagenwohnung im Hause Addison Road Nr. 99 b. »Am Abend vor der Operation hatten wir 30 Gäste zu einem improvisierten Abendessen«, schreibt Conrad in seinen Erinnerungen. Im Januar des folgenden Jahres übersiedelten sie nach Capri. Der Pole Joseph Conrad, eig. Teodor Józef Konrad Korzeniowski, am 3. Dezember 1857 als Sohn eines hochgebildeten Adligen in der Ukraine geboren, ging als 16jähriger zur See und lernte erst fünf Jahre später die Sprache, die er als Schriftsteller meisterhaft zu handhaben wußte. Galsworthy, dessen Bekanntschaft er als Seemann machte, wies ihm den Weg zur Literatur. Krankheit hieß ihn seinen Beruf im Jahre 1895 aufgeben. Am 24. März 1896 heiratete er Jessie George, die Tochter eines englischen Buchhändlers, die ihm zwei Söhne schenkte. Die Familie lebte meistenteils auf dem Lande in Kent. Am 3. August 1924 starb der Schriftsteller an einem Herzanfall in Bishopsbourne/Kent. Noch einen Tag vor seinem Tode hatte er ein drittes autobiographisches Buch begonnen.

Addison Bridge Place Coleridge wohnte in den Jahren 1811 und 1812 im Hause Nr. 7 der Straße, die damals noch Portland Place hieß. Um diese Zeit hatte er sich schon von seiner Familie getrennt und war zunehmend dem Opiumgenuß verfallen. Seinen Lebensunterhalt verdiente er mit seinen Vorlesungen im Royal Institute. Seit 1950 trägt das Haus eine Gedenktafel.

Rowan Road Im Hause Nr. 7 der damals noch Cornwall Road benannten Straße wohnte Leigh Hunt die letzten sechs Jahre seines Lebens. 1875 erhielt ein Teil der alten Cornwall Road den Namen Rowan Road. Nathaniel Hawthorne suchte ihn hier auf und berichtet darüber in seiner Reisebeschreibung »Our Old Home« (1863).

Der amerikanische Erzähler hatte den Eindruck, daß Hunt Sympathien brauche wie die Blumen den Sonnenschein. Hier schrieb er seinen Essayband über Kensington »The Old Court Suburb« (1855). Beim Besuch eines Freundes im Chatfield House in der Putney High Street starb der Schriftsteller am 28. August 1859, nachdem er zwei Jahre vorher seine Frau verloren hatte. Auf dem Kensal Green Cemetery wurde er bestattet. Am 13. September 1973 wurde von einem Urenkel des Schriftstellers eine Gedenktafel am Hause Nr. 14 enthüllt.

North End Crescent Im Jahre 1740 mietete Samuel Richardson einen Teil des gegen den Protest interessierter Kreise im Jahre 1958 abgerissenen Doppelhauses »The Grange«, das 1714 für die Countess of Ranelagh erbaut worden war. Der Schriftsteller benutzte das Haus in erster Linie für die Wochenenden, hier empfing er seine Freunde, und hier arbeitete er — oft im Garten — an seinen Romanen »Pamela« (1741), »Clarissa« (1748) und »Sir Charles Grandson« (1753). 1754 übersiedelte er zum Parson's Green. Im November 1867 bezog Burne-Jones das Haus. Sein Neffe Rudyard Kipling besuchte ihn hier oft, spielte im Obstgarten hinter dem Hause und nannte Haus und Garten sein »Paradies«. Morris und Ruskin gehörten zu den regelmäßigen Gästen des Malers, der hier 1898 im Alter von 62 Jahren starb. Das Haus trug von 1928 bis zu seinem Abriß eine Gedenktafel.

Eardley Crescent Nach siebenjähriger Abwesenheit kehrte der Vater des Schriftstellers W. B. Yeats im Jahre 1887 mit seiner Familie von Dublin wieder nach London zurück und bezog das Haus Eardley Crescent Nr. 58. Während der Einrichtung der Wohnung trennte sich der 22jährige Schriftsteller vom elterlichen Hause und nahm sich ein möbliertes Zimmer in der Berkley Road Nr. 6. Ein knappes Jahr danach zog die Familie zur Blenheim Terrace, Bedford Park, wo sie viele Jahre lang wohnte.

Redcliffe Street Im November 1934 übersiedelte Dylan Thomas mit seinem Freund Fred Jones nach London, wo die beiden ein Leerzimmer bei einer Mrs. Heather in dieser Straße mieteten. »Es enthielt zwei Feldbetten, einen Tisch und einen Kocher, der aussah wie eine große, viereckige Keksbüchse und nur eine Flamme hatte«, berichtet sein Biograph Bill Read. Von hier übersiedelten sie in die Coleherne Road Nr. 21. Der am 18. Januar 1840 in Plymouth geborene Dichter und Essayist Austin Dobson wohnte eine Zeitlang im Hause Nr. 10. Neben seiner Tätigkeit als Beamter der Handelskammer schrieb er Biographien über Steele (1886), Goldsmith (1888) und Walpole (1890). Um 1900 gab er seine Stellung auf und übersiedelte zum Eaton Rise Nr. 76 in Ealing. Hier arbeitete er an seinen Biographien über Richardson und Frances Burney, und hier starb er am 2. September 1921. Im Jahre 1959 brachte der London County Council am Hause Redcliffe Street Nr. 10 eine Gedenktafel an.

Coleherne Street Im Dezember 1934 bezogen Dylan Thomas und seine Freunde Fred Jones und Mervyn Levy eine gemeinsame Wohnung im Hause Nr. 21. Zu dieser Zeit erschien sein Band »Eighteen Poems«. Im April 1936 begegnete dem Dichter die 1913 in London geborene Caitlin Macnamara bei einer Party in einem Lokal in der Rathbone Street; er heiratete sie am 12. Juli 1937 auf dem Standesamt in Penzance/Cornwall. Das Paar nahm zunächst im »New Inn House« in Blashwood bei Ringwood/Hampshire Wohnung. Bei einer Vortragsreise starb der 39jährige Dichter am 9. November 1953 in New York. Auf dem St. Martin Cemetery in Laugharne/Wales, seinem letzten Wohnsitz, dem er in seinem Hörspiel »Under Milkwood«, 1954 (»Unter dem Milchwald«) ein literarisches Denkmal setzt, wurde er bestattet.

Redcliffe Gardens Dylan Thomas und seine beiden Freunde, »drei ganz junge Ungeheuer, vom Leben überbordete Ungeheuer, wohnten in der ersten Londoner Zeit auch »in einem hohen, häßlichen, hirnverbrannt häßlichen Zimmer bei einer Witwe Pastinak in Redcliffe Gardens, wie der Dichter in »A Painter's Studio« berichtet.

Barkston Gardens Im Hause Nr. 22 wohnte die Schauspielerin Dame Ellen Terry mit ihren Kindern aus der Ehe mit dem Architekten Edward William Godwin von 1881 bis 1902. Im Juni 1892 eröffnete G. B. Shaw, der ihr die Rolle der Lady Cisely in »Captain's Brassbound's Conversion« (1898) auf den Leib schreiben sollte, den berühmt gewordenen Briefwechsel mit ihr. Über seine Beziehung, die er stets »außerhalb des Bereichs ihrer Unterröcke hielt«, schreibt er: »Die ideale Liebesaffäre ist eine, die nur durch die Post betrieben wird ... Mein Briefwechsel mit Ellen Terry war eine voll befriedigende Liebesaffäre. Ich hätte jederzeit mit ihr zusammentreffen können. Doch ich wollte eine so sympathische und erfreuliche Beziehung nicht komplizieren. Ellen war fünfmal verheiratet. Schon nach kurzer Zeit hatte sie von jedem ihrer Ehemänner die Nase voll. Mich dagegen hatte sie niemals über.« Seit 1878 spielte sie unter Henry Irving, dessen Geliebte sie war, die Rollen der ersten Liebhaberin am Lyceum Theatre. Oscar Wilde suchte ihre Bekanntschaft und widmet ihr seine Gedichte »Portia«, »Queen Henrietta Maria« und »Camma«. Seit 1951 trägt ihr Wohnhaus eine Gedenktafel.

Harrington Gardens Der Kritiker, Bühnenschriftsteller und besonders als Librettist der klassischen Operetten, der sog. Savoy Operas Sullivans, berühmt gewordene Sir William Schwenck Gilbert wohnte von 1883 bis 1890 in seinem nach eigenen Entwürfen errichteten Hause Nr. 39. Hier schloß er das Textbuch zu Sullivans »Mikado« (1885) ab. Seine Abendgesellschaften waren in der Londoner Gesellschaft unvergleichlich. Von hier übersiedelte Gilbert in sein Landhaus Grim's Dyke in Harrow Weald bei London, das heute als Hotel dient. Bei dem Versuch, eine junge Dame, die beim Schwimmen in seinem Teich in Lebensgefahr geraten war, zu retten, erlitt der 74jährige einen Herzanfall und ertrank am 29. Mai 1911.

Gloucester Road Sir James Barrie wohnte von 1896 bis 1898 im Hause Nr. 133. In Begleitung seines Bernhardiners Porthos pflegte er stundenlang mit den Söhnen seines Freundes Llewelyn Davies und den Neffen des Schauspielers Sir Gerald du Maurier im Kensington Park zu verweilen.

Hereford Square Der am 5. Juli 1803 in East-Dereham/Norfolk geborene Schriftsteller, Reisende und Bibelhändler George Borrow kam 1824 zum erstenmal nach London, nachdem er Europa und den Orient durchstreift und seine Zeit mit Zigeunern verbracht hatte. Im Jahre 1860 ließ er sich mit seiner Frau und Stieftochter im Hause Nr. 22 nieder. Seine Erfahrungen aus dem Zusammenleben mit Zigeunern haben ihren Niederschlag in seinen autobiographischen Romanen »Lavrengo« (1851) und »Romany Rye« (1857) gefunden. 1874 erschien sein letztes Buch, ein Wörterbuch des Romany, der englischen Zigeunersprache. Fünf Jahre nach dem Tode seiner Frau im Jahre 1869 gab er die Wohnung auf und ging nach Oulton/ Suffolk, dem Landsitz seiner Frau, wo er zurückgezogen, wie er gelebt hatte, am 26. Juli 1881 starb.

Selwood Terrace Um seiner Verlobten Catherine Howard nahe zu sein, die bei ihren Eltern in der benachbarten Fulham Road wohnte, zog Dickens im Mai 1835 von Furnival's Inn Nr. 13 in eine kleine möblierte Wohnung an der Selwood Terrace Nr. 11. Von hier übersiedelte er im Februar 1836 zu seinem Bruder Fred in der Furnival's Inn Nr. 15. Am 2. April heiratete er in der St. Luke's Church in Chelsea.

Nach mehrmonatigem Aufenthalt am Golf von Spezia kehrten

D. H. Lawrence und seine Geliebte, Frieda Freiin von Richthofen, Tochter eines preußischen Offiziers und Kusine des »Roten Kampffliegers«, eines hochdekorierten Fliegeroffiziers des Ersten Weltkriegs, die ihren Ehemann, den englischen Universitätsprofessor und Gönner von D. H. Lawrence, Ernest Weekley und ihre drei Kinder nach dreizehnjähriger Ehe im Jahre 1912 um des sechs Jahre jüngeren Volksschullehrers Lawrence willen verlassen hatte, im Sommer 1914 nach England zurück und wohnten eine Zeitlang bei ihrem Freunde Gordon H. Campbell an der Selwood Terrace Nr. 9. Am 13. Juli 1914 wurden sie nach der Scheidung Friedas — sie erfolgte am 28. Mai — vor dem Standesamt in Kensington getraut, wobei John Middleton Murry und Katherine Mansfield sowie ihr Gastgeber als Trauzeuge fungierten. »Ich glaube, es war alles sehr nett und würdig. Ich habe nicht das Gefühl, daß ich nun ein anderer Mensch geworden bin, aber es muß doch wohl so sein«, schreibt Lawrence nach der Trauung einer Bekannten. Den Herbst des Jahres sowie den größten Teil des Jahres 1915 verbrachte das Ehepaar in Greatham bei Pulborough/Sussex.

Die der Selwood Terrace gegenüberliegende Straßenseite heißt

Neville Terrace Im Hause Nr. 10 hatte um die Mitte dieses Jahrhunderts der Diplomat und Schriftsteller Sir Harold Nicolson mit seiner Frau, der Schriftstellerin Victoria Sackville-West, eine Stadtwohnung. Im Jahre 1946 war Victoria Hofdame geworden. Der Hauptwohnsitz des Ehepaars war Sissinghurst Castle/Kent.

Onslow Gardens Vom Clifton Place zog der Historiker James Anthony Froude, der sich auch als Romanschriftsteller betätigte, im Jahre 1865 in das Haus Nr. 5. Hier wohnte er 27 Jahre lang, und hier beendete er seine »History of England from the Fall of Wolsey to the Defeat of the Spanish Armada« (1856—1870) und »Oceana or England and Her Colonies« (1886). Seit 1850 mit Carlyle gut befreundet, besuchte ihn dieser hier im Jahre 1871 und überbrachte ihm zu treuen Händen das Tagebuch seiner Frau, die im April 1866 verstorben war. In einer vierbändigen Biographie Carlyles, die unmittelbar nach seinem Tode erschien, verletzte Froude das Andenken seines Freundes durch peinliche Indiskretionen aus dem Tagebuch, die die Öffentlichkeit mit Empörung und Ablehnung des Autors der Biographie zur Kenntnis nahm. 1892 erhielt Froude einen Lehrstuhl für neuere Geschichte in Oxford und gab das Haus, das seit 1934 eine Gedenktafel trägt, auf. Er starb am 20. Oktober 1894 im Alter von 76 Jahren auf seinem Besitz

»Woodcot« in Salcombe bei Kingsbridge/Devonshire.
Die Schriftstellerin Lady Anne Ritchie, die älteste Tochter Thackerays, wohnte von 1864 bis 1873 im Hause Nr. 16. Sir Leslie Stephen, der in erster Ehe mit Harriet, der zweiten Tochter Thackerays, verheiratet war, lebte mit ihr von 1867 bis 1873 im selben Haus. Im Hause Nr. 38 hatte Burne-Jones seine Wohnung und sein Atelier. Nach ihm bezog im Jahre 1871 W. E. H. Lecky, ein Freund Froudes, das Haus. Der Historiker starb hier am 22. Oktober 1903 im Alter von 65 Jahren. Seit 1955 trägt das Haus eine Gedenktafel.

Onslow Square Von der Young Street übersiedelte Thackeray mit seinen Töchtern Anne und Harriet im Mai 1854 zum Onslow Square Nr. 36. Trotz seines angegriffenen Gesundheitszustandes konnte er im Januar 1860 die erste Nummer seines »Cornhill Magazine«, einer Monatszeitschrift belletristisch-wissenschaftlichen Charakters, herausgeben, in dem seine Essays, die »Roundabout Papers«, erschienen. Anne, die spätere Schriftstellerin Lady Anne Ritchie, die ihm bei der Herausgabe tatkräftig zur Seite stand, schreibt in ihren Erinnerungen: »Ich sehe noch immer meinen Vater in diesem Hause hin und her gehen und über die zu gründende Zeitschrift und ihren Namen nachdenken.« Dem »Cornhill Magazine« war ein außergewöhnlicher Erfolg beschieden. Sie zählte Tennyson, Ruskin, Matthew Arnold, Elizabeth Browning, Trollope und Elizabeth Gaskell zu ihren Mitarbeitern.

Hier arbeitete er an seinem Roman »The Virginians«, der 1859 erscheinen konnte, und hier plante er seit Anfang 1860 den Bau eines palastartigen Hauses an den Kensington Palace Gardens, das er im März 1862 beziehen konnte.

Cromwell Place Der Maler Sir John Millais, der mit Rossetti und Holman Hunt die Präraffaelitische Brüderschaft gegründet und 1854 die frühere Frau Ruskins geheiratet hatte, wohnte von 1868 bis 1872 im Hause Nr. 8.

Brompton Square Der französische Dichter und Studienrat für Englisch, Stéphane Mallarmé, kam im November 1862 nach London, um seine Kenntnisse der englischen Sprache zu verbessern und eine Übersetzung der Gedichte Edgar Allan Poes, an der er arbeitete, sprachlich abzusichern. Während seines Aufenthalts in London wohnte er mit Maria Gerhard, einer deutschen Gouvernante, die er in Paris kennengelernt hatte und am 10. Februar 1863 heiratete, in einem Appartement im Hause Nr. 6. Seit 1959 trägt das Haus eine Gedenktafel.

Dreizehnter Spaziergang: Chelsea

Chelsea, ehemals ein romantisches Dorf zwischen Kensington und der Themse, heute ein ländlich-kleinstädtisch gebliebener Stadtteil Londons, seit 1965 im Zuge der Verwaltungsreform mit Kensington zum Royal Borough of Kensington and Chelsea verschmolzen, ist seit den Tagen von Sir Thomas More wegen seiner »bohèmehaften und unkonventionellen Atmosphäre« ein von Schriftstellern und Malern bevorzugtes Wohngebiet. Im Sitzungssaal des im Jahre 1911 erweiterten alten Rathauses von Chelsea sind auf einem der vier Wandgemälde die berühmtesten Vertreter der Literatur dargestellt, die hier gelebt haben: Swift, Smollett, Carlyle, Leigh Hunt, St. Evremond, Wilde, George Eliot und Kingsley. Schon Turner und Whistler haben die Schönheiten des Flusses und seiner Ufer mit dem Pinsel festgehalten. Chateaubriand, der hier mit seinem Freund und Schicksalsgenossen Louis Marquis de Fontanes spazieren zu gehen pflegte, schreibt in seinen Mémoires d'Outre-Tombe: »Häufig aßen wir in einer einsamen Taverne in Chelsea an der Themse zu Mittag und sprachen dabei über Milton und Shakespeare. Diese beiden hatten gesehen, was auch wir sahen. Wie wir hatten sie am Ufer dieses Flusses gesessen, der für uns ein fremder Fluß, für sie der Fluß ihres Vaterlandes gewesen war. Im Strahl der verblassenden Sterne, die einer nach dem anderen im Nebel der Stadt versanken, kehrten wir des Nachts nach London zurück.« Auch Stendhal, der 1821 in London weilte, ist von Chelsea begeistert. Ihm erscheinen »die kleinen Häuser, umgeben von Rosensträuchern, wahrhaft elegisch«.

Sloane Street Sloane Street verdankt ihren Namen, wie zehn weitere Straßen und Plätze des Stadtteils, Sir Hans Sloane (1660—1753), dem Hofarzt, Majoratsherrn in Chelsea und Schöpfer des Heilmittelgartens am Embankment, der auch als Autor botanischer Bücher hervorgetreten ist und dessen Sammlungen den Grundstock der Exponate des British Museum schufen. Die Straße bildet den Zugang von Knightsbridge nach Chelsea. Im Hause Nr. 62 fand der 14jährige James Mac Neill Whistler bei einer Europareise im Jahre 1848 bei seiner Stiefschwester und ihrem Gatten, dem englischen Arzt und Sonntagsmaler Francis Seymour, seine erste Unterkunft in London. Als junger Kunststudent kam der amerikanische Maler im Jahre 1859 von Paris wieder nach London und wohnte im selben Hause. Wegen seiner exzentrischen französischen Freunde, die ihn

hier besuchten, vor allem aber wegen seiner Beziehungen zu der
schönen Irin Joanna Heffernan, seinem Modell, kam es 1863 zu
einer Entfremdung mit seinem Schwager und zu seiner Übersiedlung
zunächst in Studios in der Newman Street Nr. 70 und in der Royal
Hospital Road und danach in ein Studio in der Nähe der Wohnung
des von ihm bewunderten Malers und Dichters Dante Gabriel
Rossetti.

Im April 1811, wenige Monate vor der Veröffentlichung ihres ersten Romans »Sense and Sensibility« (»Vernunft und Gefühl«), kam
die am 16. Dezember 1775 in Steventon/Hampshire als siebtes von
acht Kindern eines Landpfarrers geborene Romanschriftstellerin
Jane Austen zum erstenmal nach London und wohnte bei ihrem
Bruder Henry und seiner Frau im Hause Nr. 64. In einem Brief an
ihre Schwester Cassandra beschreibt sie eine zu ihren Ehren gegebene Musikveranstaltung im nach hinten gelegenen Musikzimmer
des brüderlichen Hauses, an der 66 Personen teilnahmen. Zwei
Jahre danach starb Henrys Frau. Er übersiedelte in die Henrietta
Street, kehrte aber nach einem Jahr wieder in seine alte Wohngegend zurück, und zwar in das Eckhaus Sloane Street und Hans
Place Nr. 23. Jane Austen verbrachte ihr Leben auf dem Lande in
Hampshire, abgesehen von einigen Jahren in Bath und Southampton. Sie war einen Tag verlobt und starb 42jährig am 24. Juli 1817
in Winchester, wo sie Heilung von ihrer Tuberkulose zu finden
gehofft hatte. In einem Nebenraum des Cadogan Hotel in der
Sloane Street Nr. 75 wurde am Abend des 5. April 1895 Oscar
Wilde, der mit einem Freunde, dem Romanschriftsteller Reginald
Turner, dinierte, verhaftet und in Handschellen zum Holloway-Gefängnis verbracht. Nach Anklageerhebung wegen homosexueller
Beziehungen zu Alfred Douglas, dem Sohn des achten Marquess of
Queensberry, war er nicht in seine Wohnung in der Tite Street zurückgekehrt, sondern hatte Wohnung im Cadogan Hotel genommen. Am 25. Mai wurde er zu zwei Jahren Gefängnis mit Zwangsarbeit verurteilt. John Betjeman hat das tragische Ereignis in seinem
Gedicht »The Arrest of Oscar Wilde at the Cadogan Hotel« (1937)
festgehalten. Er verlegt den Schauplatz der Verhaftung in das
Schlafzimmer des Dichters, wo dieser mit Robert Ross, der ihn in
seinen letzten Tagen in Paris pflegte, und weiteren Freunden beim
Trunk zusammensitzt. Im Hause Nr. 76 wohnte der am 4. September 1843 in London geborene Politiker und Schriftsteller Sir Charles
Wentworth Dilke, Herausgeber der Zeitschrift »Athenaeum« und

Autor von »Greater Britain« (1868). Er starb am 26. Januar 1911. Im Jahre 1959 brachte der London County Council eine Tafel zum Gedenken an den Wegbereiter des britischen Imperialismus an. Sein Enkel war der Staatsbeamte Wentworth Dilke, in dessen Haus in Hampstead, das nach seinem Vornamen benannt wurde, Keats gewohnt hatte.

Pont Street Von der Deanery Street zog die Schauspielerin Patrick Campbell im Jahre 1928 in das Haus Nr. 64. Hier wohnte sie bis 1940, ihrem Todesjahr. Sie starb am 9. April einsam und vergessen in dem bescheidenen Hotel Brighton in der Rue de Rivoli in Paris.

Hans Place Von der Henrietta Street zog der Bruder von Jane Austen im Jahre 1814 wieder nach Chelsea und übernahm das heute verschwundene Eckhaus Hans Place/Sloane Street Nr. 23. Wie stets bei ihren Besuchen in London wohnte seine Schwester bei ihm und zeigte sich besonders angetan von dem großen Garten hinter dem Hause. Hier erfuhr sie im Herbst 1815 von der Wertschätzung, die ihr Roman »Pride and Prejudice« (»Stolz und Vorurteil«) bei dem Prinzregenten und späteren König George IV. erfahren hatte. Im Hause Nr. 41 wohnte Shelley mit seiner Geliebten Mary Godwin nach ihrer Fluchtreise durch Frankreich und die Schweiz. Am 15. Februar 1815 brachte Mary hier ihr erstes Kind zur Welt, das bald danach starb. Von hier zog das Paar zum Lower Grosvenor Place.

Cadogan Square Im Hause Nr. 62 lebte die spätere Lady Cynthia Asquith als Kind bei ihren Eltern. Sie war mit vielen Schriftstellern ihrer Zeit befreundet, vor allem mit D. H. Lawrence. Als Biographin Barries hat sie sich auch schriftstellerisch betätigt. Arnold Bennett, der seit Oktober 1921 von seiner Frau, der französischen Schauspielerin Marguerite Soulié-Hébrard, die er am 4. Juli 1907 in Paris geheiratet hatte, getrennt lebte, bezog im Dezember 1922 eine Wohnung im Hause Nr. 75. Hier vollendete der Schriftsteller, der bei seiner Arbeit in eine Mönchskutte gekleidet war, unter anderem seinen Londoner Roman »Riceyman Steps«, 1923 (»Die Laster der kleinen Leute«). Riceyman Steps (=Stufen), eine heute verschwundene Londoner Gasse, führten von der King's Cross Road zum ebenso nicht mehr existierenden Riceyman Square hinauf. Am Fuße der Treppe liegt der Buchladen, um dessen Besitzer sich die Handlung, die Geschichte eines Geizhalses, rankt. Erst drei Jahre nach seinem Einzug in die Wohnung, als seine Geliebte, die Schauspielerin Dorothy Cheston, dem 59jährigen ein Kind gebar, zog das

Paar zusammen. Als im November 1930 der Mietvertrag auslief, übersiedelte Bennett mit seiner Geliebten in die Chiltern Court Mansions, wo er vier Monate später starb. Seit 1958 trägt das Haus eine Gedenktafel. Am 27. Mai 1867 als ältestes von sieben Kindern eines Rechtsanwalts in Hanley/Staffordshire, dem Hanbridge seiner Töpfer-Romane, geboren, ging der Schriftsteller im März 1889 nach London, wo er zunächst als Angestellter in einer Rechtsanwaltsfirma arbeitete. Er wohnte zu dieser Zeit in einem möblierten Zimmer in der Alexandra Road Nr. 46 in Hornsey. In seinem Roman »Hilda Lessways« (1911) beschreibt er die Gegend mit den lauten Zügen der benachbarten Eisenbahn und den »düsteren Strömen von menschlichen Wesen, die die Bahnsteige Kopf an Kopf füllen«. Ab 1896 arbeitete er als freier Schriftsteller. Mit seinen Romanen, die in den fünf Städten seiner Heimat, der Töpferlandschaft, spielen, erschrieb er sich ein Vermögen. Von 1902 bis 1917 lebte er in Paris.

Sloane Terrace Mrs. Byron, die seit 1798 mit ihrem Sohn George in Newstead Abbey/Nottinghamshire lebte, beschloß, nach vergeblicher Behandlung des verkrüppelten Fußes ihres Sohnes durch einen Quacksalber in Nottingham den Londoner Spezialisten Dr. Baillie, den Bruder der Schriftstellerin Joanna Baillie, zu Rate zu ziehen. Im Sommer 1799 ging sie nach London und nahm Wohnung in einem Hause in der Sloane Terrace. Ihren Sohn brachte sie in dem privaten Erziehungsinstitut eines Dr. Glennie in Dulwich auf der Südseite der Themse unter. Im Sommer 1801 kam er auf die Public School zu Harrow, wo er bis 1805 verblieb. Byron verbrachte in der Wohnung seiner Mutter die Wochenenden und Ferien bis 1804, als seine Mutter sich in Southwell/Nottinghamshire niederließ.

Sloane Square Am Sloane Square liegt das 1888 eröffnete Royal Court Theatre. Werke von Shaw, dessen Büste im Jahre 1955 im Foyer enthüllt wurde, von Maugham, Galsworthy und Pinero erlebten hier ihre Uraufführung ebenso wie die der Avantgardisten Pinter und vor allem John Osborne mit seinem »Look Back in Anger«, 1957 (»Blick zurück im Zorn«).

Cadogan Place Am Cadogan Place, »dem Bindeglied zwischen dem aristokratischen Pflaster von Belgrave Square und dem plebejischen von Chelsea«, wohnt Mrs. Whitting in Dickens' Roman »Nicholas Nickleby«. »Der Bewohner vom Cadogan Place blickt auf die Sloane Street hernieder und hält Brompton für gemein.«

Lower Sloane Street Im Jahre 1812 kam Fanny Burney aus Paris, wo sie mit ihrem Mann lebte, nach London, um ihren kranken Vater, der seit 1783 Organist am Royal Hospital war, zu pflegen. Sie mietete im Frühjahr 1814 eine Unterkunft im Hause Nr. 63. Ihr Vater verschied am 12. April 1814 in seiner Wohnung im Hospital und ihr Mann ein Jahr darauf in Bath. Sie blieb in der Lower Sloane Street bis 1816. Ihr Vater, der jedes Stück Papier, selbst Einladungen zum Essen, aufhob, vererbte ihr diese Eigenschaft. An ihre Freundin Hester Thrale schrieb sie einmal, daß man mit all den Papieren, die sie gesammelt hatte, den nächtlichen Weg von London nach Penzance hell erleuchten könne.

Royal Hospital Road An dem von Charles II. für Kriegsveteranen gegründeten und von Sir Christopher Wren zu Ende des 17. Jahrhunderts erbauten Royal Hospital — »ruhig und voller Würde und wahrlich das Werk eines Gentleman«, wie Carlyle sagt — war Dr. John Arbuthnot, einer der Leibärzte von Queen Anne, auf den der Spitzname der Engländer John Bull zurückgeht, als Arzt tätig. Auf dem Friedhof wurde Fanny Burneys Vater, der sich als Autor einiger Werke über Musik einen Namen gemacht hat, begraben. Er war Mitglied des Literary Club Johnsons. Die beiden Söhne Oscar Wildes kamen von ihrem Elternhaus in der Tite Street zum Spielen in die Gärten des Hospitals, befreundeten sich mit den in den traditionellen Uniformen aus der Zeit des Herzogs von Marlborough — scharlachrot im Sommer und dunkelblau im Winter — und mit dem Dreispitz bekleideten Pensionären an und hörten voller Interesse ihren Geschichten von vergangenen Schlachten zu.

St. Leonard's Terrace Die Schriftstellerin Lady Anne Ritchie, die ältere Tochter Thackerays, wohnte nach dem Ableben ihres Gatten von 1913 bis zu ihrem Todesjahr 1919 im Hause Nr. 9. Sie starb in Freshwater auf der Isle of Wight.

Ralston Street Bertrand Russell bezog im Jahre 1905 das Haus Nr. 4. Im Jahre 1913 begann seine Freundschaft mit Joseph Conrad. Mit D. H. Lawrenc und T. S. Eliot war er gut bekannt. Wegen seiner pazifistischen Überzeugung verlor er 1916 seine Dozentur am Trinity College in Cambridge und kam für sechs Monate ins Gefängnis. Um 1920 hatte er eine Wohnung in der benachbarten Sydney Road Nr. 31. 1950 erhielt er als dritter Philosoph nach Eucken und Bergson den Nobelpreis für Literatur. Fast hundertjährig starb er am 2. Februar 1970 in seinem Landhaus »Plas Penrhyn« in Penrhyndeudraeth/Wales.

Tedworth Square Der Amerikaner Samuel Langhorne Clemens, zu-

nächst Setzerlehrling, dann Lotse auf dem Mississippi, der sich als
Schriftsteller Mark Twain nannte, kam im Herbst 1896 mit seiner
Familie nach London und bezog das Haus Nr. 23, wo er bis zum
Frühjahr des darauffolgenden Jahres wohnte. Auf einer Europareise
versuchte er den Schmerz zu vergessen, den er durch den Tod seiner
Tochter Susan erlitten hatte. Außerdem hoffte er durch die Einnahmen aus Vorträgen seine finanzielle Situation verbessern zu können.
Hier entstanden seine Reiseberichte »Following the Equator«. Von
hier zog er im Jahre 1897 für kurze Zeit in eine Mietswohnung an
der Knightsbridge und konnte im selben Jahr schuldenfrei nach
Amerika zurückkehren. 1907 kam er noch einmal nach England,
um den Ehrendoktortitel der Universität Oxford in Empfang zu
nehmen. Er starb 75jährig am 24. April 1910 in Redding, Connec-
ticut.

Royal Hospital Road An der Südostecke der Tite Street und der
Royal Hospital Road stand »Walpole House« mit seinem prächtigen Garten, die Sommerresidenz des Premierministers Robert Walpole. Sein Sohn, der Schriftsteller Horace Walpole, verbrachte hier
seine Kindheit. Der von Vanbrugh entworfene achteckige Garten-
pavillon, der als Festsaal diente und an der Stelle des Hauses Embankment Gardens Nr. 23 stand, verschwand ebenso wie die berühmte Grotte, ein Zugang zur Themse unter der Straße, bei der
Anlage des Chelsea Embankment. Von dem gesamten Grundstück
und seinen Bauten findet sich außer Teilen des Gewächshauses, in
denen die Bibliothek des Hospitals untergebracht ist, keine Spur.

Ranelagh Gardens Die nach dem Grundstücksbesitzer Lord Ranelagh benannten Gartenanlagen waren seit 1742 der Öffentlichkeit
zugänglich und wurden bald ein vielbesuchter Erholungs- und Ver-
gnügungsplatz. Die berühmte Rotunde mit einem Durchmesser von
50 Metern, die auf Canalettos Bildern für die Nachwelt festgehalten
ist und in der im 18. Jahrhundert die Londoner Gesellschaft sou-
pierte, tanzte und Konzerte hörte, — Dr. Arne war in den sechziger
Jahren für die musikalischen Veranstaltungen verantwortlich —
erregt die Bewunderung der Heldin des ersten Romans von Fanny
Burney, »Evelina, or the History of a Young Lady's Entrance into
the World« (1778). Sie vergleicht sie mit einem verzauberten Schloß
und einem Märchenpalast. Miss Melford Lydia in Smolletts Roman
»Humphry Clinker« (1770) ist ebenfalls tief beeindruckt von dem
Bauwerk. Händels »Wassermusik« erlebte an einem Augustabend
des Jahres 1715 bei einer Lustfahrt von London nach Chelsea und

bei dem anschließenden Souper in der Rotunde, zu dem George I. eingeladen hatte, ihre Premiere. Das Konzert fand bei dem König und seinen Gästen soviel Gefallen, daß es bei der mitternächtlichen Heimfahrt wiederholt werden mußte. Abgesehen von den Mitgliedern der königlichen Familie gehörten Horace Walpole und Lord Chesterfield zu den regelmäßigen Besuchern des Parks. Der achtjährige Mozart spielte hier im Jahre 1764 eigene Kompositionen. Dr. Samuel Johnson und Boswell kamen oft hierher. Boswell notiert in seinem Tagebuch am 11. Mai 1763: »Ein freudiges Gefühl übermannte mich, als ich die elegante Stätte wieder einmal betrat. Es ist dies eine Art, sich zu vergnügen, wie man sie nur in London trifft. Die vornehme Rotunde mit den Nischen ringsum, in denen man sitzt und dem Gewimmel der gut angezogenen Menschen zusieht, die da im Kreise herumwandeln, das ist überaus prächtig.« Auch Casanova besuchte die Ranelagh Gärten. »Ich fuhr allein ohne Diener hin, um mich bis Mitternacht zu unterhalten und zu versuchen, mit einem hübschen Mädchen bekannt zu werden. Ich aß Brot und Butter, trank dazu Tee, tanzte einige Menuette, machte aber keine Bekanntschaften«, schreibt er in der »Geschichte meines Lebens.« Beim Verlassen bot ihm eine Dame einen Platz in ihrer Kutsche an. Auf der Fahrt konnte er ihr »einen überzeugenden Beweis« liefern, »daß sie vollkommen meinem Geschmack entsprach«. Der Platz, an dem die Rotunde bis 1805 stand, ist durch eine Gedenkplatte gekennzeichnet.

Tite Street Der nördliche Teil der Tite Street, in dem Oscar Wilde später wohnen sollte, wurde erst zu Ende der siebziger Jahre des vergangenen Jahrhunderts bebaut. Er übernahm den Namen des südlichen Teils, des ursprünglichen Calthorpe Place, der 1875 nach dem Architekten Sir William Tite benannt wurde. Von ihrer vornehmen Wohnung in der heute nicht mehr existierenden Salisbury Street, die ihnen wegen der Nähe des Strands zu laut und außerdem zu kostspielig geworden war, zogen Oscar Wilde und sein Freund, der Maler Frank Miles, im August 1880 in eine bescheidene, ruhig gelegene Wohnung im letzten Haus vor dem Chelsea Embankment, Tite Street Nr. 3, dem Skeats House, das Wilde bald in Keats House umtaufte. Das obere Stockwerk stand Miles als Atelier zur Verfügung. In einem Brief vom 24. August schreibt Wilde: »Die Gegend ist gräßlich, aber das Haus ist sehr hübsch.« In dieser Zeit begann Wildes kurze Freundschaft mit dem um zwei Jahre älteren Maler Whistler. 1882 hielt sich der Dichter zu einer ausgedehnten Vor-

tragsreise in den Vereinigten Staaten und in Kanada auf. Im Juli
1883 übersiedelte er zur Charles Street Nr. 9, Grosvenor Square.
Am 1. Januar 1885 kehrte er wieder in die Tite Street zurück. Mit
seiner um drei Jahre jüngeren Ehefrau Constance Mary Lloyd und
seinem Diener Arthur bezog er das um 1860 erbaute Haus Nr. 34,
das damals die Nummer 16 trug. Whistler und der Architekt Edward
Godwin, der von 1868 bis 1875 mit Ellen Terry verheiratet
war, hatten sich um die Innenausstattung bemüht. Vyvyan Holland,
Wildes Sohn, schildert in seinem Buch »Erbe eines Urteils« (1955)
das Arbeitszimmer seines Vaters: »Rechts vom Eingang ... lag das
Arbeitszimmer ..., wo an einem Tisch, der einmal Carlyle gehört
hatte, die meisten seiner Werke entstanden sind. Der Raum war in
Rot und Gelb gehalten; die Wände waren blaßgelb gestrichen, die
Holzverkleidungen rot lackiert ... Heilige Scheu erfüllte uns vor
diesem Raum.« Im ersten Stock lag das Wohnzimmer, dessen Decke
von Whistler stammte, und in den oberen Stockwerken die Kinderzimmer.
In diesem Hause wurden dem Ehepaar am 5. Juni 1885 ihr
Sohn Cyril geboren, der 1915 den Soldatentod fand, und 17 Monate
später Vyvyan, der seinem Vater unter dem Namen Holland eine
Reihe von Büchern widmen sollte. Hier schrieb Wilde den Roman
»The Picture of Dorian Gray«, 1890 (»Das Bildnis des Dorian
Gray«) — »Basil Hallward ist das, wofür ich mich halte, Lord Henry,
das wofür die Welt mich hält, Dorian, das, was ich gern sein
möchte«, bekennt der Autor. Alle seine glanzvollen Gesellschaftskomödien
»Lady Windermere's Fan«, 1892 (»Lady Windermeres
Fächer«), »A Woman of no Importance«, 1893 (»Eine Frau ohne
Bedeutung«), »An Ideal Husband«, 1895 (»Ein idealer Gatte«) und
»The Importance of Being Earnest«, 1895 (»Die Wichtigkeit, ernst
zu sein«) sowie viele andere Werke sind hier entstanden. Im Januar
1891 empfing Oscar Wilde hier den Dichter Lionel Johnson, Freund
und Verehrer Walter Paters, und den 20jährigen Oxforder Studenten
Lord Alfred Douglas, dritter Sohn des achten Marquess of
Queensberry, der die Universitätsferien bei seiner geschiedenen
Mutter in London verbrachte, eine Begegnung, die sich außerordentlich
verhängnisvoll für den Hausherrn auswirken sollte, und
hier wies dieser seinen Diener an, dem Marquess, der ihn wegen
seiner Beziehungen zu seinem Sohn zur Rede stellte, diesem »infamsten
Vieh Londons«, nie wieder den Zutritt zu seinem Haus zu gestatten.
Im Gästebuch des Hauses finden sich die Namen der berühmtesten
Künstler und Schriftsteller der Zeit, wie Sarah Bern-

hardt, Ellen Terry, Whistler, Swinburne, Ruskin, Mark Twain, Robert Browning, Yeats und Mallarmé, um nur die wichtigsten zu nennen. Am 5. April 1895 wurde der Schriftsteller wegen Verdachts homosexueller Beziehungen verhaftet, knappe drei Wochen darauf die Einrichtung seines Hauses noch vor seiner Verurteilung versteigert, wobei es zu Plünderungen und Verwüstungen des Inventars durch den Pöbel kam. Constance zog sich mit den Kindern, die die Schule aufgeben mußten, unter dem angenommenen Namen Holland in die Schweiz zurück, wo sie drei Jahre nach der Katastrophe starb. Wildes Bücher wurden nicht mehr verkauft, seine Stücke nicht mehr gespielt, und wenn, dann wurde sein Name auf den Theaterzetteln nicht mehr genannt. Nach Verbüßung einer zweijährigen Zuchthausstrafe ging der ehemalige Häftling des Reading-Gefängnisses C.3.3. unter dem Namen Sebastian Melmoth nach Paris, wo er am 25. Mai 1895 an einer eitrigen Mittelohrentzündung im Hôtel d'Alsace in der Rue des Beaux-Arts starb. Auf dem Friedhof Père Lachaise wurde er bestattet. Erst zur hundertsten Wiederkehr seines Geburtstages, am 16. Oktober 1954, ließ der London County Council unter großer Beteiligung aus Kreisen der Literatur, des Theaters, der Kunst und der Wissenschaft eine Gedenktafel an seinem Hause anbringen, das heute von mehreren Familien bewohnt wird.

An der Stelle des Hauses Nr. 48 stand »White House«, in dem Whistler von Mai bis September 1878 lebte und arbeitete. Das Haus, das der Architekt Godwin eigens für den Maler erbaut hatte, vereinigte das Atelier, Unterrichtsräume und eine prächtige Wohnung unter einem Dach, stürzte ihn jedoch infolge der Aufwendigkeit in den Bankrott. Es wurde versteigert und 1964 abgerissen. 1881 kam der Maler wieder in die Tite Street und mietete das Haus Nr. 13, wo er bis 1885 wohnte.

Chelsea Embankment Carlyle, der 46 Jahre in Chelsea lebte, beschreibt die Atmosphäre am Themseufer in einem Brief an seinen Bruder:

»Ich weiß nicht, ob Du je in Chelsea, vor allem in Alt-Chelsea warst ... Alt-Chelsea erstreckt sich von der Battersea Bridge, einem sonderbaren, alten Holzbau — man muß einen halben Penny Brückenzoll bezahlen, wenn man hinüber will — am Fluß entlang ein Stück nach Westen und ostwärts — also auf unserer Seite — etwa eine Viertel Meile mit dem mit Steinplatten gepflasterten Cheyne Walk — die Aussprache ist Cheynie Walk — und seinen wirklich

prächtigen alten Backsteinhäusern aus der Zeit von Charles II.
(Don Salteros Kaffeehaus aus dem ›Tatler‹, noch immer frisch und
voller Leben, gehört dazu). Der Promenadenweg, eine breite Verkehrsstraße, erstreckt sich zwischen zwei Reihen von gesund aussehenden, hohen, alten, gekappten Bäumen. Und dann der Fluß mit
seinen kleinen, schnellen oder festgemachten Booten und dem gesunden Geruch von Teer zwischen den Brisen in der Luft.«
An der Ecke der Chelsea Bridge Road und Chelsea Embankment
liegt der Chelsea Gardens genannte Wohnblock. Hier wohnte im
Hause Nr. 104 Jerome Klapka Jerome von 1889 bis 1894. Der
Schriftsteller hatte nach harten Jahren endlich einen Verleger für
seine »Idle Thoughts of an Idle Fellow« (1889) gefunden, die ebenso ein Bestseller wurden wie sein Buch »Three Men in a Boat«
(1889), die Geschichte der Erlebnisse dreier Freunde und ihres Hundes Montmorency auf einer Bootsfahrt von London nach Oxford.
Von den Cedar Studios am Glebe Place zog John Galsworthy um
1890 in ein Appartement in den Lawrence Mansions am Chelsea
Embankment. Seine unglücklich verheiratete Kusine und Geliebte
Ada Galsworthy konnte ihn hier ungesehen besuchen. Der Schriftsteller hat diese Liebesbegegnung in seinem ersten Roman »Jocelyn«
(1898) und später in »The Dark Flower« (1913) literarisch gestaltet.
Im Hause Nr. 14 wohnte von 1949 bis 1953 der Schauspieler und
Dramatiker Peter Ustinov. 1950 ließ er sich von seiner ersten Frau
Isolde Denham scheiden. Zu dieser Zeit entstand sein Theaterstück
»The Love of the Four Colonels« (»Die Liebe der vier Obersten«).

Oakley Gardens Der am 22. November 1857 in Wakefield/Yorkshire
als Sohn eines Apothekers geborene Schriftsteller Robert Gissing,
der wegen Diebstahls von der Universität Manchester relegiert wurde, sich als Fotograf und Klempnergehilfe in Amerika durchschlug
und lange Zeit mit seiner trunksüchtigen Frau in den Elendsvierteln
Londons, die er in seinem Roman »The Nether World« (1889) naturalistisch schildert, als Schriftsteller vegetierte, hatte von 1882 bis
1884 im Hause Nr. 33 eine Wohnung. Der geräuschempfindliche
Schriftsteller mußte sie aufgeben, weil sie ihm zu laut war.
Eine 1975 an seinem Wohnhaus angebrachte Tafel erinnert an den
Autor des Romans »Grub Street« (1891), in dem er den mühseligen
Daseinskampf kleiner und mittelmäßiger Schriftsteller autobiographisch beschreibt. Er starb am 28. Dezember 1903 an Tuberkulose
in den Armen seiner dritten Frau, einer Französin, in St. Jean-de-Luz.

Cheyne Walk   Am 3. Dezember 1880 bezog die 61jährige Schriftstellerin George Eliot mit ihrem Gemahl, den sie am 6. Mai desselben Jahres geheiratet hatte, nach Rückkehr von der Hochzeitsreise aus Italien Ende Juli das 1718 erbaute Haus Nr. 4. Das Paar hatte sich zunächst auf »The Heights«, dem Landsitz von George Eliot in Witleys/Surrey, aufgehalten. Bei einem der Sonnabendnachmittagskonzerte in der St. James's Hall am 18. Dezember hatte sich die Schriftstellerin erkältet und starb vier Tage danach in ihrem Hause. Auf dem Highgate Cemetery fand sie neben George Henry Lewes, mit dem sie 24 Jahre lang zusammengelebt hatte und der zwei Jahre vor ihr gestorben war, ihr Grab. Das Haus, dessen sie sich nur 19 Tage erfreuen konnte, trägt seit 1949 eine Gedenktafel. Im selben Hause wohnte der 1811 geborene Maler Daniel Maclise, den Dikkens als seinen besten Freund verehrte. Das sog. Nickleby-Porträt des Schriftstellers hängt in der National Portrait Gallery. Ein gewisser Lord Sykes überraschte Maclise hier im Bett mit seiner Frau, die schon die Geliebte Disraelis gewesen war. Wie auch Carlyle wurde der Maler vom Krähen der Hähne in der Nachbarschaft gestört. Er starb hier im Jahre 1870. Zu Beginn des Jahrhunderts wohnte der am 18. Mai 1872 in Chepstow/Monmouthshire als Enkel des Prime Ministers Lord John Russell geborene Philosoph Bertrand Russell mit seiner ersten Frau, der Quäkerin und Frauenrechtlerin Alys Smith, im Hause Nr. 14. Er war insgesamt viermal verheiratet. Als Kind lernte er Deutsch ebenso fließend sprechen wie seine Muttersprache. Sein Leben war von drei Leidenschaften bestimmt, »der Sehnsucht nach Liebe, der Sucht nach Wissen und einem unendlichen Mitgefühl für die Armen«. Der 34jährige Schriftsteller und Maler Dante Gabriel Rossetti zog im Herbst 1862 vom Chatham Place, wo seine Frau Elizabeth Siddal acht Monate vorher gestorben war, in das 1717 erbaute Queen's House, das heutige Tudor House, am Cheyne Walk Nr. 16. Er lebte hier mit seinem Bruder William Michael, der mit einer Keats-Biographie und als Herausgeber der präraffaelitischen Zeitschrift »The Germ« bekanntgeworden ist, und mit seiner ungebildeten, aber sehr schönen Geliebten Fanny Cornforth, die ihm den Haushalt führte und als Modell diente.

Um die teure Miete erschwingen zu können, bot Rossetti Freunden an, das Haus mit ihm zu teilen. Der spartanisch lebende Ruskin lehnte ab und bevorzugte sein Haus am Denmark Hill, weil ihm Rossettis Lebensführung zu anstrengend erschien. Meredith, der die Wochenenden bei ihm verbringen wollte, wenn er zu Verlegergesprächen von seinem Landhaus »Flint Cottage« in Boxhill/Surrey nach London kam, blieb nur eine Nacht, nachdem er am nächsten Morgen den Hausherrn in abgetragenen Pantoffeln und im Morgenrock zum Frühstück sechs Eier mit sechs dicken Speckschnitten essen gesehen hatte. Lediglich Swinburne, der sich 1860 den Präraffaeliten angeschlossen hatte, fand Gefallen an der Wohngemeinschaft und blieb hier von Ende Oktober 1862 bis 1865. Hier entstanden das Drama »Chastelard«, der erste Teil seiner Mary Stuart-Trilogie, und seine »Poems and Ballads«, deren provokative Themen die Öffentlichkeit schockierten. 1865 warf ihn der Hausherr wegen Mietsschulden hinaus, und Swinburne nahm sich eine eigene Wohnung in der Dorset Street. Auch Watts-Dunton, der später den drogensüchtigen Swinburne in seinem Hause am Putney Hill aufnehmen und pflegen sollte, hatte in Rossettis Haus zeitweilig ein Zimmer. Im ersten Stock befand sich ein siebenfenstriges Speisezimmer, in dem im Jahre 1865 das berühmt gewordene Präraffaeliten-Dinner mit Ruskin, Whistler, William and Jane Morris, Ford Madox Ford, Lewis Carroll und anderen stattfand. Das Atelier Rossettis ging zum Garten hinaus. Hier entstand »Beata Beatrix«, ein Denkmal, das der Künstler seiner verstorbenen Frau setzte. Das Bild hängt in der National Gallery. Seine Tierliebe machte aus dem Garten eine Menagerie. Alle Arten tummelten sich hier, Pfauen vor allem, aber auch Känguruhs, Kaninchen, Murmeltiere, ein Reh, Raben, Chamäleons, Eichhörnchen, Igel, Mäuse, Gürteltiere, die beiden Eulen Jessie und Bobbie und ein Waschbär. Das Gekreische der Pfauen gab den Nachbarn Anlaß zu Klagen, was den Grundstückseigentümer zwang, bei Verlängerung des Mietvertrags das Halten von Pfauen zu verbieten. Ellen Terry berichtet, daß ein weißer Bulle, den Rossetti gekauft hatte, weil seine Augen denen von Jane Morris glichen, den ganzen Rasen auffraß. Der Dichter schlief in einem vierpfostigen Bett, in dem er in der Hallam Street geboren worden war. In den letzten Lebensjahren verfiel er immer mehr dem Alkohol. Er starb im Alter von 54 Jahren am 9. April 1882 an einem Schlaganfall in Birchington-on-Sea/Kent. Zum Gedenken an Rossetti und Swinburne wurde im Jahre 1949 eine Tafel am Hause angebracht. In den Embankment-Anlagen, gegenüber seinem Hause, wurde 1887 ein Brunnen von Ford Madox Brown zum Gedenken an den Dichter-Maler errichtet.

An der Stelle des Hauses Nr. 18 stand von 1718 ab Don Saltero's Coffee House, ein von Schriftstellern viel besuchtes Restaurant, das

1867 einging. Addison und Steele der es im »Tatler« erwähnt, sowie Swift gehörten zu den prominenten Gästen.

Oakley Street Am Hause Nr. 56 erinnert seit 1935 eine Tafel an den 1868 geborenen Captain Robert Falcon Scott, der hier von 1904 mit seiner Mutter und zwei Schwestern und von 1908 mit seiner Frau wohnte. Dem tragischen Schicksal des Polarforschers, der erleben mußte, daß Amundsen den Südpol vor ihm erreichte, und der im März 1912 mit seinen Gefährten im Schneesturm umkam, widmet Stefan Zweig eine der »Historischen Miniaturen« in seinen »Sternstunden der Menschheit« (1927). Das Tagebuch des Forschers, der sich auch als Autor der »Voyage of the Discovery« und mit Vorträgen über seine Fahrten einen Namen gemacht hat, befindet sich im British Museum. An der Stelle des Hauses Nr. 87 stand das Wohnhaus der verwitweten Schriftstellerin Lady Jane Wilde und Mutter Oscar Wildes, die nach dem Tode ihres Gatten im Jahre 1876 von Dublin nach London übersiedelt war. Das Haus trug damals die Nummer 146. Sie lebte hier mit ihrem zweiten Sohn und dessen Frau von 1886 bis zu ihrem Tode im Jahre 1896. Ihr Haus wurde ein Begegnungszentrum von in London lebenden irischen Literaten. Oscar Wilde hatte sein Haus in der Tite Street gewählt, um in ihrer Nähe zu sein. Er besuchte sie hier regelmäßig ein- bis zweimal in der Woche. In ihrem »tristen Haus«, wo einen schon der Eingang schauern läßt, wie Frank Harris sagt, verbrachte der Dichter selbstquälerisch und verzweifelt die Tage nach seiner Haft im Holloway Gefängnis und seinem Prozeß vor dem Central Criminal Court Old Bailey, nachdem er gegen eine Kaution freigelassen worden war, und vor dem zweiten Prozeß trotz aller Überredungsversuche seiner Freunde, sich dem Prozeß durch Flucht ins Ausland zu entziehen. Alle Hotels, die er um Aufnahme gebeten hatte, hatten ihn abgewiesen. In diesem Hause gab Ellen Terry verschleiert einen großen Veilchenstrauß und ein Hufeisen mit der Aufschrift »Viel Glück« für ihn ab. Lady Jane Wilde, die von 1849 bis 1893 13 Bücher veröffentlichte, lebte hier stets bei geschlossenen Fensterläden und Kerzenschein, um ihr starkes Make-up zu verbergen, »wie eine Königin aus einem Trauerspiel, die Brust bedeckt mit Broschen und Kameen«, wie ihr Enkel berichtet.

Cheyne Row Am 10. Juni 1834 gaben Thomas Carlyle und seine Frau Jane ihre provisorische Wohnung in der Ampton Street, in der sie nach ihrer Übersiedlung von Craigenputtock nach London Unterkunft gefunden hatten und auf Wohnungssuche gegangen waren, auf und bezogen zusammen mit ihrem Hausmädchen Bessy Barnet und dem Kanarienvogel Chico das georgianische Haus Cheyne Row Nr. 5, das heute die Nummer 24 trägt. In einem Brief an seinen Bruder beschreibt Carlyle seine neue Heimat wie folgt: »Chelsea ist eine eigentümlich unterschiedliche Art von Gegend, an manchen Stellen sehr schmutzig und verworren, an anderen wirklich schön und reich an Altertümlichkeiten und den Spuren großer Männer.« Der Schriftsteller und Kenner und Mittler der deutschen Literatur in England kam am 4. Dezember 1795 als zweites von zehn Kindern eines Maurers in Ecclefechan in der Grafschaft Dumfries in Schottland zur Welt. Nach Besuch der Lateinschule in Annan bezog er mit 14 Jahren die Universität Edinburgh. Nach seinen Studien arbeitete er zunächst als Lehrer, gab aber bald seinen literarischen Ambitionen nach. Mit einer Familie Buller, deren Söhne er privat unterrichtete, kam er 1824 zum erstenmal nach London. Im selben Jahr erschien seine Übersetzung von Goethes »Wilhelm Meisters Lehrjahre«. Darauf folgten Publikationen über Schiller und die deutsche Literatur. In Schottland heiratete er im Jahre 1826 Jane Welsh, die mit neun Jahren Virgil gelesen und mit vierzehn bereits eine Tragödie geschrieben hatte. 1828 zog das Paar auf das Jane gehörende kleine Landgut Craigenputtock. Sechs Jahre später nahm es seinen ständigen Wohnsitz in London. Seine häufigen Reisen nach Deutschland brachten ihn in persönlichen Kontakt mit Goethe, mit dem er seit 1828 korrespondierte. In Berlin wurde er mit Ehren überhäuft. Das Haus in der Cheyne Row wurde zu einem Begegnungszentrum aller großen Geister seiner Zeit. Tennyson, Thackeray, das Ehepaar Dickens, John Stuart Mill, Kingsley, Ruskin, der Historiker Froude, der sein literarischer Testamentsvollstrecker werden sollte, Chopin und Ralph Waldo Emerson, mit dem ihn eine lebenslange Freundschaft verband, waren hier zu Gast. Besonders Leigh Hunt, der bis zum Frühling 1840 in der benachbarten Upper Cheyne Row wohnte, besuchte die Carlyles täglich. Hunt, den Carlyle für den bedauernswertesten Menschen hielt, den er kannte, nahm einen einfachen Teller Haferschleimsuppe »ohne Gewürz und nur mit ein wenig Zucker«, die ihm angeboten wurde, heißhungrig an, hörte dem Klavierspiel Janes zu, sang mit ihr und machte sie mit seinem Gedicht »Jenny kissed me« unsterblich. Hunts Frau war wegen ihrer ständigen Borgerei im Hause Carlyle weniger beliebt. Hier entstand Carlyle's »The French Revolution«. Das Manuskript des ersten Bandes, das der Autor John Stuart Mill zur Einsicht überlassen hatte, mußte er ein zweites Mal schreiben, weil es Mills Dienstmädchen zum Feueranmachen verwendet hatte. Mit diesem Werk gelang Carlyle der Durchbruch. Ein Leser war so begeistert, daß er ihm das Reitpferd »Citoyenne« schenkte. Weiter schrieb er hier »Cromwell« (1845), »Heroes, Heroworship and the Historic in History« (1841) und in 13 Jahre währender, schwerer Arbeit sein letztes, gewaltiges Werk, die sechsbändige »History of Frederick the Great«, die Emerson »das geistreichste Buch aller Zeiten« nennt. König Wilhelm I. ehrte den Verfasser der Geschichte seines Ahnen im Jahre 1874 mit der Verleihung des Ordens »Pour le Mérite«, was Carlyle, der ein starker Raucher war, in einem Brief an seinen Bruder mit der Bemerkung quittierte: »Hätte man mir ein Viertelpfund guten Tabaks geschickt, so wäre der Zuwachs meines Glücks wahrscheinlich passender und größer gewesen.« Carlyle rauchte allerdings in seinem Hause nur höchst unbequem, auf einem niedrigen Hocker sitzend und den Rauch in den Kamin blasend, in einer Pose, der sich auch seine rauchenden Freunde anpaßten, weil seine Frau den Tabakgeruch verabscheute. Die Empfindlichkeit des an Schlaflosigkeit leidenden Schriftstellers wurde durch Straßen- und Baulärm, Klavierspiel und Hähnekrähen in der Nachbarschaft so strapaziert, daß er sich im Jahre 1853 auf dem Dach seines Hauses einen, wie er meinte, schalldichten Raum bauen ließ. »Ein ziemlicher Reinfall«, mußte er bekennen, und seine Frau bezeichnete den Raum als den geräuschvollsten des Hauses, zumal der Lärm der Schiffe auf der Themse hier verstärkt zu hören war. Nach zwölf Jahren verzichtete er auf die weitere Benutzung des Zimmers und überließ es dem Hausmädchen als Unterkunft. Von der Cheyne Row wanderte der begeisterte Fußgänger mit Leigh Hunt oder John Stuart Mill, noch häufiger aber allein, über den neuangelegten Eaton Square durch Belgravia nach Piccadilly oder ritt auf der anderen Seite der Themse auf seiner »Citoyenne« über Clapham, Wandsworth, Wimbledon und Sydenham über Land, wobei er Uhr und Geld wegen der Unsicherheit der Gegend zu Hause ließ. Während eines Aufenthalts in Edinburgh, wohin er zur Rektoratsübergabe eingeladen war, starb am 21. April 1864 seine Frau. Sie hatte zwei Jahre vorher einen Verkehrsunfall erlitten und kränkelte seitdem. Bei einer ihrer gewohnten nachmittäglichen Spazierfahrten durch den Hyde Park erlitt die 65jährige einen Herzanfall, der ihrem Leben ein Ende setzte. Nach diesem schweren Verlust schrieb Carlyle kaum noch. Eine Nichte führte ihm den Haushalt bis zu seinem Tode am 4. Februar 1881 morgens um 8 Uhr 30. Sein Freund Froude, der eine Stunde nach seinem Ableben kam, schreibt: »Ruhig und still lag er da, ein Ausdruck liebevoller Zartheit hatte seinen Zügen eine fast weibliche Schönheit verliehen. Ich habe Ähnliches auf katholischen Bildern verstorbener Heiliger gesehen, aber niemals vorher oder nachher auf irgendeinem menschlichen Antlitz.« Seinem letzten Willen gemäß ruhen seine Gebeine neben denen seiner Eltern auf dem Dorffriedhof von Ecclefechan. Das Haus, in dem Carlyle 46 Jahre seines Lebens verbrachte, trägt eine Gedenktafel und ist als Carlyle-Museum einer der Wallfahrtsorte für die Literaturfreunde in der ganzen Welt.

William De Morgan, Schüler und Freund von William Morris, kam 1872 nach Chelsea, um hier als Töpfer zu arbeiten. Er bezog das Haus Nr. 7, das heute die Nr. 30 trägt. Vier Jahre danach mietete er das Haus Nr. 36, das »Orange House«, dazu, an dessen Stelle seit 1894 die römisch-katholische Church of the Holy Redeemer steht. Hier richtete er einen Ausstellungs- und einen Abstellraum ein. 1882 übersiedelte De Morgan zu Morris nach Merton Abbey/Surrey.

Upper Cheyne Row Der am 19. Oktober 1784 in Southgate/Middlesex als Sohn eines Geistlichen geborene Schriftsteller und Journalist Leigh Hunt übersiedelte im Jahre 1833 mit seiner begabten, aber faulen und dem Trunk zuneigenden Frau Marianne, die ihr Geld auch als Bildhauerin oder Silhouettenschneiderin hätte verdienen können, und seinen sieben Kindern, die Byron »schmutziger und ungezogener als Yahoos« nannte, von der Euston Road, wo er drei Jahre gewohnt hatte, in das Haus Nr. 22, das damals die Nummer 4 trug. Bevor er sich hier für sieben Jahre niederlassen konnte, hatte ihn die Not von einer Wohnung in die andere getrieben. Die Familie lebte auch hier in äußerst dürftigen Verhältnissen. Das Abendessen bestand meistens nur aus getrockneten Früchten, Brot und Wasser. Hunt war von dem »altmodischen Haus, wie ich es schon immer gern gehabt habe, von der frischen Luft, von der Sackgasse und den Wiesen hinter dem Garten«, die heute der Glebe Place einnimmt, sehr angetan, am meisten entzückte ihn jedoch ein dritter Raum im ersten Stock, wo er sich von seiner Familie ausruhen konnte. Carlyle, der bei einem Besuch Hunts sein Haus in der Cheyne Row gefunden hatte, nannte den Haushalt »unbeschreiblich«. Hier arbeitete Hunt an »The Town«, das er zuerst in dem von ihm herausgegebenen »London Journal« von April 1834 bis Dezember 1835 veröffentlichte. Im Frühling 1840 war der Schriftsteller nicht mehr imstande, die Miete zu bezahlen. Er übersiedelte von hier zum Edwardes Square. Seit 1905 trägt das Haus eine Gedenktafel.

Glebe Place Von der Victoria Street zog Galsworthy in ein Appartement in den Cedar Studios am Glebe Place. Auch hier konnte er seine Geliebte Ada ungestört empfangen. Nach kurzer Zeit übersiedelte er von hier in die Lawrence Mansions am Chelsea Embankment.

Lawrence Street Das Haus Nr. 16 steht an der Stelle des im Jahre 1835 abgerissenen elisabethanischen »Monmouth House«, in dem John Gay als Sekretär der Herzogin von Monmouth von 1712 bis zu seinem Zerwürfnis mit seiner Arbeitgeberin im Jahre 1714 wohnte, nachdem seine Bemühungen, als Schriftsteller seinen Lebensunterhalt zu verdienen, gescheitert waren. Hier entstand seine Komödie »The Wife of Bath«. Der im Alter von 19 Jahren als Soldat erblindete Sozialreformer Sir John Fielding, der Stiefbruder des Schriftstellers Henry Fielding, wohnte in einem Teil des Monmouth House, das 1732 aufgeteilt wurde. Von 1751 an arbeitete John Fielding mit seinem um 14 Jahre jüngeren Bruder, der als Polizeichef in der Bow Street eingesetzt war, zusammen und übernahm nach seinem Tode dessen Amt. Im Jahre 1750 verließ Tobias Smollett Bath, wo er einen letzten Versuch unternommen hatte, sein Geld als Arzt zu verdienen, und ging nach London, um seine ganze Arbeitskraft der Literatur zu widmen. Er wählte Chelsea als Wohngebiet in der Hoffnung, daß die reine Luft des Vororts der angegriffenen Gesundheit seines einzigen Kindes — seine Tochter litt an der Schwindsucht — guttun würde und mietete einen Teil des Monmouth House, das damals Lawrence House hieß. Hier entstanden seine Romane »Count Fathom« (1753), »Lancelot Greaves« (1766) und »Humphry Clinker« (1770), in dem sich eine Beschreibung seines Hauses in Chelsea, »hinter dem ein sehr anmutiger Garten liegt«, findet, und hierher lud er jeweils sonntags »alle unglücklichen Brüder der Feder« zu »Rindfleisch, Pudding und Kartoffeln mit Punsch und Bier« ein. Zu seinem großen Schmerz mußte er hier den Tod seiner fünfzehnjährigen Tochter erleben. 1759 wurde er wegen Verleumdung inhaftiert. Verschuldet und krank gab er 1762 das Haus auf und übersiedelte mit seiner Frau zuerst nach Frankreich und dann nach Italien, wo er am 17. September 1771 im Alter von 50 Jahren in der Nähe von Livorno starb.

Im Hause Nr. 10 wohnte Theodora Bosanquet, die Sekretärin von

Henry James, mit ihrer Freundin. Um ihrem Chef, der zu dieser Zeit sein Stadtquartier im Reform Club aufgeschlagen hatte, den sie als Frau nicht betreten durfte, günstigere Arbeitsbedingungen zu verschaffen, überließ sie ihm im Jahre 1911 zwei Hinterzimmer ihrer Wohnung. 1913 mietete er sich eine Wohnung am benachbarten Cheyne Walk.

Cheyne Walk Im Jahre 1890 zog Whistler, der 1888 Beatrix, die Witwe des Architekten Godwins, seine von ihm schon immer verehrte Schülerin geheiratet hatte, von The Vale in den großen, 1886 erbauten Wohnblock, die Carlyle Mansions, am Cheyne Walk Nr. 21. Zwei Jahre später übersiedelte er wegen einer Krankheit seiner Frau nach Paris. Henry James bezog im Jahre 1913 in den Carlyle Mansions eine Wohnung »mit zwei wunderbaren und geräumigen Zimmern zum Fluß hin, so still und doch so lebendig, ideal für die Arbeit«. Für seinen Kammerdiener Burgess Noakes, die Köchin und ein Zimmermädchen standen hintere Räume zur Verfügung. Seit 1896 verbrachte er den Sommer in »The Lamb«, seinem Landsitz in Rye, die Wintermonate in der Stadt. Seine Wohnung teilte er hier mit seinem Freunde John Hayward, der den gelähmten Schriftsteller im Krankenstuhl durch Chelsea spazieren fuhr. Hier entstanden seine autobiographischen Romane »A Small Boy and Others« (1913), »Notes of a Son and Brother« (1914) und »The Middle Years« (1917). In den 50 Jahren seines Schriftstellerlebens schrieb er mehr als 20 Romane und über 50 Erzählungen. Am 15. April 1843 als Sohn eines Schriftstellers irischer Abstammung in New York geboren, kam er 1876 zum erstenmal nach London Die Verleihung des Order of the Merit am Neujahrstag 1916 nahm der an Gicht und an Verdauungsstörungen leidende, halb erblindete Schriftsteller kaum noch zur Kenntnis. Der 73jährige Junggeselle starb in dieser Wohnung am 28. Februar 1916. In der Old Church in Chelsea hängt eine Gedenktafel.

T. S. Eliot, der von 1917 bis 1925 als Angestellter bei der Lloyd's Bank arbeitete und das englische Volk, das sich mit seiner Küche zufrieden gab, nicht für kultiviert ansehen konnte, wohnte im und nach dem Ersten Weltkrieg in den Carlyle Mansions, ebenso wie zu Beginn der zwanziger Jahre der Historiker Arnold Toynbee. Der um 1642 als Sohn eines Friedensrichters in Weeting/Norfolk geborene und von Dryden in seiner Satire »Mac Flecknoe« (1682) verspottete Dramatiker Thomas Shadwell wohnte in einem Hause, das an der Stelle des Hauses Nr. 60 stand. Hier starb der Nachfolger Drydens auf dem

Stuhl des Poet Laureate am 19. November 1692 an einer Überdosis Opium. Er wurde in der Old Church in Chelsea bestattet. Sein Sohn sorgte für die Errichtung eines Denkmals in der Poets' Corner. Im Jahre 1902 kehrte der verwitwete Maler James Mac Neill Whistler nach Chelsea zurück und nahm sich eine Wohnung im Hause Nr. 74, die letzte und achte, seitdem er in London lebte. Durch den Lärm einer Baustelle in der Nachbarschaft wurde er eine Zeitlang nach Amsterdam vertrieben. Am 17. Juli 1903 starb er in diesem Haus. In der Old Church fand in Anwesenheit seines ersten Londoner Modells, der rothaarigen Jo, und seines unehelichen Sohnes John ein Trauergottesdienst statt. Seine Gebeine wurden nach Chiswick übergeführt und neben denen seiner Frau Beatrix bestattet.

Chelsea Old Church An der Ecke der Old Church Street und des Cheyne Walk steht die 1941 durch Bomben fast ganz zerstörte, aus dem 12. Jahrhundert stammende Old Saints Church, die ehemalige Pfarrkirche Chélseas. Lediglich Teile der 1528 von Thomas More restaurierten Südkapelle sowie ein Bogen mit zwei von Holbein stammenden Renaissance-Kapitellen sind erhalten. Schiff und Turm wurden im Stil des 17. Jahrhunderts rekonstruiert. In der Kapelle steht das Grabmal, das der Staatsmann und Humanist Thomas More für seine erste Frau Jane Colt, mit der er vier Kinder hatte und die vier Jahre nach der Eheschließung starb, im Jahre 1532 nach eigenen Entwürfen errichten ließ, und in dem auch seine zweite Gemahlin Alice Middleton, wie die von ihm verfaßte Grabschaft besagt, und vielleicht auch er die letzte Ruhe gefunden haben.

Nach seiner Enthauptung am 6. Juli 1535 soll der kopflose Leichnam von seiner Tochter Margaret Roper hierher übergeführt und bestattet worden sein. Sein Schädel wurde auf der London Bridge ausgestellt und von William Roper, dem Gemahl seiner Tochter, in der Familiengruft in der St. Dunstan's Church in Canterbury beigesetzt. Thomas Shadwell wurde in der Kirche begraben, ebenso wie der Bruder Henry Fieldings. Ein Denkmal des mit Chelsea eng verbundenen Hans Sloane, der 1753 im Alter von 93 Jahren in Chelsea starb, steht auf dem Friedhof. Am 21. Juli 1969 wurde vor der Kirche ein Denkmal des sitzenden Thomas More mit der Kopie seiner Unterschrift auf dem Sockel und der Amtskette des Kanzlers auf den Knien enthüllt. Der Blick Mores richtet sich auf die Stelle am Themseufer, an der er sich nach seiner Verhaftung und vor seinem Schiffstransport zum Tower von seiner Familie verabschiedete. In der Kirche findet sich eine Gedenktafel für Henry James sowie das Kniekissen des Schriftstellers, der seine letzten Lebensjahre in Chelsea verbrachte. Am 3. März 1916 wurde er von Gosse, Kipling, Ellen Terry und anderen Persönlichkeiten des literarischen Lebens Londons zur letzten Ruhe geleitet. Die Gemeinde stiftete die Tafel zum Gedenken an den Schriftsteller, der 1915 auf seine amerikanische Staatsangehörigkeit verzichtete und britischer Bürger wurde. Seine Asche liegt in der Familiengruft in Cambridge/Massachusetts.

Zwischen der Old Church Street und der Danvers Street befindet sich seit 1965 eine Gartenanlage, die an der Stelle der durch Bomben zerstörten Häuser der Lombard Terrace liegt und Roper's Garden heißt. Die Anlage erinnert an die älteste Tochter des Kanzlers Margaret, die geläufig Latein und Griechisch sprach und die Erasmus »Britanniens Zier« nannte. Hier stand bis 1720 das Haus, in dem sie mit ihrem Gatten William Roper in einem Hause lebte, das ihnen More zur Hochzeit schenkte. William Roper war der erste Biograph des Kanzlers.

Old Church Street Am 26. April 1711 übersiedelte Dean Swift mit seinem Diener Patrick von der Bury Street nach Chelsea, wo er in einem längst verschwundenen Hause »gegenüber Dr. Attersburghs Haus an der Paultons Street« ein Zimmer mietete. Er hoffte, hier von seinen quälenden Kopfschmerzen Heilung zu finden. Chelsea enttäuschte ihn jedoch. In seinem »Journal to Stella« beklagt er sich über den hohen Mietpreis »für ein einziges blödes Zimmer mit verdammt groben Bettüchern«, das außerdem noch »tausend üble Gerüche« ausströmte. Swift brauchte »genau 5748 Schritte und weniger als eine Stunde«, um von Chelsea nach London zu gehen, »ohne Geld in der Tasche, so konnte ich wenigstens nicht beraubt werden«. In warmen Nächten ging er im Nachthemd und in Pantoffeln, mit einer von seiner Wirtin geliehenen, um den Kopf gewundenen Serviette zum Themseufer, um dort zu schwimmen. Am 4. Juli verließ er Chelsea »für immer«, wie er schreibt.

Dr. John Arbuthnot, einer der Leibärzte der Queen Anne und Arzt am Royal Hospital, wohnte in einem Hause, das an der Stelle des Gebäudes Nr. 9 stand. Mitbegründer des »Scriblerus Club« (1713) und Freund Swifts, Gays, Congreves und Popes, der ihm seine Autobiographie »Epistle to Dr. Arbuthnot« (1735) widmet, wurde er berühmt als Vater von John Bull, der Verkörperung des englischen Volkscharakters, der zum erstenmal im ersten Pamphlet seiner Sammlung der »History of John Bull« (1712) erscheint. Von West

Hill, Highgate, zogen die Eltern John Betjemans um 1915 in das
Haus Nr. 53, ein Haus, das der Sohn ebenso wie Chelsea niemals
liebgewinnen konnte. Kurz vor der King's Road auf der rechten
Seite der Old Church Street liegt das Pfarrhaus, in dem der Vater
des am 12. Juni 1819 in Holne/Devonshire geborenen Schriftstellers
Charles Kingsley und seines elf Jahre jüngeren Bruders Henry, der
auch als Erzähler bekannt geworden ist, von 1836 bis 1860 lebte. Hier
verbrachten die Brüder einen Teil ihrer Jugend. Ihr Vater übernahm
im Jahre 1836 die Pfarre von St. Luke's. Charles wurde nach Absol-
vierung seiner Studien im Jahre 1842 Hilfspfarrer in Eversley/
Hampshire. Hier amtierte er bis an sein Lebensende am 23. Januar
1875. Mit seinen Romanen »Alton Locke« (1850) und »Westward
Ho« (1855) gilt er als bedeutender Vertreter der christlich-sozialen
Literatur seiner Zeit.

Danvers Street An der linken westlichen Ecke des Cheyne Walk und
der Danvers Street steht »Crosby Hall«, die 1910 wegen Straßen-
erweiterungsbauten am Bishopsgate abgerissen und hier Stein für
Stein originalgetreu wieder aufgebaut wurde. Eine Tafel am Nach-
bargebäude besagt, daß das Grundstück, auf dem das Herrenhaus
errichtet wurde, zum Besitztum Thomas Mores gehörte. Im Speise-
saal der Crosby Hall hängt eine Kopie des verlorengegangenen Ge-
mäldes Holbeins, das Thomas More zwischen seinen Eltern und mit
seiner Familie sowie dem Hausnarren Pattenson, seinem Hund und
einem Affen darstellt. Heute ist Crosby Hall der Sitz der »British
Federation of University Women«.

Beaufort Street [boufat] Beaufort Street nimmt heute einen Teil
des Grundstücks ein, das Thomas More im Jahre 1520 erwarb, um
sich hier sein »armseliges Haus«, wie er sagt, errichten zu lassen.
Vier Jahre später konnte er mit seiner Familie von seinem Londoner
beengten Haus in Bucklersbury, nach anderen Forschern vom
Lindsey House am Cheyne Walk, in das neue Haus übersiedeln, und
hier lebte er zehn Jahre lang bis zu seiner Verhaftung im Jahre
1534. Erasmus von Rotterdam, seit Studientagen in Oxford sein
vertrauter Freund, schreibt: »More hat sich bei London an der
Themse ein geräumiges Haus gebaut, weder armselig noch benei-
denswert, doch großartig genug.« Der Humanist, der London »wegen
seiner guten Küche und seiner schönen Frauen« schätzte, hat das
Haus allerdings nie gesehen. Er war 1517 das letzte Mal in England. In diesem Herrensitz und dem Garten »mit alten Ulmen und
Buchen und mit Stachelbeerbüschen und Weißhornhecken bis zur

Themse hinunter« lebte Thomas More mit seiner sieben Jahre älteren zweiten Frau, der Witwe Dame Alice Middleton, seinem greisen Vater, seiner ältesten Tochter Margaret Roper und ihrem Gatten William, mit seinem Sohn John und seiner Frau Ann Cresacre, mit zwei weiteren Töchtern und ihren Ehemännern sowie elf Enkelkindern, mit Hauslehrern, Sekretären, dem Hausnarren Henry Pattenson, dem Personal, einem intelligenten Affen und vielen anderen Tieren. Ein Stall für 21 Pferde befand sich an der Stelle des Friedhofs an der Milman's Street hinter dem Lindsey House.

Mores Schwiegersohn William Roper beginnt 1577 die erste Biographie des Staatsmanns und Humanisten und seine Rechtfertigung mit folgenden Worten: »Ich, William Roper, der (allerdings höchst unwürdige) Schwiegersohn Mores, Gatte seiner ältesten Tochter, kenne niemanden, der von ihm und seinen Taten mehr wüßte als ich, da ich über 16 Jahre lang ununterbrochen in seinem Hause gelebt habe.« Hans Holbein der Jüngere, der 1526 mit einem Empfehlungsschreiben von Erasmus von Basel nach London kam und längere Zeit im Hause Mores lebte — er illustrierte das erste staatsphilosophische Werk der englischen Literatur, Mores »Utopia« (1515/16) — wurde von ihm am Hofe eingeführt und Heinrich VIII. vorgestellt. Holbein bedankte sich mit dem hier gemalten, heute verschollenen Gruppenbild, von dem eine Kopie in der Crosby Hall, eine weitere in der National Portrait Gallery hängt. Zu Mores Gästen gehörte auch Heinrich VIII., der eines Tages hier unangemeldet zu Besuch kam. Wegen Asthmas und ständiger Bronchitis mußte Thomas More im Jahre 1532 von seinem Amt als Lordkanzler zurücktreten und seine an sich schon bescheidene Lebensführung einschränken. So konnten von da an die Schlafzimmer seines Hauses nicht mehr geheizt werden.

Da More dem königlichen Supremat über die Kirche nicht zustimmen konnte, d. h. die Gesetzmäßigkeit Heinrichs VIII. Eheschließung mit Anne Boleyn nicht anerkannte, wurde er hier verhaftet und im Tower eingekerkert. Am 7. Juli 1535 fiel sein Haupt unter dem Beil des Henkers. 1935 wurde er heiliggesprochen und 1961 auf dem 23. Parteitag der KPdSU von Chruschtschow als »großes Vorbild für die Menschheit« gewürdigt. Nach seiner Hinrichtung fiel sein Besitz der Krone anheim. Sir Hans Sloane kaufte zweihundert Jahre später das zu Ende des 17. Jahrhunderts in die Hände eines Lord Beaufort gefallene Herrenhaus Mores und ließ es drei Jahre später abreißen, um sein eigenes Grundstück zu vergrößern.

Seit 1888 liegt an der Stelle des Besitztums des Kanzlers und Schriftstellers das Kloster des Ordens der Adoration Reparatrice. Im Klostergarten steht der Sproß eines Maulbeerbaums, unter dem Thomas More zu meditieren pflegte.

Battersea Bridge An der Stelle der Battersea Bridge, die seit 1890 die alte Holzbrücke, ein häufig gewähltes Thema der Maler Whistler, Turner und Greaves, ersetzt, lag der Landungssteg Thomas Mores. Hier war sein Boot vertäut, mit dem er sich von acht Bootsmännern nach London und wieder zurück rudern ließ. Eine Landstraße längs der Themse bestand zu dieser Zeit noch nicht. Im Sommer des Jahres 1726 fuhr Benjamin Franklin mit einigen Kollegen aus der Druckerei am Wild's Court zu Wasser nach Chelsea. »Auf unserem Rückweg zog ich mich auf Verlangen der Gesellschaft ... aus, sprang in den Fluß und schwamm von Chelsea nach Blackfriars, führte auf dem Wege viele Kunststücke vor, sowohl auf wie auch unter dem Wasser, die jene, für die sie neu waren, überraschten und ergötzten«, schreibt er in seiner Autobiographie. Er erwog, hier an der Battersea Bridge eine Schwimmschule zu eröffnen.

Cheyne Walk Steele mietete für einige Zeit in dieser Straße ein Haus. In einem Haus an der Lindsey Row, einer heute verschwundenen Reihe kleiner Wohnhäuser zwischen Beaufort und Milman's Street, kam im Hause Nr. 93 am 29. September 1810 Elizabeth Cleghorn Stevenson, die spätere Romanschriftstellerin E. C. Gaskell, als Tochter eines Geistlichen zur Welt. Das Haus trägt seit 1913 eine Gedenktafel. Einen Monat nach ihrer Geburt starb ihre Mutter, ihr Vater übersiedelte in die Beaufort Street Nr. 3 und übergab das Kind der Obhut von Mrs. Lumb, der Tante Elizabeths in Knutsford/Cheshire, dem Cranford ihrer gleichnamigen Erzählung (1851/53). Als 17jährige kam sie nach London zurück und lebte in der Wohnung ihres Vaters. Bei einem Verwandtenbesuch in Schottland machte sie die Bekanntschaft des Geistlichen William Gaskell, den sie 1832 heiratete. Mit Dickens, der ihren sozialkritischen Roman »Mary Barton« (1847) in seinen »Household Words« veröffentlichte, verband sie eine enge Freundschaft. Aus ihrer Freundschaft mit Charlotte Brontë erwuchs ihre Biographie »Life of Charlotte Brontë« (1857). Am 12. November 1865 starb sie in Holyborne bei Alton/Hampshire, in Knutsford wurde sie begraben.

Im Jahre 1863 zog Whistler mit der rothaarigen Jo, seinem Modell, aus seinem Atelier in der Royal Hospital Road in seine erste eigene Wohnung im Lindsey House, einem ehemaligen Herrensitz, der um

1775 in sechs Appartements aufgeteilt war, am Cheyne Walk Nr. 101. Vor der Fertigstellung seines Hauses in Chelsea soll Thomas More einige Zeit in diesem Hause gewohnt haben.
Nach einem Aufenthalt in Valparaiso ließ sich Whistler im Jahre 1866 im Hause Nr. 96 nieder, wo er bis zu seinem Umzug in die Tite Street im Jahre 1878 wohnte. Hier saß ihm Carlyle, der ihn »das absurdeste Wesen auf dieser Erde« nannte und den der Maler für »kein geduldiges Modell« hielt, für sein Porträt (1874), das heute im Louvre hängt, und hier veranstaltete er seine sonntäglichen Frühstückstreffen mit bekannten Schriftstellern und Malern. Die Fenster seines Ateliers gingen zum Garten, den Blick von den Vorderfenstern auf die Themse hat er in seinen »Nocturnes« festgehalten. Der Klopfer an seiner Tür ist erhalten und gilt als Meisterwerk. Seit 1925 trägt das Haus eine Tafel zum Gedenken an den Maler. Der am 27. Juli 1870 in Saint-Cloud bei Paris geborene Schriftsteller, Essayist und Politiker Hilaire Belloc, Sohn eines französischen Rechtsanwalts und einer englischen Mutter, die nach dem Tode ihres Mannes im Jahre 1872 mit ihrem Sohn nach London übersiedelte, wohnte von 1900 bis 1905 mit seiner Frau, die er 1896 in Amerika geheiratet hatte, im Hause Nr. 104. 1902 erwarb er die britische Staatsbürgerschaft. Mit Chesterton war er so eng befreundet, daß Shaw die beiden die »Chesterbellocs« nannte. Bei seinem Unfalltod am 16. Juli 1953 hinterließ er 156 Bücher, Gedichte, Romane, historische Darstellungen und Biographien. Eine 1973 angebrachte Tafel erinnert an den Schriftsteller. Im selben Hause wohnte und arbeitete von 1855 bis 1897 der Maler Walter Greaves, der seine schönsten Motive in Chelsea und an der Themse fand. Seit 1973 trägt sein Wohnhaus eine Gedenktafel. Im Hause Nr. 118/119 lebte der Maler William Turner eigenbrötlerisch und zurückgezogen von 1846 bis zu seinem Tode am 19. Dezember 1851 bei seiner Geliebten, einer Mrs. Boott. Seine Adresse hier war niemandem bekannt, seine Wohnung in der Queen Anne Street behielt er bei. Dort hatte er eine Galerie eingerichtet. Vom Dach seines Hauses konnte er stundenlang den Sonnenauf- und -untergang beobachten. Nach einer Fehlgeburt in einer Pension in Wörrishofen, wo sie an Stelle ihres totgeborenen Kindes, über dessen Vaterschaft sie sich ausschwieg, einen kranken, kleinen Jungen aus der Welbeck Street mehrere Wochen aufnahm und gesundpflegte, kam Katherine Mansfield im Januar 1910 nach London zurück und bezog eine Unterkunft im Hause Nr. 131/132. Anfang 1911 übersiedelte sie in die

Clovelly Mansions an der Gray's Inn Road.
Im gleichen Jahr erschien ihr erstes Buch »In a German Pension«, eine Reihe satirischer Skizzen, in denen sie deutsche Lebensgewohnheiten und Umgangsformen spöttisch betrachtet.
Fulham Road führt nach

Fulham Dieser Stadtteil umfaßt die südliche Hälfte von Hammersmith und die ehemaligen Gemeinden Fulham Town, Parson's Green, Walham Green und North End.

Sand's End Bis zu seiner Verehelichung mit der Countess of Warwick und seiner Übersiedlung ins »Holland House« im August 1716 bewohnte Addison das Landhaus »Sandy Manor« am Sandy End in Fulham. Swift besuchte ihn hier gelegentlich. Von hier pflegte Addison den Weg zum »Holland House«, wo er dem Sohn seiner zukünftigen Ehefrau Unterricht gab, zu Fuß zurückzulegen. Esmond, in Thackerays Roman »Henry Esmond«, begegnet eines Nachts auf seinem Heimweg Addison, der nach seinem Häuschen in Fulham unterwegs ist und Esmond für einen Straßenräuber hält. Als Addison ihn erkannte, lud er ihn ein, mit ihm nach Fulham zu kommen, »wo im Garten noch eine Nachtigall singt und ich im Keller eine gute Flasche Wein weiß«.

In der Nähe der Parson's Green Station liegen

Fulham Park Gardens Der zur Schwermut neigende und an Schlaflosigkeit leidende Schriftsteller Arnold Bennett übersiedelte im Februar 1898 vom Victoria Grove in sein erstes eigenes Haus an den Fulham Park Gardens Nr. 9. Der große dreistöckige, graugelbe Ziegelbau beherbergte außer dem Schriftsteller seine Schwester Tertia, die Gesang studierte und sich um das Wohl ihres Bruders bemühte, seinen jüngeren Bruder Septimus, der die National School for Sculpture in Kensington besuchte, und eine Mrs. Mill, die den Geschwistern den Haushalt führte. Eine Woche nach dem Erscheinen seines Romans »Man from the North« feierte Bennett hier seinen Einzug und am 2. März 1899 den Tag der zehnten Wiederkehr seiner Übersiedlung nach London mit Champagner. Im Herbst 1900 zog er zur »Trinity Hall Farm« in Hockcliffe/Bedfordshire, die er als Ruhesitz für seine Eltern erworben hatte.

Bishop's Park An der Stelle des Vereinshauses des Fulham Football Club stand »Craven Cottage«, ein Landhaus, das Bulwer-Lytton bewohnte und in dem er im Jahre 1843 seinen Roman »The Last of the Barons« schrieb. Durch den Tod seiner Mutter war ihm ein beträchtliches Vermögen zugefallen, das ihm den Ankauf des Hauses gestattete, in dem er ein zurückgezogenes Leben zu führen gedachte.

Walham Green Priestley, der im Frühherbst 1922 nach Abschluß seines Studiums von Cambridge nach London kam, wohnte mit seiner ersten Frau Pat Tempest, die er ein Jahr davor in Cambridge geheiratet hatte, zunächst noch »ohne Einkünfte und einem Gesamtvermögen von £ 50,—« in einer Sieben-Zimmer-Wohnung im Erdgeschoß der King Edward's Mansions, Walham Green. Er arbeitete als Kritiker, Essayist und Schauspieler. 1929 erschien sein heiterer Artistenroman »The Good Companions«, mit dem er zu Weltruf gelangte. »Während jener ersten Jahre pflegte ich nach Anerley hinauszupilgern, um mit De La Mare Scharaden zu lösen«, schreibt er in seiner Biographie »Margin Released« (»Ich hatte Zeit«).

Langthorne Street Der Dramatiker John Osborne, der mit seinem Schauspiel »Look Back in Anger«, 1957 (»Blick zurück im Zorn«) mit einem Schlag weltberühmt wurde, kam am 12. Dezember 1929 als Sohn eines Graphikers — seine Mutter war Kellnerin — im Hause Nr. 86 zur Welt. Er verlor seine Eltern im Alter von zwölf Jahren. Vom Belmont College wegen Tätlichkeiten dem Direktor gegenüber relegiert, versuchte er sich als Lehrer, Schauspieler, Journalist und schließlich als Dramatiker. Osborne verließ Moskau, wo sein Erfolgsstück von einem englischen Ensemble zum Festival der Jugend gespielt wurde, vor der Zeit, weil ihm der, wie er schreibt, kommandierte Enthusiasmus Übelkeit verursachte.

Cremorne Road führt über die King's Road zum

Edith Grove Katherine Mansfield und der Kritiker J. M. Murry, die sich 1911 kennengelernt und die Jahreswende 1913/14 in Paris verbracht hatten, wo Murry seinen Freund Francis Carco wiedertraf, der der Geliebte seiner Lebensgefährtin werden sollte, kehrte Ende Februar 1914 nach London zurück. Sie wohnten zunächst in den Beaufort Mansions und fanden dann im April zwei wenig ansprechende Dachkammern im Hause Nr. 102. Beide litten hier an den Folgen einer Lungenentzündung. Ihre Freunde D. L. Lawrence und Frieda Freiin von Richthofen besuchten sie hier und waren entsetzt über die kümmerlichen Verhältnisse, in denen das Paar lebte. Durch ihre Vermittlung konnten sie in eine ansehnlichere Wohnung in der Arthur Street umziehen.

Netherton Grove Im Hause Nr. 6, einem Doppelhaus am Victoria Grove, heute Netherton Grove, einer ruhigen Sackgasse, wohnte Frederick Marriott, Kunstlehrer an der Londoner Universität, der mit Arnold Bennett lebenslang befreundet war. Das Haus war für

die Marriotts zu groß und zu teuer, und so boten sie ihrem Freund
an, es mit ihnen zu teilen. Bennett, der kurz zuvor aus den Midlands
nach London gekommen war, hatte zu dieser Zeit eine Schlafstelle
in der Raffael Street. Ende 1891 zog er als Pensionär zu ihnen. Hier
fühlte er sich sehr behaglich, konnte er doch seine Gewohnheiten,
zum Beispiel beim Essen zu lesen, beibehalten. Seine Stelle im Anwaltsbüro an den Lincoln's Inn Field gab er nach ersten literarischen Erfolgen im gleichen Jahr auf, zumal er eine Stelle als stell-
vertretender Herausgeber der Wochenzeitung »Woman« übernehmen konnte. Später zogen die Marriotts in das Gartenhaus, und
Bennett konnte das ganze Haus in Besitz nehmen. Von hier machte
er größere Radtouren, und hier pflegte er das Klavierspiel. Seinem
Lehrer Herbert Sharp widmete er in Dankbarkeit seinen Roman
»Anna of the Five Towns« (1901). 1897 ertrank der Verlobte seiner
Schwester Tertia beim Baden in Barnmouth. Bennett lud sie zu sich
nach London ein, wo sie von nun an in seinem Haushalt lebte.
Seine wirtschaftliche Lage gestattete ihm, sich seinen Wunsch, in
einem eigenen Hause zu wohnen, zu erfüllen. Im Februar 1898 bezog er das Haus Fulham Park Gardens Nr. 9. In seinem Roman
»The Old Wives' Tales« (1908) bezieht Cyril Povey eine Wohnung
am damaligen Victoria Grove.

Redcliffe Road Der aus ärmlichen Verhältnissen stammende, in
London geborene Journalist und Literaturkritiker John Middleton
Murry mietete im Jahre 1916 eine kleine, dunkle Zweizimmerwoh-
nung im Erdgeschoß des Hauses Nr. 47. Hier richtete er auch das
Redaktionsbüro der avantgardistischen Zeitschriften »Rhythm« und
»The Blue Review« ein, die er mit Katherine Mansfield, seiner Ge-
liebten, gemeinsam herausgab. Beiden Zeitschriften war kein langes
Leben beschieden. Nach Rückkehr des Paars von Looe/Cornwall,
wo sie den Sommer 1918 verbracht hatten, und nach Katherines
Scheidung von George Bowden teilten sie die Wohnung. In ihrem
Tagebuch widmet die Schriftstellerin dem »Geist dieser Straße« ein
Kapitel. Nach ihrer Eheschließung übersiedelten sie Ende August
1918 in die Portland Villas in Hampstead.

Gertrude Street Der am 13. April 1906 als zweiter Sohn eines Bau-
kalkulators in Foxrock bei Dublin geborene, vorwiegend französisch
schreibende Dramatiker und Nobelpreisträger (1969) Samuel
Beckett verließ nach dem Tode seines Vaters im Herbst 1933 seine
Heimat und bezog im ärmlichen Teil Chelseas in einem Hause der
Gertrude Street eine bescheidene Wohnung. Hier lebte er in dürftig-

sten Verhältnissen als Journalist und Übersetzer und arbeitete an
seinem in London spielenden Roman »Murphy« (1938). Im Dezember 1936 gab er die Wohnung auf, verließ London, das er nie liebgewinnen konnte, und ließ sich nach einem Aufenthalt in Deutschland in Frankreich nieder.

Hobury Street Der Dichter George Meredith, am 12. Februar 1828
als einziges Kind eines Marineuniformschneiders in der High Street
Nr. 73 in Portsmouth geboren, von 1842 bis 1844 im Internat der
»Mährischen Brüdergemeinde« in Neuwied erzogen, danach Amtsgehilfe bei dem Rechtsanwalt Charnock in der St. Paul's Alley
Nr. 44, London, wo er in den sechziger Jahren Kontakt zum Kreis
der Präraffaeliten, besonders zu Rossetti und Swinburne, fand, mit
denen er sich befreundete, wohnte mit seinem Sohn Arthur im Jahre
1859 im Hause Nr. 8. Seine um neun Jahre ältere Frau, die verwitwete Tochter des Schriftstellers Thomas Love Peacock, die er 1849
geheiratet hatte, war ihm mit dem Maler Henry Wallis nach Capri
durchgegangen. Sie starb 1860. In der Hobury Street schloß er seinen Roman »The Ordeal of Richard Feverel« ab. Von 1862 bis
1894 war er Lektor im Verlag Chapman and Fall, eine Tätigkeit, die
ihm gestattete, 1867 den Landsitz »Flint Cottage« in Boxhill/Surrey
zu erwerben. 1864 hatte er die aus einer Schweizer Hugenottenfamilie stammende Marie Vulliancy geheiratet. In der »Flint Cottage« konnte er noch 42 arbeitsreiche Jahre verbringen, und hier
starb er am 18. Mai 1909. In seinem Roman »The Tragic Comedians« (1880) bildet eine tragische Liebesaffäre aus dem Leben Ferdinand Lassalles das Thema.

The Vale Im Jahre 1887 heiratete William De Morgan die Malerin
Evelyn Pickering und bezog mit ihr das heute verschwundene Haus
The Vale Nr. 1. Hier begann der 67jährige sich literarisch zu betätigen, als er mit einer Grippe ans Bett gefesselt war. Sein autobiographischer Roman »Joseph Vance« (1906), dem noch fünf weitere
folgen sollten, wurde von der Leserschaft begeistert aufgenommen.
Im Jahre 1909 zog er von hier in die Old Church Street. Whistler
übersiedelte im Jahre 1886 von seinem Studio Fulham Road
Nr. 454 mit seinem Modell Maud Franklin, der Nachfolgerin Jos,
die er als Mrs. Whistler einführte, in das gegenüberliegende, ebenfalls abgerissene Haus Nr. 4. Noch im selben Jahr trennte er sich
von ihr und heiratete im Jahre 1888 Beatrix, die Witwe des zwei
Jahre vorher verstorbenen Architekten und Freundes Godwin.
Yeats war hier 1888 zum Weihnachtsessen eingeladen und schildert

in seinen »Autobiographies« sehr eingehend die Räume und die Ausstattung der Wohnung Whistlers. 1890 übersiedelte der Maler mit seiner Frau zum Cheyne Walk Nr. 21.

Eine linke Seitenstraße der King's Road ist die Verlängerung der
Old Church Street Der Erfinder, Keramiker und Romancier William De Morgan lebte mit seiner Frau Evelyn vom Jahre 1909 ab im Hause Nr. 127. Das Schreiben, das er so spät in seinem Leben begonnen hatte, hatte er aufgegeben und sich während des Ersten Weltkriegs Erfindungen auf dem Gebiet der Verteidigung gegen Unterseeboots- und Luftangriffe gewidmet. Bei Verhandlungen mit einem Frontoffizier infizierte er sich und starb hier am 15. Januar 1917. Zwanzig Jahre nach seinem Tode wurde eine Gedenktafel angebracht. Im Frühling 1917 mietete die unstet von Wohnung zu Wohnung ziehende Katharine Mansfield im Hause Nr. 141a ein Studio, um ihrem Geliebten Murry, der in der benachbarten Redcliffe Road Nr. 47 seine Wohnung und das gemeinsame Redaktionsbüro hatte, nahe zu sein.

King's Road Die von Charles II. angelegte Privatstraße vom Whitehall Palace nach Hampton Court wurde 1830 für den öffentlichen Verkehr freigegeben und bildet heute mit ihren Boutiquen, Antiquitätenmärkten und -läden und Pubs die Hauptverkehrsstraße Chelseas. Vor wenigen Jahren noch war hier das Zentrum des »Swinging London«. Zu Ende der zwanziger Jahre wohnte Somerset Maugham im Hause Nr. 213. 1928 verließ er London und übersiedelte in die Villa »La Mauresque« in Cap-Ferrat am französischen Mittelmeer, wo er, von seinem Sekretär Alan Searle betreut, weiterhin eifrig schrieb. Am 16. Dezember 1965 starb er im Alter von 91 Jahren. Das Haus Nr. 215 kann drei prominente Bewohner aufweisen. Dr. Thomas Arne bezog im Jahre 1771 das Haus. Sieben Jahre später übersiedelte er in die Bow Street. Eineinhalb Jahrhunderte danach, von 1904 bis 1920 hatte hier Ellen Terry, damals bereits eine alte Dame und noch immer eine der beliebtesten Schauspielerinnen der Londoner Bühne, eine Wohnung mit prachtvollen, von Godwin, einem ihrer sechs Ehemänner, entworfenen Möbeln und wertvollsten Porzellanen. Im Jahre 1953 wohnte der am 16. April 1921 in London geborene Schauspieler und Dramatiker Peter Ustinov, Schüler der Westminster School, in diesem Hause. Mit seinem Theaterstück »The Love of the Four Colonels«, 1951 (»Die Liebe der vier Obersten«) konnte er sich auch die deutschen Bühnen erobern.

Im Hause Nr. 229 befand sich das Tabakgeschäft, das Thomas Carlyle, der 47 Jahre in der benachbarten Cheyne Row wohnte, zu seinen Kunden zählte. Ein Kopfbild am Hause erinnert an den leidenschaftlichen Raucher. Ein weiteres Tabakgeschäft, das ihn mit Tabak versorgte, lag im Hause Nr. 34.

Vom North End Crescent zog Samuel Richardson im Jahre 1754 in ein Haus, das an der Stelle des Gebäudes King's Road Nr. 247 stand. Er war zweimal verheiratet, jeder Ehe entsprossen sechs Kinder. Der Schriftsteller starb hier am 4. Juli 1761.

Manresa Road In einem dürftig möblierten Studio Nr. 3 der damaligen Wentworth Studios, an deren Stelle heute einstöckige Häuser stehen, wohnte Dylan Thomas vom Herbst 1942 bis 1944. Er war zu Ende des Jahres 1941 mit seiner Frau Caitlin Macnamara vom Malting House in Marshfield bei Chippenham/Wiltshire wieder nach London gezogen, wo ihm die Witwe des Humoristen A. P. Herbert das ehemalige Studio ihres Mannes an der Hammersmith Terrace zur Verfügung stellte. Von hier zog das Ehepaar in ein Appartement in den Wentworth Studios. Der Dichter schrieb zu dieser Zeit Manuskripte für Kulturfilme. In ihrer Wohnung kam im März 1943 sein viertes Kind, ihre Tochter Aeron, zur Welt. Im Jahre 1945 übersiedelte die Familie nach New Quay/Wales.

Sydney Street Von 1836 bis 1860 war der Vater des Schriftstellers Charles Kingsley Pfarrer an der 1824 eingeweihten St. Luke's Church in der Sydney Street, die damals noch Robert Street hieß. Der Schriftsteller selbst war kurze Zeit unter seinem Vater hier als Hilfspfarrer eingesetzt. In der Kirche heiratete der 24jährige Charles Dickens am 2. April 1836 Catherine Hogarth, die ihm zehn Kinder gebären und von der er sich nach 22jähriger Ehe trennen sollte. Einen Monat vor der Hochzeit war die erste Nummer der »Pickwick Papers« erschienen. Die Flitterwochen verbrachte das Ehepaar in einem kleinen Bauernhaus in Chalk/Kent.

Pond Place Von 1913 bis zu seinem Tode am 19. Februar 1937 wohnte der 1868 als Sohn eines Bibliothekars am British Museum geborene Schriftsteller und Verlagslektor Edward Garnett im zweiten Stock des Hauses Nr. 19. Als literarischer Förderer und Freund von Galsworthy, Conrad und T. S. Lawrence hat er sich Verdienste um die Literatur erworben. Sein Sohn David, der sich als Romanschriftsteller und als Autor einer Autobiographie, die gleichzeitig ein Bild des literarischen Lebens Englands nach dem Ersten Weltkrieg vermittelt, spielte eine Rolle in der Bloomsbury Group.

Wellington Square Der knapp zwei Meter große amerikanische Schriftsteller Thomas Wolfe, als achtes Kind eines Maurers am 3. Oktober 1900 in North Carolina geboren, wohnte während seines Aufenthalts in London im Jahre 1926 am Wellington Square Nr. 32. Wie in allen seinen Wohnungen standen auch hier die beiden riesigen Kisten mitten im Zimmer, in denen er seine Manuskripte aufbewahrte, »frisch aus der Schreibmaschine gekommene weiße Bogen neben vergilbten Manuskriptblättern«, wie sein Biograph E. C. Aswell berichtet. In seinen Arbeitspausen pflegte er in diesen Kisten nach brauchbaren Texten zu wühlen. Hier schrieb er an seinem Roman »Look Homeward, Angel«, 1929 (»Schau heimwärts, Engel«), dessen Gestalt Eugen Grant ein Selbstbildnis des Autors darstellt. Er starb knapp 38jährig in Baltimore.

Woodfall Street Im Leben des in ständiger Geldnot lebenden Schriftstellers John Osborne trat mit dem Erfolg seines Theaterstücks »Look Back in Anger« im Jahre 1957 ein entscheidender Wandel ein. Er konnte im selben Jahr als zweite Frau die Schauspielerin Mary Ure heiraten, mit ihr das einstöckige, unscheinbare Haus Nr. 15 beziehen und es ganz nach seinem Geschmack einrichten. Mary Ure gelang mit ihrer Rolle der Alison Porter in seinem Erfolgsstück, die sie auch im gleichnamigen Film verkörperte, der große Durchbruch. Die Ehe wurde nach fünf Jahren geschieden. Die Schauspielerin starb 1975 überraschend im Alter von 42 Jahren.

Anderson Street Karl Marx, am 16. August 1849 aus Paris ausgewiesen, kam am 24. des Monats in London an, wo ihm Asylrecht gewährt war und wo er mit seiner Frau und seinen Kindern bis an sein Ende unbehelligt leben konnte. Vom schäbigen »Weddes Hotel« in der Greek Street zog er im Oktober in eine äußerst dürftig möblierte Dreizimmer-Wohnung im Hause Nr. 4. Hier gebar Jenny am 5. November 1849 ihr viertes Kind, Heinrich Guido, das nur zwei Jahre alt werden sollte. Im April des folgenden Jahres wurde die Familie wegen Mietschulden exmittiert. »Zwei- bis dreihundert Menschen standen gaffend vor unserer Tür, der ganze Mob von Chelsea«, schreibt Jenny. Im »German Hotel« in der Leicester Street fand die Familie eine provisorische Unterkunft.

Vierzehnter Spaziergang: Hampstead und Highgate

Hampstead, vor der Verwaltungsneugliederung eine selbständige Stadt in der Grafschaft London, heute einer der 32 Bezirke von Groß-London, genoß zu Beginn des 18. Jahrhunderts einen ausgezeichneten Ruf als Bade- und Kurort, der sich derselben Beliebtheit wie Tunbridge und Bath erfreute. Schon der Dichterphilosoph Lord Ashley Shaftesbury gab seinen Wohnsitz in Chelsa auf und ging nach Hampstead in der Annahme, hier gesünder leben zu können. John Gay, der um 1720 ein Landhaus in Hampstead besaß, gehörte ebenso wie Pope, Fanny Burney und ihre und Samuel Johnsons Freundin Mrs. Thrale zu den zahlreichen Kurgästen, die an den Quellen von Hampstead Heilung suchten. Aber auch als Residenz wurde und wird Hampstead noch heute von Schriftstellern bevorzugt. Dr. John Arbuthnot, Leibarzt der Queen Anne, Schriftsteller und Vater der Symbolgestalt des John Bull, starb hier 1735 im Alter von 68 Jahren. Im Jahre 1726 kam Voltaire von London nach Hampstead, um hier Andrew Pitt, einen der führenden Quäker der Zeit, zu besuchen. Der Emigrant Chateaubriand übersiedelte von Tottenham Court Road nach Hampstead, wo er bei einer irischen Witwe namens O'Larry, »Mutter einer reizenden vierzehnjährigen Tochter«, einige Monate Wohnung nahm. In den Büchern von Dickens, der sich hier oft aufhielt, findet Hampstead vielfach Erwähnung. Im Gefängnis in Southwark gedenkt Leigh Hunt des Stadtteils und widmet ihm drei Sonette.

Bei Hampstead Heath Station liegt die
Pond Street Der am 23. Januar 1903 in Motahari in Indien als Eric Blair geborene Schriftsteller George Orwell wohnte eine Zeitlang im Hause des Buchhändlers Westrope in der Pond Street an der Ecke der South End Road. Der Buchhändler hatte ihm ein Zimmer in seiner Wohnung als Entgelt für nachmittägliche Hilfe in der Buchhandlung zur Verfügung gestellt. In seinem Roman »Keep the Aspidistra Flying« (1936) schildert Orwell den Laden und seine Atmosphäre. Ein Jahr vor ihrem Tode wohnte Katherine Mansfield einige Zeit im Hause Nr. 31 bei der Malerin Dorothy Brett. Als Kind hatte Dorothy in Windsor, wo ihr Vater ein herrschaftliches Landhaus besaß, mit Edward VIII. und George IV. gespielt. In den zwanziger Jahren ging sie mit ihren Freunden D. H. Lawrence und Frieda von Richthofen nach Neu-Mexiko, wo die drei bei ihrem

Versuch, dort die utopische Kolonie Rananim aufzubauen, scheiterten.

Keats Grove Nach dem Tode seines Bruders Tom, mit dem John Keats zusammen am Well Walk gewohnt hatte, zog der Dichter Anfang 1818 in das 1816 fertiggestellte Doppelhaus seines Freundes, des Schriftstellers und Junggesellen Charles Brown, das dieser mit dem Staatsbeamten und Antiquitätenhändler Wentworth Dilke und dessen Frau teilte. Dilke war der Großvater des Politikers und Schriftstellers gleichen Namens. Das Haus wurde nach seinem Vornamen Wentworth Place genannt. Keats Grove hieß damals noch John Street. Im linken Teil des Hauses lebte der Dichter mit Unterbrechungen bis September 1820, und hier verbrachte er die fruchtbarste Zeit seines Schaffens. Im Garten schrieb er unter einem Pflaumenbaum seine »Ode to a Nightingale«. Im April 1819 übersiedelte Brown nach Westminster, und sein Teil des Hauses wurde an die Witwe Brawne und ihre drei Töchter vermietet. Im Winter 1819 verlobte sich Keats mit der 17jährigen Fanny, dem ältesten der drei Mädchen. Als er zu dieser Zeit nach einer Fahrt auf dem Oberdeck eines Omnibusses von London nach Hampstead Blut spuckte, wurde er sich seiner Lungenkrankheit bewußt und vertraute sich Fanny und ihrer Mutter an, die den Kranken bis zum 13. September 1820 pflegten, als er mit seinem Freunde, dem Maler Joseph Severn, London verließ, um in Italien Heilung von seiner Krankheit zu suchen. Der Dichter starb im 25. Lebensjahr am 23. Februar 1821 in Rom. Fanny trug ihren Verlobungsring bis an ihr Lebensende, Shelley widmet dem Dichter seine Totenklage »Adonais« (1821). Eine Kopie eines in Rom gemalten Bildes »Keats at Wentworth Place« hängt über dem Kamin des Wohnzimmers des Dichters. Das Original befindet sich in der National Portrait Gallery. Im Jahre 1925 wurde Wentworth Place in eine Keats-Gedächtnisstätte umgewandelt, die wegen ihrer Atmosphäre und der Sammlung von Erinnerungsstükken an den Dichter einer der Wallfahrtsorte der Literaturfreunde in der ganzen Welt geworden ist. Die benachbarte Camden Public Library enthält eine Sammlung von mehr als 5000 Büchern über das Leben und das Werk des Dichters.

Willoughby Road Von Florenz kam der schwerkranke D. H. Lawrence mit seiner Frau Frieda im Jahre 1926 zu seinem letzten Aufenthalt nach London und mietete einige Zimmer des Hauses Nr. 30, das damals Carlingford House hieß. 1928 konnte er seinen letzten und berühmtesten Roman »Lady Chatterley's Lover« beenden, am

2. März desselben Jahres starb er in einer möblierten Villa in Vence in Südfrankreich, wohin ihn seine Frau aus einem Sanatorium gebracht hatte. Seine Asche wurde auf seiner Kiowa-Ranch bei Taos in Mexiko beigesetzt.

Well Walk Well Walk (= Brunnenweg) war zu Beginn des 18. Jahrhunderts die von den Gästen Hampsteads sehr geschätzte Kurpromenade. Sie endete am »Long Room«, dem 1882 abgerissenen Kurhaus. Schon 1721 wurde der Long Room zu einer Kapelle umgestaltet. Etwa zehn Jahre danach entstand in der Nähe des heutigen Burgh House ein neues Kurhaus, das später unter dem Namen »Weatherall House« als Mietshaus Verwendung fand. Hier, am Well Walk Nr. 14, wohnte John Masefield, der Nachfolger von Robert Bridges als Poet Laureate, von 1912 bis 1914. Hier entstanden seine Verserzählungen »The Widow in the Bye Street« und »Dauber«. 1948 wurde das Haus abgerissen und an seiner Stelle ein Appartmenthaus errichtet, das den Namen »Wells House« erhielt. John Keats hatte im Jahre 1816 im Hause Leigh Hunts im Vale of Health die Bekanntschaft der Freunde Dilke und Brown gemacht, die im Wentworth House (= Keats Grove) wohnten und von der gesunden Luft Hampsteads schwärmten. Mitte April des nächsten Jahres zog der Dichter mit seinen Brüdern George und Tom in ein Haus, das dem Briefträger Bentley gehörte und damals die Nummer 17 trug. Das Haus stand neben dem 1849 abgerissenen Gasthaus »The Green Man«, an dessen Stelle heute die Wells Tavern (Nr. 30) steht. George übersiedelte bald nach Amerika, und Tom starb hier am 1. Dezember 1818 an der Schwindsucht. Im Keats House wird ein Exemplar von Shakespeares »King Lear« gezeigt, das dem Dichter gehörte und in dem die Worte »Poor Tom« von ihm unterstrichen worden sind. Um den lärmenden Kindern des Briefträgers zu entgehen, nahm Keats noch im Dezember den Vorschlag Browns an, zu ihm in das »Wentworth House« zu ziehen. Im Oktober 1917 übersiedelte D. H. Lawrence mit seiner Frau Frieda von St. Yves in Cornwall, wo man dem Ehepaar wegen Verdachts der Spionage das weitere Wohnrecht verweigert hatte, nach London und fand im Hause Nr. 32 bei der Schriftstellerin Dolly Radford, deren Kinderbücher um 1900 geschätzt waren, eine Wohnung.

Der am 12. September 1894 in Bradford/Yorkshire als Sohn eines Lehrers geborene Journalist, Romancier und Dramatiker John Boynton Priestley, der im Herbst 1922 nach dem Studium der Staatswissenschaften und der englischen Literaturgeschichte von

Cambridge nach London kam, wohnte von 1930 bis 1931 am Well
Walk Nr. 27. 1926 hatte er in zweiter Ehe Mary Wyndham Lewis
geheiratet. Mit seinem Roman »The Good Companions« (1929), der
Geschichte einer wandernden Schauspielertruppe, die er 1931 dra-
matisierte, hatte er seinen ersten großen Erfolg. Jolly Jack, wie ihn
seine Freunde nennen, lebte mit seiner dritten Frau, der Archäologin
Jacquetta Hawkes, im Kissing Tree House in Alveston bei Stratford-
on-Avon. Am Well Walk Nr. 40 lebte und arbeitete während der
Sommermonate von 1827 bis zu seinem Todesjahr 1837 der Maler
John Constable mit seiner Familie. Hampstead bot ihm eine Fülle
von Motiven. Seit 1932 trägt das Haus eine Gedenktafel.

East Heath Road Ende August 1918 bezogen Katherine Mansfield
und John Middleton Murry, die am 3. Mai des Jahres geheiratet
hatten, eine Wohnung im Hause Nr. 17, damals Portland Villas
Nr. 2. Die Schriftstellerin hoffte, in der guten Luft Hampsteads
Heilung von ihrem Lungenleiden zu finden. Sie nannte das Haus,
das seit 1969 eine Gedenktafel trägt, seines grauen, schwerfälligen
Äußeren wegen ihren »Elefanten«. Die Aussicht von ihrem Fenster
war »so schön, daß es auf dem Lande sein könnte — eine russische
Landschaft«, notiert sie im Oktober 1918 in ihrem Tagebuch.

Cannon Place In »Cannon Hall« am Cannon Place Nr. 14 wohnte
von 1918 bis 1934 die Schriftstellerin Daphne du Maurier mit ihrem
Vater, Sir Gerald du Maurier, dem sie eine Biographie mit dem Titel
»Gerald, a Portrait« (1934) widmet. Er starb hier 1934 im Alter von
61 Jahren. Seit 1967 trägt das Haus eine Tafel zum Gedenken an
den gefeierten Schauspieler und Regisseur. Sein Vater war der
Schriftsteller George du Maurier. Daphne du Maurier wurde am
13. Mai 1907 in London geboren und lebt heute mit ihrem Mann,
einem ehemaligen hohen Offizier, auf Schloß Menabilly, dem Schloß
Manderley ihres Romans »Rebecca« (1938), in Cornwall, einer
Landschaft, deren Melancholie und Abgeschiedenheit sie in ihren
Büchern oft schildert. In »The du Mauriers«, 1937 (»Kehrt wieder, die ich liebe«) erzählt sie die Geschichte ihrer Familie durch
drei Generationen.

Heath Street Am nördlichen Ende der Heath Street lag an der Stelle
des Queen Mary Maternity Home, Heath Street Nr. 124, die Upper
Flask Inn. Hier trafen sich in den ersten Jahren des 18. Jahrhunderts
zur Sommerzeit die Mitglieder einer politisch-literarischen Vereinigung der Whig-Partei, die sich nach einem Pastetenbäcker Christopher (=Kit) Cat, in dessen Haus in London die ersten Begegnungen

stattfanden und der für den Klub Lammpasteten lieferte, den Namen Kit-Cat-Club zulegte. Porträts des Malers Sir Godfrey Kneller von den Mitgliedern, zu denen Steele, Addison, Congreve, Robert Walpole und Vanbrugh gehörten, hängen in der National Portrait Gallery. Richardson beschreibt die Upper Flask Inn in »Clarissa Harlow« (1748).

Elm Road Nach Rückkehr von seiner Weltreise im Dezember 1923 wohnte D. H. Lawrence mit seiner Frau Frieda eine Zeitlang in der Heath Street Nr. 110, heute Elm Road Nr. 1. »London-düster-gelbe Luft — schlimme Erkältung — altes Haus — Morris-Tapete — Tee in alten Tassen — der arme D. H. Lawrence schrecklich elend, als läge er im Grabe«, schreibt er einem Freund am 7. Dezember 1923. Die Umwelt seiner Wohnung bildet den Hintergrund seiner Novelle »The Last Laugh«.

Holly Bush Hill Der alte und kranke Maler George Romney bewohnte das Haus »Holly Bush Hill«, das er sich im Jahre 1797 erbauen ließ, bis zu seinem Tode im Jahre 1802. Emma Hamilton, in die er bis in seine letzten Tage leidenschaftlich und hoffnungslos verliebt war, hat er als »Circe« verewigt. Seit 1908 trägt sein Haus eine Gedenktafel.

Holly Mount Das erste der vier Häuser, das George du Maurier in Hampstead bewohnte, war das Haus Nr. 4, das er im Jahre 1869 für kurze Zeit mietete.

Windmill Hill Im Jahre 1806 zog die Dramatikerin Joanna Baillie mit ihrer Schwester von der Church Row in das »Bolton House«. Hier empfing sie die bekanntesten Schriftsteller ihrer Zeit wie Keats, Wordsworth und Sir Walter Scott, der sie in den höchsten Tönen pries. »Sie ist zur Zeit das größte Genie unseres Landes, eine Wiedergeburt Shakespeares«, schreibt er. Byron sagt von ihr, daß sie die einzige Frau sei, die Tragödien schreiben könne und keinen größeren Verehrer habe als ihn. Im Alter von 89 Jahren starb die Schriftstellerin am 23. Februar 1851 im »Bolton House«, das seit 1900 eine Gedenktafel trägt.

Der Hauptstadt, in der sie 67 Jahre ihres Lebens verbrachte, widmet sie ein Gedicht mit dem Titel »London Viewed from Hampstead Hill«. Auf dem Friedhof der Pfarrkirche von Hampstead hat sie ihre letzte Ruhe gefunden.

Hampstead Grove Diese Straße, ehemals »The Grove«, erhielt 1937 den Namen Hampstead Grove, um Verwechslungen mit The Grove in Highgate zu vermeiden. Die am 25. März 1881 in Leighton/

Shropshire als Tochter eines Lehrers geborene Schriftstellerin Mary
Gladys Webb, die 1921 nach London gekommen war, wohnte bis
zum Jahre 1926 im Hause Nr. 12. Hier entstand ihr Hauptwerk
»Precious Bane«, 1924 (»Die Geschichte von der Liebe der Pru-
dence Sarn«), ein in ihrem Heimatland spielender Landschaftsro-
man, und hier stürzte die in bedrängten wirtschaftlichen Verhältnissen lebende und kranke Schriftstellerin im Jahre 1926 eine steile
Treppe hinunter. Sie konnte sich von diesem Unfall nicht wieder erholen und starb am 8. Oktober 1927 in St. Leonards/Sussex. Im
Hause Nr. 28, dem im gotischen Stil erbauten »New Grove House«,
wohnte George du Maurier von 1874 bis 1895. Hier entstand sein
bekanntester, weitgehend autobiographischer Roman »Trilby«
(1894), die Geschichte eines Pariser Malermodells, und »Peter Ibbetson« (1894). Szenen dieses Romans, der den Weg eines verwai-
sten Franzosen nach London schildert, spielen in Hampstead. John
Masefield bewunderte den Autor. Mit Henry James, der den Weg
von seiner Wohnung in der Bolton Street/Piccadilly nach Hampstead, »den langen Hügel hinauf, der noch so ländlich und anmutig
dalag und jetzt nichts als rotes Ziegelwerk und Cockney ist«, stets zu
Fuß zurücklegte, war er befreundet. Als Abkömmling einer bei der
Revolution nach England emigrierten französischen Adelsfamilie am
6. März 1834 in Paris geboren und dort erzogen, kam du Maurier
nach seinen Studien in Paris — er erzählte mit Vergnügen, daß er bei
einer Prüfung an der Sorbonne durchgefallen sei — und Antwerpen
nach London, wo er sich als Karikaturenzeichner und Illustrator der
Bücher von Meredith, Thomas Hardy, Henry James, Elizabeth Gaskell und Lady Anne Ritchie sowie als Romancier einen allseitig geschätzten Namen machte. Von seinem Hause am Grove zog er zum
Oxford Square, wo er ein Jahr später starb. Auf dem Parish Church
Cemetery in Hampstead wurde er bestattet. Sein Wohnhaus trägt
seit 1900 eine Gedenktafel.

Admiral Walk Am Ende des kurzen Hampstead Grove steht »Grove
Lodge«, das Haus, das John Galsworthy bis zu seinem Tode mit seiner Frau Ada bewohnte. Kurz vor Beendigung des Ersten Weltkriegs war der Romanschriftsteller und Dramatiker aus der kleinen
Etagenwohnung am Adelphi in die imposante Villa gezogen, die seit
1950 eine Gedenktafel trägt. Hier konnte er seine Forsyte-Romane,
an denen er von 1906 bis 1928 gearbeitet hatte, mit dem »Swan
Song« abschließen, und hier übergab eine Delegation dem erkrankten Autor im Jahre 1932 den Nobelpreis. Er starb am 30. Ja-

nuar 1933 im Alter von 66 Jahren an einem Gehirntumor. Dem Antrag des Schriftstellerverbandes, die Urne des Schriftstellers und Präsidenten des Europäischen PEN-Club in der Westminster Abbey beizusetzen, entsprach der Dekan nicht. Er ließ jedoch eine Gedenkfeier in der Kathedrale veranstalten, an der neben dem Prime Minister Ramsay Macdonald die führenden Vertreter des geistigen Lebens in London teilnahmen. Seine Asche wurde auf seinen Wunsch vom Bury Hill in der Nähe seines Landhauses »Bury House« über die Flur verstreut. Dicht bei Grove Lodge steht das Admiral House, das Constable dreimal malte und »The Romantic House in Hampstead« nannte. Eines der Bilder hängt in der Tate Gallery. Heath Street endet am Whitestone Pond, auf dem Shelley, wenn er bei Leigh Hunt zu Besuch war, zum Vergnügen der Kinder Papierschiffchen schwimmen ließ.

Whitestone Lane Im Jahre 1869 bezog George du Maurier mit seiner Familie das dreihundertjährige Gangmoor House, seine zweite Behausung in Hampstead. »Ein anregenderes, freundlicheres altes Haus ... kann man nirgendwo mehr finden«, schreibt er. Schon ein Jahr später übersiedelte er zur Church Row.

Vale of Health Leigh Hunt lebte hier von 1816 bis 1821 mit seiner Frau und sieben Kindern in einem Landhaus, das den Namen »Vale Lodge« trägt. John Keats machte hier zu Ende des Jahres 1816 seinen ersten Besuch, um seinem Förderer Leigh für die Veröffentlichung seiner Sonette »O Solitude« und »On First Looking into Chapman's Homer« in der von ihm herausgegebenen Zeitschrift »The Examiner« zu danken. Hier begegnete er den Freunden Dilke und Brown, in deren Haus er später zog, sowie Lamb und Shelley. Keats, dem in der Bibliothek des Hauses stets ein Bett zur Verfügung stand, verbrachte hier einmal eine schlaflose Nacht, in der er sein Bekenntnis »Creed and Poetry« niederschrieb. Shelley, der der Familie Hunt ständig finanziell beistand und sich der Kinder liebevoll annahm, suchte hier im Jahre 1817 für einige Tage Zurückgezogenheit und Ruhe. Er wollte nach dem Tode Fanny Imlays, die im Hause Godwins lebte und sich seinetwegen aus Liebeskummer das Leben genommen hatte, Vergessen finden. Hier vollendete Leigh Hunt seine »Story of Rimini«. Am 15. November 1821 schiffte er sich mit seiner Familie nach Italien ein. Seine Reise wurden durch Unwetter unterbrochen, so daß er einige Monate in Plymouth verweilen mußte. In Livorno traf er Shelley und Byron. Im September 1825 kehrte er nach England zurück. Edgar Wallace wohnte eine

Zeitlang ebenfalls in der »Vale Lodge«. Von Greatham bei Pulborough/Sussex, wo D. H. Lawrence mit seiner Frau Frieda nach seiner Eheschließung gelebt hatte, kam das Paar Anfang September 1915 nach London zurück und mietete im Erdgeschoß des Hauses Nr. 1, der »Byron Villas«, eine winzige möblierte Wohnung. Um mit Katherine Mansfield und J. M. Murry an der Herausgabe der kleinen Zeitschrift »The Signature« in Ruhe arbeiten zu können, bezog er in der Stadt im Hause Fisher Street ein Zimmer. Am 12. Dezember 1915 gab er, von ständigen Geldnöten und Depressionen gequält, die ihre Ursache im Verbot seines Romans »The Rainbow« hatten, die Wohnung auf. »Ich bin so krank an Leib und Seele«, schreibt er, »daß ich, wenn ich nicht weggehe, sterbe.« Die Weihnachtstage, die das Ehepaar bei der Schwester des Schriftstellers, Mrs. Clarke, in Ripley verbrachte, beruhigten ihn ein wenig, so daß er am 24. Dezember an Lady Cynthia Asquith, der Schwiegertochter des amtierenden Prime Minister, deren Bekanntschaft er im Sommer 1913 gemacht hatte und die ihn hier öfter besuchte, schreiben konnte: »Gott sei Dank — mit nichts brauchen wir uns herumzuschlagen außer mit Koffern — kein Haus, kein Eigentum — nochmals Gott sei Dank.« Zu Anfang des Jahres 1916 ließen sie sich in Padstow/Cornwall nieder. Der indische Dichter Rabindranath Tagore, der von 1878 bis 1883 in England Rechtswissenschaften studiert hatte, wohnte im Jahre 1912 in den Villas on the Heath Nr. 3. Das Wohnhaus des Nobelpreisträgers (1913), dessen Interessen eher der Literatur zugewandt waren als den Rechtswissenschaften, trägt seit 1961 eine Gedenktafel. Hier traf er sich mit Shaw, Wells, Galsworthy und Yeats, der seine Werke ins Englische übertragen wollte, was Tagore jedoch ablehnte.

Vom Whitestone Pond führt die Spaniards Road zur

Spaniards Inn Spaniards Inn, ein guterhaltener Landgasthof, dessen Ursprünge bis ins frühe 17. Jahrhundert zurückgehen, war eines der Lieblingsausflugziele von Charles Dickens. In dem hinter dem Haus gelegenen Teegarten wurde die Heldin seiner »Pickwick Papers«, Mrs. Bardell, die »gegen Ende des Monats Juli« mit ihren Freunden in einer Mietskutsche einen Ausflug zu der Wirtschaft gemacht hatte und hier beim Tee saß, von Mr. Jackson, dem »jungen Mann« der Anwaltsfirma Dodson and Fogg, abgeholt und in Schuldhaft ins Fleet-Gefängnis übergeführt, weil sie ihre Gerichtskosten schuldig geblieben war. Garrick, Reynolds, Goldsmith, Lamb, Shelley, Leigh Hunt und Keats gehörten zu den Gästen der Spaniards Inn.

Am Whitestone Pond beginnt der North End Way.

Jack Straw's Castle Jack Straw's Castle ist ein modernes Restaurant, das an der Stelle der durch Bomben zerstörten Wirtschaft im Stil der Zeit wieder aufgebaut wurde. Dickens wanderte oft zu dem alten Haus hinaus. »Hast du nicht Lust, dich warm anzuziehen und einen strammen Ausflug nach Hampstead zu unternehmen? Ich kenne eine gute Wirtschaft, wo wir ein gut zubereitetes Hammelkotelett und einen tadellosen Wein bekommen«, schreibt er seinem Freunde Forster, mit dem er oft hier weilte. Ein Raum der jetzigen Wirtschaft erinnert in seinem Namen an den prominenten Gast. Auch Lamb und Thackeray erfrischten sich hier, ebenso Washington Irving, der sich seines Aufenthalts hier in seinem »Tales of a Traveller« erinnert.

North End Way An der Ecke North End Way/Spaniards Road liegt ein zu Beginn des 18. Jahrhunderts errichtetes Herrenhaus, das seit 1888 »Heath House« heißt. Hier war Wordsworth gelegentlich Gast der Gattin des Quäkers und Philanthropen Samuel Hoare, und hier traf er zum ersten Mal Catherine Fox.

Die Verlängerung des North End Way ist die North End Road. Am Treffpunkt der beiden Straßen führt rechts

North End ab. Rechts am Hampstead Way liegt

Old Wyldes Farm Wyldes Farm ist ein alter Bauernhof, der oft den Besitzer wechselte. Von 1785 bis 1854 war der Hof an die Collins-Familie vermietet. Nach seiner Eheschließung im Jahre 1822 bezog der Landschaftsmaler William Wilkie Collins das Haus. Hier kam am 8. Januar 1824 sein gleichnamiger Sohn zur Welt, dessen Roman »The Lady in White«, 1860 (»Die Dame in Weiß«) T. S. Eliot die erste und zugleich beste moderne englische Detektivgeschichte nennt. Charles Dickens, sein bester Freund und Begleiter bei Reisen und Ausflügen durch das nächtliche London, veröffentlichte seine Romane in Fortsetzungen in seinen Familienzeitschriften »All the Year Round« und »Household Words«. Collins, der nie geheiratet hat, stand seinen Freundinnen, deren er viele und manche oft zur gleichen Zeit hatte und die ihm mehrere Kinder schenkten, stets hilfreich zur Seite. Er starb am 23. September 1889 in seiner Wohnung in der Wimpole Street. Nach seiner juristischen Ausbildung an der Lincoln's Inn begann er seine schriftstellerische Laufbahn mit einer zweibändigen Biographie seines Vaters, der 1847 starb. Sein Geburtsort wird von einigen Biographen auch an den New Cavendish oder an den Tavistock Square verlegt. Im Jahre 1826 wohnte der

Maler John Linnel hier und hatte William Blake, den er in seinen
letzten Lebensjahren nach Kräften unterstützte, oft zu Gast. 1975
wurde eine Tafel zum Gedenken an den Maler und seinen Schütz-
ling angebracht. Nach dem plötzlichen Tode seiner jungen und innig
geliebten Schwägerin Mary Hogarth am 7. Mai 1837 zog sich Dikkens, ins Herz getroffen und untröstlich, für einige Monate hierher
zurück. Er setzte hier seine Arbeit an den »Pickwick Papers« fort.
Auf der dem Hause vorgebauten Veranda empfing er seine Freunde
Forster und Maclise.

North End Road Die Gastwirtschaft »Bull and Bush« wird bereits
1645 als Bauernhaus erwähnt. Um die Mitte des 18. Jahrhunderts
wohnte der Maler und Kupferstecher William Hogarth hier, der die
prächtigen Gärten angelegt haben soll und damit das Haus zu einem
beliebten Ausflugsziel der Londoner im 18. und 19. Jahrhundert
machte. Eine Hogarth-Bar erinnert an den berühmten Bewohner. Zu
Anfang des Jahrhunderts bezog der Verleger Arthur Waugh mit seiner Frau und seinen Kindern, den späteren Schriftstellern Alexander und Evelyn Waugh, das Haus Nr. 145.

Vom Whitestone Pond führt die

Lower Terrace nach Süden. Im Hause Nr. 2 hatte Constable neben
seinem Stadthaus in der Charlotte Street von 1821 bis 1822 eine
Sommerwohnung. Den Weg zwischen seinen beiden Behausungen
legte der Maler mit großem Vergnügen zu Fuß zurück. Offensichtlich aber fühlte er sich hier nicht allzu wohl, denn einem Freund
schreibt er, daß er sich nach seinen großen Bildern in der Charlotte
Street sehne. Vermutlich hatte ihn der schlechte Gesundheitszustand
seiner Frau veranlaßt, eine gewisse Zeit in der reinen Luft Hampsteads zu verbringen. Auch im »Whitestone House« in der Whitestone Lane soll er eine Zeitlang gewohnt haben. Der am 13. November 1850 in Edinburgh als einziges Kind eines wohlhabenden Ingenieurs geborene Robert Louis Stevenson, der wie sein Großvater
Leuchtturmbauer werden sollte, ging 1873 nach London, um sich für
die Advokatenlaufbahn vorzubereiten. Im Jahre 1874 wohnte er mit
seinem Freund Sidney Colvin, dem Biographen von Keats, in der
Netley Cottage an der Lower Terrace Nr. 10. Seine schwache Kon-
stitution und ein hartnäckiges Lungenleiden gestatteten ihm nur eine
tägliche Arbeitszeit von zwei bis drei Stunden. So ging er nach Abschluß seiner Studien auf Reisen und beschäftigte sich mit Schreiben.
Am 3. Dezember 1894 wurde er auf einer Samoa-Insel, wo er sich
mit seiner Frau angesiedelt hatte, überraschend vom Tode ereilt.

Auch im benachbarten Abernethy House wohnten Stevenson und sein
Freund bei ihrem Aufenthalt in London verschiedene Male. Mit
seinem Abenteurerroman »Treasure Island« (1883) und der Schauer-
geschichte »Dr. Jekyll and Mr. Hyde« (1886) hat er sich einen wich-
tigen Platz in der Literaturgeschichte erschrieben. Stevensons Vater
war strikt dagegen, daß sein Sohn als »Mann der Gesellschaft« seinen Namen auf das Titelblatt des Romans »Treasure Island« setzte.
Der Oakhill Way und die Oak Hill Avenue, in der im Hause Nr. 3
die Sängerin Elisabeth Schwarzkopf, die besonders als Mozart- und
Strauß-Interpretin berühmt geworden ist, mit ihrem Gatten wohnte,
führen zu den

Bracknell Gardens Im Hause Nr. 16 wohnte viele Jahre lang der
Lehrer Leonard Huxley mit seiner Frau. Er war der Sohn des Pro-
fessors für Naturwissenschaften Thomas Henry Huxley und Vater
des Biologen, Philosophen und ersten Generaldirektors der
Unesco Julian und des Schriftstellers Aldous Huxley. Sein älterer
Sohn besuchte ihn hier oft, und der von früher Jugend an von Blind-
heit bedrohte Aldous verbrachte seine Ferien während des Ersten
Weltkriegs in diesem Hause.

Hillfield Road Im Hause Nr. 11 kam der Schriftsteller Evelyn Waugh
am 8. Oktober 1903 als zweiter Sohn des Verlegers Arthur Waugh
zur Welt. Sein Bruder Alexander oder Alec, wie er genannt wurde,
der sich ebenfalls als Schriftsteller einen Namen geschaffen hat,
wurde im selben Haus geboren. Nach dem Besuch des Lancing Col-
lege/Sussex studierte Evelyn in Oxford und an der Kunstakademie
in London. Zunächst als Lehrer tätig, wandte er sich bald der Literatur zu. In seinen Romanen »Decline and Fall« 1928 (»Auf der
schiefen Ebene«) und »Vile Bodies«, 1930 (»Aber das Fleisch ist
schwach«) attackiert er die Sinnlosigkeit der Lebensführung der
»bright young people« von Mayfair, zu denen er auch gehörte. Noch
während seiner Kinderjahre übersiedelte die Familie zur North End
Road. Waugh starb zurückgezogen und einsam am 10. April
1966 auf seinem Landsitz in Combe Florey/Somerset in den Cots-
wold.

Lindfield Gardens Die Gegend der heutigen Lindfield Gardens
wählte Wilkie Collins, der in der benachbarten Church Row wohnte,
zum Hintergrund einiger Szenen seines Romans »The Lady in
White« (1860).

Frognal Close Die 1937 erbauten Häuser des Frognal Close stehen
an der Stelle eines Gebäudekomplexes, der den Namen »Frognal

Priory« trug. Bis zur Eröffnung des Frognal Way im Jahre 1924 stand gegenüber die »Priory Lodge«, in der Samuel Johnson im Jahre 1746 mit seiner Frau Tetty wohnte. Tetty hoffte, in der reinen Luft von Hampstead Heilung von einem nervösen Leiden zu finden. Johnson schrieb hier die Satire »The Vanity of Human Wishes«, in der er an historischen Beispielen die Nichtigkeit menschlicher Wünsche beweist.

Frognal Gardens Der am 14. August 1836 in Portsea/Hampshire geborene Schriftsteller und Philanthrop Sir Walter Besant zog im Jahre 1892 von seinem Haus im Gayton Crescent in das Haus Frognal Gardens Nr. 18, das er für sich bauen ließ und »Frognal End« nannte. Hier entstanden seine Werke über London »Westminster« (1895), »South London« (1899), »East London« (1901) und »The Thames« (1902) als Vorbereitung auf eine großangelegte Geschichte der Hauptstadt, die er nicht mehr vollenden konnte, und hier schrieb der Wohltäter, dem das Los der Armen in den Slums des Londoner East End mit seinen Elendsquartieren und Schnapskneipen am Herzen lag, seinen Roman »All Sorts and Conditions of Men«, 1882 (»Allerhand Leute«) mit dem er den moralischen Grundstein legte für den »People's Palace«, ein Klubhaus für die Dockarbeiter mit Unterhaltungs- und Bildungseinrichtungen, das 1887 in der übelsten Gegend des East End eröffnet werden konnte und mit dem er das Londoner Proletariat aus den Gin-Kneipen locken wollte. Ein Jahr vor der Eröffnung dieses Kulturpalastes für die Ärmsten der Armen veröffentlichte er seinen sozialkritischen Roman »Children of Gibeon«, der die katastrophale Lage des viktorianischen Proletariats einer breiteren Öffentlichkeit bekanntmachte. Seine Schulausbildung hatte der Schriftsteller im King's College genossen. Nach seinen Studien in Cambridge übernahm er eine Lehrtätigkeit auf der Insel Mauritius. Ständige Krankheit zwang ihn, nach London zurückzukehren, wo er sich schriftstellerischen und sozialreformerischen Arbeiten zuwandte. Er starb in seinem Hause am 9. Juni 1901; auf dem alten Hampstead Parish Cemetery wurde er bestattet. Thomas Hardy war unter den Trauergästen. Seit 1925 trägt sein Haus eine Gedenktafel.

Church Row Im Jahre 1784 ging die am 11. September 1762 in Bothwell bei Glasgow als Tochter eines Geistlichen geborene Dramatikerin und Hymnenschreiberin Joanna Baillie nach Abschluß ihrer Studien nach London, wo sie bei ihrem Bruder, dem Arzt Dr. Matthew Baillie, in seinem Hause Church Row Nr. 8 Aufnahme fand. Von ihm ließ Mrs. Byron, die für eine gewisse Zeit von Nottingham nach London übergesiedelt war, den Klumpfuß ihres Sohnes behandeln. Joanna wurde bald als erfolgreiche Theaterschriftstellerin bekannt. Nach einem Jahr nahm sie sich mit ihrer Schwester eine eigene Wohnung im Hause Nr. 2 der Church Row, wo die beiden bis zu ihrem Umzug zum Bolton House im Jahre 1806 lebten. H. G. Wells, der seine Wohnungen häufig zu wechseln pflegte, wohnte mit seiner zweiten Frau Catherine Robbins von 1909 bis 1915 in der Church Row Nr. 17, in »einem reizvollen Hause aus dem 18. Jahrhundert, das von seinen Fenstern den Blick über London bis zu den Hügeln von Surrey freigab«. Hier fand die bemerkenswerte Begegnung des Schriftstellers mit Rebecca West statt. Die am 25. Dezember 1892 in County Kerry/Irland geborene Schauspielerin und Schriftstellerin Dame Cecily Isabel Fairfield, die sich nach der emanzipierten Heldin in Ibsens »Rosmersholm«, die sie auf der Bühne verkörpert hatte, Rebecca West nannte, war als 20jährige von Edinburgh nach London gekommen, um Schauspielerin zu werden, hatte sich aber bald dem Journalismus zugewandt. Eine abfällige Besprechung von H. G. Wells' Roman »Marriage« (1912) in einer Zeitschrift veranlaßte den Autor, seine Rezensentin zu einem Wochenende in sein Haus einzuladen. Aus dieser Begegnung entwickelte sich eine Liebesaffäre, der ein Sohn entsproß, den die Mutter Anthony West nannte. Anthony West schrieb eine beachtenswerte Biographie seines Vaters. Dame Rebecca West hatte ihre Wohnung am Portman Square Nr. 14. D. H. Lawrence, der mit seiner Frau Frieda im August 1914 von Wells zu einem Empfang eingeladen war, ließ sich für diesen Anlaß den einzigen Frack seines Lebens machen. Lawrence überstand den Abend unlustig und mißgestimmt. Eine Beschreibung der Church Row findet sich in seiner Novelle »The Last Laugh«.

Wells übersiedelte von hier im Jahre 1915 zur Little Easton Rectory in Easton Park bei Dunmow/Essex. Wilkie Collins wohnte eine Zeitlang im Hause Nr. 25. Von 1913 bis 1914 wohnte Lord Alfred Douglas, dessen Freundschaft mit Oscar Wilde einen so unheilvollen Ausgang für den Schriftsteller nahm, im Hause Nr. 26. Fünf Jahre vor seinem Tode im Jahre 1940 schrieb er die Biographie »Oscar Wilde — A Summing-Up«. Der Karikaturist und Schriftsteller George du Maurier wohnte bis zu seiner Übersiedlung zum Hampstead Grove im Jahre 1874 im Hause Nr. 27. Hier kam sein Sohn Gerald, der sich als Schauspieler, Bühnenleiter und Produzent

einen Namen schuf und der Vater der Schriftstellerin Daphne du
Maurier werden sollte, am 26. März 1873 zur Welt. Von ihm stammt
das Wort, daß es ihn nicht interessiere, ein Stück zu inszenieren, das
er nicht umschreiben könne.

St. John's Parish Church In der Pfarrkirche von Hampstead wurde
1894 eine Büste von John Keats, dem großen Bürger der Gemeinde,
in Anwesenheit von George Moore, Walter Besant, George du Maurier und anderen Persönlichkeiten enthüllt. Edmund Gosse hielt die
Festansprache. Auf dem neuen Friedhof gegenüber von der Kirche
finden sich die Gräber von Joanna Baillie, John Constable, George
du Maurier, Anne Ritchie, der Tochter Thackerays, und Walter
Besant.

Prince Arthur Road Die Lyrikerin Dame Edith Sitwell, am 7. September 1887 in Scarborough/Yorkshire geboren, Schwester der
Schriftsteller Sir Osbert und Sacheverell Sitwell, wohnte von 1961
bis zu ihrem Tode im Flat 42 des »Greenhill House«. Dieser moderne Wohnblock steht an der Stelle eines 1872 abgerissenen alten
Herrenhauses, »The Rookery« oder »Mount Grove«, in dem der
Verleger Thomas Longman lange wohnte. Dame Edith Sitwell starb
am 9. Dezember 1964 im St. Thomas Hospital in London. In der
Tate Gallery hängen Bilder der Dichterin von Tchelitchew und
Wyndham Lewis. Osbert Sitwell umreißt den Sinn der literarischen
Arbeit der drei Geschwister mit dem Bekenntnis, daß sie seit dreißig
Jahren »Scharmützel und Nahkämpfe gegen den Spießer« führen.

Arkwright Road Im Hause Nr. 6 wohnte um 1910 der am 20. September 1851 in Grandborough/Buckinghamshire als Sohn eines
Bauern geborene Bühnenschriftsteller Henry Arthur Jones. Nach
seiner Tätigkeit als Handelsreisender und Verkäufer wandte er sich
zu Ende der sechziger Jahre des vergangenen Jahrhunderts der Literatur zu. Mit seinen viktorianischen Gesellschaftsstücken trug er
maßgeblich zur Wiedergeburt des englischen Theaters um die Jahrhundertwende bei. Der Dramatiker starb am 7. Januar 1929 in seinem Hause in der Kidderpore Avenue Nr. 10 in Hampstead. Im
Hause Nr. 9, das den Namen »Westbrow« trägt und seit 1921 das
Verwaltungsgebäude einer Eisenbahngesellschaft beherbergt,
wohnte einige Jahre hindurch Sir Thomas Beecham, der 1932 das
Londoner Philharmonische Orchester und 1946 das Royal Orchestra gründete.

Thurlow Road Der am 25. Juli 1905 in Rustschuk in Bulgarien als
Sprößling einer jüdisch-spanischen Familie geborene, deutsch schrei-

bende Romancier und Dramatiker Elias Canetti, der in England, der Schweiz, Deutschland und Österreich aufwuchs, kam über Paris im Jahre 1938 wieder nach London und wohnt im Hause Thurlow Road Nr. 8. 1972 erhielt er den Büchner-Literaturpreis.

Maresfield Gardens   Am 27. September 1938 bezog Sigmund Freud das Haus Maresfield Gardens Nr. 20, dessen er sich jedoch nur ein Jahr erfreuen konnte. Der seit 1923 an Krebs leidende und neunzehnmal operierte Gelehrte starb hier in der Nacht vom 22. zum 23. September 1939. H. G. Wells, Stefan Zweig, Salvador Dali und Virginia Woolf mit ihrem Gatten besuchten ihn hier, und hier verfaßte er auf der Gartenterrasse, seinem Lieblingsaufenthalt, seine Schrift »Moses and Monotheism« (»Der Mann Moses und die monotheistische Religion«).

Belsize Square   Der am 1. Juni 1882 in Leytonstone/Essex geborene Lyriker und Dramatiker John Drinkwater wohnte eine Zeitlang im Hause Nr. 10. Nach seinen Studien in Oxford war er zwölf Jahre lang Versicherungskaufmann, bevor er sich im Jahre 1925 der Literatur zuwandte. Robert Burns widmet er ein Schauspiel. 1935 übersiedelte er zum Grove, Highgate.

Belsize Park   Jerome Klapka Jerome verbrachte die letzten Jahre seines Lebens im Hause Nr. 41. Seine verblüffende Ähnlichkeit mit Lord Oxford and Asquith brachte ihm ein- oder zweimal beinahe Prügel von aufgebrachten Gegnerinnen der Gleichberechtigung der Frauen ein. Der Schriftsteller, Freund von Mark Twain, Shaw, Barrie und Wells, starb an einem Herzanfall während einer Autoreise am 14. Juni 1927 in Northampton. In Ewelme/Oxfordshire wurde er bestattet. Von seiner Begegnung als Junge mit Dickens in einer Londoner Straße im Jahre 1867 erzählt er in der Geschichte »Pauls Talk with a Writer of Books«. Am 2. Mai 1859 im »Belsize House« in der Bradford Street in Walsall/Staffordshire als Sohn eines Bergwerkbesitzers geboren, wuchs Jerome Klapka Jerome in Poplar im East End von London auf, nachdem sein Vater nach geschäftlichem Zusammenbruch seine Heimat verlassen und sich in London niedergelassen hatte. Jerome versuchte sich als Büroschreiber bei der Eisenbahn, als Schauspieler — »ich habe jede Rolle im ›Hamlet‹ gespielt, außer Ophelia«, erinnert er sich —, Reisender, Lehrer und Angestellter eines Rechtsanwalts und fand schließlich Befriedigung und Erfolg als Schriftsteller.

Haverstock Hill   Richard Steele zog sich im Jahre 1712 auf der Flucht vor seinen Gläubigern in sein Landhaus am Haverstock Hill zurück, das gegenüber der heute verschwundenen Poststation und Wirtschaft »Load of Hay« in der Nähe der »Chalk Farm«, einem zu Beginn des 18. Jahrhunderts vom Adel bevorzugten Duellplatz, gelegen war. Constable hat das Wirtshaus mit dem Pinsel verewigt.

Maitland Park Road Im April 1864 konnte Karl Marx mit seiner Familie dank einer größeren Erbschaft in eine geräumigere Wohnung im Hause Nr. 1 ziehen, die Jenny »recht bequem und elegant« einrichtete. Engels, der im Jahre 1870 von Manchester nach London umgezogen war und in der Regent's Park Road eine ansprechende Wohnung gefunden hatte, besuchte seinen Freund hier jeden Nachmittag. Schon ein Jahr nach seinem Umzug schreibt dieser ihm: »Ich wohne allerdings zu teuer für meine Verhältnisse ... das bloße Abzahlen der Schulden und der Einrichtung des Hauses (kostete mich) an £ 500,— ...« Im März 1875 gab er das Haus auf und übersiedelte in das vierstöckige Haus Nr. 41, seine letzte Wohnung. Auch hier bedrängten ihn seine ständigen Geldnöte und Krankheiten aller Art. Trotzdem hielt sich die Familie zwei Dienstmädchen, zwei Hunde, fünf Katzen und zwei Vögel. Das größte Zimmer des Hauses im ersten Stock benutzte Marx als Arbeitszimmer. Hier traf er sich, wie Graf Schwerin von Krosigk in seiner »Jenny Marx«-Biographie berichtet, täglich mit Engels, und hier gingen die Freunde diagonal auf und ab und bohrten beim Umwenden Löcher mit dem Absatz in den Fußboden. In diesem Hause starb am 2. Dezember 1882 seine Frau. Marx konnte den Verlust nicht mehr verwinden. Nachdem er noch den plötzlichen Tod seiner Tochter Jenny Longuet ertragen mußte, verschied er selbst am 14. März 1883 kurz vor seinem 65. Geburtstag, in seinem Sessel sitzend, an einem Krebsleiden. Auf dem Highgate Cemetery fand er die letzte Ruhestätte. Im Jahre 1935 erhielt das Haus eine Gedenktafel des London County Council, die zweimal böswillig abgerissen und seitdem nicht wieder angebracht wurde. Auch dieses Haus existiert nicht mehr.

Grafton Terrace Erbschaften und kleinere Einkünfte gestatteten Karl Marx, im September 1856 von der Dean Street zur Grafton Terrace Nr. 9 (jetzt Nr. 46) zu ziehen, in ein »ganz besonders schönes Haus ... am Fuße der romantischen Hampstead-Heath«, wie Jenny schreibt. Sie schätzte das Haus, das rings von Wiesen und Weiden umgeben war und »in der schönsten und gesündesten Gegend Londons« lag, ganz besonders. Hier arbeitete Karl Marx, der an chronischer Schlaflosigkeit litt, oft bis zum frühen Morgen am »Kapital«. Sieben Zimmer, mit eigenen Möbeln, die sie alt gekauft

hatten, ausgestattet, standen der Familie zur Verfügung.
Auch hier mußte Engels zum Lebensunterhalt der Familie beisteuern. Dennoch ging Marx im Leihhaus ein und aus. Oft konnte er Gas und Wasser nicht bezahlen und mußte gelegentlich sogar seine Kleidung versetzen, so daß er das Haus nicht verlassen konnte. Eine größere Erbschaft gestattete im März 1864 einen Umzug in die Maitland Park Road.

Wesleyan Place Im Mai 1819 brachen Keats und sein Freund Charles Brown zu einer Reise nach Schottland auf. Bereits in Gravesend war Keats durch seine Krankheit gezwungen, die Fahrt zu beenden und nach London zurückzukehren. Da Wentworth Place während der geplanten Abwesenheit vermietet war, bezog Keats eine Wohnung am Wesleyan Place Nr. 2. Hunt, den der Gesundheitszustand des Dichters beunruhigte, überredete ihn, Unterkunft und Pflege in seinem Hause im Vale of Health anzunehmen. Nur mit Schaudern dachte Keats später an die »Gefangenschaft« bei Hunt zurück. Als Hunt auch noch versehentlich einen Brief Fanny Brawnes an den Dichter öffnete, ging dieser zum Wentworth Place zurück, wo er bis zu seiner Abreise nach Italien im September 1820 von seiner Verlobten und ihrer Mutter fürsorgliche Pflege fand.

Highgate Von der Spaniards Inn führt die
Hampstead Lane die Verbindungsstraße zwischen Hampstead und der nördlichen« Vorstadt Highgate, zum »Athlone House«, heute die geriatrische Klinik des Middlesex Hospital. In der Nähe dieses viktorianischen Herrensitzes schrieb Keats im Jahre 1817, gegen ein Gatter der heute verschwundenen Fitzroy Farm gelehnt, sein Gedicht »I stood tip-toe upon a little hill«. In einem Brief vom 15. April 1819 berichtet der Dichter von einer Begegnung mit Coleridge bei einem Spaziergang nach Highgate »auf dem Wege, der an Lord Mansfields Park entlang führt«, wobei Coleridge »in seiner mitreißenden Beredsamkeit« über seine Ideen zur Dichtkunst referierte und ihn in seine Wohnung am Grove in Highgate einlud. Vom Athlone House führt ein Fußweg zum »Kenwood House«, einem Landsitz, den Robert Adam um 1767 zu einem Schmuckstück umgebaut hat und dessen Bibliothek, der sog. Adam-Room, als eine seiner schönsten Schöpfungen gilt. William Murray, der spätere Earl of Mansfield, der »Champagner mit den Großen seiner Zeit trank«, wie Samuel Johnson berichtet, und mit Pope befreundet war, hatte Kenwood 1754 erworben. Er starb hier 1793. Das Schloß blieb bis 1922 in den Händen der Mansfield-Familie. 1925 erwarb es der

Earl of Iveagh, der das ganze Anwesen und eine berühmte Gemäldesammlung dem Staat vermachte. Heute ist Kenwood als »Iveagh Request« (= »Vermächtnis«) der Öffentlichkeit zugänglich. Im Schloßpark steht eine Laube, die im Jahre 1826 vom Landhaus der Thrales in Streatham, wo sie der Lieblingsaufenthalt Johnsons bei seinen Besuchen war, von einer unverheirateten Tochter der Freunde des Schriftstellers zum Garten ihres Familienbesitzes Ashgrove in Knockholt/Kent verlegt wurde, wo sie bis 1967 verblieb, dann restauriert und vom London County Council hierher versetzt wurde. In der Laube las Fanny Burney, zurückgezogen von anderen Besuchern, bei einem Besuch der Thrales Johnsons Tragödie »Irene«. Die Verlängerung der Hampstead Lane bilden Highgate High Street und Highgate Hill, die Hauptstraße der Londoner Vorstadt. Boswell fuhr bei seiner zweiten Reise nach London von Edinburgh kommend durch den Ort und notiert am 19. November 1762 in seinem Tagebuch: »Als wir auf die Anhöhe von Highgate gelangten und London erblickten, kam Lust und Leben in mich. Ich sagte Catos Worte (aus Addisons Trauerspiel gleichen Namens) über die Unsterblichkeit der Seele vor mich hin, und meine Seele stürzte sich auf die bevorstehende Glückseligkeit ... ein dreifaches Hurra, und wir fuhren in flottem Trab in die Stadt hinein.« In Dikkens' »Oliver Twist« reisen Noah Claypole und Charlotte durch Highgate Archway. Auch in »David Copperfield«, in den »Pickwick Papers«, in »Barnaby Rudge« und in »Bleak House« bildet Highgate den Schauplatz einiger Szenen. Betjeman besingt die »grasigen kleinen Hügel« um Highgate, die von Keats sprechen.

North Road Im Hause Nr. 17, dem »Byron Cottage«, wohnte von 1886 bis 1905 der am 26. März 1859 in Fockbury/Worcestershire geborene Dichter und Gelehrte Alfred Edward Housman. Er kam 1882 nach London, arbeitete zehn Jahre am Patentamt und erhielt dann eine Professur am University College. Im »Byron Cottage« entstand die Sammlung seiner lyrischen Gedichte »A Shropshire Lad«, die er auf eigene Kosten im Jahre 1896 veröffentlichte. Am 30. April 1936 starb er in Cambridge, wo er seit 1911 einen Lehrstuhl für Latein am Trinity College bekleidete. Auf derselben Straßenseite wie sein Wohnhaus liegt die Gastwirtschaft »The Red Lion and Sun«. Sie steht an der Stelle der 1910 abgerissenen »Red Lion Inn«. In einem Hause nebenan wohnte Charles Dickens mit seinen Eltern im Jahre 1832. Das Haus trägt eine Gedenktafel.
Zwischen North Road und Southwood Lane liegt die 1565 gegrün-

dete Highgate School. Die heutigen Gebäude gehen auf das Jahr 1866 zurück. John Betjeman ging hier zur Schule und hatte T. S. Eliot, den »American master«, der hier im Jahre 1915 ein Jahr lang unterrichtete, zum Lehrer. In einem Gewölbe der alten Kapelle, an deren Stelle zu Ende der sechziger Jahre des vergangenen Jahrhunderts die Kapelle der Highgate School errichtet wurde, wurde Coleridge im Jahre 1834 neben seinen Eltern beigesetzt. Auch seine 1845 verstorbene Ehefrau Sara Fricker wurde hier bestattet. Die Gebeine des Dichters wurden auf Wunsch der Öffentlichkeit im Jahre 1961 in die St. Michael's Church übergeführt.

The Grove Samuel Taylor Coleridge starb am 25. Juli 1834 im Hause The Grove Nr. 3, in das sein Arzt und Freund Dr. James Gillman mit seinem Patienten im Jahre 1823 vom South Grove gezogen war. Der Dichter empfing hier seine Freunde Hazlitt, Carlyle, Lamb und Wordsworth, der ihn noch einen Tag vor seinem Tode besuchte. Emerson berichtet von seinem Besuch hier am 5. August 1833. Er traf gegen Mittag in Highgate ein, wurde aber nicht empfangen, da Coleridge noch im Bett lag und ihn schriftlich bat, in einer Stunde wieder vorzusprechen. Emerson war enttäuscht, schließlich einen kleinen, dicken, alten Mann zu treffen, dessen schwarzer Anzug und dessen Halstuch vom Schnupftabak völlig verschmutzt waren. Auf dem Totenbett des Dichters lag ein Gedicht, das er 37 Jahre vorher aus Anlaß von Lambs erstem Besuch in Nether Stowey im Lake District, wo er wohnte, geschrieben hatte und das die Widmung trägt: »Für Charles und Mary Lamb — meinem Herzen so lieb, als wären sie mein eigenes.« Coleridge hatte mit dem um drei Jahre jüngeren Lamb die Schulbank im Christ's Hospital gedrückt und dort den Grund zu einer lebenslangen Freundschaft gelegt. Lamb überlebte ihn um eineinhalb Jahre. Der Dichter wurde in einem Gewölbe der Old Highgate Chapel bestattet. Im Jahre 1935 kaufte J. B. Priestley das Haus und wohnte hier bis 1939. Barrie besuchte ihn hier regelmäßig bis zu seinem Tode im Jahre 1937 und spielte mit seinen Kindern, »die sich dabei tapfer hielten, denn sie fürchteten sich vor ihm, wie sie mir gestanden«, schreibt Priestley in seiner Autobiographie. Hier entstanden sein Roman »They Walk in the City«, 1936 (»Abenteuer in London«) und sein Schauspiel »Time and the Conways« (1937). Der Lyriker und Dramatiker John Drinkwater wohnte von 1935 bis 1937 im Hause Nr. 9. Er starb am 25. März 1937.

South Grove Im Moreton House am South Grove wohnte der Arzt

Dr. James Gillman mit seiner Frau Ann, der Schwägerin Southeys. Ihre Schwester Sara war mit Coleridge verheiratet, der von ihr und seiner Tochter getrennt lebte. Das Ehepaar bot im Jahre 1816 dem nervenkranken und drogensüchtigen Dichter Unterkunft und Pflege an, ohne die sein Leben verloren gewesen wäre. Von seinem Fenster konnte der Dichter die Kuppel von St. Paul's Cathedral sehen. Gillman gelang es seine Gesundheit wiederherzustellen und seine Drogensucht soweit zu heilen, daß er seine Vorträge in der Stadt wiederaufnehmen und arbeiten konnte. 1817 erschien seine »Biographia Literaria«, eine der grundlegenden biographischen und literartheoretischen Publikationen des 19. Jahrhunderts, und 1824 erlebte er seine Ernennung zum Mitglied der Royal Society of Literature. Im Jahre 1823 übersiedelten die Gillmans mit ihrem Patienten zum Grove Nr. 8. In den dreißiger Jahren wohnte H. G. Wells im Moreton House.

St. Michael's Church St. Michael's Church wurde 1832 an der Stelle des Ashurst House errichtet, das seinerseits die Stelle des Bankettsaals des Arundel House einnahm, ein Landsitz, den der Earl of Arundel im Jahre 1610 übernahm. Seit dieser Zeit war Francis Bacon, der mit dem Hausherrn befreundet war, häufig Gast in Highgate. Auf dem Wege von seiner Wohnung im Temple zum Arundel House war er aus seiner Kutsche gestiegen, hatte bei einem Bauern ein Küken gekauft und es mit Schnee ausgestopft, um die konservierenden Eigenschaften der Kälte auf Fleisch zu untersuchen. Dabei hatte er sich eine Bronchitis zugezogen, die er in einem Zimmer des Arundel House, das längere Zeit nicht mehr geheizt worden war, nicht ausheilen konnte. Er starb hier am 9. April 1626 in den Armen seines Verwandten Sir Julius Caesar. An den Philosophen erinnert die benachbarte Bacon's Lane.

Im Jahre 1961 wurden die sterblichen Überreste von Coleridge von der Krypta der Old Highgate Chapel in die St. Michael's Church übergeführt, wo er in den beiden letzten Lebensjahren am Gottesdienst teilgenommen hatte. Eine Marmortafel erinnert an den »wahrhaft großen und guten Mann, der die letzten 19 Jahre seines Lebens in diesem Weiler gewohnt hat«.

Vom South Grove führt eine Autobuslinie zum Krematorium Golders Green, wo die Urnen von Thomas Burke, H. G. Wells und G. Bennett beigesetzt sind.

Highgate West Hill In dem bescheidenen Reihenhaus Nr. 31 kam am 28. August 1906 der Dichter John Betjeman als Sohn eines wohlhabenden Fabrikanten zur Welt, und hier verbrachte er seine Kindheit. Eines seiner Gedichte, in denen er seine Liebe zu Highgate bekundet, schließt mit den Worten: »Von Herzen liebte ich Dich, West Hill Nr. 31, wo Unbeseeltes fühlt und denken kann.« Als der Zehnjährige eines Tages aus der Schule kam, »stellte ich fest, daß wir umgezogen waren«, schreibt er. Tatsächlich hatten die Eltern die Wohnung gewechselt und waren in die Old Church Street in Chelsea umgesiedelt. 1969 geadelt, wurde Betjeman 1972 als Nachfolger des verstorbenen Cecil Day Lewis zum Poet Laureate ernannt. Er ist als Lyriker wie auch als Literaturkritiker am Daily Herald bekannt geworden. Betjeman besitzt eine Weste, die Henry James gehört hatte. »Ich trage sie natürlich nur bei Hochzeiten und Beerdigungen«, sagt er. Heute lebt der Dichter in Wantage/Berkshire. Um die Mitte des 19. Jahrhunderts wohnte der heute vergessene Schriftsteller und Historiker William Howitt im Hause Nr. 37, der West Hill Lodge. Hier besuchten ihn Rossetti und Hans Christian Andersen.

Millfield Lane Auf dieser gelegentlich »Poetensteig« genannten Straße soll Coleridge eines Tages Keats getroffen und beim Händedruck dessen nahenden Tod erkannt haben. Hier begegnete Keats auch Hazlitt und verehrte ihm einen Band seiner Gedichte. John Ruskin soll hier einige Zeit als Kind gelebt haben. Auf Betjeman wirkte die Millfield Lane wie ein Bild von Constable.

Highgate Cemetery Der Zugang zum Highgate Cemetery befindet sich in der Swain's Lane. Auf diesem Friedhof wurden die Eltern von Charles Dickens bestattet. Sein Vater starb im Jahre 1851, seine Mutter zwölf Jahre später. Auch seine Tochter Dora Annie hat hier ihre letzte Ruhestätte gefunden. Hier liegt auch die Mutter Tennysons begraben. Georg Eliot wurde am 29. Dezember 1880 dicht bei dem Grabe ihres Lebensgefährten Henry George Lewes, der zwei Jahre vorher gestorben war, »in ungeweihter Erde« beigesetzt. Ihrem Sarge folgte eine große Anzahl ihrer Bewunderer, unter ihnen ihr Freund Herbert Spencer, dessen Asche dreizehn Jahre später in der Nähe ihres Grabes gegenüber vom Karl-Marx-Denkmal beigesetzt werden sollte. Im Jahre 1869 gruben drei Freunde Rossettis mit offizieller Genehmigung bei Fackellicht um Mitternacht den Sarg seiner an einer Überdosis Opium verstorbenen Frau Elizabeth Siddal aus und öffneten ihn, um seinen Sonettenzyklus »The House of Life«, den er gerade vollendet und in tiefem Schmerz über ihren Tod in den Sarg gelegt hatte, zu bergen und zu veröffentlichen. Auch die Schwester des Dichters, die Lyrikerin Christina Rossetti, die 1894 in ihrer Wohnung am Torrington Square starb, fand im Erbbegräbnis ihrer Familie die letzte Ruhestätte. Der Dichter James Thomson der Jüngere, der seine letzte Wohnung in der Huntley Street Nr. 7 hatte und am 3. Juni 1882 48jährig im University College Hospital starb, wurde hier bestattet. Auch die Asche Sir Leslie Stephens wurde auf dem Highgate Cemetery beigesetzt.

Ein internationaler Wallfahrtsort auf dem Highgate Cemetery ist die Grabstätte von Karl Marx, der am 14. März 1883 im Alter von 67 Jahren in seinem Hause in der Maitland Park Road gestorben war. Nur zwölf Trauergäste fanden sich zu seinem Begräbnis ein. Am 5. Mai, dem Tage seiner Geburt, wurde im Jahre 1956 seine riesige Büste von Epstein über seinem Grabe enthüllt. Neben ihm ruhen seine Frau, die preußische Offizierstochter Jenny von Westphalen, Harry Longuet, der früh verstorbene Sohn seiner ältesten Tochter Jenny sowie die langjährige Haushälterin Lenchen Demuth, die Mutter Frederick Demuths, des unehelichen Sohnes von Marx, dessen Vaterschaft vor der Öffentlichkeit Friedrich Engels übernommen hatte, um den Ruf seines Freundes zu schonen.

Highgate Hill Leigh Hunt kam mit seiner kranken Frau und seinen sechs Kindern im September 1825 von Italien, wo er in Pisa bei Byron gewohnt und mit ihm wegen der Herausgabe einer Zeitschrift verhandelt hatte, nach London zurück und ließ sich in einem Hause am Highgate Hill nieder. Nach zwei Jahren übersiedelte er zur Euston Road.

Waterlow Park Neben »Lauderdale House«, einst ein Liebesnest, in dem Nell Gwynne ihren königlichen Geliebten empfing, 1889 vom London County Council übernommen, 1965 durch einen Brand zerstört und inzwischen restauriert, erinnert hügelaufwärts eine an der Mauer des Waterlow Park im Jahre 1898 angebrachte Tafel gegenüber vom Highgate Hill Nr. 110 an das Landhaus des am 31. März 1621 in Winestead/Yorkshire geborene Kavaliersdichters Andrew Marvell, Miltons Freund und Mitarbeiter im Staatsrat. Marvell ließ sich 1653 als Erzieher von Cromwells Neffen in London nieder und starb am 18. August 1678 in seiner Stadtwohnung in der Maiden Lane. In St. Giles-in-the-Fields wurde er bestattet. Eine steinerne Eingangsstufe zu seinem Haus unterhalb der Gedenktafel ist der einzige Rest seines Hauses, das 1869 abgerissen wurde. Marvell widmet dem Garten seines Hauses liebevolle Verse: »Ein Garten ist mein eigen, von Rosen und Lilien so überwachsen, daß man ihn für eine kleine Wildnis halten könnte.«

Fünfzehnter Spaziergang: London südlich der Themse

Greenwich Greenwich liegt etwa acht Kilometer unterhalb der London Bridge am Südufer der Themse. Das Schiff fährt vom Tower am »Prospect of Whitby« vorbei, einer schon vor 600 Jahren erwähnten Schmugglerkneipe, in der Samuel Pepys zu speisen pflegte. Das Wirtshaus ist mit dem englischen Wort sandwich verbunden. Ein 1792 verstorbener Lord Sandwich, der hier zu spielen pflegte, war so mit den Karten beschäftigt, daß er keine Zeit mit den Mahlzeiten verlieren wollte und sich zwei belegte Brotschnitten an den Spieltisch bringen ließ, die seitdem seinen Namen tragen. Im Jahre 1763 fuhr Boswell mit Johnson in einem gemieteten Ruderboot von Billingsgate »sanft bei schönem Wetter die silbrige Themse« hinunter nach Greenwich, einem Ort, den Johnson in seinem Gedicht »London« als seine Lieblingslandschaft gerühmt hat. Boswell hatte das Gedicht bei sich und ließ es sich nicht nehmen, einige Zeilen daraus vorzulesen. Johnson erzählte bei dieser Gelegenheit, daß er eine Zeitlang in einem Hause neben dem »Golden Heart« gewohnt habe, meistens im Park, dem von Le Nôtre für Charles II. angelegten königlichen Garten, gearbeitet habe und daß sein Trauerspiel »Irene« (1749) zum Teil hier entstanden sei. Henry Fielding beschreibt das Royal Hospital, den vollkommensten Profanbau Christopher Wrens, der »dem Erbauer wie der Nation gleichermaßen Ehre macht«, in seinem »Journal of a Voyage to Lisbon« (1755). In dem zu Ende des 17. Jahrhunderts an der Stelle des mit Henry VIII. besonders verbundenen königlichen Palastes, der zu Zeiten Cromwells als Gefängnis diente, errichteten Hospital ist seit 1873 das von Portsmouth hierher verlegte Royal Naval College untergebracht. Dickens, der Greenwich sehr liebte und in seiner Jugend den berühmten Markt in Greenwich Jahr für Jahr »in fast allen Arten von Fuhrwerken« besuchte, erinnert sich seiner Ausflüge in einem Kapitel seiner »Sketches by Boz«. Auch Fontane, der Greenwich zweimal aufsuchte, beschreibt den beliebten Jahrmarkt, der sich »als Vergnügungsort der Londoner zur Residenz wie etwa Charlottenburg zu Berlin verhält«. Bei einem Besuch wurde ihm hier von einem Wärter sein Seidenhut eingeschlagen. Das Trockendock, wo seit 1957 Englands letzter Teeklipper, die »Cutty Sark«, liegt, befindet sich an der Stelle des im Zweiten Weltkrieg zerstörten Wirtshauses »The Ship«, zu dessen Gästen Dickens gehörte. Bella Wilfer in seinem Roman »The Mutual Friend«, die in der Greenwich

Church getraut wurde, veranstaltete im »Ship« ihre Hochzeitsfeier mit John Rokesmith — »im Beisein eines verdrießlichen alten Pensionärs mit zwei Holzbeinen« — zum Gedenken an einen früheren Besuch der Taverne mit ihrem Vater, wobei sie mit ihm »in einem kleinen Zimmer mit dem Blick auf die Themse und die Dampfer auf ihrem Wege zum Meer« diniert hatte. Auch in dem erhaltenen »Trafalgar«, wegen seiner Weißfischmahlzeiten ebenso wie ehemals »The Ship« berühmt, kehrte Dickens oft ein. Der Name Cutty Sark (= kurzes Hemdchen) ist Robert Burns' Gedicht »Tam o'Shanter« entlehnt, in dem die Hexe Nannie ein solches Kleidungsstück trägt. Die Galionsfigur der »Cutty Sark« stellt die Hexe dar.

Maze Hill Der 1664 in London geborene Architekt und Schriftsteller Sir John Vanbrugh, Erbauer des Haymarket Theatre und des Blenheim Palace, Autor von Sittenkomödien und Congreves Mitübersetzer der Werke Molières, ließ sich im Jahre 1714 das von ihm entworfene und nach ihm benannte Vanbrugh Castle am Maze Hill errichten. Heute ist hier eine Mädchenschule untergebracht. Vanbrugh starb am Great Scotland Yard in London am 26. März 1726 und wurde in St. Stephen's, Walbrook bestattet.

Chesterfield Walk Am Chesterfield Walk liegt das zu Beginn des 18. Jahrhunderts errichtete »Chesterfield« oder »Ranger's House«. Im Jahre 1747 erbte Lord Chesterfield das Schloß, das er als Landhaus benutzte, nachdem er zwei Flügel hatte anbauen lassen. Seine Stadtwohnung hatte er in der South Audley Street. Seit 1937 trägt das Haus eine Tafel zum Gedenken an den Briefschreiber und Staatsmann.

Croom's Hill Der am 27. April 1904 als Sohn eines Geistlichen im Ballintogher in Irland geborene Dichter Cecil Day Lewis lebte von 1954 bis zu seinem Sterbejahr im Hause des Romanciers Kingsley Amis, Croom's Hill Nr. 6. Fünf Jahre vor seinem Tode wurde er als Nachfolger von John Masefield Poet Laureate. Als er von der hohen Auszeichnung erfuhr, meinte er, daß der Sold für dieses Amt lediglich ausreiche, sich ein oder zwei Tage hindurch mit Whisky volllaufen zu lassen. Von 1950 bis 1955 war er Professor für Dichtkunst in Oxford. Unter dem Decknamen Nicholas Blake hat er sich als Autor von Kriminalromanen betätigt. Am 22. Mai 1972 starb er bei einem Besuch in Lemmons Hadley Wood/Hertfordshire.

Pond Road Der im Jahre 1804 geborene amerikanische Schriftsteller Nathaniel Hawthorne, der mit seinem Roman »The Scarlet Letter«, 1850 (»Der scharlachrote Buchstabe«) auch in Deutschland interessierte Leser gefunden hat, stand von 1853 bis 1857 im diplomatischen Dienst in Liverpool und wohnte bei einem Besuch in London im Jahre 1856 im Hause Nr. 4. In seinen Reisebeschreibungen »Our Old Home« (1863) widmet er dem Stadtviertel Blackheath und dem Greenwich Hospital freundliche Erinnerungen. Sein Wohnhaus in Blackheath trägt seit 1953 eine Gedenktafel. Er starb am 18. Mai 1864 in Plymouth/New Hampshire.

Ashburnham Grove In einer billigen kleinen Pension am Ashburnham Grove kam am 1. April 1875 der Kriminalschriftsteller Edgar Wallace als uneheliches Kind der unbedeutenden Schauspielerin am alten Greenwich Theatre, Marie Richards, die ihre Kollegen Polly nannten, zur Welt. Unmittelbar nach seiner Geburt wurde das Kind einer Pflegemutter, der Frau des Fischmarktarbeiters George Freeman, im Hause Nr. 4 des heute verschwundenen Norway Court, der in der Norway Street lag, anvertraut. Die Familie Freeman adoptierte das Kind bald darauf. Seinen Vater hat Wallace nie kennengelernt. Mit sechs Jahren kam das Kind auf die St. Peter's Infant School in der benachbarten Thames Street. 1885 zogen die Freemans nach Camberwell, wo Edgar mit zwölf Jahren seine Schulausbildung abschließen und als Zeitungsjunge zum Unterhalt der Familie beitragen mußte. Am 10. Februar 1932 starb der Schriftsteller während einer Vortragsreise in Hollywood an einer Lungenentzündung und an Diabetes, den er sich nicht zuletzt durch maßlosen Teegenuß zugezogen hatte. Der ebenso maßlose Kettenraucher, den Grahame Greene »eine menschliche Buchfabrik« nannte, hinterließ außer £ 140 000 Schulden 173 Romane, 23 Theaterstücke und knapp 1000 Kurzgeschichten.

Deptford Die Verlängerung der Deptford High Street bildet

Tanners Hill Im Hause Nr. 67 wohnte Clara Hanford, die Ziehschwester von Edgar Wallace, mit ihrem Mann. Nach seinem Scheitern als Schiffsjunge kam Edgar Wallace nach London zurück und fand im Milchladen von Mr. Hanford eine Stellung. Er bestahl jedoch seinen Arbeitgeber, der ihn aus dem Hause warf. Als Betonmixer und Nachtwächter versuchte er darauf, seinen Lebensunterhalt zu verdienen.

St. Nicholas' Church In der St. Nicholas' Church am Deptford Green erinnert eine Tafel an den am 26. Februar 1564 in Canterbury geborenen und in der dortigen St. George's Church getauften größten Dramatiker vor Shakespeare, Christopher Marlowe, Sohn eines Schuhmachers. Aus Furcht vor der in London herrschenden Pest hatte der seit 1586 in London lebende Schriftsteller seinen Wohnsitz in Deptford genommen. Am 1. Juni 1593, einen Tag vor einer Gerichtsversammlung, bei der er sich wegen Gotteslästerung und Homosexualität verantworten sollte, wurde er bei einer Wirtshausschlägerei um ein Mädchen von einem Soldaten namens Ingram Frazer erstochen. Auf dem Friedhof der Kirche wurde er bestattet. Seine Grabstelle ist nicht mehr zu ermitteln.

Sayes Court Park Der am 31. Oktober 1620 im »Wotton House« bei Dorking/Surrey als Sohn eines wohlhabenden und gebildeten Gutsbesitzers geborene Jurist, Mitbegründer der Royal Society, Tagebuchschreiber und Schriftsteller John Evelyn ließ sich nach Studien in Oxford und am Middle Temple in London sowie Reisen auf dem Kontinent im Jahre 1652 in »Sayes Court«, einem längst verschwundenen Herrensitz in Deptford, der seinem Schwiegervater gehörte, nieder. Er hatte im Jahre 1647 in Paris die zwölfjährige Tochter des englischen Gesandten in Frankreich, Sir Richard Browne, geheiratet. Im »Sayes Court« besuchte ihn sein Freund Pepys wiederholt. 1694 bezog der Schriftsteller »Wotton House«, das sein älterer Bruder geerbt hatte. Hier starb er am 27. Februar 1706. Seine Frau wurde zwei Jahre später neben ihm am Altarplatz der Kirche in Wotton bestattet. Sein von 1641 bis zu seinem Tode geführtes »Diary«, das erst 1818 durch einen Zufall entdeckt wurde, gehört neben den Tagebüchern von Pepys und Boswell zu den wichtigsten kulturhistorischen Memoirenwerken der englischen Literatur. Im Jahre 1698 wohnte Zar Peter der Große, der auf den benachbarten Docks den Schiffbau studierte, zwei Monate lang auf »Sayes Court«. Er achtete die von Evelyn mit Sachkenntnis und Liebe angelegten Gartenanlagen gering, denn er ließ sich in einer Schubkarre über die Blumenbeete und durch die mühevoll angelegten Hecken fahren. Die Namen Evelyn Street, Wotton Road, Pepys Park und Tsar Road erinnern an die Geschichte des Hauses. An der Stelle des Besitzes liegt heute der Sayes Court Park.

Tressillian Crescent Nach seiner Entlassung aus der Redaktion des »Daily Mail« mietete Edgar Wallace zu Beginn des Jahres 1908 mit seiner Frau und seinen zwei Töchtern nicht weit von der Gegend, in der er aufgewachsen war, ein kleines Haus am Tressillian Crescent Nr. 6. Er wählte das Haus nicht zuletzt, weil er hier durch eine Hintertür des Gartens entschlüpfen konnte, falls Gläubiger an die Vordertür klopften. Sein Arbeitszimmer lag im Erdgeschoß zum Garten. Trotz seiner bedenklichen wirtschaftlichen Lage ließ sich der Kettenraucher extravagante Spitzen anfertigen, um den Rauch seiner Zigaretten den Augen fernzuhalten. Zu dieser Zeit entfremdete er sich von seiner Frau Joy immer mehr, nicht zuletzt durch seine Beziehung zu der Redakteurin Cora Lawrence. Um dem Druck des Haushalts zu entgehen und Cora näher zu sein, die in den Clarence Gate Gardens wohnte, nahm er das Angebot eines Freundes an, in seiner Wohnung, die in derselben Straße lag, gelegentlich zu wohnen und zu schreiben. Als sich seine finanzielle Situation besserte, engagierte er die 18jährige Violet Hunt als Sekretärin, die 1921 seine zweite Frau werden sollte, und mietete im ersten Stock eines Hauses an den Clarence Gate Gardens ein luxuriöses Absteigequartier. Hier brachte er später seine Familie unter, während er sich eine Wohnung im Yeoman House am Haymarket mietete. 1919 wurde er von seiner ersten Frau geschieden.

Southwark

London Bridge London Bridge, bis zur Mitte des 18. Jahrhunderts der einzige Übergang über die Themse an der Stelle einer bereits zu Zeiten der Römer geschlagenen Holzbrücke, um 1200 durch eine Steinbrücke ersetzt, verband und verbindet die City mit dem »Borough«, dem Stadtteil Southwark, der auf eine ebenso lange Geschichte wie London zurückblicken kann. Die ehemalige Römersiedlung wurde, da die Gesetze der Hauptstadt hier keine Gültigkeit hatten und der Ort gewisse Freiheiten genoß, im Mittelalter und zu Beginn der Neuzeit ein Quartier von Kneipen, Bordellen, Theatern und Gefängnissen, aber auch der Wohnsitz kirchlicher Würdenträger. Bis 1760 sah die Brücke, die auf beiden Seiten von Häusern gesäumt, in der Mitte mit einer Thomas à Becket geweihten Kapelle geschmückt und mit Tortürmen auf beiden Zugängen versehen war, »wie eine Straße aus«, heißt es in Thackerays Roman »Henry Esmond« (1852). Der auf eine Eisenspitze aufgespießte Kopf von Thomas More, der am 6. Juli 1535 im Tower enthauptet wurde, wurde am südlichen Tor der Brücke tagelang ausgestellt. Pepys berichtet in seinem Tagebuch von den Flußschiffern, die vor der London Bridge ihre Boote aus dem Strom nahmen und sie auf der anderen Seite wieder ins Wasser setzten, um der Gefahr des Zusammenstoßes mit einem der 19 Pfeiler der Brücke zu entgehen. Boswell erzählt in seinem »London Journal« von einem Spaziergang vom Hyde Park Corner zur London Bridge, »wo wir das schaurig-schöne Schauspiel des halb zugefrorenen Flusses vor uns hatten, auf dem die Eisschollen aufeinander krachten«. Wordsworth hielt sich bei einem Besuch in London auf der Brücke auf und brachte hier sein Pamphlet »Bowles's Fourteen Sonnets, Elegiac and Descriptive« zu Ende. In »Great Expectations« verlegt Dickens den Schauplatz einiger Szenen auf die alte Brücke, die neue, 1831 fertiggestellte, spielt in verschiedenen anderen Werken eine Rolle. So hielt sich David Copperfield, in dem der junge Dickens sein eigenes Leben nachzeichnet, auf seinem Wege von der Firma Murdstone and Grimby zu seinem Zimmer in Southwark oder zu Mr. und Mrs. Micawber im King's Bench-Gefängnis am liebsten auf der London Bridge auf, »wo ich mich auf eine der Steinbänke in den Ausweicheplätzen setzte und den vorübereilenden Leuten zusah oder über das Gitter auf das im Sonnenlicht schimmernde Wasser blickte«. In einem der Innenhöfe des Guy's Hospital wurde eine dieser alten Nischen nach dem Abriß der Brücke aufgestellt. In T. S. Eliots »Waste Land«, 1922 (»Das wüste Land«) erscheint die Vision der »unwirklichen Stadt im braunen Nebel eines Wintermorgens«, an dem »die Menge über London Bridge strömt... Ich glaube nicht, der Tod fälle so viele«. Am Nordende der Brücke lag an ihrer Ostseite das Adelaide Hotel, in dem der 25jährige Theodor Fontane, der sich bei seiner ersten Reise nach London im Mai 1844 »zwar nicht die Seele, aber unzweifelhaft alle Galle aus dem Leibe gebrochen hatte«, abgestiegen war. »London hat einen unvertilgbaren Eindruck auf mich gemacht; nicht sowohl seine Schönheit als seine Großartigkeit hat mich staunen lassen. Es ist das Modell oder Quintessenz einer ganzen Welt. Der... Umstand, daß London mehr Nachtwächter (12 000) hat als das Königreich Sachsen Soldaten, ist am ehesten geeignet, eine Vorstellung von den Dimensionen dieser Riesenstadt zu geben«, notiert er in seinen Memoiren. Auf der Südseite der Brücke führen einige Stufen zur Southwark Cathedral, die »Nancy's Steps«, die durch Dickens' »Oliver Twist« unsterblich wurden: »In jeder Sonntagnacht von elf Uhr an, bis die Glocke zwölf schlägt, will ich auf der London Bridge auf und ab gehen«, sagt Nancy.

Southwark Cathedral Die alten Türme der Southwark Cathedral, offiziell Church of Saint Saviour and St. Mary Overie, und der Saint Magnus Martyr am Nordufer sind »schon lange die riesigen Wächter der uralten London Bridge«, heißt es in »Oliver Twist«. In der im 12. Jahrhundert an der Stelle einer im Jahre 606 von Nonnen gegründeten Klosterkirche errichteten Kathedrale wurde der Geistliche John Harvard, Gründer der nach ihm benannten amerikanischen Universität, der in der Borough High Street in einem Hause

geboren wurde, das an der Stelle eines Brückenträgers stand, im
Jahre 1607 getauft. Der Schauspieler Edmund Shakespeare, der jüngere Bruder des Dramatikers, wurde hier im gleichen Jahr begraben.
Der Dramatiker John Fletcher fand zusammen mit seinem 1640
verstorbenen Berufskollegen John Massinger in einem Grabe seine
letzte Ruhestätte. Er wurde am 28. August 1625 von der Pest dahingerafft. An ihn erinnert sein in eine Steinplatte in der Kirche geschnittener Name und der Name einer Straße in Southwark. Als
jüngster Sohn des Bischofs von London im Dezember 1579 in Rye
geboren, lebte er nach Studien in Cambridge in Güter- und Wohngemeinschaft in einem Hause in der Clink Street in der Nähe des
Globe Theatre zusammen mit dem Bühnendichter Francis Beaumont
bis zu dessen Eheschließung im Jahre 1613. Ihre schriftstellerische
Gemeinschaftsproduktion — in der Literaturgeschichte werden ihre
Namen nur zusammen genannt — währte bis zu Beaumonts Tod im
Jahre 1616. Von nun begann Fletcher seine Zusammenarbeit mit
Massinger. An Beaumont, den Zechkumpan Ben Jonsons in der
Mermaid Tavern, der in der Westminster Abbey begraben liegt, erinnerte ein farbiges Glasfenster in der Kathedrale, das im Zweiten
Weltkrieg den Bomben zum Opfer fiel. Auch der am 24. November 1583 in Salisbury/Wiltshire geborene Dramatiker Philip Massinger, der in Armut lebte und am 18. März 1640 in London starb,
wurde in der Kathedrale begraben, obwohl er in dem noch erhaltenen Kirchenregister als Stran (= stranger = Fremder, nicht zur Gemeinde gehörig) bezeichnet ist. Auch sein Name ist auf einem Stein
im Chor zu lesen. Ein ihm gewidmetes, 1896 von Sir Walter Besant
enthülltes buntes Glasfenster wurde ebenfalls zerstört. Zusammen
mit Fletcher schrieb er 30 Bühnenwerke und galt nach dem Tode
seines Mitarbeiters als führender Bühnenschriftsteller. Der um 1330
in Kent geborene Dichter und Gelehrte John Gower, Schüler und
Freund Chaucers, hatte in der damaligen Pfarrei von St. Mary Overie seinen Wohnsitz. Als 70jähriger zog er sich erblindet in das
gleichnamige Kloster zurück. Er galt als Wohltäter der Gemeinde.
Das im nördlichen Seitenschiff befindliche Denkmal des 1408 verstorbenen Dichters gehört ebenso wie das Shakespeare-Monument
auf der Südseite zu den Sehenswürdigkeiten der Kathedrale.

St. Thomas's Street Von dem im 13. Jahrhundert hier gegründeten
St.Thomas's Hospital, das 1868 abgerissen und in einem Neubau am
Albert Embankment wiedererstand, sind lediglich der zweckentfremdete Südflügel und die Church of St. Thomas, das Kapitelhaus der

Kathedrale, erhalten. In unmittelbarer Nachbarschaft steht das 1725 errichtete und nach seinem Gründer, einem Buchhändler, benannte Guy's Hospital, das mit Keats verbunden ist. Der Dichter, der nach einer Ausbildung bei einem Chirurgen Dr. Hammond in Edmonton, wo er bei seiner Großmutter lebte, nach London ging, begann hier am 2. Oktober 1815 seine Tätigkeit als Assistenzarzt. Er mietete zunächst ein Zimmer im Hause Nr. 8 der Walworth Road, die damals noch Dean's Row hieß, und bezog zum Sommer 1815 mit zwei Berufskollegen eine Unterkunft im Hause eines Kerzenmachers in der St. Thomas's Street. Unbefriedigt von seiner Tätigkeit beschloß er Anfang 1817, seinen Beruf aufzugeben und nur noch seinen poetischen Neigungen zu leben. Um so mehr traf ihn ein Jahr später die Rezension des Kritikers Lockhart, des Schwiegersohns von Walter Scott, der bei der Beurteilung des Gedichts »Endymion« zu folgendem Schluß kam: »... Herr John, zurück in deine Bude, bleib bei deinen Pflastern, Pillen und Salbenschachteln!« Auch der am 23. Oktober 1844 in Walmer/Kent geborene Dichter Robert Bridges ist mit Guy's Hospital verbunden. Er kam nach Studien am Corpus Christi College, Oxford zur weiteren Ausbildung im Jahre 1869 an das Guy's Hospital, wo er später auch als Arzt tätig war. Mit 38 Jahren gab er seinen Beruf auf, verließ London und lebte von da an als freier Schriftsteller. 1913 wurde er Poet Laureate. Er starb am 23. Oktober 1930 auf seinem Besitz Chilswell House in Boar's Hill/Berkshire. Von den Verhältnissen im Guy's Hospital zu seiner Zeit gibt Dickens in seinem Roman »Martin Chuzzlewit« (1843) ein erschütterndes Bild. Mrs. Gamp, Geburtshelferin und Leichenwäscherin, die zum Typ einer schwatzhaften, dem Alkohol ergebenen Frau geworden ist, erinnert sich: »Als Gamp heimgerufen wurde ... und ich ihn im Guy's Hospital liegen sah, mit einer Pennymünze auf jedem Auge und seinem Holzbein unter dem linken Arm, meinte ich, in Ohnmacht fallen zu müssen. Ich hab's aber überstanden.«

Borough High Street Von der Borough High Street, der Heerstraße der Reisenden vom Kontinent in die englische Hauptstadt, sagt der Satiriker Thomas Dekker im 17. Jahrhundert, daß sie eine große Kneipe sei und daß man hier keine Arbeiter, sondern nur Säufer sähe. Auf der linken Straßenseite folgen dicht aneinander enge Höfe und Gassen, deren Namen die Erinnerung an früher gut bekannte und berühmte Gasthöfe und Postkutschenstationen festhalten. In seinen »Pickwick Papers« sagt Dickens: »Es gibt in London mehrere alte Gasthöfe, die zu einer Zeit, als Postkutschen ihre Fahrten auf eine gesetztere und würdigere Weise als heute zurücklegten, das Hauptquartier berühmter Kutschen waren, die nun jedoch zu kaum mehr als Raststätten und Umschlagplätzen für Frachtfuhrwerke entartet sind ... Vornehmlich im Borough sind noch etwa ein halbes Dutzend alter Gasthöfe übriggeblieben, die ihre äußere Gestalt unverändert bewahrt haben ... Ausgedehnte, planlose, wunderliche, alte Stätten sind sie, mit Galerien und Gängen und Treppen, die weit und altertümlich sind, Stoff für hundert Gespenstergeschichten zu liefern ...« Zu diesen Gasthöfen zählt Dickens die »White Hart Inn«, die 1889 abgerissen wurde. Ein Teil des Geländers der alten Galerie ist im »Dickens House« in der Doughty Street zu besichtigen. Im Flur des Hauses Borough High Street Nr. 62 besagt eine Gedenktafel, daß sich an der Stelle des jetzigen Hauses die Wirtschaft befand, deren Ursprung auf das Jahr 1400 zurückging. Hier ermuntert der Revolutionär Jack Cade in Shakespeares »Henry VI.« seine Anhänger zu weiteren Taten: »Ist mein Schwert dazu durch das Londoner Tor gebrochen, daß Ihr mich beim ›Weißen Hirsch‹ verlassen sollt?« Mr. Pickwick trifft hier den Hausknecht Sam Weller zum ersten Mal, und er und Mr. Wardle entdecken im »White Hart« den bösen Jingle und Rachel Wardle, die »jungfräuliche Tante«, die nach ihrer Flucht in Zimmer Nr. 5 abgestiegen sind. Einige Schritte weiter südlich im Hause Nr. 71 liegt der nach einem Schadenfeuer im Jahre 1677 erbaute einzige Gasthof Londons, dessen innere Räume und umlaufende Galerien wenigstens zum Teil erhalten geblieben sind, die »George Inn«. Hier schreibt Little Dorrits Bruder seinen Bettelbrief an Arthur Clennam.

Talbot Yard An der Stelle des Talbot Yard stand die durch Chaucers »Canterbury Tales« berühmt gewordene »Tabard Inn«, der Gasthof »Zum Heroldsrock«. Hier trafen sich eines Abends im April des Jahres 1387 neunundzwanzig Pilger zu ihrer Fahrt nach Canterbury zum Grabe des heiligen Thomas à Becket, »Zufall hatte sie gesellt, auf Pilgerfahrt war aller Sinn gestellt«. Der Gasthof wurde 1676 ein Raub der Flammen.

Zwischen dem Mermaid Court und der Chapel Street lag vom 14. Jahrhundert bis zum Jahre 1758 das alte Marshalsea Prison. Hier saßen um 1450 Sir Thomas Malory, der sich des Verrats an seinem Lehnsherrn schuldig gemacht hatte und mit seinen Erzählungen vom König-Arthus-Kreis seine Leser zu begeistern verstand, Ben Jonson, den ein tödlich ausgegangenes Duell mit einem Kollegen im Jahre 1598 beinahe an den Galgen brachte, und John Donne, der im

Jahre 1601 als Sekretär des Lordsiegelbewahrers Sir Th. Egerton im geheimen dessen Nichte geehelicht hatte, hinter Schloß und Riegel.

St. George's Church St. George's Church ist mit Dickens' »Little Dorrit« eng verbunden. Hier wurde die Titelheldin des Romans getauft, hier verbrachte sie eine Nacht in der Sakristei, als sie eines Abends den Zugang zum neuen Marshalsea Prison, in dem sie mit ihren Eltern leben mußte, geschlossen fand, und hier wurde sie schließlich mit Arthur Clennam getraut. »Ihre Geburt ist im ersten Band des Registers eingetragen, auf dem Fußboden der Sakristei hat sie mit dem Kopf auf dem zweiten Band, dem Sterberegister, geschlafen und in den dritten Band schreibt sie ihren Namen bei ihrer Hochzeit ein«, heißt es im Schlußkapitel des Romans (1856). Ein modernes Glasfenster erinnert an diese literarische Beziehung.

Tabard Street Hinter der Kirche, am Anfang der Tabard Street, lag der Kirchhof und ein Teil des neuen Marshalsea Prison, das durch Dickens und durch seinen Roman »Little Dorrit« unsterblich geworden ist. In den Eingangszeilen zu dem Roman heißt es:

»Vor dreißig Jahren stand, wenige Türen von der St. Georgskirche entfernt, im Stadtbezirk Southwark links am Weg, der nach Süden führt, das Marshalsea-Gefängnis. Es hatte schon viele Jahre dort gestanden und blieb auch noch einige Jahre dort; jetzt aber ist es verschwunden, und die Welt ist dadurch nicht schlechter geworden. Es war ein längliches, kasernenartiges Gebäude, untergeteilt in schmutzige Häuser, die mit den Rückseiten aneinanderstanden, so daß es keine Stuben nach hinten hinaus gab. Das Ganze umgab ein enger, gepflasterter Hof von hohen, oben gehörig mit Eisenspitzen versehenen Mauern umschlossen. An sich ein enges, streng verschlossenes Gefängnis für Schuldner, enthielt es in sich einen noch engeren und strengeren Kerker für Schmuggler.«

Marshalsea zählte um 1800 zu den sieben Gefängnissen in Southwark, von denen es bis auf die Marshalsea-Mauer keine Überreste mehr gibt. Im Jahre 1824 wurde John Dickens, der Vater des Schriftstellers, hier drei Monate lang seiner Schulden wegen eingesperrt. Sein Haushalt wurde verpfändet, nach der Sitte der damaligen Zeit konnten seine Frau und die Kinder seine Zelle teilen. Der 12jährige Charles mußte eine Stellung in einer Schuhwichsefabrik an den Hungerford Stairs annehmen. Er mietete sich ein Zimmer in der benachbarten Lant Street, um mit seinen Eltern die Morgen- und Abendmahlzeiten gemeinsam einnehmen zu können.

An einer Ziegelsteinmauer, dem einzigen Rest des Marshalsea Prison, erinnert eine alte, schwer zu entziffernde Tafel an das Gefängnis, an Charles Dickens und an Little Dorrit.

Hinter der St. George's Street in der High Street lag Jahrhunderte hindurch bis zum Jahre 1758 das alte King's Bench Prison. Hier war der Satiriker Thomas Dekker von 1613 bis 1619 eingesperrt.

Lant Street Die Lant Street »in der Nähe vom Guy Hospital ... ein Stückchen noch, wenn Sie an der St. George's Church vorbei sind, geht auf der rechten Seite von der High Street ab«, wie Dickens in den »Pickwick Papers« schreibt. Am Ostende dieser Straße »mit ihrer Ruhe, ihrer beschwichtigend wirkenden Langweiligkeit und ihrer glücklichen Zurückgezogenheit, die eine sanfte Schwermut in die Seele gießt«, mietete im Jahre 1824 der 12jährige Charles bei einem »gutherzigen, dicken, alten Gerichtsvollzieher« und seiner Familie, die er als die Familie Garland im »Old Curiosity Shop« verewigt hat, eine Dachstube. »Die Mehrzahl der Bewohner dieser Straße vermietet entweder möblierte Zimmer oder widmet sich der gesunden und kräftigenden Beschäftigung des Mangelns. Vorherrschend in diesem Stilleben sind grüne Fensterläden, Vermietungsanzeigen und messingsche Türschilder und Glockenzüge...«, heißt es in den »Pickwick Papers«. Heute steht an der Stelle seines Wohnhauses, das 1877 abgerissen wurde, die Charles-Dickens-School, in der eine Büste des Schriftstellers an den Namensgeber und seine Beziehung zur Lant Street erinnert. Sein Zimmer diente ihm in den »Pickwick Papers« als Vorbild für das Zimmer Bob Sawyers, der in der Lant Street bei einer Mrs. Raddle wohnt, ebenso wie für das Zimmer David Copperfields, der bei der Inhaftierung Micawbers im King's Bench Prison seine Unterkunft in der City Road verlassen mußte: »Meine Wohnung war eine stille Dachstube hinten hinaus mit der angenehmen Aussicht auf einen Innenhof; als ich einzog, kam sie mir wie ein wahres Paradies vor.«

Der Neubau des King's Bench Prison befand sich von 1758 bis 1869 an der Ecke Borough High Street/Scovell Road. Smollett schrieb hier während seiner Inhaftierung wegen Verleumdung eines Admirals Knowles vom November 1760 bis Februar 1761 seinen Roman »Sir Lancelot Greaves«. Mr. Micawber, dessen Leichtsinn und ständige Geldnöte Dickens dem Charakter seines Vaters nachzeichnet, muß in dem Roman »David Copperfield« hier seine Strafe Schulden halber absitzen. Der Titelheld besucht ihn »am ersten Sonntag nach seiner Verhaftung ... und wir gingen hinauf in sein Zimmer und weinten sehr«. In diesem Kapitel findet der Leser eine eingehende Schilderung der Haftbedingungen in den Schuldgefängnissen zu Dickens' Zeiten.

Harper Road In der Harper Road, die ehemals Horsemonger Lane hieß, stand von 1791 bis 1878 an der Stelle der Parkanlage hinter dem »Sessions House« das Horsemonger Lane Jai (=Gefängnis). Wegen einer Beleidigung des Prinzregenten, den er in der von ihm herausgegebenen radikalen Wochenzeitschrift »The Examiner« einen »fetten Adonis von fünfzig Jahren« und einen »allen Lastern ergebenen Wüstling« genannt hatte, zog sich Leigh Hunt eine Gefängnisstrafe von zwei Jahren zu, die er von Februar 1813 bis 1815 hier absaß. Der Sitte der Zeit gemäß teilte seine Frau die mit Büchern, Büsten und einem Klavier ausgestattete Zelle mit ihm. Charles Lamb, der ihn wie viele andere prominente Zeitgenossen aufsuchte, fand die Zelle »märchenhaft«. Thomas Moore gehörte zu Hunts regelmäßigen Besuchern. Im Mai 1813 brachte er Byron mit, der den Gefangenen mit einem Bücherpaket erfreute. Leigh Hunt arbeitete hier an seiner Versdichtung »The Story of Rimini« (1816). Im Februar 1815 wurde er entlassen und kam zunächst bei seinem Bruder, der aus dem gleichen Grunde wie er im Clerkenwell-Gefängnis eingesperrt war, in der Edgware Road unter. Keats, der ihm seine »armseligen« Gedichte zugeeignet hatte, widmet ihm sein Sonett »Written on the Day that Leigh Hunt left Prison«. Das Stadtviertel ehrt die unrühmliche Bindung des Schriftstellers zu Southwark im Namen einer Straße.

Vor dem Gefängnis fanden zu Dickens' Zeit die Hinrichtungen statt. Der Schriftsteller war einer der 30 000 Zeugen, die sich das »Schauspiel« der Enthauptung des wegen Mordes zum Tode verurteilten Ehepaars Manning ansahen. Er hatte wie viele seiner Landsleute die Zutrittsgebühr in Höhe von 10 Guineas für einen Platz nahe am Schafott oder den Blick aus einem Fenster der umliegenden Häuser auf die makabre Bühne bezahlt. Mit einem offenen Brief, den er am 13. November 1849, dem Tage der Exekution, an die »Times« schrieb, trug er entscheidend zur Abschaffung der öffentlichen Hinrichtungen bei.

Waterloo Road Am 15. Juni 1963 schloß mit einer Aufführung von Shakespeares »Measure for Measure« das berühmte Old Vic Theatre in der Waterloo Road seine Pforten, und am 22. Oktober desselben Jahres eröffnete hier Sir Laurence Olivier das National Theatre mit einer Aufführung des »Hamlet«. Seit der Fertigstellung des Neubaus an der South Bank gegenüber dem Somerset House hat das Theater keine Verwendung mehr gefunden. Es wurde 1818 als Coburg Theatre eröffnet. 1833 erhielt es den Namen Royal Victoria Hall, ein Vorstadtkabarett, das Lilian Baylis mehr als ein halbes Jahrhundert später zum Britischen Nationaltheater machte. Hier wurden zum ersten Mal in einem Theater zwischen 1914 und 1923 alle Shakespeare-Stücke der ersten Folio-Ausgabe aufgeführt. 1931 gründete Lilian Baylis die Volksoper im Sadler Wells Theatre. Eine Plakette im Foyer des Old Vic erinnert an die »Heilige Johanna vom Old Vic«, wie sie die damals 93jährige Schauspielerin Lady Sybil Thorndike bei der Einweihung der Tafel genannt hat.

Nelson Square Nach der Trennung von seiner Frau Harriet Westbrook im Frühjahr 1814 ging Shelley zunächst nach Bracknell, dann nach Windsor und nahm sich schließlich ein Zimmer in der Fleet Street in London. Zu dieser Zeit begann seine Beziehung zu der 16½jährigen Mary Godwin. Mit ihr und ihrer Stiefschwester Jane Clairmont, die sich Claire nannte und zwei Jahre später Byrons Geliebte wurde, verließ er am 28. Juli 1814, nicht zuletzt wegen der Schwangerschaft Marys, England und ging in die Schweiz. Im Herbst kehrte er zurück und nahm mit ihr am Nelson Square Nr. 26 Wohnung. Thomas Jefferson Hogg, sein Studienfreund aus Oxford, besuchte das Paar hier regelmäßig.

Bankside Nach Rückkehr von seinen Wanderungen auf dem Kontinent kam Oliver Goldsmith im Jahre 1756 nach London, wo er zunächst als Gehilfe eines Apothekers tätig war und sich dann als Arzt in einem Hause an der Bankside niederließ. Seine Berufswahl erwies sich als Fehlschlag. Auch als Lehrer fand er weder Befriedigung noch Erfolg.

Eine an der Mauer der Courage's-Brauerei von der Shakespeare-Lesegesellschaft im Jahre 1909 angebrachte Tafel erinnert an das Globe Theatre, das im Jahre 1599 an dieser Stelle eröffnet wurde und 1613 bei einer Vorstellung von Shakespeares »Heinrich VIII.« den Flammen zum Opfer fiel. Dieses Theater war das »Hölzerne O«, von dem im Prolog zu »Heinrich VI.« die Rede ist. Die Tafel zeigt nicht nur das Theater, das nach dem Brande wiederaufgebaut wurde und bis 1644 bestand, sondern auch das damals in der Rose Alley gelegene Rose Theatre sowie das Droeshout-Porträt Shakespeares. Shakespeare war Teilhaber des Globe Theatre und gleichzeitig auch Bühnenautor und Schauspieler hier wie auch an den benachbarten Rose-, Swan- und Hope Theatern. An der Stelle des

Globe Theatre wurde eine Brauerei errichtet, die Henry Thrale, der Freund Samuel Johnsons, um die Mitte des 18. Jahrhunderts übernahm.

Clink Street Der Name dieser Straße geht auf ein Gefängnis zurück, das in der Nähe der Eisenbahnbrücke in dieser Straße stand. Clink bedeutet im Londoner Slang soviel wie »Knast«. Massinger war hier eingesperrt. In der Clink Street wohnten zur Glanzzeit der Theater in dieser Gegend die Dramatiker Philip Henslowe, George Peele, Beaumont und Fletcher und vermutlich auch Shakespeare.

Park Street In der Park Street hatte der Brauer Henry Thrale und seine Frau Hester Lynch ein Landhaus. Samuel Johnson, der 16 Jahre hindurch besonders mit Mrs. Thrale eng verbunden war, war hier bei den Abendessen, die der Brauer seinen Freunden gab, ständiger Gast. Hier, wie auch in seinem Landhaus in Streatham stand ihm ein Zimmer zur Verfügung, und hier schrieb er sein »Life of Congreve«, ein Kapitel seiner »Lives of the English Poets«. Mit ihm kamen seine Freunde Garrick, Joshua Reynolds und Goldsmith in das gastfreundliche Haus. Boswell erinnert sich in seinem »London Journal« an einen Vormittagsbesuch in der Park Street, als er Johnson und Mrs. Thrale beim Frühstück antraf. Sie warf ihm »Blicke zu, während er sprach, die verrieten, wie sehr wir ihm beide zugetan waren«. Nach dem Tode Thrales im Jahre 1781 mußte die Brauerei verkauft werden, um die Schulden des Brauers zu decken — Johnson fungierte als Testamentsvollstrecker seines Freundes — und ging in die Hände eines reichen Tuchhändlers namens Barclay über. In den Büroräumen der Brauerei wird der Türklopfer des »Johnson House« am Bolt Court sowie Johnsons Stuhl und eine Kopie seines Reynolds-Bildes, das heute zur Handelsmarke von Barclay's geworden ist, gezeigt.

Lambeth Zwischen Southwark und Battersea gelegen, mit Westminster durch die Westminster Bridge verbunden, ist der ehemals selbständige »Borough« Lambeth heute ein Teil des Stadtbezirks Camden. Das Themse-Ufer von der Waterloo Bridge bis zur Hungerford Foot Bridge heißt

South Bank Hier liegt das moderne Kulturzentrum der Hauptstadt mit der Royal Festival Hall, Queen Elizabeth Hall, dem National Theatre, dem Purcell Room für Konzerte, dem National Film Theatre und der Hayward Gallery für Ausstellungen aller Art.

Albert Embankment Von der Hungerford Foot Bridge bis zur Westminster Bridge erstreckt sich das Albert Embankment. Wordsworth hat oft auf den Bänken am Ufer gesessen, Disraeli hat hier seine Spaziergänge gemacht. An der Ecke Albert Embankment/Westminster Bridge Road liegt der Sitz des Greater London Council, des Rathauses von Groß-London.

Westminster Bridge Das im 13. Jahrhundert in Southwark gegründete St. Thomas's Hospital wurde 1868 nach Lambeth verlegt. Der am 25. Januar 1874 in Paris als jüngstes von sechs Kindern des Anwalts der Britischen Regierung in der dortigen Botschaft geborene Schriftsteller Somerset Maugham studierte von 1892 bis 1897 in Heidelberg Philosophie, wandte sich dann der Medizin zu und absolvierte seine klinischen Semester am St. Thomas's Hospital. In seiner Autobiographie »The Summing Up« (1938) schreibt er: »Ich hatte, um ein bestimmtes Zertifikat zu erlangen, dienstlich einigen Niederkünften beizuwohnen. Diese Pflicht führte mich in die Elendsviertel von Lambeth, oft in so schmutzige Höfe und Löcher, daß selbst die Polizei hineinzugehen zögerte; aber meine professionelle Handtasche als Arzt schützte mich...« Seine Erfahrungen und Erlebnisse benutzte er für sein erstes Buch »Liza of Lambeth« (1897), das während seiner Tätigkeit am St. Thomas's Hospital entstand. »Ich brauchte nicht viel zu erfinden. Ich schrieb, was ich gesehen und gehört hatte, so einfach wie möglich nieder«, erinnert er sich. Nach seiner Meinung gibt es keine bessere Schulung für einen Schriftsteller als die Ausübung des medizinischen Berufs. Um Tag und Nacht erreichbar zu sein, mietete er ein möbliertes Zimmer gegenüber vom Krankenhaus. Nach dem sensationellen Erfolg seines Buches beschloß er, seinen Beruf mit dem eines Schriftstellers zu vertauschen. Seit 1928 lebte er in Cap-Ferrat in Südfrankreich, wo er als Millionär in seiner Villa »La Mauresque am 16. Dezember 1965 starb. Jeden Vormittag schrieb er 1000 Wörter und zwar auf vier Seiten mit jeweils 250 Wörtern. Er hinterläßt vier Werke autobiographischen Charakters, 27 Romane, 200 Erzählungen, zwei Dutzend Theaterstücke und fast 200 Kurzgeschichten. In seinem autobiographischen Roman »Of Human Bondage«, 1915 (»Der Menschen Hörigkeit«) schildert er die Atmosphäre am St. Thomas's Hospital, das er als St. Luke's Hospital vorstellt.

Westminster Bridge Road Nach einem Aufenthalt von anderthalb Jahren in Paris, wo er sich als Tellerwäscher durchschlug, kam George Orwell, damals noch Eric Blair, im Frühjahr 1930 nach England zurück, lebte bis zum Frühling des Jahres 1932 bei seinen Eltern in Southwold/Suffolk und übersiedelte dann nach London, wo er in einem Hause in der Westminster Bridge Road unterkam. Mit der Veröffentlichung seiner Autobiographie »Down and Out in Paris and London« (1933) nahm er seinen Schriftstellernamen an. Zum Jahresende 1936 ging er nach Spanien, um auf der Seite der Republikaner im Spanischen Bürgerkrieg zu kämpfen. An der Stelle der Häuser Nr. 225—233 stand Astley's Royal Amphitheatre, der führende Zirkus zu Dickens' Zeiten. Der Schriftsteller erwähnt ihn im »Old Curiosity Shop« und in »Bleak House« und widmet ihm ein Kapitel in den »Sketches by Boz«.

Lambeth Palace Road Am Ende der Lambeth Palace Road liegt Lambeth Palace, seit 700 Jahren die Residenz der Erzbischöfe von Canterbury. Erasmus von Rotterdam und Thomas More haben den Palast besucht. Der Reformator und Erzbischof Thomas Cranmer, der 1532 als königlicher Gesandter in Deutschland weilte und dort heimlich heiratete, schrieb hier in den vierziger Jahren des 16. Jahrhunderts das erste Common Prayer Book, die Bekenntnis- und Kirchenordnungsgrundlage der anglikanischen Kirche. Unter Maria der Katholischen wurde er 1553 eingekerkert und starb am 21. März 1556 auf dem Scheiterhaufen.

J. R. Green, der sein Amt als Vikar in Stepney im Jahre 1869 aus Gesundheitsrücksichten aufgegeben hatte, übernahm ehrenamtlich die Leitung der Bibliothek des Palastes. »Die Ruhe der Bibliothek erscheint mir wie ein stilles Gewässer nach dem Lärm des Londoner Ostens. Ich genieße die sauberen Straßen und vor allem meine morgendlichen Wege durch die Parks«, schreibt er. Eine Tafel erinnert an den Historiker, der von Stepney in die Beaumont Street gezogen war.

Lambeth Road Der am 9. September 1754 in London geborene Seefahrer, Admiral und Gouverneur der Kolonie Neu-Südwales, William Bligh, bezog mit seiner Familie im Jahre 1794 das Haus Nr.100, damals noch Durham Place Nr. 3. Fünf Jahre vorher meuterte die Mannschaft seines Schiffes, der »Bounty«, in der Südsee und setzte ihn und 17 ihm treu ergebene Matrosen in einem Rettungsboot aus. Nach einer drei Monate währenden Odyssee landete das Boot auf Pitcairn im Stillen Ozean, wo die Nachfahren noch heute leben. Bligh selbst kam 1790 nach London zurück. Die Meuterei lieferte den Stoff zu einer Reihe von Erzählungen und zu Filmen wie »The Mutiny on the Bounty« nach dem Roman »Schiff ohne Hafen« von Charles Nordhoff und James Norman Hall. Bligh selbst hinterließ einen Bericht »Reise in das Südmeer« (1792). Er starb am 7. Dezember 1827. Seit 1952 trägt sein Wohnhaus eine Gedenktafel.

Hercules Road Von der Poland Street zog William Blake, dessen finanzielle Lage sich leicht gebessert hatte, mit seiner Frau Catherine im Jahre 1793 in ein kleines dreistöckiges Haus in der Hercules Road Nr. 23, das den Namen Hercules Buildings trug. Hier verbrachte er sieben glückliche Jahre, hier schrieb er die wesentlichsten seiner mythisch-prophetischen Dichtungen, und hier entstanden die 537 kongenialen Illustrationen zu Youngs »Night Thoughts« (1742/44). Ein Freund, der das Ehepaar hier besuchte, fand Blake und seine Frau in Anpassung an das erste Menschenpaar nackt in einer Laube ihres Gartens, wo sie sich gegenseitig Verse aus Miltons »Paradise Lost« vorlasen. Der Weinstock an der Rückseite ihres Hauses sowie ein alter Feigenbaum im Garten erscheinen wiederholt in Blakes Schriften und Bildern. Im Jahre 1800 folgte Blake der Einladung seines Freundes und Gönners Hayley nach Felpham/Sussex, wo er drei Jahre verblieb. Im Jahre 1907 wurde eine Tafel zum Gedenken an den Dichter, Maler, Kupferstecher und Visionär angebracht. 1920 fiel das Haus der Spitzhacke zum Opfer. Die Tafel befindet sich jetzt an einem an der Stelle der Hercules Buildings errichteten Arbeiterwohnblock, der den Namen Blake House führt.

Kennington Road Am 16. April 1889 kam Charles Chaplin im noch heute existierenden, unscheinbaren Ziegelbau Nr. 287 als Sohn eines dem Alkohol verfallenen französischen Sängers und Komikers und einer irisch-spanischen Mutter zur Welt. Er lebte hier mit seiner Mutter, die sich und ihre Kinder mit Heimarbeit durchbrachte, in einem Zimmer, in dem es »nach abgestandenem Spülwasser und alten Kleidern roch«. In seiner Autobiographie »Die Geschichte meines Lebens« (1964) erinnert er sich:

»Die Stube war stickig, sie maß kaum dreieinhalb Meter in der Länge und Breite, sah aber noch kleiner aus, und die schräge Decke erschien niedriger, als sie war. Auf dem Tisch häuften sich schmutzige Teller und Teetassen, und in der Ecke entlang der niedrigen Wand stand eine alte eiserne Bettstelle, die Mutter weiß angestrichen hatte. Zwischen Bett und Fenster befand sich ein kleiner Kamin und am Fußende des Bettes ein abgenutzter Sessel, den man ausziehen und als Bett herrichten konnte.«

Auch im Hause Nr. 261 wohnte Mrs. Chaplin mit ihren Kindern eine Zeitlang.

Einige Jahre nach Charles' Geburt übersiedelte die inzwischen Witwe gewordene Mrs. Chaplin mit ihren Kindern in eine Dachkammer in das Haus Nr. 3 der damaligen Pownall Terrace, einer heute verschwundenen Reihe alter, verfallener Häuser hinter der Kennington Road. Wenige Jahre danach mußte sie in einer Nervenheilanstalt untergebracht werden, und Charles kam in ein Waisenhaus. Als 13jähriger debütierte er bereits in einer Chargenrolle in einem Sherlock Holmes-Stück, und als 15jähriger trat er in der Rolle des kleinen Wolfs in Barries »Peter Pan« auf. Der Künstler und Friedenspreisträger (1954), der alle seine Filme selbst schrieb, lebt in Vevey in der Schweiz.

Newington Butts Der 1580 als Sohn eines Maurers geborene Dramatiker Thomas Middleton, dessen Londoner Sittensatire »The Family of Love« um 1610 auf dem Spielplan der Theater stand, lebte von 1617 bis zu seinem Tode am 4. Juli 1627 in Newington Butts. In der Pfarrkirche wurde er bestattet. Bemerkenswert sind die Liste aller Tavernen in der City, die er 1613 zusammenstellte, und die stattliche Zahl von mehr als tausend, auf die er kam.

Walworth Road In der Walworth Road, der Verlängerung des Newington Causeway, befindet sich in der Southwark Central Library das Cuming Museum, das der Geschichte Southwarks gewidmet ist. Neben Antiquitäten und Erinnerungsstücken an den Physiker und Chemiker Michael Faraday, der in Newington Butts das Licht der Welt erblickte, sind auch Andenken an Charles Dickens ausgestellt. Die Cockney-Atmosphäre dieser Straße hat in dem Roman »Mord-Em'ly« (1898) des Humoristen William Pett Ridge in der Gestalt eines kleinen intelligenten, tapferen Mädchens, der Tochter eines Häftlings und einer Scheuerfrau, ihre Personifizierung gefunden. Im Oktober 1815 mietete John Keats, der als Assistenzarzt im Guy's Hospital arbeitete, im Hause Nr. 8 ein Zimmer. Walworth Road hieß damals noch Dean's Row. Im Hause Nr. 196 wohnte im letzten Drittel des 18. Jahrhunderts William Cuming, der den Grundstock zu dem nach ihm benannten Museum in der Southwark Central Library legte.

Camberwell Road Von der Camberwell New Road zog Thomas Hood im Jahre 1840 in das Haus Union Row Nr. 2. Heute heißt die Union Row Camberwell Road, und das erhalten gebliebene Haus trägt die Nummer 266.

Camberwell New Road Thomas Hood wohnte mit seiner Familie im Jahre 1840 nach Rückkehr in die Hauptstadt am South Place Nr. 8, heute Camberwell New Road Nr. 181. Sein Wohnhaus ist erhalten. Er hatte vergeblich versucht, seine wirtschaftliche Lage in Koblenz, wo er zwei Jahre lang arbeitete, und mit einem dreijährigen Aufenthalt in Ostende zu ändern. In London übernahm er die Herausgabe des »New Monthly Magazine«. Noch im selben Jahr übersiedelte er zur Camberwell Road.

Browning Street Am 14. Juni 1812 wurde Robert Browning in der Congregational Chapel in Walworth in der damaligen York Street getauft. Eine Tafel am Browning Settlement, ebenso wie der Name der Straße erinnern an den Dichter. Im Gebäude ist eine Sammlung von Andenken an den Schriftsteller ausgestellt.

Camberwell New Road, Harleyford Road und Bridgefoot Street führen zur

Vauxhall Bridge An der Surrey-Seite der Vauxhall Gardens lagen bis zu ihrer Schließung im Jahre 1859 die 1615 zum erstenmal erwähnten Vauxhall Gardens, der älteste und bekannteste Vergnügungspark der Hauptstadt. Pepys spricht im Jahre 1667 von den Nachtigallen, die in den »Spring Gardens« sangen, wie damals die Anlagen noch hießen. Bei Addison findet sich eine ausführliche Beschreibung der Gärten nach Zulassung der Öffentlichkeit im Jahre 1712. Casanova, der 1763 in London weilte, ließ sich einen Besuch der Gärten nicht entgehen. In seinen Memoiren schreibt er: »An Eintritt bezahlte man für den sogenannten Vauxhall Garten um die Hälfte weniger als im Ranelagh House, aber die Vergnügungen, die man sich dort verschaffen konnte, waren groß. Gutes Essen, Musik, Spaziergänge durch dunkle Alleen, in denen man ausgelassene Mädchen traf, und Spaziergänge in hellerleuchteten Alleen, in denen sich kunterbunt die berühmtesten Schönheiten von London vom höchsten wie vom niedrigsten Rang ergingen.« Osborne in Thackerays Roman »Vanity Fair«, 1847/48 (»Der Jahrmarkt der Eitelkeit«) lädt Becky Sharp und einige Freunde hierher ein, und die Gesellschaft genießt die »Reize des Gartens, die hunderttausend Extralampen, die Geiger in dreieckigen Hüten, die unter der vergoldeten Muschel in der Mitte des Gartens hinreißende Melodien spielen.« Joseph Sedley allerdings leidet am nächsten Tag an den Folgen von zuviel genossenem »Vauxhall Punsch, diesem abscheulichen Gebräu. Es gibt kein Kopfweh in der Welt, das dem durch Vauxhall Punsch verursachten gleichkommt«. Schriftsteller und Künstler gehörten zu den interessierten Besuchern des Parks. Dr. Samuel Johnson war hier, ebenso wie Reynolds, Garrick und Hogarth, der die Rotunde ausmalte. Macaulay, Leigh Hunt und Dickens vergnügten sich hier. Dickens widmet den Gärten ein desillusionierendes Kapitel in seinen »Sketches by Boz« mit dem Titel »Vauxhall Gardens bei Tage«, »ein

Porterkrug ohne Porter, ein Unterhaus ohne Sprecher, eine Gaslampe ohne Gas«.

Die Camberwell New Road führt nach

Camberwell Theodor Fontane schreibt am 6. Dezember 1857 über Camberwell, wo sich zu seiner Zeit eine deutsche Kolonie angesiedelt hatte: »Camberwell ist die südlichste Vorstadt Londons und, in ähnlicher Weise wie die im Norden gelegenen Dörfer Hampstead und Highgate, berühmt durch seine schöne Lage und seine frische Luft. Sein reizendster Teil gruppiert sich um einen Hügel, der unter dem Namen Denmark Hill bekannt ist, weil Anna von Dänemark, die Gemahlin Jakobs I., ihren Sommeraufenthalt hier zu nehmen pflegte.« George Barnwell, der Held des frühbürgerlichen Trauerspiels »The London Merchant« (1731) des in Moorfields im Jahre 1693 geborene Dramatikers George Lillo, das Lessing nachhaltig beeinflußte, wird von seinem Autor in Camberwell angesiedelt. Dikkens hat die »rührende Tragödie« sehr geschätzt und in seinen Werken erwähnt.

Southampton Way Am Hause Nr. 179 erinnert eine 1947 angebrachte Tafel an das heute verschwundene Geburtshaus Robert Brownings. Im »Rainbow Cottage« in der damaligen Southampton Street, das sich in unmittelbarer Nähe befand, kam der Dichter am 7. Mai 1812 als Sohn eines bibliophilen Beamten der Bank of England zur Welt. Seine Mutter Sarianna — nach ihrer Mutter Sarah Anna so genannt — war die Tochter eines in Dundee in Schottland lebenden Hamburger Reeders namens Wiedemann. Bald nach der Geburt Roberts übersiedelte die Familie in das benachbarte »Hanover Cottage«, wo Robert 23 Jahre seines Lebens verbrachte. Auch dieses Haus ist verschwunden. Seit seinem 14. Lebensjahr war Robert unter dem Einfluß der Lektüre von Shelleys Gedicht »The Demon of the World«, das erste Buch, das er sich kaufte, Atheist. Seine Studien begann er 1829 am neu gegründeten University College, beendete sie aber nicht, sondern wandte sich der Literatur zu. Von 1833 bis 1834 besuchte er als Begleiter des russischen Generalkonsuls Rußland. 1835 übersiedelte die Familie in ein größeres Haus »New Cross« in Hatcham/Surrey.

Denmark Hill Im Jahre 1943 übersiedelten die Eltern John Ruskins mit ihrem einzigen, 24jährigen Sohn von Herne Hill in das 1947 abgerissene Haus Nr. 163. Nach dem Scheitern seiner Ehe — er hatte auf eindringliches Zureden seiner Eltern im Jahre 1848 geheiratet, die Ehe aber nie vollzogen — kehrte er 1853 in das Elternhaus zurück und blieb hier bis zum Tode seiner Mutter im Jahre 1871. Sein Vater war sieben Jahre vorher verstorben. Er verkaufte das Elternhaus und übersiedelte in sein Landhaus »Brantwood« bei Coniston im Lake District, wo er in geistiger Umnachtung am 20. Januar 1900 starb. Von 1854 bis 1858 war er Zeichenlehrer an der Arbeiter-Akademie für Kunst in London, 1869 erhielt er einen Lehrstuhl in Oxford.

Herne Hill Im Jahre 1823 zogen die Eltern John Ruskins mit ihrem vierjährigen Sohn von der Hunter Street in das heute verschwundene Haus Nr. 26. Mit sieben Jahren verfaßte der spartanisch erzogene und von Hauslehrern unterrichtete Knabe seine ersten Gedichte. Als 18jähriger bezog er die Universität Oxford. Ein Blutsturz zwang ihn zur Unterbrechung seines Studiums. Er ging für zwei Jahre nach Italien und schloß im Jahre 1840 seine akademische Ausbildung in Oxford mit Erfolg ab. Von hier kehrte er in das Elternhaus zurück, wo der erste Band seines fünfbändigen Werks »Modern Painters«, in erster Linie eine Interpretation und Verteidigung der Kunst Turners, entstand, der 1843 erschien. Im selben Jahr zog die Familie zum Denmark Hill. Im Jahre 1909 wurde am Wohnhaus der Ruskins eine Gedenktafel angebracht, die jetzt im Vorgarten des Hauses Nr. 26 aufgestellt ist. In der St. Paul's Church, Herne Hill, erinnert eine Tafel an den Kunstkritiker, der mit seinen Schriften das englische Kunstleben des 19. Jahrhunderts entscheidend lenkte und als Sozialreformer für Erziehung und Bildung und die Errichtung von Gartenstädten und Volkshochschulen eintrat.

Südlich von Camberwell liegt

Streatham Der Vater des Brauers Thrale besaß ein an der Südseite des Streatham Common gelegenes Landhaus, »Streatham Place« oder »Streatham Park«. Henry Thrale und seine Frau Hester, Freunde und Gönner Johnsons, übernahmen das Haus. 16 Jahre lang hatte Johnson hier wie auch im Stadthaus der Thrales stets ein Zimmer zu seiner Verfügung. Am 6. Oktober 1769 folgte Boswell einer Einladung in das Landhaus und notiert in seinem »London Journal«: »... alles vorhanden, was zu den Annehmlichkeiten des Lebens gehört.« Im Garten des Hauses stand die Laube, die sich jetzt im Park von Kenwood befindet und die im Jahre 1826 von einer unverheirateten Tochter der Thrales nach »Ashgrove« in Knockholt/Kent verlegt wurde. Sie war der Lieblingsaufenthalt Johsons. Hier las Fanny Burney bei einem Besuch, abgesondert von den anderen Gästen des Hauses, Johnsons »Irene«. In ihrem

Tagebuch vermerkt sie: »Nachdem Johnson gegangen war, schloß ich mich in ein süßes, kühles Sommerhaus ein, um seine Tragödie ›Irene‹ zu lesen, kein gutes Stück, aber ein schönes Gedicht.« Dreizehn Porträts von Reynolds, der zu den Gästen der Thrales zählte, schmückten die Wände der Bibliothek.
Nach dem Tode Henry Thrales im Jahre 1781 wurde das Haus vermietet und 1863 abgerissen.

Anerly Zu Beginn der zwanziger Jahre wohnte der am 25. April 1873 in Charlton/Kent geborene Dichter Walter de La Mare im Hause Thornsett Road Nr. 14, einer Querstraße der Croydon Road. Wegen der zarten Farbschönheit seiner Dichtung nannte man ihn »the poet of green and silver«. Seinem Vorbild auf dem Gebiet der Nonsense-Dichtung, Lewis Caroll, widmet er eine Biographie (1932). Ständig kränkelnd starb er am 22. Juni 1956 in seinem Haus in der Montpelier Road in Twickenham.

Tennison Road (South Norwood/Croydon) Conan Doyle, der in Southsea als Arzt praktiziert hatte, wo sein Meisterdetektiv Sherlock Holmes zur Welt kam, übersiedelte im Jahre 1891 nach London und bezog eine Wohnung im Hause Nr. 12. Von 1907 bis zu seinem Tode am 7. Juli 1930 lebte er in Crowborough/Sussex.

Croydon Nachdem der 21jährige D. H. Lawrence an der Universität Nottingham sein Diplom als Lehrer erworben hatte, trat er im Jahre 1908 seine erste Stelle an der Volksschule in der Davidson Road in Croydon an und wohnte, zum ersten Mal von seiner Mutter getrennt, »bei einer sympathischen Familie« im Hause Colworth Road Nr. 12. Hier arbeitete er an seinem ersten Roman »The Peacock«. In diesem Roman, in dem Norwood für Croydon steht, spricht er von seinem »unsäglichen Heimweh« nach Eastwood, seinem Geburtsort. »Wochenlang lief ich in den Straßen des Vororts herum, vor mir das vertraute Bild von Nethermere« (das für Eastwood steht). Ende 1911 zog er in das Haus Nr. 16. Ein Jahr darauf gab er seinen Beruf auf, der ihn zu sehr ermüdete — er hatte 60 Schüler in seiner Klasse — und ging in seine Heimatstadt zurück. Der Schriftsteller kam am 11. September 1885 als viertes Kind eines Bergarbeiters, »von Geburt an kränklich und übersensibel«, zur Welt. Ein Stipendium erlaubte ihm den Besuch der Lehrerbildungsanstalt in Nottingham und der Universität.

Battersea Der größte Sohn Batterseas ist Lord Bolingbroke, Staatsmann und Schriftsteller, der hier im heute abgerissenen Herrenhaus der Familie in der damaligen Church Road am 10. Oktober 1678 geboren wurde und am 12. Dezember 1751 starb. Mit seinen politisch-philosophischen Schriften gehört der Außenminister und Freund Voltaires zu den Wegbereitern der Aufklärung. Bedeutende Schriftsteller wie Swift und Pope waren in Battersea seine Gäste. In einem mit Zedernholz getäfelten und einem Louis-Seize-Kamin ausgestatteten Zimmer seines Hauses, im sogenannten »Pope's Parlour«, schrieb Pope seinen »Essay on Man« (1733). Der Teil des 40zimmerigen Herrenhauses, in dem sich »Pope's Parlour« befand, wurde nach dem Abriß des Schlosses noch lange Zeit als Büro einer Brauerei benutzt.

Der Familiensitz stand in der Nachbarschaft der alten Pfarrkirche St. Mary's. In der Krypta fand Bolingbroke, der von 1714 bis 1723 als Parteigänger der vertriebenen Stuarts in Paris lebte, neben seiner Nichte, Madame de Maintenon, seine letzte Ruhestätte. William Blake, der in Battersea Vergessen von einer Liebesenttäuschung suchte und bei einem Gärtner namens Boucher untergekommen war, fand mitleidsvolles Verständnis und Trost bei der Tochter des Hauses, Catherine, die er im Jahre 1782 in der Pfarrkirche heiratete. Die Analphabetin unterzeichnete das Hochzeitsregister mit einem Kreuz. Sie blieb ihm bis zu ihrem Tode eine treuergebene Gattin. Blake malte sie auf ihrem Totenbett.

Battersea Rise Dylan Thomas kam im Februar 1934 zum ersten Mal von Wales nach London, nicht zuletzt um seine Brieffreundin Pamela Hansford Johnson persönlich zu sehen. Er wohnte zunächst ein paar Tage bei seiner verheirateten Schwester Nancy und zog am 24. Februar zu den Johnsons am Battersea Rise Nr. 3. Hier stieg er auch bei späteren Besuchen in der Hauptstadt ab. Im Herbst des Jahres brach Pamela mit dem trunksüchtigen Thomas. Sie schildert ihre erste Begegnung:

»Er war neunzehn, ich einundzwanzig. Er erschien an einem grauen Abend sehr spät und war ebenso befangen wie ich ... Er war sehr klein und schmächtig. Unter einem Regenmantel mit ausgebeulten Taschen — in der einen war eine kleine Flasche Brandy, in der anderen ein zerknüllter Haufen Gedichte und Erzählungen, — trug er einen grauen Rollkragenpullover und eine ganz kleine Hose, die an ihm immer noch viel zu groß wirkte ...« (zitiert nach Bill Read, Dylan Thomas in Selbstzeugnissen, Rowohlt) Der Dichter, der ein so frühes Ende nehmen sollte, kam am 27. Oktober 1914 in der walisischen Stadt Swansea als Sohn eines Studienrats zur Welt. Dylan besuchte das Gymnasium in seiner Geburtsstadt, an dem sein Vater

unterrichtete. Seine schriftstellerischen Sporen verdiente er sich als
Redakteur der Schülerzeitung, in der sein erstes Gedicht erschien.
Mit 17 Jahren wurde er Journalist.
Graham Greene, der am 1. März 1927 probeweise als Hilfsredakteur
bei der »Times« angestellt wurde, wohnte zu dieser Zeit in einem
möblierten Zimmer in Battersea. Das Stadtviertel, das er auf dem
Wege von seiner Unterkunft bis zum Bahnhof durchquerte, vor allem die Umgebung des Technikums, bildet die Kulisse seines Romans »It's a Battlefield«, 1934 (»Schlachtfeld des Lebens«). Im selben Jahr heiratete er Vivian Dayrell-Browning und bezog mit ihr
eine Etagenwohnung in Hampstead. Nach Jahren kehrte er wieder
in die Gegend zurück und wohnte am Clapham Common bis zur
Zerstörung seines Hauses im Zweiten Weltkrieg.

Overstrand Mansions/Battersea Park Um 1900 verließ Chesterton
sein Elternhaus und mietete eine eigene Wohnung im Hause Nr. 60
der Overstrand Mansions, einer Seitenstraße der Prince of Wales
Drive. Ein Jahr darauf heiratete er Frances Blogg. 1904 erschien
seine Studie über Robert Browning, ein Beitrag für ein Sammelwerk,
das der Verleger Macmillan herausgab. Im selben Jahr errang er seinen ersten literarischen Erfolg mit dem Kurzroman »The Napoleon
of Notting Hill«. Seinem Freunde G. B. Shaw widmet er im Jahre
1909 eine Studie. Eine schwere Krankheit veranlaßte den zweieinhalb Zentner wiegenden Schriftsteller, »mit einem Gesicht so rund
und öde wie ein Norfolk-Knödel«, im selben Jahr zum Umzug nach
Beaconsfield/Buckinghamshire, wo er am 14. Juni 1936 starb.

Clapham Die ehemals selbständige Gemeinde Clapham gehört heute
zu Battersea und zu Wandsworth. Chesterton, der zu Beginn dieses
Jahrhunderts in Clapham wohnte, nennt den Ort in seiner Autobiographie »die phantastische Vorstadt«.
Der Bahnhof Clapham Junction ist auf tragische Weise mit der Literatur verbunden. Oscar Wilde erinnert sich in »De Profundis«
(1898) des grauenvollen 13. November 1895, als er auf dem
Transport von Wandsworth Prison nach Reading Goal hier umsteigen mußte:
»Von 2 bis 1/2 3 Uhr mußte ich an diesem Tag auf dem Hauptbahnsteig von Clapham Junction in Sträflingskleidung und in Handschellen stehen, so daß alle mich sahen ... Ich sah so grotesk aus, wie nur
möglich. Sobald die Leute mich sahen, lachten sie. Mit jedem Zug,
der einfuhr, wurde die Schar der Gaffer größer. Sie fanden es über
die Maßen komisch. Da wußten sie aber noch nicht, wer ich war. Als

sie auch das noch erfahren hatten, lachten sie nur noch mehr. Eine halbe Stunde stand ich da im grauen Novemberregen, umringt vom Hohn des Pöbels.« (Zitiert nach M. Hyde »Oscar Wilde, Häftling C. 3. 3.« — Sauer Verlag.)

Clapham Common Samuel Pepys verbrachte die letzten Jahre seines Lebens zurückgezogen in »The Great House«, einem an der Nordseite des Common gelegenen Hause seines Freundes und früheren Sekretärs William Hewer. Evelyn, der ihn hier besuchte, beschreibt es als »ein sehr vornehmes Haus in anmutiger Lage«. Hier starb er am 26. Mai 1703. William Hewer, der »fleißige, treue und geschätzte Gefolgsmann von Charles II. und James II.«, liegt in der Pfarrkirche begraben. An Pepys erinnert ein Medaillon in der Kirche. Er fand seine letzte Ruhe in der St. Olave's Church, Hart Street neben seiner Frau, die 34 Jahre vor ihm gestorben war. In einem Schreiben des Finanzamts in London an ein Verlagshaus, das vor wenigen Jahren eine Neuausgabe seines Tagebuchs vorbereitete, wurde Auskunft darüber verlangt, wo »der dort beschäftigte Mr. Pepys« wohne. Man wollte ihn zur Einkommensteuer heranziehen.

Hackford Road Der 19jährige Vincent van Gogh, der sich mit Briefen an »den immer hilfsbereiten« Bruder Theo auch literarische Verdienste erworben hat, wohnte in den Jahren 1873 bis 1874 bei dem Versuch, sein Glück als Kunsthändler bei seinem Onkel in London zu machen, in der Hackford Road Nr. 87. Seine Enttäuschung über das Scheitern seiner Bemühungen wuchs, als er erleben mußte, daß seine Liebe zu Ursula Loyer, der Tochter seiner Zimmerwirtin, die hier einen Kindergarten leitete, unerwidert blieb. Bei seinem zweiten Aufenthalt in London erfuhr er, daß sie gerade ihre Hochzeit feierte. Zu dieser Zeit wohnte er im Hause Kennington New Road Nr. 395. Im Alter von 37 Jahren schoß er sich in einem Dorf bei Paris eine Kugel durch den Kopf. Das Haus in der Hackford Road trägt seit 1973 eine Gedenktafel.

The Pavement/Clapham Common Von der Birchin Lane übersiedelten die Eltern Thomas Babington Macaulays mit ihrem zweijährigen Sohn im Jahre 1802 in das Haus Nr. 5. Das Haus ist erhalten und trägt seit 1930 eine Tafel zum Gedenken an den Historiker, Staatsmann und Dichter und an seinen Vater, den Philanthropen Zachary Macaulay, der sich durch seinen Kampf für die Abschaffung der Sklaverei verdient gemacht hat. Clapham war damals das Zentrum der pietistischen Gemeinde Londons.

Trinity Road Der am 2. Juni 1840 in einem von seinem Großvater erbauten Landhaus am Rande der Heide in Higher Bockhampton/ Dorsetshire als Sohn eines kleinen Bauunternehmers geborene Romancier und Dichter Thomas Hardy, der Autor der sogenannten Wessex-Romane, ging nach der Beendigung seiner Architektenausbildung in der Londoner Adam Street in seine Heimat zurück. Erst 1874 kam er wieder nach London, heiratete Emma Lavinia Gifford und ließ sich in Sturminster Newton/Dorsetshire nieder. Ende der siebziger Jahre wandte er sich der Literatur zu und bezog das noch erhaltene Haus Trinity Road Nr. 172, das seit 1940 eine Gedenktafel trägt. An seinen Aufenthalt hier erinnert sein Gedicht »Beyond the Last Lamps (near Tooting Common)«. Im Jahre 1881 übersiedelte er zur Arundel Terrace Nr. 1. Hardy starb am 11. Januar 1928 in seinem Haus »Max Gate« in Dorchester/Dorsetshire. Seine Asche wurde in der Westminster Abbey im Beisein von Kipling, Shaw, Gosse, Galsworthy und vielen anderen Prominenten seiner Zeit beigesetzt. Sein Herz liegt auf dem Friedhof von Stinsford/Dorsetshire, dem Mellstock seiner Romanze »Under the Greenwood Tree« (1872), unter einem alten Eibenbaum im Grabe seiner ersten Frau.

Landor Road Guillaume Apollinaire, der sich bei seinem Aufenthalt in Deutschland als Hauslehrer im Herbst 1901 in Annie Playden, die englische Gouvernante seiner Arbeitgeberin, verliebt hatte, reiste im September des folgenden Jahres nach London, um sie wiederzusehen. Eine zweite Reise im Mai 1904 offenbarte ihm endgültig Annies Gleichgültigkeit. Die Angebetete wohnte in der Landor Road, die er mit seinem Gedicht »L'Emigrant de Landor Road« in die Literatur eingeführt hat.

Wandsworth

Wimbledon Park Road Von 1859 bis 1860 wohnte George Eliot mit Lewes in »Holly Lodge«, einem von Stechpalmen und Lorbeerbäumen umgebenen Haus in Wandsworth, das noch steht und die Adresse Wimbledon Park Road Nr. 31 hat, zur Miete. Hier entstand ihr stark autobiographischer Roman »The Mill on the Floss« (1860), und hier waren Dickens, Herbert Spencer, Wilkie Collins und Bulwer-Lytton ihre Gäste. Das Haus trägt seit 1905 eine Gedenktafel. Von hier zog das Paar an den Hareford Square.

Haldon Road Im Jahre 1891 heiratete H. G. Wells in der Pfarrkirche von Wandsworth seine Kusine Isabel Mary Wells und bezog das kleine Haus Nr. 28. Das Haus ist erhalten. Nach zweijähriger Ehe trennte sich der Schriftsteller von seiner Frau.

Wimbledon Captain Marryat, der seinen Seemannsberuf 1830 auf-

gegeben hatte, bewohnte während der Sommermonate von 1839 bis
1843 ein Landhaus in der Woodhayes Road, die »Gothic Lodge«.
Von hier übersiedelte er in seinen Landsitz »Langham Manor« in
Langham/Norfolk, wo er am 9. August 1948 starb.

Putney An der Putney Bridge beginnen seit 1836 alljährlich zu
Ostern die berühmten Ruderregatten zwischen den Universitätsmannschaften von Oxford und Cambridge. Mary Wollstonecraft,
die 1797 den Philosophen und Dichter William Godwin heiratete
und ein Jahr darauf bei der Geburt ihrer Tochter Mary, der zweiten
Frau Shelleys starb, sprang 1796 von der Putney Bridge in die
Themse. Sie wollte sich das Leben nehmen, als ihr Geliebter, von
dem sie ein Kind erwartete, sie verließ, konnte aber gerettet werden.

Putney Church Pepys berichtet von einem Erlebnis in Putney Ende
April 1667. Nach einem Mittagessen in einer Taverne am Themse-
Ufer ging er zur Putney Church zurück, »wo ich die Schulmädchen
sah, nur wenige hübsch von ihnen ... Wir hörten eine gute Predigt,
und es waren viele Menschen da. Aber mir fielen vor Müdigkeit die
Augen zu, und mein Hut fiel mir durch ein Loch unter der Kanzel.«
Nach der Predigt konnte Pepys seinen Hut mit Hilfe des Kirchendieners und eines Stocks wiedererlangen.

Putney High Street Anfang August 1859 besuchte Leigh Hunt, von
dem Wunsch nach Luftwechsel veranlaßt, mit Büchern und Manuskripten seinen alten Freund Charles Reynell in dessen auf der
Westseite der Putney High Street gelegenem Haus, dem heute abgerissenen »Chatfield House«. Hier starb er im Alter von 75 Jahren
am 28. August desselben Jahres. In einem nicht mehr existierenden
Hause am »Lime Grove« am Fuße der High Street kam am 27. April
1737 der zum Johnson-Kreis gehörende Historiker Edward Gibbon als erstes von sieben Kindern eines Landedelmanns zur Welt.
Edward verlor alle seine Geschwister im zartesten Alter. Seine
schwächliche und stets kränkelnde Mutter übertrug die Erziehung
des Überlebenden ihrer Schwester Catherine Porten, die am Dean's
Yard eine Schülerpension leitete.

Putney Hill Nach völligem körperlichen Zusammenbruch im Herbst
1879 gab Swinburne auf Veranlassung seines Freundes, des Rechtsanwalts, Schriftstellers und Kritikers Theodore Watts-Dunton, des
»Chronisten der Präraffaeliten«, seine Wohnung in der Guilford
Street auf und nahm das Angebot dankbar an, in seinem Hause
»The Pines«, einem Teil der alltäglichen, faden Doppelvilla am Putney Hill Nr. 11, die damals die Nummer 2 trug, zu wohnen. Max

Beerbohm, seit Schultagen ein begeisterter Verehrer Swinburnes, kam nach 1899 oft zum Essen hinaus. In seinem Prosastück »Nr. 2, The Pines«, das in »And Even Now« erschien, schildert er die »Romanze, ihn zu sehen«. In »The Pines« verbrachte der Dichter in klösterlicher Abgeschiedenheit unter der rührenden Fürsorge seiner Gastgeber, allmählich ertaubend, die letzten dreißig Jahre seines Lebens mit Lesen, Schreiben und täglichen Spaziergängen durch die ländliche Umgebung, wobei er sich in der »Rose and Crown« ein einziges Glas Bier gönnte, bis zu seinem Tode am 10. April 1910. Auf dem Familienbesitz »East Dene« bei Bonchurch auf der Isle of Wight fand er seine letzte Ruhestätte. Seit 1926 trägt sein Sterbehaus eine Gedenktafel.

St. Simon's Avenue Nach mehrjährigem Aufenthalt in Paris und einer Amerikareise kam Arnold Bennett mit seiner Frau, der französischen Schauspielerin Marguerite Soulié-Hébrard, die er 1907 in Paris geheiratet hatte, Ende April 1912 endgültig nach England zurück, wo er zunächst in Brighton Wohnung nahm. Vom Juli desselben Jahres an lebte er sieben Monate in der St. Simon's Avenue, dem Heim seines alten Freundes, des Pianisten Herbert Sharpe, dem er seinen Roman »Anne of the Five Towns« (1902) gewidmet hat.

Barnes Von 1878 bis 1881 wohnte der bettlägerige und an Lungenblutungen leidende Schriftsteller Thomas Hardy im Hause Nr. 1 der Arundel Terrace.

Richmond Richmond, schon im 13. Jahrhundert königliche Residenz, deren Toreingang erhalten ist, bildet einen Stadtteil Londons, der sich aus Richmond und Barnes auf der Surrey-Seite der Themse und aus Twickenham auf dem nördlichen Ufer zusammensetzt. Die Verbindung wird durch die 1777 erbaute Richmond Bridge hergestellt, die Turner, der von 1813 bis 1825 in seinem von ihm entworfenen Hause »Sandycombe Lodge« in der Sandycombe Road in Twickenham lebte, gemalt hat. In Dickens' Roman »Great Expectations« (1860/61) sagt Estella zu Pip: »... In den Schulbüchern steht, daß es zwei Richmond gibt, das eine in Surrey, das andere in Yorkshire; meines ist in Surrey ... Ich wohnte dort für gutes Geld bei einer Dame, in deren Macht es steht, ... mich Leuten und mir Leute vorzustellen ...« Die Dame bewohnt eines der für die Hofdamen zur Zeit Georges I. erbauten eleganten Häuser in der Maid of Honour Row ...« gegen den Green gelegen, ein altes gediegenes Haus, in dem Reifröcke, Puder und Schönheitspflästerchen, gestickte Fräcke, Seidenstrümpfe, Spitzen und Degen so manchmal Hof gehalten haben. Vor dem Gebäude standen einige alte Bäume, die noch so geziert und unnatürlich zugeschnitten waren wie die Reifröcke und Perücken und steifen Roben; aber ihre Tage waren gezählt; bald würden sie sich der langen Prozession der Toten anschließen und gleich ihnen still verschwinden.«

Park Shot Nach Rückkehr von ihrer Deutschland-Reise bezogen George Eliot und ihr Lebensgefährte George Henry Lewes am 23.April 1855 das in einem Teil der Upper Richmond Road, der damals noch Clarence Row, East Sheen hieß, gelegene Haus Nr. 7. Drei Wintermonate hatten sie in Berlin verbracht. Am 1. November desselben Jahres erschien Lewes' »Leben Goethes«. An der Stelle des Hauses befindet sich heute der Parkplatz des »Bull Public House«. Von hier übersiedelten sie im Oktober in das Haus Park Shot Nr. 8, wo sie neben Schlafkammern ein sehr bescheidenes gemeinsames Arbeits- und Wohnzimmer zur Verfügung hatten. Im Mai 1857 schloß die Schriftstellerin ihren Roman »Mr. Gilfin's Love Story« ab und verwandte als Autorennamen zum erstenmal ihr Pseudonym George Eliot. Sie wählte diesen Namen in Verehrung ihres Geliebten George Lewes und weil »Eliot ein richtiger Mundvoll ist und sich so bequem spricht«. Hier schrieb sie weiterhin ihre »Scenes from Clerical Life« und ihren ersten großen Roman »Adam Bede«. 1858 veröffentlichte sie ihre ersten Erzählungen in »Blackwood's Magazine«, und 1859 konnten die beiden ein komfortables Haus für sich allein in Wandsworth, die »Holly Lodge«, mieten. An der Stelle ihres Hauses am Parkshot in Windsor befindet sich jetzt das Medical Office of Health.

Paradise Road Von der Clifford's Inn übersiedelten Virginia Woolf und ihr Gatte zum Jahresende 1914 nach Richmond und fanden im Hogarth House in der Paradise Road eine passende Unterkunft. Hier konnten sie 1917 ihre Druckpresse aufstellen und Manuskripte ihrer Freunde aus der Bloomsbury Group drucken. 1922 erschienen hier Virginias Roman »Jacob's Room« und T. S. Eliots »Waste Land«. In dem heute noch existierenden Verlag veröffentlichte Quentin Bell seine zweibändige Biographie der Schriftstellerin. Im März 1924 kehrte das Ehepaar wieder in die Stadt zurück und nahm am Tavistock Square Wohnung.

Richmond Park Links an der zum Richmond Park führenden Straße stand an der Stelle des »Star and Garter Home«, eines Heims für invalide Heeresangehörige, die »Star and Garter Inn«. Thackeray erwähnt das Gasthaus als Lieblingstreffpunkt der vornehmen Lon-

doner Gesellschaft um 1800 im »Vanity Fair«. Dickens gab hier im
Jahre 1850 ein Festessen aus Anlaß des Erscheinens seines »David
Copperfield«. Thackeray und Tennyson zählten zu seinen Gästen.
Das benachbarte »Wick House« wurde für den Maler Joshua Reynolds errichtet, der hier zwanzig Jahre hindurch die Sommermonate
verbrachte und am 23. Februar 1792 im Alter von 69 Jahren starb.
James Thomson wohnte die letzten zwölf Jahre seines Lebens in
seiner Villa in Richmond, die später den Namen »Rosedale House«
erhielt. Sie stand auf dem Gelände des Royal Hospital. Der Dichter
starb hier als wohlhabender Junggeselle am 27. August 1748 im Alter von 48 Jahren an einer Lungenentzündung. In seinem Hause
schrieb er das Maskenspiel »Alfred« (1740) mit dem englischen Nationallied »Rule, Britannia«. In der Pfarrkirche St. Mary Magdalene
wurde er bestattet. Eine Kupferplatte in der Kirche und eine um
1850 am Parkeingang bei der »Pembroke Lodge« aufgestellte Tafel
erinnern an den Dichter der »Seasons«, deren Text Haydn seinem
Oratorium »Die Jahreszeiten« zugrunde legte.

Im Petersham Park, einem Teil des Richmond Park, liegt »Pembroke Lodge«, heute ein Gartenrestaurant, ehemals königlicher Besitz, den Queen Victoria Lord und Lady Russell auf Lebenszeit
überlassen hatte. Nach dem Tode seiner Eltern übernahmen die
Großeltern die weitere Erziehung des Philosophen Betrand, dritter Earl Russell. Er kam als Dreijähriger mit seinem sieben Jahre älteren Bruder im Jahre 1875 zur »Pembroke Lodge«, wo
er unter der Obhut seiner Großmutter, der Gattin des Premierministers Lord John Russell, ungetrübte Kinder- und Jugendjahre verbrachte. Hier lernte er durch einen Privatlehrer, kaum daß er überhaupt richtig sprechen konnte, die deutsche Sprache ebenso fließend
zu verwenden wie seine Muttersprache. Als Achtzehnjähriger verließ er »Pembroke Lodge« und ging zum Studium nach Cambridge.
98jährig starb er am 3. Februar 1970 in seinem Heim in Wales. Er
war viermal glücklich verheiratet und hinterläßt eine durchaus bekenntnisfreudige dreibändige Autobiographie (1967/69).

White Lodge »White Lodge«, am Roehampton Gate gelegen, ein
ehemaliges königliches Jagdhaus, war in der ersten Hälfte des
19. Jahrhunderts die Residenz eines Viscount Sidmouth, der sich
mit den berühmtesten Männer seiner Zeit umgab. Sheridan und Sir
Walter Scott weilten hier zu Gast. Heute befindet sich im Schloß die
Sadler's Wells-Ballettschule.

Twickenham Von 1595 bis 1605 lebte Francis Bacon in einem heute

verschwundenen Herrenhaus in Twickenham, das ihm sein Freund,
der Earl of Essex, geschenkt hatte. Nicht zuletzt durch seine Beihilfe
in seiner Eigenschaft als Kronanwalt wurde sein Gönner am 25. Februar
1601 hingerichtet. Nach Bacon übernahm Lucy, Countess of
Bedford, den Besitz. In ihrem Salon trafen sich die bekanntesten
Schriftsteller der Zeit. Ben Jonson und John Donne gehörten zu ihren
Gästen.
Neben seiner Stadtwohnung in der Doughty Street bewohnte Charles
Dickens in den Jahren 1837 bis 1839 »Down House«, Ailsa Park
Villas Nr. 4, St. Margaret's Road, gegenüber vom Bahnhof. Hier arbeitete
er an seinen Romanen »Oliver Twist« und »Nicholas Nickleby«.
Im letztgenannten Werk schildert Dickens einen Dampferausflug
von der Westminster Bridge zum Eel Pie Island (= Aalpasteten-Insel),
»wo man sich bei kalter Küche, Flaschenbier, Punsch und
Garnelen amüsieren ... und ein Tänzchen im Freien wagen wollte.«
Von 1806 bis 1815 wohnte Sheridan im Down House.

Montpelier Row Nach seiner Hochzeit und seiner Ernennung zum
Poet Laureate am 19. November 1850 bezog Alfred Tennyson mit
seiner Frau das »Chapel House« in der Montpelier Row. Im selben
Jahr war seine Elegie »In Memoriam« zu Gedenken an den frühen
Tod seines Freundes Arthur Hallam erschienen. Mit seinem 1852
hier geborenen Sohn, dem er den Namen seines Freundes gab, übersiedelte
er genau nach drei Jahren auf seinen Besitz Farringford
auf der Isle of Wight. Am 6. August 1809 als Pfarrerssohn
in Somersby/Lincolnshire geboren, bezog er 1828 das Trinity College
in Cambridge, wo er mit Arthur Hallam Freundschaft schloß,
die durch dessen Tod im Jahre 1833 ein schmerzliches Ende fand.
Am 6. Oktober 1892 starb der Dichter in Aldworth/Sussex und fand
in der Westminster Abbey seine letzte Ruhestätte. Im »South End
House«, Montpelier Row Nr. 4 lebte der Lyriker Walter de la Mare
die letzten sechs Jahre seines Lebens von einem Ehrensold der britischen
Regierung. Er starb hier am 22. Juni 1956. Seine Asche wurde
in der Krypta der St. Paul's Cathedral bestattet.

Holly Road Fielding, der am 27. November 1747 Mary Daniel, die
Zofe seiner verstorbenen Frau, geheiratet hatte — sein erstes Kind
mit ihr wurde drei Monate nach der Hochzeit geboren —, wohnte
mit seiner jungen Frau im »Black Lane«, einem merkwürdigen, altmodischen
Holzhaus in der Holly Road, das um 1880 abgerissen
wurde. Hier schrieb er seinen Roman »Tom Jones«, in dem er in der

Gestalt Sophie Westerns seiner im Jahre 1742 nach achtjähriger Ehe verstorbenen Frau Charlotte Cradock, um die er vier Jahre lang geworben hatte, ein Denkmal setzt. Auf Empfehlung seines Freundes und Gönners, des Politikers und Schriftstellers George Lyttelton, dem er sein Werk widmet, erhielt er Ende 1748 das Amt des Friedensrichters von Westminster und übersiedelte in die Bow Street. Heute stehen an der Stelle des »Black Lane« die »Fielding Cottages«.

Cross Deep Als 31jähriger, verhältnismäßig wohlhabender Junggeselle ließ sich Alexander Pope nach dem Tode seines Vaters im Jahre 1719 mit seiner Mutter und dem Hausmädchen Mary Beach, das den verkrüppelten und stets kränkelnden Dichter bis an sein Ende pflegte, in einem am Cross Deep gelegenen Landhaus mit einem bis zur Themse reichenden kleinen Park nieder. Sein Haus wurde bald zum Mittelpunkt eines illustren Kreises von Schriftstellern. Voltaire und Bolingbroke besuchten den Schriftsteller hier. Swift, der von März bis August 1726 in London weilte, wohnte zunächst bei Thomas Gray und verbrachte dann die Sommerzeit in Popes Haus, wo auch Gray gelegentlich wohnte. 1727 kam Swift zum letzten Mal nach London und besprach mit Pope hier die Herausgabe der satirischen Zeitschrift »Miscellanies«. Ein Jahr vorher waren seine »Gulliver's Travels« erschienen. Pope ließ auf seinem Grundstück die berühmte Grotte, einen unterirdischen Durchgang zu seinem auf der anderen Seite der Straße liegenden Garten, errichten, deren Wände mit Spiegeln und buntem Glas geschmückt sind. Von seinem Besitz, der 1809 abgerissen wurde, ist lediglich diese Grotte erhalten. Pope starb hier am 30. Mai 1744 im Alter von 56 Jahren und fand in der Pfarrkirche St. Mary's in Twickenham neben seinen Eltern seine letzte Ruhestätte. Eine Inschrift an seinem Grabmal besagt, daß er »einer von denen sei, die nicht in der Westminster Abbey begraben sein wolle«. Mary Beach, seine treue Haushälterin, wurde auf dem Friedhof bestattet. Lichtenberg widmet dem Leben und dem Werk Popes einen lesenswerten Essay.
Heute steht an der Stelle seines Hauses St. Catherine's Convent Preparatory School for Girls. An der Seitenwand am Eingang zur Schule ist eine Gedenktafel angebracht.

Strawberry Hill Zwischen 1754 und 1776 erfüllte sich Horace Walpole, der jüngste Sohn des Premierministers Sir Robert Walpole, seinen Lieblingswunsch und ließ sich an der heutigen Waldegrave Road von vier Architekten das neugotische Schloß »Strawberry Hill« er-

richten. Hier wurde der Junggeselle von seinen Schwestern Mary
und Agnes, seinen »Zwillingsfrauen«, umsorgt, und hier entstand
unter dem Eindruck des Refektoriums, des Kreuzgangs, der Türmchen, Zinnen und Spitzbögen seine Geistergeschichte »The Castle of
Otranto«, mit dem Walpole die Reihe der sogenannten gotischen
oder Schreckensromane eröffnet.

Hier richtete er eine Buchpresse ein, mit der er seine eigenen Schriften und die seiner Freunde druckte. Gray, dessen »Pindaric Odes«
(1757) zu seinen Erzeugnissen gehört, war sein Lieblingsgast. Walpole starb am 2. März 1797 in seinem Stadthaus am Berkeley Square. Im Jahre 1842 wurde das Inventar des Schlosses versteigert, das
heute einem Orden gehört, der hier das St. Mary's Roman Catholic
Training College untergebracht hat.

Kew Gardens In den Kew Gardens, offiziell Royal Botanic Gardens,
liegt der »Kew Palace« (ehemals »Dutch House«). Lichtenberg war
hier bei seiner zweiten Reise nach England in den Jahren 1774 und
1775 ein geschätzter Logiergast Georgs III. »Ich sitze noch immer«,
schreibt er seinem Freunde Boie in Göttingen, »in dem neblichten
Kew, bewohne ein königliches Haus, schlafe zwischen königlichen
Bettüchern, trinke königlichen Rheinwein und kaue, wenigstens
zweimal in der Woche, mein königliches Roastbeef.« Fanny Burney
wohnte in ihrer Eigenschaft als Hofdame Charlottes, der Gemahlin
Georgs II., im Schloß. William Cobbett war von 1777 bis 1778 in
den königlichen Gärtnereien beschäftigt.

Hampton In der Hampton Court Road liegt »Garrick's Villa«, ein
Landhaus an der Themse, das der Schauspieler von 1754 bis zu sei-
nem Tode neben seinen Stadtwohnungen in der Southampton Street
und von 1772 ab am Adelphi mit seiner Frau, seinen Nichten und
Neffen sowie seinen Hunden bewohnte. Robert Adam hatte das
Haus nach Garricks Geschmack umgebaut und erweitert. Dr. Sa-
muel Johnson, der zu den vielen Schriftstellern und Künstlern seines
Freundeskreises gehörte, antwortete auf die Frage, wie ihm das
Haus gefiele: »Weißt du, David, Orte wie dein Haus zu verlassen,
macht den Gedanken an das Sterben entsetzlich.« Der Schriftsteller
Helfrich Peter Sturz, Legationsrat im dänischen Dienst, besuchte
Garrick hier am 24. August 1768 in seinem »kleinen Palast, nach guten Verhältnissen erbaut, am Ufer der Themse, die sich hier durch
eine reichbewohnte und ausgeschmückte Gegend windet; was man
aber seinen Garten nennt, ist nichts mehr als ein reingehaltener Rasen, auf welchem mancherlei Gebüsche und gesellschaftliche Bäume

ohne Symmetrie verstreut sind. Unten am Wasser steht Shakespeares Tempel, ein Heiligtum für jeden Briten... Das Bild des Unsterblichen ist von weißem Marmor in natürlicher Größe zur Verehrung aufgestellt...« Garrick starb im Alter von 62 Jahren am 20. Januar in seiner Stadtwohnung am Adelphi. In der Westminster Abbey wurde er bestattet. Seine Witwe konnte sich des Hauses noch 43 Jahre lang erfreuen.

Petersham John Gay lebte nach 1720 im »Douglas House«, und Dickens mietete im Sommer 1839 »Elm Cottage«, die jetzige »Elm Lodge«. In einem Brief vom 13. Juli lobt er »diese abgelegene und einsame Gegend mit der Kette der Richmond Hügel, die eine fast unüberwindliche Schranke zwischen mir und der geschäftigen Welt legen«.

Personenregister

Addison, Joseph 18, 31, 40, 41, 56, 61, 62, 177, 178, 183, 197, 242, 246, 263, 267, 279, 313, 360

Alkenside, Mark 46, 87, 194

Amis Kingsley 227

Andersen, Hans Christian 97, 212, 340

Anouilh, Jean 29

Ansall, Mary 55, 202, 224

Apollinaire, Guillaume (d. i. Wilhelm Apollinaris de Koskowitzky) 367

Arbuthnot, John 177, 308, 320

Archer, William 91

Arne, Thomas 317

Arnold, Matthew 242, 264

Ascham, Roger 15

Asquit, Lady Cyntia 198, 291

Aubrey, John 52

Auden, Wystan Hugh 241, 281

Austen, Henry 201, 29

Austen, Jane 290, 291

Baillie, Joanna 292, 324, 331

Barrie, Sir James Matthew 54, 55, 102, 198, 202, 224, 264, 271, 286, 338

Bath, Tobias Smolett 305

Baylis, Lilian 354

Beardsley, Aubrey 248, 254

Beaumont, Francis 25

Becket, Thomas 29, 33, 58, 346

Beckett, Samuel 315

Beckford, William 187

Beeckahm, Sir Thomas 333

Beerbohm, Sir Max 11, 177, 193, 202, 221, 225, 266, 271

Belloc, Hilaire 312

Bennett, Arnold 19, 57, 84, 86, 193, 199, 209, 210, 258, 291, 292, 313, 315, 369

Bernhardt, Sarah (eigtl. Rosalie Bernard) 55, 296

Besant, Sir Walter 11, 42, 62, 331
Betjeman, John 242, 290, 338, 339, 340
Blake, William 11, 57, 186, 358, 364
Bligh, William 357
Böll, Heinrich 214
Boie, Heinrich Christian 53
Bolingbroke, Lord Henry 363
Bond, Edward 184
Borrow, George 286
Bosanquet, Theodora 305
Boswell, James 19, 28, 29, 30, 31, 49, 68, 69, 73, 74, 77, 177, 189, 200, 202, 239, 295, 337, 342, 362
Brecht, Bert 45, 194
Bridges, Robert 17, 227, 349
Brinnin, John Malcolm 214
Brontë, Charlotte 12, 39, 214, 311
Brown, Charles 243, 321
Brownin, Robert 97, 199, 205, 211, 260, 262, 265, 360, 361
Bulwer-Lytton, Edward 11, 180, 181, 188, 191, 192, 196, 202, 205, 211, 313
Bunyan, John 15, 20, 22
Burbage, James 28
Burke, Edmund 64, 66, 185, 243
Burke, Thomas 87, 231
Burne-Jones, Sir Edward 80, 86, 90, 95, 255, 268, 288
Burnett, Ivy Compton 261
Burney, Fanny 70, 86, 92, 184, 188, 199, 200, 293, 294, 362, 374
Butler, Samuel d. J. 72
Byron, Lord George Gordon 188, 189, 190, 197, 205, 211, 234, 238, 241

Campbell, Stella Patrick 54, 267, 291
Campbell, Thomas 197, 249, 250
Canetti, Elias 334
Carlyle, Thomas 60, 77, 91, 100, 101, 198, 220, 267, 287, 293, 297, 300, 301—304, 312, 318
Caxton, William 73, 242
Chaplin, Charles 358
Chapman, John 58
Chateaubriand, François René 242, 263
Chatterton, Thomas 12, 78
Chaucer, Georffrey 32, 41, 56, 70, 242
Chesterfield, Philip Dormer Stanhope 182, 183, 187, 343
Chesterton, Gilbert Keith 11, 271, 277, 281, 365
Christie, Agatha 277
Churchill, Sir Winston 23, 184, 223, 236, 240, 255, 262
Cibber, Colley 87, 196
Clairmont, Claire 16, 253
Clifford, Baron Robert de 72
Cobbett, William 73, 268
Coleridge, Samuel Taylor 60, 66, 283, 338, 339
Collins, Wilkie 84, 85, 97, 204, 205, 206, 208, 277, 328, 330
Congreve, William 59, 66
Conrad, Joseph 255, 256, 270, 273, 276, 282, 289
Constable 11, 179, 323, 329
Cooper, Anthony Ashley 56
Coverdale, Miles 33
Cowper, William 67, 69

Crammer, Thomas 357
Cruishank, George 211, 217
Custance, Olive 192

Dali, Salvador 334
Darwin, Charles Robert 93
Davies, Llewelyn 265
Davies, Thomas 190
Defoe, Daniel 14, 17, 20, 22, 23, 36, 39, 41, 42
Dekker, Thomas 349, 352
Dickens, Charles 11, 13, 17, 19, 20, 24, 27, 33, 34, 39, 40—45, 47, 50, 51, 56—60, 62, 63, 72, 81, 83—86, 89, 91, 94—96, 101, 177, 178, 192, 196, 202 bis 205, 212, 213, 216, 217, 221, 223, 233, 234, 238, 246, 248, 256, 258, 261, 265, 286, 292, 311, 318, 328, 336, 337, 340, 342, 347, 349—352, 371, 372
Dilke, Sir Charles Wentworth 290, 321
Disraeli, Benjamin 15, 44, 88, 181, 184, 192, 234, 236, 240, 355
Dixon, William 82
Dobson, Austin 284
Donne, John 11, 25, 70, 84
Douglas, Lord Alfred 192, 290, 296, 332
Doyle, Sir Arthur Conan 34, 45, 204, 208, 212, 277, 363
Drayton, Michael 73
Drinkwater, John 34, 334
Dryden, John 31, 50, 63, 65, 74, 78, 246
Dumas, Alexandre (d. Ä.) 200, 279

Edgeworth, Maria 185
Eliot, George 59, 192, 200, 205, 221, 232, 241, 299, 340, 367, 370
Eliot, Thomas Stearns 29, 33, 40, 89, 208, 241, 254, 269, 306, 338, 347
Emerson, Ralph Waldo 338
Engels, Friedrich 91, 214, 335, 336, 341
Epstein, Jacob 261
Erasmus von Rotterdam 30
Esmond, Henry 13
Evans, Mary Ann 58, 184
Evelyn, John 48, 59, 61, 64, 198, 345

Faraday, Michael 359
Fielding, Henry 26, 61, 67, 305, 307, 342, 372
Fitzgerald, Edward 91, 99, 228
Fleming, Ian 185, 249
Fletcher, John 29, 348
Fontane, Theodor 12, 17, 19, 22, 34, 58, 97, 102, 182, 215, 220, 232, 254, 260, 270, 342, 347
Ford, Madox Ford 201, 220, 269, 270, 272, 273, 275, 361
Forster, John 60, 84, 204
Franklin, Benjamin 18, 46, 86, 311
Freud, Sigmund 228, 229, 334
Froude, James Anthony 91, 223, 287, 304
Fry, Christopher 29, 51, 204, 226
Fuller, Thomas 25
Gainsborough, Thomas 179
Galsworthy, John 54, 55, 68, 84, 180, 182, 192, 213, 220, 244,

248, 276, 278, 282, 298, 305, 325
Garick, David 53, 75, 181, 189, 190, 194, 236, 258, 374, 375
Garnett, Edward 318
Gaskell, Elisabeth Cleghorn 214, 311
Gay, John 192, 305, 320, 375
Gibbon, Edward 189, 243, 368
Gilbert, William 250, 259, 268, 280, 286
Gillman, James 60, 339
Gilpin, John 67
Gissing, George Robert 298
Godwin, Mary 16, 26, 90, 95, 191, 249, 354
Godwin, William 16, 59, 93, 95, 184, 240, 285, 316
Goethe, Johann Wolfgang von 64
Gogh, Vincent van 366
Goldsmith, Oliver 12, 15, 61, 62, 64, 68, 189, 220, 236, 354
Gosse, Sir Edmund 224, 226
Gounod, Charles 97
Gower, John 348
Grahame, Kenneth 280
Grant, Duncan 102
Gray, Thomas 38, 91
Greaves, Walter 312
Green, John Richard 43, 223, 267, 357
Greene, Graham 93, 201, 224, 255, 264, 365
Grote, George 19, 194, 249
Gwynn, Nell 63, 341

Händel, Georg Friedrich 101, 177, 185, 187, 239
Haldane, Lord Richard 246

Hammond, Thomas 28
Hardy, Thomas 49, 53, 58, 232, 367
Hawthorne, Nathaniel 81, 283, 343
Haydn, Joseph 371
Hayward, John 306
Hazlitt, William 15, 77, 82, 83, 201
Heine, Heinrich 13, 14, 28, 45, 57
Hemingway, Ernest 25
Henley, William Ernest 13
Herrick, Robert 24, 246
Hewer, William 34, 50, 179
Hogarth, William 17, 329
Holbein, Hans der Jüngere 310
Holland, Vyvyan 296
Holmes, Sherlock 204, 208, 209
Hood, Thomas 54, 77, 230, 231, 359
Housman, Alfred Edward 232, 337
Howard, Jane 227
Howitt, William 340
Hume, David 49, 190
Hunt, Holman 11, 80, 206
Hunt, Leigh 13, 60, 66, 73, 85, 100, 101, 205, 221, 258, 263, 281, 283, 302, 304, 326, 341, 353
Hunt, Violet 79, 272, 273, 276, 346
Huxley, Aldous 100, 206, 230, 259, 330

Irving, Sir Henry 195, 198
Isherwood, Christopher 241, 281

James, Henry 178, 198, 199, 200

205, 225, 263, 306, 308, 325
Jennings, John 35
Jerome, Jerome Klapka 91, 298, 334
Johnson, Lionel 296
Johnsons, Samuel 11, 15, 18, 19, 23, 61, 62, 70, 73—78, 81, 90, 182, 187, 188, 189, 195, 211, 236, 237, 244, 247, 295, 331, 337, 342, 355
Jones, Henry Arthur 333
Jonson, Ben 14, 17, 24, 25, 30, 33, 37, 45, 62, 64, 73, 84, 240, 241, 258, 348, 350
Joyce, James 270

Kaiser, Georg 243
Kant, Immanuel 49
Kean, Edmund 56, 199
Keats, John 21, 25, 28, 29, 35, 37, 91, 205, 243, 321, 322, 326, 333, 336, 340
Keynes, John Maynard 102
Kingsley, Charles 309
Kingsley, Henry 309
Kipling, Rudyard 48, 197, 268, 284
Kokoschka, Oskar 56

Landor, Walter Savage 60
Lamb, Caroline 235
Lamb, Charles 13, 15, 42, 66, 68, 69, 70, 82, 83, 100, 219, 338, 353
Lamb, William 235
Lawrence, D. H. 87, 93, 101, 224, 259, 261, 273, 314, 320, 321, 324, 327, 363
Lawrence, Thomas Edward 11, 54, 223, 244, 245, 287
Lee, Lady Elizabeth 33

Lenin, Wladimir 91
Lewes, George Henry 59, 192, 205, 206, 232, 241, 254, 299
Lewis, Anne 33, 323
Lewis, Cecil Day 343
Lewis, Wyndham 184, 201, 271, 273
Lichtenberg, Georg Christoph 53, 219, 222
Lillo, George 36, 37
Litvin, Natasha 228
Lockart, John 208
Locke, John 21, 56, 63, 237
London, Jack 42
Lovelace, Richard 19, 79
Lyly, John 56
Lyon, Emma 17

Macaulay, Jachary 40, 366
Macaulay, Thomas Babington 278, 280, 366
Maclise, Daniel 299
Macpherson, James 236, 237
Mallarmé, Stéphane 288
Malory, Sir Thomas 14, 350
Mann, Erika 241
Mansfield, Katherine 312, 314, 317, 320, 323
Marlowe, Christopher 14, 25, 37, 344
Marriott, Frederick 239, 314
Marvell, Andrew 341
Marx, Karl 91, 214, 319, 335, 336, 341
Masefield, John 101, 227, 241, 322
Massinger, Philip 348
Maugham, William Somerset 182, 184, 200, 203, 249, 317, 356
Maurier, Daphne du 323

PERSONENREGISTER

Maurier, George du 90, 188, 212, 223, 281, 325, 326, 332
Mayhew, Henry 76
Maynell, Alice 231
Mendelssohn-Bartholdy, Felix 248, 250
Meredith, George 316
Meredith, Owen 181
Meyer, C. F. 29
Middleton, John 83
Middleton, Thomas, 359
Miles, Frank 55, 295
Mill, James 42, 247
Mill, John Stuart 42, 100, 195, 247, 267
Millais, John 11, 182, 260, 288
Millbanke, Annabella 235
Milton, John 11, 13, 17, 20, 21, 22, 24, 25, 26, 29, 63, 70, 79, 85, 233, 240, 247
Minshull, Elisabeth 26
Monet, Claude 56
Montagu, Basil 84, 183, 237
Moore, George 56, 68, 225, 244, 251, 252
Moore, Thomas 25, 30, 34, 37, 66, 188, 197, 202, 289, 307, 309, 310, 346, 353, 357
Morgan, William de 93, 304, 316, 317
Morris, William 65, 80, 86, 87, 95, 99, 178, 199, 200, 274, 304
Mozart, Wolfgang Amadeus 252, 295
Munthe, Axel 54
Muray, John Middeton 32, 71, 197, 229, 314, 315, 323
Muray, William 336

Newton, Isaac 61, 270

Nicolson, Harold 68, 287
Nicolson, Nigel 253

Orwell, George 94, 271, 280, 320, 356
Osborne, John 88, 181, 185, 314, 319

Palmer, Samuel 18
Pater, Walter 198
Payne-Townsend, Charlotte 53, 256
Peacock, Thomas Love 82, 192, 316
Peele, George 13
Pepys, Samuel 11, 33, 50, 61—63, 70, 78, 79, 219, 233, 237, 240, 244, 342, 346, 360, 368
Peter der Große, Zar 345
Pinero, Sir Arthur Wing 231
Pinter, Harold 207
Poe, Edgar Allan 288
Pope, Alexander 40, 62, 63, 177, 183, 191, 194, 275, 364, 373
Pound, Ezra 268, 269, 271
Powell, Mary 247
Priestley, John Boynton 193, 210, 314, 322, 338
Prior, Matthew 241
Pritchett, Victor Sawdon 214

Quincey, Thomas de 44, 211

Radcliffe, Ann 81, 222, 249
Radcliffe, William 81
Raleigh, Sir Walter 25, 35, 37, 38, 52, 240, 244
Reade, Charles 11, 255, 258, 273
Reynell, Charles 368
Reynolds, Joshua 11, 53, 61, 64, 77, 179, 189

Richardson, Samuel 13, 78, 79, 284, 318
Richthofen, Frieda Freiin von 314, 320
Ridge, William Pett
Rimbaud, Arthur 91
Ritchie, Lady Anne 222, 261 266, 268, 288, 293
Ronney, George 324
Roper, William 37, 307, 308, 310
Rossetti, Christina 58, 86, 92, 94, 213, 340
Rossetti, Dante Gabriel 80, 85, 86, 92, 200, 218, 228, 249, 258, 260, 299, 300, 316, 340
Rousseau, Jean Jaques 49
Ruskin, John 91, 100, 182, 184, 188, 200, 340, 361, 362

Sackville-West, Victoria Mary 68, 98, 252
Sartre, Jean Paul 200
Schlegel, August Wilhelm von 192
Scott, Robert Falcon 301
Scott, Sir Walter 185, 189, 197, 199, 207
Severn, Joseph 36
Seymour, Francis 199, 289
Seymour, Robert 60
Shadwell, Thomas 65, 78, 79, 306, 307
Shaftesbury, Anthony Ashley-Cooper, Earl of 21, 320
Shakespeare, Olivia 98
Shakespeare, William 21, 23—25, 27, 28, 30, 37, 65, 70, 73, 200, 233, 241, 258, 344, 353, 375
Sharpe, Herbert 315, 365
Shaw, George Bernard 53—55, 65, 99, 178, 182, 213, 234, 245, 250, 256, 259, 260, 274, 285
Shelley, Mary 16, 99, 184, 203, 205, 216
Shelley, Percy Bysshe 16, 26, 60, 82, 90, 183, 191, 192, 200, 205, 216, 220, 222, 249, 253, 264, 291, 321, 354
Sheridan, Richard Brinsley 194, 211, 236
Sheridan, Thomas 236
Siddon, Sara 76, 208
Sidney, Sir Philip 11, 52, 61
Simmel, Johannes Mario 25
Sitwell, Edith 333
Sitwell, Osbert 333
Sitwell, Sacheverell 333
Skinner, Cyriac 16
Sloane, Sir Hans 85, 90, 187, 289, 310
Smollett, Tobias George 183, 236, 352
Southey, Robert 67, 186, 188
Spencer, Gabriel 14, 36
Spencer, Herbert 59, 224, 229, 230, 248
Spenser, Edmund 32, 52, 220, 238, 241
Squire, John Colling 195
Staël, Madame de 192, 197
Steele, Sir Richard 18, 48, 62, 87, 177, 219, 311, 334
Stein, Gertrude 88
Stephen, Sir Leslie 95, 99, 199, 261, 262
Stephen, Thoby 95
Sterne, Laurence 190, 221, 222, 249
Stevenson, Robert Louis 206, 225, 329, 330

Stoddart, Sarah 15, 77, 201
Stow, John 41
Strachey, Giles Lytton 184, 224
Strudwick, John 15
Sullivan, Sir Arthur 244
Swift, Dean 308
Swift, Jonathan 41, 191, 194, 373
Swinburne, Algernon Charles 92, 206, 225, 248, 249, 260, 300, 316, 368, 369

Tagore, Rabindranath 327
Temple, William 68, 236
Tennyson, Alfred 29, 60, 62, 199, 218, 372
Terry, Ellen 54, 234, 285, 317
Thackeray, William Makepeace 13, 18, 19, 39, 60, 64, 65, 68, 88, 97, 99, 180, 192, 196, 222, 259, 265, 275, 278, 288
Thomas, Dylan 214, 272, 284, 285, 318, 364
Thomson, James 93, 233, 274, 341
Thrale, Henry 354, 355, 362, 363
Thrale, Hester 74, 187
Tompkins, Laurence 182
Tompkins, Molly 54, 182
Toynbee, Arnold Joseph 231, 280
Trebitsch, Siegfried 54
Trollope, Anthony 92, 178, 204, 205, 265
Trollope, Francis 92
Turner, Constable 11
Turner, Joseph William 312
Turner, Reginal 290
Twain, Mark 197, 294

Ustinov, Peter 243, 317

Vanbrugh, Sir John 177, 234, 343
Verlaine, Paul 91
Voltaire 60, 270, 320

Wahner, Richard 208, 231
Wallace, Edgar 33, 79, 177, 208, 272, 326, 344, 345
Walpole, Horace 38, 219, 236, 294, 373, 374
Walpole, Robert 196, 236, 294
Ward, Mary Humphry 89, 248
Waterhouse, Mary Monica 17
Watts-Dunton, Theodore 102
Webb, Beatrice 53
Webb, Hary Gladys 325
Webb, Sidney 53, 256, 267
Wells, Herbert George 61, 94, 205, 207, 210, 217, 218, 234, 273, 332, 334, 338, 367
Welsh, Mary 180
Wesley, Charles 19, 20, 211
Wesley, John 20
West, Rebecca 332
Whistler, James Abbot MacNeill 56, 289, 295—297, 306, 307, 311, 312, 316
Wicliff, John 11, 56
Wilde, Oscar 14, 55, 65, 88, 99, 177, 180, 184, 188, 192, 198, 223, 255, 271, 286, 290, 295, 300, 332, 365
Wolfe, Thomas 192, 251, 310
Wollstonecraft, Mary 16
Woodcock, Katherine 247
Woolf, Leonhard 72, 87, 98, 101, 102, 249, 262
Woolf, Vanessa 264
Woolf, Virginia 72, 87, 98, 101, 102, 249, 261, 262, 264, 334, 370

Worde, Wynhyn de 73, 79
Wordsworth, William 67, 82, 84, 205, 328, 355
Wren, Christopher 11
Wyatt, Sir Thomas 35

Wycherley, William 66

Yeats, William Butler 65, 98, 215, 223, 269, 284, 315
Young, Edward 33

Straßen- und Gebäudeverzeichnis

Abercorn Street 231
Acacia Road 229
Adam Street 51
Addison Bridge Place 283
Addison Road 282
Admiral Walk 325
Air Street 160
Airlie Gardens 276
Albany 161
Albany Street 213
Albelarle Street 197
Albemarle Street 197
Albert Embankment 355
Albion Street 222
Aldermanbury 23
Aldersgate Street 21
Aldford Street 183
Aldgate 42
Amen Corner 12
Ampton Street 100
Anderson Street 319
Anerly 363
Angel, The 107
Argyll Street 141
Arkwright Road 333
Arlington Road 218
Arlington Street 165
Arthur Street 32
Arundel Street 60
Ashburnham Grove 344
Aubrey Walk 276

Avenue Road 229

Baker Street 124, 208
Balcombe Street 208
Bankside 354
Barbican 22
Barkston Gardens 285
Barnard's Inn 112
Barnes 369
Bartholomew Close 17
Bartholomew Road 216
Barton Street 244
Battersea 363
Battersea Bridge 311
Battersea Rise 364
Bayham Street 216
Bayswater Road 221, 224
Beak Street 141
Beaufort Street 309
Beaumont Street 126
Bedford Place 88
Bedford Street 50, 149
Belgrave Place 249
Belgrave Road 255
Belsize Park 334
Belsize Square 334
Bennet Street 166
Bentinck Street 125
Berkeley Square 195
Berkeley Street 196
Berkley Road 215

Bessborough Gardens 256
Billingsgate Market 33
Birchin Lane 40
Bishopsgate 37
Bishop's Park 313
Blackfriars Lane 28
Blandford Square 205
Blenheim Road 274
Blomfield Road 226
Bloomsbury Square 87
Bolt Court 76
Bolton Street 199
Borough High Street 349
Bouverie Street 76
Bow Street 153
Bracknell Gardens 330
Bread Street 25
Brewer Street 142
Brick Court 64
British Museum 90
Broadwick Street 139
Brompton Square 288
Brook Street 185
Brooke Street 110
Browning Street 360
Brunswick Square 102
Bruton Street 195
Bryanston Square 203
Bryanston Street 202
Buckingham Palace 247
Buckingham Palace Road 249
Buckingham Street 49
Bucklersbury 30
Bunhill Fields 20
Bunhill Row 20
Burlington Gardens 193
Burlington House 163
Bury Street 168

Cadogan Place 292

Cadogan Square 291
Camberwell 361
Camberwell New Road 359
Camberwell Road 359
Cambridge Gate 213
Cambridge Street 254
Campden Grove 270
Campden Hill 278
Campden Hill Road 276
Cannon Place 323
Cannon Row 237
Cannon Street 30
Canonbury Place 109
Canonbury Tower 109
Carey Street 63
Carlos Place 188
Carlton House Terrace 176
Carter Lane 27
Castle Court 41
Catherine Street 152
Cecil Court 135
Cecil Street 56
Chancery Lane 70, 83
Chandos Street 121
Change Alley 39
Chapel Market 108
Charing Cross Station 47
Charles Street 182
Charles II. Street 175
Charlotte Street 114
Charterhouse Square 18
Chatham Place 80
Cheapside 28
Chelsea Embankment 297
Chelsea Old Church 307
Chenies Street 92
Chepstow Place 232
Chepstow Villas 272
Chester Place 213
Chester Row 254

Chester Square 253
Clerkenwell Road 19
Chester Street 248
Chesterfield Street 182
Chesterfield Walk 343
Cheyne Row 301
Cheyne Walk 299, 306, 311
Chiltern Court Mansions 209
Chiswick Lane 275
Chiswick Mall 275
Church Row 331
City Road 20
Clapham 365
Clapham Common 366
Clarges Street 199
Clement's Inn 61
Clerkenwell Road 19
Cleveland Row 172
Cleveland Street 117
Clifford's Inn Passage 72
Clifton Place 223
Clifton Road 227
Clink Street 355
Coleherne Street 285
College Place 216
Commercial Road 43
Connaught Street 223
Coram Street 99
Cornhill 38
Cornwall Gardens 261
Covent Garden 145
Crafton Street
Craig's Court 233
Cranleigh Street 95
Craven Street 45
Cromer Street 103
Cromwell Crescent 280
Cromwell Place 288
Croom's Hill 343
Cross Deep 373

Crown Office Row 65
Croydon 363
Cursitor Street 83
Curtain Road 37
Curzon Street 181

Danvers Street 309
D'Arblay Street 138
Davies Street 188
Dean Street 136
Dean's Yard 240
Delamere Terrace 225
Delancey Street 214
Denmark Hill 361
Deptford 344
Derby Gate 237
De Vere Gardens 262
Devereux Court 61
Devonshire Place 212
Doctor's Commons 27
Dorset Street 124
Doughty Street 104
Dover Street 198
Down Street 201
Downing Street 235
Drury Lane 151
Duchess Street 120
Duke Street 124
Duke Street, St. James 167
Duncan Terrace 107

Eardley Crescent 284
Earl's Terrace 281
East Heath Road 323
Eaton Place 250
Eaton Square 250
Ebury Street 251
Eccleston Square 255
Edgware Road 220
Edith Grove 314
Edwardes Square 281

Eldon Road 260
Elgin Crescent 272
Elm Court 67
Elm Road 324
Elm Tree Road 231
Elsworthy Road 229
Essex Court 64
Essex Road 109
Essex Street 61
Essex Villas 280
Euston Road 94
Euston Square 94
Exeter Street 144
Exhibition Road 258

Falcon Court 73
Farringdon Street 79
Fetter Lane 74
Finchley Road 230
Fisher Street 87
Fitzroy Road 115, 215
Fitzroy Square 115
Fitzroy Street
Fleet Street 61
Fore Street 23
Foundling Hospital 101
Fountain Court 57
Fountain and Garden Court 65
Freeman's Court 39
Frith Street 137
Frognal Close 330
Frognal Gardens 331
Fulham 313
Fulham Park Gardens 313
Furnival's Inn 111

Garrick Street 157
George Street 203
Gerald Row 254
Gerrard Street 132

Gertrude Street 315
Gilbert Street 185
Gillingham Street 255
Giltspur Street 16
Glebe Place 305
Glentworth Street 208
Gloucester Place 204
Gloucester Road 286
Gloucester Walk 271
Golden Square 141
Gordon Place 270
Gordon Street 95
Gordon Square 95
Goswell Road 20
Gough Square 75
Gower Place 94
Gower Street 93
Grafton Street 195
Grafton Terrace 335
Gray's Inn 106
Gray's Inn Gardens 106
Gray's Inn Road 106
Great Castle Street 118
Great George Street 238
Great James Street 105
Great Marlbourough Street 140
Great Newport Street 158
Great Ormond Street 103
Great Portland Street 118
Great Queen Street 156
Great Russell Street 89
Great Scotland Yard 233
Great Smith Street 246
Great Tower Street 34
Greek Street 131
Green Arbour Corner 15
Greenberry Street 228
Green Street 185
Greenwich 342
Grosvenor Chapel 183

Grosvenor Gardens 250
Grosvenor Place 248
Grosvenor Road 256
Grosvenor Square 186
Grosvenor Street 188
Grove, The 338
Guildhall 24
Guilford Street 102

Hackford Road 366
Haldon Road 367
Half Moon Street 200
Hallam Street 120
Hamilton Terrace 231
Hampstead Grove 324
Hampstead Lane 336
Hampstead Road 217
Hampton 374
Hanover Square 192
Hanover Terrace 206
Hans Place 291
Hanway Street 113
Hare Court 68
Harewood Square 205
Harley Street 121
Harper Road 353
Harrington Gardens 286
Haverstock Hill 334
Haymarket 176
Heath Street 323
Heddon Street 201
Henrietta Street 150
Hercules Road 358
Hereford Square 286
Herne Hill 362
Hertford Street 180
Highgate 336
Highgate Cemetery 340
Highgate Hill 341
Highgate West Hill 339

High Holborn 81
Highway, The 44
Hillfield Road 330
Hinde Street 126
Hobart Place 250
Hobury Street 316
Hogarth Lane 275
Holborn Viaduct 15
Holland House 279
Holland Park Avenue 272
Holland Place 269
Holles Street 127
Holly Bush Hill 324
Holly Mount 324
Holly Road 372
Hornton Street 270
Houndsditch 42
Howland Street 114
Hunter Street 100
Huntley Street 93
Hyde Park 219
Hyde Park Gate 261

Inner Temple Lane 69
Ironmonger Lane 29
Irving Street 134
Ivor Place 204

Jack Straw's Castle 328
Jermyn Street 166
Jewin Street 21
John Adam Street 51
Johnson's Court 74

Keats Grove 321
Kennington Road 358
Kensington Church Street 270
Kensington Church Walk 269
Kensington Gardens 263
Kensington High Street 268

Kensington Palace 264
Kensington Palace Gardens 265
Kensington Road 259
Kensington Square 266
Keppel Street 91
Kew Gardens 374
King Street 149, 171
King's Bench Walk 68
King's Road 317
Kingsway 156
Knightrider Street 27
Knightsbrigde 258

Lambeth 355
Lambeth Palace Road 357
Lambeth Road 357
Lancaster Gate 224
Lancaster Terrace 224
Landor Road 367
Langham Street 119
Langthorne Street 314
Lant Street 352
Lawrence Street 305
Leadenhall Market 41
Leadenhall Street 41
Leicester Place 133
Leicester Square 134
Leicester Street 134
Leinster Place 225
Lincoln's Inn 84
Lincoln's Inn Field 84
Lindfield Gardens 330
Lisle Street 133
Lisson Grove 205
Litchfield Street 158
Little Britain 17
Little College Street 246
Lombard Street 40
London Bridge 346
London Road 230

London University 92
Long Acre 155
Lovat Lane 33
Lower Grosvenor Place 249
Lower Mall 274
Lower Sloane Street 292
Lower Terrace 329
Lower Thames Street 33
Ludgate Circus 79
Ludgate Hill 28
Luxborough Street 211
Mabledon Place 99
Maida Avenue 227
Maida Vale 227
Maidenhead Court 21
Maiden Lane 143
Maitland Park Road 335
Manresa Road 318
Marble Arch 202
Maresfield Gardens 334
Margaret Street 118
Marlborough Place 230
Marylebone Parish Church 211
Marylebone Road 211
Maze Hill 343
Mecklenburgh Square 101
Melcombe Place 208
Melina Place 231
Milk Street 24
Millbank 256
Millfield Lane 340
Milton Street 23
Monmouth Street 158
Montagu Place 204
Montagu Square 203
Montgomery Hyde
Montpelier Row 372
Moorfields 36
Moorgate 35
Mornington Place 218

Mornington Terrace 217
Mortimer Street 118
Mount Street 184

National Gallery 178
National Portrait Gallery 179
Nelson Square 354
Netherton Grove 314
Neville Terrace 287
Newark Street 43
New Bond Street 188
New Cavendish Street 124
Newgate Street 12
Newington Butts 359
Newman Street 117
New Palace Yard 240
Norfolk Street 60
North Audley Street 185
North Bank 205
North Crescent 92
North End 284
North End Crescent 284
North End Road 329
North End Way 328
North Road 337
Northumberland Street 45
Notting Hill Gate 271

Oakley Gardens 298
Oakley Street 301
Old Bailey 13
Old Bond Street 189
Old Burlington Street 194
Old Church Street 308, 317
Old Compton Street 142
Old Jewry 30
Old Mitre Court 73
Old Palace Yard 240
Old Quebec Street 201
Old Wyldes Farm 328

Onslow Gardens 287
Onslow Square 288
Orange Street 179
Orchard Street 124
Orme Square 231
Osnaburgh Street 213
Osnaburgh Terrace 213
Ossington Street 232
Overstrand Mansions/Battersea
  Park 365
Oxford Square 223
Oxford Street 139

Palace Court 231
Palace Gardens Terrace 271
Palace Gate 260
Palace Street 248
Pall Mall 173
Pancvas Road 95
Paper Buildings 67
Paradise Road 370
Park Lane 180, 184
Park Place 168
Park Shot 370
Park Street 184, 355
Parliament Square 240
Parliament Street 238
Paternoster Row 12
Pavement, The Clapham
  Common 366
Pembroke Gardens 280
Pembroke Square 280
Percy Street 114
Petersham 375
Petty France 247
Phillimore Place 280
Piccadilly 163
Playhouse Yard 28
Plough Court 40
Poland Street 138

Pond Place 318
Pond Road 343
Pond Street 320
Pont Street 291
Portland Place 120
Portobello Road 271
Portsmouth Street 86
Poultry 30
Prince Arthur Road 333
Prince's Gardens 259
Prince's Gate 259
Putney 368
Putney Church 368
Putney High Street 368
Putney Hill 368

Queen Ann's Gate 246
Queen Anne Street 122, 125
Queen's Gardens 225
Queen Square 103
Queensway 231
Queen Victoria Street 26

Ralston Street 293
Randolph Crescent 227
Ranelagh Gardens 294
Raphael Street 258
Rathbone Place 113
Redcliffe Gardens 285
Redcliffe Road 315
Redcliffe Street 284
Red Lion Square 86
Regents Park Road 214
Regents Park Terrace 214
Regent Square 100
Regent Street 160
Richmond 369
Richmond Park 370
Riding House Street 117
Robert Street 54

Rodney Street 108
Ropemaker Street 36
Rowan Road 283
Royal Hospital Road 293, 294
Royal Opera House 147
Rupert Street 136
Russell Square 88
Russell Street 150
Ryder Street 167

Sackville Street 201
Salisbury Court 78
Salisbury Square 78
Salisbury Street 55
Sand's End 313
Sardinia Street 86
Savile Row 194
Savoy Hotel 56
Sayes Court Park 345
Seething Lane 33
Selwood Terrace 286
Seymour Street 202
Sheffield Terrace 277
Shoe Lane 78
Shoreditch High Street 36
Silver Street 24
Skinner Street 16
Sloane Street 289
Sloane Square 291
Sloane Terrace 291
Smith Square 246
Snow Hill 15
Soho Square 129
Somers Crescent 223
Somerset House 58
Southampton Buildings 82
Southampton Place 87
Southampton Street 145
Southampton Way 361
South Audley Street 182

South Bank 355
South Eaton Place 254
South Grove 338
South Molton Street 186
Southwark 346
Southwark Cathedral 347
Southwell Gardens 261
Southwick Place 223
Spaniards Inn 327
Spanish Place 126
Stafford Place 248
St. Alban's Street 175
Stanhope Gate 182
Stanlake Villas 273
St. Ann's Street 246
St. Ann's Terrace 229
Staple Inn 81
Star Yard 84
St. Augustine's Road 215
St. Bartholomew's Hospital 17
St. Benet's Church 26
St. Clement Danes Church 60
St. Dunstan-in-the-West 70
St. Edmund's Terrace 228
St. George Church 192, 351
St. George' Drive 255
St. George Street 192
St. Giles Cripplegate 22
St. Giles High Street 158
St. James Church 223
St. James Palace 172
St. James Park 172
St. James Place 171
St. James Square 175
St. James Street 169
St. John's Parish Church 333
St. John's Square 19
St. John's Wood 228
St. Leonard's Terrace 293
St. Margaret's Church 240

St. Martin's in the Fields 143
St. Martin's Lane 157
St. Martin's Street 135
St. Mary-le-Bow 29
St. Mary-le-Strand 58
St. Michael's Church 339
St. Nicholas' Church 344
Stoke Newington Church Street 109
St. Paul's Cathedral 11
St. Paul's Churchyard 11
St. Paul's Covent Garden 147
St. Paul's School 11
Strand 56
Stratton Street 198
Strawberry Hill 373
Streatham 362
St. Simon's Avenue 369
St. Thomas Street 348
Suffolk Lane 32
Suffolk Street 178
Surrey Street 59
Sussex Place 207
Sussex Square 223
Sydney Street 318

Tabard Street 351
Talbot Road 232
Talbot Yard 350
Tanners Hill 344
Tavistock Street 96, 151
Tedworth Square 293
Temple 63
Temple Church 68
Tennison Road (South Norwood/ Groydon) 363
Theobalds Row 105
Threadneedle Street 37
Thurlow Road 333
Tite Street 295

Took's Court 83
Torrington Square 92
Tottenham Court Road 113
Tower, The 34
Trafalgar Square 178
Tressilliam Crescent 345
Trinity Road 366
Twickenham 371

Upper Berkeley Street 203
Upper Cheyne Row 304
Upper Mall 274
Upper Thames Street 32
Upper York Place 230

Vale, The 316
Vale of Health 326
Vauxhall Bridge 360
Victoria Grove 259
Victoria Square 249
Victoria Street 244
Victoria Tower Gardens 243
Vigo Street 193
Villiers Street 47
Vincent Square 249

Walham Green 314
Walworth Road 359
Wandsworth 367
Wapping High Street 44
Wardour Street 135
Warrington Crescent 228
Warwick Crescent 225
Warwick Gardens 281
Waterloo Bridge 57
Waterloo Road 353
Waterlow Park 341
Waverly Place 230

Welbeck Street 127
Wellington Square 319
Wellington Street 144
Well Walk 322
Wesleyan Place 336
Westbourne Park Villas 232
Westbourne Terrace 223
Westminster Abbey 240
Westminster Bridge 239
Westminster Bridge Road 356
West Smitfield 17
West Street 158
Wheatley Street 127
Whitechapel 42
Whitechapel Road 43
Whitefriars Street 77
Whitehall 233
Whitehall Court 234
Whitehall Gardens 234
White Lodge 371
Whitestone Lane 326
Wild Court 156
Willoughby Road 321
Wilton Crescent 249
Wimbledon 367
Wimbledon Park Road 367
Wimpole Street 122
Windmill Hill 324
Wine Office Court 77
Woburn Walk 98
Woodfall Street 319
Wood Street 24
Woodstock Street 188
Wyndham Place 203

York Buildings 51
York Place 49
Young Street 265